Sozialpädagogische Lernfelder für Erzieherinnen – 1BKSP

Dr. Rainer Jaszus
Irmgard Büchin-Wilhelm
Martina Mäder-Berg
Wolfgang Gutmann

Best.-Nr. 5845
Holland + Josenhans Verlag Stuttgart

Quellennachweis

1. Auflage 2004

Dieses Werk folgt der reformierten Rechtschreibung und Zeichensetzung.

© Holland + Josenhans Verlag GmbH & Co., Postfach 10 23 52, 70019 Stuttgart
Telefon 07 11 / 6 14 39 20 • Fax 07 11 / 6 14 39 22 • E-Mail verlag@huj.03.net • Internet: www.holland-josenhans.de

Satz: Satzpunkt Bayreuth GmbH, 95444 Bayreuth
Umschlagabbildung: Dr. Rainer Jaszus, 79588 Efringen-Kirchen
Druck- und Weiterverarbeitung: Stürtz GmbH, 97080 Würzburg

ISBN: 3-7782-5845-1

Vorwort

Sag mir etwas, und ich werde es vergessen!
Zeig mir etwas, und ich werde es vielleicht behalten!
Lass es mich tun, und ich werde es bestimmt behalten!

Zen-Weisheit

Nach der Rahmenvereinbarung der Kultusministerkonferenz ist die Neukonzeption der Erzieherausbildung in Deutschland handlungs- und lernfeldorientiert ausgerichtet. Kein Kompromiss konnte über die Ausbildungsdauer, sie beträgt in den Bundesländern vier oder fünf Jahre bis zum Abschluss, und die Ausgestaltung der Lehrpläne gefunden werden.

Dieses Lehrbuch wendet sich primär an Schülerinnen* und Schüler, die in Baden- Württemberg das Einjährige Berufskolleg Sozialpädagogik (1BKSP) besuchen.

Es ist hier nicht der Ort, didaktische Konzeptionen zu diskutieren, sondern kurz darzulegen, inwiefern dieses Buch Lernbegleiter sein kann und den Anspruch der Zen-Weisheit „Lass es mich tun, und ich werde es bestimmt behalten", unterstützt.

Die Ausbildung wird an den zwei, wie wir hoffen, kooperationswilligen Lernorten Schule und Ausbildungseinrichtung absolviert.

Die Fachwelt ist sich (ausnahmsweise) einig, dass auf Basiswissen nicht verzichtet werden kann, also auf Kenntnis und Verständnis von Definitionen, Fachbegriffen, Forschungsergebnissen etc.

Das Eintauchen in die komplexe sozialwissenschaftliche und sozialpädagogische Fragestellung fällt unseren jungen Schülerinnen nicht immer leicht, wie sie selbst augenzwinkernd bemerken. Unser Lernbegleiter enthält für Schülerinnen der 1BKSP das nötige Basiswissen, um Handeln in Lernfeldern weitgehend selbstständig, sachbezogen, zielgerichtet und problemorientiert zu ermöglichen. Das Handlungsfeld „Förderung von Entwicklung und Bildung" beispiels-

weise zeigt Formen der Unterstützung entdeckenden und erforschenden Lernens wie auch Möglichkeiten, Lernen zu aktivieren und kindgemäß in den Ausbildungseinrichtungen zu organisieren.

Handlungsorientierung des Lernens, der Erwerb von Handlungskompetenz, bezieht sich im Wesentlichen auf gedankliches Nachvollziehen sowie eigenaktives Handeln in offenen Unterrichtsformen und in der Praxis, also der Ausbildungseinrichtung.

Eine konsequente Weiterentwicklung in Baden-Württemberg ist die handlungsorientierte Themenbearbeitung im Unterricht (HOT). Der Unterschied liegt im Detail und zeigt sich darin, dass die Lehrerin sich immer mehr zurücknimmt und die Rolle einer Lern- bzw. Prozessberaterin einnimmt. Gleichzeitig werden die Schülerinnen stärker zu Mitakteuren des Unterrichtsgeschehens. Sie planen, setzen sich Ziele, bewältigen Aufgaben in Sinnzusammenhängen, prüfen, wägen ab, interpretieren Verhaltensbeobachtungen, Texte, Statistiken, präsentieren ihre Ergebnisse, bewerten sie...

Selbstständiges, entdeckendes, erforschendes und empathisches Lernen wird durch unseren Lernbegleiter angeregt.

Mit der Lupe beobachtet: Kleinlebewesen aus dem Bach

In dem illustrierten Beispiel einer Bachexkursion erwerben die Schülerinnen Kompetenzen und Erfahrungen, die einen Handlungstransfer im Kindergarten wesentlich erleichtern. Eine so qualifizierte Erzieherin wird sich mit ihrer Kindergruppe motiviert auf den Weg machen, selbst eine Bachexkursion durchzuführen.

Neben dem lehrplangemäßen *Basiswissen* enthält unser Lernbegleiter zahlreiche konkrete Aufgaben- und Problemstellungen, die proaktives Lernen durch Handlungen unterstützten. Ausgangspunkte der Lernsituationen sind in der Regel konkret, auf das

---

* Sie ahnen es vermutlich schon, nur wegen der besseren Lesbarkeit wählen wir die weibliche Schreibweise, nicht um jemanden zu diskriminieren

Alter und die Erfahrungen der Schülerinnen bezogen, u. a. durch:
- Texterfassung (Sinnzusammenhang)
- Partner- und Gruppenarbeit
- Rollenspiele
- Experimente
- Recherchen (Bücher, Internet…)
- Diskussionen
- Beobachtungen
- Projekte
- Exkursionen
- Analysen, Fallanalysen
- Herstellung verschiedenster Produkte

Wir verzichten allerdings auf eine vorgegebene Abfolge von Arbeits- bzw. Handlungsschritten, die sich üblicherweise in der einfachsten Form als Problemstellung – Durchführung – Präsentation – darstellen und erweitern lassen. Hier entscheidet die Lehrerin, inwieweit die Lerngruppe zu Anfang einer Ausbildung und der jeweiligen Themenbearbeitung dem Arbeitsauftrag gerecht werden kann.

Handlungsorientierte Themenbearbeitung setzt auch ein „gerüttelt Maß" von einsetzbaren, schülerorientierten Methoden voraus. Eine „Methoden- Fundgrube" ist das Buch von Bettina Hugenschmidt und Anne Technau „Methoden schnell zur Hand, 58 schüler- und handlungsorientierte Unterrichtsmethoden", speziell für Lehrerinnen, die ihren Unterricht zusammen mit den Schülerinnen weiterentwickeln wollen.

Um sich in dem Wortdschungel sozialwissenschaftlicher Termini von Anfang an zurecht zu finden, empfehlen wir den Schülerinnen unbedingt ein Wörterbuch, das sie während der *gesamten Ausbildung* begleitet. Einen guten Input gewährleisten das Wörterbuch „Psychologie" aus dem Duden Verlag sowie die „Fachbegriffe für Erzieherinnen und Erzieher" vom Verlag Holland und Josenhans. Denn wer Fachbegriffe im Textzusammenhang z. B. beim Lesen von Lehrbüchern oder Fachzeitschriften nicht versteht, verliert die gedankliche Orientierung, wird schnell entmutigt und legt die Lektüre frustriert beiseite.

Wir danken allen Schülerinnen und Referendarinnen, die in konstruktivem Diskurs sprudelnde Ideen beigesteuert haben. Herrn Andreas Kibin für seinen Beitrag „Rechtliche Rahmenbedingungen", unserem Lektor Herrn Dr. Michael Kühnapfel für seine lösungsorientierte verbindliche Zusammenarbeit.

Für das Team   Dr. Rainer Jaszus
                                       Juli 2004

Inhaltsverzeichnis

Lernfeld 3: Kinder und Jugendliche wahrnehmen

Lernfeld 4: Beziehungen pädagogisch gestalten

3. Handlungsfeld: Förderung von Entwicklung und Bildung

Lernfeld 1: Förderung von Entwicklung und Bildung, eine pädagogische Herausforderung

Lernfeld 2: Aufgaben der Erzieherin

Lernfeld 3: Planung von Bildungsangeboten

4. Handlungsfeld: Gestaltung von Erziehung und Betreuung

Lernfeld 1: Grundbedürfnisse erfassen und ihre Befriedigung ermöglichen

Lernfeld 2: Persönlichkeit fördern

5. Handlungsfeld: Anwendung von Arbeitsmethoden

Lernfeld 1: Lern- und Arbeitstechniken

Lernfeld 2: Methoden sozialpädagogischer Arbeit

Literaturverzeichnis 312

Sachwortverzeichnis 315

Das Berufsbild Erzieherin/Erzieher analysieren

1. Familie
2. Sozialpädagogische Einrichtungen
3. Anforderungen an eine Erzieherin/einen Erzieher
4. Rechtliche Rahmenbedingungen

1. Familie

In einer Berliner Kindertagesstätte malten Kinder ihre Familien. Während mir einige ihre Bilder zeigten, kam plötzlich ein Mädchen auf mich zugelaufen, zeigte mir stolz ihr Bild und berlinerte: „Ick hab nur ne halbe Familie!"

Die unterschiedlichen Lebensformen in Deutschland gibt das Schaubild wieder.

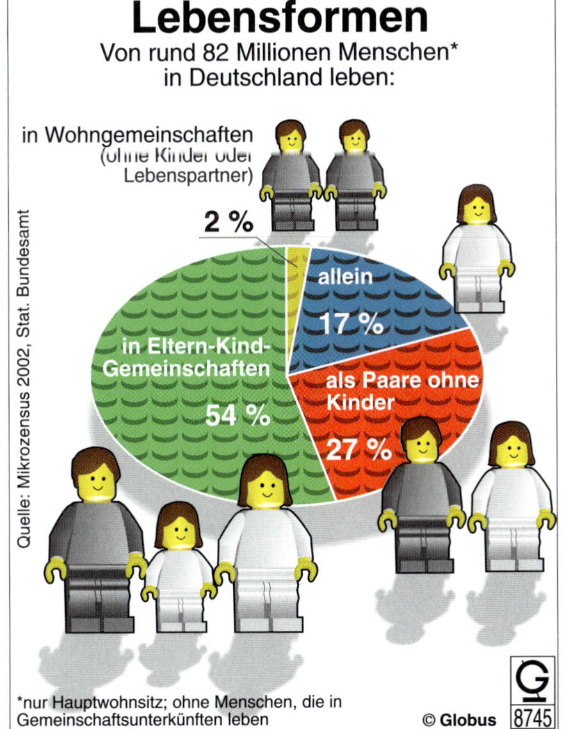

Danach leben 54 % aller Erwachsenen mit mindestens einem Kind in verschiedenen Familienformen zusammen. Verheiratet oder als Paar leben 27 % ohne Kinder bzw. die Kinder haben das Elternhaus bereits verlassen. Einen Single-Haushalt führen 17 %. Die Personen sind z. B. verwitwet, geschieden oder haben sich bewusst für diese Lebensform entschieden.

Die lateinische Bezeichnung Familie (= Hausgenossenschaft) ist im Deutschen erst seit dem 17. Jahrhundert geläufig. Zur Hausgenossenschaft gehörten alle Personen, die unter dem Dach des Hauses wohnten. Dazu zählten Vater, Mutter sowie deren Kinder, Großvater, Großmutter, unverheiratete Verwandte und das Gesinde (z. B. Knechte, Mägde). Familien, die aus drei Generationen bestanden, waren selten und fast nur in adeligen und bürgerlichen Kreisen anzutreffen.

Bevor die aktuelle Situation heutiger Familien aufgezeigt wird, erfolgt ein Exkurs in die Geschichte an drei Beispielen.

Drei Familien im Jahre 1874

Eine bäuerliche Familie. In einem Dorf nahe dem Bodensee liegt der Hof der Familie Steurer. Morgen wird die Hochzeit von Hans (30 Jahre), dem ältesten Sohn, mit der 28-jährigen Marie Kienle gefeiert. Die Eltern haben die Ehe vor einigen Wochen beschlossen. Wichtig ist vor allem, dass der Ehepartner von einem möglichst wohlhabenden Hof kommt. Deshalb ist es eigentlich eine Heirat zwischen den Familien Steurer und Kienle. Glücklich wird die Ehe für Hans, wenn „die Marie bei der Arbeit im Haus, im Stall, im Garten und bei der Ernte auf dem Feld kräftig zulangen kann, mir gesunde Kinder auf die Welt bringt und ihre Mitgift den Hof in schlechten Zeiten vor Schulden bewahrt". Für

Marie bedeutet Eheglück, „wenn der Hans nicht allzu gewalttätig ist, wenn nicht mehr als die Hälfte meiner Kinder in jungen Jahren sterben und ich selbst vor dem Tod im Kindbett bewahrt bleibe".

Wenn die „alten" Steurers den Hof übergeben, weil sie die schwere Arbeit nicht mehr schaffen, werden sie mit Hans einen Vertrag abschließen, der ihnen Unterkunft, Nahrung und Pflege garantiert. Der Bauer trifft zwar die wichtigsten Entscheidungen über Anbau und Viehbestand, aber die Arbeit seiner Frau ist genauso notwendig – deshalb kann auch die Frau ein wichtiges Wort mitreden.

Eine Familie wie die Steurers bezeichnet man als **Großfamilie**, denn auf dem Hof leben Großeltern, Eltern, Kinder, Knechte und Mägde zusammen. Auf dem Land gibt es neben wohlhabenden Bauern arme Kleinbauern, Tagelöhner, Wanderarbeiter und Heimarbeiter. Viele von ihnen sind ledig. Ledige Mütter haben es mit ihren Kindern besonders schwer. Wenn eine schwangere Tagelöhnerin Glück hat, heiratet sie der Vater des Kindes vor der Geburt. Manchmal können Eheleute wegen weit entfernter Arbeitsplätze oder aus Wohnungsnot jahrelang nicht zusammen leben. Vierzehn Stunden zu arbeiten ist die Regel, auch für Achtjährige. Trotzdem reicht es oft nicht für warme Winterkleidung. Viele „Wohnungen" bestehen aus einer undichten, kalten Kammer in einer Hütte. Aus Not werden manchmal Kinder in andere Familien weggegeben, ja sogar auf einem Kindermarkt als Arbeitskräfte versteigert.

Eine bürgerliche Familie. Es ist das Jahr 1874. Die Familie Pilgrim in einer preußischen Kleinstadt gehört zur oberen Schicht des Bürgertums, denn Herr Konrad Pilgrim ist Oberregierungsrat im Dienste des preußischen Staates. Mit seinem Gehalt kann er ein Leben führen, wie es sich viele Bauern und Arbeiter erträumen. Seine Frau Margarethe ist natürlich nicht berufstätig, sondern Hausfrau. Sie bekommt vom „Ernährer der Familie" wöchentlich Haushaltsgeld. Er kontrolliert, ob sie sparsam gewirtschaftet hat. Trotz seiner Sparsamkeit legt Herr Pilgrim Wert darauf, dass im Haushalt Dienstpersonal angestellt ist: Frauen, die putzen, waschen, bügeln, kochen und sich auch manchmal um die Kinder kümmern.

Bürgerfrauen, deren Männer weniger verdienen, müssen dies alles selbst erledigen.

Herr Pilgrim erwartet von seiner Frau, dass sie ihm gegenüber treu, gehorsam, liebevoll und einfühlsam ist, ihm gesunde Kinder zur Welt bringt und erzieht. Außerhalb des Hauses tritt sie meist nur an seiner Seite in Erscheinung.

Der älteste Sohn Heinrich studiert Medizin, Frauen ist der Zugang zur Universität grundsätzlich verwehrt. Tochter Luise hat eine Höhere Töchterschule besucht, wo sie neben einer guten Allgemeinbildung auch Kenntnisse vermittelt bekam, die sie als Hausfrau und Mutter benötigt. Mit ihren 18 Jahren gilt sie als heiratsfähig. Die Eltern haben sie in letzter Zeit häufig zu Gesellschaften mitgenommen, auf denen man jungen Herren aus guter Familie begegnen konnte. Einen jungen Mann kann Luise selbstverständlich nur in Begleitung der Mutter oder Tante treffen. Eine Heirat wird nur zustande kommen, wenn beide Elternteile zustimmen.

Eine Arbeiterfamilie. Das Ehepaar Haller lebt mit drei Kindern in einer Zweizimmerwohnung in einem Hinter-

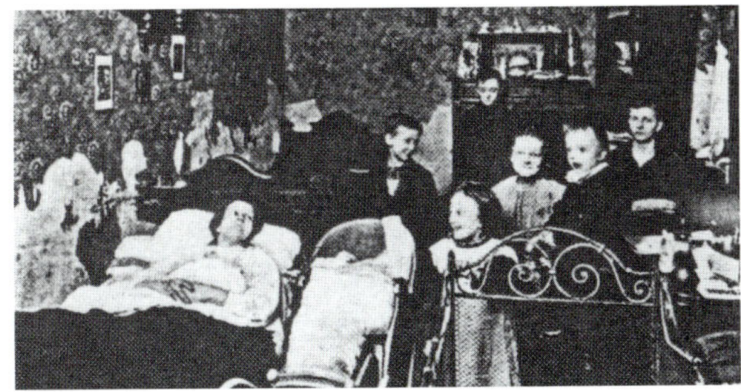

1. Fassen Sie die wichtigsten Aussagen über die drei Familien zusammen!

2. Vergleichen Sie die Rollen der Frauen und Männer in der damaligen Zeit innerhalb der einzelnen Familien sowie untereinander.

haus im Norden Berlins. Obwohl die Wohnung sehr feucht und dunkel ist und einschließlich Diele nur 18 qm hat, können die Hallers zufrieden sein, denn es herrscht große Wohnungsnot. Manche Familien wohnen in nassen Kellerräumen und viele ledige Männer und Frauen haben als „Schlafgänger" bei einer Familie für ein paar Mark Bettbenutzung. Im Bett neben dem 14-jährigen Friedrich Haller schläft ein solcher Schlafgänger, der tagsüber in der gleichen Maschinenfabrik wie der Junge arbeitet. Zwei Kinder der Hallers sind schon gestorben, und auch der 8-jährige Karl ist oft krank und anfällig.

In den Arbeiterfamilien sterben jedoch durchschnittlich nicht mehr Kinder als auf dem Land. Es gibt viele Abtreibungen, oder es werden Kinder gegen Bezahlung in fremde Hände gegeben.

Rudolf und Therese Haller haben sich auf dem Tanzboden kennen gelernt, dem beliebten Sonntagsvergnügen junger Arbeiterinnen und Arbeiter. Als Therese schwanger war, heirateten die beiden. Sie ging aber auch nach der Geburt ihres ersten Kindes in die Fabrik. Das Kind kam für ein paar Mark pro Woche zu Nachbarn. Als jedoch das zweite Kind geboren war, wäre das zu teuer geworden. Frau Haller nahm Heimarbeit an und nähte für eine Wäschefabrik.

Jede vierte berufstätige Frau ist in dieser Zeit verheiratet, aber nur jede hundertste von ihnen arbeitet in einer Fabrik. Um das Notwendigste für die Familie zusammenzubekommen, muss der 14-jährige Friedrich zehn Stunden täglich in der Fabrik arbeiten. Anna, die 12-Jährige, hat eine Stelle als Dienstmädchen in einem Beamtenhaushalt. Frau Haller sitzt meist mehr als zehn Stunden täglich an ihrer Näharbeit, andernfalls bringt sie zu wenig ein. Ihr Mann arbeitet jeden Tag zwölf Stunden in der Fabrik. Hilfe im Haushalt und bei den Kindern kann sie von ihm in der Regel nicht erwarten.

Familie im Wandel

Merkmale, die eine Familie in der Gesellschaft kennzeichnen, waren und sind im Wandel.
Zu den Merkmalen zählen u. a.:
- Familiengröße/Geburtenrate
- Funktion der Familie
- Familienformen
- Familienzyklen

Die Kernfamilie, auch als traditionelle Kleinfamilie bezeichnet, ist auch heute noch die vorherrschende Familienform in Deutschland. Allerdings hat sich in den letzten Jahrzehnten ein tief greifender Bedeutungswandel von Familie vollzogen, der hier an einigen Beispielen verdeutlicht wird.

Als besonders markante Veränderung wird in den letzten Jahren die steigende Scheidungsrate sowie die geringere Anzahl von Heiratswilligen beobachtet. Auch die Anzahl der Neugeborenen hat sich deutlich verringert.

Familiengröße/Geburtenrate. Um 1900 hatte eine Mutter im Durchschnitt in Deutschland 4 Kinder, 2003 waren es 1,29. Manche Redakteure der etwas anspruchsloseren Presse titeln deshalb reißerisch: „Stirbt Deutschland aus?" So weit kommt es sicher nicht. Allerdings müssen zurzeit Kindergärten in Städten und Gemeinden schließen. Der Grund: Kindermangel!

Der seit den 70er Jahren einsetzende Wertewandel der Gesellschaft erfasste auch seine Keimzelle, die Familie. Die Bezeichnung „wilde Ehe" stand zunächst für Paare auch mit Kindern, die ohne Trauschein zusammenlebten. Heute spricht man von Lebensgemeinschaften und akzeptiert sie auch politisch als Familie. Familie ist da, wo Eltern für ihre Kinder emotional, sozial und wirtschaftlich Verantwortung tragen. Elternschaft begründet somit Familie.

Obwohl sich in der Gesellschaft seit Jahren eine Liberalisierung des Verständnisses von Familie abzeichnet, ist die institutionalisierte Familie auch wegen rechtlicher und finanzieller Vorteile für die meisten Menschen erstrebenswert.

Familie als Institution. Unter Familie als Institution versteht man eine Gruppe von Personen (auch mehrere Generationen), die durch Verwandtschaft oder Heirat in emotionaler, sozialer oder wirtschaftlicher Beziehung zueinander stehen. Ehe und Familie stehen unter dem besonderen Schutz der staatlichen Ordnung (Art. 6 (1) GG). Nach Rechtsprechung des Bundesverfassungsgerichts wird der Begriff Familie auch auf allein erziehende Mütter und Väter sowie deren Kinder angewandt.

Funktion der Familie. Darunter werden die Bedeutung und die damit verbundenen Aufgaben von Familien verstanden. Bei der Darstellung der Familien von 1874 sind bereits Aufgaben und die daraus entstehenden Probleme aus jener Zeit sichtbar geworden.

Seit ca. 50 Jahren durchläuft die Familie einen gewaltigen und schnellen Funktionswandel, der in allen ihren Bereichen offenkundig ist. Erziehungsfunktionen leisten heute vermehrt sozialpädagogische Einrichtungen (Kindergarten, Hort), Schul- und Ausbildungszeiten verlängern sich, eher zögerlich nehmen Ganztagsangebote in beiden Bereichen zu. Trotzdem ist die Familie auch heute noch für die meisten Kinder die primäre Sozialisationsinstanz. Das Erlernen des sozialen Verhaltens, der Prozess des Hineinwachsens des Kindes in die Gesellschaft wird als *Sozialisation* bezeichnet. Während der Sozialisation erwirbt der Mensch z. B. Werte und Normen der Gesellschaft, in die er hineinwächst.

Werte
In einer Gruppe oder Gesellschaft vorherrschende, „verbindliche" Vorstellungen über das Wünschens- und Erstrebenswerte, sie sind Orientierungsmaßstäbe für das Verhalten von Menschen.

Normen
Erwartungen an Menschen, bestimmtes Verhalten zu zeigen, Ziele und Werte einer Gruppe oder Gesellschaft zu erfüllen.

Familie vermittelt Werte und Normen. Die Familie ist die erste Gruppe, die einem Kind Werte und Normen vermittelt. Werte wie z. B. Verantwortung oder Frie-

den können Kinder im Vorschulalter noch nicht verinnerlichen. Ein Kind braucht Zeit, das Wertesystem Erwachsener kennen zu lernen und zu verstehen. Zunächst sind die Eltern handelnde Vorbilder. An ihrem Handeln und Verhalten orientieren sich die Kinder, ihr „modellhaftes" Verhalten wird nachgeahmt und übernommen. Zu Anfang sind es die „kleinen Werte", wie danke oder bitte zu sagen.

Mit etwa vier Jahren entwickeln Kinder das Bewusstsein, dass sich ihre eigenen Gedanken von denen anderer Personen unterscheiden. Sie können sich nicht nur in die Gedanken anderer hinein versetzen, sondern auch Rückschlüsse aus ihrem eigenen und dem Verhalten anderer Personen ziehen. So lernt ein Kind zunächst von den Eltern, Erzieherinnen aber auch von Nachbarn und der Gruppe der Gleichaltrigen unterschiedliche, zum Teil sich widersprechende Werte kennen.

Normen sind Erwartungen an Menschen, bestimmtes Verhalten zu zeigen, Ziele und Werte einer Gruppe oder Gesellschaft zu erfüllen. Durch Ge- und Verbote reguliert das Kind allmählich sein Verhalten. Lob und Belohnung fördern normerwünschtes Verhalten.

Beispiel für die Entwicklung des prosozialen Verhaltens: der sechsjährige Maximilian wird von Ihnen gelobt, weil er der dreijährigen Maria in die Jacke hilft. Der Wert „helfen" ist von Maximilian bereits verinnerlicht, er ist schon ein Teil seiner Person.

Funktion der Familie	
Reproduktion	Kinderwunsch, dadurch Fortbestehen von Familie und Gesellschaft
Produktion	Arbeitsteilung, materielle Versorgung, Existenzsicherung
Sozialisation	Erziehung, Betreuung, Pflege
Regeneration	Schutz, Sicherheit und Geborgenheit durch Befriedigung individueller Bedürfnisse, auch in der Freizeit

Die Aufgaben, die in unserer Gegenwartsgesellschaft an eine Familie gestellt werden, sind sehr anspruchsvoll, können aber ansprechen, wenn beide Partner in die Familienrolle schlüpfen und nicht nur eine(r), wie es etwas überzeichnet in dem Artikel „Familienfrau (hübsch) gesucht", beschrieben wird:

Familienfrau (hübsch) gesucht

„Wir stellen ein: hübsche Familienfrau mit weiblichen Attributen: Können Sie kochen und backen nach neuesten Erkenntnissen (evtl. Diät), den Haushalt und die Wäsche mit umweltfreundlichen, energiesparenden Mitteln pflegen (Erfahrung in Bedienung und Wartung moderner Haushaltsgeräte Bedingung)? Haben Sie gute Kenntnisse in Säuglings-, Kinder-, Kranken- und Altenpflege, Psychologie und Pädagogik? Dann kommen Sie für unsere Familie in Frage. Wir erwarten darüber hinaus selbstständige Terminplanung und -überwachung für sämtliche Aktivitäten und Gedenktage der Familienangehörigen, inklusive Verwandtschaft. Das Ausdenken und Besorgen der Geschenke, die Ausrichtung von Festen jeglicher Art und Größe sind selbstverständlich. Kontaktpflege zum Freundeskreis, der Nachbarschaft, zum Geschäftskollegium des im Erwerbsleben stehenden Mannes und sonstigen wichtigen Personen (z. B. Lehrkräfte), sei es in Form von Korrespondenz, persönlichen Gesprächen oder Einladungen, fällt ebenso in Ihren Verantwortungsbereich, wie generell die Erledigung von Einkäufen, Behördengängen, Bank- und Versicherungsgeschäften etc.

In familiären Dingen erwarten wir Einfühlungsvermögen, Geduld und seelsorgerische Fähigkeiten. Erforderlich sind außerdem Grundkenntnisse in Fremdsprachen, sämtlichen Sportarten, Hobbys und allen gängigen Schulfächern, um die Kinder bei den Hausaufgaben unterstützen zu können. Das Planen und Durchführen von Reisen, sei es für Bildung, Kultur oder Erholung in allen Jahreszeiten, ob im In- oder Ausland, sollte kein Problem für Sie darstellen.

Wir erwarten ausdauernde Gesundheit, da eine Vertretung im Krankheitsfall nicht geregelt ist (ein Rechtsanspruch auf Kurmaßnahmen zur Wieder-herstellung der Gesundheit besteht nicht). Sind die Kinder herangewachsen und steht die Pflege der alten Eltern noch nicht an, wird die Aufnahme einer Teilzeit-Erwerbsarbeit ohne Vernachlässigung der bisherigen Pflichten zur Verbesserung des Familienbudgets gern gesehen. Wir bieten: 24-Stunden-Tag, gelegentliche Freizeit und Ferien (gemeinsam mit der Familie und unter weitgehender Wahrnehmung der Alltagspflichten). Sind Sie stark motiviert, multitalentiert, geduldig, unerschöpflich einsatzfähig, lieben Sie Ihren Beruf? Dann bewerben Sie sich beim größten deutschen Dienstleistungsunternehmen Haushalt als (Ehe)Frau zum Nulltarif."[1]

Aufgabe

1. Leiten Sie aus diesem Artikel die Aufgaben der Familie und der Familienfrau ab.

Persönliches Szenario:

2. Ich bin halbtags als Erzieherin berufstätig, mein Mann als Techniker ganztägig. Wir haben zwei Kinder: Lena 3 Jahre und Maximilian 7 Jahre alt. Mit welcher (variablen) Aufgabenverteilung könnte ich gut leben?

Familienformen

In dem Beispiel von 1874 wurden die Familien ihrem Stand nach als bäuerliche, bürgerliche oder als Arbeiterfamilie bezeichnet.

Familienformen definieren sich heute auf Grund ihrer Konstellation, die sich – auch mehrmals – ändern kann:

- Kernfamilie
- Ein-Elternfamilie
- Patchworkfamilie

Kernfamilie. Darunter versteht man ein Paar mit mindestens einem Kind.

Die Aufgaben dieser Familienform entsprechen idealtypisch den im Kasten enthaltenen Funktionen der Familie.

Ein-Eltern-Familie oder allein Erziehende. Darunter versteht man allein erziehende Mütter oder Väter mit Kindern unter 27 Jahren.[*] Die meisten Ein-Eltern-Familien bilden sich nach einer Scheidung oder Trennung. Zunehmend entscheiden sich Frauen bewusst für ein Kind, ohne verheiratet zu sein oder mit einem Partner ständig zusammenleben zu wollen.

Heute leben ca. 85 % aller Kinder bei der Mutter (Mutterfamilie) und 15 % beim Vater (Vaterfamilie).

Häufig werden die besonderen Probleme verkannt: Neben dem schmalen Familienbudget, der Doppelbelastung Beruf und Kind(er), ist es die Erziehung, die allein nur schwer zu bewältigen ist.

[*] Die Altersgrenze entspricht der Alterseinteilung des Statistischen Bundesamtes, die sich am Höchstalter der Kindergeldberechtigung für Azubis und Studenten orientiert.

Aufgaben und Probleme:
- etwa 40 % der allein Erziehenden leben unterhalb der Armutsgrenze und beziehen Sozialhilfe

---

▪ Alleinerziehende Mutter
mit 3 Kindern sucht Flohmarktartikel, günstig oder geschenkt. ☎ ███████

- Unterhaltszahlung, evtl. Besuchsregelung
- die Doppelbelastung Beruf und Kind(er) muss ein Elternteil leisten
- sehr straffes Zeitmanagement durch Erwerbsarbeit, Haushalt, Erziehung und Freizeitgestaltung
- die Vater- bzw. Mutterrolle muss ersetzt werden
- öffentliche Erziehungs- und Betreuungsangebote wie z. B. Krippe, Kindergarten, Hort reichen nicht aus oder sind mit ihren Öffnungszeiten nicht flexibel genug
- Ganztagsschulen sind flächendeckend in zeitlich zumutbarem Rahmen nicht immer erreichbar
- nach einer Scheidung sind soziale Beziehungen eingeschränkt oder fallen weg

Patchwork oder Fortsetzungsfamilie. Als Patchworkfamilien werden Familien bezeichnet, in denen Mütter oder Väter in neuen Ehen (Partnerschaften) noch *gemeinsame* Kinder bekommen. Diese Form der Familie entsteht durch Tod eines Partners, Scheidung oder Trennung. Mitglieder aus früheren Kernfamilien oder Partnerschaften bilden somit eine Fortsetzungsfamilie.

Aufgaben und Probleme:
- Besuchsregelung der Kinder durch den leiblichen Elternteil
- Unterhaltszahlungen
- unterschiedliche Auffassungen bei der Erziehung und Bildung (z. B. weiter führende Schulen, Berufsausbildung)
- Kinder fühlen sich nicht gleichermaßen akzeptiert vom neuen Elternteil
- Kind möchte zum leiblichen Elternteil
- Kinder rivalisieren untereinander
- neue Elternteile werden nicht oder nicht ausreichend akzeptiert
- Neustrukturierung „verwandtschaftlicher" Beziehungen (ein Kind hat plötzlich vier Omas usw.)

Kinder brauchen Zeit, um in die neuen Strukturen hineinzuwachsen und sich darin zu orientieren.

Ricky vermittelt uns einen Einblick in seine Patchwork-familie:

„Mama legte einen Arm um ihren lieben Ralf und gab ihm einen Kuss. Ich finde diese Abküsserei schrecklich. Mit meinem richtigen Vater hat sie das nie gemacht. Daran kann ich mich jedenfalls nicht erinnern. Es ist nicht einfach, wenn man einen richtigen und einen falschen Vater hat. Von meinem richtigen Vater ist meine Mutter geschieden. Mit dem falschen ist sie verheiratet. Mein falscher Vater ist der richtige Vater von meiner Schwester Katrin. Die versteht das alles nicht so recht.

In Katrins Geburtsanzeige stand: *Unser Ricky hat ein Schwesterchen bekommen.* Alles Lüge. Ich habe Katrin nicht bekommen. Ich durfte sie nicht einmal auf den Traktor setzen, als die Mama aus der Klinik kam. Der Brackmann (mein Stiefvater) ist auf mich zugestürzt und hat gebrüllt: „Susanne, dein Sohn bringt mein Kind um!" Komisch. Jetzt hat er davor keine Angst mehr. Jetzt soll ich immerzu auf *sein* Kind aufpassen. Er braucht zum Arbeiten Ruhe. Er muss abgeschirmt werden. Wer schirmt mich ab? Zum Beispiel jetzt. Vor dem Brackmann. Mit der rechten Hand hält er mir etwas vors Gesicht. Mit der linken Hand hebt er einen meiner Kopfhörer an und schreit mir ins Ohr: „Hier! Das hat dein Hoppel im Wohnzimmer fallen lassen. Katrin hat es aufgehoben und damit gespielt."

So ein Mist! Ich habe Katrin schon oft gesagt, dass Hasenknittel keine Murmeln sind. Der Brackmann ist wütend. Er schreit mir ins Ohr, dass ich mich ändern muss. Ich soll mich ändern? Ich? Denkste!

Das hat sofort gut angefangen. Sofort nach der Hochzeit sollte ich zu meiner Mama Susanne sagen und zum Brackmann Ralf. Das hat der sich fein ausgedacht. Katrin kann von mir aus Ralf sagen und zur Mama Susanne. Das ist mir egal. Ich sage weiter zu meiner Mama Mama und zum Brackmann sage ich Brackmann oder gar nichts. Mich ändert der nicht.

„Ich meine, ich müsste unbedingt mit dir reden Ricky", sagte der Brackmann, „aber du bist ja immer so stachlig wie ein Igel!" „Und Stiefväter sind wie neue Schuhe", sage ich. „Sie drücken und sind unbequem."

Als ich etwas später im Bett liege, kommt jemand zu mir ins dunkle Zimmer. Hoffentlich nicht schon wieder Katrin, denke ich und frage: „Wer ist da?" „Der neue Schuh", antwortet der Brackmann leise. „Er will dir noch schnell eine gute Nacht wünschen."

Ich sage schnell: „Gute Nacht!" und drehe mich mit dem Gesicht zur Wand. Ich muss nämlich lachen, und das soll der Brackmann nicht merken.

„Ich möchte, dass wir zwei Freunde werden", druckst er herum. „Meinst du nicht auch, wir könnten es mit der Zeit schaffen, auch wenn ich bestimmt irgendwie unbequem bleibe und du stachlig?"

Ich will „mir doch egal!" sagen, schlucke es gerade noch runter. Als der Brackmann weg ist, würge ich noch immer an dem Satz herum. Aber ich glaube, der Brackmann hat an seinen Sätzen auch lange herumgekaut, bis er sie heraus hatte."[2]

Familienzyklen

Folgt man der Familienentwicklungstheorie, so durchlaufen Familien zwischen der Gründungs- und der Seniorenphase deutlich voneinander unterscheidbare Phasen, in denen so genannte Familienentwicklungsaufgaben zu leisten sind. Familien in derselben Phase haben vergleichbare Entwicklungsaufgaben. Diese Aufgaben werden allerdings von den Familien unterschiedlich angegangen, bewältigt oder nicht bewältigt. Jede Familienentwicklung hat ihre Eigendynamik und hängt von mehreren Faktoren ab. Im engeren Sinne z. B. von der Größe der Familie oder den Beziehungen der Familienmitglieder untereinander. Im weiteren Sinne von den Herkunftsfamilien (Großmutter, Großvater, weitere Verwandtschaft), dem Freundeskreis der Familie und dem einzelner Mitglieder. Schließlich muss Familienentwicklung auch im Zusammenhang mit ihrer wirtschaftlichen und sozialen Lage gesehen werden, auch sie sind beeinflussende Faktoren.

Jede Familie wird mit freudigen aber auch belastenden Situationen konfrontiert. Zu den belastenden „stresshaften" Erfahrungen können z. B. gehören: der Tod eines Kindes, die Freundin des Vaters oder die fortschreitende Krebserkrankung der Mutter. Aber auch freudige Ereignisse wie ein Lottogewinn oder die Geburt eines Kindes (Geschwisters) wirken sich auf den Verlauf der Familienentwicklung aus.

Gegen Ende des 19. Jahrhunderts lebten Frauen statistisch gesehen nach der Volljährigkeit ihrer letzten Kinder noch 10 Jahre. Heute können die nachelterliche Phase und die Seniorenphase zusammen 40 Jahre und mehr betragen. Das liegt vor allem an der hohen Lebenserwartung, die heute bei den Männern ca. 75 Jahre und bei den Frauen ca. 81 Jahre beträgt.

Normative Übergänge und Phasen im Familienzyklus	Für die weitere Entwicklung erforderliche Veränderungen im Familienstatus
Verlassen des Elternhauses: Alleinstehende junge Erwachsene	• Selbstdifferenzierung in Beziehungen zur Herkunftsfamilie. • Entwicklung intimer Beziehungen zu Gleichaltrigen. • Eingehen eines Arbeitsverhältnisses und finanzielle Unabhängigkeit.
Die Verbindung von Familien durch Heirat	• Bildung des Ehesystems. • Neuorientierung der Beziehungen mit den erweiterten Familien und um den Partner einzubeziehen.
Familien mit jungen Kindern	• Anpassung des Ehesystems, um Raum für ein Kind bzw. Kinder zu haben. • Koordination von Aufgaben der Kindererziehung, des Umgangs mit Geld und der Haushaltsführung. • Neuorientierung der Beziehungen mit der erweiterten Familie, um Eltern- und Großelternrolle mit einzubeziehen.
Familien mit Jugendlichen	• Veränderungen der Eltern-Kind-Beziehungen, um Jugendlichen zu ermöglichen, sich innerhalb und außerhalb des Familiensystems zu bewegen. • Neue Fokussierung auf die ehelichen und beruflichen Themen der mittleren Lebensspanne. • Gemeinsame Pflege und Sorge für die ältere Generation.
Entlassen der Kinder und nachelterliche Phase	• Neuaushandeln des Ehesystems als Zweierbeziehung. • Entwicklung von Beziehungen zwischen Kindern und Eltern als Erwachsene. • Neuorientierung der Beziehungen, um Schwiegersöhne/-töchter und Enkelkinder einzubeziehen. • Auseinandersetzung mit Krankheit, Behinderungen und Tod von Eltern und Großeltern.
Familien im letzten Lebensabschnitt: Seniorenphase	• Aufrechterhalten des Funktionierens als Person und Paar angesichts körperlicher Einschränkungen. • Unterstützung der mittleren Generation. • Auseinandersetzen mit dem Tod des Partners, dem Tod von Geschwistern, Freunden sowie die Vorbereitung auf den eigenen Tod. • Lebensrückschau.[3]

Wirtschaftliche Situation von Familien

Auf Grund der hohen Arbeitslosigkeit hat sich die wirtschaftliche Lage vieler Familien in den letzten Jahren verschlechtert, obwohl 65 % der Mütter mit minderjährigen Kindern voll- bzw. teilzeitbeschäftigt sind. Das Familieneinkommen ist aus der Grafik ersichtlich.

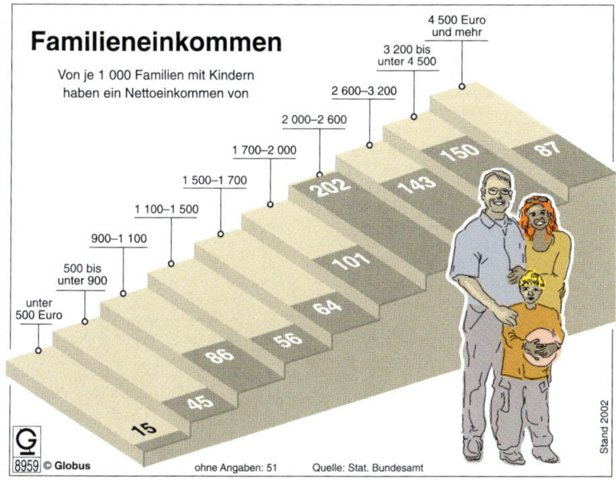

Nach den Angaben des AWA betrug das durchschnittliche Haushaltsnettoeinkommen im Jahre 2002 2.231 Euro im Monat.

Es bezieht sich auf alle Familienformen, obwohl es dort erhebliche Einkommensunterschiede gibt. Bei den allein Erziehenden sind es z. B. 43 %, die von weniger als 1100 Euro im Monat leben müssen.

Hier stellt sich die Frage, wann eine Familie bereits die Armutsgrenze erreicht oder schon überschritten hat.

Als **einkommensarm** wird eine Familie bezeichnet, die weniger als 50 % des durchschnittlichen monatlichen Haushaltsnettoeinkommens zur Verfügung hat.

Etwa 3 Millionen, also rund 7,6 % aller Haushalte, sind in Deutschland überschuldet, d. h. sie können ihre Zahlungsverpflichtungen (z. B. Kredite) nicht erfüllen. Bei einem Drittel der Haushalte ist der Schuldenberg auf mehr als 25 000 Euro angewachsen.

Neben der Arbeitslosigkeit und Überschuldung sind Kinder ein weiteres Armutsrisiko. Sie beziehen zunehmend prozentual mehr Sozialhilfe – also laufende finanzielle Hilfe zum Lebensunterhalt – als der Durchschnitt der Bevölkerung, wie es die Grafik krass aufzeigt.

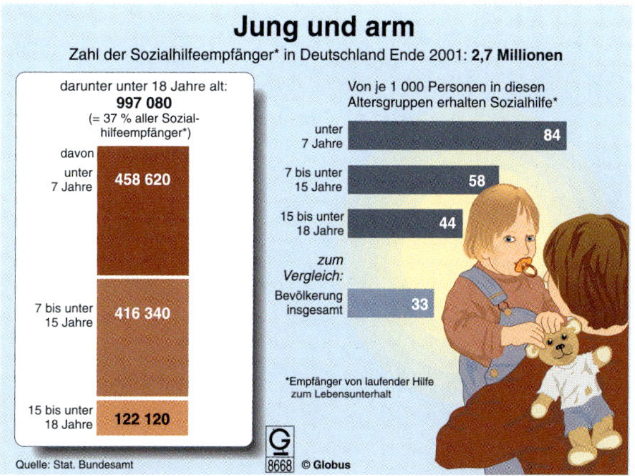

Gleichzeitig gibt es in Deutschland Reichtum. Zu den Superreichen gehören in Deutschland fast 650 000 Personen, die über mehr als 300 000 Euro als flüssige Mittel verfügen. Das Tortendiagramm verdeutlicht, dass innerhalb Europas die meisten Superreichen in Deutschland wohnen.

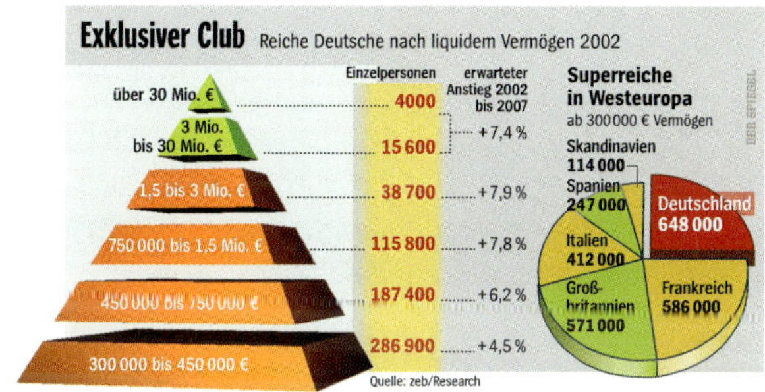

Den Kindertageseinrichtungen fällt heute im Bildungsbereich eine immer stärkere Rolle zu. Allerdings ist der Einstieg in diesem Bildungsbereich für manche Familien mit z. T. hohen Kosten verbunden.

1. Recherchieren Sie bitte:
   Wie teuer ist ein Platz in Ihrem Ausbildungskindergarten? Erstes und zweites Kind?
   Welche Dienstleistung wird dafür geboten? Öffnungszeiten? Ganztagsbetreuung?
   Wenn Eltern den Kindergartenbeitrag nicht aufbringen können – wer übernimmt welche Kosten?

Tragen Sie weitere, für Sie wichtige Fragen zusammen und suchen Sie nach entsprechenden Antworten.

2. Beobachten Sie Kinder, wie sie im Rollenspiel Familie (Vater, Mutter, Kind …) darstellen.
Wie lange spielen die Kinder? Welche Alltagssituationen, Konflikte werden thematisiert?
Beobachten Sie zunächst „naiv".
Notieren Sie Wesentliches auf etwa einer halben Seite.
Besprechen Sie die Ergebnisse in der Klasse.

3. Wählen Sie eine der Familienformen aus. Verfassen Sie einen Tagebucheintrag eines Kindes über *einen Tag* (Ablauf, Ereignisse, Gefühle …) in der gewählten Familienform. Berücksichtigen Sie dabei mögliche Kennzeichen, Aufgaben und Probleme sowie deren Auswirkungen auf die Kinder.

2. Sozialpädagogische Einrichtungen

Platz für Kinder

Die bekanntesten Formen sozialpädagogischer Einrichtungen sind Tageseinrichtungen, Freizeiteinrichtungen und Heime. Das größte Angebot und die stärkste Nachfrage finden wir bei den Tageseinrichtungen, dem größten Arbeitsfeld für Erzieher.

Der Auftrag sozialpädagogischer Einrichtungen lautet: Betreuung, Erziehung und Bildung von Kindern und Jugendlichen vor Beginn der Schulpflicht und außerhalb der Schule.

Zum Schutz der Minderjährigen ist nicht nur der Arbeitsauftrag der Einrichtung gesetzlich geregelt, sondern auch, welche Fachkräfte berechtigt sind, dort zu arbeiten und welche weiteren rechtlichen Rahmenbedingungen erfüllt sein müssen, z. B. hinsichtlich Räumlichkeiten und Sicherheit. Sozialpädagogische Einrichtungen brauchen eine Betriebserlaubnis.

In Deutschland standen Ende 2002 knapp 3,1 Millionen Plätze in Tageseinrichtungen zur Verfügung. Die Grafik zeigt einen differenzierten Überblick.

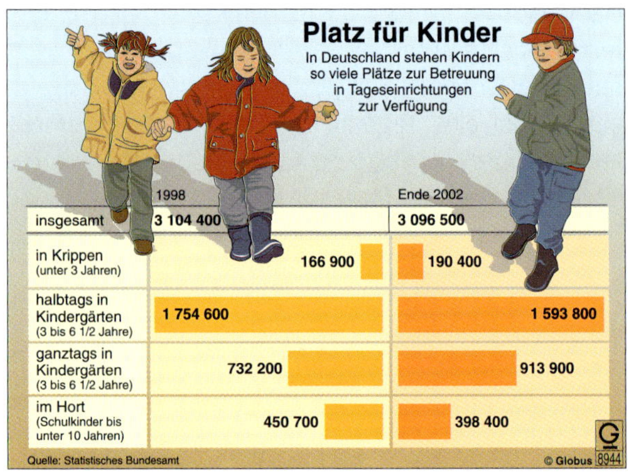

Betreuungsangebote nach der prozentualen Verteilung:

Tageseinrichtungen, die Kinder in Deutschland betreuen	1998	2002
	%	
In Krippen	5,4	6,2
Halbtags in Kindergärten	56,5	51,5
Ganztags in Kindergärten	23,6	29,5
Im Hort (Schulkinder bis 10 Jahren)	14,5	12,8

Die Tabelle zeigt einen Rückgang der Halbtagsplätze und gleichzeitig eine Zunahme der Ganztagsplätze. Sie weist gleichzeitig auf einen neuen Trend hin: die *Pluralität der Betreuungsformen*. Eltern von Schulkindern können z. B. wählen zwischen Hort, Kernzeitbetreuung („Verlässliche Grundschule"), Ganztagsschule und Kindertageseinrichtung mit erweiterter Altersmischung, je nach regionalen Möglichkeiten. Kernzeitbetreuung und Ganztagsschulen erscheinen weder in der Grafik noch in der Tabelle.

Pluralität der Betreuungsformen

Kindergärten bieten heute ein differenziertes Angebot. Neben so genannten „Regelgruppen" für 3 bis 6-Jährige mit der traditionellen Öffnungszeit vor- und nachmittags finden wir solche mit erweiterter Altersmischung (2 bis 6-Jährige, 3 bis10-Jährige), mit verlängerter Öffnungszeit (z. B. 7–14 Uhr) oder mit der Bereitschaft zur Aufnahme von Kindern mit Behinderung.

Damit ist die ehemals starre, nur am Alter der Kinder festgemachte Trennung von Kinderkrippe, Kindergarten und Hort heute weitgehend überwunden. Das Kinderhaus ist eine Tageseinrichtung mit erweiterter Altersmischung, erweiterten Öffnungszeiten und/oder integrativen Gruppen, in der Kinder vom Säuglingsalter bis zum Ende der Grundschulzeit betreut werden.

Das differenzierte Angebot der Betreuungsformen bietet den Eltern Wahlmöglichkeiten und den Kindern mehr Kontinuität sowie mehr Erfahrungen im Zusammenleben verschiedener Altersgruppen, was insbesondere Einzelkindern zugute kommt.

Der lange Weg zum Bildungsauftrag

1991 war ein Wendepunkt in der Geschichte des deutschen Kindergartens. Er erhielt 150 Jahre nach seiner Gründung erstmals von politischer Seite offiziell einen **Bildungsauftrag**, der im Kinder- und Jugendhilfegesetz (KJHG § 22 Abs. 2) verankert ist.

Wissenschaftliche Untersuchungen hatten die Qualität deutscher Kindergärten mit denen anderer Länder verglichen. Gute Arbeit war deutschen Erzieherinnen beispielsweise für die Förderung des sozialen Lernens und der Spielfähigkeit bescheinigt worden.

Es gab aber auch Kritik: der deutsche Kindergarten sei bildungsfeindlich, die kognitive und sprachliche Förderung werde vernachlässigt. Ein Kindergarten, der nur die Spiel-, Gefühls- und Sozialebene anspricht, halte Kinder in einer Idylle, bereite sie nicht auf das Leben vor.

Neue wissenschaftliche Erkenntnisse über frühes Lernen kamen in den vergangenen Jahren vor allem aus der Hirnforschung:

Ergebnisse der Hirnforschung zeigten, dass Babys sehr kompetent ihr eigenes Lernen vorantreiben und dass Kinder generell eigenaktiv lernen, sofern sie gute Rahmenbedingungen haben und in einer sicheren Bindung leben.
Die Hirnforschung belegte auch, dass die zum Denken wichtigen Synapsen (Nervenzellenverbindungen) sich ab dem Kindergartenalter zurückbilden, wenn sie nicht regelmäßig aktiviert werden.

Unverantwortlich sei es u. a., den Wissenshunger der Kinder nicht zu stillen, sie z. B. erst mit sechs Jahren Schreiben und Lesen zu lehren, auch wenn 5-Jährige darum *bitten*, und die frühe Zeit nicht für das Erlernen einer Fremdsprache zu nutzen.

Diese und andere Forschungsergebnisse und wissenschaftliche Untersuchungen blieben nicht ohne Konsequenzen für Bildung und Lernen im Kindergarten.

Das Recht auf einen Kindergartenplatz, in Baden-Württemberg 1996 verwirklicht, war ein neuer Meilenstein: Es war nicht nur familienfreundlich gedacht, sondern sollte die Chance auf Bildung im frühen Kindesalter unabhängig von der Herkunft erhöhen.

Betreuung, Erziehung, Bildung

Betreuung. Der Betreuungsauftrag in Tageseinrichtungen richtet sich nach dem Alter und den Fähigkeiten der Kinder. Hierzu gehören Körperpflege (z. B. Windeln wechseln, Zähne putzen), Assistenz bei der Selbstversorgung, z. B. dem Toilettengang, das Achten auf hinreichende und gesunde Ernährung, Bewegung und das Einhalten von Ruhephasen ebenso wie der Schutz vor Gefahren, so mutig und selbstständig sich Kinder auch geben.

Im Kapitel „Kinder im Alltag begleiten" wird die pädagogische Grundhaltung „Ich helfe dir, es selbst zu tun" in konkreten Lernsituationen beschrieben.

Einer geschickten Erzieherin gelingt es auch, Pflegeverrichtungen zum Beziehungsaufbau und zu Lernsituationen zu nutzen z. B. mit dem Impuls: „Wie gern würden unsere Puppen auch einmal baden und frische Kleider bekommen".

Bildung. Der Mensch ist als vernunftbegabtes, nach Freiheit und Mündigkeit strebendes Wesen besonders bildsam.

Wer an Bildung denkt, dem fallen zunächst Schulen und Hochschulen als *die* klassischen Vermittler ein. Seit einigen Jahren wird der Bildungsauftrag auch für Tageseinrichtungen eingefordert, denn „Bildsamkeit" beginnt nicht erst im schulpflichtigen Alter.

Nach FTHENAKIS ist **Bildungsqualität** in Kindergärten auch im Blick auf die Einschulung zu sehen und beinhaltet u. a.:

- Entwicklungsförderung,
- lernmethodische Kompetenzen bzw. Lerntechniken,
- Wissen strukturieren und vernetzen,
- als Methode: lebensnahes, ganzheitliches Lernen mit allen Sinnen und in sozialen Bezügen, projektorientiert und mit der Möglichkeit der Selbststeuerung durch das Kind.

Bildung bezieht sich immer auf die Person und den Erfahrungshintergrund des Lernenden. Die Annahme, dass Vorschulkinder *überwiegend* durch Beobachtung oder durch Entfaltung ihrer Anlagen lernen, ist heute überholt.

Untersuchungen belegen, dass Kinder als eigenaktive Wesen sich mit allen Sinnen, dem Herz und dem Verstand ihre Umwelt erschließen und ihr „Weltwissen" konstruieren. Sie entdecken, forschen, sammeln, suchen, fragen und wollen selbst handeln, allein oder in Kontakten mit Gleichaltrigen. Die Erzieherin fördert diesen Forscherdrang der Kinder insbesondere durch Projekte und einer entsprechend gestalteten Umgebung.

Das Kapitel „Förderung von Entwicklung und Bildung" zeigt Formen der Unterstützung entdeckenden und erforschenden Lernens wie auch Möglichkeiten, Lernen zu aktivieren und kindgemäß zu organisieren.

Erziehung. Erziehung als bewusste, zielgerichtete Handlung des Erwachsenen bedeutet, Kinder zu unterstützen beim Aufbau ihrer Identität und im Prozess des Selbstständigwerdens.

Erziehung beinhaltet auch, Normen und Werte zu vermitteln, (z. B. demokratische Grundwerte) und danach mit den Kindern zu leben. Ein wesentliches Ziel der Erziehung ist der mündige Mensch, d. h. für sich selbst sprechen, für sich selbst handeln, für sich selbst Verantwortung übernehmen.

Besonders der letzte Satz verdeutlicht die langfristige Perspektive von Erziehung.

In familienergänzenden Tageseinrichtungen sind die Eltern Kooperationspartner der Erzieherin. Im Dialog zwischen Eltern und Erzieherin sollten deshalb die Vorstellungen und Erfahrungen über die Erziehung der Kinder ausgetauscht und je nach Situation neu gedacht werden. Hierzu eignen sich Formen der Elternarbeit wie Elternabende, Elternsprechstunde.

3. Anforderungen an eine Erzieherin/ einen Erzieher

Anforderungsprofil der KMK

Die Kultusministerkonferenz vom 28.01.2000 hat in ihrer Rahmenvereinbarung zur Ausbildung und Prüfung von Erziehern/Erzieherinnen Qualifikationsbeschreibungen vorgenommen:

„Kinder und Jugendliche zu erziehen, zu bilden und zu betreuen erfordert Fachkräfte,

- die das Kind und den Jugendlichen in seiner Personalität und Subjektstellung sehen,
- die Kompetenzen, Entwicklungsmöglichkeiten und Bedürfnisse der Kinder und Jugendlichen in den verschiedenen Altersgruppen erkennen und entsprechende pädagogische Angebote planen, durchführen, dokumentieren und auswerten können,
- die als Personen über ein hohes Maß an Ethos, menschliche Integrität sowie gute soziale und persönliche Kompetenzen und Handlungsstrategien zur Gestaltung der Gruppensituation verfügen,
- die im Team kooperationsfähig sind,
- die aufgrund didaktisch-methodischer Fähigkeiten die Chancen von ganzheitlichem und an den Lebensrealitäten der Kinder und Jugendlichen orientiertem Lernen erkennen und nutzen können,
- die in der Lage sind, sich im Kontakt mit Kindern und Jugendlichen wie auch mit Erwachsenen einzufühlen, sich selbst zu behaupten und Vermittlungs- und Aushandlungsprozesse zu organisieren,
- die als Rüstzeug für die Erfüllung der familienergänzenden und -unterstützenden Funktion über entsprechende Kommunikationsfähigkeit verfügen,
- die aufgrund ihrer Kenntnisse von sozialen und gesellschaftlichen Zusammenhängen die Lage

- von Kindern, Jugendlichen und ihren Eltern erfassen und die Unterstützung in Konfliktsituationen leisten können,
- die Kooperationsstrukturen mit anderen Einrichtungen im Gemeinwesen entwickeln und aufrechterhalten können,
- die in der Lage sind, betriebswirtschaftliche Zusammenhänge zu erkennen sowie den Anforderungen einer zunehmenden Wettbewerbssituation der Einrichtungen und Dienste und einer stärkeren Dienstleistungsorientierung zu entsprechen." ...

(Quelle: Kultusministerium: www.kmk.org)

Weiter werden in der Rahmenvereinbarung didaktisch-methodische Grundsätze benannt, bei denen die Ausübung des Berufes Erzieherin als Prozess bezeichnet wird, „in dem es darauf ankommt, Strategien für ein selbstständiges und eigenverantwortliches Handeln zu entwickeln, sie zu dokumentieren, zu überprüfen und dabei gleichzeitig die wechselnden Anforderungen der Praxis zu berücksichtigen."

Aufgabe

Filtern Sie Anforderungen an die Persönlichkeit der Erzieherin heraus und Anforderungen, die eher Sachwissen und Fertigkeiten betreffen. Füllen Sie die Tabelle mit eigenen Beiträgen.

Persönlichkeitsmerkmale	Sachwissen und Fertigkeiten

Was stellen Sie im Vergleich fest?

Aufgaben und Tätigkeiten der Erzieherin

In der folgenden Tabelle finden sich grundsätzliche Aufgaben und Tätigkeiten der Erzieherin, weitgehend unabhängig von der Einrichtung, in der sie arbeitet. Während der Ausbildung werden Grundlagen vermittelt z. B. über Entwicklung von Kindern und Jugendlichen, wie Bildungsprozesse eröffnet werden und in Gang kommen und wie Team- und Elternarbeit gelingt.

Lernen am Lernort „Ausbildungskindergarten" bedeutet dann, die Grundlagen den Erfordernissen vor Ort anzupassen. Eine Lernortkooperation zwischen der Fachschule für Sozialpädagogik und dem Ausbildungskindergarten ist *ein* Baustein zur Qualitätssicherung von Anfang an.

Hier zeigt sich die Verantwortung des Teams, neue Mitarbeiter in das konkrete Arbeitsfeld einzuführen, wie auch die Eigenverantwortung: zu erkennen, in welchen Bereichen man sich fortbilden muss bzw. als Schülerin noch „Wissenslücken" hat.

Die eigene Arbeit dokumentieren. „Ich will doch erziehen und nicht schreiben!", so die Äußerung einer Schülerin zu Beginn der Ausbildung.

Die Beobachtung ist jedoch eine sehr wichtige Aufgabe einer Erzieherin. Wir beobachten alle, dauernd. Aber: Die professionelle Beobachtung zeichnet sich durch Zielgerichtetheit und Anwendungsorientierung aus und hat den Anspruch, Subjektivität und Fehler zu kennen und zu vermeiden.

Diese Beobachtungen müssen dargestellt, beschrieben sowie analysiert und beurteilt werden, beispielsweise dahingehend, ob das Verhalten entwicklungsgerecht ist oder nicht.

Beobachtungen und deren Auswertung sind in jedem Fall Basis für die weitere Planung und Gestaltung der Arbeit. Nur so kann man den Kindern, ihren Fähigkeiten und Bedürfnissen auch gerecht werden.

Reflexionen sind notwendig, um sich und seine Arbeit immer wieder zu überprüfen und gegebenenfalls Erzieherverhalten und Planungen zu verändern. Ausschließliche Selbstreflexion ist einseitig, weshalb wir von unseren Mitarbeitern profitieren, wenn wir ihre Position kennen lernen.

Beobachtung, Planung, Reflexion erfordern viel Schreibarbeit und damit oft viel mehr Zeit, als das Ereignis, um das es geht, dauert oder gedauert hat. Der Sinn liegt zum einen darin, Wahrgenommenes festzuhalten, um später einen Vergleich zu haben. Das Aufschreiben zwingt uns auch korrekt und wohl überlegt zu formulieren.

Alltag mit Kindern leben. Dazu gehört unter anderem auch hauswirtschaftliche Arbeit. Aber: „Ich bin doch keine Putzfrau!", entrüstete sich eine Praktikantin.

Aufgaben einer Erzieherin im Überblick

Mit Kindern den Alltag leben u. a.

- für Sicherheit der Kinder sorgen (Aufsicht, Unfallgefahren, Verkehrssicherung...)
- Grundbedürfnisse befriedigen (Vertrauen, Geborgenheit...)
- Räume gestalten
- Tagesablauf gestalten
- Gesundheit fördern (Bewegung, Ernährung ...)
- Krankheitszeichen kennen und damit umgehen
- erste Hilfe leisten
- Freizeit gestalten

Bildungsprozesse anregen u. a.

- natürliches Lernverhalten von Kindern und Jugendlichen kennen und fördern
- Bildungsangebote planen und durchführen im musischen Bereich, Interesse wecken für Natur, physikalische, chemische Phänomene, für Schrift, Zahlen, Zeit, Kunst ...
- Literatur, TV und Computer als zeitgemäße Medien reflektiert einsetzen
- lokale Bildungsangebote nutzen: Kunst, Musik, Theater, Bibliothek
- Anleiten zum Umgang mit freier Zeit
- eine Fremdsprache erlernen

Kinder und Jugendliche erziehen u. a.

- Erziehungsbedürftigkeit und -notwendigkeit erfassen
- Beziehung gestalten
- verschiedene Auffassungen von Erziehung kennen (auch Ziele, Normen) in Geschichte und Gegenwart
- Konzeptionen lesen, verstehen, erstellen
- Möglichkeiten und Grenzen der Verhaltensänderung kennen

Entwicklung u. a.

- Entwicklungsabläufe/-aufgaben verstehen
- gezielt beobachten
- dokumentieren
- Auffälligkeiten erkennen
- begleiten und fördern
- Übergänge gestalten (z. B. Schulanfang)

Mit verschiedenen Partnern zusammenarbeiten u. a.

- Auftrag und Organisation des eigenen Betriebes kennen
- Rechte und Pflichten als Arbeitnehmer kennen
- im Team zielorientiert arbeiten
- Zusammenarbeit mit Eltern
- Beteiligung in Gremien der Einrichtung, des sozialpädagogischen Arbeitsfeldes
- mit Hilfesystemen, Fachdiensten, anderen sozialpädagogischen Einrichtungen, Ämtern und verschiedenen Berufsgruppen kooperieren
- Mitteilungen, Protokolle, Berichte, Anträge, Bestellungen, Versicherungsmeldungen schreiben können

Kinder und Jugendliche ins Gemeinwesen integrieren u. a.

- Verpflichtung des Staates gegenüber Familien und Kindern kennen
- Kenntnis haben über Funktion und Wandel der Familie
- gesellschaftliche Entwicklungen und deren Anforderungen an sozialpädagogische Einrichtungen kennen, z. B. multikulturelle Vielfalt, Arbeitsmarktsituation...
- mit den Kindern öffentliche Angebote der Gemeinde nutzen
- Partizipation von Kindern/Jugendlichen in Gremien der Kommune begleiten...

Berufsfeldentwicklungen verfolgen u. a.

- Fachliteratur, Zeitschriften und Tagespresse lesen und verstehen
- Fachdiskussionen verfolgen
- Zuständige Ministerien, Verbände, Gewerkschaften, Forschungsstätten kennen und mit ihnen korrespondieren

So wichtig das Erziehen und Bilden ist, so geht es in der Arbeit mit Kindern auch um praktische Verrichtungen, um hauswirtschaftliche (z. B. Zubereitung eines Frühstücks oder Mittagessens, Ordnung im Raum halten) sowie pflegerische Tätigkeiten (z. B. Hände waschen, Eincremen). Unter dem Beziehungsaspekt sind es Lernsituationen für die Kinder. Unsere Aufgabe ist es ja, Kinder auf das reale Leben vorzubereiten. Für die wenigsten Kinder wird später eine Putzfrau normal sein. Zukunftsorientiert wäre es also, die üblichen hauswirtschaftlichen Tätigkeiten gemeinsam mit den Kindern zu verrichten.

Kompetenzen der Erzieherin

Persönlichkeitsanforderungen wie Einfühlungsvermögen und Takt, Zuverlässigkeit und Lebensoptimismus haben im Erzieherberuf einen hohen Stellenwert. Aber brauchen nicht auch Ärzte, Verkäufer, Masseure, Tischler diese Fähigkeiten, um in ihrem Beruf erfolgreich zu sein?

Der Unterschied liegt im Detail: *Kinder* brauchen zuverlässige, einfühlsame und taktvolle, lebensoptimistische Erzieherinnen mit Führungsqualität und einem hohen Maß an Selbstreflexion, da sie

* noch besonderen Schutz bedürfen und
* unbesehen Haltungen der Erzieherin bis ins Schulkindalter übernehmen.

Diese und ähnliche grundlegenden Persönlichkeitsmerkmale werden in der Ausbildung vertieft. Fachwissen und fachliche Fertigkeiten gilt es, in dieser Zeit zu erwerben.

Selbstkompetenz, Sachkompetenz und Sozialkompetenz

Kompetenz

lat.: competentia, bedeutet so viel wie Zuständigkeit, Sachverstand haben. Es ist die Fähigkeit, das Vermögen eines Menschen, bestimmte Bereiche gut zu beherrschen.

Das Kompetenzmodell nach ROTH unterscheidet zwischen Ich-, Sozial- und Sachkompetenz. Die Bezeichnung Ichkompetenz wird heute meistens durch Selbstkompetenz ersetzt.

Selbst-, Sach- und Sozialkompetenz sind in gleichem Maße erforderlich, sie lassen sich nicht immer klar voneinander trennen. Der folgende Überblick im ersten Ausbildungsjahr gibt eine Orientierung der nötigen Qualifizierung für den Beruf der Erzieherin.

Selbstkompetenz

**Sach-
kompetenz** **Sozial-
kompetenz**

Selbstkompetenz: persönliche Fähigkeiten. Die Erzieherin sollte über eine stabile Persönlichkeit verfügen: sie muss psychisch und physisch belastbar sein.

Auch ein gewisses Maß an Geschicklichkeit, Spontaneität und Kreativität ist notwendig, um den Alltag mit Kindern/Jugendlichen abwechslungsreich und interessant zu gestalten. Persönliche Fähigkeiten wie Zuverlässigkeit, Verantwortungsbewusstsein, Geduld und Ausdauer, Flexibilität, Motivation sowie Freude an der Arbeit zeichnen die Selbstkompetenz einer Erzieherin aus.

Eine wesentliche Voraussetzung für die Ausübung dieses Berufes ist die Offenheit und Kontaktfähigkeit, um auf andere Menschen – speziell auf die Kinder/Jugendlichen, aber auch auf die Eltern, Teammitglieder usw. – zugehen zu können. Verbunden hiermit ist die Fähigkeit zur Kompromiss- und Lernbereitschaft.

In aller Regel erfolgt die Betreuung und Erziehung der Kinder in (Klein-)Gruppen, so dass weitere persönliche Fähigkeiten darin liegen müssen, eine Gruppe zu leiten sowie die Atmosphäre des Gruppenlebens und die Beziehung zu den einzelnen Kindern/Jugendlichen prosozial zu gestalten.

Sachkompetenz: fachliche Fähigkeiten. Dies beinhaltet Wissen über die Entwicklung von Kindern oder über einzelne spezielle Themen (z. B. Armut in der Familie) sowie Wissen über Anregungs- und Fördermöglichkeiten. Aber auch grundlegende Fähigkeiten wie die des Beobachtens und der Auswertung des Beobachteten sind Voraussetzungen für den Beruf der Erzieherin.

In diesem Zusammenhang muss somit auch die Fähigkeit genannt werden, Veränderungen der Kinder – beispielsweise ein Wachstum in deren Entwicklung – zu erkennen und darauf richtig reagieren zu können. Nicht nur Wissen über gezielte Fördermöglichkeiten ist notwendig, sondern auch die Fähigkeit, dieses Wissen umzusetzen und anzuwenden, um die Kinder gezielt ganzheitlich zu fördern.

Sachkompetenz beinhaltet auch, das einzelne Kind aber auch die gesamte Gruppe im Blick zu haben und, wenn möglich, die Bedürfnisse Einzelner und der ganzen Gruppe zu berücksichtigen.

Weiterhin gehört ein entsprechend positiver, fachlicher Umgang mit Kindern und Eltern dazu, wobei hier unter anderem auch eine Beratung der Eltern beispielsweise in Erziehungsfragen möglich sein sollte. Allerdings muss man sich auch der eigenen Grenzen bewusst sein und sich diese eingestehen. Auch das ist Sachkompetenz: professionelle Hilfe von anderer Seite annehmen, wenn man nicht weiter weiß.

Hervorgehoben werden sollen noch die Kritikfähigkeit und Kritikbereitschaft sowie die Teamfähigkeit und Kooperationsfähigkeit.

Sozialkompetenz: sozial-emotionale Fähigkeiten. Dies beinhaltet zunächst eine positive Grundhaltung/Grundeinstellung allen Menschen gegenüber, Orientierung an Werten und Normen des Zusammenlebens sowie

Kompetenzen der Erzieherin im Überblick			
Selbstkompetenz	**Sachkompetenz**	**Sozialkompetenz**	**Lernkompetenz**
u. a.	u. a.	u. a.	u. a.
Selbstwahrnehmung eigenes Erzieherverhalten, eigene Wirkung	**Fähigkeiten** besitzen wie Beobachtung, Planung und Reflexion	**Fremdwahrnehmung** Kinder, Eltern, Team, Fähigkeiten und Gefühle anderer	**Informationen** selbstständig beschaffen und bearbeiten können
Psychisch stabil sein, z. B. mit Enttäuschungen umgehen können, eigene Meinung unabhängig von anderen vertreten können, trotz Belastung arbeitsfähig sein	**Sprache,** sich differenziert ausdrücken	**Positive Grundeinstellung** besitzen: Akzeptanz, Empathie, Kongruenz	**Eigene Lernstrategien** entwickeln und verbessern
Selbstkonzept: eigene Stärken und Schwächen kennen, Zutrauen haben in die eigenen Fähigkeiten	**Wissen** haben über Entwicklung von Kindern, über Anregungs- und Fördermöglichkeiten	**Anerkennung, Sicherheit** vermitteln und **Zuneigung** zeigen können	**Offenheit** gegenüber Veränderung, z. B. neuen Inhalten, Medien und Methoden
Selbstmanagement: z. B. sich entscheiden, Interessen anmelden können, sich selbst und seine Aufgaben organisieren können	**Berücksichtigung** der Bedürfnisse einzelner Kinder *und* der ganzen Gruppe	**Reflexion** des eigenen Verhaltens in Gruppen	**Anwendung** und **Umsetzung** neuer Ideen
Werte im sozialen Zusammenleben haben und leben	**Kooperation**/fachlicher, professioneller Umgang, z. B. auch mit Eltern und Team	**Hilfe** z. B. in schwierigen Lebenslagen anbieten	**Fortbildungen** besuchen
	Kritikfähigkeit und **Kritikbereitschaft** besitzen		**Hilfe, Tipps** und **Anregungen** annehmen
			Eigene Fehler und **Fehler anderer** als Chance zur Verhaltensänderung positiv nutzen

in der Wahrnehmung anderer. Konkret zeigt sich dies in der Wertschätzung (Akzeptanz) als Fähigkeit, das Kind so anzunehmen wie es ist. Weiter zählt das Einfühlungsvermögen (Empathie) dazu: sich in andere hineinversetzen können, beispielsweise nachempfinden können, wie sich ein Kind fühlen könnte und dementsprechend auf seine Gefühle eingehen können. Die dritte Fähigkeit bzw. Verhaltensweise ist die Echtheit (Kongruenz) und meint eine Offenheit und hilfreiche Ehrlichkeit, eine Übereinstimmung dessen, was man sagt und was man denkt. Das heißt unter anderem, dass es wichtig ist, als Erzieherin hinter dem zu stehen, was man sagt.

Auch die Fähigkeit, den Kindern und Jugendlichen Anerkennung und Sicherheit zu vermitteln ist ebenso Zeichen von Sozialkompetenz wie ein liebevoller Umgang mit ihnen und die Fähigkeit, Zuneigung zu zeigen.

Hilfe bei der Verarbeitung schmerzhafter Erlebnisse der Kinder (z. B. Tod in der Familie), die eine Sensibilität im Umgang mit den Kindern, ihren Bedürfnissen und Gefühlen voraussetzt, wird von einer Erzieherin erwartet.

Einzelne Kompetenzen und deren Problembereiche

Belastbarkeit und Lernbereitschaft. Eine notwendige Kompetenz, den Alltag als Erzieherin zu meistern, ist die Belastbarkeit.

Eine gute physische Verfassung ist notwendig für die Ausübung des Berufes der Erzieherin, da man ständig körperlich gefordert ist: man ist den ganzen Tag auf den Beinen, steht und geht viel, spielt, tanzt, rennt mit den Kindern und braucht somit Beweglichkeit und Mobilität, um den „ganz normalen Alltag" mit den Kindern bewältigen zu können. Kraft und Geschicklichkeit – sowohl fein- als auch grobmotorisch – sind hierbei gefordert: Kinder wollen auf den Arm genommen und auf die Schaukel gesetzt, die Spielzeugkiste in den Außenspielbereich geschleppt werden.

Auf den kleinen Kinderstühlen im Kindergarten zu sitzen beansprucht die Wirbelsäule sehr stark.

Neben der körperlichen Fitness muss eine Erzieherin über eine ausgeglichene Persönlichkeit verfügen, um mit den psychischen Belastungen dieses Berufes zurecht zu kommen.

So ist man immer wieder Spannungen (z. B. im Team oder mit Eltern), Stress-, Konflikt- und Krisensituationen ausgesetzt, die es auszuhalten gilt und mit denen angemessen umgegangen werden muss.

Auch finden sich sicher in jeder Einrichtung „Sorgenkinder" oder Problemfälle, die mehr Aufmerksamkeit und Hilfestellung benötigen als andere. Hier muss zum eigenen Schutz die Maxime gelten, Ruhe zu bewahren und manches nicht zu sehr an sich heran zu lassen.

Die angemessene Verarbeitung von schwierigen Situationen ist eine wichtige Voraussetzung, um mit den psychisch belastenden Aspekten der Arbeit zurecht zu kommen.

Krankheitsvertretungen und damit verbundene Mehrarbeit, Verantwortungsdruck und die Tatsache, sich um viele Dinge parallel kümmern zu müssen, belasten und erfordern Flexibilität, Durchhaltevermögen und Ausdauer.

Bei der Lernbereitschaft geht es in erster Linie darum, sich persönlich wie auch fachlich weiterzuentwickeln und sich neuen Impulsen zu öffnen, um nicht auf dem momentanen Stand stehen zu bleiben. Die Welt verändert sich – ebenso wie sich die Kinder und die Arbeitsbedingungen verändern. Um so wichtiger ist es, sich als Erzieherin diesen Veränderungen nicht zu verschließen und beispielsweise auf den eigenen Standpunkten zu verharren, sondern sich selbst und seine Arbeitsweise ständig zu hinterfragen und damit stetig weiter zu entwickeln – und unter Umständen zu ändern.

Dies bedeutet beispielsweise auch, Fortbildungen zu besuchen und neue Inhalte sowie Medien und Methoden in die Arbeit aufzunehmen, umzusetzen und somit insgesamt Vielseitigkeit und Offenheit zu zeigen. Ideen und Vorschläge anzunehmen, die von Kindern, Eltern und Kolleginnen/Kollegen kommen ist hierbei ein weiterer Aspekt.

Ein Rat von Kollegen oder Experten sollte man in schwierigen Situationen in Anspruch nehmen und bzw. oder sich durch Bücher, Zeitschriften, Vorträge usw. auf dem aktuellen Stand von Wissenschaft und Forschung, Politik und Gesellschaft halten.

Nicht zuletzt ist es wichtig, aus eigenen Fehlern und aus Fehlern anderer zu lernen. Es ist eine neue Chance, sein Verhalten und seine Arbeitsweise zu verändern.

Positive Einstellungen gegenüber Kindern, Jugendlichen und Familien. Eine Grundvoraussetzung für die Ausübung des Berufes der Erzieherin ist eine entsprechende positive Einstellung bzw. Grundhaltung Menschen gegenüber, das heißt das eigene Menschenbild und der daraus resultierende Umgang mit Menschen.

Wachstum und gesunde Entwicklung von Kindern ist nur in einer angenehmen, angstarmen und wertschätzenden Atmosphäre möglich, Erziehung im Sinne von Begleitung und Unterstützung kann nur in einem solchen Klima gelingen.

Hier zeigt sich besonders deutlich, wer über eine hohe Sozialkompetenz verfügt. Akzeptanz, Empathie und Kongruenz sollen in diesem Zusammenhang als drei wesentliche Fähigkeiten einer Erzieherin besonders hervorgehoben werden.

So zeichnet sich die positive Einstellung Kindern gegenüber beispielsweise darin aus, alle Kinder gleich zu behandeln, fair zu ihnen zu sein und kein Kind zu bevorzugen – unabhängig von der sozialen Herkunft. Dies schließt ein, keine Vorurteile gegenüber Kindern/Jugendlichen und deren Familien, speziell ausländischer Nationalität, zu haben.

Wichtig ist es vielmehr, Offenheit zu signalisieren für mögliche Probleme der Kinder/Jugendlichen und Familien und sich ihrer anzunehmen und so Ansprechpartner und Vertrauens- bzw. Bezugsperson für sie zu sein.

Gleichsam müssen die Stärken der Kinder/Jugendlichen erkannt und gefördert werden und nicht nur ihre Schwächen gesehen und „behandelt" werden, ihre Bedürfnisse und Belange müssen ernst genommen werden und ein liebevoller und respektvoller Umgang mit ihnen gepflegt werden. So wird eine entwicklungsfördernde, lernanregende Atmosphäre hergestellt.

Verhältnis von Nähe und Distanz. Hier geht es primär um ein ausgewogenes Verhältnis von emotionaler Nähe und Distanz zu den Kindern/Jugendlichen, wobei körperliche Nähe vor allem bei jüngeren Kindern in Stresssituationen gesucht wird: sie fallen hin, stoßen sich am Kopf, finden ihre Schuhe nicht, all das treibt sie häufig in die Arme „ihrer" Erzieherin.

Bei einigen Kindern kommt die Erfahrung von Körperkontakt in Form von Kuscheln, Streicheln und anderen Zärtlichkeiten durch die Eltern zu kurz, auch mangelt es manchmal an emotionaler Zuwendung, an Zeit für die Kinder und für ihre Belange.

Um so wichtiger ist es für die Kinder, diese Erfahrungen im Kindergarten – nicht nur in der Kuschelecke – machen zu können. Denn emotionale wie auch körperliche Nähe gehören unbedingt zu einer gesunden Entwicklung dazu.

Ein ausgewogenes Verhältnis von Nähe und Distanz aufzubauen heißt somit, den Kindern sowohl emotionale als auch körperliche Zuwendung zu geben und dabei jedoch Grenzen der Kinder sowie eigene Grenzen zu sehen und zu akzeptieren.

Dies bedeutet eben, ein Kind nur dann auf den Schoß zu nehmen, wenn das Kind und die Erzieherin dies möchten. Sobald eine Seite dies ablehnt, ist es zu unterlassen und die Distanz zu respektieren.

Weiter gehört zu dieser Fähigkeit, auf jedes Kind individuell eingehen zu können aber niemanden zu bevorzugen, sich somit nicht zu sehr auf ein Kind zu fixieren oder ein zu inniges Verhältnis aufzubauen. Eine zu starke emotionale Bindung sollte nicht entstehen – eine Erzieherin ist kein Mutterersatz.

Generell sollen sich die Kinder geborgen fühlen und auch die Beziehung zu den Familien sollte entsprechend gestaltet sein, das heißt, nicht zu distanziert, jedoch auch nicht zu nah. Kontakt zu den Familien ist sehr wichtig, aber man darf sich nicht verantwortlich fühlen für deren Probleme und sollte sie in solchen Fällen an Beratungsstellen weiterverweisen.

Diese Balance zwischen (emotionaler wie auch körperlicher) Nähe und Distanz stellt oftmals eine Gratwanderung für eine Erzieherin dar und ist für viele mit einem Lernprozess verbunden. Das Gespür für die eigenen Gefühle und die Fähigkeit der Empathie sind hierbei wichtige und hilfreiche Aspekte.

Offenheit. Häufig wird die Offenheit eines Menschen als Wesensart („offenes Wesen") beschrieben, die unter anderem verbunden ist mit Kontaktfreude, Ehrlichkeit und Aufrichtigkeit. Geradlinigkeit, vorurteilsfreies

Interesse an anderen Menschen und deren Belange sowie Fairness können beispielhaft als weitere Kennzeichen der Offenheit benannt werden. Offenheit selbst ist wiederum Indikator für hohe Sach-, Selbst- und Sozialkompetenz.

Als Erzieherin sind Sie Vorbild für die Kinder, die – unbewusst wie auch bewusst – viele Fähigkeiten und Verhaltensweisen abschauen und übernehmen. So ergibt es sich von selbst, dass man für diesen Beruf über ein hohes Maß an Offenheit verfügen sollte. Es wird ja auch von den Kindern verlangt, den Eltern und Erzieherinnen sowie anderen Kindern gegenüber offen und ehrlich zu sein. Doch wenn man als Erzieherin ein eher negatives Beispiel für die Kinder ist, können sie es auch nicht lernen.

Es ist paradox, von den Kindern beispielsweise Ehrlichkeit zu erwarten, wenn man selbst nicht über diese Fähigkeit verfügt.

Offenheit bezieht sich damit vor allem auf die Personen, mit denen man es als Erzieherin zu tun hat – also auf die Kinder und Eltern, das Team, den Träger usw. – und zeigt sich im wesentlichen in der Einstellung anderen Menschen gegenüber.

Offenheit bezieht sich jedoch auch auf Veränderungen des Berufsfeldes und des Berufsbildes. Wie bereits unter dem Aspekt der Lernbereitschaft beschrieben, bedeutet dies: offen sein für neue Medien, Methoden, Inhalte und Veränderungen jeder Art, für Ideen und Anregungen – auch von den Kindern und Eltern, offen sein für deren Bedürfnisse, Fragen und Probleme.

1. Befragen Sie die Erzieherinnen/Erzieher Ihrer Einrichtung, welche Schwerpunkte diese sich für ihre Arbeit gesetzt haben.

2. Entwerfen Sie eine Zeitungsanzeige, in der eine Einrichtung eine Erzieherin/einen Erzieher sucht. Welche Fähigkeiten und Verhaltensweisen sind unbedingt erforderlich?
Erstellen Sie ein Bewerbungsschreiben auf diese Stelle und begründen Sie, warum ausgerechnet SIE diese Stelle erhalten sollten.

3. „Ihr macht doch eh nichts anderes als spielen und Kaffee trinken!"

Widerlegen Sie in einem Rollenspiel diese und andere Vorurteile gegenüber dem Beruf der Erzieherin.

4. Rechtliche Rahmenbedingungen

Das professionelle Arbeiten in sozialpädagogischen Handlungsfeldern stützt sich auf verschiedene rechtliche Grundlagen.

Folgende Auszüge aus

- Kinder- und Jugendhilfegesetz
- Kindergartengesetz
- Aufsichtspflicht
- Arbeitsrechtliche Grundlagen

gehören zum Basiswissen aller angehenden Fachkräfte.

Bevor diese Themen vertieft werden können, müssen wir einige Voraussetzungen klären:

Wird ein Kind geboren, so haben die Eltern oder die Mutter/der Vater zunächst allein für das Kind zu sorgen.

> **Art 6 Abs. 2 GG**
> Pflege und Erziehung der Kinder sind das natürliche **Recht** der Eltern und die zuvörderst ihnen obliegende **Pflicht**.
>
> Über ihre Betätigung wacht die staatliche Gemeinschaft.

Richtig: Eltern haben das **Recht** und die **Pflicht** für ihre Kinder zu sorgen. Kommen sie dieser Pflicht nicht nach, kann das Sorgerecht der Eltern eingeschränkt oder gar entzogen werden. Denkbar ist dies bei:

- **Missbrauch:** durch körperliche Bestrafungen, seelische Verletzungen, durch Abhalten vom Schulbesuch...
- **Vernachlässigung:** das Kind wird nicht richtig gepflegt, ernährt oder beaufsichtigt.
- **Versagen:** die Eltern haben resigniert, sie sind krank oder überfordert.
- **Verhalten Dritter:** Als Gefährdung durch Dritte gilt u. a. sexueller Missbrauch oder die Verführung mit Alkohol und Drogen.

§ 1666 BGB (1)

Wird das **körperliche, geistige** oder **seelische Wohl** des Kindes oder sein Vermögen durch **missbräuchliche** Ausübung der elterlichen Sorge, durch **Vernachlässigung** des Kindes, durch unverschuldetes **Versagen** der Eltern oder durch das Verhalten eines **Dritten** gefährdet, so hat das Familiengericht, wenn die Eltern nicht gewillt oder nicht in der Lage sind die Gefahr abzuwenden, die zur Abwendung der Gefahr erforderlichen Maßnahmen zu treffen.

Das Kinder- und Jugendhilfegesetz

Leitziele in der Erziehung sind nach wie vor die **Selbstständigkeit** und die **Gemeinschaftsfähigkeit** der Kinder, Jugendlichen und Heranwachsenden.

§ 1 Abs. 1 KJHG

Jeder junge Mensch hat ein Recht auf Förderung seiner Entwicklung und auf Erziehung zu einer **eigenverantwortlichen** und **gemeinschaftsfähigen** Persönlichkeit.

Die oben genannten Leitziele sollen über **Erziehung, Bildung** und **Betreuung** verwirklicht werden.

§ 22 Abs. 2 KJHG

Die Aufgabe umfasst die **Betreuung, Bildung** und **Erziehung** des Kindes (...)

Diese Aufgabe übernehmen zunächst die Eltern oder Elternteile und werden je nach Bedarf – in der Regel ab dem 3. Lebensjahr – von Tageseinrichtungen für Kinder ergänzt (familienergänzende Erziehung).

§ 24 KJHG

Ein Kind hat vom vollendeten dritten Lebensjahr bis zum Schuleintritt **Anspruch** auf den Besuch eines Kindergartens (...)

Das Kindergartengesetz

Im nachfolgenden Abschnitt finden Sie das neue Kindergartengesetz, welches am 01.01.2004 in Kraft getreten ist.

Gesetz über die Betreuung von Kindern in Kindergärten, anderen Tageseinrichtungen und der Tagespflege (Kindergartengesetz – KGaG)

§ 1 Geltungsbereich und Begriffsbestimmungen

(1) Dieses Gesetz gilt für Kindergärten, Tageseinrichtungen mit altersgemischten Gruppen, Kleinkindbetreuung (Betreuung in Kinderkrippen) und Tagespflege.

(2) Kindergärten im Sinne dieses Gesetzes sind Einrichtungen von Trägern der Jugendhilfe, Gemeinden und Zweckverbänden zur Förderung der Entwicklung von Kindern vom vollendeten dritten Lebensjahr bis zum Schuleintritt zu eigenverantwortlichen und gemeinschaftsfähigen Persönlichkeiten, soweit es sich nicht um schulische Einrichtungen handelt.

(3) Tageseinrichtungen mit altersgemischten Gruppen im Sinne dieses Gesetzes sind Einrichtungen von Trägern der Jugendhilfe, Gemeinden und Zweckverbänden zur Förderung der Entwicklung von Kindern im Alter unter drei Jahren, vom vollendeten dritten Lebensjahr bis zum Schuleintritt und im schulpflichtigen Alter zu eigenverantwortlichen und gemeinschaftsfähigen Persönlichkeiten in gemeinsamen Gruppen, soweit es sich nicht um schulische Einrichtungen handelt.

(4) Einrichtungen mit integrativen Gruppen im Sinne dieses Gesetzes sind Einrichtungen, in denen Kinder, die aufgrund ihrer Behinderung einer zusätzlichen Förderung bedürfen, in gemeinsamen Gruppen mit nicht behinderten betreut werden.

(5) Betriebsformen von Einrichtungen im Sinne der Absätze 2 bis 4 sind insbesondere

1. vor- oder nachmittags geöffnete Gruppen (Halbtagsgruppen);
2. vor- und nachmittags jeweils mehrere Stunden geöffnete Gruppen (Regelgruppen);
3. Gruppen mit verlängerten Öffnungszeiten;
4. Gruppen mit durchgehend ganztägiger Betreuung.

(6) Die Kleinkindbetreuung im Sinne dieses Gesetzes (Betreuung in Kinderkrippen) erfolgt in Einrichtungen von Trägern der Jugendhilfe, Gemeinden und Zweckverbänden zur Förderung der Entwicklung von Kindern bis zur Vollendung des dritten Lebensjahres.

(7) Tagespflege ist die Betreuung und Förderung von Kindern durch geeignete Tagespflegepersonen gemäß § 23 des Achten Buches Sozialgesetzbuch (SGB VIII).

(8) Gruppe im Sinne dieses Gesetzes ist die in den Einrichtungen gebildete, mit Fachkräften nach § 7 ausgestatte und durch Erlaubnis gemäß § 45 SGB VIII zugelassene Organisationsform, in der Kinder pädagogisch gefördert werden.

§ 2 Aufgaben und Ziele

(1) Die Tageseinrichtungen im Sinne von § 1 Abs. 2 bis 4 und 6 sowie die Tagespflegepersonen im Sinne von § 1 Abs. 7 ergänzen und unterstützen die Erziehung des Kindes in der Familie. Ihre Aufgabe umfasst die Betreuung, Bildung und Erziehung des Kindes zur Förderung seiner Gesamtentwicklung.

(2) Kinder, die aufgrund ihrer Behinderung einer zusätzlichen Betreuung bedürfen, sollen soweit dies möglich ist, zusammen mit Kindern ohne Behinderung in gemeinsamen Gruppen gefördert werden.

§ 3 Mitwirkung der Gemeinden und Beteiligung der Träger der freien Jugendhilfe

(1) Die Gemeinden haben unbeschadet der Verpflichtung des örtlichen Trägers der öffentlichen Jugendhilfe darauf hinzuwirken, dass für alle Kinder vom vollendeten dritten Lebensjahr bis zum Schuleintritt ein Kindergartenplatz oder ein Platz in einer Tageseinrichtung mit altersgemischten Gruppen zur Verfügung steht. § 4 SGB VIII bleibt unberührt.

(2) Die Gemeinden beteiligen rechtzeitig die nach § 75 SGB VIII anerkannten Träger der freien Jugendhilfe an ihrer Bedarfsplanung. Diese ist mit dem örtlichen Träger der öffentlichen Jugendhilfe abzustimmen.

§ 4 Ärztliche Untersuchung

Jedes Kind soll vor der Aufnahme in eine Einrichtung ärztlich untersucht werden.

§ 5 Elternbeirat

(1) Bei den Einrichtungen werden Elternbeiräte gebildet. Sie unterstützen die Erziehungsarbeit und stellen den Kontakt zum Elternhaus her.

(2) Elternbeiräte können sich örtlich und überörtlich sowie landesweit zu Gesamtelternbeiräten zusammenschließen.

§ 6 Bemessung der Elternbeiträge

Die Träger der Einrichtungen können Elternbeiträge so bemessen, dass der wirtschaftlichen Belastung durch den Besuch der Einrichtung sowie der Zahl der Kinder in der Familie angemessen Rechnung getragen wird.

§ 7 Pädagogisches Personal

(1) Fachkräfte in Einrichtungen sind

1. staatlich anerkannte oder graduierte Sozialpädagogen und Sozialpädagoginnen sowie Diplomsozialpädagogen und Diplomsozialpädagoginnen mit Fachhochschulabschluss;
2. staatlich anerkannte Erzieher und Erzieherinnen sowie staatlich anerkannte Erzieher und Erzieherinnen der Fachrichtung Jugend- und Heimerziehung;
3. staatlich anerkannte Kinderpfleger und Kinderpflegerinnen;
4. staatlich anerkannte Heilerziehungspfleger und Heilerziehungspflegerinnen;
5. staatlich anerkannte Heilpädagogen und Heilpädagoginnen;
6. Physiotherapeuten, Physiotherapeutinnen, Krankengymnasten, Krankengymnastinnen, Beschäftigungs- und Arbeitstherapeuten, Beschäftigungs- und Arbeitstherapeutinnen, Logopäden, Logopädinnen sowie Kinderkrankenpfleger und Kinderkrankenschwestern mit abgeschlossener Ausbildung, wenn sie Kinder mit und ohne Behinderung gemeinsam in einer oder mehreren Gruppen betreuen.
7. Diplompädagogen und Diplompädagoginnen.

(2) Das Landesjugendamt kann auf Antrag ausnahmsweise andere Personen als Fachkräfte zulassen, wenn sie nach Vorbildung oder Erfahrung geeignet sind.

(3) Zur Leitung einer Einrichtung oder einer Gruppe sind befugt (Leitungskräfte):

1. Fachkräfte im Sinne des Absatzes 1 Nr. 1, 2 und 7;
2 andere Fachkräfte im Sinne der Absätze 1 und 2, die sich nach Feststellung des Landesjugendamtes

a) aufgrund einer mindestens einjährigen Beschäftigung als Zweitkraft in einer Einrichtung oder Gruppe bewährt,
b) durch Fortbildung auf die Leitungsaufgaben vorbereitet und
c) in einem Fachgespräch für diese Aufgaben als geeignet erwiesen haben.

(4) Die Leitungskräfte haben die Aufgabe,

1. zusätzlich zur Erziehung im Elternhaus die Gesamtentwicklung des Kindes zu fördern;
2. mit den Eltern zusammenzuarbeiten;
3. andere, bei der Erfüllung der Aufgaben nach den Nummern 1 und 2 mitwirkende Kräfte in der Einrichtung anzuleiten.

(5) Zweitkräfte unterstützen die Leitungskräfte in der Gruppe. Als Zweitkräfte können Fachkräfte im Sinne der Absätze 1 und 2, insbesondere staatlich anerkannte Kinderpfleger und Kinderpflegerinnen, tätig sein. Als Fachkräfte im Sinne von § 1 Abs. 8 gelten auch Sozialpädagogen, Sozialpädagoginnen, Erzieher, Erzieherinnen, Kinderpfleger und Kinderpflegerinnen während des Berufspraktikums.

§ 8 Förderung freier Träger

(1) Die nach § 75 SGB VIII anerkannten Träger der freien Jugendhilfe erhalten von den Gemeinden an den Betreuungsformen nach § 1 Abs. 2 bis 4 und an den Betriebsformen nach § 1 Abs. 5 ausgerichtete Zuschüsse zu den Betriebsausgaben (Personal- und Sachausgaben) einer Gruppe.

(2) Die Zuschüsse werden nur für Einrichtungen gewährt, die der Bedarfsplanung nach § 3 Abs. 2 entsprechen.

Für Einrichtungen mit gemeindeübergreifendem Einzugsgebiet können Ausnahmen zugelassen werden.

(3) Die Höhe des Zuschusses beträgt mindestens 63 vom Hundert der Betriebsausgaben. Für Einrichtungen im Sinne von Absatz 2 Satz 2 beträgt der Zuschuss mindestens 31,5 vom Hundert der Betriebsausgaben.

(4) Die über Absatz 3 hinausgehende Förderung wird in einem Vertrag zwischen der Gemeinde und dem Träger der freien Jugendhilfe geregelt.

(5) Die Kommunalen Landesverbände schließen mit den Kirchen und den Verbänden der sonstigen freien Träger der Jugendhilfe eine Rahmenvereinbarung über Planung, Betrieb und Finanzierung. Die Rahmenvereinbarung bildet die Grundlage für die Verträge im Sinne von Absatz 4.

§ 9 Verwaltungsvorschriften

(1) Das Sozialministerium erlässt im Einvernehmen mit dem jeweils berührten Ministerium Richtlinien über

1 die Förderung des Landes für die Kleinkindbetreuung (Betreuung in Kinderkrippen) nach § 1 Abs. 6,
2. die Förderung des Landes für die Tagespflege nach § 1 Abs. 7,
3. die ärztliche Untersuchung nach § 4,
4. die Bildung und Aufgaben der Elternbeiräte nach § 5.

(2) Das Kultusministerium entwickelt im Benehmen mit dem jeweils berührten Ministerium mit Beteiligung der Trägerverbände Zielsetzungen für die Elementarerziehung. Dabei spielt die ganzheitliche Sprachförderung eine zentrale Rolle.

§ 10 Übergangsregelung

Für die Zuschussgewährung im Jahr 2003 gilt § 8 noch in seiner bisherigen Fassung.

Die Land- und Stadtkreise bleiben für die Abrechnung dieser Zuschüsse zuständig.

Die Aufsichtspflicht

Zwei Schülerinnen der Fachschule für Sozialpädagogik treffen sich in der Hofpause und führen einen kurzen Dialog:

Lisa: *Gestern war ich im Kindergarten. Bei uns in der Einrichtung geht zur Zeit die Grippewelle um. Am Nachmittag war ich allein in der Gruppe mit acht Kindern.*

Kati: *Bei uns ist das ähnlich. Meine Gruppenleiterin sagte mir, dass sie mich nicht alleine lassen könne, weil das nicht zulässig wäre.*

Lisa: *Meinst du ich bin dran, wenn was passiert?*

Grundsätzlich gibt es Klärungsbedarf:
Aufsichtspflichtige Personen haben darauf zu achten, dass die ihnen zur Aufsicht anvertrauten **selbst** nicht zu schaden kommen und auch keine **anderen Personen (Dritte)** schädigen.

Mit der Aufsichtspflicht befassen sich folgende Paragrafen:

> **§ 823 Abs. 1 BGB**
> Wer vorsätzlich oder fahrlässig das Leben, den Körper, die Gesundheit, die Freiheit, das Eigentum oder ein sonstiges Recht **eines anderen** widerrechtlich verletzt, ist dem anderen zum Ersatze des daraus entstehenden Schadens verpflichtet.

> **§ 832 BGB**
> (1) Wer kraft Gesetzes zur Führung der Aufsicht über eine Person verpflichtet ist, die wegen Minderjährigkeit oder wegen ihres geistigen oder körperlichen Zustandes der Beaufsichtigung bedarf, ist zum Ersatz des Schadens verpflichtet, den diese Person **einem Dritten** widerrechtlich zufügt.
>
> Die Ersatzpflicht tritt nicht ein, wenn er seiner Aufsichtspflicht genügt oder wenn der Schaden auch bei gehöriger Aufsichtsführung entstanden sein würde.
>
> (2) Die gleiche Verantwortlichkeit trifft denjenigen, welcher die Führung der Aufsicht durch Vertrag übernimmt.

Diesen beiden Paragrafen aus dem Bürgerlichen Gesetzbuch steht folgender Paragraf gegenüber:

> **§ 22 KJHG**
> (1) In Kindergärten, Horten und anderen Einrichtungen, in denen sich Kinder für einen Teil des Tages oder ganztags aufhalten (...), soll die Entwicklung des Kindes zu einer **eigenverantwortlichen** und gemeinschaftsfähigen Persönlichkeit gefördert werden.

Damit sich die Persönlichkeit eines Kindes zur Eigenverantwortlichkeit entwickeln kann, müssen die Eltern/Erzieher und Erzieherinnen Freiräume gewähren.

Zurück zu unserem kurzen Dialog auf dem Schulhof. **Sind Schülerinnen der Fachschule für Sozialpädagogik zur Aufsichtsführung geeignet?**

Grundsätzlich delegieren die Eltern die Aufsichtspflicht an den Träger der Einrichtung. Dieser delegiert an die Leiterin/den Leiter der Einrichtung; diese wiederum an die Gruppenleitung. Die Gruppenleitung kann die Aufsichtspflicht an Schülerinnen/Schüler und an Praktikantinnen/Praktikanten delegieren. Dies ist von folgenden Faktoren abhängig:

- Zuverlässigkeit
- Gewissenhaftigkeit
- Verantwortungsbewusstsein
- Fähigkeit die Übersicht zu behalten und bei Gefahr entschlossen einzugreifen
- Erfahrung

Es kann also durchaus sein, dass der Schülerin L. die Aufsichtspflicht zugetraut wird und dass bei der Schülerin S. noch gewisse Bedenken herrschen, ob sie der Aufsichtspflicht schon gewachsen ist.

Arbeitsrechtliche Grundlagen

Damit eine Erzieherin ihre pädagogische Aufgabe in vollem Umfang wahrnehmen kann, müssen darüber hinaus bestimmte arbeitsrechtliche Grundsätze beachtet werden. In diesem Abschnitt geht es um Datenerhebung und um Datenschutz in sozialpädagogischen Einrichtungen.

Während der Dienstzeit und selbst nach Beendigung eines Arbeitsverhältnisses dürfen betriebsinterne Informationen, die vertraulich zu behandeln sind (Interna) nicht an Dritte weitergegeben werden.

---

§ 9 BAT Schweigepflicht

(1) Der Angestellte hat über Angelegenheiten der Verwaltung oder des Betriebes, deren Geheimhaltung durch gesetzliche Vorschriften vorgesehen oder auf Weisung des Arbeitgebers angeordnet ist, Verschwiegenheit zu bewahren.

Bei der Anmeldung eines Kindes im Kindergarten werden bestimmte Daten erhoben, z. B. Name, Alter, Adresse, Wohnort, Beruf der Eltern...

Bezüglich dieser Daten herrscht ebenfalls **Schweigepflicht**.

Damit Kinder gemäß dem Erziehungs-, Bildungs- und Betreuungsauftrages (vgl. § 22 KJHG) gefördert werden können, müssen sie fortlaufend beobachtet werden. Dazu müssen erneut Daten erhoben werden.

---

§ 62 KJHG Datenerhebung

(1) Sozialdaten dürfen nur erhoben werden, soweit ihre Kenntnis zur Erfüllung der jeweiligen Aufgabe erforderlich ist.

(2) Sozialdaten sind beim Betroffenen zu erheben. Er ist über die Rechtsgrundlage der Erhebung, den Erhebungszweck und Zweck der Verarbeitung oder Nutzung aufzuklären, soweit diese nicht offenkundig sind.

Zumindest während der Zeit, in der das Kind im Kindergarten angemeldet ist, dürfen die Daten auch gespeichert werden.

---

§ 63 KJHG Datenspeicherung

(1) Sozialdaten dürfen in Akten und auf sonstigen Datenträgern gespeichert werden, soweit dies für die Erfüllung der jeweiligen Aufgabe erforderlich ist.

Sozialdaten dürfen zum Zweck der Planung gespeichert und genutzt werden. Alle Daten müssen **anonymisiert** werden, sodass für Dritte keine Rückschlüsse möglich sind.

---

§ 64 KJHG

(3) Sozialdaten dürfen beim Träger der öffentlichen Jugendhilfe zum Zwecke der Planung im Sinne des § 80 gespeichert oder genutzt werden; sie sind unverzüglich zu anonymisieren.

Sozialdaten dürfen nur mit **Einwilligung** der Betroffenen oder bei Gefährdung des **Kindeswohls** weitergegeben werden.

---

§ 65 KJHG

(1) Sozialdaten (....) dürfen (...) nur weitergegeben werden

1. mit der **Einwilligung** dessen, der die Daten anvertraut hat, oder
2. dem Vormundschafts- oder dem Familiengericht (...), wenn angesichts einer **Gefährdung des Wohls** eines Kindes (...)

Die eigene Persönlichkeit auf das Berufsbild hin weiterentwickeln

1. Motive für die Berufswahl
2. Rolle in der Praxisstelle
3. Kontroversen und Konflikte als Lernimpuls

1. Motive für die Berufswahl

Motive sind vielfältig

Warum wollen Kathrin, Gritta und Martin Erzieherin/ Erzieher werden? Was bewegt sie dazu, diesen Beruf zu erlernen?

Haben Sie sich bereits vor der Entscheidung der Berufswahl mit diesen und weiteren Fragen auseinandergesetzt?

Oft sind die Wurzeln der Beweggründe in der eigenen Biographie und/oder der Familiengeschichte zu finden: eigene positive Erfahrungen mit dem Kindergarten und dementsprechende Erinnerungen an die Kindheit können diesen Berufswunsch hervorrufen. Denkt man in Ruhe über die persönlichen Motive nach, so fallen vielleicht Eltern, Verwandte, Bekannte oder Freunde ein, die dabei auch eine Rolle gespielt haben.

Und so haben uns Schülerinnen einer BKSP1 zu Ausbildungsbeginn ihre Motive mitgeteilt, die hier ohne Wertung in bunter Reihenfolge erscheinen:

- Kontakt bekommen zu vielen verschiedenen Menschen – vor allem zu Kindern und Jugendlichen, so auch evtl. zu unterschiedlichen Nationalitäten/Kulturen
- der Beruf hat vielfältige Arbeitsgebiete und abwechslungsreiche Aufgaben
- für andere Menschen da sein und helfen, auch wenn die Gefahr des „Helfersyndroms" besteht
- mit Kindern spielen, basteln, malen und musizieren
- Kinder in ihrer Entwicklung, unterstützen und fördern, ihre Kindheit eine Zeit lang mitgestalten und sie ein Stück ihres Lebensweges begleiten und prägen
- Kinder und ihre natürliche, ungetrübte Freude an kleinen Dingen beobachten
- kreativ sein, der Beruf lässt viel Freiraum – auch für die eigene Kreativität und das eigene Handeln
- das eigene Menschenbild weitergeben, es besteht die Möglichkeit, Kinder in diesem Sinne zu erziehen
- Bestätigung von außen durch Eltern/Erziehungsberechtigte
- viele positive Erfahrungen, die bisher mit Kindern/ Jugendlichen (z. B. in ehrenamtlicher Arbeit oder in einem Praktikum) gesammelt wurden, sollen in professionelle Arbeit umgesetzt werden
- die Arbeit als Erzieherin ermöglicht persönlichen Zuwachs von verschiedenen Fähigkeiten, persönliches Lernen und eine Erweiterung der eigenen Fähigkeiten und Kompetenzen, vor allem der Selbst-/Sach- und Sozialkompetenzen
- sich selbst verwirklichen, eigene (Erziehungs-) Vorstellungen, Wünsche, Erwartungen und Werte einbringen und realisieren
- es werden gute Fort- und Weiterbildungsmöglichkeiten im pädagogischen Bereich angeboten
- gute Aufstiegsmöglichkeiten: Gruppenleitung, Leitung einer Einrichtung
- gerne im Team/mit anderen Menschen zusammen arbeiten

- die Fachhochschulreife neben der Ausbildung her zu erwerben, um anschließend zu studieren
- das berufliche Wissen und die erzieherischen Fähigkeiten können sinnvoll und nützlich zur Erziehung der eigenen Kinder sein
- sich gesellschaftlich engagieren – durch Erziehung und Bildung der Kinder, ihnen „Starthilfe" geben

Vielleicht haben Sie Motive entdeckt, die Ihnen vorher nicht bewusst waren.

Idealisierte Vorstellungen – und die Realität

Der Beruf der Erzieherin birgt die Gefahr idealisierter Vorstellungen: mit Kindern spielen, basteln, malen; etwas „heile Welt" erfahren bzw. im Kindergarten ermöglichen, viel freie Zeit – so oder so ähnlich stellen sich viele diesen Beruf vor, auch das gängige Bild in unserer Gesellschaft wird teilweise von solchen Vorstellungen geprägt.

Die Realität in den Einrichtungen sieht jedoch völlig anders aus: große Gruppen, kaum Zeit für das einzelne Kind, unterschiedlichste Bedürfnisse der Kinder, die erfüllt werden sollten, Druck von außen (nicht zuletzt durch die Ergebnisse der Pisa-Studie), wodurch schnell Stress entsteht.

Die Kinder bringen all ihre Probleme mit in den Kindergarten – und brauchen Hilfe und Unterstützung bei ihrer Verarbeitung. Probleme wie beispielsweise Scheidung der Eltern, Sprachprobleme nicht nur ausländischer Kinder, Kinder, die von den Eltern „abgeschoben" werden – versorgt mit materiellen Dingen, jedoch Mangel an emotionaler Zuwendung und Zeit erfahren, sind immer häufiger zu finden und prägen den Alltag in den Einrichtungen.

Auch zeigen sich Kinder teilweise recht früh gewaltbereit und schlagen schnell auf andere Kinder ein oder zerstören Dinge, wenn sie sich nicht zu helfen wissen. Diese Kinder lernen nur schwer, wie man sich verbal auseinandersetzen kann, wenn sie zu Hause keine positive Streitkultur erleben.

Vielen Kindern fehlen heute wichtige Erfahrungen, beispielsweise aufgrund fehlender Geschwister, eingeengter Freiräume zu Hause und in der Natur, mangelnder Spielmöglichkeiten usw. Die Folgen solcher eingeschränkter Erfahrungen und Erlebnisse können sehr vielfältig sein und sich in den verschiedenen Entwicklungsbereichen mit entsprechenden Defiziten niederschlagen.

Mit diesen und ähnlichen Aspekten des Alltags im Kindergarten muss man sich als Erzieherin auseinandersetzen und gegen wirken: verschiedenste Erfahrungen und Erlebnisse ermöglichen und Defizite ausgleichen, positives Vorbild sein und aktiv an der Veränderung unerwünschter Verhaltensweisen arbeiten.

Auch wird der Facettenreichtum des Berufes und die damit verbundenen notwendigen Fähigkeiten und Verhaltensweisen oft unterschätzt: Übernahme von Verantwortung, Teamarbeit, Kreativität, Planung, Organisation, schriftliche Arbeiten (Beobachtungen, Entwicklungsberichte...), Präsentation, Kommunikation (auf verschiedensten Ebenen: mit Kindern, d. h. kindgerecht, mit Eltern/Erziehungsberechtigten, mit Fachkräften außerhalb der Einrichtung ...) – um nur einige Aspekte zu benennen.

Viele Erzieherinnen fühlen sich überfordert, zu hohen Anforderungen und Belastungen ausgesetzt. Auch Spannungen im Team, Ungerechtigkeiten oder gar Mobbing können zu Enttäuschungen, Unzufriedenheit und Motivationsverlust führen.

Bei all diesen „Widrigkeiten" verwundert es fast, dass dennoch so viele junge Menschen den Beruf der Erzieherin erlernen und ausüben – und die Mehrzahl sogar mit viel Begeisterung und Elan!

Als Erzieherin haben Sie somit einen sehr verantwortungsvollen Beruf, der, wenn er ernst genommen wird, eigentlich Schwerstarbeit ist, die mit „Ringelpietz mit anfassen" absolut nichts zu tun hat.

Informationsquellen und Praktika

Informationsquellen

- Viele Schulen organisieren Berufsinformationstage oder -stunden, zu denen in der Regel Fachkräfte z. B. der Agentur für Arbeit näher über einzelne Berufe informieren
- Fachschulen für Sozialpädagogik selbst bieten Informationsveranstaltungen oder einen „Tag der of-

fenen Tür" an, so dass Interessenten sich „vor Ort" ein Bild über die Ausbildung machen können
* Der Gang ins Berufsinformationszentrum (BIZ) ist empfehlenswert. Dort können Sie sich nicht nur umfassend informieren, sondern erhalten auch die sehr ausführlichen „Blätter zur Berufskunde" für den Beruf Erzieher/Erzieherin aber auch für verwandte Berufe, z. B. Sozialpädagoge/Sozialpädagogin, Kinderpfleger/Kinderpflegerin
* Im Internet: http://berufnet.arbeitsamt.de

Praktika

* Ein sehr guter Weg ist es, ein Praktikum in einer Tageseinrichtung zu machen. So erhält man direkten Einblick in die Arbeit einer Erzieherin und merkt schnell, ob dies den eigenen Vorstellungen entspricht. An den allgemein bildenden Schulen müssen im Rahmen der Berufsorientierung Praktika absolviert werden. Diese „Schnupperlehren" sind für die Berufsfindung häufig nützlich.
Einen sehr guten Einblick vermittelt ein Praktikum während eines Freiwilligen Sozialen Jahres (FSJ).

Aufgaben/Vertiefung

1. Finden Sie bei der Aufzählung der verschiedenen Motive Ihre eigenen Beweggründe wieder? Welche würden Sie ergänzen?

2. Erstellen Sie eine persönliche Rangfolge der drei für Sie wichtigsten Motive. Tragen Sie nun die drei wichtigsten Motive aller Mitschülerinnen zusammen. Sie erhalten somit ein „Motivprofil" der Klasse.
Überlegen Sie sich eine geeignete Form der Visualisierung.
Tipp: Vernichten Sie die Unterlagen nicht. Führen Sie dieses „Experiment" am Ende der Ausbildung nochmals durch. Der Vergleich wird Sie überraschen.

3. Befragen Sie Erzieher/Erzieherinnen in den Einrichtungen nach deren Motiven für die Berufswahl. Erkundigen Sie sich danach, ob diese Motive auch heute noch, mit entsprechender Berufserfahrung, gültig sind oder ob und inwiefern sie sich verändert haben.

2. Rolle in der Praxisstelle

Die Zeit als Praktikantin wird sicher unterschiedlich erlebt. Die Gefühle, die mit dieser Rolle verbunden sind, sind somit mannigfaltig. Auch die Aufgaben und Anforderungen der Praxisstellen können unterschiedlich sein, da immer zwischenmenschliche Beziehungen, individuelle Vorstellungen und Stil, Arbeitsweise etc. der Einrichtung die jeweilige Praktikantin – und damit deren Rolle in der Praxisstelle prägen. Auch die eigene Persönlichkeit (was man kann, was man bereit ist zu tun ...) trägt natürlich viel dazu bei, wie die Zeit als Praktikantin verläuft und erlebt wird.

Erwartungen und Ängste

Vor Beginn der Ausbildung bzw. vor dem ersten Tag in einer Einrichtung macht man sich sicherlich Gedanken, was auf einen zukommt, was einen erwartet und wie es wohl so sein wird.

Man entwickelt (positive) Erwartungen an die Praxisstelle, vielleicht auch etwas Vorfreude auf die kommende Zeit und die Aufgaben.

Beispiele solcher Erwartungen können sein:
* viel durch die Praxis und die dort arbeitenden Erzieher und Erzieherinnen lernen
* neue Erfahrungen sammeln, Anregungen und Hilfestellung erhalten
* abwechslungsreiches Arbeiten durch verschiedene Aktivitäten
* gut in das Team integriert werden und gute Zusammenarbeit
* hilfreiche Tipps und Unterstützung erhalten – auch bei Problemen
* faire Kritik erfahren
* gute Anleitung – Zeit, Geduld und Interesse von Seiten der Anleitung
* selbstständiges Arbeiten, auch bei größeren Projekten
* voll ins Gruppengeschehen integriert sein
* Einblick in verschiedene Arbeitsbereiche erhalten
* viel ausprobieren dürfen
* bis zu einem gewissen Grad Verantwortung übernehmen
* das Gefühl haben, dass einem auch etwas zugetraut wird

- nicht überfordert und überfrachtet werden mit Arbeit
- generell „Handwerkszeug" für den Beruf Erzieherin erhalten, d. h. Ideen und Anregungen für Aktivitäten und Aktionen erhalten aber auch notwendige Fähigkeiten und Verhaltensweisen entwickeln können

Neben diesen und anderen Erwartungen an die Praxisstelle können durchaus auch Ängste vorhanden sein, beispielsweise:

- als Praktikantin aus vielem ausgeschlossen sein
- ungerecht behandelt werden
- zu hohen Anforderungen ausgesetzt sein
- wenig Selbstständigkeit erfahren, kaum etwas alleine und nach eigenen Vorstellungen machen können
- oft nur bessere „Reinemachefrau" sein – putzen, Küche aufräumen, fegen usw. als Hauptaufgaben
- als „Springer" immer dort landen, wo gerade jemand fehlt oder unangenehme Arbeit gemacht werden muss
- insgesamt billige Arbeitskraft
- keine Hilfestellung erhalten
- schlechte Anleitung und bzw. oder nicht miteinander auskommen
- Probleme im Team und schlechte Stimmung in der Einrichtung
- motivationslose Erzieherinnen, die sich gegen Neuerungen und „frische Ideen" wehren

Die Erwartungen und Ängste können sehr unterschiedlich sein. Einige davon treffen vielleicht auch tatsächlich zu und treten ein, so dass man sich in manchen Ängsten bestätigt fühlt oder aber enttäuscht ist, dass es doch anders ist, als man erwartet und erhofft hat.

Faktoren, die dies beeinflussen, sind sicher die Einrichtung und die dort arbeitenden Erzieher und Erzieherinnen, aber auch man selber trägt viel dazu bei, ob die Zeit als Praktikantin gut ist und sinnvoll genutzt wird oder nicht.

„Lehrjahre sind keine Herrenjahre"

Ein „altkluger" Spruch, an dem aber auch etwas Wahres dran ist: die Rolle als Praktikantin ist immer eine „Sonderrolle" – mit einigen Nachteilen, aber auch etlichen Vorteilen. Man darf vieles – aber nicht alles, man kann sicher auch vieles –aber noch nicht alles,

und man muss bestimmt auch vieles tun – auch wenn man es noch nicht unbedingt kann oder vielleicht eigentlich nicht tun möchte.

Als Praktikantin muss man sich sicher so einiges sagen lassen, sich anpassen und unterordnen – alles, was man tut, wird beobachtet und beurteilt, man wird auch noch benotet usw. Alles in allem eine nicht unbedingt einfache Zeit.

Dennoch hat immer alles zwei Seiten, so auch die Praktikantenzeit. Wenig Verantwortung zu haben beispielsweise hat durchaus auch Vorteile. So kann man vieles ausprobieren und hat in der Praxisstelle quasi ein „Übungsfeld" eigener Fähigkeiten, ohne dass viel passieren kann. Denn die Verantwortung trägt in der Regel die Anleitung.

Die Beziehung zu den Kindern in der Einrichtung ist häufig noch anders als die einer Erzieherin – man ist vielleicht noch etwas offener, macht so manchen Blödsinn mit, lässt vieles mit sich machen... Dabei muss jedoch darauf geachtet werden, dass den Kindern die Grenzen klar sind und auch eine Praktikantin Autoritätsperson ist, auf die gehört werden muss.

Generell gilt für die Zeit und Rolle als Praktikantin, dass man aktiv Anteil an der Entwicklung der eigenen Berufsrolle und damit vieles selbst in der Hand hat, zum Beispiel was und wie viel man lernt. Denn je intensiver und besser man diese „Experimentier- und Lernzeit" nutzt, um so mehr kann man eigene persönliche und berufliche Fähigkeiten entwickeln und verbessern.

Als Praktikantin hat man daneben unter Umständen auch die Chance, andere und neue Ideen in eine Einrichtung zu bringen und kann so vielleicht „frischen Wind" in eine Einrichtung bringen.

Aufgabe/Vertiefung

1. Denken Sie zurück an den Anfang Ihrer Ausbildung:
   Wie haben Sie sich die Praxisstelle vorgestellt, wie die Arbeit und Ihre Aufgaben dort?
   Mit welchen Erwartungen sind Sie an Ihrem ersten Tag dorthin gegangen – und mit welchem Gefühl?
   Wie sind Ihre Erfahrungen mittlerweile?
   Tauschen Sie sich in Kleingruppen darüber aus.

2. Berichten Sie einander von besonders schönen und besonders negativen Erlebnissen in der Praxisstelle. Vergleichen Sie – haben Sie ähnliche Erfahrungen? Sprechen Sie auch mit Ihrem Lehrer/Ihrer Lehrerin darüber.

3. Kontroversen und Konflikte als Lernimpulse

Allgemeines

Kontroversen und Konflikte – Auseinandersetzungen, Spannungen, Probleme, Streit … sind Teil unseres Lebens und gehören zum Alltag dazu. Es gibt keinen Beruf, in dem es nicht auch zu Konflikten kommt.

Eine sehr häufige Form von Konflikten in unserem Leben sind die so genannten Rollenkonflikte:

Intrarollenkonflikt
Konflikt einer Person, die widersprüchliche Erwartungen innerhalb einer Rolle spürt.

Interrollenkonflikt
Konflikt einer Person, die in zwei Rollen unterschiedliche Erwartungen spürt.

Ein Beispiel für den Interrollenkonflikt ist die Doppelrolle, die man als Schülerin und Praktikantin innehat: einerseits ist man Lernende und muss sich den Regeln der Schule anpassen, andererseits ist man als Praktikantin Verantwortungsperson und muss Regeln setzten und auf deren Einhaltung achten. So kann es immer wieder zu inneren Spannungen kommen, die man aufgrund der einen oder anderen Rolle und den daran geknüpften Erwartungen spürt.

Da man Konflikte und Kontroversen im Leben nicht verhindern kann, ist es wichtig, angemessen mit ihnen umzugehen, um sie positiv zu nutzen und daraus zu lernen. Etwas aus- und durchhalten, lernen, mit Problemen und Konflikten umzugehen und selbstständig Lösungen zu finden stärkt das Selbstbewusstsein und das Selbstvertrauen.

Mit Konflikten richtig umzugehen ist somit ein sehr wichtiger Lernprozess in unserem Leben. Ohne Konfliktlösungsstrategien würden wir bereits beim kleinsten Problem resignieren oder unangemessen reagieren und vielleicht „über das Ziel hinausschießen".

Konflikte und Kontroversen sollten als Lernimpulse betrachtet werden und damit als Chance, seine eigenen Fähigkeiten zu erweitern.

Scheuen Sie sich nicht Rat von außenstehenden/unbeteiligten Personen einzuholen. Sie sehen manches mit anderen Augen und können wertvolle Hilfe bei der Konfliktbewältigung sein. Dies ist vor allem dann sehr wichtig, wenn die Konflikte überhand nehmen, wenn es beispielsweise zu viele auf einmal sind oder sie als sehr belastend und verletzend empfunden werden.

Beispiele für Kontroversen und Konflikte

Im Alltag einer Erzieherin oder Praktikantin finden sich so manche Kontroversen und Konflikte. Einige dieser Spannungen und Problemsituationen sollen hier aufgegriffen und näher betrachtet werden:

Idealisierte Vorstellungen – Realität

„So habe ich mir das eigentlich nicht vorgestellt …"

Die Vorstellungen, die man unter Umständen von dem Beruf Erzieherin hat, können sehr stark von der Realität abweichen, so dass es durchaus manchmal ein „böses Erwachen" gibt. Man sieht sich mit Anforderungen und Aufgaben konfrontiert, denen man sich nicht gewachsen fühlt, der Beruf entspricht nicht den Erwartungen. Nicht selten kommen in solchen Fällen Gedanken, die Ausbildung abzubrechen, da man unter den Belastungen und dem Druck leidet.

Hier gilt es, nicht übereilt zu handeln und nicht sofort die „Flinte ins Korn" zu werfen. Vielmehr besteht gerade darin eine enorme Chance, diese Anforderungen und Aufgaben als Lernimpulse und Lernfelder zu sehen.

Enormer Zuwachs persönlicher und beruflicher Fähigkeiten wird dadurch möglich, dies auszuhalten und sogar positiv für sich zu nutzen. So könnte man sich beispielsweise ganz bewusst eine „Entwicklungsaufgabe" setzen und daran arbeiten, diese im Laufe der nächsten Zeit zu erreichen. Eine Entwicklungsaufgabe, die Sie sich stellen, könnte z. B. sein: „Ich möchte lernen, den Kindern besser zuzuhören". In der Regel gehört dies auch zur schulischen Ausbildung und der Praxisbetreuung dazu.

Weitere Kontroversen und Konflikte können beispielsweise sein:

- Fachliche und persönliche Fähigkeiten – Anforderungen und Aufgaben im beruflichen Alltag
- Selbstbild – Fremdbild: Wie schätze ich mich ein? Wie schätzen mich andere ein?
- Rolle in der Praxisstelle – eigene Vorstellungen
- Doppelrolle Schülerin – Praktikantin

Aufgaben/Vertiefung

1. Finden Sie Beispiele für den Intrarollenkonflikt und weitere für den Interrollenkonflikt.

2. Vervollständigen und konkretisieren Sie die Beispiele für Kontroversen und Konflikte.

3. Finden Sie Beispiele für Entwicklungsaufgaben, die für die Ausbildung sinnvoll und notwendig sind.

Pädagogische Grundhaltungen einnehmen

1. **Die Herstellung einer positiven emotionalen Beziehung als Kernstück der pädagogischen Grundhaltung**
2. Wertschätzung/Akzeptanz
3. Empathie/Einfühlungsvermögen
4. Exkurs: Grundemotionen des Menschen
5. Kongruenz/Echtheit
6. Die Einheit von Akzeptanz, Einfühlung und Echtheit

1. Die Herstellung einer positiven emotionalen Beziehung als Kernstück der pädagogischen Grundhaltung

Wichtige Anregungen für die pädagogische Grundhaltung und für die Formulierung erfolgreicher erzieherischer Prinzipien stammen aus dem Bereich der **humanistischen Psychologie**. Ein einflussreicher Vertreter dieser Richtung und außerdem Begründer der Gesprächspsychotherapie, ist CARL ROGERS.

Er formulierte ein positives Menschenbild und drei zentrale Variablen, die sich in der empirischen Überprüfung der Wirkungen von Gesprächstherapien als wirksam erwiesen haben:

Akzeptanz/Wertschätzung

Empathie/Einfühlungsvermögen

Kongruenz/Echtheit

Dieses moderne Bild vom Menschen sieht Kinder und Jugendliche als Wesen die aus sich selbst heraus ein Bedürfnis zur Entfaltung ihrer Möglichkeiten haben. Sie sind fähig zu „persönlichem Wachstum", bedürfen dazu aber einer förderlichen Umgebung. Als förderlich haben sich insbesondere die in der therapeutischen Situation bewährten Verhaltensweisen **bedingungslose Akzeptanz (Wertschätzung), Empathie („Einfühlung") und Kongruenz („Echtheit")** erwiesen. Ihre Wirkung beschränkt sich nicht auf die Therapie, sondern sie sind auch Grundlage erfolgreichen Erzieherverhaltens.

Dieses Erzieherverhalten kann über Selbsterfahrung, Selbstreflexion, Einstellungsänderung und Wissens und Kompetenzerweiterung gelernt werden.

Früher war die Auffassung verbreitet, dass vor allem Strafe und Belohnung in all ihren Variationen bewirken, dass der Zögling die von uns wahrgenommenen Fehler ausbügelt. Das ist das so genannte **Defizitmodell**. Er sollte sich also in der Regel so verhalten wie wir es für richtig empfanden. Dieses Bild vom Kind erscheint uns heute aus psychologischer Sicht überholt. Neuere Erkenntnisse der Kleinkindforschung deuten daraufhin, dass schon Säuglinge über eine Vielzahl von Fähigkeiten verfügen. Das also die Persönlichkeitsentwicklung bereits von Anfang an vom Kinde kompetent mitgestaltet wird. Die alte Befehlserziehung, die am Defizitmodell orientiert ist, hat sich überlebt, weil sie das Ziel der optimalen Förderung des Einzelnen verfehlt.

In der Humanistischen Psychologie bzw. der sich daraus ableitenden Pädagogik spricht man deshalb auch nicht mehr von „Erziehung". CARL ROGERS sprach von „behutsamer Begleitung". Dies macht auch sprachlich deutlich, man „zieht" Kinder nicht in eine bestimmte Richtung, sondern beteiligt sich als kompetenter Partner in einem wechselseitigen Prozess des Werdens: Der erwachsene „Coach" formt das Kind nicht nach seinem Bilde, sondern unterstützt das Kind darin, seinen eigenen Weg zu finden, seine Kompetenzen zu entfalten und sein unverwechselbares, individuelles Ich zu entwickeln.

Und so rückt in den letzten Jahren wieder die verstärkte Beachtung personaler Faktoren und der Rolle der *Begegnung* zwischen Erzieher und Erziehendem in den Mittelpunkt des Interesses. Inzwischen herrscht Übereinstimmung, dass Erziehung nicht als eine Technik, begriffen werden kann, in dem die Erziehenden zum Objekt der Erziehungsbemühungen gemacht werden. Vielmehr geht es um die Anerkennung der Subjektivität der Beteiligten. In diesem Sinne spricht der Begründer der Gesprächstherapie, CARL ROGERS, in seinem Erziehungsbuch ‚Lernen in Freiheit' (1972/1984) auch vom Erzieher als Begleiter. Ein „Begleiter" ist ein behutsamer, einfühlsamer, akzeptierender Beobachter und Unterstützer, ein Begleiter des Entwicklungsprozesses des Kindes. Er weiß nicht schon im Voraus alle Antworten, die er mit seinen Techniken zu erreichen sucht, sondern er versucht im Dialog mit dem Kind herauszufinden, welcher Weg geeignet ist. Er unterstützt das Kind darin, auszudrücken, was es selbst will.

Der Erzieher wird hier zum behutsamen Begleiter der Persönlichkeitsentwicklung, der dem Kind dazu verhilft sich selbst zu entdecken und seinen eigenen Weg zu finden.

2. Wertschätzung/Akzeptanz

Wertschätzung ist eine positive gefühlsmäßige Grundhaltung des Erziehers gegenüber dem Kind, die sich mit Achtung, Wärme und Rücksichtnahme umschreiben lässt.

Die meisten Probleme in der Erziehung, im Umgang mit Partnern und auch in der Führung von Menschen ergeben sich aus der Missachtung des Prinzips der Wertschätzung/Akzeptanz. Wir haben oft festgefügte Vorstellungen davon, wie jemand zu sein habe und was er tun solle. Bedingungslose Akzeptanz aber heißt, dass ich mein Gegenüber als Mensch in seinem Sosein wertschätze und ihn nicht bewerte oder verurteile.

Es fällt uns in der Regel schwer, eigenständiges Handeln, das unseren Vorstellungen zuwiderläuft, zu akzeptieren. Dabei lassen wir uns selbst nur ungern etwas vorschreiben, oder?

> Bedingungslos akzeptiert zu werden ist ein menschliches Grundbedürfnis.

Stellen Sie sich bitte vor:
Im Kindergarten sagt ein fünfjähriges Kind zu Ihnen als Erzieherin, dass es keine Lust mehr habe in der musikalischen Früherziehung weiter mitzumachen. Wie würden Sie reagieren?
a) „Das ging mir früher auch so, aber da muss man durch."
b) „Was macht der Lehrer falsch?"
c) „Wenn es Dir keinen Spaß macht, dann kannst Du aufhören."
d) „Du möchtest mit dem Unterricht aufhören."

Je nachdem zu welcher Reaktion Sie neigen, werden Sie unterschiedliches in Ihrem Kind bewirken.

Mit Äußerung a) nehme ich die Erfahrungen meines Kindes nicht ernst, verstoße gegen das Prinzip der Freiwilligkeit und der Eigenverantwortlichkeit. Unter Einsatz von Zwang wird mein Kind zwar weiter am Unterricht teilnehmen, aber die Resultate werden aller Voraussicht nach mäßig sein, da es nicht aus innerem Antrieb, sondern aufgrund von Fremdbestimmung teilnimmt. Ich gehe mit dieser Äußerung nicht auf die Sachebene ein und signalisiere auf der Beziehungsebene, dass ich das Sagen habe.

Mit Äußerung b) leite ich eine Schuldzuweisung ein, ohne die Bedürfnislage des Kindes zu erforschen.

Mit Äußerung c) akzeptiere ich mein Kind und signalisiere ihm gemäß der Prinzipien von Freiwilligkeit und Verantwortlichkeit auf der Beziehungsebene, dass ich es akzeptiere und dass es selbst eine Entscheidung treffen kann.

Mit Äußerung d) beschränke ich mich darauf, herauszufinden, was das Kind wirklich will.

Durch die Verbalisierung des emotionalen Erlebnisinhalts seiner Äußerung, signalisiere ich nicht wertendes Verstehen. Das Prinzip der Akzeptanz ist hier verbunden mit dem Prinzip des „Einfühlenden Verstehens", das im nächsten Abschnitt erläutert wird.

Wer die Äußerungen c) und d) wählt, erhöht die Chance, dass sich das Gegenüber nicht nur verstanden fühlt, sondern auch ermutigt wird, seine Bedürfnisse zu klären und Verantwortung für sein Verhalten zu übernehmen.

Bedingungslose **Akzeptanz** trägt zum Aufbau eines positiven Selbstbildes bei, indem man die Erfahrung macht, dass man in seiner Einzigartigkeit eine wertvolle Person ist.

Erziehung ist nur dann erfolgreich, wenn Kinder die beruhigende Erfahrung machen können, dass sie so wie sie sind in Ordnung sind, also um ihrer selbst willen geschätzt werden. Das zu verwirklichen setzt aber voraus, dass wir uns selbst erkennen und akzeptieren können.

Wir als Erzieher müssen uns also auch von zu engen Vorgaben freimachen, und uns für die Vielfalt kindlicher Persönlichkeiten öffnen. Akzeptanz erfordert auch im Sinne MARIA MONTESSORIS, anregende Räume zu schaffen, die Kinder dazu anregen, ihre Selbstentwicklungskräfte zu entdecken und zu erproben.

Aktives Zuhören als Ausdruck der Wertschätzung

Die Fähigkeit zu einfühlendem Verstehen und zum Aufbau hilfreicher Beziehungen lässt sich auch durch eine Reihe anderer Hilfsmittel noch verbessern. THO-MAS GORDON hat darüber einige gute Bücher geschrieben.

Eines der wichtigsten Instrumente ist das „aktive Zuhören". Ein Beispiel haben wir zwischen Paul und seiner Mutter schon gelesen.

Vertiefen werden wir das aktive Zuhören im Lernfeld Interaktion und Kommunikation.

Im aktiven Zuhören geht es darum, den inneren Zustand unseres Gesprächspartners, seine Gefühle, Empfindungen und Gedanken möglichst umfassend zu verstehen und ihm auszudrücken. So finden die Gesprächspartner selber die Lösung für ihre Probleme. So eröffnen wir uns mehr Möglichkeiten unsere Kinder zu verstehen. Gleichzeitig verbessert sich bei den Kindern die Entwicklung des Selbstgefühls, und wir schaffen ein positives und entspanntes Erziehungsklima.

Aktives Zuhören als Ausdruck des Einfühlungsvermögens in die Welt des Kindes ist also eine Methode um Kindern dazu zu verhelfen, selbst Lösungen für ihre eigenen Probleme zu finden. Die meisten Eltern sind jedoch versucht, wie im folgenden Fall die Probleme den Kindern abzunehmen:

Jan: *„Thomas will nicht mit mir spielen. Er will nie, was ich will."*

Mutter: *„Na, warum sagst du nicht, du willst tun, was er will? Du musst lernen, dich mit deinen kleinen Freunden zu vertragen."*

Jan: *„Ich will nicht das tun, was er will, und außerdem will ich mich mit dem blöden Kerl nicht vertragen."*

Mutter: *„Nun, dann geh und such dir jemand anderen zum Spielen, wenn du ein Spielverderber sein willst."*

Jan: *„Er ist der Spielverderber, nicht ich. Und es ist niemand anders zum Spielen da."*

Mutter: *„Du bist nur schlechter Laune, weil du müde bist. Morgen wirst du anders darüber denken."*

Jan: *„Ich bin nicht müde, und morgen werde ich nicht anders darüber denken. Du begreifst einfach nicht, wie sehr ich diesen kleinen Angeber hasse."*

Mutter: *„Nun hör aber auf, so zu reden! Wenn ich dich jemals wieder so über einen deiner Freunde sprechen höre, wird's dir Leid tun."*
Jan (entfernt sich verdrießlich): *„Ich hasse diese Gegend. Ich wünschte, wir würden fortziehen."*

Eine Lösung im Sinne des „aktiven Zuhörens" finden Sie im folgenden Lernfeld **Kommunikationsverhalten**.

Akzeptieren und Grenzen setzen

Bedingungslose Akzeptanz heißt, dass ich mein Gegenüber als Mensch in seinem Sosein wertschätze und ihn nicht bewerte oder verurteile. Es geht darum, den anderen zu respektieren. Akzeptanz heißt aber nicht, dass ich jede seiner Bestrebungen billige. Es wäre ein Missverständnis, das Prinzip der Akzeptanz als Aufforderung zu einer Laissez-faire-Erziehung, also einer keinerlei Grenzen ziehenden Erziehung zu verstehen. Ganz im Gegenteil schafft die bedingungslose Akzeptanz der Person des Kindes erst die Vorraussetzung für eine wirksame und vernünftig begründete Erziehung. Wenn ich, um ein Beispiel zu geben, das Rülpsen unseres kleinen Max aus dem Lernfeld „Persönlichkeit fördern" ablehne, so kann ich ihn doch trotzdem als Person schätzen. Ich kann ihm freundlich, aber bestimmt signalisieren, dass ich das Rülpsen missbillige und ich kann auch zu angemessenen Sanktionen greifen, ohne etwas an meiner grundlegenden Akzeptanz seiner Person zu ändern. **Diese Unterscheidung ist schwierig und wichtig zugleich:** Grenzen setzen kann gerade ein Zeichen von Achtung der Person sein, während die Haltung des Alles-Durchgehen-Lassens oft Ausdruck einer Missachtung unserer eigenen Bedürfnisse und damit auch der des Kindes ist.

Das Prinzip der Akzeptanz erfordert also in diesem Fall, die schwierige Herausforderung, Max deutlich zu machen, dass er als Person geschätzt ist, auch wenn ich sein konkretes Verhalten in der Situation missbillige. Die Konfrontation mit meiner Missbilligung seines Verhaltens kann ein wichtiges erzieherisches Moment in der Begegnung sein: Max erfährt, dass er als Person respektiert wird. Dieser Respekt macht es aber auch notwendig, dass ich seine Handlungen ernst nehme und ihn mit Wirkungen und Konsequenzen konfrontiere. Als Erzieher kann ich ihm die Verantwortung für die Wirkungen seines Verhaltens nicht abnehmen. Akzeptanz gegenüber dem Kind ist an die Bedingung gebunden, dass auch das Kind Akzeptanz gegenüber dem Erzieher erlernt. Indem ich das Kind als Person bedingungslos akzeptiere, wird es ermutigt, selbst herauszufinden, welches Verhalten sowohl für es wie für seine Mitwelt tragbar ist. In diesem Sinne konfrontiert Akzeptanz des Erziehers das Kind mit seiner subjektiven Wirklichkeit. Indem der Erzieher mich durch seine akzeptierende Haltung ernst nimmt, erhalte ich auch Aufschluss über mich selbst. Ich lerne es, mich so wie ich bin wahr- und anzunehmen. Das Prinzip der Akzeptanz hat somit eine doppelte Wirkung: Einerseits erlaubt es dem Erzieher mehr von der Wirklichkeit des Kindes zu sehen, andererseits sieht das Kind mehr von sich selbst. Zwischen beiden entsteht eine echte Begegnung.

HEDI FRIEDRICH gibt in ihrem Buch „Beziehungen zu Kindern gestalten"[1] ein Beispiel für gemeinsames Lernen mit klar begründeten Erklärungen und begleitenden Anweisungen in wertschätzender Atmosphäre:

Die Erzieherin setzt sich mit einem Bilderbuch in die Leseecke, um den Kindern vorzulesen und um mit ihnen über die Bilder zu sprechen, eine Situation, die sie sehr schätzt und für wichtig hält. Während einige Kinder mitmachen, läuft Joscha umher, schaut kurz auf die Bilder, sagt etwas und geht wieder ohne eine Antwort oder eine Reaktion abzuwarten. So verhält er sich stets in dieser Situation. Er kennt sie nicht. Sie ist ihm fremd. Bisher hat er keine Erfahrung mit Erwachsenen, die sich setzen und mit ihm Bilder anschauen, die Interesse an seiner Meinung zeigen und ihm geduldig zuhören, sodass sich ein Gespräch entwickeln kann. Ihn zu bestrafen z.B. („Du darfst nicht mehr mitlesen".) oder sich als Erzieherin zu ärgern, wäre hier völlig fehl am Platz. Wenn die Erzieherin und die anderen Kinder mit Joscha zusammen lesen und reden wollen, müssen sie ihm dies vermitteln.

Erz.: *„Komm, Joscha, beim Lesen und Bilder betrachten setzen wir uns zusammen und bleiben sitzen, damit du alles siehst und hörst, setz dich mal zu uns, Heike will dir was sagen ... sie hat noch etwas auf dem Bild entdeckt...“*

oder einige Zeit später:

Erz.: *„Bilder anschauen ist zusammensitzen, reden und zuhören, das ist anders als spielen.“*

Das Psychologen-Ehepaar A. und R. Tausch die Pioniere auf dem Forschungsgebiet der Erziehungspsychologie und der Erziehungsstile fassen die Verhaltensmerkmale der Wertschätzung wie folgt zusammen:

Achtung – Wärme – Rücksichtnahme
- Am anderen interessiert teilnehmen.
- Ihm Beachtung schenken.
- Ihn anerkennen.
- Ihn willkommen heißen und wohlwollend behandeln.
- Ihm zugeneigt sein.
- Mit ihm freundlich und herzlich umgehen.
- Ihn rücksichtsvoll, zärtlich, liebevoll behandeln.
- Ihn ermutigen.
- Ihm Vertrauen schenken.
- Sich ihm öffnen und nahe sein.
- Zu ihm halten, ihm beistehen, ihn beschützen, ihn umsorgen, ihm helfen, ihn trösten.

Reflexion

Wie steht es um Ihre Selbst-Akzeptanz?

Was schätzen Sie an sich?

Was mögen Sie an sich weniger?

Was lehnen Sie an sich ab?

Was schätzen Sie an Kindern?

Was finden Sie an Kindern weniger gut?

Was lehnen Sie an Kindern ab?

Sehen Sie einen Zusammenhang zwischen eigener Einschätzung und der Bewertungen der Kinder?

Woher, glauben Sie, kommen diese Bewertungen?

Wie können Sie „Ihren Kindern“ bedingungslose Wertschätzung vermitteln?

3. Empathie/Einfühlungsvermögen

Mit Wertschätzung eng verbunden ist das Sich Einfühlen in die innere Welt des Anderen.

Auf die wesentliche Bedeutung des einfühlenden Verstehens für die persönliche Förderung hat C. Rogers schon früh hingewiesen. In der Behandlung seelischer Störungen ist das einfühlende Verstehen, also die Empathie, die zweite wirksame Größe neben der Wertschätzung. Beide Merkmale hängen eng miteinander zusammen.

Empathie bedeutet das sich Einfühlen in eine andere Person, die Wahrnehmung und das Verstehen der subjektiven Welt des Gegenübers.

Kinder brauchen einfühlendes Verständnis. Sie erinnern sich an die Erkenntnisse der Babyforschung, die die Bedeutung des Einfühlungsvermögens der Mutter in den Säugling, die Entstehung des Urvertrauens untersucht hat. Im intimen Moment der Mutter-Kind Beziehung, indem sich das Baby verstanden fühlt, wird ein Grundbedürfnis befriedigt, dem schon zu Beginn des Lebens eine besondere Bedeutung zukommt. Eine sichere Bindung entsteht durch die früheste Erfahrung des Kindes, dass seine Gefühle richtig verstanden werden, besonders sein Schreien. Die Bindungsforschung hat belegt: Je besser eine Mutter sich in ihr Kind einfühlen kann, seine Signale versteht, mit denen es seine Gefühle mitteilt, desto eher lernt das Kind ihr zu vertrauen. Somit lernt es auch sich selbst zu vertrauen. Dieser Prozess setzt sich im Kindergarten fort.

Im Kindergartenalltag ereignen sich häufig Situationen, in denen Kinder Gelegenheit haben, mitzufühlen:

Ein Beispiel aus H. Friedrich: „Beziehungen zu Kindern gestalten“:

„Esra ist von der Schaukel gestürzt, hat sich verletzt und weint. William geht zu ihr, streichelt sie und sitzt neben ihr.

Erz.:   *„Das tut Esra gut, wenn du sie streichelst!"*

Dennis rennt wie häufig umher und stösst den zwei Jahre jüngeren Emil um. Dieser liegt am Boden und weint. Dennis bleibt stehen und lacht. Die Erzieherin geht zu Emil hin und streichelt ihn am Rücken.

Erz.:   *„Hast du dir wehgetan?"*

Emil schluchzt und schüttelt den Kopf.

Erz.:   *„Dennis komm mal, Emil liegt hier und weint. Bleibe einen Moment hier sitzen, vielleicht braucht er deine Hilfe noch."*

Dennis schaut ratlos: *„Mir doch egal!"*

Erz.:   *„Wenn du weinst, brauchst du auch jemand, der dich tröstet. Jetzt braucht Emil dich zum Trösten."* Dennis kommt und streichelt Emil zaghaft am Bein.

Erz.:   *„Das tut ihm gut, wenn du das machst…"*

Die Erzieherin ermuntert Dennis zu mitfühlendem Verhalten ohne Vorhaltungen oder Strafe. Sie gibt ihm Begleitung, sie hilft ihm neues Verhalten auszuprobieren. Möglicherweise kann Dennis das nächste Mal schon aus eigenem Antrieb heraus Verstehen zeigen.

Nicht immer sind die Signale so deutlich, wie in dem Falle, indem jemand weint.

Schauen wir uns ein anderes Beispiel an:

Paul kommt von der Schule nach Hause zu seiner Mutter und wirkt irgendwie belastet, er druckst herum.

Da sagt die Mutter:

„Du willst mir etwas sagen, aber es fällt dir schwer damit rauszurücken."

Paul fühlt sich verstanden und sagt daraufhin: *„Ja, schon, aber ich weiß nicht ob ich es sagen kann."*

Mutter: *„Du hast Angst vor meiner Reaktion. Es ist etwas Unangenehmes."*

„Ja", sagt Paul. *„Ich glaube, ich bleibe sitzen."*

Mutter: *„Die Angelegenheit belastet dich und du hast Angst, dass ich dir Ärger mache.*

An diesem Beispiel zeigt sich wie die Mutter die nonverbalen Signale ihres Kindes wahrnimmt und anspricht, ihn und seine Sorgen, seine Empfindungen ernstnimmt.

Das nicht wertende, einfühlende Verstehen ermutig Paul dazu sein Problem offen anzusprechen. Die Mutter verurteilt ihn nicht, sondern versucht ihn zu verstehen. Er fühlt sich angenommen und unterstützt.

Wir können an diesem Beispiel erkennen, dass Menschen selten ihre Gefühle gleich in Worte fassen können. Meistens drücken sie sie auf andere Weise aus. Um die Gefühle eines anderen Menschen zu erfassen, muss man also nonverbale Zeichen zu deuten wissen:

- Den Klang der Stimme,
- eine Geste,
- den Gesichtsausdruck,
- die Körpersprache.

Menschen können im Gesichtsausdruck anderer Menschen Gefühle lesen. Wenn es auch nicht immer einfach ist, gerade wenn die Betreffenden ihre Empfindungen zu verheimlichen suchen, oder wenn die Gefühle nur schwach ausgeprägt sind. Dazu möchte ich eine Übung von HERBERT GUDJONS: „Spielbuch Interaktions-Erziehung"[2)] vorschlagen und anschließend wollen wir einmal Ihre Fähigkeit zum Erkennen bestimmter Gefühle einem kleinen Test unterziehen:

Können Sie in der Mimik anderer Menschen Gefühle lesen?

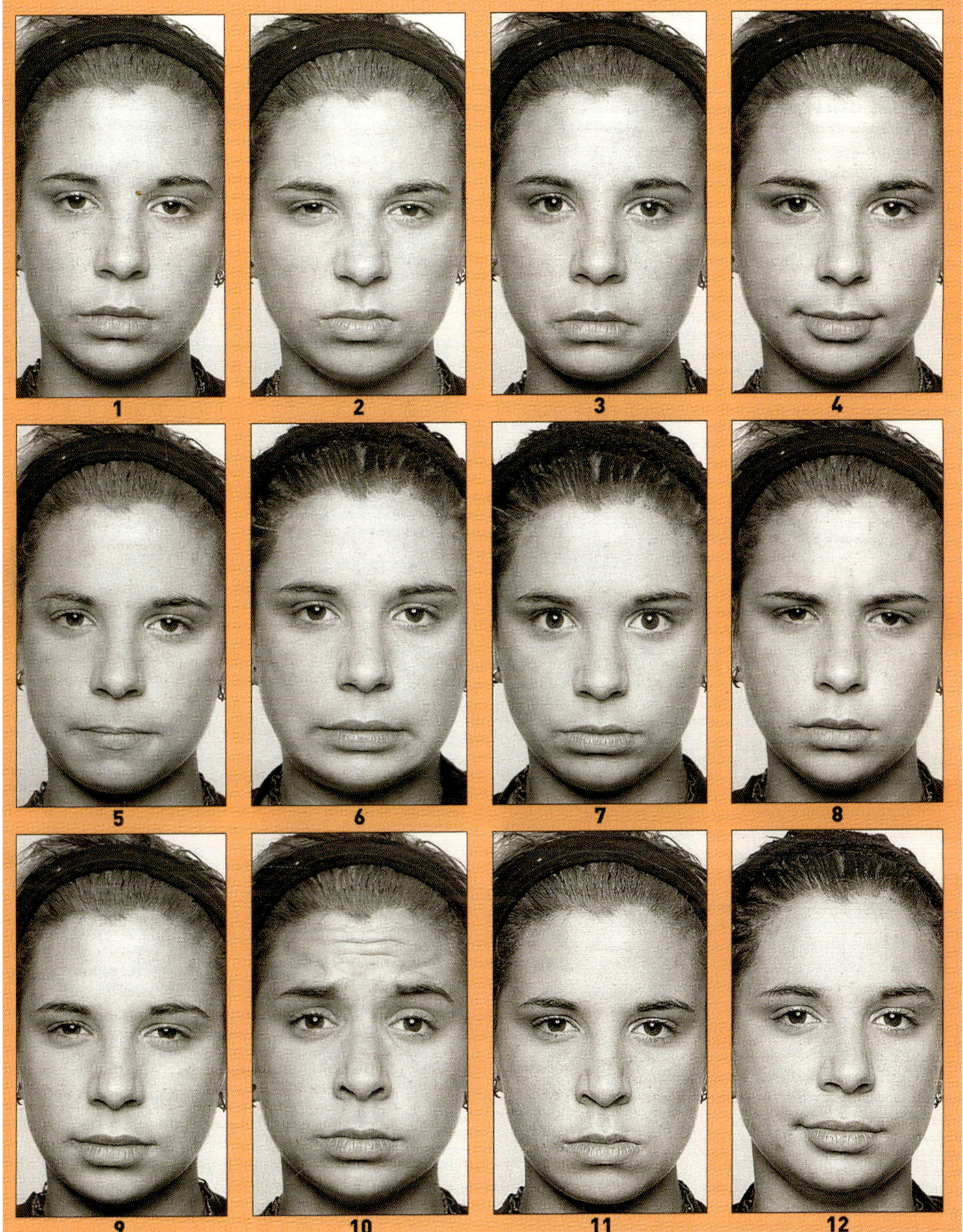

Betrachten Sie jedes der obigen Gesichter einzeln und ordnen sie ihm eine Emotion wie Ärger, Angst, Trauer, Abscheu, Überraschung, Freude, usw. zu.
Viel Erfolg.

Auflösung Mienenspiel

1 Leichte Traurigkeit – das entscheidende Indizi sind die hängenden oberen Augenlider.

2 Abscheu – typisch ist die leichte Anspannung der Muskeln, mit denen die Nase gerümpft und die Augen verengt werden.

3 Wieder leichte Traurigkeit – diesmal ist sie an den herabgezogenen Mundwinkeln zu erkennen. In Bild 1 waren die Lippen entspannt. Traurigkeit kann somit durch die Lippen, die Augenlider oder beides ausgedrückt werden.

4 Heiterkeit – die Mundwinkel weisen nach oben.

5 Entschlossenheit oder Verärgerung – die etwas zusammengepressten, schmalen Lippen können auch ein erstes Anzeichen für aufkeimenden Zorn sein. Der Betrachter erkennt ihn manchmal schon, bevor er der betreffenden Person bewusst ist.

6 Leichte Furcht – die gestreckten Lippen sind ein typischer Anhaltspunkt. Der Gesichtsausdruck wird oft fälschlich als Zeichen von Abscheu interpretiert.

7 Überraschung oder Aufmerksamkeit – die Unterscheidung fällt schwer, wenn wie in diesem Fall nur die oberen Augenlider angehoben sind.

8 Niedergeschlagenheit – die Mimik ist typisch für eine Situation, in der ein Hindernis den eigenen Absichten im Wege steht.

9 Aufkommender Ärger – wenn die unteren Augenlider der einzige Hinweis sind, braucht man zusätzliche Informationen, um die Gefühle der Person zu deuten.

10 Sorge, Ängstlichkeit – die Stellung der Augenbrauen ist ein unfehlbarer Hinweis auf diese Emotionen.

11 Verärgerung – der vorgeschobene Unterkiefer und die angespannten unteren Augenlider sprechen eine deutliche Sprache.

12 Verachtung – das signalisiert der hochgezogene Mundwinkel.

Wundern Sie sich nicht, wenn Sie mehrfach daneben lagen. Es ist wirklich nicht sehr einfach, weil sich auch in einigen Aufnahmen mehrere Gefühle mischen, oder nur andeutungsweise zutage treten.

Im normalen Alltag stehen uns zur Interpretation der Gefühle anderer Menschen ja auch noch weitere Informationsquellen zur Verfügung.

Konkrete Lernsituation

Pantomime der Gefühle

1. Ziel
Kontaktaufnehmen mit eigenen Gefühlen im Hier und Jetzt. Nonverbales Darstellen dieser Gefühle in der Gruppe. Sensibilisierung für nonverbalen Gefühlsausdruck.

2. Durchführung
Die Gesamtgruppe wird in Vierergruppen aufgeteilt. Die Teilnehmer schließen zur besseren Konzentration die Augen und werden sich bewusst, wie sie sich jetzt im Augenblick gerade fühlen. Nach einigen Minuten werden die Augen wieder geöffnet und einer der Teilnehmer beginnt, sein Gefühl ohne Worte durch eine bestimmte Sitz- oder Körperhaltung oder Bewegung auszudrücken. (Wenn sich z. B. einer unsicher fühlt, kann er auf dem Stuhl hin und her rutschen und die andern Teilnehmer ängstlich anschauen usw.). Die anderen Teilnehmer sollen sehr sensibel für diese Darstellung sein und durch Einfühlung herauszufinden suchen, was mitgeteilt werden soll. Jeder der anderen Teilnehmer soll kurz schildern, was er wahrnimmt und wie er es deutet und versteht. Abschließend erläutert der Teilnehmer, der sich dargestellt hat, was er ausdrücken wollte. In dieser Art schließen sich die übrigen Teilnehmer an.

Zeit: ca. 10 Minuten. Gruppengröße bei Unterteilung in Vierergruppen beliebig.

3. Auswertungshilfen
Ein kurzes anschließendes Gespräch in den Vierergruppen kann folgende Fragen aufnehmen:
- Wie weit gelang es mir, Kontakt zu meinen eigenen Gefühlen aufzunehmen?
- Wie weit war ich ehrlich?
- Fühlte ich mich von den anderen verstanden?
- Wie weit gelang mir die Einfühlung in das, was die andern ausdrücken wollten?
- Welche Gefühle drücke ich in der Regel offen aus, welche suche ich für mich zu behalten?

4. Materialien
Keine

5. Hinweise
Auch als Paarübung möglich.

4. Exkurs: Grundemotionen des Menschen

Eine dazu hilfreiche **Übung:**
Sechs bis acht Schüler und Schülerinnen suchen sich je eine Grundemotion aus und stellen sie ohne Worte einzeln vor der Klasse dar. Die anderen Mitschüler versuchen die nonverbal dargestellte Emotion zu erraten. Anschließend wird das Darstellen und Erkennen ausgewertet.

- Freude
- Trauer
- Liebe
- Ekel
- Erschrecken
- Zorn
- Hass
- Genuss
- Scham

Das Erkennen der Gefühle in dieser Übung dürfte leichter fallen, weil wir mehr Informationen erhalten, und weil diese Grundemotionen auch einen biologischen Ursprung haben. Deshalb werden sie auch in verschiedenen Kulturen nahezu auf die gleiche Art und Weise zum Ausdruck gebracht.

PAUL EKMAN, ein Experte auf dem Gebiet der Emotionen und der Körpersprache ist der Auffassung, dass man durch Übung das „Gesichter lesen" und „Körper lesen" verbessern kann. Durch „aktives Zusehen" kann der aufmerksame Erzieher Muskelverspannungen, Verkrampfungen, aber auch Entspanntheit wahrnehmen. Voraussetzung dieses „einfühlenden Sehens" ist aber

---

Einfühlendes Verstehen

Kein einfühlendes Verstehen

- eine Person geht auf die Äußerungen des anderen nicht ein
- sie geht auf die vom anderen ausgedrückten oder hinter seinem Verhalten stehenden gefühlsmäßigen Erlebnisinhalte ein
- sie versteht den anderen deutlich anders, als dieser sich selbst sieht
- sie geht von einem vorgefassten Bezugspunkt aus, der den des anderen völlig ausschließt
- sie zeigt nicht einmal, dass ihr die vom anderen offen ausgedrückten Oberflächengefühle bewusst sind
- sie ist entfernt von dem, was der andere fühlt, denkt oder sagt
- sie bemüht sich nicht, die Welt mit den Augen des anderen zu sehen
- sie befasst sich nicht mit den vom anderen geäußerten gefühlsmäßigen Erlebnissen oder schmälert diese, indem sie bedeutsam geringere gefühlsmäßige Erlebnisinhalte des anderen anspricht
- ihre Handlungen und Maßnahmen sind nicht der inneren Welt des anderen angemessen, sie gehen an dem Fühlen und den inneren Bedürfnissen des anderen vorbei

Vollständiges einfühlendes Verstehen

- eine Person erfasst vollständig die vom anderen geäußerten gefühlsmäßigen Erlebnisinhalte und gefühlten Bedeutungen
- sie wird gewahr, was die Äußerungen oder das Verhalten für das Selbst des anderen bedeuten
- sie versteht den anderen so, wie dieser sich im Augenblick selbst sieht
- sie teilt dem anderen das mit, was sie von seiner inneren Welt verstanden hat
- sie hilft dem anderen, die von ihm gefühlte Bedeutung dessen zu sehen, was er geäußert hat
- sie ist dem anderen in dem nahe, was dieser fühlt, denkt und sagt
- sie zeigt in Ihren Äußerungen und Verhalten das Ausmaß an, inwieweit sie die Welt des anderen mit seinen Augen sieht
- sie drückt die vom anderen gefühlten Inhalte und Bedeutungen in tiefgreifenderer Weise aus als dieser es selbst konnte
- ihre Handlungen und Maßnahmen sind dem persönlichen Erleben des anderen angemessen

Kein Verstehen		**1**	**2**	**3**	**4**	**5**	Vollständiges Verstehen

auch hier, dass wir nicht interpretieren und bewerten, sondern neutral unsere Wahrnehmung dem Kind oder Partner mitteilen, der dann selber entscheiden muss, was sie bedeuten. Im Alltag praktizieren wir in der Regel schon immer mehr oder weniger bewusst dieses Körpersignale lesen, indem wir Rückschlüsse auf die Befindlichkeit unseres Gegenübers ziehen. Selten aber machen wir uns dies bewusst. Wir sollten es bewusster tun, um mehr über die persönliche Wirklichkeit unserer Kinder zu erfahren.

Das einfühlende Verstehen – die Empathie – lässt sich im Sinne des Ehepaars TAUSCH & TAUSCH[3] auch als Merkmalsbündel darstellen (siehe vorige Seite).

5. Kongruenz/Echtheit

Das Ehepaar Tausch betonen in ihrer Erziehungstilforschung neben Wertschätzung und einfühlendem Verständnis auch noch eine dritte wichtige Grundhaltung des Erziehers: Die **Echtheit**. Der Erzieher gibt sich so, wie er wirklich ist, ohne künstliches Getue, ohne Vortäuschung falscher Tatsachen, auch ohne Lügen. Er ist dem Kind gegenüber ehrlich und zeigt aufrichtig seine Gefühle.

> Unter **Echtheit/Kongruenz** versteht man eine pädagogische Grundhaltung gegenüber dem Kind, in der der Erzieher er selbst ist. Das Verhalten des Erziehers ist mit seinen Einstellungen und Gefühlen übereinstimmend.

Was bedeutet das Prinzip der Echtheit für unser Eingangsbeispiel der musikalischen Früherziehung? Die Erzieherin kann akzeptierend und einfühlend reagieren, genauso wichtig ist aber auch, dass das Kind ihre Gefühle erfährt.

Besser als Anklage, Druck oder Gleichgültigkeit wäre, wenn die Erzieherin ihre Empfindungen ausdrückt:

Erzieherin: „Ich finde es schade, dass du nicht teilnehmen willst."

Es handelt sich hier um eine selbstenthüllende Ich-Botschaft, die bereits Max Eltern eingesetzt haben. Entscheidend ist aber hier, dass diese Botschaft nicht taktisch gegeben wird, um das Kind emotional unter Druck zu setzen, sondern dass sie echtem Empfinden

entspricht. Das Kind bekommt so mit, dass der Erzieherin sehr viel an seinem Musizieren liegt – eine Information, die seine Entscheidung beeinflussen kann. Gerade die Freiheit, die die Erzieherin dem Kind lässt – bei gleichzeitigem Signalisieren eines deutlichen Interesses – erhöht die Wahrscheinlichkeit, dass das Kind seine Ablehnung überdenkt.

Wie wir bereits bei Max im Lernfeld „Persönlichkeit fördern" gesehen haben, fordern Kinder selbst das Prinzip der Echtheit ein. „Es stört mich aber doch, verdammt!" ruft der Vater sichtlich entnervt in Hackes Geschichte und lässt nun alle pädagogische Betulichkeit fahren, um zum Kern seines Empfindens durchzudringen. Kinder provozieren uns solange, bis wir unsere echten Gefühle zeigen. Wie der kleine Max uns und seinen Eltern in unserem Beispiel drastisch vor Augen geführt hat, reichen Akzeptanz und einfühlendes Verstehen nicht aus, um eine für alle Beteiligten hilfreiche Beziehung zu entwickeln. Bei allem Verständnis gibt es irgendwann eine Grenze, in der die Bedürfnisse des Erziehers so stark werden, dass er den Heranwachsenden mit seinen eigenen Gefühlen konfrontieren muss.

Wie kommt es, dass es uns als Erzieher häufig so schwer fällt, in angemessener und einsehbarer Weise zu unseren Gefühlen zu stehen und Grenzen zu setzen?

Gerade bei sich als fortschrittlich begreifenden Erzieherinnen trifft man häufig eine Verherrlichung des Kindes an. Diese Verherrlichung des Kindes führt dann zur Zurückstellung der eigenen Bedürfnisse.

Die Kinder sind alles, man selbst kommt erst in zweiter Linie. Dies führt zu einer Überbewertung des Kindes und einer Unterbewertung der Bedürfnisse der Erzieher. Gerade angesichts gestresster und überforderter Erzieher, scheint dies verhängnisvoll, da sich die Kinder zu „kleinen Tyrannen" entwickeln können, wenn die Erzieher überzeugt sind sich ganz in den Dienst der Kinder stellen zu müssen.

Erfolgreiche Erziehung in unserem Sinne, zielt jedoch immer auf die Entwicklung eines dialogischen Verhältnisses ab. In einer dialogischen Beziehung ist es selbstverständlich, dass sich die Partner gegenseitig als vollwertige Personen respektieren. In einer solchen Beziehung ist es natürlich, dass man die Bedürfnisse beider Seiten angemessen berücksichtigt. Die

Voraussetzung dafür ist aber, dass der Erzieher im Kontakt mit sich und seinen Bedürfnissen steht.

Erfolgreiche Erzieher stehen zu ihren Bedürfnissen

Erfolgreiche Erzieher sind Personen, die zu ihren Bedürfnissen stehen, die mit sich in Übereinstimmung, oder wie ROGERS sagt, die „kongruent" sind, bei denen also das Verhalten mit den Bedürfnissen übereinstimmt. Ein kongruenter, bzw. echter Erzieher ist nicht außengeleitet, macht sich nicht einseitig von äußerlichen Normen einer „guten Erziehung" abhängig, sondern ist mit sich selbst in Kontakt und verwirklicht das Erziehungskonzept, das zu seiner Person passt. Er ist nicht an die jeweilige Erziehungsmode angepasst, sondern verwirklicht authentisch die Prinzipien und Haltungen, die seiner Persönlichkeit entsprechen. Insofern kann es auch kein eindeutig festlegbares Rezept für erfolgreiche Erziehung geben, weil die Rezepte auf die jeweilige Person des Erziehers abgestimmt werden müssen, bzw. der Erzieher sein eigenes Rezept finden muss.

Auch mit dieser Auflistung von Merkmalsbündeln ist es möglich, die Ausprägung dieses Erzieherverhaltens einzuschätzen.

Echtheit – Aufrichtigkeit

Fassadenhaftigkeit – Nichtübereinstimmung – Unechtheit	**Echtheit – Übereinstimmung – Aufrichtigkeit**
• eine Person sagt Gegensätzliches zu dem, was sie denkt und fühlt • sie gibt sich anders, als sie wirklich ist • sie verhält sich gekünstelt, mechanisch, spielt eine Rolle • sie gibt sich amtlich, professionell, routinemäßig • sie lebt hinter einer Fassade, hinter einem Panzer • sie zeigt häufig ein stereotypes Verhalten in Gesten und Worten • ihr ist nicht vertraut, was in ihr vorgeht • sie täuscht andere und will sie manipulieren, sie heuchelt • sie ist unehrlich sich selbst gegenüber, macht sich etwas vor, vermeidet sie selbst zu sein • Äußerungen, Handlungen, Mimik und Gestik dienen der Verteidigung, der Fassade, damit der andere ihr wirkliches Ich nicht kennenlernt • sie ist undurchsichtig • die drückt keine tiefen gefühlsmäßigen Erlebnisse aus	• eine Person sagt das, was sie denkt und fühlt • sie gibt sich so, wie sie wirklich ist • sie verhält sich ungekünstelt, natürlich, spielt keine Rolle • sie ist ohne professionelles, routinemäßiges Gehabe • sie ist sie selbst, sie lebt ohne Fassade und Panzer • sie verhält sich in individueller, origineller, vielfältiger Weise • sie ist vertraut mit dem, was in ihr vorgeht • sie ist aufrichtig und heuchelt nicht • sie ist ehrlich sich selbst gegenüber, macht sich nichts vor, ist bereit, das zu sein, was sie ist • sie offenbart sich anderen und gibt sich mit ihrem Ich zu erkennen, sie verleugnet sich nicht • sie ist durchsichtig • sie drückt tiefe gefühlsmäßige Erlebnisse aus

Fassadenhaftigkeit	1	2	3	4	5	Echtheit

Kinder führen uns zu uns selbst

In dem Moment, wo sich der Erzieher echt einbringt, steigt die Chance das sich Kind und Erzieher als ganze Personen begegnen und akzeptieren, in dem Maße, wie der Erzieher zu seiner eigenen Wirklichkeit vordringt, wird es ihm auch leichter fallen, zur Wirklichkeit der Kinder vorzudringen. Ja, immer wieder erleben wir, wie Kinder es geradezu darauf abgesehen zu haben scheinen, uns aufrichtig zu erleben. Das haben wir auch bei Max gesehen. Er beharrt auf seinem Verhalten so eindringlich, dass sein Vater endlich seine Zurückhaltung aufgeben muss – und wenn auch gebremst – explodiert. das richtige Maß der Authentizität will also gelernt sein. Diese Fähigkeit ist für Erzieher von zentraler Wichtigkeit, denn das unverstellte Einbringen der eigenen Person ist eine unabdingbare Bedingung wirklicher Begegnung.

6. Die Einheit von Akzeptanz, Einfühlung und Echtheit

Zunächst in seiner therapeutischen, später aber auch pädagogischen Arbeit ist ROGERS darauf gestoßen, dass Kongruenz neben Akzeptanz und Empathie die dritte wirksame Variable für eine hilfreiche Begegnung ist. Der unlösbare Zusammenhang dieser drei Variablen zeigt sich darin, dass Akzeptanz und Einfühlung erst überzeugend wirken, wenn ich mit meiner ganzen Person dahinterstehe. Geheucheltes Interesse bemerken Kinder wie Erwachsene sehr schnell und reagieren mit großer Enttäuschung. Insofern sind die drei Variablen nicht nur gültig für die Kindererziehung, sondern weisen uns auch einen Weg insgesamt erfolg-

reich miteinander kommunizieren können. In der Variable Echtheit bestätigt sich die Erkenntnis, **dass das wirksamste Mittel der Erziehung die Person des Erziehers selbst ist**. Leider findet diese Einsicht in den meisten Ausbildungen von Erziehern und Lehrern noch viel zu wenig Berücksichtigung. Ein erfolgreicher Erzieher wird man eben nicht durch theoretisches Buchwissen allein, sondern nur durch eine Verschränkung der Erarbeitung wissenschaftlicher Erkenntnisse mit der ergänzenden Arbeit an sich selbst. Von allen bisher besprochenen Prinzipien ist wahrscheinlich das der Echtheit bzw. Authentizität am schwierigsten zu verwirklichen. Seine Verwirklichung erfordert, wie Martin BUBER gesagt hat, dass der Erzieher wirklich da ist. Er darf und soll auch zu seinen Begrenzungen und Schwächen stehen. Er schreibt:

„Auf die Ganzheit des Zöglings wirkt nur die Ganzheit des Erziehers wahrhaft ein, seine ganze unwillkürliche Existenz. Der Erzieher braucht kein sittliches Genie zu sein, um Charakter zu erziehen; aber er muss ein ganz lebendiger Mensch sein, der sich seinen Mitmenschen unmittelbar mitteilt.“[4]

Der Erzieher kann also nur die Werte glaubhaft vermitteln, die er selbst – auch in seinen unwillkürlichen Äußerungen – lebt. Wenn Akzeptanz und Empathie auch wichtige Variablen in der Begegnung sind, so ist doch die gelebte Authentizität der entscheidende. Es hilft Ihnen nichts, wenn Sie sich Erziehungskonzepte aus der Literatur aneignen, die nicht zu ihrer Person passen. Auch mit Training können Sie nicht Ihre grundlegenden Haltungen verändern. Das Prinzip der Echtheit weist Ihnen den Erfolgsweg: Sie müssen Ihren eigenen Stil entwickeln – einen Stil, mit dem Sie übereinstimmen.

Angemessenes Kommunikationsverhalten entwickeln

1. Was ist Kommunikation?

„Hallo! Wer bist denn du?"

Auch wenn sich zwei so unterschiedliche Wesen wie das kleine Mädchen und der Delphin an einem Strand in Australien zufällig begegnen, kommt es sofort zur Kommunikation: Die Fähigkeit, Botschaften mit ihrer Umwelt auszutauschen, wohnt allen Organismen inne. Selten ist sie allerdings so hoch entwickelt wie bei den Meeressäugern.

Kein Lebewesen kann es jedoch mit den kommunikativen Fähigkeiten des Menschen aufnehmen, Sprache erst verbindet uns, macht Bewusstsein möglich, begleitet unser Denken und macht uns zu einsichtsfähigen und reflektierten Wesen.

Vor allem aber macht es uns eine soziale Verbindung zu anderen Menschen möglich. Kommunikation ist also in erster Linie Verständigung, Austausch von Informationen zwischen Menschen:

Damit ist Kommunikation Grundlage jeden menschlichen Zusammenlebens.

Unter **sozialer Kommunikation** verstehen wir die Aufnahme, die Vermittlung und den Austausch von Informationen zwischen zwei oder mehreren Personen. Dies kann man auch im weiteren Sinn als Interaktion bezeichnen.

2. Verstehen ohne Worte

Im Zusammenhang mit der pädagogischen Grundhaltung sind wir der Erkenntnis bereits begegnet, dass persönliche Äußerungen nicht nur sprachlich vermittelt werden. Persönliche Mitteilungen umfassen also weit mehr kommunikative Elemente als nur das Sprechen. Da sind zunächst die sogenannten **nonverbalen Äußerungen** zu nennen, womit in erster Linie Körpersprache: **Mimik, Gestik, Blickkontakt und Haltung**, aber auch **Bewegungsabläufe** gemeint sind.

Gerade Kinder orientieren sich an Gesten, Mimik und Ton, lange bevor sie sprechen lernen, Worte verstehen und sich durch Worte mitteilen. So ist es bereits im Säuglingsalter möglich, lange bevor das erste verständliche Wort fällt, sich miteinander zu verständigen.

Körpersprache

Körpersprache untergliedert verschiedene Teilbereiche nonverbaler Kommunikation:

- Haltung
- Mimik
- Gestik
- Blickkontakt
- räumliches Verhalten

Zu jeder sprachlichen Mitteilung gehören nicht-sprachliche Signale. Dies ist so selbstverständlich, dass kaum jemand bewusst darauf achtet, obwohl eine Beziehung zu einer anderen Person ganz wesentlich davon mitbestimmt wird. Tonfall; Gesten, Gesichtsausdruck, Bewegungen und Körperhaltung sind besonders geeignet, Gefühle und Einstellungen mitzuteilen.

In der Regel sind die nonverbalen Botschaften wichtiger als die gesprochenen Worte. Jede Bewegung, die wir machen, ist und bleibt einmalig. Sie sagt aus, was wir mit unserer Sprache häufig nur umschreiben oder gar verschweigen. Der Körper lügt nicht, er ist der Spiegel unserer Seele.

Kinder sind in ihrer Bewegung, in ihrer Körpersprache noch am wenigsten verfälscht. Sie sagen, was sie denken, verbal wie nonverbal.

Haltung

Die Körperhaltung dieses Jungen bringt das Bedürfnis zum Ausdruck, dazugehören zu wollen. Er würde sich gerne anschließen, wird aber von der Gruppe übersehen.

Bei der Haltung eines Menschen kommt dem Muskeltonus, also dem Grad der körperlichen Gespanntheit eine zentrale Rolle zu.

Rund um Körperhaltung gibt es interessanterweise sehr viele sprachliche Metaphern und Volksweisheiten wie beispielsweise:
- „mit beiden Beinen auf der Erde stehen" bedeutet Realitätssinn;
- „einen festen Standpunkt haben" dokumentiert klare und eigentlich unverrückbare Ansichten;
- „vor jemandem kriechen" heißt eine widerspruchslose, unterwürfige Haltung einnehmen.

Das erste, worauf man sein Augenmerk richten sollte, ist die Gewichtsverlagerung. Steht ein Mensch aufrecht oder ist sein Gewicht vor bzw. hinter das Becken verlagert? Hier kann man die Körperhaltung mit den Aussagen aus dem Volksmund gleichsetzen: Je gerader jemand steht, desto aufrechter ist seine innere Haltung. So ein Mensch ist weder unsicher (Neigung nach vorne) noch überheblich (Neigung nach hinten). Ein weiterer – sprachlich übertragbarer – Aspekt ist die Offenheit bzw. Geschlossenheit einer Haltung. Damit ist der Hals- und Brustraum gemeint. Weiterhin ist bedeutungsvoll, ob ein Mensch frei steht oder ob er

irgendwo eine Stütze sucht. Es gibt Menschen, die sich immer irgendwo anlehnen müssen.

Die Körperhaltung ist also ein Ausdruck von Gefühlen und persönlichen Befindlichkeiten. Sie liefert Interpretationshilfen dafür, wie sicher, souverän, überlegen sich jemand fühlt. So spiegelt sich Fröhlichkeit in einer aufrechten, offenen Haltung oder Resignation in einer leicht gebeugten, in sich gekehrten, also optisch eher geschlossenen Haltung wider. Auch die Konzentration auf einen anderen, schlichte Neugier, Irritation oder auch nur Nachdenklichkeit lassen sich leicht ablesen.

Ein sehr einprägsames Kennzeichen ist die plötzliche Veränderung der äußeren Haltung – sie spiegelt immer eine plötzliche Veränderung der inneren Haltung wider.

Auch die Körperbewegungen spielen bei der Gesamtinterpretation eine Rolle. Ein vorgeneigter Oberkörper in einem Gespräch signalisiert Aufmerksamkeit oder den Hinweis, dass jemand etwas sagen möchte, er kann aber auch Skepsis ausdrücken. Mit einem demonstrativen Zurücklehnen wird meist Desinteresse oder Missfallen am Thema angedeutet.

Die Sitzhaltung und wie viel Raum in Anspruch genommen wird liefert weitere Anhaltspunkte für die Wahrnehmung. Es gibt Menschen, die sich in Sitzgelegenheiten werfen, um dort im wahrsten Sinne des Wortes (ihren) Platz einzunehmen. Jugendliche wollen z. B. oft deutlich machen, dass sie „gutem Benehmen" keine Beachtung schenken (wollen) und hiermit ihre Unabhängigkeit und Selbstständigkeit für alle sichtbar dokumentieren.

Dabei ist häufig zu erkennen, dass das Ignorieren des mit Erziehung erworbenen Verhaltens einige Überwindung kostet. Andere tun genau das Gegenteil: Sie beschränken sich auf die Sitzkante, lehnen sich nicht gemütlich zurück und setzen ihren Körper damit einer physischen Belastung aus, die eine psychische Anspannung zwangsläufig noch verstärkt und dem Beobachter Unsicherheit, mangelndes Selbstbewusstsein oder Nervosität, signalisiert.

Je mehr jemand dafür sorgt, dass er bequem sitzen kann, desto souveräner gibt er sich. Meistens kommt dieses Selbstbewusstsein bei Zuhörern und Beobachtern an. Eine angespannte Sitzhaltung kann jedoch in Kombination mit krampfhaften Fußbewegungen auch bedeuten, dass jemand weg möchte, weil ihn die Unterhaltung eigentlich nicht interessiert.

Pure Freude spiegelt sich im strahlenden Gesicht dieses Mädchens aus Somalia.

Mimik

Der Gesichtsausdruck spiegelt die persönliche Verfassung wieder. Er zeigt Emotionen und Befindlichkeiten recht eindeutig.

Nehmen wir als Beispiel doch einmal das Lachen. Bekanntlich ist das Lachen die kürzeste Verbindung zwischen zwei Menschen. Um sich hierin zu verständigen bedarf es dann eigentlich keiner Worte mehr. Es „spricht für sich"

Mimik umfasst Gesichtszüge, Augenkontakt und Blickrichtung sowie Kopfbewegungen. Einzelne Ausdrucksformen sind als psychosomatische Auswirkungen des Nervensystems jedoch nicht zu beherrschen, diese Reaktionen erfolgen unwillkürlich. Dazu gehören das Blasswerden und besonders die Erweiterung der Pupillen bei starken emotionalen Erregungen.

Die Mimik eines Menschen ist ein sehr ausdrucksstarkes Element der Körpersprache. Meist wird ihr aber ein zu hoher Stellenwert in der tatsächlichen Aussagekraft beigemessen. Die Mimik unterliegt in einem außerordentlichen Umfang der persönlichen Kontrolle, da insbesondere das Gesicht während der Kommunikation genau beobachtet wird. Weil das so ist, versucht man, diesen Gefühlsausdruck so stark wie möglich unter Kontrolle zu halten:

„Gute Mine zum bösen Spiel".

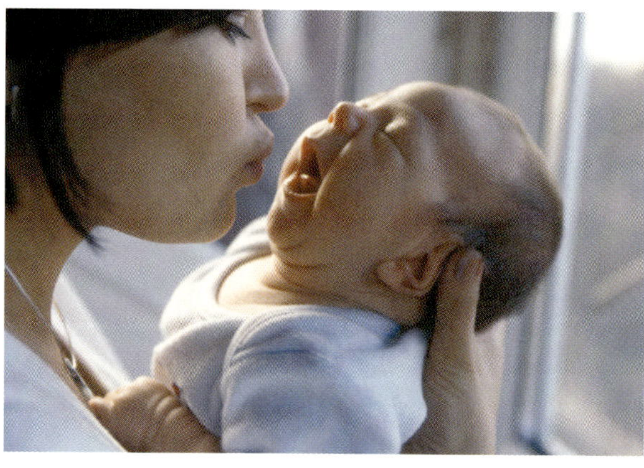

Mimik ist ein Medium der Kommunikation, das schon im Säuglingsalter deutlich verstanden wird. Babies können frühzeitig vertraute Gesichter erkennen und auf sichtbare Stimmungen reagieren.

Dies offenbart sich deutlich in der Entwicklungsphase, während derer das Kind schreit, wenn sich ein fremdes Gesicht zum Baby beugt, egal wie freundlich dieses Gesicht ist (siehe Kapitel Bindungsverhalten).

Gestik

Die Art das gesprochene Wort mit den Bewegungen der Hände zu unterstützen ist ein typisches Merkmal der Gestik. Das Gebärdenspiel als Ganzes wird auch als Gestik beschrieben. Der Junge am Strand spricht Bände mit seinen Händen. Die Finger sind gestreckt, die Handfläche zeigt nach oben, es ist die klassische Geste der Bettler.

Die Gestik ist, obwohl mit der Mimik vergleichbar, eigentlich ein vergleichsweise aussageschwächeres Element der Körpersprache. Es gibt bekanntermaßen Menschen, die aufgrund ihres Temperaments viel und intensiv „mit den Händen reden". Andere sind in dieser Hinsicht eher sparsam, wieder andere setzen Gestik sehr gezielt zum Unterstreichen ihrer Aussagen ein. Natürlich gibt es auch in diesem Bereich Hinweise, die relativ klar interpretierbar sind, wie das Fingerklopfen auf der Tischplatte für Ungeduld, Langeweile und/oder zunehmenden Ärger. Keineswegs bedeutet jedoch das Arme-Übereinander-Verschränken grundsätzlich „Mauern" (oder Zurückhaltung.)

Gestik kann ähnlich monoton wirken, wie ein schlechter Redner. Es gibt Menschen, die während eines zweistündigen Gespräches immer wieder die gleichen Gesten machen, was ebenso nervt wie die ständige Wiederholung eines Lieblingsbegriffes oder einer Redewendung oder wenn der Satz jedes Mal mit einem „Ääh" beginnt.

Gestik wird vor allem zur Untermalung des verbalen Inhaltes benutzt. Je stärker die Gefühle angesprochen werden, desto akzentuierter wird auch die Gestik.

Betrachten Sie das folgende Bild des sechsjährigen Mädchens und versuchen Sie die Sprache der Hände und die Mimik zu entschlüsseln, bevor Sie weiterlesen:

Dieses sechsjährige Mädchen hat gerade entdeckt, dass mit ihrer schwierigen Rechenaufgabe irgendetwas nicht stimmt. Die Hand geht zum Kopf und beginnt ihn zu kratzen, was ihr Bemühen, das Problem zu lösen ausdrückt. Die Stirn ist gerunzelt, die Mundwinkel hängen herab. Es ist offensichtlich, dass sie die richtige Antwort noch nicht gefunden hat.

Mit Händen und Armen kann man: ablehnen, abwarten, abwehren, angreifen, auf etwas zeigen, Aufregung ausdrücken, beeindrucken, Begeisterung äußern, bremsen, demonstrieren, einladen, Freude zeigen, konkretisieren, Nachdenklichkeit signalisieren, Nervosität verraten, Schlussstriche ziehen, Sympathie bekunden, übereinstimmen, ungeduldig sein, untermauern, werben, Zufriedenheit bekunden, zurückhalten und so weiter.

Eindrucksvoll ist auch die Gestik der Weigerung bei dem kleinen Kind das nicht mehr weiter essen möchte.

Dieser anderthalb Jahre alte Junge weicht vor seinem Teller und dem angebotenen Löffel zurück, wirft die Hände in die Höhe und schürzt die Lippen. Es scheint der Versuch, ein neues Gemüse auszuprobieren, misslungen.

Viele Gesten, die der Kommunikation dienen sind überall auf der Welt gleich. Wenn Menschen glücklich sind lächeln sie. Wenn sie traurig oder ärgerlich sind, runzeln sie die Stirn oder blicken finster. Aber es gibt auch Gesten, die von Kultur zu Kultur unterschiedlich verstanden werden. Dazu gehören beispielsweise verschiedene Gesten der Hand. Wichtig bleibt die Erkenntnis, dass man die Gesten immer nur im Zusammenhang der ganzen Situation richtig verstehen kann, und dass sie auch unbeabsichtigt Gefühlszustände zum Ausdruck bringen. Beispiele dafür:

- Fingerspiele oder das Spielen an Gegenständen als Ausdruck von Nervosität,
- das Umklammern von Dingen als Ausdruck verhaltener Wut,
- das Streicheln von fühlbar angenehmen Gegenständen als Zeichen von Einsamkeit,
- das Ballen der Faust als Ausdruck von Aggression,
- das Pressen der Augen über der Nasenwurzel als Signal von Müdigkeit und Erschöpfung,
- das Kratzen am Kopf für Ratlosigkeit oder
- das Hochwerfen der Arme für Begeisterung.

Blickkontakt

Der Blickkontakt ist unser wichtigstes Gefühls- und Stimmungsbarometer für andere, was selbstverständlich auch Informationen wie Überraschung oder Erschrecken, Staunen, Ängste oder Verlegenheit beinhaltet. Mit den Augen nimmt man in der Regel zuerst wahr, wenn notwendig alarmieren sie unmittelbar unseren Verstand.

Auch eine gewisse Anspannung im Sinne von Unsicherheit, oder dem Bewusstsein einer heiklen Situation, schlägt sich in wesentlich häufigeren Blickkontakten mit kurzer Blickdauer nieder. Bei kaum einem anderen Element der Körpersprache gibt es so viele feststehende Redewendungen wie: „Das war Liebe auf den ersten Blick!" oder: „Wenn Blicke töten könnten."

Die Interaktion zwischen zwei Menschen beginnt in der Regel mit einem längeren Augenkontakt, der prüft, ob der andere überhaupt zu einem Kontakt bereit ist. Die erste Phase ist dadurch gekennzeichnet, dass man sich und dem anderen die Option offen hält, den Kontakt weiterzuführen beziehungsweise eine Unterhaltung zu beginnen. Diese Möglichkeit wird überprüft, indem derjenige, der die Unterredung wünscht, beispielsweise fragt, ob er stört. Während dieser ersten Momentaufnahmen lässt sich der Kontakt dann noch weitgehend problemlos und ohne Verärgerung abbrechen, während dies zu einem späteren Zeitpunkt nur noch mit glaubhaften Erklärungen möglich sein wird.

Die meisten Menschen sehen deswegen, wenn sie ein Gespräch beginnen, zunächst noch einmal weg, um die Chance zur Kontaktverweigerung zu unterstreichen. Augenkontakt im Sinne von Kontrollblicken stellt einen wesentlichen Aspekt der erfolgreichen Gesprächsführung dar.

Blickkontakt fällt auch auf, wenn er nicht vorhanden ist, dann signalisiert er in der Regel Desinteresse am

anderen. Findet er statt, so zeigt er Nähe und verdeutlicht durch seine Dauer den Grad an Interesse oder Intimität. Eine Verlängerung des Blickkontakts kann Intimität steigern, das Blicke senken oder Vorbei schauen am anderen die Vertrautheit wieder schwinden lassen.

Wie sich empirisch feststellen lässt, spielt außerdem die räumliche Distanz eine wichtige Rolle. Je geringer die Entfernung zwischen einander fremden Personen ist, umso peinlicher ist der Blickkontakt. In einer Wartesituation, zum Beispiel beim Fahrstuhlfahren, lässt sich diese Erfahrung immer wieder machen: Man schaut am anderen vorbei, geht mit dem Blick zu Boden, oder stiert die Decke an.

Konkrete Lernsituation

Double

1. Ziel
Wahrnehmung nonverbaler Signale eines Partners, Einfühlung in eine durch Körperhaltung ausgedrückte Stimmungslage. Nachempfinden von ausgedrückten Gefühlen durch Imitation und Identifikation.

2. Durchführung
Jeweils zwei Partner einer Gruppe setzen sich gegenüber, alle Paare verteilen sich frei im Raum. Der eine Partner beginnt. Er soll sich einige Augenblicke auf sich selbst konzentrieren und sich seine augenblickliche Gefühlslage bewusst machen. Dann setzt er sich so auf seinen Stuhl, dass die Haltung seines Körpers, seiner Arme, Füße, Beine, Hände, des Kopfes usw. möglichst genau ausdrückt, wie er sich fühlt. Um dies zu erreichen, ist

es nötig, dass sich der Teilnehmer viel Zeit lässt, wiederholt seinen Körper überprüft, ob wirklich das ausgedrückt wird, was er fühlt, ggf. seine Haltung korrigiert und zwar so lange, bis er eine angemessene Übereinstimmung zwischen Gefühlslage und Körperhaltung feststellt.

Der zweite Partner nimmt sich nun Zeit und Ruhe dafür, sein Gegenüber bewusst wahrzunehmen und auf sich wirken zu lassen. Er soll sich keine „Gedanken" darüber machen, was der andere wohl ausdrücken will.

Nach einiger Zeit beginnt er seinen eigenen Körper in eine Kopie seines Gegenübers zu formen, und zwar so exakt wie möglich, bis er genauso dasitzt wie sein Gegenüber. Nun versucht er, sich in seine eigene Körperposition einzufühlen, wahrzunehmen, was diese Körperhaltung aussagt. Auch dafür soll er sich Zeit nehmen und nicht zu oberflächlich sein.

Wenn er genügend Klarheit in dieser Nachempfindung hat, beginnt er, seinem Partner mitzuteilen, was er in sich wahrnimmt und wie er sein Gegenüber verstanden hat. Der andere Partner hört zunächst nur zu und nimmt dann Stellung. Dabei kann er besonders auf einzelne Körperteile (z. B. verkrampfte Hände, angezogene Schultern usw.) bei sich hinweisen.

Anschließend werden die Rollen gewechselt.

Zeit: 10–15 Minuten. Gruppengröße beliebig. Variante: Der Moderator gibt einige Gefühlslagen an, die vom einen Partner dargestellt werden sollen und vom andern imitiert werden (z. B. Gelassenheit, Schüchternheit, Wut, Ärger, Teilnahmslosigkeit…).

3. Auswertungshilfen
- Welche Signale senden die Partner normalerweise aus?
- Wie „anschaulich" war der körperliche Ausdruck?
- Gelang das Einfühlen über die Identifikation/Imitation der Körperhaltung oder wirkten eigene andere Gefühle stark ein?
- Welche Signale konnten leicht verstanden werden, welche blieben unklar?

4. Materialien
keine

3. Räumliches Verhalten

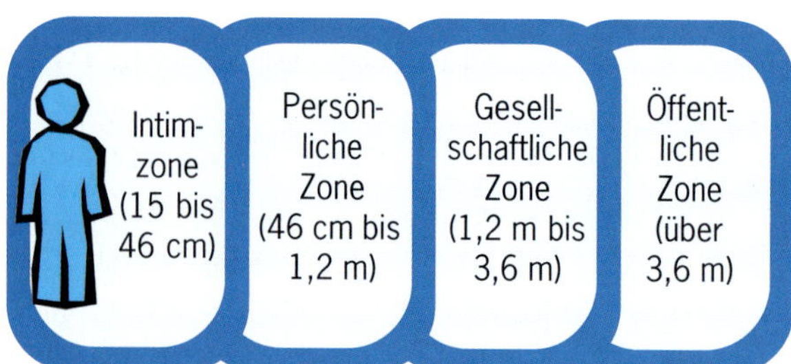

Der Oberbegriff „räumliches Verhalten" beinhaltet neben der Bewegung innerhalb einer räumlichen Anordnung das persönliche Orientierungsverhalten und das so genannte Territorialverhalten. Bewegungen in einem Raum sind in erster Linie Interaktionssignale. Man geht auf jemanden zu, weil man sich mit ihm unterhalten oder sich neben jemanden setzen will. Man steht auf oder geht weg und beendet so eine Interaktion.

Man schafft also mit dem persönlichen räumlichen Verhalten Rahmenbedingungen für verschiedene Formen der Kommunikation. Hierbei die richtigen Akzente zu setzen, gehört unbedingt zum Repertoire der sozialen Fertigkeiten. Nehmen wir die Situation, dass sich jemand einen Sitzplatz an einem Tisch aussucht. In einem Restaurant wird sich zum Beispiel derjenige, der abgesehen von der Bedienung von niemandem angesprochen zu werden wünscht, so hinsetzen, dass er keinen unmittelbaren Blickkontakt hat.

Sucht er dagegen Gesellschaft wird er – ob bewusst oder unbewusst – dafür sorgen, dass er den größten Teil des Raumes einschließlich der Eingangstür im Gesichtsfeld hat.

Weil sich verbale Kommunikation oft im Sitzen abspielt, wird der Begriff Orientierungsverhalten am Beispiel einer Sitzordnung am rechteckigen Tisch sehr deutlich. Ist an einem Tisch keine konkrete Sitzordnung vorgegeben und für einen Neuankömmling nur noch ein Platz frei, dann wählen die meisten Menschen, die Ziel und Zweck der bevorstehenden Kommunikation kennen, übereinstimmend die gleichen Sitzpositionen: Für eine lockere, durchaus intensive, aber angenehme Konversation setzen sich die Gesprächspartner jeweils an der kurzen und langen Seite über Eck. Dabei wird in etwa die Hälfte des Ti-

sches für sich selbst in Anspruch genommen (Intimzone).

Die Persönlichkeitsstruktur beeinflusst das Verhalten in diesem Punkt ebenfalls. Introvertierte Menschen halten größere Zonen aufrecht und grenzen sich mehr ab als extrovertierte.

Das gesamte zwischenmenschliche Leben spielt sich in vier Kreisen rund um das Individuum ab:

- Intimzone,
- persönliche Zone,
- gesellschaftliche Zone,
- öffentliche Zone.

Je nach dem, wie gut man jemanden kennt und wie nahe er steht, umso näher lässt man ihn äußerlich an sich heran. Unterläuft jemand in einer bestimmten Gesprächssituation die ihm zugeordnete Zone, führt das zu Irritationen und wirkt sich damit auf die gesamte Kommunikationssituation negativ aus.

Das Territorial- oder Revierverhalten ist ein weiterer wichtiger Aspekt des räumlichen Verhaltens. In der Regel brauchen Menschen für die Regulierung ihres seelischen Gleichgewichts Rückzugsmöglichkeiten. Dies ist zuallererst die eigene Wohnung. In der Wohnung gibt es normalerweise Räume, die Besuchern zugänglich gemacht werden, und andere, die man nur selbst betreten darf. Welche Räume also zum „persönlichen Territorium" gehören, sagt zum einen vieles über den Gastgeber aus, lässt aber auch für einen selbst Interpretationsspielräume, welche Räume ich als Besucher oder ständiger Gast betreten darf, ja, welche mir vertraut sind. Außerdem weiß sicherlich jeder aus unmittelbarer eigener Erfahrung, dass dieses persönliche Territorium eine optimale Spielwiese der Selbstdarstellung ist.

Das, was unter der Überschrift „Räumliches Verhalten" als Territorialverhalten beschrieben ist, ist insofern weitgehend identisch mit diesen Zonen rund um das Individuum.

Intimzone

Die Intimzone ist die sensibelste Zone, sie reicht normalerweise etwa eine halbe Armeslänge von uns. Die Bedingung, unter der wir jemanden freiwillig in unsere

Intimzone eintreten lassen, ist Vertrauen. Jemand, der die unsichtbare Grenze überschreitet, löst Unlustgefühle bei uns aus.

Diese Zone schließt selbstverständlich den eigenen Körper als Tabuzone ein. Diese große Nähe hat die Besonderheit, dass man einen Menschen mit allen zur Verfügung stehenden Sinnen wahrnehmen kann. Sie können ihn berühren, im wahrsten Sinne des Wortes spüren, beispielsweise seine Körperwärme, und sogar – mit positiven oder negativen Auswirkungen – riechen.

Im Kindergarten kommt es zwischen Erzieherinnen und Kindern häufig bei vertrauensvollen Beziehungen zu solchen Kontakten. Zum Beispiel beim auf den Schoß nehmen, beim Trösten, bei Hilfestellungen im motorischen Bereich…

Darüber hinaus gibt es in der Intimzone intensiven Blickkontakt. Außerdem darf und muss man gegebenenfalls leise reden, was wiederum die Intimität erhöht. Auch und gerade in Situationen der Unsicherheit suchen Kinder die körperliche Nähe zu vertrauten Personen.

Die persönliche Zone

Die persönliche Zone hat einen Radius zwischen ungefähr einem halben und anderthalb Metern. In diese Zone werden in der Regel Menschen gelassen, die man sehr gut kennt, z. B. Freunde, Verwandte. Die normale Lautstärke ist geboten, und Sie können jemanden auch noch berühren, beispielsweise, um Übereinstimmung oder Zugewandtheit zu dokumentieren. Der Gegenüber wird in einem größeren Spektrum wahrgenommen, als das in der Intimzone möglich ist. Je weniger jemand vertraut ist, desto mehr kann dieses Spektrum zur Meinungsbildung beitragen.

In seine persönliche Zone lässt man freiwillig all jene Personen hinein, mit denen man nicht so intim ist, dass sie die Intimzone betreten dürfen, die aber auch nicht so fremd sind, dass sie in der nächstweiteren (sozialen) Zone verbleiben müssen.

Soziale oder gesellschaftliche Zone

Die soziale Zone (ungefähr zwischen anderthalb und vier Metern) dokumentiert eine unpersönliche Beziehung zueinander. Sie ist für soziale Kontakte oberflächlicherer Art reserviert, z. B. Kollegen, Vorgesetzte. Obwohl man jemanden in der Regel optisch noch ganz gut wahrnehmen kann, muss man doch in der Lautstärke schon ein Phon zulegen, um sich noch verständigen zu können, und damit verbieten sich auch zwangsläufig ganz bestimmte Inhalte. In der sozialen Zone kann man durch diese Entfernung Macht und Differenzen zwischen Personen gut zum Ausdruck bringen, indem man jemanden zwingt, eine Aussage entsprechend laut zu machen oder eine Antwort zu wiederholen, damit sie alle verstehen können.

Diese Entfernung ist häufig damit verbunden, dass noch zusätzlich Gegenstände wie Tische oder Stühle zwischen den kommunizierenden Personen stehen und die Sachlichkeit im Umgang miteinander zusätzlich untermauern.

Öffentliche Zone

Hinter der sozialen Zone beginnt die öffentliche Zone. Ab einer Entfernung über acht Metern ist die verbale Kommunikation ohne technische Unterstützung deutlich eingeschränkt, und deshalb kann man in dieser Zone ohne großes Risiko körpersprachlich lügen.

Konkrete Lernsituation

Distanz und Nähe im Raum

1. Ziel
Erfahrung von räumlich-physischer Distanz und Nähe im Gespräch. Erproben, welche Bedeutung eine Sitzordnung für die Kommunikationsstruktur und für die Beziehungen hat.

2. Durchführung
2.1 Jeweils zwei Partner einer Gruppe setzen sich in einem Abstand von zwei bis drei Metern gegenüber und führen eine Unterhaltung über ein vorher festgelegtes Thema (z. B. Urlaubspläne, Ferienerlebnisse, Schwierigkeiten bei Hausaufgaben, Veränderungswünsche für die Schule usw.). Allmählich rücken die Gesprächspartner immer enger zusammen, bis sie einander dicht gegenübersitzen. Nach etwa fünf Minuten wird das Gespräch beendet und die ganze Gruppe tauscht Erfahrungen, Eindrücke und Gefühle während des Gespräches mit Veränderung der räumlichen Distanz aus.

Variante: Anfangs sollen die Partner aneinander vorbeisehen, wenn sie sich ca. einen Meter gegenüber sitzen, den Blickkontakt aufnehmen.

Zeit: ca. 10–15 Minuten.
Gruppengröße beliebig.

2.2 Die Gruppe probt verschiedene Sitzordnungen, die jeweils einige Augenblicke schweigend eingenommen werden. Die Teilnehmer sollen die Sitzordnung auf sich wirken lassen, sich ihre Gefühle dabei bewusst machen und nachempfinden, welche Beziehung zu den anderen Gruppenmitgliedern dabei jeweils ausgedrückt wird.

a) Die Stühle werden in zwei langen geraden Reihen einander gegenübergestellt, Abstand ca. zwei Meter.

b) Die Stühle werden in einem geschlossenen Kreis aufgestellt.

c) Die Stühle werden in Reihen zu sechs bis acht hintereinander aufgestellt, alle sehen nach vorne.

d) Ein Hufeisen wird geformt.

e) Die Stühle werden wahllos im Raum aufgestellt, einmal sehr eng beieinander, zum andern sehr verstreut.

f) Es werden zwei lange Reihen gebildet, die voneinander wegschauen.

g) Die Stühle werden in zwei langen Reihen aufgestellt, so dass alle an eine Wand schauen.

Zeit: 20–30 Minuten

Anschließend werden in der Gruppe die Empfindungen bei den verschiedenen Sitzordnungen besprochen:
• Welche Beziehung wird dabei zueinander ausgedrückt?
• Empfinden alle die Sitzordnung gleich?[1]

4. Nonverbale Kommunikation im Kindergarten

Selten gelingt es, die wirkliche Einstellung oder den momentanen Gefühlszustand zu verheimlichen, zum Beispiel freundlich zu jemandem zu sein, wenn man wütend ist. Es wirkt dann unecht und gezwungen. Kinder bemerken solche Ungereimtheiten meist sehr sensibel.

Die Kindergartenkinder im Alter zwischen drei und sechs sind noch ganz besonders stark auf eindeutige Mitteilungen angewiesen. Und da sie in diesem Alter die Sprache noch nicht perfekt beherrschen müssen wir auch darauf achten sehr genau mit unseren nichtsprachlichen Mitteilungen zu verfahren.

Das Anschauen, der Blickkontakt, das freundliche Anlächeln, die Hand geben bei der Begrüßung, bei einem kurzen Dialog oder einem längeren Gespräch, schenkt dem Kind Aufmerksamkeit und Zuwendung. Es kann sich wahrgenommen und in seiner Existenz beachtet fühlen.

Eine Botschaft auch ohne Worte:

„Ich nehme dich wahr ...“

Diese kleinen Momente können unendlich kostbar für eine Beziehung und die Entwicklung des Kindes sein.

Dort, wo Kinder für Sprache nicht zugänglich sind oder sie nicht verstehen oder eine direkte Kontaktaufnahme aus verschiedenen Gründen ablehnen bzw. meiden, besteht eine Möglichkeit, sich einfach in die Nähe des Kindes zu begeben. Durch eine wortlose Anpassung an die kindliche Körperhaltung kann man Kontakt und Kommunikation aufnehmen. Diese Momente können bei dem Aufbau einer vertrauensvollen Beziehung helfen und Kinder einladen, sich angenommen und verstanden zu fühlen. Auch bei der Kommunikation mit Erwachsenen kann Achtsamkeit auf diese nichtsprachlichen Seiten der Beziehung den Kontakt erleichtern.

Bei Kindergartenkindern gibt es spielerische Begegnungen ohne viel zu sprechen. Sie fördern den Kontakt miteinander und lassen Beziehungen entstehen und wachsen. Besonders hilfreich sind sie, wenn Kinder neu in den Kindergarten oder in die Gruppe kommen, aber auch einfach zwischendurch im Kindergartenalltag.

HEDI FRIEDRICH gibt in ihrem Buch: „Beziehungen zu Kindern gestalten“ einige **wertvolle Anregungen**:

Guten Tag
- Sich mit den Füßen begrüßen,
- Mit dem Rücken (wie die Wildschweine) oder
- mit den Köpfen ... ohne Worte, mit viel Zeit.

Ich bin...
- Den Namen nennen und sich mit einer besonderen Geste, Bewegung vorstellen.

Wiegen in einer Decke
- Ein Kind legt sich auf eine Decke und zwei Erwachsene heben die Decke an den Enden so, dass sie das Kind wiegen können.
- Auch eine ganze Gruppe kann so ein Kind wiegen.

Vertrauensspaziergang
- Ein Kind schließt die Augen (wenn Verbinden zu viel Angst hervorruft) und lässt sich von einem Erwachsenen oder einem anderen Kind führen. Dabei ist wichtig, den „Blinden“ vorsichtig zu geleiten, auf Hindernisse aufmerksam zu machen, ihn/sie riechen, tasten, hören zu lassen und ihm/ihr die Umgebung zu beschreiben. Für jemanden anderen zu sehen und ihm interessante Eindrücke zu schenken, erfordert Einfühlung. Es ist eine besondere Erfahrung, sowohl sich anzuvertrauen und führen zu lassen als auch jemand anderen zu begleiten.

Massage
- Die Kinder massieren sich gegenseitig den Rücken oder die Hände oder die Füße (auch mit Creme oder Öl). Mit viel Spaß lernen die Kinder hier sehr schnell und massieren gerne oder lassen sich „behandeln“.

Wer bist du?
- Mit geschlossenen oder verbundenen Augen einen Spielfreund (Kind) ertasten und raten, wer es ist.

Spiegelbild
- Zwei Kinder stehen sich gegenüber und versuchen, sich in ihren Bewegungen anzugleichen oder
- ein Kind beginnt und das andere ahmt es nach. Klassische Musik zur Untermalung ist hier ganz reizvoll.

Pantomime
- Pantomimen und So-tun-als-ob kommen den spielerischen Aktivitäten der Kinder sehr entgegen.
- Nachahmen und darstellen lassen sich Tätigkeiten, Gefühle, Personen, Tiere, Gegenstände, Fantasien…

Unsere eigenen Kommunikationserfahrungen sind es, die die Art und Weise bestimmen, wie wir Kindern begegnen. Davon hängt auch ab, wie wir in der Lage sind, die Bedürfnisse der Kinder richtig wahrzunehmen und sie zu erfüllen.

Reflexion

Welche Einstellung habe ich zum Thema Körperkontakt?

Welche Erfahrung habe ich mit Getröstetwerden?

Verhalte ich mich ähnlich wie ich es erlebt habe, oder verhalte ich mich anders?

Schenke ich anderen Menschen Anerkennung mit Worten oder auch ohne Worte?

Was verbinde ich mit Berührungen?

Wie gehe ich mit Bedürfnissen nach Berührung um?

Gibt es etwas, was ich gerne ändern will im Bereich der nicht-verbalen Kommunikation?

Das sind keine leichten Fragen. Manchmal ist es auch unangenehm, sich selbst solche Fragen zu stellen.

Aber denken wir noch einmal an die **pädagogische Grundhaltung** zurück. Dort haben wir gesehen, dass der Weg zur erfolgreichen Erziehung weniger über pädagogische Techniken und Übungen führt, sondern stärker über **Selbstreflexion** und die **persönliche Weiterentwicklung des Erziehers**.

Eine erfolgreiche Beziehung zu Kindern und Jugendlichen unterscheidet sich in ihrem Kern bzw. den zu beachtenden Prinzipien nicht wesentlich von einer Beziehung zu Erwachsenen. Auch wir wollen **anerkannt** und **akzeptiert** werden. Jeder von uns wünscht sich eine Beziehung, die auf **Echtheit** und **Empathie**, auf **Freiwilligkeit, Verantwortlichkeit und Wertschätzung** gründet. Eine Beziehung in der wir zu uns selbst finden können.

Sicher ist aufgrund der besonderen Situation von Kindern und Jugendlichen entwicklungs-psychologisches und pädagogisches Wissen wichtig. Aber mindestens ebenso wichtig sind die Bereitschaft und die Fähigkeit, sich nicht bewertend auf die Wirklichkeit des Gegenübers einzulassen.

Die Herausforderung, Kinder beim Aufwachsen zu begleiten, stellt nur eine besonders fruchtbare Gelegenheit dar, über sich selbst nachzudenken und sich zu entwickeln. Indem wir uns auf das Kind einlassen, unterstützen wir nicht nur seine Identitätsbildung, sondern erweitern zugleich unsere eigene Person.

Und das tun wir natürlich auch ganz stark durch unser konkretes Sprachverhalten

5. Verbale Kommunikation im Kindergarten: Sprachverhalten

„Von allem, was ein Kind lernt, ist der Erwerb der Sprache wohl das größte Wunder. Besonders, wenn man im Ausland Kinder sprechen hört, muss man oft denken: Wie können die Kleinen mühelos eine Sprache sprechen, mit der ich mich selbst jahrelang abgemüht habe?"

Dieses Zitat von Rita Kohnstamm, der renommierten Herausgeberin einer Buchreihe mit dem Titel „Erziehen als Beruf", bringt es auf den Punkt: Der Spracherwerb ist eine der erstaunlichsten Entwicklungsleistungen die Kinder vollbringen. In kurzer Zeit ist es ihnen möglich, dieses hochkomplexe Zeichensystem der zwischenmenschlichen Verständigung mit all seinen komplizierten Aspekten zu erwerben.

Die biologischen Voraussetzungen helfen ganz wesentlich mit beim gelingenden Spracherwerb, aber es bedarf auch des sozialen Kontextes, also der Gelegenheit mit anderen in Kontakt zu treten. Die angeborene Sprachlernfähigkeit bringt das Kind mit auf die Welt. Zudem hat das Kind einen ausgeprägten Wunsch, mit den Mitmenschen zu interagieren, die ihm Sprachanregungen bieten. So kann es die Funktionen und Regelmäßigkeiten der menschlichen Sprache für sich entdecken. Zuerst sind die natürlichen Bezugspersonen, die Eltern, die unmittelbaren Sprachvorbilder an denen sich die Kinder orientieren. Hier in der Familie hat der Spracherwerbsprozess begonnen, der jetzt in der Kindertageseinrichtung fortgesetzt wird, sobald das Kind dort aufgenommen ist.

Bereits in der Eingewöhnungsphase sind die Erzieherinnen wichtige Begleiterinnen bei der Erkundung dieser noch unbekannten Welt, die einerseits bedrohlich, andererseits auch interessant erscheinen mag. Sie zeigen den Kindern (und Eltern) am Anfang die Räume der Einrichtung, sie erklären, warten ab, versuchen die Bedürfnisse der Kinder zu verstehen – und werden auf diese Weise zu wichtigen Bezugspersonen und damit zu Vorbildern für die verbale und nonverbale Kommunikation. Die pädagogischen Fachkräfte helfen den Kindern von Anfang an sich zu orientieren. Denn sie wissen: je eher sich ein Kind angstfrei öffnen kann, desto früher wird auch ein sprachlicher Zugang möglich sein.

Am Anfang des Sprachaustausches der Erzieherinnen mit den Kindern steht also der Aufbau der Beziehung und die Unterstützung der Kontaktaufnahme der Kinder untereinander, sowie das Bemühen die Freude am Sprechen zu wecken.

Die Grundlagen eines förderlichen Sprachverhaltens in Einrichtungen der Sozialpädagogik:
- Aufbau einer Beziehung
- Unterstützung der Kontaktaufnahme der Kinder untereinander
- Freude am Sprechen wecken
- Förderung des Dialogs

Die Freude am Sprechen kultiviert sich am besten im Dialog. Im Dialog haben die Kinder ihre ersten Erfahrungen mit der Muttersprache gemacht. In Dialog treten die Kinder, wenn sie in den Kindergarten kommen. Sie lernen Neues und erweitern ihre sprachlichen Fähigkeiten durch aktive Beteiligung. Das ist die tiefere Bedeutung des Dialogs. Dialog bedeutet abwechselnd geführte Rede. Er beinhaltet Sprecherwechsel. Das Miteinander im Wechsel ist das Herzstück der Entwicklung der Sprachkompetenz beim Kind.

Am besten werden Kinder im Aufbau ihrer Sprachkompetenz unterstützt, indem man sie zum Sprechen bringt, nicht in dem man ihnen möglichst viel verbal erklärt.

Wenn Erzieher und Erzieherinnen die Sprachförderung sinnvoll betreiben, so fordern sie die Kinder gezielt zu sprachlichen Aktivitäten heraus, motivieren sie möglichst selbst zu sprechen.

Wie können die sozialpädagogischen Fachkräfte ihr Sprachverhalten gestalten um die Dialoge zu fördern?

Gerade für Kinder, die noch ein Sprachverständnis aufbauen und Begriffe noch neu erschließen müssen, ist es eine große Hilfe, wenn Erzieherinnen die gesprochenen Worte und Sätze durch intensive Körpersprache begleiten. Gerade die kleineren Kinder orientieren sich stark an der Körpersprache und setzen sie auch selbst verstärkt ein. Eine einladende Geste, ein ermutigendes Lächeln oder eine unterstützende Berührung kann den Kindern helfen sich an der Kommunikation zu beteiligen. Dabei ist es wichtig auf die Übereinstimmung von verbaler und nonverbaler Kommunikation zu achten. Ein freundlicher Satz und gleichzeitig ein abweisender Gesichtsausdruck passen nicht zusammen und verwirren die Kinder.

Blickkontakt herstellen
Mit meinem Blickkontakt zeige ich am deutlichsten mein Interesse am Gesprächspartner:
- „Ich nehme dich wahr."
- „Ich möchte dir etwas sagen.."
- „Ich höre dir zu.".

Der Blickkontakt ist wie eine Brücke, auf der zwei Menschen aufeinander zugehen.

Konzentriertes Zuhören.
Gerade im hektischen Kindergartenalltag ist das konzentrierte Zuhören gar nicht so leicht zu bewerkstelligen. Sie ist im Rahmen eines förderlichen Sprachverhaltens aber wichtig. Dazu muss die Erzieherin Nebentätigkeiten einstellen, sich dem Gesprächspartner körperlich zuwenden und

Blickkontakt herstellen. Dazu mit Geduld dem Kind die Möglichkeit zum sprechen lassen, ohne im die Worte „aus dem Mund zu nehmen." Zum Thema Zuhören werden wir weiter unten noch weitergehende Ausführungen machen.

Fragen stellen. Fragen sollten dem Kind zeigen, dass man Interesse hat mit ihm in einen Dialog zu treten. Fragen sollten am Mitteilungsbedürfnis des Kindes anknüpfen und dazu beitragen herauszufinden, was es noch erzählen will. Mit einer Frage kann man auch ein Zwiegespräch auslösen. Die Erzieherin kann mit Hilfe von Fragen überprüfen, ob ein Kind Begriffe oder Sachverhalte richtig verstanden hat und wie weit das Sprachverständnis entwickelt ist.

Sinnvoll erscheint es in diesem Zusammenhang **geschlossene Fragen** zu stellen. Diese können nur mit einer Aussage beantwortet werden. Beispielsweise wird nach dem gemeinsamen Besuch des Freizeitparks nicht gefragt: „Hast du die Tiere gesehen?" sondern: „Welche Tiere hast du gesehen?" Es bieten sich hierbei vor allem die berühmten „W-Fragen" an:

- „Was hat der große braune Bär mit den Karotten gemacht?
- Wen hat der Tierpfleger mit Fischen gefüttert?
- Wie heißt das Tier, das so toll klettern konnte?
- Wohin lief der Dammhirsch?
- Welche Spielgeräte hast du besonders gerne benutzt?"

Wenn Kinder in der Sprachbeherrschung noch nicht so weit fortgeschritten sind, kann man ihnen mit Alternativfragen entgegenkommen:

„Möchtest du lieber den gelben oder den roten Buntstift zum Malen?"

Inhalt geht vor Form. Zuallererst kommt es bei kindlichen Äußerungen auf den Inhalt des Gesprochenen an. Gerade bei sensiblen Kindern besteht die Gefahr, dass die Sprechmotivation beeinträchtigt wird, wenn man sie formal korrigiert. Die Erzieherinnen sind deshalb gut beraten, den Inhalt in den Mittelpunkt zu stellen um den Dialog aufrecht zu erhalten. Doch wie soll die Erzieherin auf Fehler reagieren?

Verbessernde Wiederholung und Erweiterung. Hierbei greift die Erzieherin die unzulängliche Äußerung des Kindes auf und wiederholt sie in richtiger Form.

Kind: *„Der Christian hat mit Bauklötze spielen."*

Erzieherin: *„Ja, der Christian hat mit den Bauklötzen gespielt."*

Die verbessernde Wiederholung sollte in den Gesprächsverlauf passen und ihn auch möglichst weiterführen:

Erzieherin: *„Ja, der Christian hat mit den Bauklötzen gespielt. Was hat er denn gebaut?"*

Dadurch ist das Kind herausgefordert den Dialog weiterzuführen.

Verständnissicherung. Die sprachlichen Möglichkeiten des Kindes sind der Maßstab, an dem sich die Erzieherinnen orientieren müssen. Immer muss sie bemüht sein herauszufinden, ob das Kind sie verstanden hat, indem sie auf seine Reaktion achtet und unter Umständen ihre Äußerungen mit anderen Worten wiederholt. Genauso wichtig ist es natürlich sich zu vergewissern, ob man auch das Kind richtig verstanden hat. Hierfür kann die Erzieherin die Äußerungen des Kindes wiederholen, oder stellt Fragen wenn sie sich nicht sicher ist.

Kontinuität und Wiederholung. Die förderliche Wirkung dieses erzieherischen Sprachverhaltens kommt umso besser zur Wirkung je öfter es praktiziert wird. Und was besonders wichtig ist: Die Erziehein ist ja ein ständiges Sprachvorbild. Erzieherinnen sind daher immer wieder gefordert, auf ihr Kommunikationsverhalten und auf ihr sprachliches Angebot zu achten.

Die Reflexion des eigenen Sprachverhaltens ist deshalb ein wesentliches Element der sozialpädagogischen Arbeit.

> Das Sprachverhalten der Erzieherin hat für Kinder Modellcharakter

Grundsätze zum Modellverhalten

In der Rolle als „Kommunikationsexpertin" und Sprachvorbild hat die pädagogische Fachkraft die Verantwortung dafür, ihr eigenes Sprachverhalten kritisch zu prüfen. Dabei sind ihr die oben beschriebenen methodischen Prinzipien der Sprachförderung behilflich.

Wie Rita Sander und Rita Spanier im „kindergarten heute spezial zur Sprachentwicklung und Sprachförderung (2004)" deutlich machen, sollte die Erzieherin außerdem :
- selbst Kommunikationsfreude zeigen und Sprechanlässe zeigen,
- in Gesprächen angemessene Pausen lassen, um die Reaktion der Kinder wahrnehmen zu können,
- Kindern mit Aufmerksamkeit und echtem Interesse zuhören,
- neugierig sein auf das, was Kinder denken und zu sagen haben,
- Kindern Zeit geben, Worte zu finden und auszusprechen,
- Stärken, Interessen und Bedürfnisse der Kinder wahrnehmen,
- selbst in vollständigen, grammatikalisch richtigen Sätzen sprechen,
- angemessen langsam und deutlich sprechen und dabei in Blickkontakt sein,
- das eigene Handeln sprachlich begleiten,
- über Wünsche, Gefühle und Erlebnisse der Kinder sprechen,

- das jeweilige Sprachniveau der Kinder beachten und dabei sprachlich immer ein kleines Stück über diesem Niveau liegen,
- auf ihre Lautstärke achten und Kinder nicht übertönen,
- auf den Stimmklang und die Betonung beim Sprechen achten.

6. Soziale Kommunikation: Ein Regelkreis

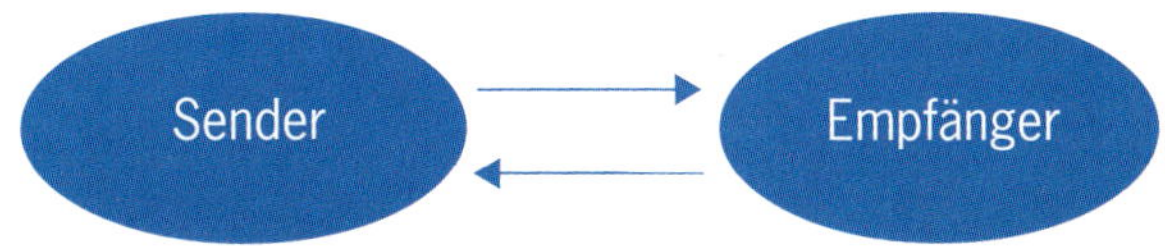

Nur durch den Austausch von Informationen und die wechselseitige Beeinflussung erfährt der einzelne Mensch, was von ihm erwartet wird, und teilt er seinerseits Bedürfnisse und Erwartungen anderer Menschen mit. Nur so können Beziehungen aufgebaut und gepflegt werden. Wir wären also ohne Kommunikation und Interaktion gar nicht lebensfähig. Es gäbe auch ohne Kommunikation keine Kultur und kein gesellschaftliches Zusammenleben.

In seiner überragenden Bedeutung als Wesensmerkmal des Menschen wollen wir jetzt einmal den Grundvorgang der zwischenmenschlichen Kommunikation genauer betrachten.

Da gibt es zunächst einen **Sender**, der eine **Information** mitteilen möchte.

Zum Beispiel fragt Jan (Sender) seinen Freund Stefan (Empfänger) ob er mit ihm spielen will (Information), weil er heute Mittag sonst allein wäre (Absicht).

Er verschlüsselt (**codiert**) seine **Absicht** in erkennbare Zeichen und schickt sie einem **Empfänger.**

Jan benutzt zur Übermittlung dieser Information die Sprache (Codierung in bestimmte Zeichen: Worte, Sätze, Mimik, Gestik, Tonfall..)

Der Empfänger muss dann die übermittelte **Nachricht** entschlüsseln (**decodieren**).

So sieht der Empfänger beispielsweise die Gestik und Mimik des Senders und hört die gesprochenen Worte.

Dazu benutzt er einen oder mehrere **Kanäle** (Sinnesorgane).

Wenn die gesendete Information entschlüsselt bzw. decodiert wurde, vorausgesetzt Sender und Empfänger verwenden die gleichen Zeichen, wird die Botschaft verstanden. Jetzt wird der Empfänger seinerseits zum Sender und verschickt eine bestimmte Reaktion, auch **Feedback** genannt. So entsteht ein so genannter **Regelkreis**.

Zu einer sozialen Kommunikation gehören also immer zwei Personen, die wechselweise aufeinander einwirken.

Zwischenmenschliche Verhaltensweisen sind in diesem kommunikationspsychologischen Verständnis nicht mehr in erster Linie Eigenheiten von Menschen, sondern das Ergebnis eines Wechselspiels der in einer Kommunikation beteiligten Personen.

Dazu ein Schaubild:

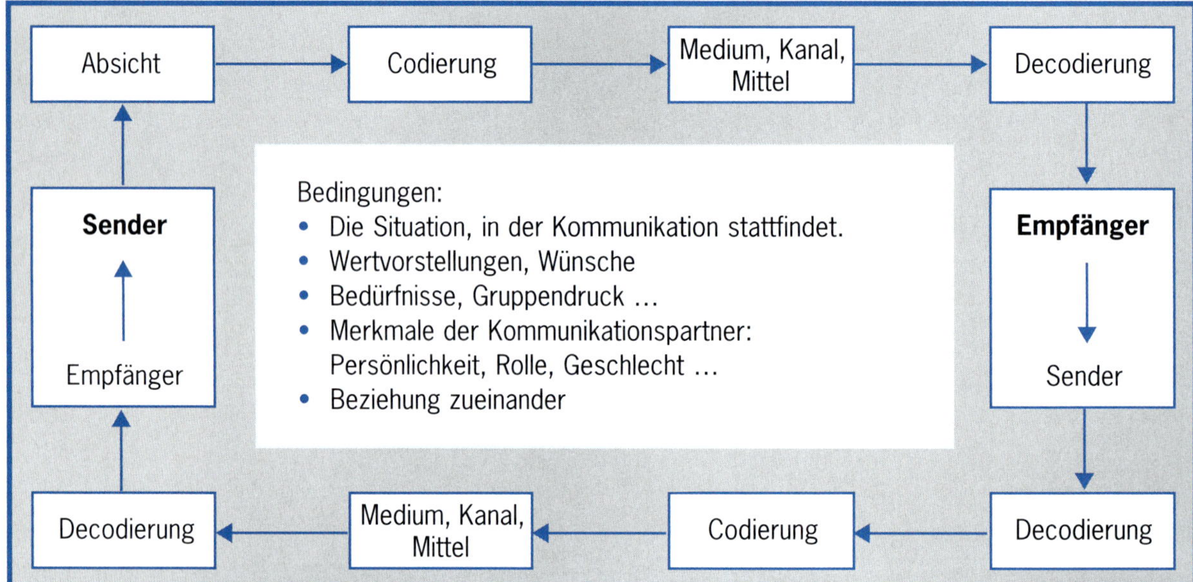

Aufgabe

Betrachten Sie dieses Schaubild genau. Finden Sie Beispiele aus Ihrem Kommunikationsalltag, die Sie mit dem Schaubild analysieren.

Leider verläuft Kommunikation nicht immer störungsfrei und erfolgreich ab.

Sie erinnern sich:

Menschen kommunizieren miteinander, weil sie eine Absicht verfolgen, ein bestimmtes Ziel erreichen möchten.

Wir sprechen deshalb von einer **erfolgreichen Kommunikation**, wenn die an einer Kommunikation beteiligten Personen ihr Ziel erreichen und die gewünschte Wirkung eintritt.

Ein Kindergartenkind wendet sich hilfesuchend und weinend an eine Erzieherin. Diese versteht das Kind, tröstet es und hilft ihm bei seinem Problem.

Wenn die beteiligten Personen ihre Ziele nicht erreichen und die beabsichtigte Wirkung ausbleibt sprechen wir von einer **gestörte Kommunikation**.

Zwei Partner beginnen miteinander ein Gespräch, weil sie eine Spannung beheben wollen. Das Gespräch aber endet in einem heftigen Streit, ohne dass sie eine Lösung gefunden hätten.

Gestörte Kommunikation führt oft zu weitreichenden Problemen. Zum Beispiel zu Schwierigkeiten im Umgang mit anderen, zu Konflikten, Streit, Auseinanderbrechen von Beziehungen. Natürlich auch zu Erziehungsschwierigkeiten, Ärger, Zorn, Isolation, Einsamkeit, Aggression, bis hin zu psychischen Störungen und gar Suizid.

Reflektieren Sie bitte Ihre Erfahrungen… und vergleichen Sie sie mit denen Ihrer Tischnachbarin.

1. In Gesprächen mit Lehrerinnen oder Lehrern habe ich mich nicht verstanden gefühlt weil…

2. In Gesprächen mit Lehrerinnen oder Lehrern habe ich mich verstanden gefühlt, weil…

3. Wenn ich an ein bevorstehendes Gespräch mit Lehrerinnen oder Lehrern denke, dann…

4. Beschreiben Sie bitte Situationen, in denen es Ihnen leicht bzw. schwer fällt, mit anderen zu reden:
   a) leicht…
   b) schwer…
   c) Mögliche Gründe…

7. Grundlegende Erkenntnisse über Kommunikation: PAUL WATZLAWICK

PAUL WATZLAWICK, ein in die USA emigrierter Professor für Psychologie aus Österreich und seine Mitarbeiter haben unser Verständnis der zwischenmenschlichen Kommunikation ganz wesentlich bereichert.

Die wichtigsten Erkenntnisse formulierten WATZLAWICK und seine Mitarbeiter in so genannten **Axiomen der Kommunikation**.

Axiome sind grundlegende Lehrsätze, die ohne Beweis einleuchten.

1. Axiom

Bei der nonverbalen Kommunikation haben wir gesehen, dass wir auch ohne Worte Mitteilungen machen. Diese Tatsache führt uns ins Herz des ersten Axioms. Dieses lautet:

> **Man kann nicht nicht kommunizieren.**

Ich muss also gar nicht unbedingt etwas sagen um zu kommunizieren. Jedes Verhalten hat Mitteilungscharakter!

Jedes Schweigen ist „beredt" und stellt eine Nachricht da. Auch wenn ich mich in Gegenwart anderer Menschen abwende, oder zum Beispiel den Blickkontakt vermeide, teile ich dem anderen etwas mit.

„Verhalten hat vor allem eine Eigenschaft, die so grundlegend ist, dass sie oft übersehen wird: Verhalten hat kein Gegenteil, oder um dieselbe Tatsache noch simpler auszudrücken: Man kann sich nicht nicht verhalten. Wenn man also akzeptiert, dass alles Verhalten in einer zwischenpersönlichen Situation, Mitteilungscharakter hat, d. h. Kommunikation ist, so folgt daraus, dass man, wie immer man es auch versuchen mag, nicht nicht kommunizieren kann. Handeln oder Nichthandeln, Worte oder Schweigen haben alle Mitteilungscharakter: Sie beeinflussen andere, und diese anderen können ihrerseits nicht nicht auf diese Kommunikationen reagieren und kommunizieren damit selbst. Es muss betont werden, dass Nichtbeachtung oder Schweigen seitens des anderen dem eben Gesagten nicht widerspricht. Der Mann im überfüllten Wartesaal, der vor sich auf den Boden starrt oder mit geschlossenen Augen dasitzt, teilt den anderen mit, dass er weder sprechen noch angesprochen werden will, und gewöhnlich reagieren seine Nachbarn richtig darauf, indem sie ihn in Ruhe lassen. Dies ist nicht weniger ein Kommunikationsaustausch als ein angeregtes Gespräch"[2]

Wenn der Grundsatz des nicht nicht kommunizieren-könnens in sozialen Situationen beherzigt wird, so ist eine erfolgreiche Verständigung zu erwarten.

Wenn gegen diesen Grundsatz verstoßen wird, so kann es zu Störungen kommen. Beispielsweise:
- das Ignorieren der körpersprachlichen Mitteilung,
- eine einseitige Beendigung eines Gesprächs wie: „Ich will davon nichts hören" oder „mir reicht es jetzt", oder einfach aus dem Raum gehen.
- Etwas zu verharmlosen: „Das war nicht so wichtig."
- Flucht aus dem Gespräch durch Vorgeben von Müdigkeit, Kopfschmerzen, Unwohlsein…

Eine klassische Störung ist die sogenannte **Doppelbindung**.

Sie liegt vor, wenn ein Sender in einer Kommunikation einem Empfänger gegenüber gleichzeitig zwei Aussagen macht, die sich widersprechen, oder nicht übereinstimmen.

> Ein Kindergartenkind zeigt sein frisch fertiggestelltes Bild der Erzieherin, die gerade damit beschäftigt ist, einen Stuhlkreis vorzubereiten. Die Erzieherin schaut nur flüchtig auf die Zeichnung, nimmt sie also kaum wirklich wahr, aber lobt es überschwänglich. „Oh ist das aber schön…"

Die Doppelbindung wird besonders dann zur Störung, wenn ein Abhängigkeitsverhältnis besteht, und man sich nicht so einfach aus der Situation davon machen kann.

> Die sechzehnjährige Tochter möchte am Abend mit Freunden weggehen und fragt die Mutter, ob sie gehen darf. Jene hat sehr viel im Haushalt zu erledigen und erwartet eigentlich die Hilfe der Tochter. Ihre Antwort aber lautet: „Du weißt ja, dass es dir freisteht zu gehen, kümmere dich nicht, wenn ich sehr traurig bin, und es gibt ja auch noch so viel zu tun…"

Aufgabe

Versuchen Sie sich in diese Beispiele hineinzuversetzen und sprechen Sie mit Ihren Mitschülern über die Mitteilungen und über die dabei entstehenden Gefühle.

2. Axiom

„Wenn man untersucht, was jede Mitteilung enthält, so erweist sich ihr Inhalt vor allem als Information. Dabei ist es gleichgültig, ob diese Information wahr oder falsch, gültig oder ungültig oder unentscheidbar ist. Gleichzeitig aber enthält jede Mitteilung einen weiteren Aspekt, der viel weniger augenfällig, doch ebenso wichtig ist – nämlich einen Hinweis darauf, wie ihr Sender sie vom Empfänger verstanden haben möchte. Sie definiert also, wie der Sender die Beziehung zwischen sich und dem Empfänger sieht, und ist in diesem Sinn seine persönliche Stellungnahme zum anderen. Wir finden somit in jeder Kommunikation einen **Inhalts- und einen Beziehungsaspekt**."[2]

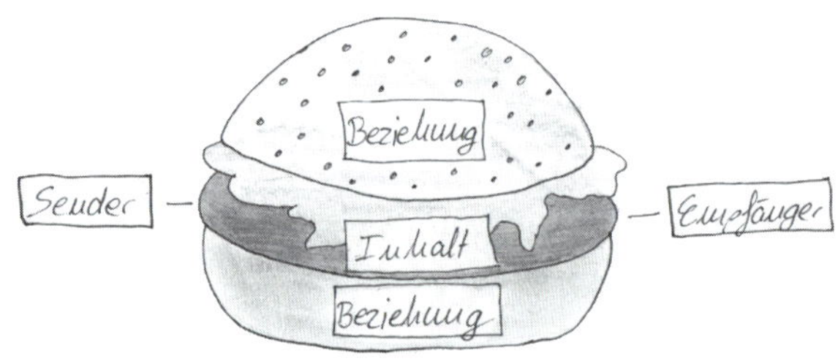

Es kommt in einem Gespräch nicht nur darauf an, was man sagt, sondern auch wie man es sagt. Das was der Mitteilung ist der Inhaltsaspekt, das wie ist der Beziehungsaspekt.

> Die Erzieherin zum Beispiel, die zum Kind sagt: „Hast Du das Bild gemalt?" drückt je nach der Art und Weise des Fragens aus, ob darin Bewunderung oder Misstrauen steckt.

> Jede Kommunikation hat einen Inhalts- und einen Beziehungsaspekt.

Der Inhalt ist das **Was** einer Mitteilung, der Beziehungsaspekt sagt darüber etwas aus, **wie** der Sender diese Mitteilung vom Empfänger verstanden haben will.

Der Beziehungsaspekt bringt die emotionale Beziehung der Gesprächspartner zum Ausdruck. Somit enthält jede Botschaft eine Auskunft über die Art der Beziehung der Kommunikationsteilnehmer zueinander.

Ist die Beziehung nicht gestört, gelingt in der Regel auch die Kommunikation in den Inhalten. Ist die Beziehung hingegen gestört, kann auch die inhaltliche Auseinandersetzung nicht gelingen.

- In einer Dienstbesprechung wertet die Erzieherin Claudia die Argumente ihrer Kollegin Petra ab, weil sie sie nicht leiden kann.
- Auch in umgekehrter Richtung kann es problematisch werden, wenn ein guter Bekannter eine andere Meinung vertritt, möglicherweise findet man ihn dann unsympathischer als zuvor.
- Ungleiche Gefühle in einer Beziehung führen meist zu Problemen: Der Junge liebt das Mädchen, sie aber findet ihn lediglich sympathisch.
- Auch eine unklare Beziehung verursacht Spannungen, z. B. wenn einer innerhalb einer Partnerschaft nicht weiß „woran er ist?"

Aufgabe

Suchen Sie passende Beispiele zu diesem Axiom aus Ihren eigenen Erfahrungen und diskutieren Sie sie mit Ihren Mitschülern.

3. Axiom

Wir haben Kommunikation als einen Regelkreis kennen gelernt. Das Verhalten des einen Senders löst eine Reaktion des Empfängers aus, der sendet seinerseits und macht damit den Sender zum Empfänger und so weiter. Daraus leitet sich das nächste Axiom ab:

In einem Kommunikationsablauf ist das Verhalten des einzelnen Teilnehmers sowohl Reaktion auf das Verhalten des anderen, gleichzeitig aber auch Reiz und Verstärkung für das Verhalten des anderen (Interpunktion).

Wir neigen innerhalb einer Kommunikation dazu, den Ablauf aus unserer Perspektive zu gliedern und genau zu bestimmen wo Aktion und Reaktion liegen. Dabei legt jeder Kommunikationsteilnehmer die Ursache-Wirkungsfolge auf seine Art und Weise fest. Wenn ich also mein Verhalten als Reaktion auf das Verhalten meines Gesprächspartners zurückführe, nehme ich eine Interpunktion vor.

„Angefangen hast du, und wie man in den Wald hineinruft so hallt es heraus".

Gerne wird auch bei kindlichen Auseinandersetzungen danach gefragt, wer denn den Streit angefangen hat. Genaugenommen verstößt bereits diese Frage gegen das 3. Axiom. Zum Streit gehören immer mindestens zwei. Und wenn es zutrifft, dass Kommunikation immer kreisförmig verläuft und nicht linear, dann ist jedes Verhalten sowohl Ursache als auch Wirkung.

„Die Schüler einer Klasse benehmen sich bei einem bestimmten Lehrer flegelhaft, sie sind albern, frech und widerspenstig. In einem Gespräch mit dem Verbindungslehrer begründen sie ihr Verhalten damit, dass dieser Lehrer so „doof" sei, dauernd herummeckere usw. Der Lehrer hält dagegen, dass er wegen des kindischen Verhaltens der Schüler so autoritär auftreten müsse. „Ihr wollt ja offenbar wie Kleinkinder behandelt werden."

Wer von beiden hat angefangen? Hier stellt sich also die alte unlösbare Frage: Was war zuerst, die Henne oder das Ei?

Als Beobachter einer solchen Kommunikation ist uns klar, dass diese Frage nicht zu klären ist. Als Beteiligte gehen wir aber davon aus, dass wir doch nur reagieren. Die Kommunikationspartner haben die gemeinsame Kommunikation auf ihre subjektive Weise

interpunktiert und erhalten so völlig **unterschiedliche „Wahrheiten" über die Wirklichkeit**.

Frau und Mann interpunktieren ihre Interaktion verschieden.

- Eine Störung dieses Axioms erkennen wir, wenn das eigene Verhalten als Entschuldigung oder Rechtfertigung für das Verhalten des anderen gesehen wird.
- Eine erfolglose Kommunikation ist sehr wahrscheinlich, wenn Ursache und Wirkung von den jeweiligen Gesprächspartnern unterschiedlich festgelegt werden. Sie nörgelt, weil er sich zurückzieht, er zieht sich zurück, weil sie nörgelt.
- So genannte **sich selbsterfüllende Prophezeiungen** verstoßen gegen dieses Axiom.

| „Du wirst es im Leben zu nichts bringen…."

Eine sich **selbsterfüllende Prophezeiung** ist ein psychischer Mechanismus, durch den eine bestimmte Erwartungshaltung an den Kommunikationspartner indirekt zum Ausdruck gebracht wird, die die Wahrscheinlichkeit, dass sich dann der Kommunikationspartner auch so verhält wie erwartet, erhöht.

Ein anschauliches Beispiel für die Wirkung von **sich selbst erfüllenden Prophezeiungen** stammt aus dem Buch von Paul Watzlawick: „Anleitungen zum Unglücklichsein".[3)]

Die Geschichte mit dem Hammer. Ein Mann will ein Bild aufhängen. Den Nagel hat er, nicht aber den Hammer. Der Nachbar hat einen. Also beschließt unser Mann, hinüberzugehen und ihn auszuborgen. Doch da kommt ihm ein Zweifel: Was, wenn der Nachbar mir den Hammer nicht leihen will? Gestern schon grüßte er mich nur so flüchtig. Vielleicht war er in Eile. Aber vielleicht war die Eile nur vorgeschützt, und er hat etwas gegen mich. Und was? Ich habe ihm nichts angetan; der bildet sich da etwas ein. Wenn jemand von mir ein Werkzeug borgen wollte, ich gäbe es ihm sofort. Und warum er nicht? Wie kann man einem Mitmenschen einen so einfachen Gefallen abschlagen? Leute wie dieser Kerl vergiften einem das Leben. Und dann bildet er sich noch ein, ich sei auf ihn angewiesen. Bloß weil er einen Hammer hat. Jetzt reicht's mir wirklich. – Und so stürmt er hinüber, läutet, der Nachbar öffnet, doch bevor er „Guten Tag" sagen kann,

schreit ihn unser Mann an: „Behalten Sie sich Ihren Hammer, Sie Rüpel!"

Analysieren Sie das Beispiel vor dem Hintergrund der Erkenntnisse über das 3. Axiom und suchen Sie Beispiele ähnlicher Art aus Ihrem Erfahrungsschatz.

Eine Metakommunikation, also die Art und Weise, wie die Kommunikation geführt wurde, ist wichtig. Sie sollte darauf aus sein, das gemeinsame Spiel zu erkennen und eine Neuverabredung zu treffen: „So und so treiben wir es miteinander, jeder reagiert auf den anderen und beeinflusst ihn dadurch. Wie können wir uns ändern, damit die Zusammenarbeit befriedigender wird?"

4. Axiom

Es gibt in der menschlichen Kommunikation immer verschiedene Weisen, wie man sich mitteilen kann. Durch Worte, dies nennt Watzlawick digital, und durch Ausdrucksverhalten, dies nennt er analog.

Menschliche Kommunikation bedient sich digitaler und analoger Modalitäten.

Möchte beispielsweise ein Kind seiner Erzieherin seine Zuneigung bekunden, so kann es digital geschehen, in Form eines Satzes wie: „Ich mag dich." Oder es kann analog geschehen in Form eines Geschenkes, eines selbstgemalten Bildes oder durch eine Umarmung.

Mit der Sprache, also digital, können wir uns über Sachverhalte sehr genau austauschen. Hierin sind wir dann sehr genau und differenziert, vorausgesetzt man beherrscht die Sprache. Aber die digitale Kommunikation kommt an ihre Grenzen, wenn es um die Definition von Beziehungen geht. Deshalb bedienen wir uns im Bereich der Beziehungen zu anderen Menschen oft der analogen Kommunikation. Dies dürfte bereits bei der Darstellung der **nonverbalen Kommunikation** sehr deutlich geworden sein. Hier haben wir gesehen, dass die analoge Kommunikation eine weitaus allgemeingültigere und vielseitigere Aussagekraft besitzt, als die in der Geschichte der Menschheit viel jüngere und abstraktere digitale Kommunikation. Wir sind in der Lage, uns über Zeichen- und Körpersprache mit Menschen zu verständigen, von deren Sprache wir kein Wort verstehen. Gestik und Mimik sagen wesentlich mehr darüber aus, wie jemand zu uns steht und über uns denkt, als noch so viele Worte.

„Ein Blick sagt mehr als tausend Worte."
„Der Körper lügt nicht."

Erfolgreich ist unsere Kommunikation dann, wenn sowohl digitale und analoge Elemente eindeutig sind und miteinander übereinstimmen. **Dies erinnert uns auch wieder an die pädagogische Grundhaltung der Echtheit.**

Störungen, die sich aus diesem Axiom ableiten lassen:
- Analoge Kommunikation kann mehrdeutig sein. Je nach Kontext kann ein Küsschen auf die Wange Zuneigung zum Ausdruck bringen, oder bedeuten: „Lass uns jetzt in Ruhe:" es kommt auch immer wieder zu Fehlern in der Interpretation der analogen Botschaft (siehe: Die Geschichte mit dem Hammer, S. 70)
- Auch digitale Botschaften können mehrdeutig sein, je nach Betonung kann ein Satz unterschiedliches bedeuten. „Ist die Perlenkette echt?" kann Neid oder Bewunderung zum Ausdruck bringen, je nach Betonung, Gesichtsausdruck usw.
- Wenn digitale und analoge Kommunikation nicht übereinstimmen, kommt es In der Regel zu Störungen. Wenn zum Beispiel A zu B sagt: „Ich freue mich bei dir zu sein" und dabei unruhig auf die Uhr schaut.
- Auch die oben bei Axiom 1 beschriebene Doppelbindung gehört hierzu.

Gleichzeitig wird auch deutlich, dass die Axiome alle sehr eng zusammengehören. Auch der Bezug von Axiom 4 zu Axiom 2 wird hier deutlich.

PAUL WATZLAWICK sagt dazu:

„Wenn wir uns nun erinnern, dass jede Kommunikation einen Inhalts- und einen Beziehungsaspekt hat, so wird deutlich, dass die digitalen und die analogen Kommunikationsweisen nicht nur nebeneinander bestehen, sondern sich in jeder Mitteilung gegenseitig ergänzen. Wir dürfen ferner vermuten, dass der Inhaltsaspekt digital übermittelt wird, der Beziehungsaspekt dagegen vorwiegend analoger Natur ist."

Versuchen Sie in einem kleinen Rollenspiel widersprüchliche Botschaften zu schicken, indem Sie digital das „Eine" sagen, analog aber das „Andere" tun.

Wo sind Ihnen solche Widersprüche schon im Alltag begegnet? Besprechen Sie Beispiele in Ihrer Klasse.

5. Axiom

Eine Beziehung zwischen zwei Menschen kann auf Gleichheit oder auf Unterschiedlichkeit beruhen. Wenn wir versuchen uns einander gleich zu sein, sprechen wir von einer symmetrischen Beziehung.

Ist die Grundlage einer Beziehung die Unterschiedlichkeit der Kommunikationspartner, so sprechen wir von einer **komplementären Beziehung.**

Zwischenmenschliche Kommunikationsabläufe sind entweder symmetrisch oder komplementär.

Bei einer **symmetrischen Beziehung** gehen beide Partner von einem ebenbürtigen Verhältnis zueinander aus, das kann sich z. B. darin zeigen, dass beide etwa gleich viel reden.

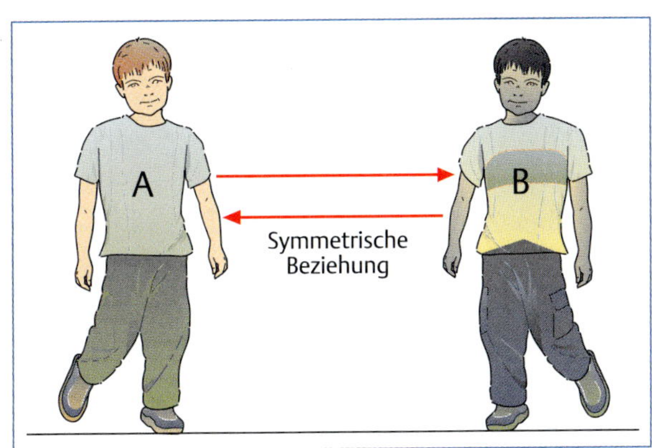

Im Falle der **komplementären Kommunikation**, stehen die Partner in einer unterschiedlichen, sich ergänzenden Position, das kann sich z. B. darin zeigen, dass der eine viel redet, der andere viel schweigt. Oder in natürlichen Beziehungsformen zwischen Kind und Erzieherin, zwischen Lehrer und Schüler oder Arzt und Patient. Das sieht dann wie nebenstehend aus.

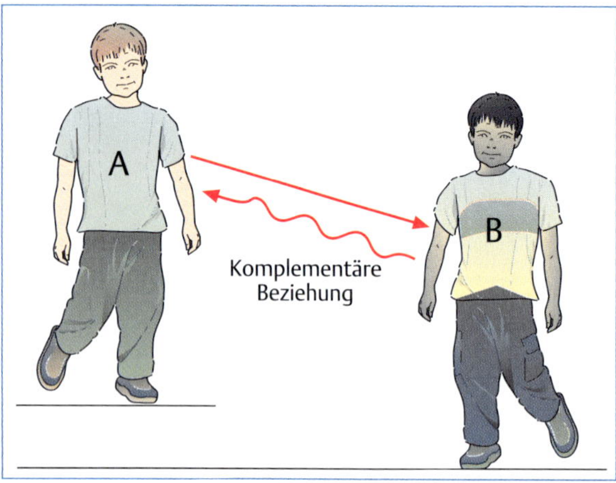

Symmetrische wie komplementäre Verhaltensweisen können ein Gleichgewicht zwischen den Kommunikationspartnern ausdrücken.

So kann das Verhältnis zwischen einer Erzieherin und einer Mutter auf der Inhaltsebene **komplementär** und auf der Beziehungsebene **symmetrisch** sein.

> Eine Mutter fragt die Erzieherin in Erziehungsfragen um Rat. Wenn die Beratung erfolgreich sein soll, verhält sich die Erzieherin bezüglich der Beziehungsebene symmetrisch, sie akzeptiert die Mutter; auf der Inhaltsebene ist ihr Verhältnis komplementär, die Erzieherin ist die Wissende, die Mutter die Ratsuchende.

Deshalb muss die Erzieherin wissen, wie sie auf ihre verschiedenen Gesprächspartner reagiert, wie auf eine viel erzählende Mutter, wie auf ein zurückgezogenes Kind, wie auf einen autoritär auftretenden Chef.

Eine gesunde Kommunikation ist dann zu erwarten, wenn beide Kommunikationsabläufe vorhanden sind.

Störungen ergeben sich dann, wenn eine Kommunikation entweder nur symmetrisch oder komplementär verläuft.

Störungen sind beispielsweise zu erwarten wenn:
- jeder „etwas gleicher" sein will wie der andere. Dadurch entsteht bei den „Ungleichen" die Bemühung die vorherige Symmetrie wieder herzustellen: Dies können wir häufig bei Kindern beobachten, die befreundet sind. „Was sie hat will ich auch haben", das kann sich dann immer weiter aufschaukeln. Dies nennt man eine **symmetrische Eskalation.**
- starre Komplementarität vorliegt. Bei einer starren Komplementarität besteht die Gefahr, dass ein anfänglich normales und gesundes Abhängigkeitsverhältnis auf Dauer aufrechterhalten bleibt. Das Kind wird dann unselbstständig und bleibt unmündig und kann sich nicht in die Selbstbestimmung entwickeln.

Fallbeschreibung „Anita und Walter"

Anita und Walter sind seit etwa einem halben Jahr enger miteinander befreundet. Seit einigen Wochen kriselt es in ihrer Beziehung. Am Sonntagnachmittag, als Walter Anita aufsucht, kommt es zwischen den beiden zu folgendem Dialog:

Walter: *Warum warst du eigentlich gestern Abend auf der Party so aggressiv zu mir?*

Anita: *Ich war gar nicht aggressiv!*

Walter: *So? (lacht etwas).*

Anita: *Ich habe jetzt keine Lust, mit dir zu streiten!*

Walter: *Aha, du machst es dir aber leicht!*

Anita: *Lass mich doch in Ruhe! (Geht aus dem Zimmer. Nach ca. 15 Minuten kommt sie wieder zurück.)*

Walter (nach einer Pause): *Na, hast du dich wieder gefangen?*

Anita: *Vielleicht wollte ich gestern Abend etwas ... etwas, das mir fehlte – Zärtlichkeit. Ja, vielleicht war es Hunger nach Zärtlichkeit.*

Walter: *Du willst doch nichts damit zu tun haben. Du sagst doch immer, das sei sentimental.*

> Anita: *Wann warst du je zärtlich zu mir? Walter:*
> *Wenn ich dich zum Beispiel küssen will,*
> *dann sagst du: "Sei nicht sentimental!"*
>
> Anita: *Aber wann hast du mich jemals küssen wol-*
> *len?*
>
> Walter. *Früher schon, aber jetzt …*
>
> Anita: *Ach, lass mich in Frieden und verschwinde!*
> *(Rennt weinend aus dem Zimmer).*
>
> Walter: (bleibt noch kurze Zeit sitzen und sagt
> dann vor sich hin): *Damit ist ja wohl der*
> *Nachmittag wieder gelaufen* (steht dann
> auf und geht).

Aufgabe

Verdeutlichen Sie mit Hilfe der Axiome der Kommunikation, warum es im obigen Beispiel zu Kommunikationsstörungen gekommen ist.

8. Grundregeln für die Verschlüsselung und Entschlüsselung einer Nachricht – Das Modell von F. Schulz von Thun

Friedemann Schulz von Thun, ein Professor für Psychologie aus Hamburg, hat die Erkenntnisse von Paul Watzlawick erweitert.

Bei der Analyse zahlreicher Gespräche entdeckten er und seine Mitarbeiter, dass ein und dieselbe Nachricht stets mindestens vier Botschaften gleichzeitig enthält.

Eine Nachricht lautet zum Beispiel:

„Sie haben aber komische pädagogische Ansichten."

Was steckt alles drin in dieser Nachricht?

Was hat der Sender bewusst oder unbewusst alles hineingesteckt?

Was kann der Empfänger ihr entnehmen?

Da ist zunächst einmal ein **Sachinhalt** (Worüber ich informiere).

Die Nachricht enthält eine Sachinformation, sie enthält Informationen über die mitzuteilenden Geschehnisse und Dinge.

„Es geht hier um pädagogische Ansichten"

Des Weiteren sagt die Person über die Sache hinaus auch etwas über sich selbst:

Selbstoffenbarung oder Selbstkundgabe (Was ich von mir selbst mitteile).

Darin steckt eine gewollte Selbstdarstellung und auch eine unfreiwillige Selbstenthüllung.

„Ich habe da ganz andere Ansichten."

Aus der Nachricht geht auch hervor, wie der Sender zum Empfänger steht, was er von ihm hält. Oft zeigt sich dies in nonverbalen Begleitsignalen. Eine Nachricht senden heißt dann immer zu dem Angesprochenen eine bestimmte Art von Beziehung auszudrücken: **Beziehungsseite** einer Nachricht. (Was ich von dir halten und wie wir zueinander stehen).

„Genau genommen sind auf der Beziehungsseite der Nachricht zwei Arten von Botschaften versammelt. Zum einen solche, aus denen hervorgeht, was der Sender vom Empfänger hält, wie er ihn sieht… Zum anderen enthält die Beziehungsseite aber auch eine Botschaft darüber, wie der Sender die Beziehung zwischen sich und dem Empfänger sieht (so stehen wir zueinander)."[4]

In unserem Beispiel lautet die Beziehungsbotschaft etwa:

„Ich bin Ihnen gegenüber skeptisch eingestellt".

Zu guter Letzt stellt SCHULZ VON THUN fest, dass kaum etwas „nur einfach so" gesagt wird; fast alle Nachrichten haben auch die Funktion auf den Empfänger Einfluss zu nehmen: Die Appellseite (wozu ich dich veranlassen möchte).

„Bitte erklären Sie mir Ihre Ansichten doch genauer!"

Wir können also zusammenfassend festhalten: Ein und dieselbe Nachricht enthält viele Botschaften. Ob der Sender will oder nicht, er sendet immer gleichzeitig auf allen vier Seiten. Diese Vielfalt an Botschaften lässt sich mit Hilfe des Kommunikationsquadrats nach SCHULZ VON THUN ordnen:

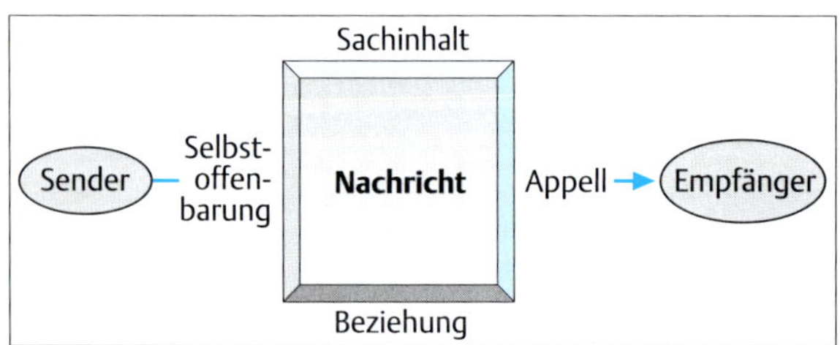

Die vier Seiten einer Nachricht – ein psychologisches Modell der zwischenmenschlichen Kommunikation nach F. SCHULZ VON THUN

Versuchen Sie die folgenden Nachrichten mit dem Vier-Seiten-Modell zu analysieren.

a) Ein Lehrer geht den Flur entlang, um in seiner Klasse Unterricht zu halten. Da kommt ihm die sechzehnjährige Angela entgegen und sagt aufgebracht: „Herr Weber, die Susanne hat ihr Pädagogik-Buch einfach in die Ecke gepfeffert."

b) Die Erzieherin kommt in den Gruppenraum und sagt zur Vorpraktikantin: „Da liegen immer noch die Puzzleteile auf dem Boden herum."

c) Die Erzieherin sagt während der Mittagspause zu ihrer Kollegin: „Immer muss ich die ganze Arbeit alleine machen."

d) Die Erzieherin sagt zu einem Kind: „Da hast du dir ja eine tolle Räuberhöhle gebaut."

e) Während eines Bastelangebots sagt die Erzieherin zu einem Kind. „Wer am lautesten schreit, bekommt zuletzt."

f) Eine Erzieherin schaut sich den Aushang an der Pinnwand ihrer Kollegin an und sagt zu ihr: „Du könntest dir mal wieder was Neues einfallen lassen."

Auch auf „nicht verbale Nachrichten" lässt sich das Modell von SCHULZ VON THUN anwenden.

Normalerweise ist es uns im Alltag leichter möglich, die Nachrichten richtig zu entschlüsseln, weil wir noch zum gesprochenen Wort wichtige Begleitinformationen erhalten. Diese Begleitinformationen haben wir teilweise im Lernfeld Körpersprache bereits kennen gelernt. An dieser Stelle erweitern wir nur noch ein wenig den Blickwinkel auf die so genannten **paraverbalen Signale**.

Dazu zählen die Art der Formulierung und natürlich der Tonfall.

Insgesamt spricht man in der Kommunikationspsychologie von der Qualifizierung der Botschaft auf viererlei Weise:
- **Qualifizierung durch den Kontext:**
  Wenn eine Erzieherin angesichts eines eingestürzten Holzklötzchenturms zum Kind sagt: „Du bist aber ein großartiger Baumeister!", dann qualifiziert der Kontext das Gesagte in ironischer Weise.
- **Qualifizierung durch die Art der Formulierung:**
  Die Art und Weise wie jemand einen Sachverhalt formuliert, qualifiziert das Gesagte: Die Erzieherin, die nach einem Krankheitstag wegen einer Magenverstimmung wieder im Kindergarten erscheint und ge-

fragt wird, wie es ihr geht, sagt: „Ich bin todkrank!" Die übertreibende Formulierung qualifiziert den Inhalt der Aussage in widersprüchlicher Weise.

- **Die Qualifizierung durch die Körperbewegung:**
  Die Bedeutung der Körpersprache haben wir zu Beginn dieses Lernfeldes ausführlich beschrieben. Hier noch ein Beispiel von SCHULZ VON THUN aus dem Bereich der Mimik und Gestik, das widersprüchliche also **inkongruente Botschaften** beinhaltet.

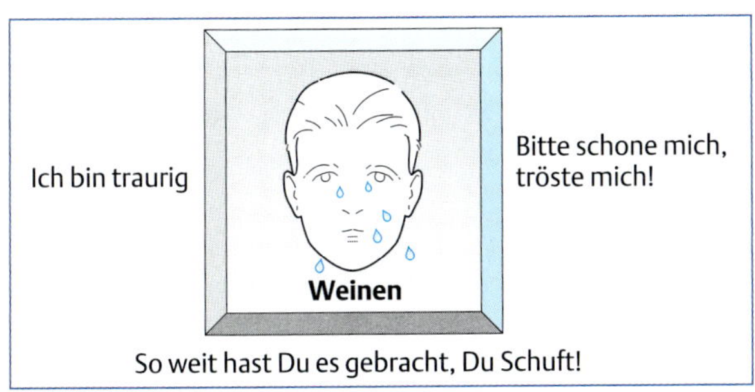

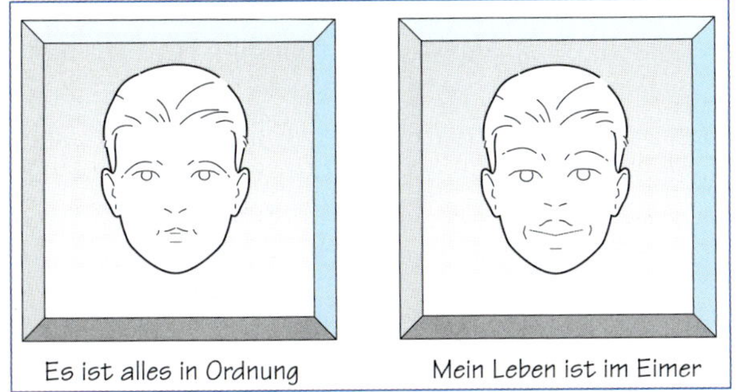

Interpretieren Sie die beiden Bilder!

Sie erinnern sich sicher noch an das 1. Axiom; Man kann nicht nicht kommunizieren: Jedes Verhalten hat Mitteilungscharakter. Dies lässt sich auch mit dem Vier-Seiten-Modell graphisch ausdrücken:

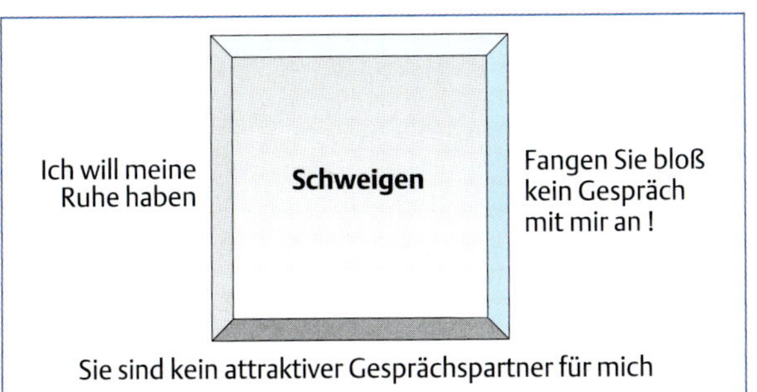

- **Die Qualifizierung durch den Tonfall:**
  „Das hast du ja wieder ganz prima hingekriegt" sagt die Erzieherin zum Kind, das soeben versehentlich eine Blumenvase vom Fensterbrett heruntergestoßen hat. Die eigentlich echte Botschaft (die Verärgerung) ist hier auch dem Tonfall zu entnehmen.

Die Entschlüsselung von Nachrichten (Decodierung)

Betrachten wir das Quadrat aus der Sicht des Empfängers. Je nachdem, auf welche Seite er besonders hört, ist seine Empfangstätigkeit eine andere:

Den **Sachinhalt** sucht er zu verstehen. Sobald er die Nachricht auf die **Selbstoffenbarungsseite** hin „abklopft", ist er personaldiagnostisch tätig:

„Was ist das für eine(r)?" bzw. „Was ist im Augenblick los mit ihm/ihr?"

Durch die **Beziehungsseite** ist der Empfänger persönlich besonders betroffen: „Wie steht der Sender zu mir, was hält er von mir, wen glaubt er vor sich zu haben, wie fühle ich mich behandelt?"

Die Auswertung der **Appellseite** schließlich geschieht unter der Fragestellung „Wo will er mich hin haben?" bzw. in Hinblick auf die Informationsnutzung: „Was sollte ich am besten tun, nachdem ich dies nun weiß?"

Der Empfänger ist mit seinen zwei Ohren eigentlich biologisch schlecht ausgerüstet: Psychologisch betrachtet braucht er **„vier Ohren"** – ein Ohr für jede Seite.

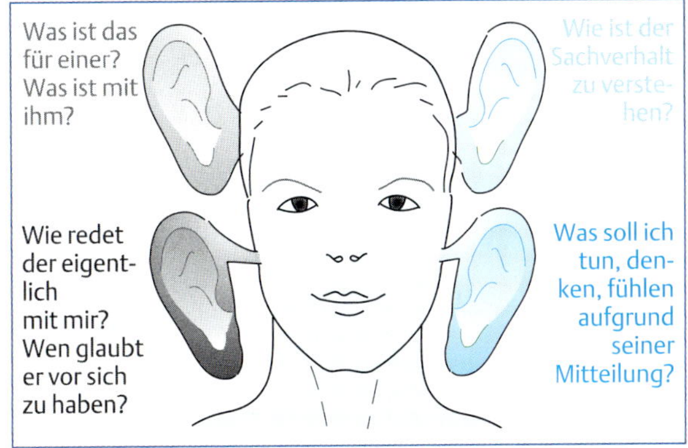

Je nachdem, welches seiner vier Ohren der Empfänger gerade vorrangig auf Empfang geschaltet hat, nimmt das Gespräch einen sehr unterschiedlichen Verlauf. Oft ist dem Empfänger gar nicht bewusst, dass er einige seiner Ohren abgeschaltet hat und dadurch die Weichen für das zwischenmenschliche Geschehen stellt. Was also die zwischenmenschliche Kommunikation so schwierig macht, ist:

„Der Empfänger hat grundsätzlich die freie Auswahl, auf welche Seite er reagieren will.

Diese freie Auswahl des Empfängers führt zu manchen Störungen – etwa dann, wenn der Empfänger auf eine Seite Bezug nimmt, auf die der Sender das Gewicht nicht legen wollte, oder wenn der Empfänger überwiegend nur mit einem Ohr hört und damit taub ist (oder sich taub stellt) für alle Botschaften, die sonst noch ankommen. Die ausgewogene „Vierohrigkeit" sollte zur kommunikationspsychologischen Grundausrüstung des Empfängers gehören. Von Situation zu Situation ist dann zu entscheiden, auf welche Seite(n) zu reagieren ist."

Ein Alltagsbeispiel für verschiedene Empfangsgewohnheiten aus Schulz von Thuns Buch:

> „Der Vater kommt gereizt nach Hause, sieht Spielzeug herumliegen und schnauzt sein Kind an: „Was ist das hier für ein Saustall, und der Dreck hier – was bist du für ein Schmierfink!"

Kinder im Kindergartenalter werden diese Nachricht eher auf dem Beziehungsohr hören müssen, sich wahrscheinlich schlecht und schuldig fühlen und traurig schlussfolgern: „So einer bin ich also!"

Ein Schulkind hat unter Umständen die Fähigkeit, mit dem Selbstoffenbarungsohr zu hören: „Er muss einen schlechten Tag bei der Arbeit gehabt haben, so dass er seine Wut an mir auslässt." Dieses Kind nimmt die Nachricht nicht auf sich, sondern bucht sie auf der Seite des Papas ab: „So einer bist du also."[3)]

Bei der Kompliziertheit der zwischenmenschlichen Kommunikation dürfte es nicht verwundern, wenn es zu Missverständnissen kommt. Missverständnisse sind daher das Natürlichste von der Welt, sie ergeben sich fast zwangsläufig schon aus der Quadratur der Nachricht.

„Sender und Empfänger sollten daher beim Aufdecken und Besprechen von Missverständnissen nicht davon ausgehen, dass sich eine peinliche Panne ereignet hat, für die man den Nachweis der eigenen Schuldlosigkeit erbringen sollte. Wer „Recht hat", ist weder eine entscheidbare noch eine wichtige Frage. Es stimmt eben beides: „Der eine hat dieses gesagt, der andere jenes gehört."[5)]

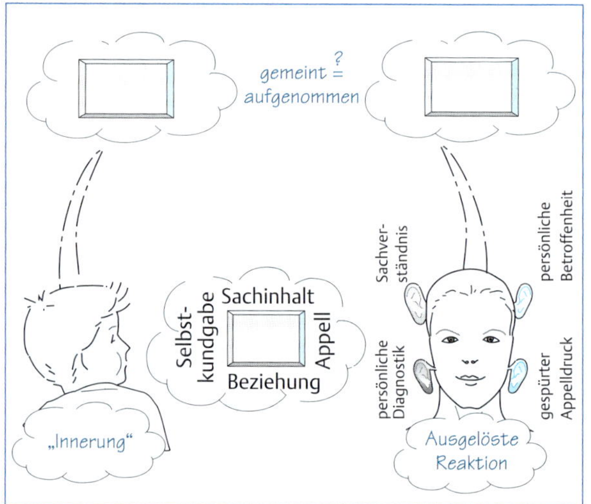

Deshalb ist dann auch ein angemessenes **Feedback** (also eine Rückmeldung) die beste Möglichkeit, Verstehen zu verbessern, allerdings auch auf vier Seiten:

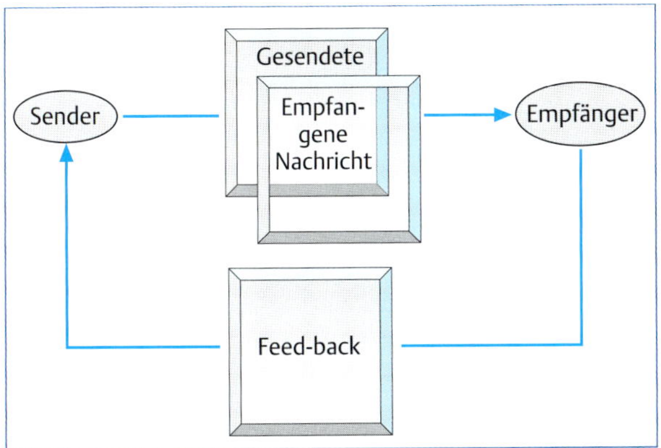

Der Empfänger (= Feedback-Spender) weist auf Sachverhalte hin, gibt was von sich selbst kund, nämlich wie er auf die Nachricht reagiert, was er hineinlegt und was sie bei ihm auslöst (**Selbstoffenbarung**). Er drückt aus, wie er zum Sender steht (**Beziehung**) und formuliert auch einen deutlichen **Appell**, etwas zu ändern oder beizubehalten.

Konkrete Lernsituation

Nach den Ausführungen von SCHULZ VON THUN gibt es vier Sendemöglichkeiten und vier Empfangsohren. Teilen Sie sich in zwei Gruppen auf:

a) die Sender-Gruppe,

b) die Empfänger-Gruppe.

zu a) Die Sender-Gruppe baut aus DIN A3-Tonpapier vier verschiedene Sendertröten entsprechend den Informationen des Textes und beschriftet/gestaltet diese Tröten entsprechend, sodass die Charakteristik eines jeweiligen Senders deutlich wird (arbeitsteilige Gruppenarbeit für die vier Sender).

zu b) Die Empfängergruppe baut aus DIN A3-Karton vier große Ohren entsprechend den vorhergehenden Informationen und gestaltet diese Ohren so aus, dass die spezifische Empfangscharakteristik deutlich wird (arbeitsteilige Gruppenarbeit für die vier Empfangsohren).

- Der Satz: „Hallo, wie geht es dir?" wird der Charakteristik einer jeweiligen Sendertröte entsprechend (unter Benutzung der Tröte) ausgesprochen.
- Die Sender-Gruppe erklärt die Bedeutung und Charakteristik der vier Sender.

Der Satz: „Hallo, wie geht es dir?" wird an einen Empfänger mit vier Ohren (die gebastelten Ohren werden symbolisch an den Kopf einer Person gehalten) gerichtet. Jedes Ohr erläutert sein spezifisches Verständnis des Satzes.

- Diskutieren Sie das Spektrum von Sende- und Empfangsmöglichkeiten.
- Wählen Sie typische Sätze aus dem erzieherischen Alltag und wenden Sie die Übung darauf an.
- Stellen Sie Forderungen für eine gelungene Kommunikation auf.
- Welche Ratschläge würden Sie aufgrund Ihrer bisherigen Diskussion einer Erzieherin/einem Erzieher geben?

9. Feedback, eine goldene Regel der Verständigung

Wenn ich in einer sozialen Interaktion und Kommunikation zurückmelde, was ich von der Nachricht verstanden habe, so ist das eine Art Rückmeldung des Empfangsergebnisses. Wenn diese Rückmeldung nicht nur über das Empfangsergebnis Auskunft gibt, sondern auch noch eine Information darüber enthält, welche Wirkung der Sender auf den Empfänger hat, nennen wir diesen Vorgang **Feedback** bekommen. Und das ist ein Vorgang, den Sie in Ihrem Alltag als Sender ständig erleben. Andere Menschen teilen Ihnen mit, dass sie

- Ihre Äußerungen nicht verstanden haben „Wie meinst du das?"
- nicht einverstanden sind mit dem, was Sie tun „Hör bloß auf damit!"
- Ihr Verhalten positiv bewerten „Das hast du gut gemacht!"

Aus diesen Informationen können Sie ersehen, inwieweit die Auswirkung Ihres Verhaltens Ihren Absichten entspricht. Feedback kann also für Sie ein Kontrollinstrument im sozialen Bereich sein. Sie prüfen, ob etwas auch „so ankommt", wie Sie es beabsichtigt haben. LUTZ SCHWÄBISCH und MARTIN SIEMS beschreiben in ihrem Buch: „Anleitung zum sozialen Lernen" den Feedback Vorgang in seiner grundlegenden Bedeutung sehr anschaulich:

„Wenn Sie also im Umgang mit einem Freund erleben, dass Ihre Vorträge ihn langweilen, so können Sie sich entscheiden, ob Sie dieses Verhalten aufgeben oder ändern wollen. Sie können ferner nachfragen und gemeinsam herausfinden, woran es liegt, dass Sie mit Ihrem Gesprächsbeitrag eine solche unliebsame Wirkung erzielten. Haben Sie sich zu oft wiederholt? Interessiert Ihren Freund das Thema nicht? Beschäftigt er sich gerade mit einem anderen brennenden Problem?

Feedback gibt Ihnen die Möglichkeit, in einer Beziehung „Störungen" herauszufinden, die durch Ihr Verhalten ausgelöst werden. Sie bekommen dadurch Informationen, die für die Entwicklung der Beziehung und für die Entwicklung Ihrer Persönlichkeit wichtig und hilfreich sein können.

Stellen Sie sich vor, Sie erleben es häufiger, dass Menschen sich von Ihnen abwenden und desinteressiert scheinen, wenn Sie zu reden beginnen. Stellen Sie sich weiter vor, dass der Grund dafür Ihre ständigen Wiederholungen sind. Nur ein **offenes Feedback** kann Ihnen solche Information geben. Wenn Ihnen keiner die Wirkung Ihres Verhaltens auf sich mitteilt, beziehen Sie die Reaktionen der anderen vielleicht auf Ihr Aussehen, Ihre mangelnden Kenntnisse, oder Sie interpretieren diese Reaktionen nur als „die anderen mögen mich nicht". Sie haben ohne offenes, **konkretes Feedback** keine Möglichkeit, Ihre sozialen Erfahrungen realitätsgerecht zu verarbeiten.

Feedback hilft uns, uns selbst und die Umwelt realistisch wahrzunehmen. Ob das Feedback hilfreich ist oder schadet, hängt aber von der sprachlichen Form ab, von der Art und Weise, wie wir es ausdrücken."

Im Umgang mit anderen Menschen erfolgt das Feedback meist in einer indirekten Form. Sozialpartner sagen nicht: „Das, was du tust, macht mich ärgerlich", sondern sie werden ärgerlich und verhalten sich so, wie ärgerliche Menschen sich verhalten (**indirekter Ausdruck von Gefühlen durch das Verhalten**). Uns bleibt es nun überlassen, ihre indirekte Mitteilung zu übersetzen und herauszufinden, dass sie ärgerlich fühlen, warum sie ärgerlich sind und ob und wie wir diesen Ärger vermeiden können. Die Missverständnisse in einem solchen Prozess der Kommunikation sind vielfältig:

- Wir interpretieren ihr Gefühl falsch. Sie sind vielleicht nicht ärgerlich, sondern traurig oder verletzt.

- Wir beziehen die Reaktionen der anderen auf unser Verhalten, obwohl das in keinem Zusammenhang mit ihren Gefühlen steht. Ein anderer Mensch ist vielleicht gar nicht ärgerlich unseretwegen, sondern wegen eines Erlebnisses mit seinem Chef bei der Arbeit.

- Wir beziehen die Reaktionen der anderen auf bestimmte unserer Verhaltensweisen, die diese Reaktionen gar nicht ausgelöst haben. Ein anderer Mensch ist nicht deswegen ärgerlich, weil wir Behauptungen aufstellen, die er für unvernünftig hält (unsere Interpretation), sondern vielleicht, weil wir so viel reden und ihn nicht zu Wort kommen lassen."[6]

Im nächsten Abschnitt werden wir sehen, wie die Art der Botschaft als „Ich-Botschaft" den Prozess des Feedbacks günstig gestalten hilft.

Konkrete Lernsituation:
„Heißer Stuhl" in der Klasse

Wir sitzen im Kreis und ein Stuhl steht in der Mitte.

Eine Mitschülerin setzt sich auf den Stuhl in der Mitte und bittet um Feedback von 2 oder 3 Mitschülerinnen.

Die Feedbackgeber beginnen ihre Rückmeldung an die Schülerin auf dem heißen Stuhl mit:

„Was mir an dir gefällt..."
„Was mich an dir stört..."

oder ähnlichen Formulierungen

Andere Schülerinnen können per Handzeichen, wenn der Feedback Empfänger einverstanden ist, noch etwas dazufügen.

Die Schülerin setzt sich in den Kreis zurück, und die nächste Schülerin setzt sich auf den heißen Stuhl.

Alle Schülerinnen sind aufgefordert. Es gibt bis zum Ende der Übung keine Erklärungen, keine Diskussionen, keine Nebengespräche.

Nachdem alle auf dem heißen Stuhl Feedback bekommen haben, gibt es eine allgemeine Aussprache.

> **Wichtig**
> - Wir sind uns zugewandt
> - wir beleidigen nicht
> - wir überlegen bevor wir sprechen
> - wir halten die Feedback-Regeln ein.

Feedback-Regeln

Feedback besteht aus 2 Komponenten
a) Feedback geben
b) Feedback nehmen

Es gibt 3 Zielsetzungen

- Ich will den anderen darauf aufmerksam machen, wie ich sein Verhalten erlebe und was es für mich bedeutet (positiv/negativ).
- Ich will den anderen über meine Bedürfnisse und Gefühle informieren, damit er darüber informiert ist, worauf er besser Rücksicht nehmen könnte. So muss er sich nicht auf Vermutungen stützen.
- Ich will den anderen darüber aufklären, welche Veränderungen in seinem Verhalten mir gegenüber die Zusammenarbeit mit ihm erleichtern würden.

Gutes Feedback bezieht sich immer auf hilfreiche Verhaltensweisen, aber auch auf störende. Die positiven Wirkungen von Feedback liegen darin, eigene störende Verhaltensweisen zu korrigieren und die Zusammenarbeit effektiver zu gestalten.

Es ist keine einfache Angelegenheit, Feedback zu geben oder zu nehmen. Es kann manchmal weh tun, peinlich sein, Abwehr auslösen oder neue Schwierigkeiten heraufbeschwören, da niemand leichten Herzens akzeptiert, in seinem Selbstbild korrigiert zu werden.

Feedbackgeber und Feedbacknehmer sollten daher bestimmte Regeln einhalten:

Regeln für den Feedbackgeber:
Wichtig
Ihr Feedback muss erwünscht sein.
- Seien Sie konstruktiv, beschreibend, konkret, subjektiv, positiv und nicht zu negativ.
- Werten Sie nicht, sprechen Sie nicht Unabänderliches an.
- Fordern Sie keine Änderungen.
- Seien Sie angemessen, berücksichtigen Sie die Bedürfnisse beteiligter Personen – zwingen Sie niemandem etwas auf
- Seien Sie klar in Ihren Formulierungen. Geben Sie zeitnah Feedback (keine Rabattmarken kleben!).

Regeln für den Feedbacknehmer:
Wichtig
Sie sind in einer passiven Rolle.
- Lassen Sie den anderen ausreden – rechtfertigen Sie sich nicht, verteidigen Sie sich nicht.
- Vergewissern Sie sich, ob Sie alles verstanden haben.
- Sind Sie dankbar für das Feedback, auch wenn es nicht in der richtigen Form gegeben wurde.
- Es hilft Ihnen selbst, sich und die Wirkung auf andere kennen zu lernen und dadurch sicherer und kompetenter im Auftreten zu werden.
- Akzeptieren Sie nicht unkritisch und prüfen Sie nach: Haben Sie ähnliches schon einmal gesagt bekommen, fragen Sie bei anderen Gruppenmitgliedern nach deren Eindrücken, können Sie das Feedback modifizieren, korrigieren, bestätigen?
- Bleiben Sie aber auch sich selbst gegenüber kritisch: Neigen Sie zu Widersprüchen? Neigen Sie zu Gegenangriffen? Neigen Sie dazu misszuverstehen oder falsch zu deuten?

Schlafen Sie über das gegebene Feedback und geben Sie zu einem späteren Zeitpunkt Rückmeldung an Ihren Feedbackgeber.

10. Verschiedene Botschaften und förderliches Sprachverhalten

Bei Paul Watzlawick und Schulz von Thun haben wir gelernt, dass die Art und Weise wie man Botschaften verschlüsselt, sehr viel zum erfolgreichen oder erfolglosen Verlauf einer Kommunikation beitragen. Auch wenn das Ergebnis einer Mitteilung stark vom Empfänger mitbestimmt wird, **kommt es darauf an, wie klar und eindeutig Botschaften formuliert werden.**

In vielen Alltagsgesprächen kommen Bedürfnisse, Wünsche und Gefühle häufig nur verschleiert, verborgen oder geleugnet zum Ausdruck.

Ein Kind beispielsweise boxt andere Kinder an, weil es Kontakt haben möchte.

Eine Mutter sagt zu ihrer siebzehnjährigen Tochter: „Was ich dazu meine, weißt du ja, aber du kannst ja tun, was du willst!"

Eltern sagen zu ihrem Kind: „Du brauchst nicht zu lernen, aber die nächsten Ferien kannst du vergessen, wenn deine Noten in der Schule nicht besser werden."

Solche Äußerungen werden als **versteckte Botschaften** bezeichnet.

Das Problem für eine gelingende Kommunikation besteht nun aber darin, dass die wahren Empfindungen, Wünsche und Bedürfnisse unklar bleiben.

Auch in der indirekten Ausdrucksweise finden wir meist **versteckte Botschaften**.

So sagt zum Beispiel die Erzieherin zu einem Kind: „Findest du es gut, dass du dich heute so aufgeführt hast?" Durch eine solche Äußerung werden die eigenen Empfindungen nicht bewusst, das Kind kann sie nur sehr schwer erkennen und wird in eine Verteidigungsposition gebracht. Offen gesprochen müsste die Erzieherin sagen: „Mir hat nicht gefallen, dass…. weil…"

Th. Gordon

Eine Erzieherin, die sagt: „Das tut man nicht!" versteckt darin eine Botschaft. Derjenige der dies so sagt, versteckt sich hinter einer vielleicht sinnvollen Verhaltensregel ohne sich dazu zu bekennen, dass er es ist, den etwas stört.

Ein direkter freimütiger Ausdruck von Wünschen, Bedürfnissen und vor allem von Gefühlen würde eine befriedigende Beziehung ermöglichen.

Besonders deutlich wird die Bedeutung **direkter und indirekter Botschaften** bei pädagogischen Problemen.

In vielen erzieherischen Situationen plagen, stören und frustrieren uns Kinder. Kinder können rücksichtslos und unbedacht sein, gerade dann, wenn die Erwachsenen versuchen, ihre eigenen Bedürfnisse zu befriedigen.

Ähnlich jungen Hunden, können Kinder ungestüm und destruktiv, laut und anspruchsvoll sein, und wie auch alle Eltern bestätigen können, können Kinder Extraarbeit verursachen, einen aufhalten, wenn man in Eile ist, reden, wenn man möchte, dass sie ruhig sind, einen mit Nutella beschmieren, wenn man eine gute Hose anhat, und so weiter.

Eine sinnvolle Methode mit diesem kindlichen Verhalten fertig zu werden und dabei die Selbstachtung aller Beteiligten zu bewahren und die gegenseitigen Bedürfnisse zu respektieren, ist der direkte sprachliche Ausdruck von Gefühlen und Bedürfnissen ohne den anderen zu verletzen. Thomas Gordon, einer der weltweit erfolgreichsten Autoren pädagogischer Literatur, den wir schon einige Male erwähnt haben, unterscheidet deshalb zwischen so genannten **„Du-Botschaften"** und **„Ich-Botschaften"**.

Dazu eine **konkrete Situation** aus der „Familienkonferenz" von Th. Gordon:

1. „Sie sind nach einem langen Arbeitstag sehr müde. Sie haben es nötig, sich eine Weile hinzusetzen und auszuruhen. Diese Zeit würden Sie gerne dazu benutzen, die Abendzeitung zu lesen. Aber Ihr fünfjähriger Sohn bestürmt Sie unaufhörlich, mit ihm zu spielen. Er hört nicht auf, Sie am Arm zu ziehen, klettert auf Ihren Schoß und zerknittert die Zeitung. Mit ihm spielen ist das letzte, was Sie tun möchten."

2. „Ihr vierjähriges Kind hat ein paar Töpfe und Pfannen aus dem Regal genommen und beginnt, damit auf dem Fußboden zu spielen. Das stört Sie beim Zubereiten der Mahlzeit für Ihre Gäste. Sie sind bereits spät dran."

3. „Ihr zwölfjähriges Kind kam aus der Schule nach Hause, machte sich selbst ein Brot und hinterließ in der Küche ein Schlachtfeld, nachdem Sie eine Stunde lang geputzt hatten, damit sie sauber sein würde, wenn Sie mit dem Abendbrot anfangen."

Aufgabe

Schreiben Sie für alle drei Situationen auf, was Sie zu Ihrem Kind sagen würden.

Wenn Sie dies getan haben, vergleichen Sie Ihre „Lösungen" mit den nun folgenden:

1. Anordnen, Befehlen, Kommandieren

„Geh und such dir etwas zum Spielen."
„Hör auf, die Zeitung zu zerknittern."
„Räum die Töpfe und Pfannen wieder fort."

2. Warnen, Ermahnen, Drohen

„Wenn du nicht aufhörst, schreie ich."
„Mutter wird böse, wenn du nicht aus dem Weg gehst."
„Wenn du nicht machst, dass du rauskommst, und die Küche wieder in ihren alten Zustand versetzt, wird es dir Leid tun."

3. Zureden, Predigen, Moralisieren

„Stör niemals jemanden beim Lesen."
„Spiel bitte anderswo."
„Du musst nicht herumspielen, wenn Mutter es eilig hat."
„Räum immer auf, wenn du fertig bist."

4. Raten, Vorschläge machen oder Lösungen geben

„Warum gehst du nicht nach draußen und spielst?"
„Lass mich mal etwas anderes vorschlagen, was du tun könntest."
„Kannst du die Sachen denn nicht wegräumen, nachdem du sie gebraucht hast?"

Diese Arten von verbalen Erwiderungen teilen dem Kind die Lösung mit, die Sie für es haben – genau das, was es Ihrer Meinung nach tun sollte.

Was ist daran so problematisch, werden Sie vielleicht fragen?

Wenn Sie dem Kind eine Lösung für ihr Problem vorgeben, dann kann das nach der umfangreichen pädagogischen Erfahrung vieler Fachleute folgende Auswirkungen haben, die Th. Gordon formuliert:

1. Kinder wehren sich dagegen, gesagt zu bekommen, was sie tun sollen. Ihre Lösung mag ihnen auch nicht zusagen. Jedenfalls wehren Kinder sich dagegen, ihr Verhalten ändern zu müssen, wenn ihnen genau gesagt wird, wie sie sich ändern „müssten", „sollten" oder dass sie „besser daran täten sich zu ändern".

2. Das Senden der Lösung übermittelt auch noch eine andere Botschaft: „Ich traue dir nicht zu, dich für eine Lösung zu entscheiden" oder „Ich halte dich nicht für feinfühlig genug, einen Weg zu finden, um mir bei meinem Problem zu helfen."

3. Das Senden der Lösung sagt dem Kind, dass Ihre Bedürfnisse wichtiger als seine sind, dass es genau das tun muss, was es, ungeachtet seiner Bedürfnisse, Ihrer Meinung nach tun sollte. („Du tust etwas für mich Unannehmbares, darum ist die einzige Lösung das, was ich sage.")

Dies sind alles so genannte **„Du-Botschaften"**, Äußerungen, in denen über den anderen eine Mitteilung gemacht wird, und die in schlimmeren Fällen bis zu **„herabsetzenden Botschaften"** sich ausbilden können. Wie zum Beispiel die von Thomas Gordon gesammelten:

1. Urteilen, Kritisieren, Beschuldigen

„Du müsstest es besser wissen."
„Du bist sehr gedankenlos."
„Du bist sehr ungezogen."
„Du wirst noch einmal der Nagel zu meinem Sarg sein."

2. Beschimpfen, Verhöhnen, Beschämen

„Du bist ein verzogenes Gör."
„Schon gut, Herr Naseweis."
„Schäm dich."

3. Interpretieren, Diagnostizieren, Psychoanalysieren

„Du willst nur Aufmerksamkeit erregen."
„Du willst mich nur auf die Palme bringen."
„Du siehst nur zu gern, wie weit du es treiben kannst, bevor ich wütend werde."
„Du willst immer da spielen, wo ich arbeite."

4. Belehren, Anleiten

„Es gehört sich nicht, jemanden zu unterbrechen."
„Artige Kinder tun das nicht."
„Was würdest du sagen, wenn ich das dir antäte?"
„Warum bist du zur Abwechslung nicht einmal artig?"

Das sind alles Herabsetzungen – sie ziehen den Charakter des Kindes in Zweifel, lehnen es als Mensch ab, zerstören seine Selbstachtung, betonen seine Unzulänglichkeiten, fällen ein Urteil über seine Persönlichkeit. Sie geben dem Kind die Schuld.

Welche Wirkungen rufen diese Botschaften wahrscheinlich hervor?

1. Kinder fühlen sich oft schuldbewusst und voll Reue, wenn sie verurteilt oder beschuldigt werden.

2. Kinder haben das Gefühl, dass der Elternteil nicht fair ist – sie empfinden Ungerechtigkeit: „Ich habe nichts Böses getan" oder „Ich wollte nicht unartig sein."

3. Kinder fühlen sich oft ungeliebt, zurückgestoßen: „Sie mag mich nicht, weil ich etwas Böses getan habe."

4. Kinder reagieren oft sehr widerspenstig auf derartige Botschaften – sie stellen sich auf die Hinterbeine. Das die Eltern störende Verhalten aufzugeben, würde ein Eingeständnis der Stichhaltigkeit des elterlichen Vorwurfs oder Urteils sein. Die typische Reaktion eines Kindes würde sein: „Ich störe dich nicht" oder „Die Teller sind niemandem im Weg".

5. Kinder zahlen oft mit gleicher Münze heim: „Du bist auch nicht immer so ordentlich" oder „Du bist ständig müde", „Du bist ein schrecklicher Miesepeter, wenn Besuch kommt" oder „Warum kann das Haus nicht so sein, dass wir darin leben können?"

6. Herabsetzungen geben dem Kind das Gefühl der Unzulänglichkeit. Sie reduzieren seine Selbstachtung."[7)]

Zusammenfassend können wir also festhalten: Zu den Du-Botschaften gehören Mitteilungen, die urteilen, verurteilen, werten, nörgeln, beschimpfen, verhöhnen, beschämen, herabsetzen, demütigen, Lösungen senden, polemisieren, beschuldigen, warnen, ermahnen, drohen, predigen, moralisieren usw., sie alle verbergen die eigenen Bedürfnisse, das eigene innere Erleben, fällen ein Urteil über den anderen und bringen ihn in Bedrängnis.

11. Von der „Du-Botschaft" zur „Ich-Botschaft"

Eine Möglichkeit den Unterschied zwischen unwirksamen und wirksamen Botschaften zu verdeutlichen, ist es „Du-Botschaften" in „Ich-Botschaften" zu verwandeln. Der Erfinder dieser Botschaften, Thomas Gordon, hat dafür in seiner „Familienkonferenz" ein anschauliches Beispiel:

Stellen Sie sich ein Elternteil vor, das müde ist und keine Lust hat mit seinem vierjährigen Kind zu spielen.

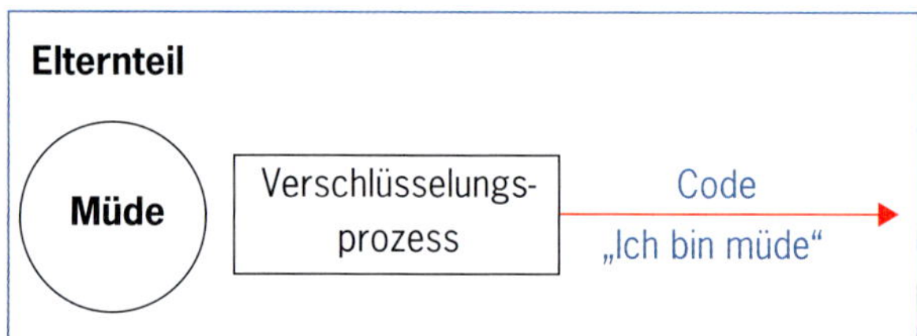

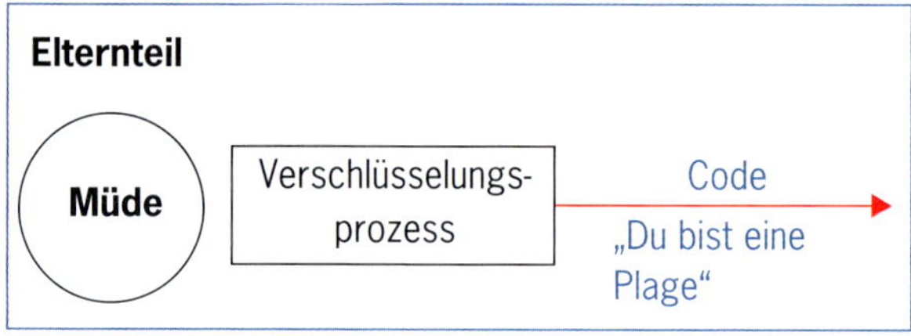

Eine unmissverständliche Botschaft für das Müdigkeitsgefühl des Elternteils müsste also eine „Ich-Botschaft" sein.

„Ich bin müde", oder „Ich fühle mich jetzt gerade nicht in der Lage zu spielen", oder „Ich möchte mich jetzt erst etwas ausruhen."

Dies wäre dann im Sinne unseres Vier-Seiten-Kommunikationsmodells von Schulz von Thun auch eine Selbstkundgabe, wohingegen die „Du-Botschaft" auf der Appellseite oder auf der Beziehungsseite der Nachricht sendet.

Diese Botschaft wird vom Kind eher als eine Bewertung seiner selbst entschlüsselt.

Wohingegen die erste Botschaft als Feststellung einer geäußerten Tatsache in Bezug auf einen Elternteil verstanden werden kann.

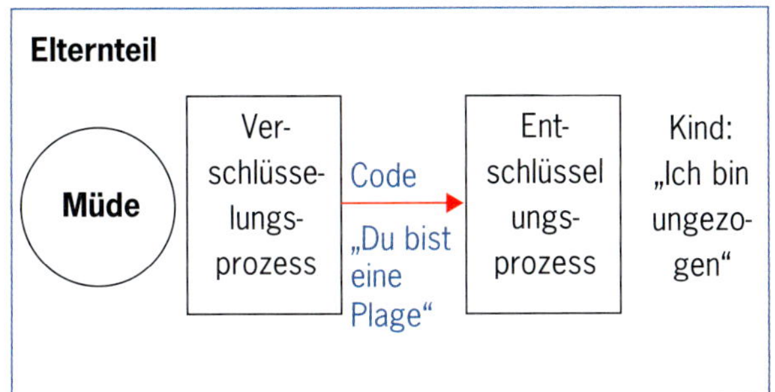

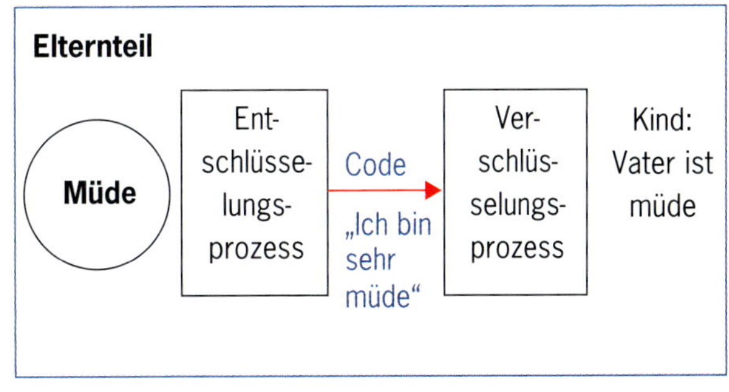

Auf diese Weise lassen sich jetzt auch die vorherigen Beispiele übersetzen:

Du-Botschaft wird	zu **Ich-Botschaft**
„Du bist ungezogen"	„Ich kann nicht ausruhen, wenn mir jemand auf den Schoß krabbelt."
„Du bist eine Plage"	„Ich bin zu müde um zu spielen."
„Räum die Töpfe und Pfannen wieder fort"	„Ich kann nicht kochen, wenn ich über Töpfe und Pfannen auf dem Fußboden steigen muss."
„Musst du eigentlich immer dazwischenreden?"	„Ich bin sauer, wenn ich unterbrochen werde"

Warum „Ich-Botschaften" wirksamer sind

„Ich-Botschaften" sind wirksamer, um ein Kind zu beeinflussen, ein Verhalten zu modifizieren, das für den Elternteil unannehmbar ist und dessen Modifizierung für das Kind und die Eltern-Kind-Beziehung gesünder ist. Die „Ich-Botschaft" ist viel weniger geeignet, Widerstand und Rebellion zu provozieren. Es ist weitaus weniger bedrohlich, einem Kind aufrichtig die Wirkung seines Verhaltens auf Sie zu übermitteln, als anzudeuten, dass irgend etwas an ihm böse ist, weil es sich diesem Verhalten hingibt. Denken Sie an den signifikanten Unterschied in der kindlichen Reaktion auf diese zwei Botschaften, die ein Elternteil sendete, nachdem ihn ein Kind vor das Schienbein tritt:

„Au! Das hat mir wirklich weh getan – ich mag nicht, wenn man mich tritt."

„Du bist ein sehr unartiger Junge. Untersteh dich, jemanden so zu treten."

Die erste Botschaft sagt dem Kind nur, was Sie durch seinen Tritt fühlten, eine Tatsache, die es kaum bestreiten kann. Die zweite sagt ihm, dass es „unartig" war, und warnt es davor, das wieder zu tun, gegen beides kann es Einwände erheben und sich wahrscheinlich heftig sträuben.

„Ich-Botschaften" sind auch viel wirksamer, weil sie die Verantwortung für die Modifizierung seines Verhaltens in die Hände des Kindes legen. „Au! Das hat mir wirklich weh getan" und „Ich mag nicht, wenn man mich tritt" sagen dem Kind, wie Sie fühlen, überlassen es jedoch ihm, etwas zu tun.

Folglich helfen „Ich-Botschaften" dem Kind, voranzukommen, helfen ihm, Verantwortung für sein eigenes Verhalten zu übernehmen. Eine „Ich-Botschaft" sagt dem Kind, dass Sie ihm die Verantwortung überlassen, ihm zutrauen, auf konstruktive Weise mit der Situation fertig zu werden, ihm zutrauen, dass es Ihre Bedürfnisse respektiert, ihm eine Chance geben damit zu beginnen, sich konstruktiv zu verhalten.

Weil „Ich-Botschaften" aufrichtig sind, neigen sie dazu, das Kind zu beeinflussen, ähnlich aufrichtige Botschaften zu senden, wann immer es eine Empfindung

Konkrete Lernsituation
Unwirksame Botschaften erkennen und in „Ich-Botschaften" übersetzen.

Anleitung

Lesen Sie jede der unten aufgeführten Situationen und die vom Elternteil gesendete Botschaft. Auf einem Blatt Papier schreiben Sie die Gründe dafür auf, warum die Botschaft des Elternteils als Sendung nicht wirksam war, indem Sie die folgende Liste von „Sendefehlern" verwenden:

- Untertreiben
- Beschuldigen, verurteilen
- Indirekte Botschaft, Sarkasmus
- Lösungen, Befehle senden
- Sekundären Empfindungen Luft machen
- Beschimpfungen
- Antippen und weglaufen

1. Die Kinder streiten sich darüber, welches Fernsehprogramm sie sehen. Darauf sagt die Mutter:

   „Hört mit dem Streiten auf und stellt augenblicklich den Apparat ab."

2. Die Tochter kommt um 1:30 Uhr nachts nach Hause, nachdem sie zugestimmt hat, um 24:00 Uhr zurück zu sein. Der Elternteil ist sehr besorgt gewesen, dass ihr etwas geschehen sein könnte, der Elternteil ist erleichtert, als sie schließlich kommt.

   „Man kann dir also nicht vertrauen, das sehe ich. Ich bin so böse auf dich. Du wirst einen Monat lang Hausarrest haben."

3. Ein Zwölfjähriger ließ die Tür zum Schwimmbecken offen stehen und brachte damit Zweijährigen in Gefahr.

   „Was wolltest du? Deinen kleinen Bruder ertrinken lassen? Ich bin wütend mit dir."

4. Der Lehrer schickt den Eltern einen Brief, in dem er erklärt, der Elfjährige führe zu viele laute und „schmutzige" Reden in der Klasse.

   „Komm mal her und erkläre mir, warum du deine Eltern mit deinem ungewaschenen Mundwerk in Verlegenheit bringen willst?"

5. Die Mutter ist böse und sehr frustriert, weil das Kind trödelt und sie zu einer Verabredung zu spät kommen lässt.

   „Mutter wäre es lieb, wenn du ihr gegenüber rücksichtsvoller wärst."

6. Die Mutter kommt nach Hause und findet das Wohnzimmer in großer Unordnung vor, nachdem sie die Kinder gebeten hatte, es in Anbetracht zu erwartenden Besuchs sauber zu halten.

   „Ich hoffe, ihr beiden hattet auf meine Kosten viel Spaß heute Nachmittag."

7. Der Vater fühlt sich vom Anblick und Geruch der schmutzigen Füße seiner Tochter abgestoßen.

   „Wäschst du dir denn niemals wie andere Leute die Füße? Marsch, unter die Dusche."

8. Das Kind stört sie, weil es durch Purzelbaumschlagen die Aufmerksamkeit ihres Besuchs auf sich lenkt. Mutter sagt:

   „Du kleiner Angeber".

Vergleichen Sie Ihre Antworten mit diesen:

1. Lösungen senden.

2. Beschuldigen, verurteilen, sekundären Empfindungen Luft machen, Lösungen senden.

3. Beschuldigen, verurteilen, sekundären Empfindungen Luft machen.

4. Beschuldigen, verurteilen.

5. Beschuldigen, verurteilen, untertreiben.

6. Indirekte Botschaft.

7. Indirekte Botschaft, Lösung senden, beschuldigen, verurteilen.

8. Beschimpfen.

9. Antippen und weglaufen.

Jetzt schreiben Sie bitte unter Vermeidung der „Sendefehler" für jede der oben aufgeführten Situationen passende „Ich-Botschaften".

hat. „Ich-Botschaften" des einen Menschen in einer Beziehung fördern „Ich-Botschaften"des anderen. Das ist der Grund, warum in sich verschlechternden Beziehungen Konflikte häufig in gegenseitige Beschimpfungen und wechselseitige Beschuldigungen ausarten.[6]

12. Die Rolle des Empfängers in der Kommunikation

Als Erzieherin befindet man sich häufig in der Rolle des Zuhörenden oder, im Sinne der Kommunikationspsychologie, in der Rolle des Empfängers einer kindlichen Botschaft. Aus den Erkenntnissen über die „Vierohrigkeit" des Empfängers ist uns deutlich geworden, dass die ankommende Nachricht immer ein „Machwerk" des Empfängers ist! Es kommt also ganz entscheidend auf mein **Zuhören** an. Dieses Zuhören ist ein kompliziertes Gemisch aus mindestens drei Empfangsvorgängen, die wir auseinanderhalten sollten.

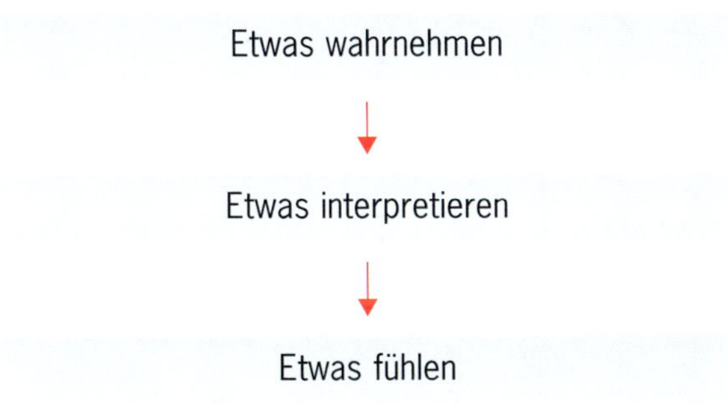

Für die innere Klarheit des Empfängers und vor allem für seine Reaktion ist diese Unterscheidung sehr wichtig.

Wahrnehmen heißt: etwas sehen (einen Blick) oder etwas hören oder riechen.

Interpretieren heißt: Das Wahrgenommene mit einer Bedeutung versehen (z. B. den Blick als abfällig deuten oder eine Frage nach dem neuen Kleid als Kritik hören).

Die Interpretation kann richtig oder falsch sein. Vermeiden können wir Interpretationen nicht, aber wir sollen uns bewusst sein, dass es sich um Interpretationen handelt, die richtig oder falsch sein können.

Fühlen: Hierbei antworten wir auf das Wahrgenommene mit einer Empfindung (z. B. mit Wut auf den „abfälligen Blick"). Dieses Gefühl ist nicht richtig oder falsch, sondern eine Tatsache!

Der Kommunikationswissenschaftler SCHULZ VON THUN stellt fest, dass wir in der Regel wenig geübt darin sind, diese drei Vorgänge in uns auseinander zu halten: sie verschmelzen zu einem „Kuddelmuddel-Produkt".

Beispiel: Eine Frau berichtet über ihren Plan, einen Tanzkurs zu machen. Als der Mann daraufhin die Stirn runzelt reagiert sie verärgert: „Nun mach doch nicht gleich wieder so ein angewidertes Gesicht!"

Ihre Reaktion ist ein Verschmelzungsprodukt aus Wahrnehmung, Interpretation und eigenem Gefühl.

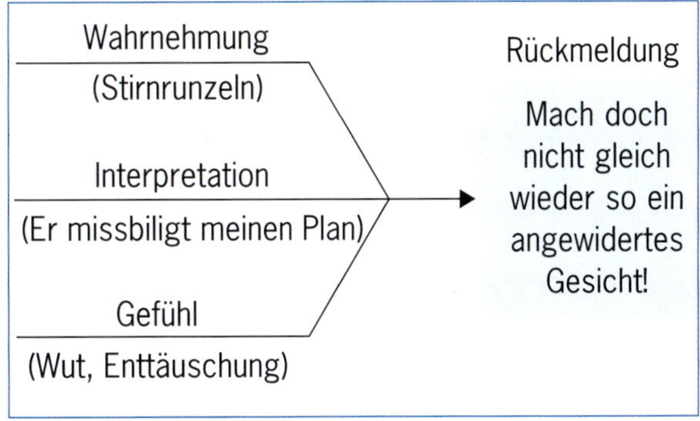

Die Rückmeldung als Verschmelzungsprodukt dreier Vorgänge im Empfänger.

Es ist sicher eine hilfreiche Übung sich den inneren „Dreischritt" öfter einmal bewusst zu machen, um sich als Empfänger darüber klar zu werden, dass das Verstehen eine Reaktion mit starken eigenen Anteilen ist. Wenn sich der Empfänger dies klar macht, kann er seine Phantasien mit Feedback überprüfen:

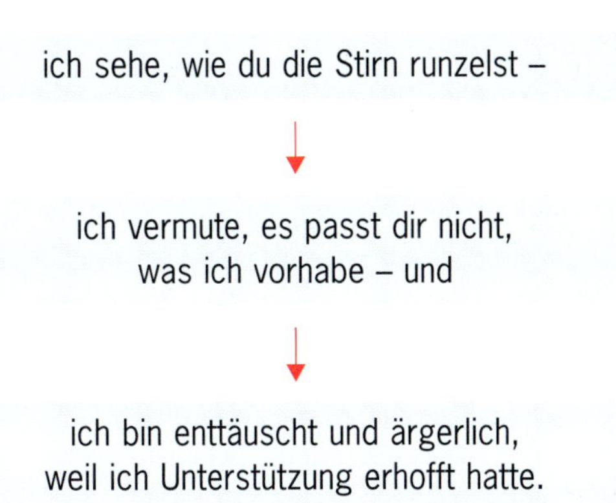

Dann hat der stirnrunzelnde Mann die Möglichkeit unter Umständen ein Missverständnis auszuräumen. „Ich dachte nur gerade an meine Knieprobleme, da wird das Tanzen sicher schwierig, obwohl ich auch Lust hätte einen Kurs mit dir zu machen."

Konkrete Lernsituation

(Zu zweit): A und B sitzen einander gegenüber. In der ersten Runde äußert A eine Minute lang nur Wahrnehmungen von B (z.B. „Ich sehe, wie deine Augen nach unten gerichtet sind" – Nicht aber: „Ich sehe, wie du traurig guckst") – Danach kommt B dran, ebenfalls eine Minute.

In der zweiten Runde äußert A Wahrnehmungen und Interpretationen (z.B. „Ich sehe, du lachst – und ich vermute, du bist ein bisschen verlegen"); danach B, beide jeweils wieder etwa eine Minute.

In der dritten Runde folgt der Dreierschritt: Wahrnehmung – Interpretation – eigene Reaktion darauf (z.B. „Ich sehe deinen geraden Scheitel, ich vermute, du legst viel Wert auf äußere Korrektheit – und ich merke, dass mich das etwas abstößt bzw. anzieht"). Wieder jeweils A und B, ein bis zwei Minuten. Anschließend Erfahrungsaustausch.[4]

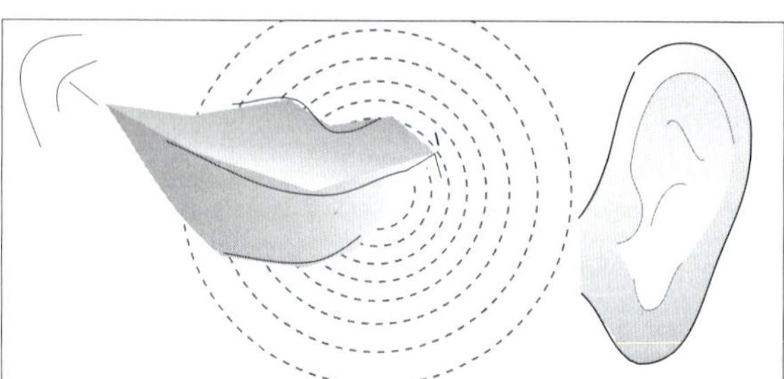

13. Gelingende Gespräche beginnen beim Zuhören

Bei der genauen Untersuchung von Gesprächen der verschiedensten Art kann man mindestens vier Formen des Zuhörens unterscheiden:

- das „Ich-verstehe"-Zuhören
- das aufnehmende Zuhören
- das umschreibende Zuhören und
- das aktive Zuhören.

Das „Ich-verstehe"-Zuhören

Hierbei handelt es sich im Grunde genommen gar nicht um Zuhören, sondern um den Auftakt zum eigenen Sprechen. Weil es jedoch als unhöflich gilt, dem anderen direkt ins Wort zu fallen, hat es sich eingebürgert, ihn mit einer „netten Floskel" zum Schweigen zu bringen, wie das „Ich verstehe" oder auch das „Ja, da haben Sie recht, aber..." oder das beliebte „Ja, da bin ich ganz deiner Meinung, weißt du, ich..." und ähnliche Formulierungen.

Auch wenn Kinder mit einem Anliegen den gerade beschäftigten Erwachsenen stören, kann man solche abweisenden, vertröstenden Worte hören: „Ja ist ja toll, aber ich..."

Das aufnehmende Zuhören

Im Duden heißt es: „Seine Aufmerksamkeit auf Worte oder Töne richten". Diese Aufmerksamkeit gilt es, hör- und sichtbar zu zeigen, damit der Gesprächspartner wahrnimmt, dass ihm aufnehmend zugehört wird. Dazu gehört zunächst einmal das Schweigen. Das aufmerksame Schweigen, denn auch ohne zu sprechen sind wir in der Lage,

- einen Kommentar zum Gehörten abzugeben, z.B. durch hörbar lautes Ausatmen oder leichtes Kopfwiegen oder gar Kopfschütteln,
- unsere Ungeduld zum Ausdruck zu bringen, z.B. durch rasches Luftholen und Nach-vorn-Beugen,
- unser Desinteresse kundzutun, indem wir uns mit etwas anderem beschäftigen oder interessiert woanders hinschauen.

Nein, dieses Schweigen ist beim aufnehmenden Zuhören nicht gemeint, sondern das „echte Schweigen", bei dem wir unsere ganze Aufmerksamkeit auf den Gesprächspartner richten. Wie stark diese Aufmerksamkeit tatsächlich gerichtet ist, wird an unserem Blickkontakt sichtbar. Dem Sprechenden in die Augen zu schauen, ohne ihn jedoch anzustarren, gekoppelt mit einem leichten Kopfnicken drückt unmissverständlich aus, dass wir aufnehmend zuhören und gedanklich mitgehen.

Schauen wir uns doch einmal ein Beispiel davon an, wie das schweigende Zuhören einem das Gefühl der Annahme geben kann:

Kind: *Ich bin heute zum Direktor ins Büro geschickt worden.*

Elternteil: *Oh?*

Kind: *Ja, Herr Meier sagte, ich rede in der Stunde zuviel.*

Elternteil: *Aha.*

Kind: *Ich kann das alte Fossil nicht ausstehen. Er sitzt an seinem Pult und redet über seine Sorgen oder über seine Enkel und erwartet, dass uns das interessiert. Du würdest nicht glauben, wie langweilig das ist.*

Elternteil: *Hm-hmhm.*

Kind: *Man kann einfach nicht in der Stunde sitzen und nichts tun! Man wird verrückt. Janne und ich sitzen da und machen Unsinn, während er spricht. Ach, er ist einfach der schlimmste Lehrer, den man sich denken kann. Er macht mich rasend.*

Elternteil: *(Schweigen).*

Kind: *Bei einem guten Lehrer lerne ich gut, aber wenn ich jemanden wie Herrn Meier kriege, habe ich keine Lust zum Lernen. Warum lassen sie so einen Kerl Lehrer sein?*

Elternteil: *(Achselzucken).*

Kind: *Vermutlich gewöhne ich mich besser daran, denn ich werde nicht immer gute Lehrer kriegen. Es gibt mehr schlechte als gute, und wenn ich zulasse, dass die schlechten mich unterkriegen, werde ich nicht die Zensuren bekommen, die ich brauche, um auf einem Gymnasium zu bleiben. Wahrscheinlich schneide ich mir ins eigene Fleisch.*[6]

Diese kurze Episode aus THOMAS GORDONS Familienkonferenz demonstriert deutlich den Wert des Schweigens. Das passive Zuhören des Elternteils ermöglichte es dem Kind, über den ursprünglichen Tatsachenbericht, zum Direktor geschickt worden zu sein, hinauszugehen. Es erlaubte ihm zuzugeben, warum es bestraft wurde, den zornigen und hasserfüllten Gefühlen gegenüber seinem Lehrer Luft zu machen und schließlich zu seiner eigenen, unabhängigen Schlussfolgerung zu kommen. In der kurzen Zeitspanne, in der das Kind angenommen wurde, wuchs es. Es durfte seinen Gefühlen Ausdruck geben und entwickelte eine eigene Lösung, so zaghaft sie auch gewesen sein mag.

Das Gegenteil ist leider allzu oft im pädagogischen Alltag anzutreffen. Versuchen Sie selbst einmal zu beobachten, wie oft Menschen Zuhörfloskeln einsetzen, aber kaum Blickkontakt halten. Häufig treffen Sie derartiges Pseudo-Zuhören an, wenn Eltern oder Erzieher einem Kind zuhören (sollen). Da wird mit einer Kollegin weitergesprochen, oder mit jemandem telefoniert, oder einer anderen Tätigkeit nachgegangen. Trotzdem wird durch „Mhm", „Nein, wie interessant", „so so", das Kind am Sprechen gehalten.

Ob wir also tatsächlich mitgehen und aufnehmen, drückt unser Körper sichtbar aus. Nicht nur unsere Gestik, auch unsere Mimik verrät, wie aufmerksam wir bei der Sache sind. Sei es die Stirn, die wir runzeln, weil uns eine Äußerung gegen den Strich geht, seien es unsere Lippen, die wir zusammenpressen, weil wir genug haben, die hochgezogenen Augenbrauen, wenn wir erstaunt sind, oder die gerümpfte Nase, wenn uns etwas missfällt. Ob wir uns langweilen oder schon innerlich widersprechen und an einer Erwiderung basteln, immer drücken wir unserem Gesprächspartner gegenüber – meist unbewusst – aus, ob wir aufnehmend zuhören

Umschreibendes Zuhören

Im Gegensatz zum wörtlichen Wiederholen wird beim Umschreiben das soeben Gehörte mit eigenen Worten wiedergegeben.

Umschreibendes Zuhören ist die einfachste und sicherste Möglichkeit, Missverständnisse bereits von Anfang an zu vermeiden. Manch einer mag einwenden, dass eine derartige Erwiderung ja nichts Neues ins Gespräch bringt und darum weitgehend überflüssig sei. Wer jedoch einmal als Betroffener erlebt hat, wie wohltuend umschreibendes Zuhören sein kann, lässt diesen Einwand nicht mehr gelten. Wenn Sie das Gehörte mit eigenen Worten wiederholen, fördern Sie das Gespräch aktiv. Durch Ihr Umschreiben geben Sie zu verstehen, dass Sie nicht nur zugehört, sondern auch das Wesentliche der Aussage erfasst haben und bereit sind, weiterhin über das begonnene Thema zu sprechen.

Folgende Einstiegsformulierungen eignen sich für das umschreibende Zuhören:

- „Erzähl mir die ganze Geschichte."
- „Möchtest du darüber sprechen?"
- „Interessant."
- „Was du nicht sagst."
- „Dir ist wichtig, dass..."
- „Verstehe ich dich richtig, dass..."
- „Du meinst, wenn..."
- „Ich habe jetzt verstanden, dass du..."
- „Was du sagst, fasse ich so auf..."
- „Das scheint etwas zu sein, das dir sehr wichtig ist."

Diese umschreibenden Formulierungen sind Äußerungen, die sich ganz und gar auf das beziehen, was Ihr Gesprächspartner bislang gesagt hat. Und Sie zeigen damit deutlich was Sie gehört haben, betonen dabei noch eine der Seiten im Sinne unseres „vierseitigen" Hörens.

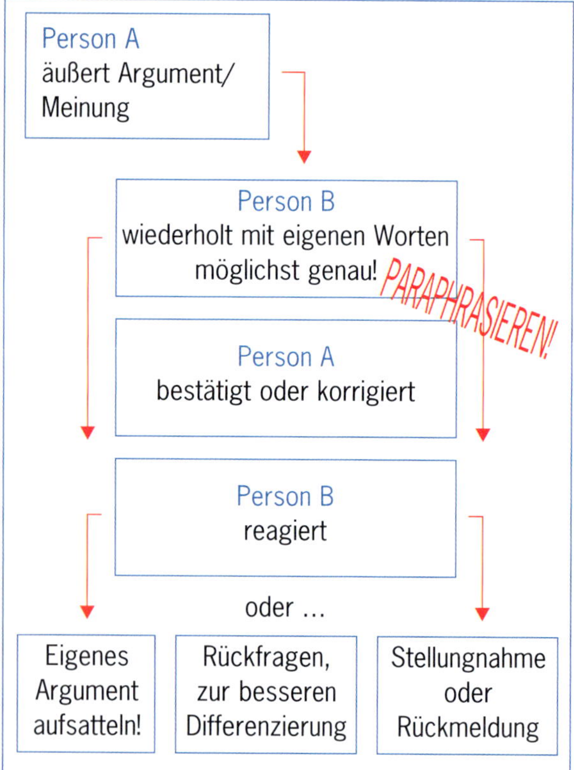

Kontrollierter Dialog

Das umschreibende Zuhören ist somit auch im Sinne von Schulz von Thun eine Möglichkeit zu verdeutlichen, dass man den Inhalt verstanden hat.

Die größte Schwierigkeit beim umschreibenden Zuhören liegt aber wohl darin, für einen Moment die eigene Meinung, Ansicht, Bewertung oder Fragen und Ratschläge zurückzuhalten und sich wirklich auf den Gesprächspartner einzulassen.

Dazu versuchen Sie bitte doch einmal nachfolgende Übung:

Konkrete Lernsituation

Die Übung bezieht sich wesentlich darauf, an der Realität zu lernen, wie man einerseits sich präzise ausdrückt, andererseits aber auch genau zuhört.

Zweck dieser Übung:
- Die Teilnehmer sollen einüben, anderen genau zuzuhören, um an dem Gehörten ihre eigene Zusammenfassung kontrollieren zu können.
- Die Teilnehmer sollen einüben, sich selbst genau auszudrücken.
- Das Verständnis für die Komplexität und die Schwierigkeiten, die mit jeder Kommunikation schlechthin verbunden sind, soll erweitert werden.

Material und Aufbau:
- Tafel und Kreide
- bequeme Sitzmöglichkeiten in einem ausreichend großen Raum, der es ermöglicht, durch Verschiebung der Stühle Dreiergruppen zu bilden.

Praktisches Vorgehen. Der Lehrer beginnt eine Diskussion über die Probleme des Verstehens anderer und des Verstandenwerdens durch andere. Es empfiehlt sich, hierzu ein lebensnahes, dringliches Alltagsthema zu wählen. Zwei Mitglieder der Gesamtgruppe werden zunächst zur Demonstration aufgrund ihrer freiwilligen Meldung ausgewählt. Sie sollen sich in eine offene Diskussion über das Thema begeben. Die Bedingung der Übung ist jedoch, dass jeder eine den anderen jeweils befriedigende Zusammenfassung des Gehörten gibt, bevor er antwortet. Nach einer kurzen Analyse dieser Demonstration wird die restliche Gruppe in Untergruppen von je drei Mitgliedern aufgeteilt. In jeder Gruppe dient ein Mitglied als Beobachter, während die beiden anderen die Übung durchführen. Diese Rollen werden so lange gewechselt, bis jedes Mitglied in der Beobachterrolle war. Nach Beendigung der Übung beginnt eine allgemeine Diskussion und Auswertung der Beobachtungen.

Aktives Zuhören

Die hohe Kunst des Zuhörens bildet das **aktive Zuhören**. Hierbei wird nicht nur auf das geachtet, was der andere sagt, sondern wie der andere spricht und sich verhält. Gefühle, Hoffnungen und Wünsche werden meist nicht direkt formuliert, doch schwingen sie in fast jeder Äußerung mit.

Beim aktiven Zuhören fragen Sie sich im Stillen:
* „Was empfindet mein Gesprächspartner?"
  „Was ist ihm an dem, was er gerade äußert, so wichtig?"
* „Was beschäftigt ihn daran so sehr?"
* „Welches Interesse will er damit verfolgen?"
* „Wie ist ihm zumute?"

Um Antwort auf diese Fragen zu erhalten, werden Sie sich bemühen, sich in den anderen hineinzudenken, ja hineinzufühlen.

Wenn jemand interessiert, aufmerksam und aktiv zuhört, werden Kinder ermuntert, sich zu äußern, sich zu entfalten, Probleme lösen zu lernen und schöpferische Ideen zu entwickeln. Wenn zuhören in unserem Alltag zu kurz kommt liegt das oft daran, dass
* wir glauben schon zu wissen, was der andere sagen will,
* wir uns die Zeit dafür nicht nehmen,
* wir einseitig wahrnehmen, das heißt nur das hören, was zu unserer eigenen Meinung passt,
* wir nur mangelndes Interesse aufbringen.

Anders als beim umschreibenden Zuhören geben Sie beim aktiven Zuhören nicht die ganze Aussage wieder, sondern versuchen knapp, das in Worte zu fassen, was gefühlsmäßig mitschwingt. Durch Ihr aktives Zuhören signalisieren Sie, wie Sie die Empfindungen Ihres Gesprächspartners mitbekommen haben. Mit derartigen Formulierungen zeigen Sie, dass Sie sich ganz und gar auf den anderen Menschen einzustellen

bemüht sind. Sie machen deutlich, dass Sie versuchen, ihn, seinen Standpunkt und seine Situation zu verstehen.

Die aktiv zuhörende Erzieherin versucht zu verstehen, was das Kind sagen will und empfindet. Sie fasst das, was sie hört, nochmals in eigene Worte und teilt dies dem Kind mit, nicht ihre eigene Meinung, oder eine Antwort, einen Rat oder eine Frage.

Die Erzieherin versucht sich in das Kind hineinzuversetzen, etwas aus seiner Sicht zu sehen und sich einzufühlen. Ihre verständnisvolle Widerspiegelung ermuntert zum Weitersprechen und lässt Raum, sich genau auszudrücken oder etwas richtig zu stellen. Aktiv zuhören bedeutet empathisch zu sein, sich einzufühlen in Freude, Trauer, Enttäuschung, Wut... Dies fällt vielen Erwachsenen nicht leicht, sie fürchten sich oft selbst vor diesen Empfindungen, sie so intensiv wie Kinder wahrzunehmen, haben sie doch selbst inzwischen viele Formen der Beschwichtigung erlernt. Einfühlendes Verständnis hilft jedoch Kindern, aus dem Alleinsein herauszukommen und mir einer Bezugsperson ihr Anliegen zu besprechen.

Aktiv zuhören ist ein ausgezeichneter Weg, Vertrauen zu gewinnen, als Basis für eine tragfähige Beziehung. Mit jemandem über Gefühle und Gedanken sprechen zu können, der nicht gleich wertet oder Ratschläge erteilt, sondern einfach da ist und versucht zu verstehen, wirkt erleichternd und stärkt die seelische Stabilität.

Dass aktiv zuhören auch heißt, sich in die Gedankenwelt von Kindern einzudenken, in ihre ganz besondere eigene Logik und Sicht der Dinge zeigt HEDI FRIEDRICH sehr schön in ihrem Buch „Beziehungen zu Kindern gestalten".

Kinder ziehen andere Schlüsse, auch auf Grund dessen, dass ihnen viele Zusammenhänge der Erwachsenen noch nicht bekannt oder vertraut sind.

Sven: *„Ich kaufe mir ein Auto!"*

Erz. :   *„Du willst ein Auto haben?"* (hört zu und spiegelt).

Sven: *„Ja, dann kann ich auch nach Berlin fahren!"*

Erz.:   *„Wenn du ein Auto hast, kannst du nach Berlin fahren?"* (hört zu und spiegelt)

Sven: „Ja, ich schenke meiner Oma das Auto, die kann nicht laufen.“

Erz..   „Ihr willst du dein Auto schenken?“

Sven: „Ich kann sie ja fahren.“

Erz.:   „Du fährst dann...“

Sven: „Mach ich, manchmal sie... dann kann ich sie sehen.“

Erz.:   „Du willst deine Oma wieder mal sehen?“

Sven: „Ja, mein Vater sagt, wenn er ein Auto hätte, könnten wir sie besuchen...“

Hier findet ein Gespräch statt, bei dem allmählich die Sehnsucht nach der Großmutter deutlich wird, die der Junge vermisst. Hätte die Erzieherin von Anfang an, statt den Gedanken und Gefühlen des Kindes zu folgen, z. B. mit einer Richtigstellung reagiert, so wäre sie nie an diese Ebene herangekommen:

Sven: „Ich kaufe mir ein Auto!“

Erz.:   „Kinder können keine Autos kaufen, nur Erwachsene.“

Sven: „Warum?“

Erz.:   „Es ist halt so, erst ab 18 Jahre.“

Hier hat Sven zwar eine korrekte Information, aber zu seinem Wunsch, die Großmutter zu sehen, hat er sich nicht geäußert. Vermutlich ist er auch enttäuscht, dass seine Idee nicht in die Tat umgesetzt werden kann. Dies ist keine Gegenrede, Kindern klare Informationen zu geben, die sie benötigen, um in die Welt der Erwachsenen hineinzuwachsen und sich zurechtzufinden, sondern nur ein Hinweis auf die Reihenfolge. Durch das aktive Zuhören kann Sven seinen Wunsch äußern, der hinter der Aussage steht, sich ein Auto zu kaufen. Sein Bedürfnis, sein eigentliches Anliegen wird allmählich deutlich. Jetzt kann der Zeitpunkt günstig sein, ihn zu unterstützen, Wege zu suchen, wie er der Erfüllung seines Wunsches näher kommt, z. B.

Erz.:   „Du willst so gerne deine Oma sehen, und dafür brauchst du ein Auto. Lass uns mal überlegen, wie das gelingen kann, denn Kinder können noch kein Auto kaufen und fahren.“

Sven: „Warum?“

Erz.:   „Das ist erst ab 18 erlaubt... aber welche Möglichkeiten gibt es denn ?“

Sven: „Weiß nicht, U-Bahn vielleicht?“

Erz.:   „Wo wohnt sie denn?“

Sven: „In Berlin, da gibt es Busse...“

Beide überlegen zusammen wie die Großmutter erreichbar ist.

Sven: „Ich frage mal zu Hause.“

Erz.:   „Gute Idee, dann reden wir weiter...“

Vorschnelle Informationen, Ratschläge und Hinweise von Erwachsenen gehen häufig an den eigentlichen Bedürfnissen von Kindern vorbei. Diese können durch aktives Zuhören erst langsam gemeinsam herausgefunden werden – und dann ist noch Zeit für Lösungswege. Noch so gut gemeinte Hinweise brechen ein Gespräch, eine Beziehung eher ab. Aktives Zuhören bringt einen wahren Dialog erst in Gang, und die hinter den Aussagen verborgenen Mitteilungen, Wünsche und Gefühle können sich erst entwickeln.

Erinnern Sie sich noch an das Fallbeispiel aus dem Lernfeld der pädagogischen Grundhaltung? Das können wir jetzt noch einmal aktualisieren.

Version 1

Jan: „Thomas will nicht mit mir spielen. Er will nie, was ich will.“

Mutter: „Na, warum sagst du nicht, du willst tun, was er will? Du musst lernen, dich mit deinem kleinen Freunden zu vertragen.“ (Raten, moralisieren).

Jan: „Ich will nicht das tun, was er will, und außerdem will ich mich mit dem blöden Kerl nicht vertragen.“

Mutter: „Nun, dann geh und such dir jemand anderen zum Spielen, wenn du ein Spielverderber sein willst.“ (Eine Lösung vorschlagen, beschimpfen.)

Jan: „Er ist der Spielverderber, nicht ich. Und es ist niemand anders zum Spielen da.“

Mutter: „*Du bist nur schlechter Laune, weil du müde bist. Morgen wirst du anders darüber denken.*" (Interpretieren, beruhigen.)

Jan: „*Ich bin nicht müde, und morgen werde ich nicht anders darüber denken. Du begreifst einfach nicht, wie sehr ich diesen kleinen Angeber hasse.*"

Mutter: „*Nun hör aber auf, so zu reden! Wenn ich dich jemals wieder so über einen deiner Freunde sprechen höre, wird es dir Leid tun.*" (Befehlen, drohen.)

Jan (entfernt sich verdrießlich): „*Ich hasse diese Gegend. Ich wünschte, wir würden fortziehen.*"

Aufgabe

Untersuchen Sie diesen Gesprächsverlauf mit Ihrem kommunikationspsychologischen Wissen des Vier-Seiten-Modells.

Sie sollten bei der pädagogischen Grundhaltung als Rollenspielaufgabe versuchen, dieses misslungene Gespräch mit aktivem Zuhören umzuformulieren. Ist es geglückt? Jetzt haben Sie die Gelegenheit es zu überprüfen!

Version 2

Jan: „*Thomas will heute nicht mit mir spielen. Er will nie tun, was ich will.*"

Mutter: „*Du scheinst böse mit Thomas zu sein.*" (Aktives Zuhören.)

Jan: „*Und wie. Ich will nie wieder mit ihm spielen. Ich will ihn nicht als Freund.*"

Mutter: „*Du bist so böse, dass du das Gefühl hast, ihn nie wiedersehen zu wollen.*" (Aktives Zuhören.)

Jan: „*Stimmt. Aber wenn er nicht mein Freund ist, werde ich niemanden zum Spielen haben.*"

Mutter: „*Du würdest ungern ohne Freund sein.*" (Aktives Zuhören.)

Jan: „*Ja. Ich glaube, ich muss mich irgendwie mit ihm vertragen. Aber es fällt mir so schwer, nicht mehr wütend auf ihn zu sein.*"

Mutter: „*Du möchtest dich lieber mit ihm vertragen, aber es fällt dir schwer, nicht wütend auf Thomas zu werden.*" (Aktives Zuhören.)

Jan: „*Früher kam das nie vor – aber das war, als er immer bereit war, das zu tun, was ich wollte. Er will sich von mir nicht mehr herumkommandieren lassen.*"

Mutter: „*Thomas ist jetzt nicht so leicht zu beeinflussen.*" (Aktives Zuhören.)

Jan: „*Bestimmt nicht. Er ist kein solches Baby mehr. Es macht aber auch mehr Spaß mit ihm.*"

Mutter: „*Eigentlich gefällt er dir so besser.*" (Aktives Zuhören.)

Jan: „*Ja. Aber es ist schwer, ihn nicht mehr herumzukommandieren – ich bin so daran gewöhnt. Vielleicht würden wir uns nicht so oft streiten, wenn ich ihm ab und zu seinen Willen lasse. Glaubst du, das würde gehen?*"

Mutter: „*Du meinst, es könnte helfen, wenn du gelegentlich nachgeben würdest?*" (Aktives Zuhören.)

Jan: „*Ja, vielleicht. Ich versuch's mal.*"

THOMAS GORDON beschreibt in beiden Fallbeispielen wie der kommunikationspsychologische Hintergrund aussieht: In der ersten Version wendet die Mutter acht der so genannten **„typischen zwölf"** Erwiderungen an, die THOMAS GORDON in der pädagogischen Praxis beobachtet hat.

In der zweiten praktiziert die Mutter fortwährend **aktives Zuhören**. In der ersten Version „übernahm" die Mutter das Problem.

In der zweiten ließ ihr aktives Zuhören Jan im Besitz des Problems.

In der ersten Version sträubte sich Jan gegen die Vorschläge seiner Mutter: Sein Zorn und seine Frustration verminderten sich keinen Augenblick, das Problem blieb ungelöst, und es gab auf Jans Seite keine Weiterentwicklung.

In der zweiten verging sein Zorn, er begann mit der Problemlösung und warf einen genaueren Blick auf sich selbst. Er kam zu einer eigenen Lösung und entwickelte sich offensichtlich einen Schritt weiter auf einen selbstverantwortlichen Problemlöser zu.

Ungünstige Botschaften: Die „typischen Zwölf"

Die häufigsten Kategorien von **Gesprächsblockierern**, auf die TH. GORDON bei seinen Untersuchungen gestoßen ist:

1. Befehlen, anordnen, kommandieren

Dem Kind sagen, dass es etwas tun soll, ihm eine Anordnung oder einen Befehl geben: „Es ist mir gleich, was andere Eltern tun, du musst die Hausarbeit erledigen." „Sprich nicht so mit deiner Mutter!" „Nun geh zurück und spiel mit Tina und Julia!" „Hör damit auf, dich zu beklagen!"

2. Warnen, ermahnen, drohen

Dem Kind sagen, welche Folgen eintreten werden, wenn es etwas tut: „Wenn du das machst, wird es dir Leid tun!" „Noch eine solche Bemerkung wie diese, und du verlässt das Zimmer!" „Das wirst du bleiben lassen, wenn du weißt, was gut für dich ist!"

3. Zureden, moralisieren, predigen

Dem Kind sagen, was es tun müsste oder sollte: „Du solltest dich nicht so aufführen." „Du solltest …" „Du musst Erwachsenen gegenüber immer respektvoll sein."

4. Beraten, Lösungen geben oder Vorschläge machen

Dem Kind sagen, wie es ein Problem löst, ihm raten oder Vorschläge machen, ihm Antworten oder Lösungen liefern: „Warum bittest du nicht Tina und Julia zusammen, hier zu spielen?"

„Warte noch ein paar Jahre, bevor du im Hinblick auf die Universität eine Entscheidung triffst."

„Ich schlage vor, du besprichst das mit deinen Lehrern."

„Geh und freunde dich mit ein paar anderen Mädchen an."

5. Vorhaltungen machen, belehren, logische Argumente anführen

Das Kind mit Fakten, Gegenargumenten, Logik, Information oder Ihrer eigenen Meinung zu beeinflussen versuchen:

„Das Studium kann zum schönsten Erlebnis werden, das du jemals haben wirst."

„Wir wollen uns mal mit den Fakten über Berufsaussichten befassen."

„Kinder müssen lernen, wie sie sich miteinander vertragen."

„Wenn Kinder lernen, zu Hause Verantwortung zu übernehmen, werden aus ihnen verantwortungsbewusste Erwachsene."

„Betrachte es einmal so – deine Mutter braucht Hilfe im Haus."

„Als ich in deinem Alter war, musste ich doppelt so viel tun wie du."

6. Urteilen, kritisieren, widersprechen, beschudigen

Zu einer negativen Beurteilung oder Bewertung des Kindes kommen:

„Du denkst nicht logisch."

„Das ist ein unreifer Standpunkt."

„Da bist du ganz im Unrecht."

„Ich bin vollkommen anderer Meinung als du."

7. Lobend zustimmen

Eine positive Beurteilung oder Bewertung des Kindes äußern, zustimmen:

„Nun, ich finde dich hübsch."

„Du hast die Fähigkeit, etwas zu leisten."

„Ich finde, du hast recht."

„Ich bin deiner Meinung."

8. Beschimpfen, lächerlich machen, beschämen

Dem Kind das Gefühl geben, dumm zu sein, das Kind in eine Kategorie einordnen, es beschämen:

„Du bist ein verzogenes Gör."

„Hör mal zu, Herr Neunmalklug."

„Du benimmst dich wie ein Baby."

9. Interpretieren, analysieren, diagnostizieren

Dem Kind sagen, welche Motive es hat, oder analysieren, warum es etwas tut oder sagt; es wissen lassen, dass Sie es durchschauen oder zu einer Diagnose gekommen sind:

„Du bist nur eifersüchtig auf Tina."

„Du sagst das, um mir einen Schreck einzujagen."

„In Wirklichkeit glaubst du das alles selber nicht."

„Du hast dieses Gefühl, weil du in der Schule nichts leistest."

10. Beruhigen, bemitleiden, trösten, unterstützen

Das Kind dahin zu bringen versuchen, sich besser zu fühlen, ihm seine Empfindungen ausreden, seine Empfindungen zu zerstreuen versuchen, die Heftigkeit seiner Empfindungen leugnen:

„Morgen denkst du anders darüber."

„Alle Kinder machen das gelegentlich durch."

„Mach dir keine Sorgen, das wird schon wieder."

„Bei deiner Begabung könntest du ein ausgezeichneter Schüler sein."

„Das habe ich früher auch gedacht."

„Ich weiß, die Schule kann manchmal ziemlich langweilig sein."

„Mit anderen Kindern verträgst du dich doch sonst sehr gut."

11. Forschen, fragen, verhören

Gründe, Motive, Ursachen zu finden versuchen-, nach weiteren Informationen suchen, die Ihnen helfen, das Problem zu lösen:

„Wann hattest du dieses Gefühl zum ersten Mal?"

„Warum glaubst du, die Schule zu hassen?"

„Erzählen dir die Kinder jemals, warum sie nicht mit dir spielen wollen?"

„Mit wie vielen Kindern hast du über die Arbeit, die sie zu tun haben, gesprochen?" „Wer hat dir diesen Gedanken in den Kopf gesetzt?"

„Was willst du tun, wenn du nicht auf die Uni gehst?"

12. Zurückziehen, ablenken, aufheitern, zerstreuen

Das Kind von dem Problem abzubringen versuchen; sich selbst von dem Problem zurückziehen; das Kind ablenken; die Sache scherzhaft behandeln, das Problem beiseite schieben:

„Denk einfach nicht mehr daran."

„Lass uns bei Tisch nicht darüber sprechen."

„Komm – lass uns über angenehmere Dinge reden."

„Wie steht's eigentlich mit deinem Korbballspiel?"

„Warum versuchst du nicht, die Schule niederzubrennen?"

„Das habe ich früher auch alles durchgemacht."

> **Aufgabe**
>
> 1. Unterziehen Sie die „typischen Zwölf" einer kommunikationspsychologischen Analyse, indem Sie die verborgenen Botschaften herausarbeiten.
>
> 2. Wie wirken sich die verborgenen Botschaften auf die Erzieher-Kind-Beziehung aus?

Fassen wir die Vorteile des „aktiven Zuhörens" zusammen:

Aktives Zuhören hilft den Kindern, sich vor negativen Empfindungen weniger zu fürchten. Wenn ein Erzieher durch aktives Zuhören zeigt, dass er die Empfindungen des Kindes annimmt, die angenehmen wie die unangenehmen, wird auch dem Kind geholfen, sie anzunehmen. Aus der Reaktion des Erziehers lernt es: Meine Gefühle sind in Ordnung.

Aktives Zuhören fördert eine herzliche Beziehung zwischen Erzieher und Kind. Das Erlebnis, von einem anderen Menschen gehört und verstanden zu werden, ist so befriedigend, dass es den Sender stets veranlasst, dem Zuhörer gegenüber herzlich zu empfinden, ohne dass dies etwa ein bewusstes Ziel sein muss. Insbesondere Kinder reagieren mit liebevollen Gedanken und Gefühlen. Ähnliche Gefühle werden im Zuhörer hervorgerufen. Er beginnt, für den Sender herzlicher und inniger zu empfinden. Wenn jemand einem anderen einfühlsam und genau zuhört, kommt er dazu, diesen Menschen zu verstehen, seine Art der Weltbetrachtung anzuerkennen. Indem man sich in den anderen Menschen „hineinversetzt", ruft man stets Gefühle der Verbundenheit und der Zuneigung hervor. Es bedeutet, ihm für eine kurze Spanne Zeit auf dieser Lebensreise ein „Gefährte zu werden". Eltern und Erzieher, die einfühlsames, aktives Zuhören lernen, entdecken eine neue Art von Verständnis und Achtung, ein tieferes Gefühl der Zuneigung; umgekehrt reagiert das Kind auf die Eltern und die Erzieher mit ähnlichen Empfindungen.

Aktives Zuhören ermöglicht das Problemlösen durch das Kind. Wir wissen, dass Menschen ein Problem besser durchdenken und einer Lösung näher bringen, wenn sie es „durchsprechen" können, anstatt nur darüber nachzudenken. Weil aktives Zuhören das Sprechen so wirksam erleichtert, hilft es einem Menschen bei der Suche nach Lösungen seiner Probleme.

Aktives Zuhören beeinflusst das Kind, den Gedanken und Ideen der Erzieher mit größerer Bereitwilligkeit zuzuhören. Es ist eine allgemeine Erfahrung, wenn jemand gewillt ist, sich meinen Standpunkt anzuhören, ist es leichter, seinem zuzuhören. Kinder sind eher geneigt, die Botschaften ihrer Erzieher zu empfangen, wenn ihre Eltern sie zuerst bis zu Ende anhören. Wenn Eltern sich beklagen, dass ihre Kinder nicht auf sie hören, kann man wetten, dass die Eltern ihren Kindern nicht sehr gut zuhören.

Aktives Zuhören „überlässt dem Kind den Ball". Wenn Erzieher durch aktives Zuhören auf die Probleme ihrer Kinder reagieren, werden sie beobachten, wie oft die Kinder selbst zu denken beginnen. Ein Kind wird anfangen, sein Problem selbst zu analysieren, und schließlich zu irgendwelchen konstruktiven Lösungen kommen. Aktives Zuhören regt das Kind dazu an, selbst nachzudenken, zu einer eigenen Diagnose des Problems zu kommen, seine eigenen Lösungen zu finden. Aktives Zuhören drückt Vertrauen aus, während ratende, logische, belehrende Botschaften Misstrauen ausdrücken, indem sie dem Kind die Verantwortung für die Lösung des Problems abnehmen. Aktives Zuhören ist daher eine der wirksamsten Methoden, einem Kind zu helfen, **selbstbestimmender, selbstverantwortlicher und unabhängiger** zu werden.

Das genau war es auch, was wir zu Beginn des Lernfeldes Erziehung als Ziel erzieherischer Bemühungen definiert hatten.

Kinder und Jugendliche wahrnehmen

Grundlagen der Wahrnehmung: Ich sehe was, was du nicht siehst oder wie wirklich ist die Wirklichkeit?

1. Prozess der Wahrnehmung
2. Irrtümer der Sinne oder geometrisch-optische Täuschungen
3. Organisation unserer Wahrnehmung
4. Individuelle Einflüsse auf die Wahrnehmung
5. Soziale Einflüsse auf die Wahrnehmung
6. Personenwahrnehmung
7. Beobachtungsfehler
8. Selbstbild und Fremdbild
9. Wahrnehmungsstörungen bei Kindern
10. Von der Beobachtung zur Beurteilung
11. Beobachtungsbereiche und Kriterien
12. Die Dokumentation von Beobachtungen

1. Der Prozess der Wahrnehmung

Um uns die Welt, mit uns die Sinne.

Sehen, hören, riechen, schmecken, fühlen, tasten. Über diese Wege verbinden wir Innen und Außen. Ohne diese Sinne könnten wir uns nicht orientieren, nicht kommunizieren und wären wir uns auch nicht einmal unserer Selbst bewusst.

> **Die Wahrnehmung ist unser Tor zur Welt und zu uns selbst.**

Wenn wir Menschen uns unbefangen umschauen, so scheint es, als ob unsere Augen wie eine Art Fenster zur Welt seien. Öffnen wir die Vorhänge, die Lider, so ist da draußen die Welt der Dinge und der anderen Wesen.

Nichts könnte den Verdacht erwecken, dass irgendeine der daran erkennbaren Eigenschaften ihren Ursprung im Betrachter hat oder von seiner Natur mitbestimmt sein könnte. Oder vielleicht doch?

Ein Wasserfall, der nach oben fließt. Das kann doch gar nicht möglich sein. Aber wir sehen es doch eindeutig.

Wenn Sie bisher davon überzeugt waren, dass Sie Ihren Augen trauen können, so muss jetzt spätestens mit der Betrachtung des Bildes des genialen niederländischen Malers M. C. ESCHER, der von 1898 bis 1972 gelebt hat, Zweifel aufkommen. Kein Künstler hat überzeugender und schöner gezeigt, dass Wahrnehmung und Denken komplizierte und störanfällige Informationsverarbeitungsprozesse im Menschen sind, und keinesfalls ein einfaches Abbild der Wirklichkeit darstellen:

Was sehen Sie? Junge Braut oder Schwiegermutter?

Sehen, oder allgemeiner Wahrnehmen, verstehen wir im täglichen Leben als einen Vorgang oder Zustand, durch den wir mit der uns umgebenden Wirklichkeit in unmittelbaren Kontakt treten oder stehen. Nach dieser allgemein immer noch weit verbreiteten Überzeugung sind die Inhalte unserer Wahrnehmung mit den Bestandteilen der Umgebung identisch. Viele Menschen glauben, die Dinge so zu sehen wie sie sind.

Auch ist das Sehen nach dieser Ansicht keineswegs eine aktive Tätigkeit des Beobachters, sondern ein passives Hinnehmen des jeweiligen Ausschnitts der Wirklichkeit.

Mittlerweile hat sich aber herumgesprochen, dass dieses Verständnis der Wahrnehmung unzulänglich ist.

Der Betrachter des eben gesehenen weltberühmten Bildes kann einen ganz unterschiedlichen Eindruck der abgebildeten Frau gewinnen. Er kann entweder eine nach links hinten blickende junge Frau oder eine nach links vorne blickende alte Frau wahrnehmen. Dabei wird z. B. die „Halskette" der jungen Frau zum Mund der alten Frau. Die Entscheidung für eine Sichtweise fällt meist auf den ersten Blick.

Aber wie kommt sie zustande? Hängt unsere Wahrnehmung davon ab, auf welchen Bildausschnitt wir zuerst sehen? Haben wir vielleicht draußen eine junge Frau vorbeilaufen sehen? Oder arbeitet der Betrachter als Altenpfleger mit alten Menschen? Und so weiter…

Dieses Beispiel weißt darauf hin, dass **Erfahrungen,** die wir im Gehirn in unserem Gedächtnis gespeichert haben oder unsere **augenblickliche Befindlichkeit** auf den Prozess der Wahrnehmung Einfluss nehmen.

> Wahrnehmung geschieht nicht einfach, sondern sie ist ein aktiver Prozess und das Ergebnis einer Informationsverarbeitung von Sinneseindrücken.

Diese Informationen können aus unserer Umwelt stammen, indem wir Menschen, Tiere und Gegenstände wahrnehmen. Hierbei sprechen wir von **äußeren Reizen oder Umweltreizen.**

Informationen aus unserem Körperinneren, wie z. B. die Wahrnehmung eines Gefühls oder eines Schmerzes bezeichnen wir als **innere Reize oder Körperreize.**

Die Psychologie definiert den Begriff der **Wahrnehmung** als Prozess und Ergebnis der Informationsgewinnung und -verarbeitung von Sinneseindrücken.

Schauen wir uns einen Wahrnehmungsvorgang einmal genauer an

Sie machen einen Spaziergang entlang einer Landstraße. Sie genießen die leicht verschneite Winterlandschaft, als ein Zugpfiff die Idylle durchbricht. Da erblicken Sie eine restaurierte Dampflokomotive, die sich rasch nähert.

Sie spüren wie der Boden bebt, bemerken das Rattern der Räder, sehen die vorbeihuschenden Fenster und hören den Lärm einer Pfeife. Der Zug entfernt sich, das Rattern der Räder wird schwächer, bis Ihnen nur noch die Erinnerung an den Zug, ein paar Dampfschwaden und ein leicht vernehmbarer Rußgeruch in der Luft bleiben.

Welche Prozesse bewirken diese starken Sinneseindrücke? Es sind physikalische und chemische **Reizsignale**, aufgenommen und verarbeitet in unseren verschiedenen, spezialisierten Wahrnehmungssystemen:

Unsere **visuellen Empfindungen** sind Antworten auf Licht (elektromagnetische Strahlung). Wir sehen Form, Farbe und Bewegung des Zuges, weil dieser Licht in unsere Augen reflektiert und dort von Photorezeptoren aufgenommen wird.

Unsere **auditiven Empfindungen** sind Antworten auf Schall, (Druckschwankungen in der Luft) sie werden von Mechanorezeptoren aufgenommen. Wir hören das Pfeifen und das Rattern der Räder, weil Schall vom Zug zu unseren Ohren gelangte.

Die **Bewegungsempfindungen** sind auch gefühlte Vibrationen, weil mechanische Schwingungen durch den Boden zu unseren Füßen gelangen.

Unsere **Geruchsempfindungen** sind Antworten auf chemische Substanzen in der Luft. Wir riechen den Rauch, weil chemische Bestandteile des Rauchs unsere Nase erreichten und von Chemorezeptoren aufgenommen wurden.

Empfindungen entstehen also durch die Reizung der Sinnesorgane, werden zur Wahrnehmung organisiert, und hängen in ihrer Intensität von der Reizstärke und in ihrer Qualität von der Art des Sinnesorgans ab.

Der Wahrnehmungsprozess im obigen Beispiel kann uns eine etwaige Vorstellung davon geben, wie verschiedene Reize zu einer Wahrnehmung führen:

1. „Auf den Zug fällt Licht und wird in Ihre Augen reflektiert. Dieses Licht überträgt die optischen Eigenschaften des Zuges zu Ihren Augen, weil die Form des Zuges und seine Oberflächenbeschaffenheit ein strukturiertes Lichtwellenmuster erzeugen.

2. Auf Ihrer Netzhaut oder Retina, einem Netz aus Zellen, das die Rückseite Ihres Auges auskleidet, wird durch das einfallende Licht ein Abbild des Zuges und seiner Umgebung projiziert, wobei sich dieses Abbild infolge Ihrer Augen- und Kopfbewegung oder infolge von Bewegung in der Umwelt ständig ändert.

3. Zellen in der Netzhaut, so genannte Rezeptoren, wandeln das Licht photoelektrisch um und erzeugen bioelektrische Signale.

4. Diese bioelektrischen Signale werden von den Rezeptoren der Retina über ein Netzwerk aus Zellen weitergeleitet, die man als Neuronen bezeichnet.

5. Neuronen des visuellen Systems leiten die bioelektrischen Signale vom Auge heraus über verschiedene Zwischenstufen zu den Seharealen des Gehirns weiter.

6. Die in den verschiedenen Stufen bereits vorverarbeiteten bioelektrischen Signale erreichen schließlich Neuronen in der Sehrinde und in anderen Gehirnregionen, in denen sie weiter „verarbeitet" oder „analysiert" werden.

7. Sie nehmen den Zug wahr."[1]

Diese Darstellung ist eine Vereinfachung des gesamten Vorgangs auf der physiologischen Seite. Der wirklichen Komplexität des Wahrnehmungsprozesses nähern wir uns dadurch nur an, denn psychologische Einflüsse wie Denken, Fühlen, Bewerten und Erinnern beeinflussen das Wahrnehmungsgeschehen ebenfalls.

Der Wahrnehmungsvorgang ist leichter zu verstehen, wenn er in drei Stufen gegliedert wird:

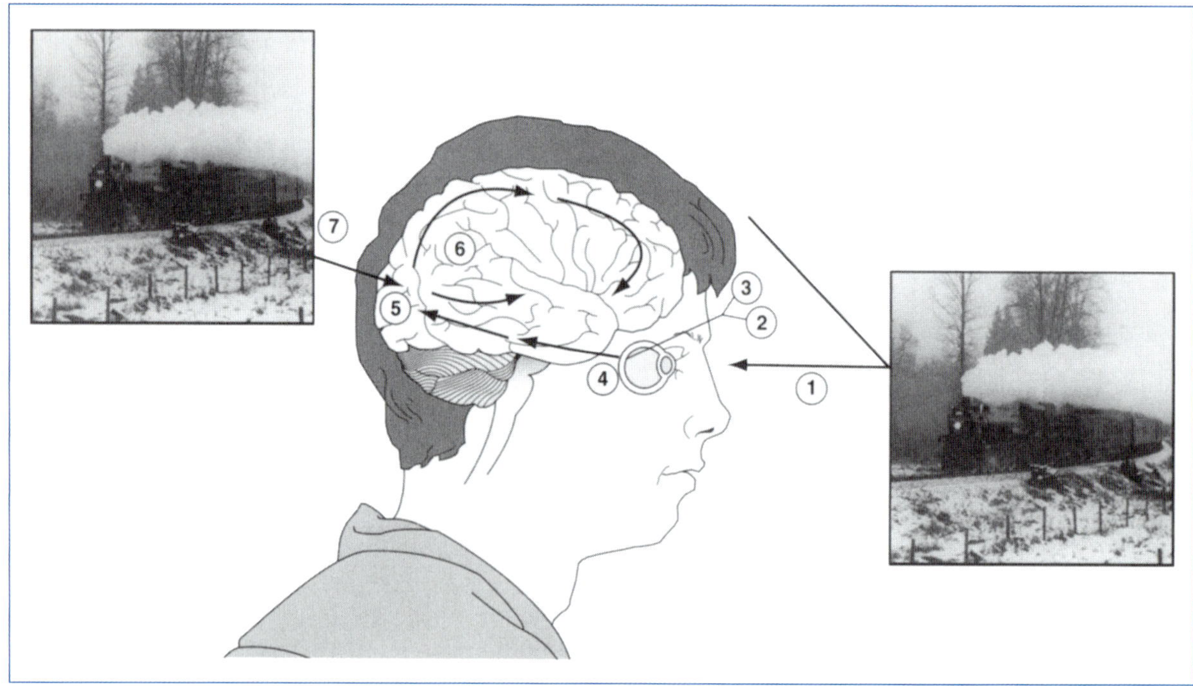

Eine sehr schematische Darstellung einiger Schritte des Wahrnehmungsprozesses. Licht fällt auf den Zug (1) und wird in die Augen des Beobachters reflektiert, wo es ein Abbild auf die Netzhaut projiziert (2) und elektrische Signale in den Rezeptoren erzeugt (3). Die Nervenimpulse werden vorverarbeitet und durchlaufen die Nervenfasern (4) im Gehirn bis zur Großhirnrinde (5), wo sie „weiter verarbeitet" werden (6). Schließlich „sieht" der Beobachter den Zug (7).

1. In sensorische Empfindung,

2. in die Organisation der Wahrnehmung im engeren Sinne,

3. und in Identifizieren und Einordnen.

1. Sensorische Empfindung

In der ersten Stufe wird die physikalische Energie, wie Licht- und Schallwellen, in Information für die Neuronen umgewandelt, die vom Gehirn weiterverarbeitet wird.

2. Organisation der Wahrnehmung

Hierbei wird eine innere Repräsentation eines Gegenstandes aufgebaut und ein Abbild des äußeren Reizes hergestellt. Diese Organisation verarbeitet abgespeichertes Wissen und verrechnet es mit neu eingehenden Informationen zu einem Ganzen. Hierbei kommt es zu Schätzungen der Größe, der Form, der Bewegung, der Entfernung und Ortung von Dingen. Auch wenn wir etwas wiedererkennen, liegt der Organisationsvorgang zugrunde.

3. Beim **Identifizieren und Einordnen (Klassifikation)**

dem dritten Schritt der Wahrnehmungssequenz, wird dem erlebten Ergebnis des Vorgangs eine Bedeutung zugewiesen. Runde Dinge werden zu Fußbällen, Münzen, Orangen oder Monden. Personen werden als männlich oder weiblich, Vater oder Mutter, Freund oder Feind, Filmstar oder Schlagersänger identifiziert. Hierbei sind Denkprozesse von höherem Niveau erforderlich, sodass Wertvorstellungen, Überzeugungen, Interessen, Bedürfnisse und Einstellungen eine Rolle spielen.

Beschränkte Leistungsfähigkeit der Sinne

Zur weiteren Annäherung an die Komplexität der Wahrnehmung gehört auch die Erkenntnis der beschränkten Leistungsfähigkeit unserer Sinne. Diese begrenzte Leistungsfähigkeit stellt neben der vorhin festgestellten Bedeutung der Erfahrung eine weitere Bedingung der Wahrnehmung dar. Reize müssen eine

Skizze der Stufen des Wahrnehmungsvorgangs

bestimmte „Stärke" haben, damit wir sie empfinden können. Nur diejenigen Reize, die die Wahrnehmungsschwelle überschreiten, werden bewusst wahrgenommen:

Werner Herkner (1992) gibt dafür Beispiele:

- **Sehen:** Kerzenlicht in klarer dunkler Nacht in ca. 45 km Entfernung.
- **Hören:** Ticken einer Armbanduhr in ca. 6 m Entfernung.
- **Schmecken:** Ein Teelöffel Zucker in ca. sieben Liter Wasser.
- **Riechen:** Ein Parfümtropfen in einer Sechs-Zimmer-Wohnung verteilt.
- **Berührung:** Ein Sandkorn aus 1 cm Höhe auf die Wange fallend.[2]

Weil unsere Sinne begrenzt leistungsfähig sind, nehmen wir nur einen Teil der Wirklichkeit, die uns umgibt, bewusst auf. Dieser Teil ist allerdings nicht zufällig. Es werden die Reize ausgewählt, welche interessant und uns persönlich wichtig sind, jene Reize also, die unsere Aufmerksamkeit erregen, für uns eine bestimmte Bedeutung haben. Andere Reizinformationen, die uns umgeben, nehmen wir gleich gar nicht auf, dies würde uns hoffnungslos überfordern.

Der Verdacht, dass das was wir sehen, hören, riechen oder schmecken und spüren keine einfachen Abbildungen der Wirklichkeit sind, erhärtet sich immer mehr.

Gehen wir dazu noch einmal zum Prozess zwischen Empfindung und wahrnehmender Organisation zurück.

Größenkonstanz

Wenn man einen anderen Menschen betrachtet, dann entsteht von diesem ein umso kleineres Abbild auf der Netzhaut, je größer der Abstand von ihm ist. Dem Wahrnehmenden erscheint der beobachtete Mensch jedoch keineswegs als klein. Unabhängig von seinem Standort gewinnt man den Eindruck, dass er stets gleich groß ist. Diese Größenkonstanz ist das Ergebnis von Organisationsprozessen in der Wahrnehmung. Das Gehirn, das über die Durchschnittsgröße eines Menschen informiert ist, schließt zunächst aus der Größe des Abbildes auf die Entfernung, um anschließend eine Korrektur vorzunehmen. Unter extremen Bedingungen bricht die Konstanzwahrnehmung jedoch zusammen. Zum Beispiel sehen Menschen, wenn man sie vom obersten Stockwerk eines Wolkenkratzers aus betrachtet, winzig klein wie Ameisen aus. Kleine Kinder, die das zum ersten Mal erfahren, sind äußerst beeindruckt. Pobieren Sie es doch einmal aus.

„Die Wahrnehmung von Konstanz in der Umwelt ist eine unserer wichtigsten Fähigkeiten. Ohne Konstanz würden unsere Augen uns nicht viel nützen, denn die Welt „da draußen" könnten wir dann gar nicht sehen, sondern lediglich die wechselnden Bilder auf den Netzhäuten im Augenhintergrund. Anders gesagt liegt die Aufgabe der Wahrnehmung darin, trotz der Veränderungen auf den Netzhautbildern die invarianten Eigenschaften in der Umwelt zu entdecken."[3]

Dass dieser Vorgang der Konstanzwahrnehmung aber auch störanfällig ist, zeigt nachfolgendes Bild:

Was ist denn hier passiert?

Ein durchschnittlich großer Mann sieht in der linken hinteren Ecke des Raumes wie ein Zwerg, in der rechten hingegen wie ein Riese aus.

Aufgabe

Diskutieren Sie Ihre Überlegungen, *bevor* Sie weiterlesen.

Haben Sie dafür eine Erklärung?

Der Grund dieser Täuschung liegt darin, dass man den Raum wie gewohnt als rechteckig wahrnimmt, mit zwei hinteren Ecken, die gleich weit vom Betrachter entfernt liegen. Die Größe der Person in dem Raum wird somit in beiden Fällen als gleichbleibend mit der Größe der Netzhautbilder beider Augen wahrgenommen. Das größere Bild, so nimmt man an, entspricht

einer größeren Person. Tatsächlich jedoch befindet sich die Person nicht in beiden Fällen in der gleichen Entfernung, denn der so genannte Amessche Raum (benannt nach dem Wahrnehmungsforscher Ames) schafft eine raffinierte Täuschung. Er sieht aus wie ein rechteckiger Raum, in Wirklichkeit aber besteht er aus nicht rechtwinkligen Flächen, die in schiefen Winkeln in Tiefe und Höhe zusammengefügt sind (s. Abb.). Jede Person auf der rechten Seite wird ein größeres Bild auf die Netzhaut projizieren, denn sie steht näher beim Betrachter. Dieses größere Netzhautbild aber wird als größer „wahrgenommen", weil der Raum – also der Bezugsrahmen – als „normal" gesehen wird und die Dinge, die er enthält, in Beziehung zu diesem Raum gesehen werden.

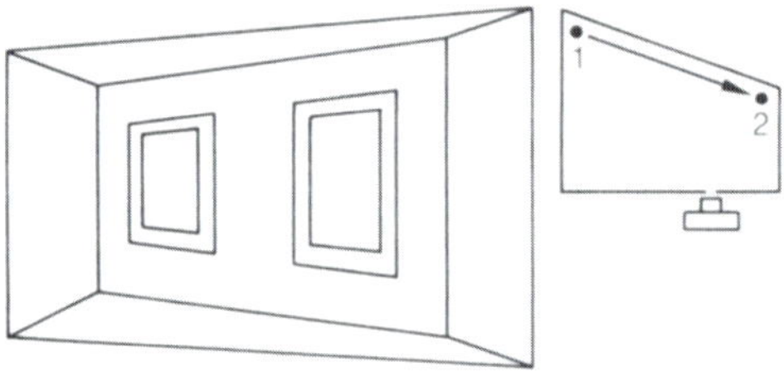

Also eigentlich so etwas wie ein Rechenfehler des Gehirns, auf das wir uns sonst recht gut verlassen können, wenn wir an die normalen Bedingungen des Alltags denken.

Formenkonstanz und Farbkonstanz

Zu den normalen Dingen des Alltags zählt zum Beispiel der Umgang mit Geld: Wenn wir die gute alte Deutsche Mark von verschiedenen Blickwinkeln aus betrachten, sehen wir, dass man sich auf die „Rechenleistung" unseres Gehirns bei der Formenkonstanz normalerweise verlassen kann. Man kann sich diese Formkonstanz selbst vorführen, indem man eine Münze senkrecht zwischen Daumen und Zeigefinger hält.

Das Geldstück entwirft auf der Netzhaut ein rundes Bild. Durch Drehung der Münze wird aus der runden Form eine Ellipse, die sich zunehmend abflacht, bis sie, wie in der Bildmitte gezeigt, als schmales Rechteck erscheint. Trotz dieser Formveränderung, die von der Netzhaut registriert wird, erscheint die Münze dem Wahrnehmenden stets als rund.

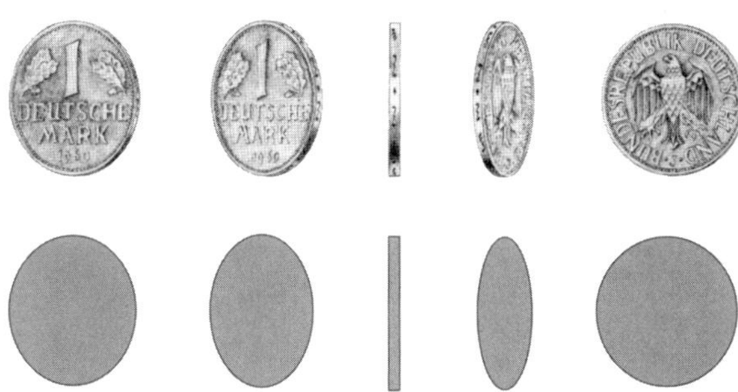

Beispiel für Formenkonstanz.

Eine ähnliche Konstanz gibt es auch in der Farbwahrnehmung: Die Farbe eines roten Gegenstandes scheint stets die gleiche zu sein, wenn man sie bei Sonnenlicht, in der Dämmerung oder bei künstlichem Licht betrachtet. Somit offenbart sich auch in der Farbenkonstanz, dass der Wahrnehmungseindruck das Ergebnis aktiver Prozesse darstellt.

Durch die vom Gehirn vorgenommenen Korrekturprozesse werden die Merkmale eines Gegenstandes (also Größe, Form und Farbe) unter verschiedenen Bedingungen also „relativiert", und daher erscheinen dem Wahrnehmenden Größe, Farbe oder Form von bekannten Gegenständen konstant. Das Zurechtfinden in unserer Welt wird durch diese Organisationsleistung erleichtert.

Es gibt aber auch Situationen, in denen ein genaues Bild der Wirklichkeit erschwert ist, nämlich dann, wenn der Reiz mehrdeutig ist, wie wir dies im Falle der jungen Frau/alten Frau schon gesehen haben. Die nachfolgenden Figuren zeigen den Sachverhalt der Mehrdeutigkeit sehr deutlich. Der berühmte Rubin-Kelch.

Sehen Sie hier eine Vase oder zwei einander anblickende Gesichter?

Beides ist möglich.

Bei diesem so genannten **Figur-Hintergrund-Bild** handelt es sich um eine flächige Zeichnung, bei der der Betrachter die verschiedenen Flächen sowohl als Vordergrund als auch als Hintergrund erkennen kann. Dadurch gerät unser Wahrnehmungssystem in einen unlösbaren Konflikt: Die verschiedenen Sehmöglichkeiten schließen sich im Normalfall aus.

Entweder sehen wir eine Vase oder die zwei Gesichter. Nachdem wir die Mehrdeutigkeit erkannt haben, ist es uns möglich hin und her zu wechseln.

 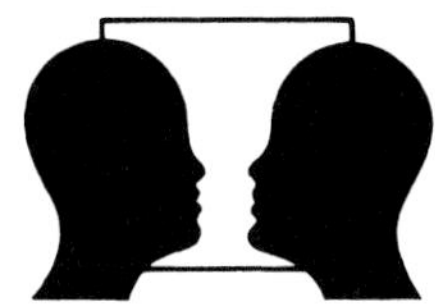

Das folgende Bild ist die Gitterzeichnung eines dreidimensionalen Würfels nach dem Mathematiker L. A. NECKER. Wahrscheinlich vermuten Sie hinter dieser Zeichnung nichts Besonderes: ein dreidimensionaler Würfel mit Vorderfront und Hinterfront. Na und?

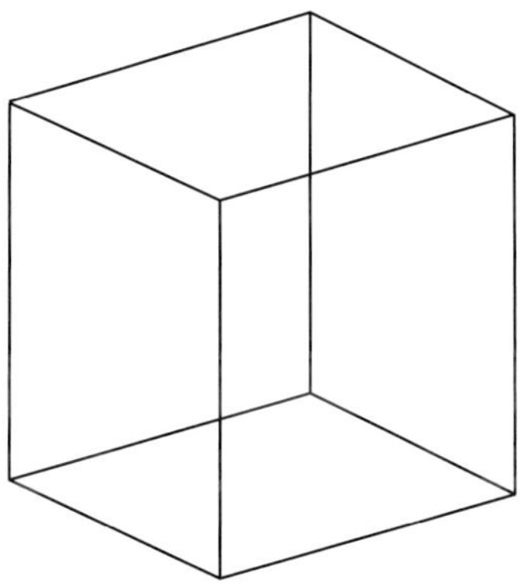

Der Necker-Würfel:
Oben oder unten?

Nehmen Sie sich die Zeit, den Necker-Würfel etwas länger zu betrachten – es lohnt sich! Ziemlich schnell kommt Ihnen dann wahrscheinlich eine räumliche Wahrnehmungsalternative ins Bewusstsein. Nun blicken Sie einfach weiter auf den Würfel!

Das Umspringen des Würfels kommt dann wie von selbst und völlig unerwartet! Lassen Sie sich von diesem Trick verzaubern, bei dem Sie selbst gleichzeitig Zauberer und Publikum sind. Wieder einmal hat unser Gehirn ein unlösbar scheinendes Problem auf eine zunächst völlig überraschende Art und Weise gelöst.

Ein einfaches, ruhendes Bild wie der Necker-Würfel versetzt unseren Wahrnehmungsapparat in Bewegung!

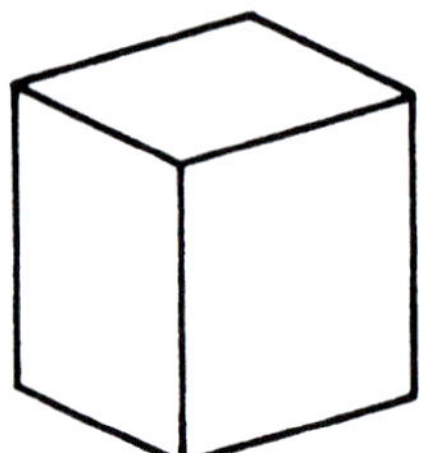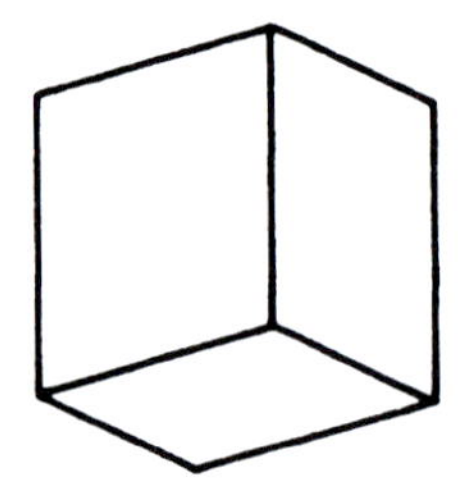

Manche Menschen erschrecken beim ersten Betrachten dieses Phänomens und werden durch den Wechsel der Wahrnehmung verunsichert. Dafür besteht aber kein Grund, denn wir erleben einen weiteren Trick der Natur, mit scheinbar ausweglosen Situationen umzugehen und einen Kompromiss zu schließen. Dieser Vorgang kommt in unserer normalen Welt beinahe unterbrochen vor. Alles ist in Bewegung, dauernd strömen neue Umweltreize auf uns ein. Wir stehen also vor der Aufgabe zwischen diesen verschiedenen Reizen zu vermitteln, das Interessante herauszufiltern, und zwischen Alternativen zu wechseln, und zu entscheiden. Schauen Sie genau:

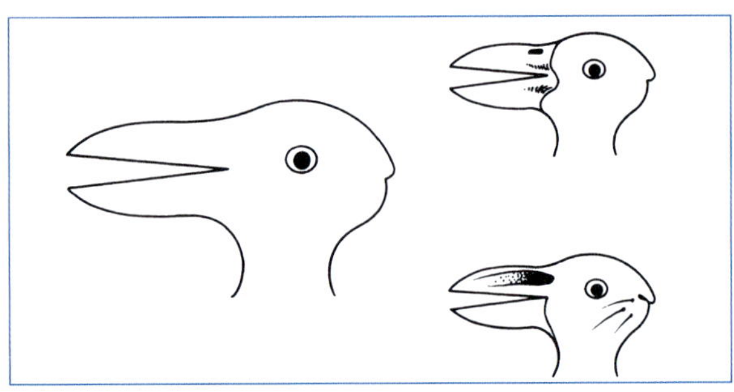

Ente oder Kaninchen. Ob sich hier ein Meinungsstreit zwischen Schülern entwickeln könnte? Und wer hat Recht?

Diese Mehrdeutigkeiten verstecken sich übrigens nicht nur im Visuellen, und bieten uns reichlich Anlass uns zu streiten, sondern auch im Sprachlichen:
Stellen Sie sich vor, Sie machen eine Klassenfahrt nach Winterthur in die Schweiz. Dort machen Sie am ersten Tag eine Stadtbesichtigung, und gehen am zweiten Tag ins „Technorama", ein faszinierendes Technikmuseum mit einer Vielzahl an Experimentiermöglichkeiten auch im Bereich Wahrnehmung und Sinnestäuschung. Am Eingangstor klebt ein Zettel mit der Frage:

„Wie haben Sie Winterthur gefunden?"

„Mit der Landkarte natürlich", wird einer von den Schülern sagen.

„Es hat mir sehr gut gefallen", sagt zur gleichen Zeit ein anderer.

Zwei vollkommen verschiedene Antworten auf ein und dieselbe Frage! Beide Antworten sind durchaus logisch und lediglich davon abhängig, wie man die Frage deutet.

Oder ein anderes Beispiel: Ihre Freundin erzählt nach einem Landschulheimaufenthalt in Freiburg:

„Ich habe mich in Freiburg verliebt."

Ja, wie darf ich denn das verstehen?

Eine inhaltliche Deutung ist ohne irgendeine Vorabinformation durchaus ziemlich schnell möglich. Bis man jedoch mögliche weitere inhaltliche Deutungsmöglichkeiten erkennt, sofern man sie überhaupt bemerkt, kann es bisweilen eine ganze Zeit dauern. Je länger es dauert, umso schöner ist danach das Aha-Erlebnis.

Auf einem derartigen überraschenden Aha-Erlebnis beim Begreifen zweier Deutungsmöglichkeiten bauen viele Scherzfragen oder Witze auf:

Kommt ein ostdeutscher Trabifahrer in eine westdeutsche Autowerkstatt: „Ich möchte gerne ein Radio für mein Auto." Darauf der Mechaniker: "Da machen Sie aber einen guten Tausch." Ha ha ha …

2. Irrtümer der Sinne oder geometrisch-optische Täuschungen

Von der Mehrdeutigkeit können wir uns noch zur richtigen Täuschung steigern.

Von einer Wahrnehmungstäuschung sprechen wir dann, wenn uns unsere Sinne auf nachweislich fehlerhafte Art die Erfahrung eines Reizmusters vortäuschen. Wenn diese Täuschungen auftreten, sind in der Regel alle Menschen gleichermaßen betroffen, weil sie sich aus der besonderen Wechselwirkung unseres Wahrnehmungsapparates mit ganz bestimmten Reizmerkmalen ergeben.

Diese Wahrnehmungstäuschungen gibt es für alle Sinnesmodalitäten, wir können in einem Buch aber natürlich nur die visuellen Täuschungen verdeutlichen.

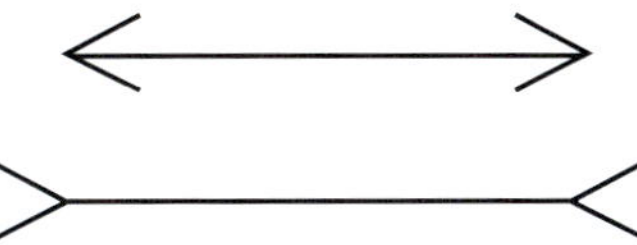

Betrachten Sie bitte aufmerksam die berühmte Müller-Lyer'sche Täuschung. Was sehen Sie?

Ist die obere Linie kürzer als die untere Linie? Es sieht so aus. Aber die beiden Linien sind absolut gleich lang! Der Auslöser für die Täuschung ist offenbar der Abschluss der Linien an ihren Enden. Die obere Linie wird durch Striche in spitzen Winkeln beendet, während die untere Linie durch stumpfe Winkel beendet wird.

Wie ist eine solche Täuschung zu erklären?
Es sind nach Lage der Forschung unterschiedliche Erklärungen möglich. Die vielleicht einfachste Erklärung ist, dass unsere Wahrnehmung von Natur aus darauf eingerichtet ist, allen Sinneseindrücken eine dreidimensionale Deutung zu geben. Durch die unterschiedlichen Abschlüsse wird den beiden Kanten eine unterschiedliche räumliche Tiefe zugeordnet. Dabei wird die obere Kante näher zum Betrachter liegend wahrgenommen als die untere Kante. Die nachfolgende Abbildung zeigt die Dreidimensionalität und wir gewinnen den entsprechenden Eindruck.

Unser Gehirn erzeugt also diesen Wahrnehmungsfehler.

Wie unsere Sinne genarrt werden können, wollen wir in den nachfolgenden bekannten geometrisch – optischen Täuschungen abrundend betrachten.

Sie sehen die so genannte Hering'sche Täuschung (1861). Die beiden querliegenden Linien sehen so aus, als ob sie vom Strahlenzentrum weg gebogen wären. In Wirklichkeit sind sie parallel und gerade. Wenn Sie das nicht glauben wollen, dann legen Sie das Buch flach und schauen Sie von rechts entlang der Geraden!

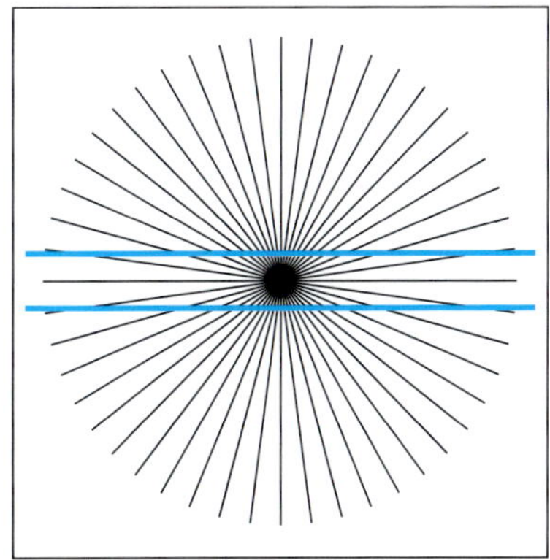

Bei der so genannten Ehrenstein'schen Täuschung ist es ähnlich. Das Quadrat scheint durch die Linien zum Trapez verzerrt. Legen Sie auch hierbei das Buch wieder flach und schauen Sie von rechts auf die Abbildung, jetzt verschwindet die Täuschung.

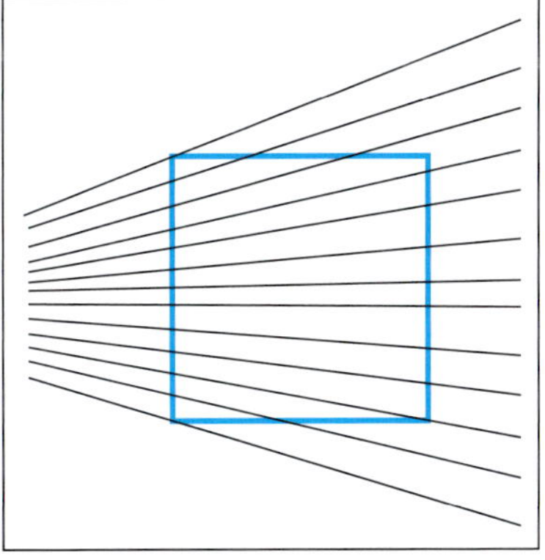

HERING hat auch endeckt, was wir sehen, wenn ein Quadrat über einer Ansammlung konzentrischer Kreise liegt: Die Kanten des Quadrats werden vom Mittelpunkt scheinbar nach innen gekrümmt.

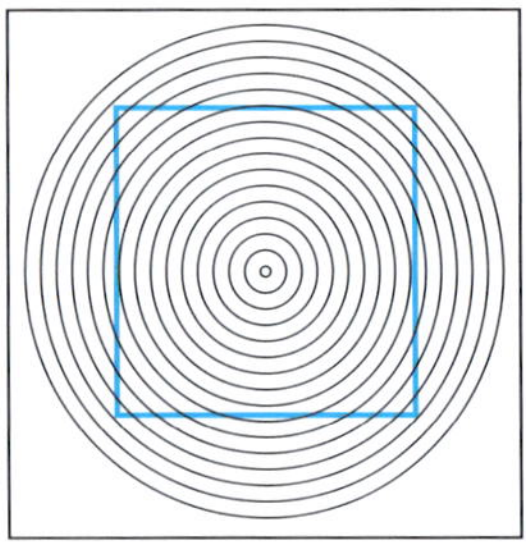

FRIEDRICH SANDER (1889–1971) war Professor für Psychologie in der ehemaligen DDR. Nach ihm ist das folgende Sander'sche Parallelogramm benannt. Die Diagonale C zu B im größeren Parallelogramm erscheint länger als die Diagonale A zu C im kleineren. In Wirklichkeit sind die Diagonalen aber genau gleich lang. Eine mögliche Erklärung ergibt sich wiederum aus der Eigenschaft der beteiligten Winkel, die Linienlängen scheinbar zu verändern (wie bei der Müller-Lyer'schen Täuschung). Die Diagonale des großen Parallelogramms bildet in beiden Schnittpunkten eindeutig einen stumpferen Winkel als die Diagonale des kleinen Parallelogramms.

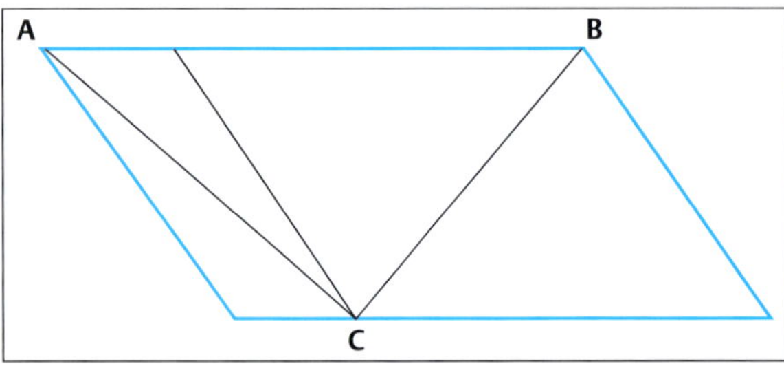

Diese optische Täuschung kann man sich in einer sehr praktischen Hinsicht zu Nutze machen. Stellen Sie sich vor, Sie haben einen Kindergeburtstag auszurichten. Sie wissen um einen kleinen Gast, der immer die größten Stücke aussucht und wollen für ausgleichende Gerechtigkeit sorgen. Deshalb bieten Sie im Rahmen eines kleinen Spiels die Kuchenstücke wie folgt an: „Suche Dir das größte Kuchenstück aus, wähle aber nur unter den beiden mittleren Stücken."

Vermutlich entscheidet sich das Kind für das linke mittlere Stück. Das hat unsere Mutter sich auch so gewünscht, denn damit hat sich das Kind für das kleinere entschieden.

Bei diesen beiden Kuchenblechen handelt es sich um ein Beispiel der Größenkontrastverstärkung, die Ebbinghaus'sche Täuschung genannt wird. Das mittlere Kuchenstück auf dem linken Tablett erscheint zwischen zwei schmalen Kuchenstücken erheblich größer als das in Wirklichkeit größere Kuchenmittelstück auf dem rechten Blech.

Das Ganze funktioniert natürlich auch mit runden Schokoladenplätzchen, wie EBBINGHAUS nachweisen konnte. Die Kreise a und b in der Mitte sind gleich groß, obwohl es nicht so aussieht.

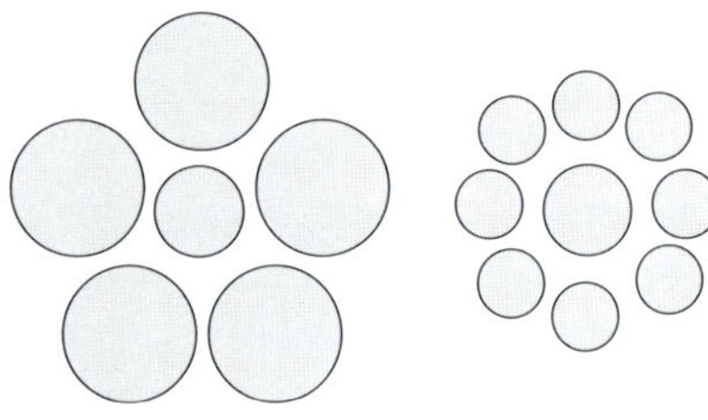

Die Umgebung eines optischen Reizes bestimmt also das Wahrnehmungsergebnis erheblich mit. Das lässt sich sogar in der Natur beobachten bei der so genannten Mondtäuschung:

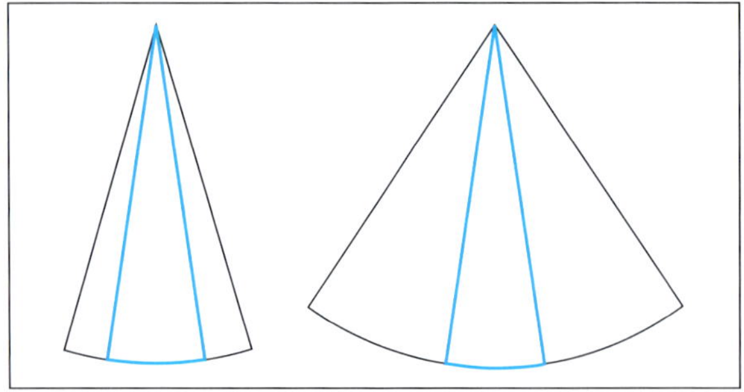

Mond am Himmelszenit

Vielleicht ist Ihnen schon einmal aufgefallen, dass der Mond deutlich größer aussieht, wenn er am Horizont steht (siehe Bild unten), als wenn er direkt über Ihnen am Himmel steht (siehe vorheriges Bild). Der Eindruck des Größenunterschiedes ergibt sich aus dem Vergleich mit dem Horizont.

Mond am Horizont

Der im Zenit stehende Mond besitzt keinerlei Vergleichspunkte zur Entfernungsabschätzung. Der leere Raum um ihn sorgt dafür, dass seine Größe stark unterschätzt wird. Dagegen sorgt ein weit entfernter Horizont dafür, dass der Mond weiter entfernt erscheint.

Das ist also ein Phänomen der Missdeutung der Größenkonstanz. Gibt es denn nicht eine übergreifende Erklärung für all diese absonderlichen Dinge? Oder anders gefragt, drängt sich uns nicht der Eindruck auf, dass ganz bestimmte Gesetzmäßigkeiten am Werke sind, wenn wir die Welt um uns herum wahrnehmen? Irgendwelche Organisationsprinzipien in unserem Gehirn vielleicht? Der Verdacht ist berechtigt. Schauen wir etwas genauer hin:

3. Organisation unserer Wahrnehmung

Bei der Betrachtung der meisten optischen Reize, die zu Täuschungen wurden, haben wir die Dinge organisiert zu Gegenständen, die für uns eine Bedeutung haben. Einfaches Grundprinzip dieser Organisation durch unser Gehirn ist ein gewisses Ordnungsstreben.

Wir versuchen, mit Hilfe der Wahrnehmung Sinn und Ordnung in die Vielfalt der uns umgebenden Reize aus der Umwelt zu bringen.

Das lässt sich am folgenden Bildbeispiel sehr gut demonstrieren:

Was sehen Sie?

Die meisten Menschen sehen zuerst einmal eine Ansammlung schwarzer und weißer Flecken. Wenn Sie allerdings die Hunderasse Dalmatiner kennen, gelingt es Ihnen aus dieser Ansammlung von Flecken eben einen Dalmatiner zu „organisieren"! Warum?

Wir versuchen, für uns vollkommene, bedeutungsvolle Gestalten herzustellen, deshalb gibt es auch die Erkenntnis im Volksmund, dass das Ganze mehr ist als die Summen seiner Teile.

Ein weiteres schönes Anschauungsbeispiel aus dem Bereich der Sprache:

DIE GUTE NACHRICHT

Alels vesdaretn?

Nachfolgende Meldung über eine Studie zum Thema Lesen kursiert zurzeit im Internet. Ob es die Untersuchung wirklich gibt oder ob sie nur gut erfunden ist, lässt sich nicht sagen. Wir fanden den Text aber so überzeugend, dass wir ihn abdrucken:

„Afugrnud enier Sduite an enier elingshcen Unvierstiät ist es eagl, in wlehcer Rienhnelfoge die

Bcuhtsbaen in eniem Wrot sethen, das enizg wcih-
itge dbaei ist, dsas der estre und lzete Bcuhtsbae
am rcihgiten Paltz snid. Der Rset knan ttolaer Böls-
dinn sien, und du knasnt es torztedm onhe Porbel-
me lseen. Das ghet dseahlb, wiel wir nciht Bcuhtsbae für Bcuhtsbae enizlen lseen, snodren Wröetr
als Gnaezs."

Um diesen Prozess der ganzheitlichen Wahrnehmung
zu verstehen, müssen wir uns mit den so genannten
Gestaltgesetzen beschäftigen.

Die Gestaltgesetze der Wahrnehmung

Als meine Töchter noch im Kindergartenalter waren,
so etwa fünf bis sechs Jahre alt, lieferten sie regelmäßig Beispiele für den Vorgang der Wahrnehmungsorganisation. Sie teilten uns mit, dass sie jetzt gerade
ein Krokodil oder Hund, oder gar ein kleines Haus essen würden, das in ihrem Schokoladenpudding erschienen sei.

Dass unsere Kinder derlei Gestalten in ihrem Essen
fanden, bedeutet, dass sie die Bestandteile auf ihren
Tellern so organisierten, dass Krokodil oder Hund
oder Haus herauskamen. Zugegeben, manchmal sahen die Essensreste auch für uns Erwachsene wirklich
krokodilähnlich oder hundeähnlich aus.

Diese Bedeutungsverleihung hat schon in den zwanzi-
ger Jahren des vorigen Jahrhunderts eine Gruppe von
Psychologen um Prof. MAX WERTHEIMER, ERNST KOFFKA,
WOLFGANG KÖHLER und WOLFGANG METZGER untersucht,
und eine Richtung gegründet, die man als Gestaltpsychologie bezeichnet. Gefunden haben diese Psychologen die so genannten **Gestaltgesetze**.

Unter Gestaltgesetzen versteht man einen Satz von
Regeln, die beschreiben, welche Wahrnehmungen entstehen, wenn bestimmte Reizbedingungen gegeben
sind. Die sechs wichtigsten Regeln stellen wir im Folgenden kurz vor.

1. Das Prägnanzgesetz
2. Das Gesetz der Ähnlichkeit
3. Das Gesetz der Nähe
4. Das Gesetz der guten Fortsetzung
5. Das Gesetz der Geschlossenheit

6. Das Gesetz der Erfahrung bzw. Vertautheit oder
   Bedeutung

1. Das Prägnanzgesetz

oder auch das Gesetz der guten Gestalt oder das Gesetz der Einfachheit ist das zentrale Gesetz der Gestaltpsychologie. Jedes Reizmuster wird so gesehen,
dass das Ergebnis so einfach wie möglich ist.

Deshalb erkennen wir in der ersten Anordnung deutlich das Quadrat und die Ellipse. Diese beiden Muster
zeichnen sich durch ihre Einfachheit gegenüber anderen möglichen Mustern aus, wie Sie sie zum Beispiel
rechts in der Abbildung sehen.

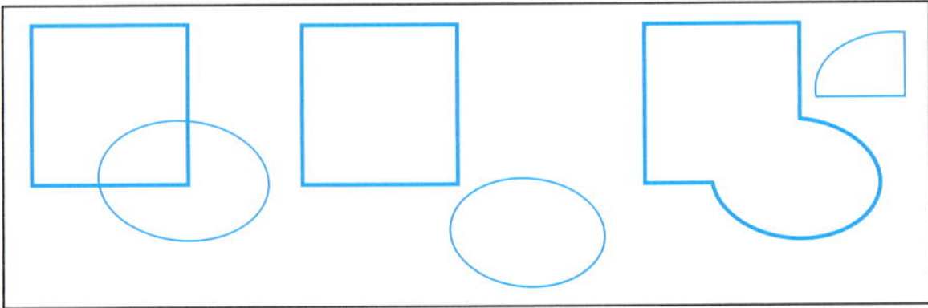

Ebenso ergeht es uns bei der Betrachtung der nächsten Figur.

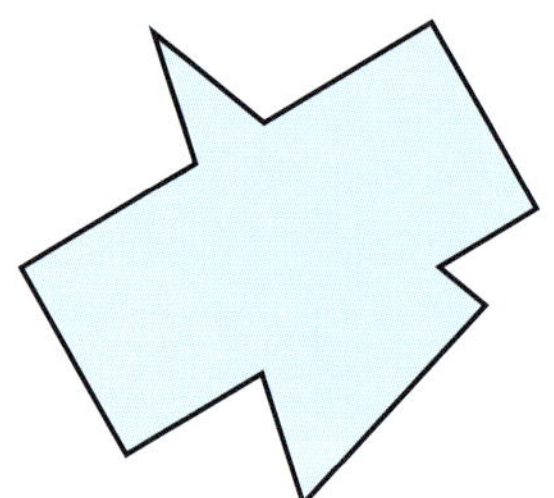

Sicher sehen Sie anstelle eines komplexen elfeckigen Ge-
bildes hierin einfach im Sinne
der Prägnanz ein Rechteck
und ein Dreieck übereinander
gelegt.

Sehr gute Formen im Sinne der Prägnanz sind
erfahrungsgemäß Kreise, rechte Winkel und Geraden.

Auch in der Erinnerung spielt das Prägnanzgesetz
eine große Rolle: Wir merken uns auf Dauer nur solche
Inhalte, die sich besonders von den anderen abheben.
Prägnantes prägt sich eben besonders gut ein. Denken Sie zum Beispiel an Werbeslogans.

Welche fallen Ihnen ein?

2. Das Gesetz der Ähnlichkeit

Betrachten Sie die Kreise im folgenden Bild a). Sie
haben senkrecht wie waagrecht den gleichen Abstand
zueinander. Diese Anordnung lässt uns die Wahl: Wir

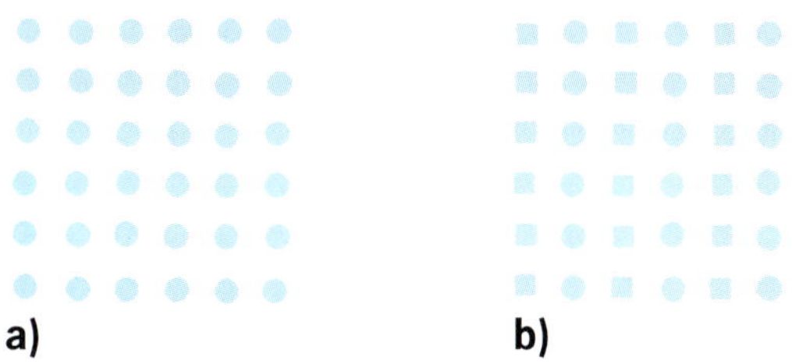

a)   **b)**

sehen die Kreise entweder senkrecht oder waagrecht oder auch beides zugleich.

Diese Wahlmöglichkeit verschwindet alsbald, wenn wir wie in Bild b) jede Kreisspalte mit einer Quadratspalte wechseln lassen. Wir nehmen eindeutig sofort eine senkrechte Anordnung von Kreisen und Quadraten wahr.

Das Gesetz der Ähnlichkeit besagt, dass die einzelnen Elemente eines Bildes bevorzugt als Gruppe wahrgenommen werden, wenn sie sich ähnlich sind. Diese Ähnlichkeit kann sich auf Farbe, Helligkeit, Größe, Orientierung oder Form beziehen. Achten Sie einmal bei der Eröffnung großer Sportveranstaltungen wie den olympischen Spielen auf die Eröffnungszeremonien, wenn bunte Tücher oder gleiche Trikots sich zu großen Bildern formieren.

Dieses Gesetz funktioniert übrigens auch bei der Wahrnehmung von Personen. Angehörigen bestimmter Gruppen werden allzu gerne übereinstimmende Eigenschaften zugeschrieben. Kennen Sie den Satz: „Sage mir, mit wem du gehst, und ich sage dir, wer du bist!"?

3. Das Gesetz der Nähe
Reize oder Bildelemente, die nahe beieinander liegen, werden leicht als zusammengehörig wahrgenommen:

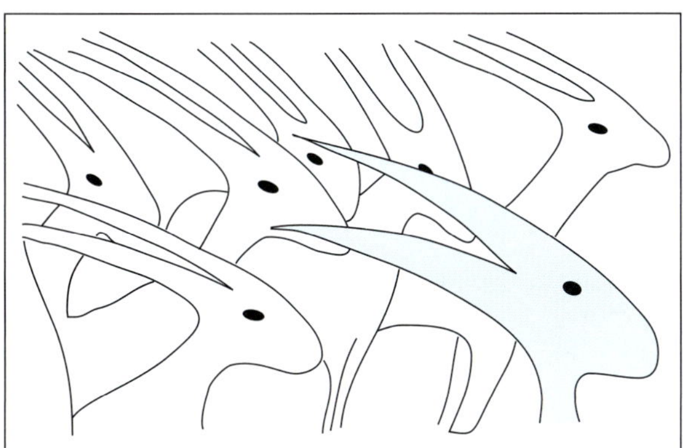

Die Nähe kann Dinge einander ähnlicher machen. Die gleiche Figur ist unter „Antilopen" eine Antilope und in der Gesellschaft von „Vögeln" ein Vogel.

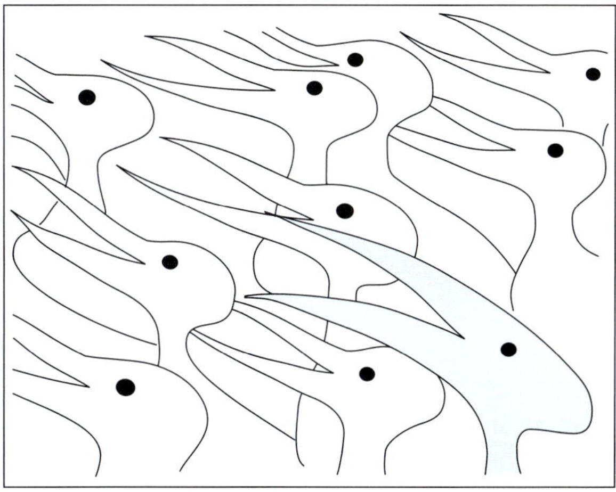

4. Das Gesetz der guten Fortsetzung oder Kontinuitätsgesetz
Reize, die eine Fortsetzung vorausgehender Reize zu sein scheinen, werden als zusammengehörig wahrgenommen. Je nachdem ob Sie im folgenden Bild Zahlen von rechts nach links lesen, oder Buchstaben von oben nach unten, verändert sich die Wahrnehmung des in der Mitte befindlichen Zeichens: Im ersten Fall lesen Sie eine Dreizehn, im zweiten Fall den Buchstaben B: Stimmt's? So setzt sich der begonnene Verstehensprozess fort.

Im Gemälde von Camille Pissarro: „Die große Brücke von Rouen" kann man das Prinzip der gestaltgerechten Fortsetzung gut beobachten:

Obwohl der Rauch sowohl Brücke als auch Schornstein in Stücke teilt, nehmen wir sie als fortlaufend wahr, und sie stürzen auch nicht ein.

5. Das Gesetz der Geschlossenheit

Unvollendete Reize werden als vollendet wahrgenommen. Wir dichten gewissermaßen die Zwischenräume ab. Sehen Sie nebenstehend verschiedene Punkte oder nehmen Sie einen Kreis wahr?

Oder was machen Sie bei der Betrachtung der vielen schwarzen Papierschnitzel im nächsten Bild? Irgendwie sehen Sie darin einen Hund; oder?

In diesem Bild wird uns auch sehr schön gezeigt, was der bekannte Satz der Gestaltpsychologie bedeutet:

„Das Ganze ist mehr als die Summe seiner Teile." Wir sind immer auf der Suche nach einer „guten Gestalt."

6. Das Gesetz der Erfahrung

Vorwissen, Erfahrung und Vertrautheit spielen bei der Anordnung von Bildelementen auch eine bedeutende Rolle. Dieses Gesetz lässt sich illustrieren an dem „Felsen und Gesichter"-Bild der Künstlerin Bev Doolittle (1985): „Der Wald hat Augen".

Wenn Sie statt Felsen in einem Bach oder Bäumen in einem Wald die Bestandteile von Gesichtern wahrnehmen, dann verändert sich auch die Wahrnehmungsorganisation der Felsen und der Bäume. Zwei Felsen, die ursprünglich als zwei einzelne Steine im Bach wahrgenommen wurden, gehören plötzlich zusam-

Bev Doolittle (1985): „Der Wald hat Augen"
Können Sie im Bild 13 Gesichter finden? Kleiner Tipp: Es hilft, wenn man den Abstand zum Bild etwas vergrößert.

men, wenn man sie als das linke und das rechte Auge eines Gesichtes sieht. Wenn sie eine bestimmte Gruppe von Felsen als Gesicht wahrgenommen haben, fällt es sogar schwer, sie nicht mehr so wahrzunehmen. Die Felsen wurden dauerhaft durch Vertrautheit zu einem Gesicht organisiert.

Diese Wahrnehmungsorganisation läuft automatisch ab, weil sie eine der grundlegenden Verfahren ist, der Welt Bedeutung zu verleihen.

So langsam müssen wir den Bereich der Objektwahrnehmung verlassen und zu dem noch spannenderen Bereich der persönlichen und sozialen Besonderheiten der Wahrnehmung kommen.

4. Individuelle Einflüsse auf die Wahrnehmung

Machen wir dazu doch einmal eine kleine Wahrnehmungsübung:

Wahrnehmungsrundgang

Wir bilden innerhalb der Klasse Vierergruppen. Jede Gruppe schlüpft dann in eine Rolle als
- neue Schüler der Schule
- Austauschschüler
- Eltern
- neue Lehrer
- Putzfrauen
- potenzielle Diebe
- Innenarchitekten
- …

Dann gehen die Schüler in diesen verschiedenen Rollen durch das Schulhaus mit Fragen wie diesen:
- Wie sieht die Schule aus?
- Was haben wir gesehen?
- Was ist uns besonders aufgefallen?

Die Ergebnisse werden anschließend in der Klasse ausgetauscht. Was kommt heraus?

Welche Umweltreize ein Mensch wahrnimmt, das dürfte nach dieser Übung deutlich werden, ist offenbar von persönlichen Bedingungen abhängig: Je nachdem, in welcher Rolle sich der Betrachter befindet,

kommt er zu unterschiedlichen Wahrnehmungsergebnissen.

Die „Putzfrauen" nehmen den achtlos liegengelassenen Unrat sehr deutlich wahr, übersehen aber beispielsweise die Veranstaltungsplakate an der Pinnwand, die von den „Austauschschülern" sehr genau bemerkt wurden.

Die „neuen Schüler" erkennen die Schwierigkeit, die verschiedenen Räumlichkeiten zu finden, wohingegen die „Innenarchitekten" die Lichtverhältnisse in den Klassenzimmern problematisieren, usw.

Was werden wohl die „potenziellen Diebe" so alles wahrnehmen?

Es wird also deutlich, dass unsere Wahrnehmung von individuellen Faktoren mitbestimmt wird. Je nach meiner persönlichen Rolle habe ich bestimmte **Motive, Bedürfnisse und Interessen**, die mich auf meinem Wahrnehmungsrundgang beeinflussen.

Auch die **Erfahrung** eines Menschen ist beteiligt, wenn er die Welt sieht.

Wenn Sie einen Kindergarten sehen, dann nehmen Sie nicht nur ein Haus und Kinder wahr, sondern verbinden damit zugleich die Erfahrung, die Sie in Kindergärten gemacht haben. Sie nehmen es als einen Ort der Freude und Selbstbestätigung, einen Ort voll Stress oder einen Ort der Geborgenheit oder gar als Ausbildungsstätte wahr.

Die **körperliche und seelische Verfassung, die Gefühle und Stimmungen** wirken sich sehr stark darauf aus, wie wir die Welt um uns herum wahrnehmen. So ist uns allen geläufig, wie unterschiedlich wir Nahrungsmittel wahrnehmen, je nach dem, ob wir hungrig sind oder nicht.

Ein Kind, das Angst hat, deutet Geräusche, die es nachts hört, wenn es alleine zu Hause ist, anders als ein furchtloses Kind.

Wer glücklich und zufrieden ist, nimmt seine Umwelt anders wahr als der Enttäuschte und Unglückliche.

Berühmt ist mittlerweile auch die Wirkung der **Erwartungen** eines Individuums auf die Sicht der Dinge. Schon 1968 fand ein deutschstämmiger nach den USA ausgewanderter Sozialpsychologe namens Ro-

BERT ROSENTHAL den so genannten **Rosenthal-Effekt** der Wahrnehmung. In einer Aufsehen erweckenden Studie konnte er nachweisen, dass Lehrererwartungen Einfluss auf Schüler haben können.

Zusammen mit einer Mitarbeiterin besuchte ROSENTHAL eine Grundschule, um in mehreren Klassenstufen einen Test durchzuführen (ROSENTHAL und JACOBSON, 1968). Den Lehrern gegenüber wurde erklärt, dass die Ergebnisse Auskunft über das zukünftige Leistungsverhalten der Schüler geben würden. Kurz darauf kehrten die Forscher zurück, um den jeweiligen Lehrern mitzuteilen, dass einzelne **(tatsächlich nach dem Zufall ausgewählte)** Schüler aufgrund der Testergebnisse gute Lernfortschritte für die nächste Zeit erwarten ließen.

Am Ende des Schuljahres wiederholte ROSENTHAL seine Testprüfung. Dabei fand er, dass die ursprünglich zufällig ausgewählten Schüler – vor allem in den untersten Klassenstufen – im Vergleich zu den übrigen Klassenkameraden verhältnismäßig große Leistungsfortschritte erzielt hatten.

Es darf heute als gesichert gelten, dass Lehrer und natürlich auch Erzieher und Erzieherinnen bereits zu Beginn eines Jahres Erwartungen über die Leistungen und Verhaltensweisen ihrer Kinder entwickeln und dass viele Kinder diese Erwartungen erfüllen: **Lernende, die von ihren Lehrern für fähig gehalten werden, zeigen bessere Leistungen als andere, denen die Lehrer weniger zutrauen.**

Wie ist es zu erklären, dass die meisten Schüler mit ihren Leistungen die **Erwartungen** ihrer Lehrer im Verlauf des Schuljahres erfüllen? Menschen neigen dazu, andere so wahrzunehmen, wie sie nach ihren Erwartungen sein müssten. Wenn sie darüber hinaus – eventuell ohne sich dessen bewusst zu sein – auf soziale Ereignisse oder Persönlichkeitsmerkmale ihrer Adressaten so einwirken, dass diese sich an die Erwartungen anpassen, liegt eine **sich selbst erfüllende Prophezeiung** vor. Die Wahrscheinlichkeit, dass es so kommt, wie ich denke, dass es kommen wird, ist sehr hoch.

Den Einfluss, den **Einstellungen und Vorurteile** auf die Wahrnehmung haben, bezeichnet man auch gerne als Voreingenommenheit. Für die Voreingenommenheit als Überzeugung wie etwas ist oder wie jemand ist, z. B. Ausländerkinder, gilt das gleiche, wie wir bei dem Rosenthal-Effekt festgestellt haben. Wenn wir von etwas überzeugt sind, entsteht eine Erwartung. Diese Erwartung hat dann die fatale Tendenz sich zu bestätigen. Dies wollen wir mit einem einfachen Interaktionsspiel einmal deutlich machen.

„Die Rosarote Brille.“

Zeit
Sie benötigen ca. 45 Minuten

Material
Man braucht acht Brillengestelle ohne Gläser (notfalls Pappbrillen)

Anleitung
„Wir wollen heute ein Spiel ausprobieren, das „Rosarote Brille" heißt. Dazu habe ich eine ganze Reihe von Spezialbrillen mitgebracht. Sie können uns helfen, besser zu verstehen, dass wir dieselben Dinge manchmal ganz unterschiedlich sehen und erleben.

Sie wissen, wenn Sie manchmal ganz glücklich sind, dann sagt der eine oder andere vielleicht zu Ihnen: „Du siehst alles durch eine rosarote Brille". Alles scheint dann schön und wunderbar zu sein.

Ich möchte Ihnen mit den verschiedenen Brillen einmal zeigen, wie unterschiedlich wir das Leben betrachten können.

1. Hier habe ich eine Brille, die ich einmal VERTRAUENSBRILLE nennen möchte. Wenn ich diese Brille trage, bin ich sehr vertrauensvoll. Hat jemand von Ihnen Lust, die Vertrauensbrille aufzusetzen und uns zu sagen, was er dann hier sieht? Wie er über uns und über die Welt denkt? Einige Schüler sollten die Gelegenheit wahrnehmen.
Kennen Sie Menschen, die meistens eine „VERTRAUENSBRILLE" tragen?
Wann tragen Sie eine?
Wie fühlen Sie sich, wenn Sie eine VERTRAUENSBRILLE tragen?

Lassen Sie uns fünf Minuten miteinander über diese Frage sprechen.

Jetzt geben die Schüler die Brille bitte wieder zurück, damit der Lehrer eine andere Brille ausprobieren kann.

2. „DIE MISSTRAUENSBRILLE"

Möchten wieder einige von den Schülern mit der Brille experimentieren?

Was sehen Sie nun? Was denken Sie, wenn Sie diese Brille tragen?

Geben Sie wieder einigen Schülern Gelegenheit, mit der MISSTRAUENSBRILLE Ihre Umgebung zu betrachten, um festzustellen, wie die Welt damit aussieht.

Kennen die Schüler Menschen, die meistens eine MISSTRAUENSBRILLE tragen?

Wann tragen die Schüler eine?

Wie fühlen die Schüler sich, wenn sie eine MISSTRAUENSBRILLE tragen?

Lassen Sie uns wieder fünf Minuten über diese Fragen sprechen.

Geben Sie dem Lehrer jetzt die MISSTRAUENS-BRILLE zurück, sodass er Ihnen eine neue Brille geben kann.

3. Die RECHTHABERBRILLE ist jetzt dran. Verfahren Sie nun in gleicher Weise wie mit der vorherigen Brille…

4. Danach kommt die „ICH-MACHE-ALLES-FALSCH"-BRILLE.
(Wenn Sie diese Brille tragen, gehen Sie davon aus, dass Sie niemals etwas richtig machen, sondern immer die Schuld haben und immer alles falsch machen.)

5. „ICH-BIN-BELIEBT"-BRILLE
(Wenn Sie diese Brille tragen, gehen Sie davon aus, dass die anderen Sie mögen und gerne mit Ihnen zusammen sind.)

6. „DIE ICH-BIN-ÜBERHAUPT-NICHT-BELIEBT"-BRILLE
(Wenn Sie diese Brille tragen, gehen Sie davon aus, dass niemand Sie mag und Sie keinem etwas bedeuten.)

7. SCHWÄCHE-BRILLE
(Wenn Sie diese tragen, fühlen Sie sich schwach und unfähig… Es wäre sinnvoll wenn jeder von den Schülern diese Brille einmal aufsetzt und mitteilt, was er dann denkt, fühlt und sieht…)

8. STÄRKE-BRILLE
(Wenn Sie diese Brille trage, sind Sie sich bewusst, dass Sie eine ganze Menge können, dass Sie wichtig sind, dass Sie zählen, dass Sie sich auf sich selbst verlassen können… Der Lehrer sollte auffordern, dass jeder von den Schülern auch diese Brille einmal aufsetzt und mitteilt, was er dann denkt, fühlt und sieht).[4]

Die Auswertung dieser Übung ist wichtig, denn die Bedeutung der Verfälschung der Wahrnehmung durch Vorurteile kann verhängnisvolle Auswirkungen gerade für Kinder haben.

5. Soziale Einflüsse auf die Wahrnehmung

Stellen Sie sich vor, Sie sind eine freiwillige Versuchsperson zusammen mit sieben anderen in einem Experiment. Sie kommen dazu in einen Raum mit acht Stühlen, die in einer Reihe vor einer Leinwand stehen. Alle setzen sich, Sie ganz außen links.

Der Versuchsleiter erklärt, er sei daran interessiert, herauszufinden, wie gut Sie die Länge verschiedener Linien einschätzen können. Er zeigt Ihnen eine gerade Linie X (siehe untere Abbildung). Dies ist die Standardlinie. Dann zeigt er drei Vergleichslinien (A, B und C) und bittet Sie diejenige auszuwählen, die der Standardlinie am nächsten kommt.

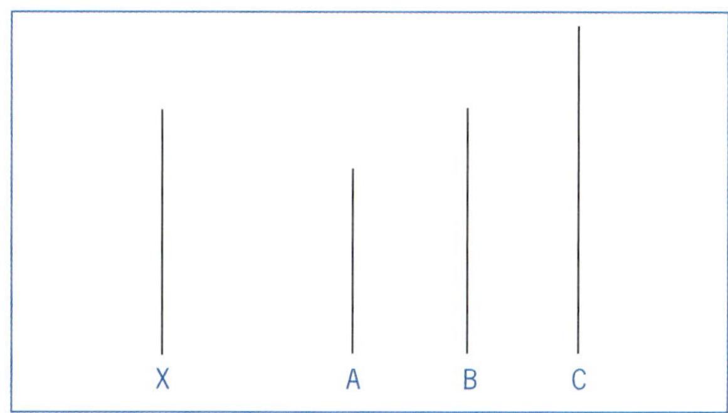

Die Aufgabe ist eigentlich recht einfach. Es ist offensichtlich, dass die ähnlichste Vergleichslinie die Linie B ist. Bei der rechts sitzenden Versuchsperson geht es los. Aber seltsam, sie antwortet mit A, offensichtlich falsch. Nun ja, wahrscheinlich hat sie sich einfach nur geirrt. Doch dann gibt auch die neben ihr sitzende Versuchsperson dieselbe falsche Antwort. Sie denken mittlerweile, dass die wohl einen Knick in der Optik zu haben scheinen, doch nachdem die dritte, vierte, fünfte, sechste und siebte Versuchsperson genau dieselbe falsche Antwort gegeben hat, sind Sie an der Reihe.

Und was passiert nun? Verlassen Sie sich auf Ihr Augenmaß oder richten Sie sich nach der Gruppe? Ihre Handflächen beginnen zu schwitzen und Sie bekommen Herzklopfen, während Sie nachdenken. Zu guter Letzt werden Sie unsicher und geben auf. Sie sagen dasselbe wie die anderen aus der Gruppe.

Dies war die Nachstellung eines berühmten Experimentes des amerikanischen Sozialpsychologen Solomon E. Asch zum Einfluss **anderer Personen oder einer Gruppe** auf die Wahrnehmungs- und Urteilsfähigkeit des Einzelnen.

In diesem Experiment führte Asch einen Konflikt herbei zwischen dem Wissen seiner Versuchspersonen um die physikalische Realität und der „sozialen Realität", wie sie durch die Gruppe repräsentiert wird. Diese Konfliktsituation erreichte er durch eine recht einfache Manipulation. Die Person, die ganz links in der Reihe sitzt (so wie Sie), ist zwar immer eine echte Versuchsperson, doch alle anderen Teilnehmer sind in Wirklichkeit Verbündete des Versuchsleiters. Diese wissen zwar, dass die von ihnen abgegebenen Urteile falsch sind, sie richten sich aber ausschließlich nach den Vorgaben des Versuchsleiters, der damit erreichen möchte, dass die Gruppe einen sanften Druck auf die einzelne „echte" Versuchsperson ausübt. Und das gelingt auch. Insgesamt richteten sich 35 % der echten Versuchspersonen nach den falschen Beurteilungen der Gruppe – das ist zwar nicht die Mehrheit, doch eine beträchtliche Minderheit. Wenn die Versuchspersonen keinen objektiven physikalischen Reiz haben, nimmt die Prozentzahl der Anpassungen noch deutlich zu. In einer Befragung der echten Versuchspersonen nach dem Experiment stellte sich heraus, dass manche sich der Gruppe angepasst haben, manche aber auch wirklich ihrer Wahrnehmung misstrauten.

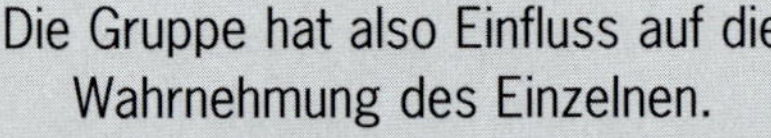

Darüber hinaus werden so natürlich auch **Einstellungen** erzeugt. Wie diese dann wirken können, dazu gibt es eine interessante, immer wieder zu machende Beobachtung:

Wenn Erzieherinnen und Erzieher gerade an einer Fortbildungsveranstaltung über Verhaltensstörungen von Kindern teilgenommen haben, steigt für sie die Zahl verhaltensgestörter Kinder in ihrer Gruppe mit großer Wahrscheinlichkeit. Das bedeutet, sie nehmen bei ihren Kindern mehr Verhaltensweisen wahr, die von der Norm abweichen, als vorher.

Untersuchungen haben sogar ergeben, dass sie auch Verhaltensweisen als von der Norm abweichend wahrnehmen, obwohl dies gar nicht zutrifft. Es zeigt sich hierin der Einfluss der sozial bedingten Einstellungen auf die Wahrnehmung, und der kann so weit gehen, dass man Dinge wahrnimmt, die es ohne diese Einstellung gar nicht gegeben hätte! So konstruiert man Wirklichkeit.

Wert- und Normvorstellungen einer Gemeinschaft können sich auf die Gestaltung der Wahrnehmung auch erheblich auswirken.

Legen Sie zu Demonstrationszwecken eine Ein-Euromünze und eine Zwei-Euromünze auf den Overhead-Projektor. Lassen Sie dann die Größe schätzen.

Eigentlich müssten Sie dabei herausbekommen, dass die Größe überschätzt wird.

Warum? Denken Sie bitte erst einmal darüber nach:

Die Psychologen Jerome Bruner und C. Goodman teilten in einem Experiment in Amerika zehnjährige Kinder entsprechend ihrer Herkunft in zwei Gruppen ein, in eine „arme" und in eine „reiche" Gruppe. Auch ihnen wurden verschiedene Geldmünzen zur Größenschätzung vorgelegt. Alle Kinder überschätzten die Größe der Geldmünzen, die Kinder aus „armen" Verhältnissen allerdings deutlich stärker als die Kinder aus „reichen" Elternhäusern. Die **Wertigkeit** des Geldes hat sich offenbar auf die Größenschätzung ausgewirkt. Wir überschätzen, was wir begehren. Begünstigt wird dieser Einfluss vor allem aber auch durch die Orientierung unserer Gesellschaft an Geld und Konsum.

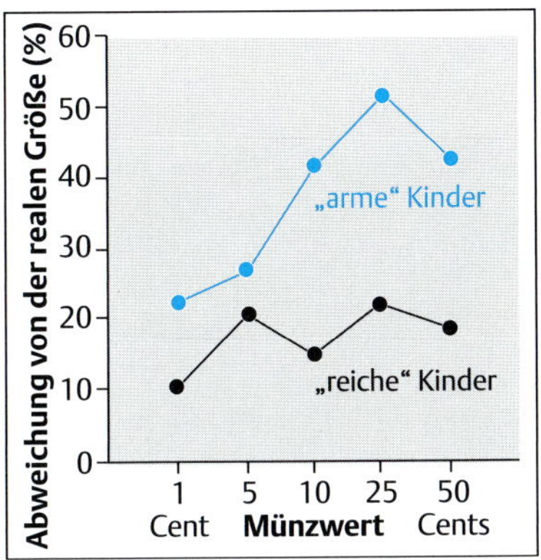

Unsere bisherigen Ausführungen zur Psychologie der Wahrnehmung kommen jetzt zu ihrem eigentlich wichtigsten Anliegen. Wir suchen nach einem besseren Verständnis des Verhaltens der Menschen in sozialen Situationen. Wir wollen wissen, wie Menschen einander wahrnehmen, und was dabei „schief gehen" kann. Denn eine der Hauptaufgaben von Erziehern und Erzieherinnen ist es Kinder wahrzunehmen, ja zu beobachten und zu beurteilen. Die Fähigkeit zum Beobachten und Beurteilen gehört somit zu den unverzichtbaren Grundkompetenzen von Erzieherinnen. Wie schwierig diese Aufgabe der Erzieherinnen ist, lässt sich durch eine Zusammenfassung aller Faktoren, die die Wahrnehmung beeinflussen, noch einmal unterstreichen.

Es wirken ein:
- Die Sinnesphysiologie, d. h. die Funktionsweise, die Beschaffenheit und Leistungsfähigkeit unserer Sinne.
- Die Aufmerksamkeit, das Gedächtnis, die Erfahrungen, die Lerngeschichte und das Wissen.
- Organisationsprinzipien im Gehirn: Konstanzphänomene, die Gestaltgesetze.

- Zahlreiche individuelle Einflüsse: Motive, Bedürfnisse, Interessen.
- Die körperliche und seelische Verfassung, Gefühle und Stimmungen.
- Erwartungen und Einstellungen.
- Soziale Einflüsse wie andere Personen, Wert- und Normvorstellungen, Meinungen, Anschauungen.

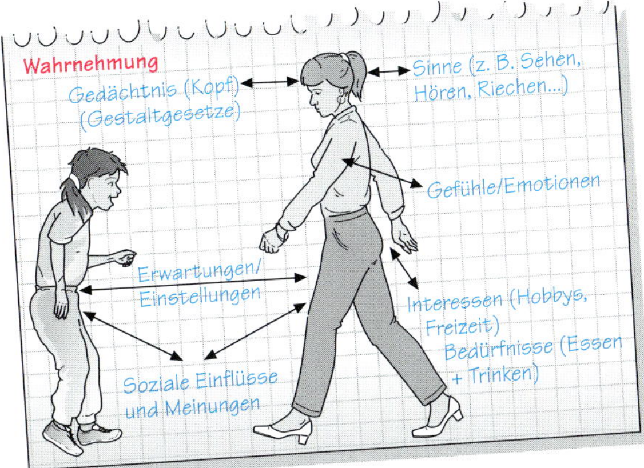

6. Personenwahrnehmung

Wir wissen jetzt, was wir sehen, hören, riechen und fühlen, gestalten wir zu einem Eindruck. Wir registrieren etwas nicht einfach nur als Abbild in unserem Gehirn, sondern wir konstruieren Bilder von uns und von der Welt. Insbesondere, wenn wir Personen wahrnehmen und beurteilen, machen wir uns ein Bild. Die Personenwahrnehmung wird noch stärker von subjektiven Prozessen beeinflusst als die Objektwahrnehmung und ist deshalb mit Fehlern behaftet.

Auch Erzieherinnen verschaffen sich in der Begegnung mit Kindern einen Eindruck. Ebenso im Alltagsleben, wo wir fremden Menschen begegnen, bilden wir uns einen Eindruck und oft steht wenig Zeit zur Verfügung.

Worauf achtet man vor allem bei solchen ersten Eindrücken? Kann man sich überhaupt darauf verlassen? Ist man bereit, sein Bild von einem anderen Menschen zu verändern, wenn sich bei weiteren Begegnungen Einblicke eröffnen, die anfänglich verborgen blieben?

7. Die Beobachtungsfehler in der Personenwahrnehmung

Erster Eindruck

Es ist für Menschen offenbar sehr bedeutsam, in der Begegnung mit einem anderen sich möglichst rasch ein Bild zu machen, damit man sein Verhalten vorhersagen kann und weiß, wie auf ihn am besten zu reagieren ist. Dieser Prozess der Eindrucksbildung beginnt bereits in den ersten Augenblicken einer Begegnung. Worauf achten wir beim ersten Eindruck am meisten?

Unsere Aufmerksamkeit richtet sich zuerst auf das äußere Erscheinungsbild:
- Körperliche Merkmale: Geschlecht, großer oder kleiner Körperwuchs, dick oder dünn, Hautfarbe…
- Körperhaltung und Bewegung
- Grad an Gepflegtheit: Kleidung, Haare…
- Gesicht: Gesichtsausdruck freundlich oder unfreundlich, ernst oder lächelnd…
- Augen und Blick: Augenabstand, offener oder geschlossener Blick, …
- Mund: herabgezogene Mundwinkel

Um sich einmal selbst zu testen, schauen Sie sich bitte folgende Gesichter an und entscheiden, welches Ihnen sympathisch ist.

Bringen Sie die Gesichter in eine „Sympathiereihenfolge" beginnend mit dem sympathischsten.

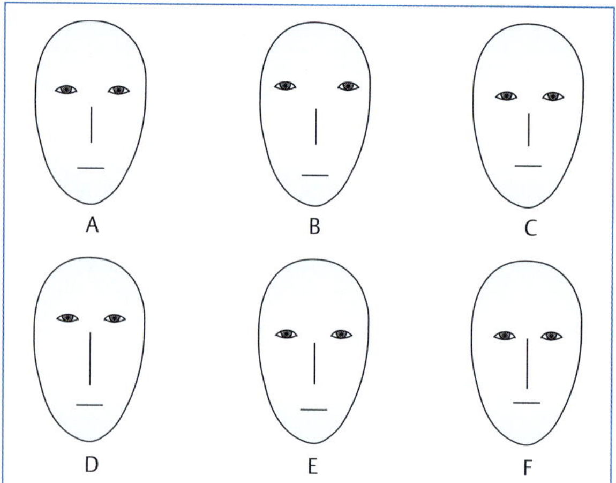

Wenn Sie die Bilder in eine Rangreihe der Beliebtheit gebracht haben, überlegen Sie, was Sie geleitet hat.

Denken Sie in Ruhe nach, bevor Sie weiter lesen.

Wenn man diesen Test mit vielen Versuchspersonen durchführt, kommt nach einer statistischen Auswertung folgendes Ergebnis heraus:

C – A – F – E – B – D .

Mit großer Wahrscheinlichkeit ist Ihr persönlicher Eindruck ähnlich ausgefallen.

Warum?

Beim ersten Eindruck wirken ganz bestimmte so genannte „Schlüsselreize" auf den Betrachter:
- Augenabstand
- Stirnhöhe
- Nasenlänge
- Abstand der Augen von der Haarwurzel
- Höhe der Augen über der Nasenwurzel
- Abstand des Mundes zur Nasenspitze
- Länge des Kinns

Äußerlichkeiten sind also beim Urteil über andere Menschen relativ wichtig, und unsere Biologie spielt stark mit.

Da wir aber gar nicht in der Lage sind, auf alle Merkmale, die einen Menschen kennzeichnen, zu achten, treffen wir eine Auswahl, die uns durch den sozialen Rahmen vorgegeben wird. Dieser soziale Rahmen wird durch so genannte Stereotype bzw. Vorurteile gebildet. Stereotype und Vorurteile stellen ein Vorwissen bereit, das über das Beobachtete hinausgeht. Man schreibt einem anderen Menschen Merkmale zu, die dieser keineswegs besitzen muss, die aber in Einklang mit dem jeweiligen Stereotyp des Wahrnehmenden stehen, und stark von Äußerlichkeiten bestimmt sind.

Der Stereotype-Effekt bzw. soziale Wahrnehmung der Rolle

Stellen Sie sich vor, Ihnen wird ein Baby vorgestellt mit dem Namen „Jan". Sie werden dann aufgefordert, Ihre Eindrücke von diesem Baby zu schildern und dabei körperliche Merkmale, Verhaltenseigenschaften und Persönlichkeitseigenschaften zu berücksichtigen. So sieht das Baby aus:

Andere, die auch mit Ihnen im Raum anwesend sind, bekommen die gleiche Aufgabe nur mit dem kleinen Unterschied, dass das Baby „Eva" heisst.

Wenn man dann die Einschätzungen der Beurteiler vergleicht, fällt etwas auf.

Haben Sie eine Idee, was es sein könnte?

Bei der tatsächlichen Durchführung eines solchen Experiments gab es bezüglich der körperlichen Merkmale und des Verhaltens keine Unterschiede. Aber bei der Persönlichkeitseinschätzung, die man nicht beobachten sondern nur erschließen kann. Das war ein Bereich, in dem sich so genannte **Geschlechtsstereotype** zu erkennen gaben. Stereotype sind eingewurzelte Vorurteile, meist Eigenschaften, die bestimmten Gruppen und Menschen in bestimmten Rollen zugesprochen werden. So haben wir offenbar auch bestimmte festgefügte Vorstellungen von typisch männlichen und typisch weiblichen Persönlichkeitseigenschaften. Hieß das Baby „Jan" so wurde es als sportlicher, lauter, aktiver und rauher eingeschäzt als „Eva".

Überlegen Sie sich, wie sich dieser Beobachtungs- und Beurteilungsfehler auf die Kindergartenarbeit auswirken könnte.

Bilden Sie als angehende Erzieherinnen im Umgang mit Kindern auch Stereotype, die die Entwicklung der Kinder beeinflussen könnten?

Welche Stereotype kennen Sie?

Wie gerne hätten Sie diesen Mann zum Lehrer?

Oder ist Ihnen der nächste Kandidat lieber?

Haben Sie diesen beiden Herren unterschiedliche Eigenschaften zugeschrieben?

Wenn ja, welche?

Natürlich haben Sie jetzt aber festgestellt, dass es sich um ein und denselben Typen handelt, nicht wahr?

Durch Prozesse der sozialen Wahrnehmung geht man also über das Beobachtbare hinaus und erschließt sich Merkmale der Persönlichkeit.

Konkrete Lernsituation

1. Finden Sie im Rollenspiel heraus, wie sich Ihr Verhalten verändert, wenn alle anderen Sozialpartner eine Persönlichkeitstheorie vertreten, der zufolge Sie dumm und hinterlistig sind.

2. Welche Eigenschaften schreiben Sie automatisch einem Mädchen oder einer Krankenschwester, einer Erzieherin, einem Politiker, oder einem Lehrer zu?

3. Überlegen Sie sich, wie sich Ihre Wahrnehmung eines Klassenkollegen verändern würde, wenn Sie erführen,
   - dass er Mitglied einer radikalen, gewalttätigen Partei ist oder
   - dass er homosexuell ist,
   - dass er im Vorstand eines Wohltätigkeitsvereins tätig ist.

Dies führt uns zum nächsten Beobachtungsfehler.

Implizite Persönlichkeitstheorie

Machen wir dazu ein Experiment:

Stellen Sie sich vor, Sie erfahren, dass Sie in Ihrer Erzieherausbildung einen neuen Lehrer bekommen sollen. Eine Mitschülerin kennt diesen Lehrer und beschreibt ihn als warmherzig und beliebt. Sind Sie jetzt in der Lage, sich ein Bild von diesem Lehrer zu machen?

Würden Sie ihm weitere Eigenschaften zusprechen? Welche?

Notieren Sie diese doch bitte einmal auf, bevor Sie weiterlesen.

Versuchspersonen, die dieses Experiment gemacht hatten, folgerten, dass der Lehrer dann auch großzügig, klug, glücklich und gut aussehend sein müsse. Wenn man vielleicht einigermaßen überrascht nachfragt, erhält man ungefähr folgende Antwort: „Warmherzigkeit" geht mit anderen Qualitäten einher. Eine Person, die warmherzig ist, ist zugleich freundlich und folglich auch fröhlich. Wie gelingt es einem Menschen, nach Kenntnis eines Persönlichkeitsmerkmals weitere zu erschließen?

Wir nehmen dabei Vorwissen in Anspruch, das aus einer so genannten **impliziten Persönlichkeitstheorie** abgeleitet wird. Jeder Mensch betrachtet bestimmte Eigenschaften seiner Mitmenschen als besonders charakteristisch. Diese Vorannahmen sind aus vielen Erfahrungen entstanden und führen zu unterschiedlichen Urteilen. Unsere Vermutungen über Zusammenhänge von Eigenschaften und Verhaltensweisen beeinflussen uns meist unbewusst in der Wahrnehmung der Person, deshalb nennt man sie implizit.

In Sprichwörtern kommt es deutlicher zum Ausdruck: „Wer einmal lügt, dem glaubt man nicht"…, „Wer lügt, der stiehlt auch." „Dicke sind gemütlich."

Anfangseffekte in der Personenwahrnehmung

Dem psychologischen Alltagswissen entstammt die Aussage, dass die ersten Eindrücke die wichtigsten sind. Wovon sie abhängen haben wir bereits gesehen. Dass sie sich hartnäckig halten und dass man nur widerwillig bereit ist, seinen ersten Eindruck zu korrigieren, wenn spätere Beobachtungen ihm widersprechen, wird immer wieder behauptet. SOLOMON ASCH (1946) untersuchte diese Frage, indem er zwei verschiedenen Gruppen von Versuchspersonen zwei Eigenschaftslisten darbot und die Versuchspersonen anschließend bat, Personen, die Träger dieser Eigenschaften waren, näher zu kennzeichnen:

Gedankenpause

- Liste A   Intelligent, fleißig, impulsiv, kritisch, halsstarrig, neidisch
- Liste B   Neidisch, halsstarrig, kritisch, impulsiv, fleißig, intelligent

Beide Listen enthalten offenkundig die gleichen Begriffe; es wurde lediglich die Reihenfolge umgedreht. Dennoch entstanden bei den Mitgliedern der beiden Gruppen unterschiedliche Eindrücke.

Hörer der Liste A dachten an eine befähigte Person, die einige Schwächen besaß.

Die Begriffe der Liste B ließen dagegen an einen Menschen denken, der erhebliche menschliche Schwächen aufwies. Wenn man sich von einem anderen Menschen einen Eindruck verschafft und dabei anfänglichen Informationen mehr Gewicht als nachfolgenden gibt, spricht man von einem **Anfangseffekt (engl.: primacy effect)**.

Asch erklärte Anfangseffekte damit, dass die zuerst gewonnen Eindrücke einen Verständnisrahmen schaffen, in den nachfolgende Informationen eingeordnet werden. Sicherlich ist dieser Effekt auch auf die Aufmerksamkeitszuwendung zurückzuführen. Was zuerst kommt ist wohl auch wichtiger, das nachfolgende wird dann nicht mehr so beachtet.

Der Halo-Effekt

Konkrete Lernsituation

Petra und Natalie

1. Ziel
Demonstration des Halo-Effektes

2. Durchführung
Die Gesamtklasse wird in zwei Untergruppen aufgeteilt.

Gruppe A erhält den Bogen „Petra"

Gruppe B den Bogen „Natalie" (s. u.). Auf beiden Bögen steht die Charakterisierung einer Jugendlichen, außerdem finden sich einige Fragen zur Einschätzung dieser Jugendlichen. Die Teilnehmer beider Gruppen erhalten den Hinweis, dass dort zwei Personen charakterisiert sind, und sie werden gebeten, die Fragen auf den Bögen schriftlich zu beantworten (ca. 3–5 Minuten).

Anschließend wird an einer Wandzeitung oder Tafel jeweils zu Frage 1.–4. das Ergebnis jeder Gruppe aufgeschrieben. (Dazu werden einfach die Ja- und Nein-Stimmen ausgezählt, bei Frage 4 wird für jede Kategorie einfach die Zahl der Meldungen notiert).

1. Bogen: Petra
Eine Jugendliche, nennen wir sie Petra, ist neidisch – hartnäckig – kritisch – impulsiv – fleißig – intelligent.

1. Würden Sie sie gern zur Freundin haben?
2. Würden Sie sie gern zur Mitschülerin haben?
3. Handelt es sich um eine eher „angenehme" oder „unangenehme" Zeitgenossin?
4. Stufen Sie sie auf Ihrer Beliebtheitsskala ein:

1 = sehr beliebt, 2 = ziemlich beliebt, 3 = weder beliebt noch unbeliebt, 4 = ziemlich unbeliebt, 5 = sehr unbeliebt.

2. Bogen: Natalie
Eine Jugendliche, nennen wir sie Natalie ist intelligent – fleißig – impulsiv – kritisch hartnäckig – neidisch.

1. Würden Sie sie gerne zur Freundin haben?
2. Würden Sie sie gerne zur Mitschülerin haben?
3. Handelt es sich um eine mehr „angenehme" oder „unangenehme" Zeitgenossin?
4. Stufen Sie sie auf ihrer Beliebtheitsskala ein:

1 = sehr beliebt, 2 = ziemlich beliebt, 3 = weder beliebt noch unbeliebt, 4 = ziemlich unbeliebt, 5 = sehr unbeliebt.

3. Auswertungshilfen
Siehe oben.

Wie wirkte sich der Halo-Effekt in der Dimension der emotionalen Einstellung aus (Freundschaft), wie auf die Dimension der Sacharbeit (Mitschülerin)?

Welches war die heimliche Bewertung jeder Eigenschaft bei den verschiedenen Lesarten?

Welche Eingangsinformationen über Menschen bewertet jeder Teilnehmer persönlich ziemlich hoch?

4. Materialien
Arbeitsbögen (s. o.)

5. Hinweise

Die Teilnehmer wissen allerdings nicht, dass beide Bögen die gleichen Eigenschaftswörter enthalten, nur in verschiedener Reihenfolge

Das Ergebnis ist in der Regel eine schlechtere Beurteilung von „Petra", obwohl sie die gleichen Bezeichnungen hat wie Natalie, beginnend nur mit einer sozial negativ bewerteten Eigenschaft. Im anschließenden Gespräch werden die Eigenschaften jetzt einmal von vorn nach hinten und einmal von hinten nach vorne gelesen, und es kann herausgearbeitet werden, wie jede Eigenschaft eine andere Nuance gewinnt, je nachdem ob mit **„intelligent"** oder mit **„neidisch"** begonnen wird.

Mit dieser Übung ist es also möglich zu erfahren, wie die Art einer Charakterisierung eines Menschen durch Hervorheben einer Eigenschaft zu entsprechenden sozialen Wertungen führt, die man Halo-Effekt nennt.

Die Beurteilung einer Person orientiert sich häufig an einer hervorstechenden Einzeleigenschaft, die immer wieder gesehen, und für besonders charakteristisch gehalten wird. Sie strahlt gewissermaßen aus auf andere Eigenschaften, die wir für passend halten. Daher kommt auch der Name: Halo (Überstrahlung einer als dominant wahrgenommenen Eigenschaft auf andere Eigenschaften). Der Ausdruck Halo kommt dabei von der Himmelsbeobachtung. Wenn Sie beispielsweise den Vollmond beobachten, können Sie an manchen Tagen sehen, wie er einen milchigen Rand, einen so genannten Hof besitzt. Auch hier strahlt eine Kerneigenschaft auf die Umgebung ab, so dass andere Merkmale in den Hintergrund gedrängt werden. Der Effekt der körperlichen Attraktivität ist besonders häufig belegt worden. Personen, die gut aussehen, werden demzufolge meist auch als intelligent, gesellig oder dominant beurteilt.

Aufgabe

Denken Sie an ein schwieriges Kind an Ihrem Praktikumsplatz.

Welches sind die Verhaltensweisen, die bei diesem Kind hervorstechend sind, und die von Ihnen immer wieder wahrgenommen werden?

Überlegen Sie, wie verhält sich das Kind, wenn es nicht die problematische Verhaltensweise zeigt?

Wie wird nicht problematisches Verhalten wahrgenommen?

Der Pygmalion-Effekt, auch Rosenthal-Effekt

Bei den individuellen Einflüssen auf die Wahrnehmung sind wir der Wirkung von Erwartungen im Klassenzimmer bereits begegnet und konnten feststellen, dass eine Reihe von Verhaltensweisen den Lehrern gestattete, ihre eigenen Erwartungen zu bestätigen.

> Die Erwartungen gegenüber einer anderen Person oder Situation kann diese so stark beeinflussen, dass die ursprünglichen Annahmen bestätigt werden.

Nehmen wir zum Beispiel an, Sie gingen auf eine Party und erwarteten, dass Sie sich dort prächtig amüsieren würden. Nehmen wir weiterhin an, dass Sie von einer Freundin begleitet würden, die die Erwartung hätte, dass es total langweilig werden würde. Können Sie sich vorstellen, wie unterschiedlich Sie sich möglicherweise verhalten werden? Wer von Ihnen beiden wird wahrscheinlich auf der Party mehr Spaß haben?

Lesen Sie noch einmal das Rosenthal-Experiment im Kapitel „Individuelle Einflüsse auf die Wahrnehmung" (S. 110). Für den Erzieher zeigt sich hierin deutlich, dass aufgrund seiner Wahrnehmung des Kindes bestimmte Erwartungen an dieses Kind entstehen. Diese Erwartungen beeinflussen das Verhalten des Kindes, sodass die erwartete Situation wahrscheinlicher wird.

Konkrete Lernsituation

1. Spielen Sie einen Schüler und einen Lehrer, der überzeugt ist, der Schüler sei dumm, faul, hinterlistig und verlogen. Im anderen Fall ist der Schüler in den Augen des Lehrers fleißig, klug,

hilfsbereit, ehrlich und sympathisch. Spielen Sie die Reiz-Reaktions-Situationen durch. Wie entwickelt sich der Schüler in Abhängigkeit der Lehrereinschätzung?

2. Sie haben erfahren, Ihre zukünftige Kollegin hatte an ihrer letzten Arbeitsstelle Schwierigkeiten mit anderen Kollegen. Was für ein Bild machen Sie sich aufgrund dieser Information von ihr? Was für eine Person erwarten Sie?

3. Wie ist es, wenn Sie erfahren, dass die Eltern der Gruppe, die diese Kollegin geleitet hatte, lange Zeit versucht hatten, die Entlassung dieser Erzieherin zu verhindern. Es wurde ein schönes Abschiedfest für sie organisiert.

Der logische Fehler

Der **logische Fehler** unterläuft uns, wenn wir als Beobachter und Beurteiler annehmen, dass bestimmte Eigenschaften immer zusammen auftreten. Ein „lauter" Junge ist gleichzeitig auch „aggressiv." Oder ein „stilles" Mädchen ist gleichzeitig „schüchtern". „Wer lügt, der stiehlt auch". Sie sehen, hier kommt auch die implizite Persönlichkeitstheorie zum tragen, die wir weiter oben schon kennen gelernt haben.

Der Kontrastfehler und der Ähnlichkeitsfehler

Ein **Kontrastfehler** liegt vor, wenn man an anderen Verhaltensweisen wahrnimmt, die man von sich selber nicht kennt. Bevorzugt nimmt man an anderen Menschen auch Merkmale wahr, die einem sehr vertaut sind, dann spricht man von einem **Ähnlichkeitsfehler.**

Der Projektionsfehler

Die **Projektion** ist ursprünglich ein so genannter Abwehrmechanismus und kommt aus der Tiefenpsychologie. Ein Abwehrmechanismus ist so etwas wie ein seelisches Ausweichmanöver, um Ängste zu vermeiden oder Gefahren aus dem Weg zu gehen. Die Projektion bewirkt, dass der betreffende Mensch einen eigenen Wunsch oder Verhaltensimpuls, der ihm Angst macht, einer anderen Person oder auch einem nicht persönlichen Objekt der Außenwelt zuschreibt. Der Mensch projiziert also wie ein Dia-Projektor das eigene innere Bild nach draußen. Die Bilder bestehen z. B. aus Problemen, Bedürfnissen, Erwartungen und Enttäuschungen. Gerade in der ersten Lebenszeit spielt dieser Mechanismus seine größte Rolle. Das ganz kleine Kind schreibt anderen Personen, Tieren oder unbelebten Objekten die Gefühle und Reaktionen zu, die es selbst erlebt.

Es kommt oft vor, dass ein Kind, wenn es wegen eines Vergehens geschimpft oder dafür verantwortlich gemacht wird, dies einem anderen Kind „in die Schuhe schiebt." Als Erwachsene neigen wir dazu, eine solche Entschuldigung als bewusste Täuschung des Kindes anzusehen, aber die Psychologie lehrt uns, dass kleine Kinder das durchaus als Wahrheit ansehen.

Oder denken Sie daran, wie Kinder Gegenstände vermenschlichen, indem der Stuhl als böse bezeichnet wird, weil sich das Kind an ihm wehgetan hat. Auch Märchengestalten eignen sich als Projektionsfläche unterschiedlichster kindlicher Phantasien. Oft hilft auch ein starker, mächtiger Kuscheltierlöwe um Ängste vor der Dunkelheit zu bewältigen.

Aufgabe

Suchen Sie Beispiele aus dem Kindergartenalltag, in denen kindliche Projektionen erkennbar werden.

Das Fazit, das wir aus diesen Erkenntnissen der Wahrnehmungspsychologie ziehen können, ist recht eindeutig:
- Niemand kann in seiner Personenwahrnehmung und Personenbeurteilung sicher sein.
- Die vermeintliche Fähigkeit, andere Menschen treffend zu erkennen und zu beurteilen, ist trügerisch!
- Den „diagnostischen Blick" gibt es nicht.

Dennoch kann man seine Beobachtungsfähigkeit schulen und seine Menschenkenntnis und die Beurteilung anderer auch verbessern. Ein Weg dorthin besteht in der ständigen Überprüfung und Reflexion der beschriebenen Beurteilungsfehler. Ein anderer Weg besteht darin, auf wissenschaftliche Methoden der Verhaltensbeobachtung zurückzugreifen.

Gerade für Angehörige sozialer Berufe, also für Erzieherinnen und Erzieher, sind Kenntnisse darüber, wie wir zu einer Einschätzung und Beurteilung anderer Menschen kommen und welche Rolle das Selbstbild dabei spielt, besonders wichtig. Nur wenn Sie als Erzieherinnen und Erzieher Ihre eigenen Verhaltensweisen besser verstehen und auch kontrollieren lernen, werden Sie sich in die Ihnen anvertrauten Menschen einfühlen und auf deren Bedürfnisse einstellen können.

8. Selbstbild und Fremdbild

Der unmittelbarste Weg zu einer Verhaltensbeobachtung ist die Selbstbeobachtung, denn Wahrnehmung richtet sich zuallererst auf unsere eigene Person. Wir meinen uns recht gut zu kennen, wir haben somit ein bestimmtes Bild von uns selbst. Ein Bild, das sich nicht so gut von außen beobachten lässt, und das auch der Selbsttäuschung unterliegen kann.

Jeder hat ein mehr oder weniger klares Bild von sich selbst – von den eigenen Bedürfnissen, Gefühlen, Einstellungen und Fähigkeiten. Dieses Selbstbild hat sich im Laufe unseres Lebens weitgehend durch den Einfluss wichtiger Bezugspersonen wie Eltern, Geschwister, Erzieher, Lehrer, Kollegen, Freunde u. a. m. gebildet, und es stellt die Summe aller Wahrnehmungen über uns selbst dar. Auch die Meinung, die wir über uns selbst haben. Ist meine Meinung über mich weitgehend positiv, ist es mit großer Wahrscheinlichkeit auch mein Selbstwertgefühl. Hat es sich im Laufe der jungen Jahre herausgebildet, kann das Selbstbild nur noch schwer verändert werden. Es entwickelt sich durch Erfahrungen mit meinem sozialen Umfeld, und wir sind insofern auch aktiv daran beteiligt, als wir die Erfahrungen sehr häufig auswählen, die uns unsere Auffassung von uns selbst bestätigen. Machen wir Erfahrungen, die unserem Selbstbild widersprechen, so neigen wir dazu sie zu verzerren, sie umzudeuten oder auch abzuwehren.

Selten haben wir die Gelegenheit, uns dieses Selbstbild richtig bewusst zu machen und vor allem es an der Beurteilung von Menschen, die uns auch kennen, zu überprüfen.

Auch wenn die Selbstbeobachtung als wissenschaftliche Methode kritisch betrachtet wird, weil ihre Ergebnisse schwer zu überprüfen sind, leistet sie doch unschätzbare Dienste auf vielen Gebieten der Psychologie und der sozialpädagogischen Praxis. Besonders wichtig erscheint die Selbstbeobachtung, wenn es darum geht, das eigene pädagogische Handeln zu reflektieren.

Erst wenn wir durch die Fremdbeobachtung auf bestimmte Verhaltensweisen, vielleicht auch Wesenszüge und Einstellungen aufmerksam gemacht wurden, können wir in Zukunft selbst genauer darauf achten, oder auch gegebenenfalls daran arbeiten.

Die Wirkung des eigenen Verhaltens auf andere ist erst recht von besonderer Bedeutung, wenn es um den Umgang mit Kindern geht. Sie erinnern sich sicher noch an den **Rosenthal-Effekt**. Nicht selten sind Verhaltensweisen von Kindern die Folge unseres erzieherischen Verhaltens. Deshalb müssen Erzieher und Erzieherinnen ihre Wirkung auf andere beobachten.

Darüber wollen wir uns jetzt auch erst einmal etwas bewusster werden, indem wir einen Test durchführen. Für diesen Test benötigen wir ein so genanntes Polaritätsprofil. Dieses Polaritätsprofil enthält gegensätzliche Adjektive, die zur Beschreibung einer Person geeignet sind.

Um den Test durchführen zu können, müssen sich die Schüler in Zweiergruppen aufteilen, und beide Partner müssen ihn unabhängig voneinander nach drei verschiedenen Anweisungen ausfüllen.

1. Beurteilen Sie sich selbst auf der Liste, indem Sie bei jedem Gegensatzpaar ankreuzen, welches Adjektiv mehr auf Sie zutrifft (Selbstbild).

2. Beurteilen Sie ebenso Ihren Partner (Fremdbild).

3. Versuchen Sie dann noch zu beurteilen, wie Sie glauben, dass Sie Ihr Partner sieht (Metabild).

Interessant wird dann die Auswertung. Die vergleichbaren Bewertungen sollten gesichtet und besprochen werden.

Vergleichbar sind **Selbstbild und Fremdbild**, sowie **Fremdbild und Metabild**. Unterschiede in der Beurteilung sollten nicht in den Wind geschlagen werden, sondern es lohnt sich gerade über diese Einschätzungen miteinander zu sprechen.

Interessant ist auch die Frage, welche Beobachtungs-, bzw. Beurteilungsfehler Ihnen in dem Selbstbild-Fremdbildtest unterlaufen sind.

Für die Berufsanfänger können die eigenen Verhaltensweisen bewusster werden, und es liegt auch eine große Chance darin, vielleicht sein erzieherisches Verhaltensrepertoire zu erweitern.

freundlich	3 2 1 0 1 2 3	unfreundlich
humorvoll	3 2 1 0 1 2 3	humorlos
ehrlich	3 2 1 0 1 2 3	unehrlich
passiv	3 2 1 0 1 2 3	aktiv
langsam	3 2 1 0 1 2 3	schnell
verschwommen	3 2 1 0 1 2 3	klar
stark	3 2 1 0 1 2 3	schwach
großzügig	3 2 1 0 1 2 3	sparsam
verspielt	3 2 1 0 1 2 3	ernst
kontaktfreudig	3 2 1 0 1 2 3	distanziert
offen	3 2 1 0 1 2 3	verschlossen
geduldig	3 2 1 0 1 2 3	ungeduldig
dominant	3 2 1 0 1 2 3	unterwürfig
einfühlend	3 2 1 0 1 2 3	kühl
leise	3 2 1 0 1 2 3	laut
angespannt	3 2 1 0 1 2 3	gelöst
zurückgezogen	3 2 1 0 1 2 3	gesellig
zerfahren	3 2 1 0 1 2 3	geordnet
redselig	3 2 1 0 1 2 3	verschwiegen
schüchtern	3 2 1 0 1 2 3	forsch
ordentlich	3 2 1 0 1 2 3	unordentlich
fleißig	3 2 1 0 1 2 3	faul
ängstlich	3 2 1 0 1 2 3	mutig
sympathisch	3 2 1 0 1 2 3	unsympathisch
zuverlässig	3 2 1 0 1 2 3	unzuverlässig

Bevor wir uns mit den anspruchsvollen Beobachtungsaufgaben der Erzieher und Erzieherinnen beschäftigen, können Sie sich mit einer Wahrnehmungs-Konzentrationsübung auf dieses Lernfeld einstimmen.

Konkrete Lernsituation
Ich nehme wahr ...

1. Ziel
Konzentration der Wahrnehmung auf das Hier-und-Jetzt. Sich selbst bewusst werden über den Vorgang der Wahrnehmung. Training in der Steuerung der Wahrnehmung. Unterscheiden lernen zwischen Wahrnehmung äußerer und innerer Realität.

2. Durchführung
a) Jeder Gruppenteilnehmer sucht sich einen beliebigen Platz im Raum. Der Lehrer bittet jeden, sich jetzt für eine Weile ganz auf sich selbst zu konzentrieren.

Nach etwa einer Minute gibt er folgende Anweisungen: „Lass jetzt deine Aufmerksamkeit durch den Raum schweifen. Beobachte dich selbst dabei, was du wahrnimmst: Gegenstände, Menschen, Geräusche, dich selbst.

Sprich bitte für dich selbst in Gedanken mehrmals den Satz:

„Jetzt nehme ich wahr…" und beobachte, wohin dich deine Wahrnehmung führt. Ist es etwas Äußeres, etwas in dir selbst, eine Phantasie?" **(Etwa drei Minuten Zeit geben)**. Die Wahrnehmungen sollen dabei den Teilnehmern in Ruhe bewusst werden.

b) Der Lehrer bittet jetzt die Teilnehmer, sich vorzustellen, ihre Wahrnehmung wäre ein Scheinwerfer. Sie soll sich jetzt auf bestimmte Dinge richten, auch auf innere Vorgänge. Die Teilnehmer machen sich dabei bewusst, wie gleichzeitig andere Dinge in der Wahrnehmung verblassen. Die Aufmerksamkeit soll bewusst gesteuert werden und kann mehrfach wechseln zwischen Dingen der Außenwelt oder der Innenwelt. Wichtig ist aber, die Wahrnehmung auf einen Aspekt jeweils scharf einzustellen. **(Etwa drei Minuten Zeit geben)**.

c) Die Teilnehmer werden jetzt gebeten, sich bewusst zu machen, welche Art von Gegenständen und Vorgängen sie wahrnehmen. Die Moderationsanweisung des Lehrers kann etwa so lauten: „Bitte beachtet jetzt, welche Art von Dingen und Vorgängen in das Wahrnehmungsfeld treten. Aus der Unzahl möglicher Eindrücke wählt jeder aus. Was sind das für Wahlen?" **(Etwa 3 Minuten Zeit geben)**. Eine Hilfe kann sein, für sich mehrmals den Satz zu sprechen: „Meine (selektive) Wahrnehmung wählt jetzt aus…"

Abschließend werden die Teilnehmer gebeten, sich klarzumachen, welche Vorgänge und Dinge nicht in ihr Wahrnehmungsfeld gelangt sind. **(Etwa 2 Minuten Zeit geben)**.

d) Der Lehrer bittet jetzt die Teilnehmer, sich Wahrnehmung, Auswahl (Selektion) und Übergangenes zugleich bewusst zu machen. Dazu gibt er etwa folgende Anweisung: „Bitte sprecht jetzt für euch selbst mehrfach hintereinander den Satz:

„Ich nehme jetzt wahr…
Und übergangen habe ich…"

Verweilt bitte einen Augenblick bei dem, was ihr übergangen habt. Wiederholt diesen Vorgang jetzt mehrmals!" **(Etwa 3 Minuten Zeit geben)**. „Nun sagt ganz bewusst den Satz: „In diesem Moment vermeide ich…" und nehmt bewusst wahr, was ihr vorher ausgeklammert habt. Bleibt eine Weile dabei stehen und achtet darauf, ob ihr etwas erfahrt darüber, was ihr vermieden habt." **(Etwa 3 Minuten Zeit geben)**.

e) Abschließend bittet der Lehrer die Teilnehmer, die Wahrnehmung noch einmal schweifen zulassen und dabei im eigenen Körper zu spüren, ob die Wahrnehmung eher Behagen oder Unbehagen, angenehme oder unangenehme Empfindungen verursacht. Er bittet die Teilnehmer auch, eine Weile bei den unangenehmen Reaktionen zu bleiben.

Was löst das unangenehme Empfinden aus? Was soll mit dem schnellen „Weitergehen" vermieden werden? **(Etwa 3–4 Minuten Zeit geben)**.

f) Die Teilnehmer tauschen ihre Erfahrungen mit einem Partner aus.

Gesamtzeit: ca. 30–50 Minuten. Gruppengröße beliebig.

3. Auswertungshilfen
Siehe oben.

Wie genau konnten die Teilnehmer unterscheiden zwischen Wahrnehmung (was sehe, höre, fühle ich?) und Phantasien (was hoffe, befürchte, erwarte, wünsche ich)?

5. Hinweise
Variante: Zwei Partner betrachten einander ohne zu sprechen, wobei jeder wiederum unterscheiden soll, was er sieht, hört etc. und was er dazu „phantasiert", vermutet, befürchtet, hofft etc.

Anschließend tauschen sich beide aus, wobei die sich laufend verändernde Wahrnehmung während des Gespräches zusätzlich mit eingebracht werden soll. Wichtig ist dabei auch das Achten auf die eigenen Körperempfindungen.

Diese Übungen erfordern eine gewisse Konzentrationsfähigkeit, die evtl. durch Vorübungen wie Bilderbetrachten, Geräuscheraten etc. angebahnt werden kann.

Erst wenn diese Übungen mehrfach wiederholt werden, kann man ihren sensibilisierenden Effekt spüren.

9. Wahrnehmungsstörungen bei Kindern

Verlauf und Entwicklung der sinnlichen Wahrnehmung

Wir erinnern uns. Zu Beginn des Lernfeldes Wahrnehmung erfuhren wir, dass Wahrnehmung das Ergebnis eines komplexen Informationsverarbeitungsprozesses ist, der sich aus verschiedenen Teilschritten zusammensetzt.

Innerhalb eines jeden Teilschrittes können Störungen auftreten. Wir sprechen erst dann von einer **Wahrnehmungsstörung** im eigentlichen Sinne, wenn in den Teilschritten sensorische Empfindung (Reizverarbeitung), Organisation der Wahrnehmung, Identifikation und Einordnung im Gehirn (Denkprozesse) Störungen auftreten. Wie sieht das konkret aus?

Wir erinnern uns an den Wahrnehmungsvorgang:

Durch die jeweiligen Sinnesorgane wird Information aus der Umwelt mit Aufmerksamkeit aufgenommen. Geräusche über das Ohr, Bilder über die Augen, Temperaturen, Berührungen, Zärtlichkeit über die Haut usw. Dann wird die Information an das Gehirn weitergeleitet. Jedem Sinnesorgan sind bestimmte Bereiche im Gehirn zugeordnet. Hier werden die weitergeleiteten Informationen entsprechend verarbeitet, d. h. aufgenommen und gespeichert. In der unteren Abbildung sind die Bereiche zu sehen.

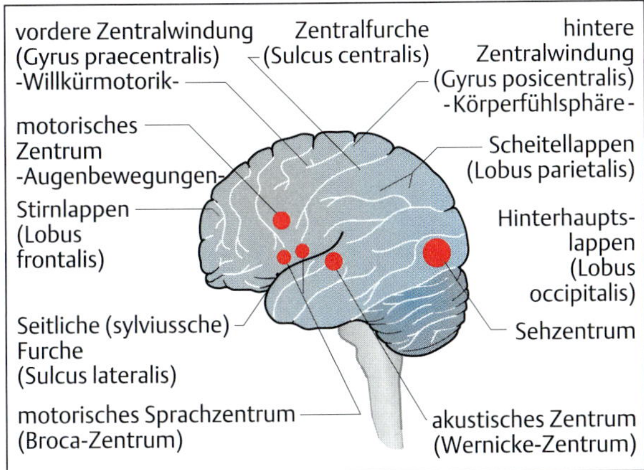

Dadurch werden diese Informationen für die einzelne Person erfahrbar, bewusst und erinnerungsfähig gemacht.

Bei Bedarf kann diese Information immer wieder abgerufen werden. Das Ergebnis der Aufnahme, Verarbeitung und Wahrnehmung wird dann als Reaktion nach außen als Verhalten sichtbar.

Ein Beispiel:

Die Mutter sagt dem Kind: „Heute Mittag essen wir Suppe. Bitte decke den Tisch!" Um der Aufforderung der Mutter nachzukommen, müssen folgende Voraussetzungen erfüllt sein:
- Das Kind muss die Information der Mutter richtig hören, das heißt das Sinnesorgan „Ohr" muss einwandfrei funktionieren.
- Die Information muss vom Gehirn aufgenommen, verarbeitet und bewusst wahrgenommen werden (die Hörwahrnehmung muss funktionieren). Zur bewussten Wahrnehmung gehört auch der Abgleich

mit bereits zuvor gespeicherten Informationen (in unserem Beispiel wäre dieser Abgleich: Tisch decken bedeutet: Teller und Besteck auf den Tisch legen; es gibt Suppe bedeutet: wir brauchen Suppenteller und Suppenlöffel).
- Durch die Verarbeitung der Information zur adäquaten Reaktion zeigt das Kind die von ihm erwartete Handlung: Es holt Suppenteller und Suppenlöffel aus dem Schrank und legt diese auf den Tisch.

Wenn der „normale" Prozess
1. der Informationsaufnahme über die Sinnesorgane (u. a. Auge, Ohr, Haut, Nase) und/oder

2. die Aufnahme, Verarbeitung und Wahrnehmung der Informationen im Gehirn und/oder

3. der (Verarbeitung zur) adäquaten Reaktion auf Informationen

in einzelnen oder mehreren Bestandteilen nicht immer richtig funktioniert, haben wir es mit einer zentralen **Wahrnehmungsstörung** zu tun.

Der normale Prozess der Wahrnehmung beginnt bereits in der embryonalen Hirnentwicklung. Zu den frühesten aufnahmefähigen Sinnessystemen zu vorgeburtlicher Zeit zählt man den

- Hautsinn,
- die Gleichgewichtssinne (Dreh- und Bewegungssinn) sowie den
- Muskel- und Stellungssinn.

Diese Sinnessysteme sind grundlegend für die **motorische, sensorische und geistig-seelische Entwicklung** des Neugeborenen. Sie werden unter dem Begriff **taktil-kinästhetische Wahrnehmung** zusammengefasst.

Etwas später entwickeln sich
- Geruchs- und Geschmackssinn,
- Gehörsinn und
- visueller Sinn.

Die berühmten sieben Sinne sind zum Zeitpunkt der Geburt schon recht funktionsfähig, müssen aber für ihre vollständige Entfaltung und Zusammenarbeit noch viel Entwicklungsreize erhalten.

Entscheidend für eine gesunde Weiterentwicklung der Wahrnehmungsleistungen ist eine Vielzahl von strukturierten Reizen in sozialen Kontakten. Dies passiert normalerweise in natürlichen Lebenssituationen zwischen Kind und Bezugsperson. In diesem Wechselwirkungsprozess ist das Kind aktiver Partner im Dialog.

Welche Bedingungen gegeben sein sollten, damit eine Wahrnehmungsentwicklung störungsfrei verlaufen kann, hat MARIA PFLUGER-JAKOB in einem „Kindergarten heute spezial" zum Thema Wahrnehmungsstörungen zusammengestellt:

Bedingungen einer störungsfreien Wahrnehmungsentwicklung

- „Ein intaktes Zentralnervensystem (keine Reifungsverzögerungen oder Schädigungen bestimmter Hirnregionen).
- Die genetisch vorgegebenen maximalen Entwicklungsmöglichkeiten der Gehirnstruktur (keine genetischen Defekte oder Aberrationen). Die genetische Disposition bestimmt, in Abhängigkeit von den anderen Faktoren, über die Anzahl der Nervenzellen, Nervenbahnen und deren Verknüpfungsstellen (Synapsen). Die Gehirnstruktur stellt das Schaltnetz dar, innerhalb dessen die Sinnesreize verarbeitet werden.
- Die Qualität und Quantität der auf das Kind eintreffenden Reize. Wie oben erwähnt, kommt es besonders auf die ausreichende Anzahl so genannter „strukturierter Reize" an.
- Die Möglichkeit des Kindes zur Eigenaktivität. Es muss z. B. Augäpfel, Mund, Hände, Kopf gezielt bewegen können; später vor allem mit dem Mund, dann mit den Händen erkunden, betasten können; schließlich mit Gegenständen manipulieren und letztendlich auch handeln können.
- Die Qualität und Quantität sinnesspezifischer Reize im genetisch festgelegten Zeitraum (Prägungsphase) eines Entwicklungsabschnittes innerhalb einer Sinnesmodalität. Beispielsweise ist bekannt, dass die visuelle räumliche Wahrnehmung sich innerhalb der ersten drei Lebensjahre entwickelt, sofern von beiden Augen gleichermaßen Impulse an das Gehirn gesendet werden. Bei einem stark schielenden Kind wird die für das räumliche Wahrnehmen zuständige Gehirnstruktur nur mangelhaft aufgebaut.
- Die emotionale Grundstimmung des Kindes. Gefühle wie Geborgenheit, Sicherheit, Vertrauen und Bindung sind entwicklungsfördernd – während Unsicherheit, Misstrauen, Verwirrung, Angst sich entwicklungshemmend auswirken können."

Zur Bedeutung von Wahrnehmung und Wahrnehmungsstörungen

Die Wahrnehmungsentwicklung und deren Störung hat eine wesentliche Bedeutung für die Gesamtentwicklung des Menschen. Wir brauchen unsere Wahrnehmungsleistung in praktisch jeder Lebenslage. Sie bestimmt jeglichen Lernprozess, das heißt das Sammeln, Auswerten und Speichern von Erfahrungen. Sie ist Grundlage unserer Intelligenz und solcher Teilleistungen wie Sprechen, Konzentrieren und Schreiben. Gleichzeitig ist die gesunde Wahrnehmung auch die Grundlage für unsere seelische, körperliche und soziale Entwicklung.

Früher hat man gerne noch alle Formen der Sinnesschädigung und Sinnesbeeinträchtigung zu den Wahrnehmungsstörungen gezählt. Heute sprechen wir besser von **Sinnesbehinderungen**:

Als **blind** gelten Personen, die infolge einer Schädigung des Sehorgans so stark in ihrem Sehvermögen beeinträchtigt sind, dass sie sich in einer unbekannten Umgebung nur mit Hilfe orientieren und optisch keine Information aufnehmen können.

Als **sehbehindert** gelten Personen, deren Sehvermögen infolge einer Schädigung des Sehorgans oder einer Störung der Sehfunktion so stark herabgesetzt ist, dass Informationen über das Auge nur unvollkommen oder erheblich verzerrt aufgenommen werden können.

Als **gehörlos** gelten Personen, die taub sind und deshalb die Lautsprache auf normalem Wege nicht entwickeln können.

Als **schwerhörig** gelten Personen, die aufgrund eines Defektes des Gehörs eine verminderte Hörfähigkeit besitzen. Sie sind aber noch in der Lage, Sprache (eventuell mit Hilfsmitteln) über das Ohr wahrzunehmen. Schwerhörigkeit führt in der Regel zu Sprachschädigungen, die häufig eine besondere pädagogische Betreuung erfordern.

Sinnesbehinderungen können mit Wahrnehmungsstörungen zusammenhängen.

Worin können sich Wahrnehmungsstörungen zeigen?

- In der Unfähigkeit, sich altersgemäß zu konzentrieren.
- In der Unfähigkeit, die Aufmerksamkeit auf das im Moment Wesentliche zu richten.
- In einer Ungeschicklichkeit in der Grob- und Feinmotorik, auch des Bewegungssehens, z. B. Geschwindigkeiten einschätzen beim Ballfangen usw.
- Oft in Verbindung mit einem gestörten Körperschema, das heißt eine Vorstellung vom eigenen Körper fehlt.
- In einer ungeschickten Bewegungsplanung, z. B. Auge-Hand-Koordination.
- In einer Beeinträchtigung des räumlichen Sehens, sodass Gegenstände nicht miteinander in Beziehung gesetzt werden können.
- In einer so genannten Agnosie (Seelenblindheit): Hier funktionieren die Sinnesorgane, aber bereits bekannte Objekte oder Personen werden nicht erkannt.
- In einer Teilleistungsschwäche z. B. Sprachentwicklungsstörung, Lese- und Rechtschreibschwäche, Rechenschwäche.
- In einer erhöhten Stimmungsanfälligkeit und Reizbarkeit.
- In auffälligem Sozialverhalten: Rückzug Aggressivität, Klammern, erhöhte Ängstlichkeit usw.
- In einer depressiven Stimmung, als Folge.

Manche Lehrbücher beschreiben auch noch die Halluzination und die Wahnvorstellung als Wahrnehmungsstörung, dies spielt aber in unserem Zusammenhang keine entscheidende Rolle, da wir damit in den Bereich der psychischen Erkrankungen der Erwachsenen vordringen.

Was das Erkennen einer dieser genannten Wahrnehmungsstörungen erschwert, ist die Tatsache, dass sie von sehr leicht bis stark ausgeprägt sein können. Falls etwas auffällt ist man geneigt noch abzuwarten, da sich die Sache bestimmt noch auswächst. Dies kann durchaus sein, sollte aber von Fachleuten diagnostisch abgeklärt werden, weil man dem Kind unter Umständen viel Leid erspart.

Meist machen es uns die leichter betroffenen Kinder nicht gerade einfach, die Störungen zu entdecken. Viele von ihnen haben gelernt, diese geschickt zu verbergen mit anderen Leistungen auszugleichen. Sie kommen uns mit Ausreden und „klugen" Argumenten, versuchen uns „irrezuführen" und Situationen zu vermeiden, in denen die Auffälligkeiten bemerkt würden. Zudem sind die meisten dieser Kinder normal intelligent, liebenswürdig und zeigen oft hervorragende Leistungen in Teilgebieten wie Sprache oder Phantasie. Wer käme da auf den Gedanken, dass doch irgendetwas in der Entwicklung nicht stimmt und das Kind Unterstützung oder sogar therapeutische Hilfe benötigt?

MARIA PFLUGER-JAKOB macht in diesem Zusammenhang darauf aufmerksam, wie wichtig es ist folgende Punkte zu bedenken:

- „Schätzungsweise bei jedem sechsten bis achten Kind treten Störungen in den Hirnfunktionen auf.
- Spätestens im Kindergartenalter sind Entwicklungsauffälligkeiten, die Folge einer Hirnfunktionsstörung sind, erkennbar, wenn auch manchmal nur unter genauer Beobachtung. Sie zeigen sich beispielsweise im Spielverhalten, in Bewegungsabläufen, in der Sprache, im Kontaktverhalten, in der anhaltenden emotionalen Befindlichkeit, in den gemalten Bildern und vielem mehr.
- Jedes dieser Kinder benötigt besonderes Verständnis, verstärkt emotionale Unterstützung, spezielle Hilfestellungen und Ermunterungen. Viele der Kinder brauchen gezielte therapeutische Maßnahmen wie zum Beispiel heilpädagogische Behandlung, Ergotherapie, sensorische Integrationstherapie, Mototherapie, Psychomotorik, logopädische oder Sprachheilbehandlung, Verhaltenstherapie, Spieltherapie oder therapeutisches Reiten.

Es sei aber ausdrücklich darauf verwiesen, dass in leichteren Fällen von Entwicklungsauffälligkeiten auch andere Hilfen ausreichen (oder die speziellen therapeutischen Maßnahmen zusätzlich unterstützen). Bei einem Kind, dessen Grobmotorik etwas plump und ungelenk wirkt, das leicht in erhöhte Muskelspannung gerät und sehr selbstunsicher ist, könnten gezielte sportliche Angebote wie z. B. Reiten, Schwimmen, Judo sowohl sein Selbstwertgefühl stärken als auch die Körperkoordination und den Bewegungsfluss verbessern…"

Die Erzieherinnen sind im Erkennen einer Wahrnehmungsstörung natürlich keine Fachleute, aber sie sind am unmittelbarsten mit dem Kind in Kontakt. Sie erleben die Kinder in all ihren Alltagsaktivitäten und können mit entsprechenden Beobachtungen entscheidend dazu beitragen, einen möglichen Verdacht auf eine irgendwie geartete Wahrnehmungsstörung zu äußern. Das wäre dann unter Umständen der erste wichtige Schritt.

10. Von der Beobachtung zur Beurteilung

Die Beobachtung

Die Beobachtung ist mehr als die bisher recht ausführlich beschriebene Wahrnehmung.

> Die **Beobachtung** ist die aufmerksame und planvolle Wahrnehmung und Registrierung von Vorgängen und Gegenständen, Ereignissen oder Mitmenschen in Abhängigkeit von bestimmten Situationen.

Die Beobachtung gehört somit zu den elementarsten Alltagsaufgaben der erzieherischen Berufe. Die Ergebnisse unserer Beobachtungen in Hort, Kindergarten, Heim, Schule usw. sind die Grundlage für unser erzieherisches Handeln und für all unsere Beurteilungen.

Die oft ungeplanten, manchmal unerwarteten Inhalte alltäglicher, **naiver Beobachtungen** sind oft zufälliger Art. Deshalb fasst man sie in der Sozialpädagogik auch als **Gelegenheitsbeobachtung** zusammen.

Gelegenheits- bzw. Zufallsbeobachtung werden immer in die Arbeit der Erzieherin einfließen. Sie drängen sich auf, finden sozusagen automatisch statt. Sie regen aber auch zu weitergehenden Fragestellungen an. Im Kindergarten geben Gelegenheitsbeobachtungen Einblicke in kindliches Verhalten, das der Erzieherin vorher so nicht bewusst geworden ist.

Ein Kind wird zu unregelmäßigen Zeiten gelegentlich beobachtet, teilnehmend oder nichtteilnehmend. Fragestellungen könnten sein:

- Wie verhält sich das Kind bei der Ankunft im Kindergarten? Loslösung von Vater oder Mutter?
- Wie verhält sich das Kind beim Freispiel, bei gezielten Beschäftigungen und angeleiteten Tätigkeiten durch die Erzieherin?
- Wie verhält sich das Kind bei Gruppenspielen?
- Wie verhält sich das Kind beim Abholen?

So kann die Gelegenheitsbeobachtung der Beginn einer Auseinandersetzung mit einem Thema sein, nicht selten ist sie somit Anlass für weitergehende so genannte **systematische Beobachtung**.

Die systematische Beobachtung

Sie wird durch eine gezielte Aufmerksamkeit gesteuert und verfolgt ein ganz klar bestimmtes Ziel. Sie wird systematisch unter variierenden Bedingungen durchgeführt und das beobachtete Verhalten wird beschrieben und registriert.

Bei der gezielten Verhaltensbeobachtung im Kindergarten geht es meist um die Gewinnung detailreicher Informationen über das Spiel-, Lern- und Sozialverhalten, die körperlich, seelische und kognitive Entwicklung des Kindes sowie um „auffällige" Verhaltensweisen, die es zu erkennen und abzuklären gilt, um entsprechend helfen zu können.

Beobachtbare Verhaltensweisen sind Handlungen, die wir – und andere natürlich auch – von außen her sinnlich über Sehen, Hören und körperliche Gefühle wahrnehmen können. Unsere Beobachtung soll nun eine möglichst objektive Datenerhebung sein, auf deren Grundlage sich sinnvolles pädagogisches Handeln aufbauen lässt. Nicht um Macht auszuüben beobachten wir, sondern um an Kindern und ihrer Entwicklung fördernd teilnehmen zu können. Diese Grundhaltung ist wichtig. Wir stellen damit den Wunsch dar, teilhaben zu können am Leben, Denken und Fühlen der Kin-

der. Von dieser Haltung auszugehen, hat dann ganz praktische Folgen:

Sie sollten den Kindern sagen, was sie tun, wenn sie sich beobachtend mit Stift und Papier in ihre Nähe setzen. Vermitteln Sie den Kindern, dass Sie sie näher kennen lernen wollen, dass sie mit Staunen und Spannung sehen, was sie tun und wie sie es tun. Auch wenn unter Umständen dann erst einmal eine „Extravorstellung" gegeben wird.

Bei der Beobachtung sind folgende Fragen wichtig:

Was ist das Ziel der Beobachtung?

Erzieherinnen und Erzieher beobachten in der Regel mit dem Ziel, festzustellen, welche Unterschiede zwischen dem tatsächlichen Verhalten eines Kindes einerseits und den eigenen Erwartungen (oder den Erwartungen anderer, z.B. denen der Eltern, oder anderer Erzieher) an dieses Verhalten andererseits bestehen. Dahinter steht das Anliegen, Kinder besser verstehen und gezielter Einfluss auf ihr Verhalten nehmen zu können. Es ist hilfreich, vor einer systematischen Verhaltensbeobachtung die eigenen Erwartungen an die Kinder zu reflektieren und in Gesprächen mit Kollegen kritisch zu hinterfragen, denn auch „zum Beobachten gehören immer zwei".

Beobachtung ist ein lebendiger Prozess

Was wird beobachtet? (Beobachtungsgegenstände)

Sobald die Gründe für eine systematische Beobachtung geklärt und umrissen sind, ist daraus abzuleiten, **was** im Einzelnen beobachtet werden soll. Bei der Vielzahl von Eindrücken, die in einer Gruppe von zwanzig und mehr Kindern auf die Erzieherin einwirken, kann sie immer nur ein Kind in einem bestimmten Ausschnitt seines Tagesablaufs beobachten und auch hierbei meist nur einen Teil seines Verhaltens. Dabei müssen sich die Erzieherinnen und Erzieher bewusst sein, dass sie nur das äußerlich sichtbare Verhalten eines Menschen und nicht das dahinterliegende Erleben beobachten, das heißt z.B. sehen oder hören können, also beispielsweise:

- Äußeres Erscheinungsbild
- Denkverhalten
- Motorisches Verhalten, Körpersprache/Mimik/Gestik
- Psychisches Verhalten
- Sozialverhalten
- Sprachverhalten
- Spielverhalten
- Lernverhalten
- Leistungsverhalten
- Besondere Verhaltensauffälligkeiten

Durch die Planung wird die Beobachtung aus der Alltagserfahrung auf eine wissenschaftlichere Ebene gehoben. Aber viel häufiger nimmt die Erzieherin Vorgänge wahr, ohne systematisch zu beobachten. Bei den „zufälligen" Beobachtungen des Erzieheralltags muss oft spontan entschieden werden: Können zwei Streithähne ihren Konflikt alleine regeln oder muss die Erzieherin eingreifen? In dieser Entscheidungssituation spielt nicht nur die **Fremdbeobachtung** eine Rolle, sondern auch die **Selbstbeobachtung** ist wichtig. Die **Selbstreflexion** beantwortet die Frage, denn die Entscheidung der Erzieherin, ob sie in den Streit eingreift oder nicht, kann von verschiedenen Motiven bestimmt sein: Sie hat im Moment keine Lust und vertraut auf die Fähigkeit der Kinder, den Streit selber zu regulieren. Sie stört sich an dem Lärm und greift deshalb ein. Sie greift vielleicht ein, weil sie befürchtet, der schwächere Junge könnte in seinem Selbstwertgefühl Schaden nehmen. Selbstverständlich würde sie eingreifen, wenn sie Verletzungsgefahr befürchtet.

Wen will die Erzieherin beobachten?

Beispielsweise ein konkretes Kind oder zwei bestimmte Kinder, die ganze Gruppe, die Praktikantin beim Spiel mit den Kindern, sich selbst bei der Anleitung einer Praktikantin…

Wie will die Erzieherin beobachten?

Mit einem Beobachtungsbogen, einer Strichliste oder gar mit der Videokamera? Über längere Zeit also Langzeitbeobachtung oder systematische Kurzzeitbeobachtung?

Diese Beobachtungsmethoden werden unterschieden:

Das Beschreiben der beobachteten Verhaltensweisen

In der Verhaltensbeobachtung haben wir deutlich zwischen der Beschreibung beobachtbaren Verhaltens und seiner Deutung zu unterscheiden. Bei der Anfertigung von Beobachtungsprotokollen beispielsweise gilt es, die „emotionalen Färbungen" und Wertungen möglichst gering zu halten. Dafür gibt es einen doppelten Grund; zum einen ist es der Beobachter selbst, der mit der Beschreibung für zusätzliche Wahrnehden

Systematische Beobachtung

Systematisch geplante, durchgeführte und kontrollierte Beobachtung mit einem konkret definierten/festgelegten Beobachtungsgegenstand und Ziel (z. B. ein ganz bestimmtes Kind mit dem Ziel, etwas ganz Bestimmtes über dieses Kind zu erfahren).

Unstrukturierte Beobachtung

Sie folgt allgemeinen Regeln und groben Kategorien, innerhalb derer der Beobachtungstätigkeit ein breiter, freier Spielraum bleibt.

Strukturierte Beobachtung

Sie folgt einem sehr feinen, bis ins Detail gehenden Beobachtungsplan, der den Beobachter eng bindet.

Festgelegt sind insbesondere:
- Beobachtungseinheiten (wer und/oder was),
- Zeitintervalle (wann und wie lange),
- Hilfsmittel der Aufzeichnung (z. B. Notizen, Kamera).

Teilnehmende Beobachtung

Der Beobachter nimmt an dem Geschehen, auf das sich seine Beobachtung konzentriert, selbst auch teil.

Nicht-teilnehmende Beobachtung

Der Beobachter selbst nimmt nicht direkt am Geschehen teil. In seiner Rolle als Beobachter beeinflusst er das Geschehen aber meist indirekt mit.

Offene Beobachtung

Der Beobachtete kennt den Grund für die Anwesenheit des Beobachters.

Verdeckte Beobachtung

Der Beobachtete kennt den Grund für die Anwesenheit des Beobachters nicht.

mungsfehler sorgt, und zum anderen ist es der Leser, der bei der Lektüre einer Beschreibung durch sein Verständnis von der dort gebrauchten Sprache erneut Fehler hinzufügt.

Diese Fehler kann man in der Praxis nur dadurch eingrenzen, dass man eine möglichst

- **wertneutrale Sprache zur Beschreibung** des beobachteten Verhaltens benutzt.
- **sachlich bleibt**, und
- **die kleinste beobachtbare Verhaltensweise erfasst.**

Wenn ein Kind beispielsweise ein Bild gezeichnet hat, und der Beobachter schreibt, das Kind habe ein schönes Bild gezeichnet, so ist dies besonders wertend. Stattdessen könnte der Beobachter wertneutraler die Größe, die Farben, die Inhalte und Zuordnungen des Bildes benennen. Dies gilt natürlich auch für das Verhalten eines Kindes. In einer eher wertneutralen Beschreibung wäre beispielsweise nicht zu finden, dass sich ein Kind verträumt, oder geistesabwesend oder unkonzentriert verhalten habe, sondern es würde beschrieben in welcher konkreten Situation ein Kind sich wie verhalten hat.

> Andrea sitzt in der Malecke und kaut an einem Stift. Luisa und Valentin sitzen auch am Tisch und malen. Andrea sieht zum Fenster raus und kaut am Stift. Valentin fragt Andrea was sie sieht. Andrea antwortet nicht, schaut aber jetzt Luisa und Valentin beim Malen zu. Ich frage: „Möchtest du auch malen?" Andrea nickt. Sie nimmt den Stift aus dem Mund und beginnt ein Auto zu zeichnen. Leo kommt dazu und sagt: Ich kann auch ein Auto malen. Andrea hält im Malen inne und schaut Leo zu, der ein Auto, eine Straße und ein Haus malt. Plötzlich steht Andrea auf und geht in die Bauecke, wo gerade kein Kind spielt. Sie setzt sich auf den Teppich, dreht an einer Haarlocke und schaut unverwandt in den Gruppenraum...

Ein anderes Beispiel zeigt die Vermengung von reiner Beobachtungsbeschreibung und Deutung:

> Matthias kommt aggressiv in die Gruppe und wirft wild mit Spielzeug um sich. Dann stört er Laura beim Spielen und schikaniert Julia beim Malen. Er ist richtig gemein zu den Kindern seiner Gruppe.

Vergleichen Sie die beiden Protokollausschnitte. Was fällt Ihnen auf?

Konkrete Lernsituation

Das Beschreiben einer Beobachtung.

Die Schüler und Schülerinnen bringen Illustrierte mit. Es werden mehrere beliebige Fotos aus den Illustrierten herausgesucht.

Nachdem sich jeder für etwa fünf Minuten ein bestimmtes Bild angesehen hat, werden diese beiseite gelegt und jeder schreibt für sich auf, was er behalten hat. Wahrscheinlich hat jeder recht unterschiedliche Dinge gesehen oder bereits manches in die Situation hineingedeutet.

Das Aufgeschriebene wird mit den Bildern verglichen und ausgewertet. Um die Beschreibung zu präzisieren, sollte diese Übung von Zeit zu Zeit wiederholt werden.

Die Deutung oder Interpretation des beobachteten Verhaltens

Die Deutung von Verhalten ist das Bindeglied zwischen Beobachtung, Beschreibung und Beurteilung. Es stellt die Brücke dar zwischen wahrgenommenem Ausdruck und gewonnenem Eindruck.

Im Laufe des Lebens haben wir unzählige Entscheidungen zu fällen, für die wir passende Deutungen brauchen. Gerade die Erzieher und Erzieherinnen deuten das Verhalten von Kindern, um eine angemessene Erziehungsmaßnahme zu verwenden. Wenn Bernd, der zum Abräumen des Geschirrs aufgefordert wurde, dies nur widerwillig und störrisch tut, eine Tasse herunterwirft, ist die Deutung, ob dies absichtlich geschah, ausschlaggebend für die Reaktion der Erzieherin. Ein anderes Kind, welches freiwillig hilft und etwas fallen lässt, vielleicht versehentlich, wird eine andere Reaktion der Erzieherin hervorrufen.

Eigentlich deuten wir tagtäglich das Verhalten anderer um angemessen reagieren zu können. Deshalb sollten auch angehende Erzieher und Erzieherinnen keine Scheu haben. Es liegt hierin sogar eine große Chance, denn im Rahmen der professionellen Beobachtung, Beschreibung und Deutung liegt die Chance diesen psychischen Vorgang bewusst zu machen, zu benennen, zu begründen und mit anderen zusammen zu kontrollieren. Vor schnellen Etiketten wie „sozial", „nicht sozial", „kreativ" und „einfallslos", „geschickt" und „tollpatschig", „sprachbegabt" und „sprachgestört", „verhaltensauffällig" und „normal" sollten wir uns hüten. Wir sollten hingegen versuchen, unsere Eindrücke in Worte zu fassen, und dies sollte im Unterricht gezielt geübt und somit gelernt werden. Die Gefahren der Deutungsfehler sind uns ja außerdem bewusst.

Ein Ausschnitt aus einem ausführlichen Beobachtungsprotokoll, einem so genannten ausführlichen **Einzelprotokoll**, zeigt den Unterschied zwischen Beobachtung und Deutung deutlich:

Alter zum Zeitpunkt der Beobachtung: 5,8 Jahre
Situation: Christiane hat die Aufgabe, in der Gruppe nach Anleitung der Erzieherin ein Fangspiel (Faltarbeit) herzustellen.
Dauer der Beobachtung: 25 Minuten

Uhrzeit	**Beobachtung**	**Deutung**
10.00 Uhr	Christiane legt das Blatt vor sich Ecke auf Ecke und streicht durch. Sie sagt: „Ganz schief ist das geworden" und stützt den Kopf auf. Den nächsten Faltvorgang macht sie in der Luft, bevor sie das Blatt auf den Tisch legt. Sie spricht mit ihrem Nachbarn. Bei der nächsten Erklärung nimmt sie sofort die …	Sie scheint sich nicht ganz sicher zu sein. Gibt sich Mühe; behilft sich selbst; planvolles Vorgehen. Sofortiges Auffassen der Aufgabe; richtige Ausführung.
10.05 Uhr	Christiane nimmt ihr Blatt in die Hand, schaut es an, klappt die Ecken richtig um. Sie nimmt die Faltarbeit der Erzieherin, vergleicht sie mit ihrer, klappt eine Ecke nach vorn, eine nach hinten. Sie sagt: „Christopher, bei mir ist was ganz Komisches. Da guckt eine Ecke raus." Sie steht auf, geht zur Erzieherin, zeigt es ihr, geht zurück und setzt sich.	C. ist eher fertig als andere Kinder; Langeweile; sucht sich andere Beschäftigung. Selbstständig, setzt sich mit ihrer Arbeit auseinander; sachliche Einstellung, selbstkritisch. Gibt sich Mühe, alles richtig zu machen.
10.10 Uhr	C. sagt zu Christopher: „Du hast das so breit gemacht. Ich krieg das auf." Sie nimmt Christophers Arbeit, sieht sich um, sagt: „Hier hab' ich so Dinger." Sie hält einen Faden hoch und steht auf; sie nimmt sich eine Nadel, teilt die anderen aus, geht auf ihren Platz zurück, hat dabei Kinder vergessen. Sie steckt die Nadel in das Hütchen, nimmt sie wieder heraus, steckt sie wieder in das Hütchen. Sagt: „Bei mir ist ja ein Loch da."	Aufgeschlossen; kümmert sich um die Arbeit der anderen; hilfsbereit; weiß, wie man eine Nadel anfasst; noch keinen Überblick über die Gruppe.

Wenn wir etwas deuten, versuchen wir uns Klarheit darüber zu verschaffen, was hinter dem Beobachteten steckt. Welche auch verborgenen Motive hinter dem Sichtbaren liegen. Deutungen regen dabei immer zum Nachdenken über andere Menschen wie über uns selbst an. Sicher können wir dabei nicht sein, deshalb sollten wir immer mit anderen Beteiligten kommunizieren. Denn Deuten soll letztlich ein besseres Verstehen der Kinder ermöglichen. Um Kinder und ihr Verhalten wahrnehmen und deuten zu können, muss man also nicht nur hinsehen, hinhören und mitfühlen. Man muss sich auf die Suche nach den Wahrnehmungen und Verarbeitungsmustern machen, die Kinder sehr unterschiedlich für sich entwickeln. Somit ist das Wahrnehmen und Deuten wesentlich auch eine dialogische Gestaltungsarbeit, sozusagen die Suche nach dem „Schlüssel", der die Tür zum Verstehen aufschließt und die verschiedenen Welten von Kindern und Erwachsenen zusammenführt.

Beurteilung oder Bewertung

Die dritte und abschließende Verarbeitungsstufe ist die Bewertungsphase. Sie sollte möglichst auf eine hoffentlich geglückte Interpretation folgen. Bei Beobachtern in der Sozialpädagogik ist die Beurteilung nicht besonders beliebt, weil es wohl eine gewisse Furcht gibt sich festzulegen oder sich zu irren. Es bleibt ja in der Tat eine Unsicherheit im Deuten und Beurteilen. Aber nur wenn die Beobachtung, Beschreibung, Deutung und Beurteilung als einseitige Machtausübung begriffen wird. Wenn wir auch die Beurteilung als eine dialogische Tätigkeit verstehen, mit Respekt und Achtung dem Kind begegnen, uns mit den Kolleginnen und Kollegen austauschen, dann verringern wir die Gefahr einer „irrigen Festlegung". Außerdem wollen wir die Beurteilung als Resultat unserer Beobachtungsbemühungen zuallererst unter dem Gesichtspunkt der **Förderung von Kindern** verstehen.

Meistens ist es das Ziel der Verhaltensbeurteilung, auf konkrete Fragestellungen verwertbare Antworten zu finden.

Wir wollen die Kinder nicht ausspionieren, sondern wir wollen Partner im Dialog sein. Hüten wir uns also vor voreiligen Schlüssen und seien wir uns der Vorläufigkeit der Beurteilung bewusst. Wir müssen auch gerade für die Feinheiten wach bleiben, Nuancen und Veränderungen wahrnehmen. Wir müssen für die Gesamtheit eines Kindes wachsam bleiben und seine ganz persönliche Wahrheit suchen. Diese Wachsamkeit sollte sich eine Erzieherin erwerben und trainieren. Um einem Kind gerecht zu werden, müssen sich die Beurteilenden deshalb auch immer fragen, mit welchen Normen und Werten sie an die Beurteilung des Menschen herangehen.

In jeder Gesellschaft herrschen Verhaltensnormen und Werte, die von der erwachsenen Generation an die Nachkommen weitergegeben werden.

Diese Normen, wie auch die Erziehungsvorstellungen und Erziehungspraktiken sind von vielen gesellschaftlichen Bedingungen abhängig und verändern sich immer wieder. Denken wir dabei zum Beispiel an die Vorstellungen, wie Jungen und Mädchen sich zu verhalten haben.

Die Normen, an denen wir die anderen messen, sind also immer relativ. Auch relativ zu den persönlichen Überzeugungen und **Werthaltungen der Erziehenden**. Was für die eine Erzieherin in den Bereich der Verhaltensauffälligkeit gehört, ist für die andere Erzieherin noch tolerabel. Auch hierein zeigt sich wieder die Notwendigkeit einer ständigen **Selbstbetrachtung** und der Rücksprache mit Kolleginnen und Kollegen. Gerade die Sinnhaftigkeit der Beurteilung als Bestandteil einer Methode hängt immer von der Person ab, die sie anwendet, und von der Haltung, aus der heraus sie das tut. Erwachsene, die sich selbst als „fertig" betrachten, ihre Perspektive für die einzig mögliche halten, somit ihre „Macht" ausspielen, solche Erwachsene nehmen nur ihre Wahrheiten wahr, und können sich nicht mehr auf den Weg zu Kindern begeben. Wachsamkeit bleibt somit eine Forderung gerade für die eigene Person.

Die Qualität einer Beurteilung hängt aber nicht nur von der Selbstreflexion ab, sondern auch von ihrer nachweislichen Genauigkeit.

Da sie für die beurteilten Kinder unter Umständen weitreichende Konsequenzen hat, kann man die Ansprüche an größtmögliche Objektivität und Zuverlässigkeit der Beurteilung nicht hoch genug ansetzen. Daraus wollen wir abschließend verschiedene Denkanstöße für Beurteilende ableiten:

- Die Beurteilung bildet den Abschluss einer schriftlichen Verhaltensbeschreibung. Sie fasst die Deutungen der einzelnen Beobachtungsabschnitte in einem bewertenden Gesamtbild zusammen.
- Beurteilungen werden am besten schriftlich festgehalten. So sind ein ständiger Rückgriff auf gesammelte Daten und ein Vergleich mit den Beurteilungen anderer Kinder möglich.
- Was beurteile ich tatsächlich – auch in Abhängigkeit zu einem Beurteilungsbogen?
- Wie stark beeinflusst mich meine eigene Sozialisation und Biografie bei der Beurteilung anderer Menschen? (Selbstreflexion)

- Wie stark beeinflusst mich die Persönlichkeit der von mir zu beurteilenden Person?
- Wie begründe ich meine Beurteilung? Basiert sie vor allem auf kurzen, isolierten Eindrücken oder auf einer Beobachtung über einen längeren Zeitraum hinweg (Dauer bzw. Langzeitbeobachtung)?

Wenn wir jetzt noch einmal zu unserer Beobachtung von Christiane zurückdenken, könnte eine etwaige Beurteilung so aussehen:

Beurteilung

Christiane muss bei der Faltarbeit sehr viel umdenken und mit räumlichen Begriffen umgehen. Sie fasst die Aufgaben sofort auf und setzt sie auf dem Blatt um. Jeden Faltvorgang führt sie genau nach vorgeschriebener Weise aus. Sie ist bemüht, immer alles richtig zu machen. Die Leistung dabei ist gut.

Christiane ist selbstständig und hilft sich selbst, wenn sie kann. Sie hat schon eine gewisse sachliche Einstellung zu ihrer Arbeit und übt daran Selbstkritik. Christiane ist aufgeschlossen und hilfsbereit anderen Kindern gegenüber. Sie hat ein gutes Verhältnis zur Erzieherin.

Sie macht einen selbstbewussten, ausgeglichenen und unbeschwerten Eindruck.

Christiane ist als schulreif anzusehen, da sie selbstkritisch und sorgfältig arbeitet. Sie kann schon in der Gemeinschaft eine ihr gestellte Aufgabe ausführen und geht dabei planvoll vor. Christiane besitzt Leistungswillen und eine gute Beziehung zu Gleichaltrigen.[5]

Schauen wir uns im Überblick die einzelnen Schritte noch einmal an:

Grundlage

Beobachtung

1. Verarbeitungsstufe

Beschreibung

2. Verarbeitungsstufe

Deutung

3. Verarbeitungsstufe

Bewertung

Technische Einzelheiten der Beobachtung

1.

a) Einzelne Notizen über Gelegenheitsbeobachtungen sollte der Erzieher sofort, möglichst noch während des Geschehens, auf unauffälligem Material festhalten. Er sollte dies möglichst beiläufig machen, damit die Unbefangenheit der Kinder gewährleistet bleibt. Wenn der Erzieher später Zeit hat, kann er die flüchtigen Notizen in einem Protokollheft (eventuell anhand vorgegebener Verhaltenskategorien) vervollständigen. Jede Notiz sollte Datum, Tageszeit und eine kurze Schilderung der äußeren Situation enthalten. Auch Aussprüche eines Kindes sollten sofort aufgeschrieben werden, da man sich später nicht mehr genau daran erinnern kann.

b) Jede Notiz sollte Deutungen vermeiden. So sollte z. B. statt „Michael ist aggressiv" die tatsächliche Beobachtung notiert werden, etwa „Michael will zur Toilette, rennt am Frühstückstisch vorbei, an dem drei Kinder frühstücken, und schlägt Peter ohne ersichtlichen Grund an den Kopf."

c) Jede Notiz sollte nach dem Muster vorgenommen werden: Wann hat X was getan? Auf welche Weise wurde es getan? Welche Umstände haben das Kind dazu gebracht?

Aussagen, Beobachtungen und Informationen anderer Personen über das Kind sind besonders zu kennzeichnen.

d) Vermutungen und Interpretationen über die Hintergründe eines Verhaltens müssen in jedem Fall besonders gekennzeichnet sein. Ebenso der erste Eindruck, den der Erzieher erhalten hat.

e) Auch das pädagogische Verhalten des Erziehers in der beschriebenen Situation sollte im Protokoll mit

aufgeführt werden. Es dient der späteren Kontrolle der pädagogischen Arbeit.

f) Die Häufigkeit der Eintragung muss sich an der praktischen Durchführbarkeit von Beobachtungen orientieren. Der pädagogische Bezug zwischen Erzieher und Kind hat in jedem Fall Vorrang.

2.

Von Zeit zu Zeit werden die Notizen durchgesehen und eventuell zusammengefasst, z. B. wenn ein Entwicklungsbericht angefordert ist, als Vorbereitung für einen Elternabend, um Problemverhalten gezielt angehen zu können, um Fortschritte eines Kindes zu beurteilen usw.

3.

Bei der Durchsicht aller Protokolleintragungen zeigt sich vielleicht, dass für einige Kinder noch wenige Beobachtungen, für andere sehr viele, scheinbar auffällige Verhaltensweisen notiert wurden.

4.

Kinder, die in dieser Weise auffallen, sollten nun systematisch beobachtet werden. Zuvor sollten ganz genau die Verhaltenseinheiten definiert werden, die mit Hilfe des Zeitstichprobenverfahrens beobachtet werden sollen.

11. Beobachtungsbereiche und Beurteilungskriterien

Der folgende kurze Katalog enthält die fachsprachlichen Beobachtungs- und Beurteilungskriterien zu verschiedenen Verhaltensweisen von Kindern. Mit Hilfe solcher Stichworte kann die Erzieherin ein umfangreiches Bild von der Verhaltensstruktur eines Kindes erhalten und eine fachsprachlich fundierte Beurteilung formulieren, die gerade für Teamgespräche als Grundlage dienen kann.[5]

Äußeres Erscheinungsbild

- Was lässt sich zum körperlichen Entwicklungsstand sagen? Größe, Gewicht, Körperbau…
- Gesundheit: Körperbehinderung, Wahrnehmungsstörung…
- Pflegezustand: Körperpflege, Kleidung..
- Konstitution: stark, robust, zart,…
- usw.

Kognitives Verhalten

- Wie ist die optische und akustische Wahrnehmungsfähigkeit? Laut/leise, hoch/tief, differenziert/oberflächlich…
- Sind räumliche Begriffsbestimmungen vorhanden? Hoch/tief, vorn/hinten, über/unter…
- Welche Größenbezeichnungen kennt das Kind? Groß/klein, lang/kurz,..
- Welche Mengenbezeichnungen sind bekannt?
- Wie ist das Erinnerungsvermögen?
- Welche Formen und Farben nennt das Kind?
- Kann das Kind Sachverhalte und Informationen richtig aufnehmen und wiedergeben?
- usw.

Motorisches Verhalten

- Wie ist der Gesamteindruck? Beispielsweise sichere Körperbeherrschung, harmonische, eckige, fahrige Bewegungen; antriebsreich oder eher antriebsschwach?
- Zeigt das Kind körperliche Auffälligkeiten im grob- und feinmotorischen Bereich? *Grobmotorik*: Tempo, Kraftaufwand, Bewegungsaufwand, Fehlreaktionen, Bewegungsunruhen. *Feinmotorik*: Auge-Hand-Koordination, Handhabung von verschiedenen Kleinutensilien.
- Wie sind Mimik und Gestik entwickelt? Ausdrucksverhalten (Gestik, Gesichtsmimik: Augen, Stirn, Mund, Sprechmimik).
- Ist das Kind in seinen Bewegungen unruhig/überaktiv?
- Kann das Kind vorwärts und rückwärts gehen, sich drehen, bücken, kriechen, krabbeln, klettern, springen, hüpfen?
- Kann es das Gleichgewicht halten?
- usw.

Psychisches Verhalten

- Wie äußert sich die Persönlichkeit des Kindes? Selbstbewusst, zuversichtlich, unbefangen, empfindlich, verletzlich, selbstunsicher, mutlos, überheblich?
- Wie ist die emotionale Grundstimmung? Fröhlich, heiter oder eher gedrückt/traurig? Bestehen Auffälligkeiten wie Ängste, Unsicherheiten, Schuldgefühle, Zwänge, besondere Gehemmtheiten: Sexualität, Geltungsstreben, Kontakthemmung?
- Antrieb: starke/schwache Vitalität, antriebsschwach
- usw.

Sozialverhalten

- Sind Kontaktwünsche vorhanden? Wie werden sie verwirklicht?
- Mit wem spielt das Kind zusammen? Wechselt es häufig die Spielpartner? Spielt es oft allein? Lehnt es andere Kinder ab? Wird es von anderen Kindern abgelehnt...
- Nimmt es auf andere Kinder Rücksicht?
- Wie verhält es sich bei Konflikten?
- usw.

Sprachverhalten

- Kann das Kind altersgerecht sprechen?
- Wie ist sein Sprachvokabular? Wortschatz: umfangreich, eingeschränkt, phantasievoll...
- Spricht es grammatikalisch richtige Sätze?
- Wie ist sein Sprachverhalten? Sprachgewandt/sprachgehemmt…
- Sind Sprachstörungen zu beobachten? Stottern, stammeln, lispeln, poltern,..
- Kann es zuhören?
- usw.

Spielverhalten

- Kann das Kind spielen? Spielt es spontan, ausdauernd….
- Welche Spiele bevorzugt das Kind?
- Wie lange beschäftigt sich das Kind in der Regel mit einem Spiel?
- Braucht es Spielanregungen durch die Erzieher?
- Wie verhält es sich, wenn es verliert?
- usw.

Lernverhalten

- Wie gut kann sich das Kind konzentrieren?
- Wie ist das Interesse des Kindes entwickelt?
- Welche Lernanstrengungen unternimmt das Kind?
- Wie geht es auf Neues zu?
- Werden Aufgaben sorgfältig aufgenommen?
- Wie verständig ist das Kind?
- usw.

Leistungsverhalten

- Ist das Kind fleißig?
- Ist eine besondere Begabung zu erkennen?
- Gibt es einen Unterschied im Leistungswillen zur Gruppe?
- Werden bestimmte Interessen sichtbar?
- usw.

Besondere Verhaltensauffälligkeiten

Von „auffälligem" oder „abweichendem" Verhalten sprechen wir in der Sozialpädagogik immer dann, wenn sich ein Kind stark von anderen Kindern in seinem Verhalten unterscheidet. Ein „verhaltenauffälliger" Mensch weicht von einer Norm deutlich ab, und es kommt für den Betroffenen und/oder für seine Umgebung zu Einschränkungen im sinnvollen Lebensvollzug.

Für die Beobachtung lassen sich unvollständig einige Symptome nennen:
- Sprachstörungen
- kontaktscheu
- Distanzlosigkeit zu anderen Menschen
- Spielunfähigkeit
- Zerstörungswut
- Aggressivität
- Konzentrationsschwäche
- Nägelkauen
- Haare ausreißen
- Einnässen
- Einkoten
- Überängstlichkeit
- starke motorische Unruhe
- usw.

Je genauer beobachtet wird, um so eher ist es möglich, mit den Kolleginnen und Kollegen über mögliche Handlungsinitiativen nachzudenken.

Auch stellen die Beobachtungskriterien in ihrer Unvollständigkeit vor allem eine Anregung dar weiterzudenken; die Fragestellungen, die in der konkreten Situation entstehen, erfordern immer die kreative und individuelle Überlegung der Fachkräfte.

12. Die Dokumentation von Beobachtungen

Der Erzieherin bieten sich folgende Möglichkeiten, die Beobachtungen festzuhalten:
- Protokolle
- Beobachtungsbogen
- optisch-akustische Aufzeichnungen (Video)
- akustische Aufzeichnungen (Recorder)

Für Sie als angehende Erzieherin sind schriftliche Aufzeichnungen über bestimmte Verhaltensweisen von Kindergartenkindern zunächst noch etwas ungewohnt Neues. Werden Sie nicht gleich mutlos, wenn Ihnen das Mitschreiben und Mitzählen erst mal mühsam und aufwändig erscheint. Es dauert nicht lange, und Sie werden erkennen, worin der große Nutzen besteht.

Verhaltensprotokolle

Häufig bedient sich die Erzieherin der so genannten anekdotischen Verhaltensbeschreibung. Dabei wird alles über das Verhalten eines Kindes notiert, was auffällt, und für die Beurteilung wichtig erscheint. Die Beschreibung ist, wie schon oft betont, völlig wertfrei.

Das Protokoll könnte so aussehen:

> *Beobachtung*
>
> *12.04.04: Es ist heute deutlich lauter als sonst im Raum. Till (4;3) und Toni (4;9) sitzen in der Bauecke. Sie werfen mit kleinen Duplosteinen nach Stefanie (5;1) und Andrea (5;4), die in der Puppenecke spielen. Jetzt nehmen die beiden Mädchen ein Steckbrett vor ihr Gesicht um sich zu schützen...*
>
> *Interpretation*
>
> *Mir ist aufgefallen, dass Till und Toni sich in letzter Zeit häufiger in dieser Weise aggressiv verhalten haben. Ich muss die beiden gezielt und systematisch beobachten, um herauszufinden, was da los ist. Vielleicht haben die beiden Mädchen zuvor auch etwas gemacht?*

Protokollbogen für Gelegenheitsbeobachtungen:

Gelegenheitsbeobachtung

Datum: Zeitpunkt: Name des Kindes: Alter: Anzahl der Erzieher: Gruppenstärke: Protokollant:	Kurze Situations- beschreibung:

Beobachtung (anekdotische Beschreibung):

Pädagogisches Verhalten (eigenes oder das einer Erzieherin):

Interpretation:

Mit dem obigen Protokollbogen für Gelegenheitsbeobachtungen können Sie in Ihrer Einrichtung die ersten Erfahrungen sammeln. Probieren Sie ihn aus und besprechen Sie die Inhalte mit Ihrer Mentorin.

Ein in der Praxis bewährtes Verfahren ist das bereits erwähnte ausführliche Einzelprotokoll: Es ist grundsätzlich immer gleich aufgebaut:

Protokoll:

Angaben über das beobachtete Kind:
Name:
Geburtsdatum:
Alter zum Zeitpunkt der Beobachtung:

Angaben zur Beobachtung
Situation (in der beobachtet wurde):
Datum des Beobachtungstages:
Dauer der Beobachtung (z. B. 09.25–09.50 Uhr):
Ort der Beobachtung:

Uhrzeit	**Verhaltensbeschreibung**	**Deutung**

Beurteilung:

Stichwortartige Aufzeichnungen

Wenn die Zeit knapp ist, und dies ist ja leider oft der Fall, und die Erzieherin nicht fortlaufend beobachten und notieren möchte, bietet sich die stichprobenartige Aufzeichnung an.

Zeit	**Mathias**	**Petra**	**Andrea**
09.45	spielt mit Autos auf dem Boden	malt ein Bild	beim Früh- stück
10.15	frühstückt mit Petra	frühstückt mit Mathias	versucht auf Stelzen zu gehen
10.45	fährt mit Sandra Dreirad	baut zusam- men mit Andrea ein Haus aus Le- geosteinen	baut zusam- men mit Pe- tra ein Haus aus Lego- steinen

Zeit	Mathias	Petra	Andrea
11.15 (im Freien)	spielt mit zwei Jungen aus der anderen Gruppe mit Autos im Sand	spielt Himmel & Hölle mit Nina und Jenny	fährt Roller
11.45 (im Freien)	sitzt allein in der Sandkiste	spielt mit Jenny und Andrea Verstecken	spielt mit Petra und Jenny Verstecken
12.15	Die Kinder werden von ihren Eltern abgeholt.		

> Versuchen Sie doch mal, aus dieser kurzen Aufzeichnung vorsichtige Schlussfolgerungen zu ziehen:
>
> 1. Welche Rolle spielen die drei Kinder in der Gruppe?
> 2. Wie sind ihre Kontakte zueinander?

In dieser Art und Weise können die Protokolle über mehrere Tage oder Wochen fortgesetzt werden.

Strichlisten

Eine ebenfalls weniger aufwändige Vorgehensweise ist das Auszählen der Häufigkeit von Verhaltensweisen. Es erfordert allerdings Vorüberlegungen bei der Aufstellung einer Liste. So legt die Erzieherin fest, welche Ereignisse notiert werden sollen und registriert dann nur, wie oft dieses bestimmte Ereignis zu beobachten war.

Will die Erzieherin beispielsweise die Beliebtheit bestimmter Spielzeuge herausfinden, wird sie anhand einer Strichliste jedes Kind eine Woche lang in den Freispielsituationen beobachten. Das dauert natürlich dann ein paar Wochen, denn pro Tag werden höchstens zwei bis drei Kinder zu bewältigen sein.

Auch unerwünschtes Verhalten wie zum Beispiel aggressive Auseinandersetzungen sprachlicher (beschimpfen, verspotten, drohen) und körperlicher Art (zerren, schubsen, treten, beißen, schlagen, kratzen) kann so erfasst werden.

Die reinen Strichlisten erbringen allerdings nicht die Qualität an Beobachtungsinformation, denn über Auslöser, Gefühle der Beteiligten oder Zusammenhänge bestimmter Ereignisse erfahren wir nichts.

Beobachtungsbogen

Immer dann, wenn eine Gesamtsituation unter bestimmten Gesichtspunkten beobachtet werden soll, ist der strukturierte Beobachtungsbogen das Mittel der Wahl. Dieses Verfahren ist relativ objektiv, wenn ein geeigneter oder gut durchdachter Beobachtungsbogen vorliegt oder erstellt wird. Wichtig für die Brauchbarkeit ist allemal die sorgfältige Interpretation der Daten. Deshalb sollte auf solchen Bogen immer auch noch Platz für kurze handschriftliche Aufzeichnungen sein.

Es ist immer auch vorteilhaft, soviel Beobachtungen wie möglich vorzunehmen.

> Mit der Zahl der vorgenommenen Beobachtungen erhöht sich die Qualität und Aussagekraft der Beobachtung.

Eine Erzieherin hat sich vorgenommen, das Verhalten eines Kindes im Freispiel zu beobachten. Sie will eine Woche lang, jeden Tag 10 bis 20 Minuten beobachten. Dafür (umseitig) ein entsprechender Beobachtungsbogen mit festgelegten Beobachtungskategorien:

Der Umgang mit solchen Beobachtungsbogen setzt einige Übung voraus. Es ist hierbei genau wie mit dem Autofahren: Je häufiger man es tut, umso sicherer wird der Umgang mit den anfänglich so schwierigen Handhabungen.

Ein auch häufig vorkommendes Interesse gilt dem Sozialverhalten von Kindern. Auch dafür hat Peter Thiesen einen Vorschlag[5]:

Beobachtungsbogen zur systematischen Beobachtung eines Kindes im Freispiel

Angaben zur Gruppensituation:

Gruppenstärke: . . . . . davon . . . . . Mädchen,
. . . . . Jungen
Mitarbeiterinnen in der Gruppe: . . . .
Kurze Situationsbeschreibung: . . . .
. . . .
Name und Alter des Kindes: . . . .
Beobachterin: . . . .
. . . .
Datum (mit Wochentag): . . . .
Uhrzeit (von/bis): . . . .

Ruhe . . . .
Zuschauen . . . .
Bewegung . . . .
Unterhaltung . . . .
Malen . . . .
Formen . . . .
Werken . . . .
Bauen . . . .
Legen . . . .
Konstruieren . . . .
Rollenspiel . . . .
Regelspiel . . . .
Experimentierspiele . . . .
Musisch-rhythmisches Tun . . . .
Beschäftigung mit Büchern . . . .
Beschäftigung mit Tieren . . . .
Lebenspraktische Übungen . . . .

Beobachtungsregel: Das Kind wird mindestens
1 Woche für mindestens 10 Minuten täglich zur
gleichen Uhrzeit beobachtet.

. . . .
Datum/Unterschrift der Erzieherin

Beobachtungsbogen zur Einschätzung des Sozialverhaltens

Name des Kindergartens: . . . .
Name des Kindes: . . . . Alter: . . . .
Gruppe: . . . .
Beobachtungstag/Datum: . . . .
Name der Erzieherin: . . . .

Kontakt

Introversion	3 2 1 0 1 2 3	Extraversion
intensiv	3 2 1 0 1 2 3	oberflächlich
zögernd	3 2 1 0 1 2 3	rasch
beständig	3 2 1 0 1 2 3	wechselhaft

Stellung in der Kindergruppe

Star . . . . . Führerin . . . . . Cliquenmitglied . . . . .
Mitläufer/in . . . . . Spezialist/in für . . . .
Außenseiter/in . . . .

Verhalten gegenüber der Erzieherin

aufgeschlossen	3 2 1 0 1 2 3	ablehnend
positive Wertschätzung	3 2 1 0 1 2 3	negative Wertschätzung
kritisch	3 2 1 0 1 2 3	unkritisch
unterwürfig	3 2 1 0 1 2 3	protestierend
selbstständig	3 2 1 0 1 2 3	unselbstständig

Verhalten gegenüber fremden Personen

aufgeschlossen	3 2 1 0 1 2 3	ablehnend
vertraulich	3 2 1 0 1 2 3	ängstlich
ungehemmt	3 2 1 0 1 2 3	gehemmt
kritisch	3 2 1 0 1 2 3	unkritisch

Verhalten in der Gruppe

Allgemein

aktiv	3 2 1 0 1 2 3	passiv
kooperationsbereit	3 2 1 0 1 2 3	nicht kooperationsbereit

Freundschaften (Name(n), Alter, Eigenarten)

. . . .

Beim Spiel

selbstständig	3 2 1 0 1 2 3	unselbstständig
teamfähig	3 2 1 0 1 2 3	nicht teamfähig

Beim Gespräch
aktiv	3 2 1 0 1 2 3	passiv
demokratisch	3 2 1 0 1 2 3	undemokratisch
dominant	3 2 1 0 1 2 3	zurückhaltend

Soziale Verantwortungsbereitschaft
| rücksichtslos | 3 2 1 0 1 2 3 | selbstlos |

Selbstbehauptung
Setzt sich
| aggressiv durch | 3 2 1 0 1 2 3 | setzt sich nicht durch |

Soziales Selbstvertrauen
Sozial
| optimistisch | 3 2 1 0 1 2 3 | sozial pessimistisch |

Geltungsstreben
| stark | 3 2 1 0 1 2 3 | schwach |

Verhalten in Konfliktsituationen
– mit Erziehern: versucht sich in sachlicher Weise mit der Erzieherin zu einigen, zeigt dabei Einsicht von der Sache her, ohne sich unterwürfig zu verhalten ( ) ....
....

Zieht sich auf sich selbst zurück, geht der sozialen Auseinandersetzung aus dem Weg ( ) ....
....

schreit, schimpft herum, gibt aber doch nach ( )
....
....

Verhält sich „trotzig", geht nicht auf die Erzieherin ein ( ) ....
....

– mit Gruppenmitgliedern: geht aktiv auf den Gegner zu, um seine Probleme zu lösen ( ) ....
und zwar ( ) mehr verbal, sachlich ....
( ) mehr durch Drohungen ....
( ) durch körperliche Aggressionen ...
Zieht sich auf sich selbst zurück ( ).........

Besonderheiten ....

....
Datum/Unterschrift der Erzieherin

Videokamera und Kassettenrecorder als Hilfsmittel

Ein modernes und wichtiges Instrument für Verhaltensrückmeldungen ist die **Videokamera**.

Die Kamera bietet weitgehend authentisches Material zur Selbst- und Fremdbeobachtung. Die Genauigkeit der Beobachtung ist bei dieser Technik am größten, denn sie erlaubt die wiederholbare Betrachtung. Ein großer Vorteil liegt auch darin, dass die nonverbale und verbale Interaktion und Kommunikation aller Beteiligten sichtbar wird. So wird es möglich, Blickkontakt, Sprechverhalten, Sprachanteile, Bewegungen, Zuwendung, Abwendung, Gesichtsausdruck usw. gründlich zu untersuchen. Dadurch wird die Videokamera auch zu einem wichtigen Instrument der Erzieherausbildung; das erzieherische Verhalten der Praktikanten kann auf diese Weise einer konstruktiven Rückmeldung unterzogen werden.

Ganz besonders spannend kann es auch sein, sich selbst in Aktion zu sehen und kritisch zu würdigen. Die eigenen Verhaltensmuster, die Rolle, die man einnimmt, die Art wie man gestikuliert und spricht hautnah zu betrachten, bietet große Möglichkeiten das eigene Verhalten zu reflektieren.

Alles, was wir sprachlich interessant finden, kann auch über den **Kassettenrecorder** geleistet werden:
* Wie hoch ist der Redeanteil der Erzieher?
* Lassen die Erzieher die Kinder ausreden?
* Wie stark lenken die Erzieher im Gespräch?
* Hören die Kinder einander zu, usw.?

Um in schwierigen Situationen dann pädagogisch handeln zu können, genügt es nicht, ein Kind in einzelnen Situationen in der Einrichtung zu beobachten. Zusätzlich werden unter Umständen Informationen über seine Vergangenheit, seine Familie und sein soziales Umfeld gebraucht, die über die Zusammenarbeit mit den Eltern und anderen Fachleuten zustande kommen.

Wenn wir im sozialpädagogischen Alltag und unserer Erziehungsarbeit Beobachtung als Methode einsetzen, bedienen wir uns einer anerkannten Vorgehensweise. Dennoch: Auch sie ist nicht frei von Fehlerquellen und Problemen. Das, was wir über die Beobachtungsfehler gesagt haben, gilt auch für die Anwendung der Beobachtungsmethode. Auch in ihrer Anwendung handeln

Menschen in ganz bestimmten Situationen, in einer ganz bestimmten Verfassung, unter ganz bestimmten Umständen mit ganz bestimmten Erfahrungen und Absichten.

Und vergessen wir eines nicht: Ziel unserer Wahrnehmung ist nicht die Überwachung und Kontrolle unserer Kinder, sie soll kein Instrument der Machtausübung sein.

Ziel unserer Wahrnehmung ist das Bemühen das Kind zu entdecken und zu verstehen. Deshalb ist eine Beobachtung, über die nicht nachgedacht wird, nutzlos.

Letztlich besteht die Kunst der Wahrnehmung und Beobachtung anderer Menschen in der Wachsamkeit und Hinwendung und in der Gestaltung des Dialogs. Nur so kann sich Wahrnehmung im Umgang mit Kindern dem Anspruch der Gerechtigkeit nähern.

Beziehungen pädagogisch gestalten

> **1.** Das Bild vom Kind
> **2.** Bindungsverhalten

1. Das Bild vom Kind

Biographische Reflexion

Auf dem Weg zur Erzieherin ist es hilfreich, sich an die eigene Kindheit zu erinnern. Dies macht es uns leichter, die Kinder zu verstehen und sich in sie hinein zu versetzen.

Wir können uns „Das Bild vom Kind" gut als Projekt vorstellen. Dazu hier einige Anregungen:

Übung: Zeitreise

Zurück in die eigene Kindheit
Zeitbedarf: ca. 20 Minuten plus Auswertungszeit

Vorbereitung: Für eine Phantasiereise braucht man Zeit und möglichst viel Ruhe und Entspannung. Also kann man den Klassenraum abdunkeln oder in einen anderen Raum ausweichen. Günstig für das Gelingen ist auch Meditationsmusik im Hintergrund. Vielleicht auch ein Schild an der Klassenzimmertür: „Bitte nicht stören!"

Eine Phantasiereise kann man im Sitzen oder Liegen machen. Im Sitzen sollte man eine möglichst entspannte Haltung einnehmen, die Augen schließen oder einen bestimmten Punkt fixieren.

Jeder kann jederzeit aus der Phantasiereise aussteigen, wenn ihm danach ist.

Durchführung: Die Lehrerin liest den folgenden Text sehr langsam und mit Pausen vor:

„Stell dir vor, du reist jetzt Schritt für Schritt zurück in deine Kindheit. Wie mit einem sanften Fahrstuhl fährst du hinab in deine Erinnerung: Du bist zwölf... elf... zehn... neun Jahre alt. Du bist acht ... sieben ... sechs Jahre alt... Reise so weit zurück, wie deine Erinnerungen reichen. Die Tür des Fahrstuhls deiner Zeitreise öffnet sich geräuschlos... Und du bist auf einmal an einem Ort, der ein Lieblingsplatz deines Kindseins war.

Du blickst dich um...

Was siehst du?

Was hörst du?

Was riechst du?

Wie sieht dieser Ort aus?

Welche Stimmung hat dieser Ort?

Nimm dir die Zeit und fühle dich in diesen Platz ein...
(ca. zwei, drei Minuten Pause).

Nun triffst du auf einen Menschen deiner Kindheit, mit dem du viel zusammen erlebt und gemacht hast... Wie sieht er aus? ...

Erinnerst du dich an sein Gesicht, seine Gesten,... die Stimme, den Körper? ...

Was erzählst du diesem Menschen? ...

Was erzählt diese Person dir? (zwei, drei Minuten Pause, während die Musik immer weiter läuft) ...

Nun kommen wir langsam zum Ende unserer Reise. .. Verabschiede dich von diesem Ort ... Verabschiede dich von dem oder den Menschen, die du hier gesehen und erlebt hast (Pause).

Jetzt steigst du wieder in den Fahrstuhl, dessen Tür sich vor dir geräuschlos öffnet...

Du fährst Zug um Zug zurück in deine Gegenwart ...bist nach einer Weile hier und jetzt angelangt. . .

Spanne auf einmal alle deine Muskeln an ... öffne die Augen. .. Während die Musik weiter läuft, suchst du dir Papier und Stift...

Bevor du mit anderen sprichst, schreibe alles auf, was du auf deiner Reise erlebt hast."[1]

Auswertung: Zunächst sollte jede/jeder mit einem selbst gewählten Partner/Partnerin die gemachten Erfahrungen austauschen. Versuchen Sie, Ihren Partner/Ihre Partnerin zu verstehen, aber kommentieren oder bewerten Sie seine/ihre Erlebnisse nicht. Sammeln Sie dann in Vierergruppen Gemeinsamkeiten und Unterschiede. Diese können Sie anschließend im Gesamtkurs austauschen. Achten Sie dann darauf, was für angehende Erzieherinnen von Bedeutung sein könnte.

Meine Erinnerungsliste der….

1. innigsten Wünsche als Kind: …

2. größten Ängste als Kind: …

3. schönsten Erlebnisse als Kind: …

4. häufigsten Streitgründe mit den Eltern: …

5. häufigsten Streitgründe mit anderen Kindern: …

6. …

Geschichten, die das Leben schrieb:

1. Ich war sehr enttäuscht, als…

2. Ich habe mich riesig gefreut, als…

3. Ich wollte immer…

4. Geärgert habe ich mich….

Der Kinderkoffer

Versuchen Sie einen alten Koffer zu besorgen. In diesen Koffer packen Sie dann die Dinge, die sie ganz besonders an die eigene Kindheit erinnern: zum Beispiel das Lieblingsspielzeug, das Lieblingsbuch, Fotos, Schmusedecke, Lieblingsmusikkassette, Kuscheltier, Poesiealbum.

Zu einem vereinbarten Zeitpunkt werden die Koffer mitgebracht. Sie haben dann die Gelegenheit, die Erinnerungsstücke den anderen zu zeigen und etwas dazu zu erzählen.

Wie sahst Du denn als Kind aus!!!
Bilderrätsel

Zu einer vereinbarten Stunde bringen alle Kleinkindfotos von sich mit. Sie werden auf einem Plakat befestigt und nummeriert. Anschließend sollen dann die Mitschüler erraten werden.

Die Kindheit unserer Großeltern

Arbeitende Kinder in New York (1910): *Jeder musste zum Familienunterhalt beitragen.*

Wie war die Kindheit unserer Großeltern?

Wer die Gelegenheit hat soll die Kindheitserinnerungen seiner Eltern oder Großeltern einfangen und davon erzählen.

Was hat sich seit damals für Kinder geändert?

Falls Sie alle oder einige der von uns vorgeschlagene Reflexionsübungen durchgeführt haben, ist Ihnen der Zugriff auf die eigene Kindheit wahrscheinlich erleichtert worden.

Mein Bild vom Kind

Kinder sind etwas Wunderbares, Einzigartiges. Jedes Kind hat einen besonderen Wert und eine eigene Persönlichkeit. Kinder sind glücklich und unbeschwert. Für mich sind Kinder sehr wertvoll. Sie sind eigenständige Persönlichkeiten, die Hilfe von Erwachsenen brauchen, um eigenverantwortliche Persönlichkeiten zu werden. Für mich hat jedes Kind den gleichen Wert, egal wie das Kind ist. Seit ich das Praktikum im Kindergarten mache, wurde mir immer mehr bewusst, wie wertvoll Kinder sind. Ich habe auch ein einjähriges Patenkind. Ich mochte Kinder schon immer, sie sind so herrlich fröhlich, glücklich und unbeschwert. Sie geben einem sehr viel. Ein Kinderlächeln genügt und es wird einem warm ums Herz.

Beatrice, Schülerin BKSP1

So wie Beatrice hat wohl jeder *sein* Bild vom Kind und es muss keineswegs immer so positiv ausfallen. Für die pädagogische Arbeit greift ein nur persönliches Bild vom Kind allerdings zu kurz.

Philosophen, Pädagogen, Psychologen haben im Wesentlichen drei Grundannahmen vom Wesen des Kindes herausgefiltert.

Verschiedene Sichtweisen vom Kind

Metaphern vom Erzieher: der Bildhauer und der Gärtner

Aufgabe

1. Was sehen Sie?
   Beschreiben Sie kurz das Bild in seinen Einzelheiten.

2. Notieren Sie alles, was Ihnen zu dem Bild einfällt.

Das Kind als unbehauener Stein, als leere unbeschriebene Tafel

Das Kind wird zu dem, was der Erzieher und die Gesellschaft aus ihm machen. Von Natur aus ist das Kind unreif und muss durch Erziehung vollkommen gemacht werden. Was aus dem Kind wird, ist also im Wesentlichen das Ergebnis seiner Erfahrungen, seines Lernens.

Diese Auffassung wird oder besser wurde von den so genannten **Milieutheoretikern** gespeist und vom so genannten **Behaviorismus** vertreten. Erziehung vermochte also nahezu alles.

Dies wird auch der **pädagogische Optimismus** genannt.

Das Kind als Samenkorn

Diese Auffassung vom Kind geht auf den französischen Philosophen J.J. Rousseau zurück, der meinte, das Kind sei von Natur aus gut und entwickle sich am besten aus sich selbst heraus.

Je weniger Bildungshilfe und Erziehung wir leisten, je weniger wir auf das Kind einwirken, desto sicherer fände es seinen Sinn und käme zu seiner Selbstverwirklichung. Die Entwicklung ist weitgehend genetisch vorprogrammiert. Dies nennt man auch den **pädago-**

gischen Pessimismus, andere sprechen von der **Ohnmacht der Erziehung**.

Bestenfalls kann dann der Erzieher als Gärtner fungieren, und der Pflanze „Kind" reichlich Wasser und Licht verschaffen.

Das kompetente Kind

Eine dritte Auffassung vom Kind begreift Kindheit als eine spezielle Stufe des Menschseins. Das Kind besitzt bereits alle Grundanlagen des Menschen, aber je nach Alter und Reife werden diese Wesenheiten verschieden ausgebildet.

Das Kind braucht Vorbilder und Hilfen, damit es seine Anlagen ausbilden kann. Und was wichtig ist, es spielt dabei eine **aktive Rolle**.

Das Kind ist, wie jeder Mensch, ausgezeichnet durch Offenheit, Freiheit, Dialogbereitschaft und es strebt nach Eigenaktivität und Selbstverwirklichung. Das Kind sozialisiert sich selbst. In diesem Prozess der Selbstwerdung spielen die genetischen Bedingungen, also die Anlagen, eine Rolle, aber natürlich auch die Erfahrungen, also das Lernen.

Mitbeeinflusst wird diese komplizierte Wechselwirkung durch das aktive, selbststeuernde Individuum. Der Wechsel zu dieser Perspektive über das Kind ist das Ergebnis neuster psychologischer Forschung. Sie zeigt, dass Babys aktiv ihr Wissen über die Welt erweitern, Kleinkinder suchen in der gehörten Sprache eigenständig nach grammatischen Regeln; Jungen und Mädchen finden autonom zu ihren Geschlechtsrollen; Schüler steuern selbstständig den eigenen Lernkurs…

Dem Erzieher kommt hier die Aufgabe für das Kind zu:

Hilf ihm sich zu entwickeln.

Das Bild vom Kind hat sich im Laufe der Jahrtausende natürlich gewandelt. Aussagen über Kinder sind abhängig von der Zeit, in der sie gemacht wurden und welches Weltbild die Menschen damals hatten. Wir geben hier einen Einblick ab dem Mittelalter.

Das Bild des Kindes in der Geschichte

Das Bild vom Kind im Mittelalter

Im Mittelalter lebten die Kinder unmittelbar in der Erwachsenenwelt, d. h. Kinder ab 7–8 Jahren wurden in die Ernstbezüge des Lebens (fast) wie Erwachsene einbezogen. Es gab keine Privatsphäre, keine Scham und keine Erziehung zu gutem Benehmen. Rülpsen und andere Körperfunktionen wurden offen erledigt. Kinder wurden vor nichts geschützt, sie sahen das Sexualleben Erwachsener, nahmen als Zuschauer daran teil, wenn einem Dieb zur Strafe die Hand abgehackt wurde oder waren auch bei Hinrichtungen zugegen.

Arme wie reiche Kinder wurden ihrem Stand entsprechend wie Erwachsene gekleidet.

Häufig erhielten mehrere Kinder einer Familie denselben Vornamen. In Sterberegistern von Ämtern und der Kirche wurden weder der Name noch das Geschlecht eines früh verstorbenen Kindes registriert.

Die „Kindheit" im Mittelalter endete praktisch mit der Arbeitsfähigkeit.

Bedeutungswandel von Kindheit

Die Erfindung des Buchdrucks (1450) eröffnete die Möglichkeit, die Bibel und Bücher über das Wissen der damaligen Zeit zu verbreiten. Allerdings musste man dazu erst Lesen lernen.

Kaufleute der vornehmlich nordischen Länder gehörten zu den ersten, die Wert darauf legten, dass ihre Kinder Lesen, Schreiben und Rechnen lernen. In England gab es bereits 1660 Schulen, die man im Einzugsbereich von bis zu 20 Kilometern erreichen konnte, um diese Kulturtechniken zu erlernen. Diese Schulen besuchten mit wenigen Ausnahmen Bürgerkinder und ausschließlich Knaben zwischen dem 6. und 10. Lebensjahr.

Damit

- „verlängerte" sich Kindheit allmählich
- wurde die Schule zur typischen Institution für die Kindheit und das Lernen und zur Aufgabe des Kindes erklärt.

Kindheit entwickelt sich als Lebensphase

Im 18. Jahrhundert kristallisiert sich Kindheit langsam als eigene Lebensphase heraus.

- Jedes Kind bekommt einen eigenen Namen.
- Unterschied zwischen Kinder- und Erwachsenenkleidung entsteht
- Das erste Lehrbuch zur Kinderheilkunde erscheint.
- 1774 kommt das erste Kinderbuch mit dem Titel „Geschichten vom Jack, dem Riesentöter", heraus.

- Pädagogen stellen Überlegungen darüber an, ob Kinder von Natur aus „gut" sind.
- In dieser Zeit erscheinen bereits einige Erziehungsratgeber.

Einen kurzen Einblick gibt der von FÉNELON 1687 erschienene Erziehungsratgeber mit dem Titel: „Über Mädchenerziehung". Darin wird das „Bild vom Mädchen" aus adeligen, bestenfalls bürgerlichen Kreisen, dargestellt. Es ist das erste geschlechterspezifisch ausgerichtete Buch, aus dem wir hier einen kleinen Auszug abdrucken:

Typische Fehler bei Mädchen

„Wir haben von den Maßnahmen zur Verhütung verschiedener Fehler bei Mädchen zu sprechen, welche gerade diesem Geschlechte eigentümlich sind. Man erzieht oft Mädchen in einer Weichlichkeit und Ängstlichkeit, welche sie einer festen und konsequenten Lebensführung unfähig machen. In jenen grundlosen Ängstigungen und in jenen Tränen, die sie so leichthin vergießen, ist der Anfang viel Ziererei, später aber viel Gewohnheit. Die Verachtung dieser Empfindlichkeiten würde zu ihrer Besserung wesentlich beitragen, weil die Eitelkeit daran einen so großen Anteil hat.

Man muss auch die allzu zärtlichen Freundschaften, die kleinen Eifersüchteleien, übertriebene Höflichkeit, Schmeichelei und Dienstbeflissenheit bei ihnen zurückdrängen. Das verdirbt sie und gewöhnt sie daran, alles Ernste und Bedeutsame öde und streng zu finden. Man muss es sogar dahin bringen, sich zur Aufgabe zu machen, kurz und bestimmt zu reden. Der feine Verstand zeigt sich darin, dass er jede unnütze Rede unterlässt und viel mit wenig Worten sagt, während die meisten Frauen mit vielen Worten wenig sagen. Die Leichtigkeit im Reden und die Lebhaftigkeit der Phantasie erscheinen ihnen geistreich. Sie wählen nicht zwischen dem, was ihnen einfällt, sie ordnen ihre Gedanken nicht nach der Beziehung zu den Dingen, welche sie darzulegen haben, sie machen aus allem, was sie sagen, einen Gegenstand der Leidenschaft, und Leidenschaft braucht viele Worte. Man kann von einer Frau keine rechte Tüchtigkeit erwarten, wenn man sie nicht dazu bringt, zusammenhängend zu denken, ihre Gedanken zu prüfen, sie in bündiger Art darzulegen und dann zu schweigen."[2)]

Bild des Kindes zu Beginn der Neuzeit

Die Französische Revolution (1789) hat nicht nur Könige gestürzt, sondern das Denken der Menschen bis in die Gegenart gravierend verändert.

Die Unfreien lebten damals im Dienst und zum Zwecke des Adels, der Kirche und des „Hausherrn". Die Devise der Französischen Revolution: *„Freiheit, Gleichheit, Brüderlichkeit"* war dem Gedankengut der Aufklärung und des Humanismus entnommen:

- Jeder Mensch ist um seiner selbst willen etwas wert, ist kein Werkzeug oder Sklave.
- Alle Menschen sind gleich viel wert, Arme wie Reiche.
- Ablehnung aller Autoritäten, die dem eigenen Denken Grenzen setzen.
- Nur Vernunft und selbstständiges Denken können Unwissenheit und Abhängigkeit überwinden.
- Jeder trägt für sein eigenes Verhalten Verantwortung.

Die Kinder

- bringen gleichwertige Anlagen mit (adelige Kinder sind nicht anders als Bauernkinder),
- entwickeln sich nach den Gesetzen der Natur (natürlicher Entwicklungsverlauf),
- sind hilfs- und liebesbedürftig, sie brauchen die Liebe der Eltern und Erzieher bei der Deutung der Welt,
- haben ein Recht auf Erziehung.

Vor dem Hintergrund des „aufklärenden" Denkens erhalten Eltern eine neue Verantwortung für die Erziehung ihrer Kinder. Zu dieser Zeit wurden viele Erziehungsratgeber mit z. T. „vernünftigen", praktischen Ratschlägen verfasst, es erschienen aber auch Schriften, die vor all diesen Neuerungen warnen.

PESTALOZZI (1746–1827) war als Sozialreformer ein bedeutender Vertreter der Aufklärung. Für ihn ist der Sinn aller Erziehung Dienst an Menschen, besonders an den Armen. Jeder Mensch, gleich welchen Standes, soll zum allseitig *entwickelten Menschen* erzogen werden.

Pestalozzi gilt als „Erfinder" der Familienerziehung. Die Wohnstube war für ihn der geeignete Ort, Kindern z. B. Wertorientierungen und Normen lebensnah durch detailreiche Gespräche zu vermitteln. Pestalozzis

„Wohnstubenpädagogik" prägte das neue Bild vom Kind entscheidend mit.

Der folgende Auszug aus „Lienhard und Gertrud" lässt uns in die „Wohnstube" hineinschauen.

Das Andenken an eine Großmutter

In des Rudi Stube sinneten die guten Kinder, da sie ihre Geiß unter den Händen hatten, an die liebe Großmutter selig. Da der Vater und alle Kinder so um sie herum standen, sagte das Männeli: Weißt du auch noch, Vater, die Großmutter hat noch gesagt, wir müssen noch eine Geiß haben?"

„Ja freilich, weiß ich es noch," sagte der Vater.

Und das Kind: „Es ist doch auch, wie wenn sie gewusst hätte, wie es gehen werde, so hat sie noch allerlei gesagt, wie es da gekommen."

„Vergesset es einmal euer Lebtag nicht, was sie zu euch gesagt hat," sagte da der Vater.

Und „ich will's mein Lebtag nicht vergessen, was sie zu mir gesaget hat!" erwiderte ihm Rudeli.

Und dann alle Kinder: „Und wir auch nicht! Und wir auch nicht!" Vater: „Wisset ihr was, Kinder? Wir wollen nach dem Nachtessen zu einander sitzen und dann alle Worte zusammentragen, die sie zu einem jeden gesagt hat. Dann will ich's auf einen Bogen Papier aufschreiben, dass ihr's euer Lebtag behalten und lesen könnet."

Das freute die Kinder gar, dass der Vater ihnen alle Worte aufschreiben wolle, die die liebe Großmutter noch geredet, da sie bald von ihnen weg und in den Himmel gegangen. Sie vergaßen darob fast ihre Geiß im Stall und redten das ganze Essen über von nichts, als wie sie alle Worte zusammentragen wollen, die sie von ihrer lieben Großmutter noch wissen.

Der Rudeli sagte da: „Gelt Vater, es ist dann, wie es die Imbli (Bienchen) in ihrem Korb zusammentragen?"

„Ja, Lieber, es ist dann, wie es die Imbli machen, wenn wir so zusammentragen," sagte der Vater.

Und der Rudeli: „Gelt, Vater, das Papier ist dann der Imblikorb?"

„Ja, wir wollen ihm dann so sagen, wenn du es darauf geschrieben hast," sagte das Männli.

„Aber können wir dann auch Honig daraus essen?" sagte das Liseli.

„Ja freilich können wir Honig daraus essen", sagten das Männli und der Rudeli.

Und der Vater: „Ich hoff' es zum lieben Gott, der Großmutter Abschied dünk' euch besser als Honig und alles, was ihr essen könnt."

„Ja, Vater," sagte der Rudel, „sie ist jetzt im Himmel, und dann ist das wie Himmelsbrot."

So redten sie bei ihrer Erdäpfelsuppe, und da sie ausgegessen, ging dann der Rudeli zum Baumwollen – Mareili und entlehnte bei ihm Tinte, Federn und einen Bogen Papier.[3]

> **Aufgabe**
>
> ... für Kreative
>
> Übersetzen Sie das Andenken an die Großmutter in die heutige Sprache. Der letzte Teilsatz könnte heißen: *„Rudi ging zu Maria und schnorrte mal wieder ihren Laptop, um eine Message zu schreiben."*

Kindheit als eigenständige Lebensphase

Zu Ende des 19. Jahrhunderts setzte sich das Bild vom Kind deutlich von dem des Erwachsenen ab. Ellen Key nannte ihr viel beachtetes Buch das „Jahrhundert des Kindes", in dem sie das Recht des Kindes auf Persönlichkeit hervorhebt.

In dieser neuen Phase der Wertschätzung des Kindes, sind einige Punkte besonders hervorzuheben:

- Kinderarbeit wird strafbar.
- Eine Kinderkultur entsteht in den Bereichen Kleidung, Spiel und Spielzeug (mit heutigen Maßstäben nicht zu vergleichen).
- Kinder erfahren in immer höherem Maße einen Schonraum vor bestimmten Themen (z. B. Tod, Sexualität).
- Mehrere Wissenschaften entdecken die Kindheit als „Forschungsgegenstand", z. B. Pädagogik, Psychologie, Medizin.
- Viele Berufe sind rund um die Kindheit entstanden, bzw. haben sich weiter ausdifferenziert, z. B. Kindergärtnerin, Hortnerin, Kinderarzt.

Aus den Kindern werden Kids

Als Kids werden sie bezeichnet, die Kinder in der westlichen Informationsgesellschaft. Kids entwickeln heute in altersnahen Subkulturen eigene Lebensstile und suchen sehr stark ihre Identität in der Gruppe. Der erzieherische Einfluss der Eltern nimmt heute zugunsten der Peergroup merklich früher ab, und dies nimmt nach dem Grundschulalter einen rasanten Verlauf. Was die Gleichaltrigen sagen zählt, was die Eltern sagen „nicht wirklich".

Erwachsene erleben Kinder, und in verstärktem Maße Jugendliche, als Konstrukteure ihrer Lebensphase d. h. als sehr eigenaktiv handelnd.

Kindheit wird heute als eigenständiger sozialer Status zu den anderen Altersklassen angesehen.

Kids:

- haben ihre eigene Mode mit bevorzugten Labels,
- sind Freizeit- und konsumorientiert,
- verfügen z. T. über eine hohe Kaufkraft (durch Taschengeld, Jobs),
- besitzen schon sehr früh ein Handy, erklären den Großeltern wie sie z. B. eine SMS verschicken, polieren somit deren technisches Verständnis auf.

In der Gegenwart wird das Bild vom und über das Kind sehr unterschiedlich gesehen. In Deutschland entscheiden sich immer mehr Paare aus verschiedenen Gründen gegen Kinder:

- **Hohe Kosten** gelten als einer der wesentlichen Punkte für den Verzicht auf ein Kind oder gar auf ein zweites oder drittes. Die Befürchtung, in einer wirtschaftlich instabilen Zeit den Arbeitsplatz zu verlieren und mit der Familie in eine Kostenfalle zu stolpern, ist groß.
- **Karriereplanung** und die Anschaffung von teuren Konsumgütern zögern die Familiengründung hinaus. So wird eine Frau in Deutschland im Durchschnitt mit 32 Jahren zum ersten Male Mutter. Ein Drittel bekommt – aus welchen Gründen auch immer – keine Kinder.
- **Extrem kinderunfreundlich** sei Deutschland, so der Präsident des Deutschen Kinderhilfswerkes im ersten „Kinderreport Deutschland".

Bild des Kindes in den Einrichtungen

Die Bedeutung des Bildes vom Kind in familienergänzenden Einrichtungen hängt weitgehend vom favorisierten pädagogischen Ansatz ab.

Ein **pädagogischer Ansatz**

- bevorzugt ein bestimmtes Menschenbild und das dazu passende Bündel von Prinzipien der pädagogischen Arbeit (Leitziel, Erziehungsziele, Stellenwert des Lernens, Methoden und Lernmaterial, Rolle und Aufgaben der Erzieherin) und folgt auch einem bestimmten didaktischen Modell;
- ist überregional verbreitet.

Grundsätzlich argumentieren alle Ansätze mit einer pädagogischen Verantwortung und haben weitgehend den Anspruch, das Kind als Ausgangs- und Mittelpunkt des pädagogischen Handelns zu sehen, d. h. kindzentriert zu arbeiten.

Wir stellen zwei Ansätze kurz vor:

Offener Kindergarten

Das Kind wird grundsätzlich als kompetentes Wesen, das sich eigeninitiativ und handelnd durch Selbststeuerung und Reifung weiterentwickelt, angesehen.

Die besondere Akzentsetzung
- offenes Raumkonzept: offene Türen, Funktionsräume statt -ecken, Bewegungsraum bzw. Bewegungsbaustelle,
- offene Gruppen: Auflösung der traditionellen Bezugsgruppe zugunsten spontaner Kleingruppenbildung und gruppenübergreifender Aktionen,
- die Erzieherin ist vorrangig Begleiterin, Moderatorin; organisiertes Lernen wird eher abgelehnt.

Der offene Kindergarten wurde seit Beginn der 80er Jahre insbesondere in Tageseinrichtungen wegen der langen täglichen Verweildauer der Kinder und deren starken Bewegungsdranges entwickelt. Das Deutsche Jugendinstitut hat entsprechende Projekte begleitet, dokumentiert und damit zur Verbreitung beigetragen (Projekt: Orte für Kinder).

Der Waldorfkindergarten

Im Waldorfkindergarten wird im Sinne von RUDOLF STEINER eine auf, wie er meint, Menschenerkenntnis beruhende, ganzheitliche Sichtweise von Erziehung praktiziert. Die Entwicklung des Kindes verläuft in Phasen und beginnt mit der „physischen Geburt". Im ersten Lebensjahrsiebt lernt es durch Nachahmung und orientiert sich am Vorbild Erwachsener. Feste Tagesstrukturen helfen dem Kind, seinen Lebensrhythmus zu finden. Durch Spielzeuge (Naturmaterialien) werden die „Bildekräfte" des Kindes angeregt, ebenso im phantasievoll-künstlerischen Malen.

Die Aufgabe der Erzieherin ist primär, dem Kind eine Nachahmungswelt anzubieten, um sinnliche und nicht kognitive Erfahrungen zu machen.

Das Bild vom Kind mit besonderen Bedürfnissen

Kinder mit Behinderungen haben besondere Bedürfnisse, die durch individuelle Hilfen von Erzieherinnen, Kinderkrankenschwestern, Heilpädagogen etc. in integrativen Gruppen befriedigt werden. Dazu einige Leitgedanken, die in Bremen formuliert wurden:
- Dass jedes Kind gleich viel wert ist und deshalb jedem Kind die gleiche Aufmerksamkeit entgegenzubringen ist.
- Dass die Verpflichtung zur Förderung aller Kinder unteilbar ist.
- Dass alle Kinder in der nahe gelegenen Einrichtung vor Ort aufgenommen werden sollen und kein Kind davon ausgeschlossen wird, unabhängig von Art und Grad seiner Behinderung.

- Dass es für die gemeinsame Förderung behinderter und nicht behinderter Kinder keine Auswahlkriterien geben darf, weil dadurch eine zusätzliche Form der Behinderung geschaffen würde, nämlich die der Nichtintegrierbaren.
- Dass die Kinder dort die nötige Hilfe bekommen sollen, wo sie leben und betreut werden.
- Dass ein gemeinsames Angebot für die Gruppe möglich ist, dass aber die individuellen Bedürfnisse und Fähigkeiten der Kinder führen müssen.
- Dass alle Kinder auf ein soziales Miteinander angewiesen sind und deshalb in isolierten Sondergruppen nicht sinnvoll aufgehoben sind."[4]

Nach über zwanzig Jahren erfolgreicher Arbeit in Bremen gibt es kaum mehr eine Kindergruppe ohne integrative Maßnahmen.

Die Voraussetzung zur Integration ist ein Menschenbild, ein Bild vom Kind, das nicht die Behinderung als vorstechendes Merkmal sieht, sondern von besonderen Bedürfnissen und vom individuellen Lernvermögen eines Kindes ausgeht.

Konkrete Lernsituation

Nicht alle Ausbildungskindergärten arbeiten integrativ. In der Klasse wird festgestellt, dass es nur in den Einrichtungen von Lena, Jana, Melanie und Volker integrative Gruppen gibt.

Alle Leiterinnen haben bereits signalisiert, dass sie mit einem Besuch des Berufskollegs Sozialpädagogik Radolfzell einverstanden sind.

1. Bereiten Sie eine Exkursion vor, oder sollten Sie sich in Gruppen aufteilen? Welche(s) Angebot(e) nehmen Sie an?

2. Entwickeln Sie Vorstellungen über Behinderung oder sollten Sie besser von Kindern mit besonderen Bedürfnissen sprechen?

3. Klären Sie wichtige Fachbegriffe, z. B. Integration, integrative Gruppe, Integrationsquote.

4. Planen Sie, wie Sie die Exkursion inhaltlich vor- und nachbereiten. Schriftliche/mündliche Befragung der Fachkräfte?

5. Entscheiden Sie, welche Dokumentation über Ihre Exkursion, besonders geeignet ist.

Kleiner Tipp:
Die Einrichtungen sind in der Regel dankbar darüber, wenn Sie ein „Dokumentationsexemplar" bekommen. Von daher sind Sie in der Wahl hier etwas eingeschränkt.

2. Bindungsverhalten

Bindung

Bindung wird definiert als anhaltende emotionale Beziehung zu einer Person, bei der das Kind Körperkontakt, Schutz und Geborgenheit sucht, vor allem in Situationen, in denen es sich unsicher, unbehaglich oder überfordert fühlt, wie in fremden Situationen oder vor fremden Leuten.

Die Bedeutung von dauerhaften und verlässlichen Bezugspersonen in den ersten Lebensjahren kann nicht hoch genug eingeschätzt werden. Das gilt selbstverständlich auch für das Familienleben. Das deutsche Wissenschaftlerehepaar KARIN und KLAUS GROSSMANN hat das Bindungsverhalten in Eltern-Kindbeziehungen untersucht und festgestellt:

Kleinkinder brauchen feste Bindungen zu Erwachsenen um eine positive Entwicklung zu durchlaufen.

Die Art und Weise der frühkindlichen Bindung wirkt sich auch nachhaltig auf das Verhalten im Erwachsenenalter aus.

In der Psychologie spricht man in diesem Zusammenhang von der **Bindungstheorie.** Begründer dieser Theorie waren in den 60er Jahren des letzten Jahrhunderts in erster Linie MARY AINSWORTH und JOHN BOWLBY. Ergebnis ihrer Untersuchungen ist die Aussage, dass das Bindungsbedürfnis bei Menschen biologisch tief verankert ist. Bindung entsteht dadurch, dass die Signale des Säuglings, mit denen er seine Bedürfnisse kundgibt, von der Pflegeperson richtig verstanden, also aufgenommen, und entsprechend beantwortet werden. Dabei handelt es sich nicht nur um Signale, die seine körperlichen Bedürfnisse betreffen, sondern auch um solche, mit denen das Kind seine Wünsche

nach Zuwendung, Spiel, Zärtlichkeit, „Ansprache", nach Schutz, Trost und Sicherheit zum Ausdruck bringt. Die Pflegepersonen reagieren unterschiedlich auf diese Bedürfnisse. Daraus entstehen Unterschiede im Charakter der Bindung.

Die Bindung an Personen ist *eine* Voraussetzung für die seelische Gesundheit des Menschen. Kinder mit gelungenem Bindungsverhalten haben es im späteren Leben leichter, neue Bindungen einzugehen.

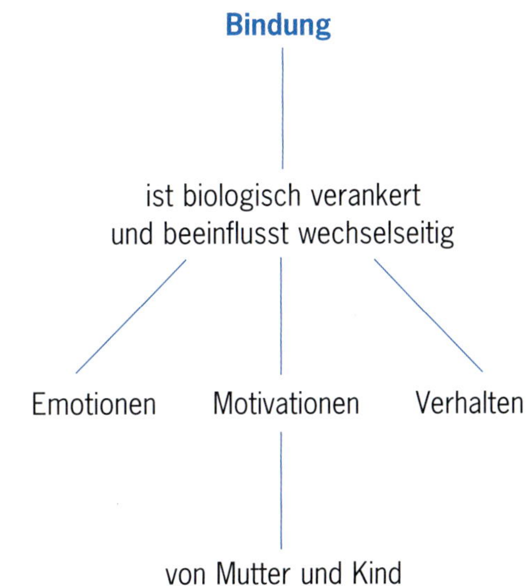

Bindungsverhalten

Sucht das Kind nach Bindung, kann folgendes beobachtet werden: zur Mutter krabbeln oder laufen, sich an ihr festklammern, weinen, rufen, lächeln. Das Bindungsverhalten wird aktiviert, wenn das Kind sich unsicher fühlt, z. B. die Mutter sich plötzlich entfernt oder sie den Raum verlässt.

Bindungsentwicklung

1. In den ersten 2 Monaten ist das Kind an keine Person fest gebunden. Es reagiert weitgehend gleichartig auf Personen, die seine Bedürfnisse befriedigen.

2. Ab dem 3.–4. Lebensmonat lernt das Kind, Personen zu bevorzugen, die es an der Stimme, am Geruch oder anderen Signalen erkennt.

3. Die Bindung an *bestimmte* Personen zeigt sich ab dem 7.–8. Lebensmonat, wenn ein Kind bekannte und unbekannte Personen unterscheiden kann. Es erkennt beispielsweise das Gesicht der Mutter wieder, da es immerwährend im Gedächtnis eingelagert ist (Objektpermanenz).

Angie fremdelt

Angie sitzt im Kinderwagen und schaut fröhlich und aufmerksam die Mutter an. Eine Freundin der Mutter nähert sich Angie und streckt die Hände aus, als wolle sie das Kind aufnehmen. Angies Stimmung ändert sich schlagartig: sie gestikuliert heftig mit den Armen und weint. Offensichtlich gibt sie kund, dass sie mit der ihr fremden Person nichts zu tun haben möchte.

Angie zeigt durch ihr Verhalten, dass sie zwischen der primären Bezugsperson und einer fremden Person unterscheiden kann. Im Durchschnitt tritt das Fremdeln mit acht Monaten auf, daher auch der Name *Achtmonatsangst*.

Die Angstreaktionen, gestikulieren, weinen, wie sie Angie zeigt, sind nicht bei allen Kindern gleich ausgeprägt.

Bindungstypen im Kleinkindalter

Aus dem Verhalten von Kindern leitet AINSWORTH drei Bindungstypen im Kleinkindalter ab:

* Typ A: Unsichere, meidende Bindung, Kinder zeigen kaum Gefühle, suchen nicht die Nähe der Bezugsperson, sind eher misstrauisch und abwehrend.

Verhalten von Kindern, deren Beziehung zu ihren Müttern oder Vätern psychisch unsicher ist (AINSWORTH 1977)

Das Kind spielt allein und schaut die Mutter nur selten, und wenn, dann ohne jeglichen Ausdruck an.

Die Mutter verlässt den Raum … das Kind setzt sein Spiel fort.

Das Zusammenspiel mit einer freundlichen, aber fremden Person ist oft lebendiger als mit der Mutter oder dem Vater.

Wenn die Mutter nach 3-minütiger Abwesenheit zurückkommt, vermeidet es das Kind, sie anzuschauen oder irgendeinen anderen direkten Kontakt herzustellen.

Kommunikation wird indirekt aufgenommen; Körperkontakt wird vermieden.
Mutter und Kind schauen beide teilnahmslos auf denselben Gegenstand.

Verhalten von Kindern, deren Beziehung zu ihren Müttern oder Vätern psychisch sicher ist (AINSWORTH 1977)

Das Kind spielt und schaut die Mutter freundlich an.

Die Mutter verabschiedet sich von dem Kind, bevor sie den Raum für 3 Minuten verlässt.

Das Kind hört auf zu spielen und sucht lebhaft nach der Mutter, oft unglücklich, manchmal weinend.

Eine freundliche, aber fremde Person kann das Kind nicht besänftigen, das versucht, sich von ihr zu entfernen.

Wenn die Mutter zurück kommt, begrüßen sich beide freudig.

Nach einer kurzen Weile spielen Mutter und Kind wieder glücklich miteinander; sie schauen sich freundlich an und unterhalten sich mit lebhaftem Blickkontakt!

1)

- Typ B: Sichere Bindung und Kontakt, Nähe der Bezugsperson wird gesucht, Kinder fühlen sich geborgen.
- Typ C: Unsichere ambivalente Bindung. Unbekannte Personen lösen Ängste und Wut aus. Der Mutter gegenüber verhalten sie sich ambivalent, weil sie sich von ihr allein gelassen fühlen.

> Wie würden Sie die Abbildungen den Bindungstypen zuordnen? Begründen Sie bitte.

Wie können sich Trennungen auswirken?

Kleinkinder im Krankenhaus:

Bei Klinikaufenthalten von Kleinkindern (ca. 15–30 Monaten beobachtete BOWLBY die Reaktionen auf die Trennung von der Mutter und beschrieb sie in drei Phasen als

- **Protest:** das Kind ist durch den Mutterverlust beunruhigt, weint oft laut, die Pflegerin wird abgelehnt, ist sich aber sicher, dass die Mutter wieder kommt.
- **Verzweiflung:** das Kind glaubt nicht mehr, das die Mutter kommt, es will sich damit allerdings nicht abfinden. Es weint, ist verstimmt und will nicht viel von seiner Umwelt wissen.

- **Gleichgültigkeit:** in dieser Phase der „Mutterverleugnung" zeigt das Kind wieder mehr Umweltinteresse. Nahrung und Spielsachen werden angenommen. Beim Besuch der Mutter ist von einer natürlichen Bindung kaum noch etwas zu spüren.

Frühe Bindungserfahrungen wirken sich nicht nur auf das soziale Verhalten von Menschen aus sondern auch auf Tiere, wie die zwei Untersuchungen von HARLOWS Rhesusaffen und BRAUNS Strauchratten (Degus) eindrucksvoll belegen.

Wie verhalten sich Rhesusäffchen und Degus bei Mutterentbehrung?

Versuchtiere: neugeborene Rhesusäffchen, die sofort nach der Geburt von der Mutter getrennt wurden.

Versuchsziele:

1. Was ist für die Affensäuglinge wichtiger, die Nahrung oder die Mutterliebe („Nestwärme")?

2. Wie zeigen sich Angst- und Bindungsreaktionen der kleinen Äffchen?

Versuchsdurchführung:

Die Affenkinder wachsen bei „Mutterattrappen" auf, die sich stark unterscheiden. Die eine ist ein Drahtgestell mit einer Flasche als Nahrungsquelle, die andere ist ein Drahtgestell mit einem weichem Stoffüberzug.

Ergebnisse der Versuche:

Die „Stoffmutter" erhält eindeutig den Vorzug vor der „Nahrungsmutter". Um die Angst- und Bindereaktionen zu überprüfen ließ HARLOW Monate später einen lärmenden Roboterbär in den Käfig der Jungtiere bringen. Die bei den „Stoffmüttern" aufwachsenden Äffchen suchten sofort bei ihr Schutz und Trost. Die bei der Nahrungsmutter aufwachsenden verkrochen sich erschreckt in eine Ecke oder erstarrten.

Ohne Liebe verkümmert das Gehirn

Die Neurobiologin KATHARINA BRAUN konnte an Strauchratten (Degus) nachweisen, „dass ein Mangel an gefühlvoller Zuwendung auch deutliche Spuren in den fein gesponnenen Nervernetzen des Gehirns hinterlässt". Die Botenstoffe Dopamin und Serotonin verändern sich stark und dadurch kommt das Erregungsniveau im Vorderhirn durcheinander. „Die den Eltern entrissenen Degus laufen, so haben die Neuroforscher beobachtet, in einer fremden Umgebung aufgeregt umher, wie verwahrloste Menschen wirken sie hyperaktiv. Und wenn über Lautsprecher die Rufe der Mutter ertönen ignorieren die Tiere die vertraute Stimme. Ungestört im Schoß der Familie groß gewordene Strauchratten beruhigen sich dagegen, wenn sie die Mutter hören."[2]

Beiden Tierversuchen ist eines gemeinsam: Die Tierkinder wurden nach der Geburt ganz oder teilweise von der Mutter getrennt, sodass Bindung sich nicht natürlich entwickeln konnte. Nicht zuletzt aufgrund solcher und ähnlicher Erkenntnisse bleiben unsere kleinen Artgenossen heute nach der Geburt im Krankenhaus bei der Mutter („rooming-in"). Die Geburt und die Zeit danach ist für Eltern und Kind ein bewegendes, ein wichtiges Erlebnis. Dies auch, obwohl die Bindung zwischen Eltern und Kind sich aus den unzähligen kleinen und großen Erfahrungen entwickelt, die sie über Monate und Jahre hinweg miteinander machen werden.

Rooming-in

1. Neugeborene bleiben im Krankenhaus im Zimmer der Mutter.

2. Stationäre Aufnahme der Mutter zum akut erkrankten Kind.

Bedeutung der Bindung

Über Blickkontakt, vertraute Zwiegespräche, Streicheln, Halten und Trösten entwickelt das Kind eine Beziehung zu einer erwachsenen Person und über Vertrauen in die Verlässlichkeit und Verfügbarkeit dieser Bezugsperson eine sichere Bindung zu ihr. Mit dieser Sicherheit kann ein Kind sich wagen, neugierig und aktiv auf die Welt zuzugehen.

Eine gute Beziehungsqualität fördert die kindliche Entscheidungsfähigkeit, stärkt die Selbstbeherrschung, die geistige Beweglichkeit, die soziale Kompetenz und die Angstfreiheit. Diese Kinder sind meist freundlich und tolerant und emotional stabil (K. GROSSMANN).

Ohne diese Grundsicherheit in einer Beziehung ziehen Kinder sich in sich zurück, wirken selbstständig, sind jedoch innerlich unsicher. Meist versuchen sie alleine mit ihren Gefühlen fertig zu werden. So entwickeln sie häufig Verhaltensweisen, die von ihrer Umgebung als auffällig wahrgenommen werden. Sie fallen im Kindergarten durch geringe Frustrationstoleranz, Aggressivität, Unselbstständigkeit und geringes Selbstwertgefühl auf. Erfahren sie dann negative Reaktionen von anderen Personen, so wird ein Kreislauf in Gang gesetzt, der sich immer wieder selbst verstärkt. Der Ursprung sehr vieler Probleme ist in unbefriedigenden Beziehungserfahrungen und unsicheren Bindungen zu suchen.

Bedeutung der Bindung im Kindergarten

Die meisten Untersuchungen gibt es zur Mutter-Kind Beziehung, denn die Mutter ist in der Regel die wichtigste Bezugsperson. Aber auch andere erwachsene Personen können eine wesentliche Bezugsperson sein, wenn sie regelmäßig und verlässlich für das Kind da sind, wenn sie die Signale, die es sendet, wahrnehmen, verstehen und beantworten, also eine sichere Beziehung aufbauen. Dies ist auch noch im Kindergartenalter möglich.

Damit gewinnen die Erzieher und Erzieherinnen eine große Bedeutung.

Wie Kinder sich und andere Menschen erleben, hängt wesentlich davon ab, welche Erfahrungen sie in den ersten Beziehungen gemacht haben.

Sind die ersten Bezugspersonen, auf die Bedürfnisse und Möglichkeiten des Kindes eingegangen, haben sie es angeregt und gefördert, ihm Schutz und Begleitung gegeben, dann hat es eine gute Voraussetzung, sich seelisch, geistig und körperlich gesund zu entwickeln.

Dieser Prozess ist noch im Gange, wenn das Kind in den Kindergarten kommt. Seine bisherigen Erfahrungen mit Beziehungen zu Erwachsenen bringt es mit. Diese Erfahrungen bestimmen seine Erwartungen und Einstellungen

- „Ich bin willkommen."
- „Für mich interessiert sich ja doch keiner",
- „Nur wenn ich schreie...",

mit denen es den Erzieherinnen und den anderen Kindern begegnet.

Wenn Kinder zum ersten Mal in den Kindergarten kommen, müssen sie sich aus der vertrauten Beziehung mit der Mutter lösen. Sie müssen sich trennen von ihren Bezugspersonen und werden diese zunächst vermissen. Kinder mit sicherer Bindung werden sich anders verhalten als unsicher gebundene Kinder. Viele Kinder brauchen eine Übergangszeit, in der die Mutter zunächst noch anwesend und erreichbar ist (z. B. mit dem Kind zusammen die Räume besichtigt oder mit anderen Müttern in der Elternecke sitzt o. ä.), wobei in dieser Situation auch die Mutter ihrerseits das Kind loslassen muss, um es vertrauensvoll den Erzieherinnen für einige Stunden zu überlassen. Die Zeit, die Kinder alleine in der Einrichtung verbringen, kann allmählich ausgedehnt werden (beginnend mit ein bis zwei Stunden in den ersten Tagen), sodass ausreichend Zeit vorhanden ist, mit der Erzieherin, den anderen Kindern und den Räumlichkeiten bekannt und vertraut zu werden. Abrupte Trennungen können dazu führen, dass Kinder sich verlassen fühlen und trauern.

Die Erzieherin benötigt ebenfalls Zeit, sich auf ein Kind einzustellen, um zu verstehen, was es braucht und will.

Sicher gebundene Kinder werden ihre Beziehungserfahrungen und Erwartungen allmählich auf die Erzieherin übertragen und sie, wenn sie sich angenommen
fühlen, als Sicherheitsbasis für ihre aufregenden Entdeckungen und Begegnungen im Alltag annehmen
können.

Unsicher gebundene Kinder haben es schwerer sich
zu lösen, obwohl sie das selten direkt äußern, aber die
Mutter loslassen bedeutet, den letzten Rest an Sicherheit aufzugeben. Da sie von den Erzieherinnen zunächst das erwarten, was sie kennen, gehen sie selten
vertrauensvoll auf diese zu. Sie werden eher vorsichtig
reagieren oder forsch aggressiv, da sie eher Kritik und
Ablehnung fürchten oder aus Gewohnheit provozieren.
Hier braucht die Erzieherin ihr Einfühlungsvermögen,
um dem Kind Schutz, Geborgenheit und Verlässlichkeit
anzubieten, nur so kann sie allmählich sein Vertrauen
gewinnen, es zum Erforschen und Erkunden seiner
Umgebung ermuntern und dabei begleiten. Je mehr
Vertrauen ein Kind gewinnt und sich der Hilfe und Unterstützung seiner Bezugsperson gewiss ist, desto
eher wird es seine Bedürfnisse mitteilen und unterneh-
mungslustig sich trauen, Beziehungen zu den anderen
Kindern aufzunehmen, eigene Spielideen zu entwickeln
und sich im Spiel zu vertiefen.

Eine sichere vertrauensvolle Beziehung ist das Funda-
ment für Selbstständigkeit. Sicher gebundene Kinder

bringen die Erwartung mit, dass ihnen die Erzieherin so
hilfreich und freundlich begegnet, wie sie es gewohnt
sind. Sie teilen ihre Gefühle mit, nehmen leichter Kontakt auf mit anderen Kindern und lösen ihre Konflikte
eher selbst. Diese Ausführungen orientieren sich an
den Erkenntnissen, die in Langzeitstudien zu dem Thema: Entstehung von Bindungen gewonnen wurden.

Sichere Bindung durch Entwicklungsbegleitung in Tageseinrichtungen

Betreuungsangebote für Kinder unter drei Jahren
werden – aus verschiedenen Gründen – zunehmend
nachgefragt. Die Entwicklungsbegleitung, die eine Erzieherin zu leisten hat, ergibt sich aus ihrem Arbeits-
schwerpunkt und dem Alter der Kinder.

Welche Verhaltensweisen einer Erzieherin in Tageseinrichtungen können helfen, eine gute Beziehung und
eine sichere Bindung aufzubauen?

Im Säuglingsalter

Beziehung baut sich primär im Säuglingsalter auf. Ein
Kind spürt sehr bald, ob sich jemand um es kümmert,
wenn es Durst, Hunger oder Schmerzen hat. Vertrau-
en – und damit Bindung – wird aufgebaut, wenn diese
Grundbedürfnisse befriedigt werden. Nähe und Zärtlichkeit vermitteln darüber hinaus den *Bezug* zu einer
Person, die durch solche Aktivitäten zur *primären Bezugsperson* wird.

- Befriedigen Sie die Grundbedürfnisse des Säuglings (Nahrung, Körperpflege, Schutz …)
- Sorgen Sie nach Möglichkeit für verlässliche Anwesenheit (z. B. immer die gleiche Schicht).
- Stellen Sie Körperkontakt her beim Wickeln, Baden, sprechen, singen Sie dabei.
- Aktivieren Sie das Neugierverhalten durch Anlächeln, Blickkontakt und Gestik.
- Unterstützen Sie das Beziehungsstreben zu anderen Kindern.

Urvertrauen

Das in den ersten Lebensmonaten entstandene
Vertrauen bezeichnet Erikson als Urvertrauen.

Das Urvertauen begünstigt u. a.
- den Verlauf der Persönlichkeitsentwicklung

> - die Bindung an Personen im späteren Leben
> - das Lernen.
>
> Fehlendes oder mangelndes Urvertrauen kann zu Urmisstrauen führen und die Entwicklung des Kindes negativ Beeinflussen.

Im Kleinkindalter

Kinder dieser Altersstufe haben bereits vielfache Erfahrungen gesammelt. Die Synapsen im Gehirn bilden und verstärken sich, Kinder erinnern sich an bestimmte Situationen, die das episodische Gedächtnis ermöglicht:

- Verrichten Sie mit dem Kind zusammen täglich wiederkehrende Aktivitäten (Blumen gießen, Aufräumen, Post holen...).
- Sprechen Sie mit dem Kind über kurzfristige Trennungen.
- Erkunden Sie mit dem Kind das Nahfeld: Spielplatz, Supermarkt...
- Geben Sie dem Kind Rückmeldung über sein Verhalten.
- Bieten Sie sich dem Kind als verlässliche Bezugsperson an (Körperkontakt: auf den Arm, Schoß nehmen).

Im Vorschulalter

Kinder können sich bereits sprachlich differenziert ausdrücken, sind in z.T. vielfältige soziale Felder eingetaucht und besitzen ein Inventar an Erfahrungen.

- Fördern Sie Freundschaften innerhalb der Kindergruppe.
- Bindungen an weitere Bezugspersonen ermöglichen und fördern (z.B. Praktikantin).
- Unterstützenden Sie die Eigenständigkeit des Kindes (Bindung heißt nicht Abhängigkeit).
- Über Erlebnisse mit den Kindern sprechen, sie einbeziehen.
- Pädagogische Arrangements wie im Kapitel Förderung von Entwicklung und Bildung beschrieben.

Manche Kinder kommen allerdings mit sehr unzureichender Bindung in den Kindergarten, wie das nachfolgende Fallbeispiel von Kevin zeigt:

Distanzlosigkeit

„Irgend etwas ist mit Kevin, hab ich mir gedacht", erzählt mir Annegret Classens, eine Erzieherin, „ganz normal ist der nicht. Der war den ersten Tag im Kindergarten, saß schon bei mir auf dem Schoß, küsste mich, fummelte an mir rum. Und als er mittags ging, sagte er mir, er würde mich lieben. Ich sei die beste Frau auf der ganzen Welt."

Nun hatte Kevin nicht allein eine Erzieherin umgarnt, zu anderen hatte er auch schon intimen Kontakt gefunden.

Zwei Kolleginnen von Annegret Classens fanden Kevin „richtig süß. Einen Tag da und schon aufgetaut. Der hatte überhaupt keine Berührungsängste."

Doch allmählich wurde es dem gesamten Kindergartenteam unheimlich: Er machte morgens mit seinen Liebkosungen die ganze Belegschaft durch, kämpfte sich von Schoß zu Schoß, und wenn es einer Erzieherin zuviel wurde und sie ihn abschüttelte, kletterte er schon zu einer anderen.[3]

> #### Partnerarbeit
>
> 1. Stellen Sie Vermutungen über Kevins Verhalten an!
> 2. Erstellen Sie einen Plan, wie Kevin im Kindergarten Nähe und Distanz lernen kann!

Das Fallbeispiel von Kevin rührt wahrscheinlich an. Der Knirps ist für sein schlichtes Bindungsverhalten natürlich nicht verantwortlich. Erzieherinnen müssen sich allerdings fragen, ob derzeitig favorisierte Erziehungskonzepte tauglich sind, denn manchen Kindern fällt Bindung im Kindergarten schwer.

Der „offene" Kindergarten

In offenen Kindergärten gibt es keine Gruppenräume, sondern nur noch Funktionsräume. In diesem System gilt der Grundsatz, dass sich die Kinder selbstständig und ohne ständige Betreuung und Beaufsichtigung in den Räumen orientieren und aufhalten können: im Ruheraum, dem Bewegungs- und Rollenspielraum, dem Atelier oder der Cafeteria. Das einzelne Kind ist irgendwo im Haus, genauso wie auch seine Erzieherin. Dies soll die Selbstständigkeit der Kinder fördern und ihnen insbesondere in Tageseinrichtungen mit langer Öffnungszeit genügend Bewegungsraum und vielfältige Sozialkontakte ermöglichen.

„Eine derartige so genannte offene Arbeit führt zur Beziehungslosigkeit, statt Kinder beziehungsfähig werden zu lassen. In den ersten sechs Lebensjahren wird von einem Kind vieles gelernt, u. a. die Beziehungsfähigkeit. Dazu braucht das Kind, besonders das Kindergartenkind, verlässliche, d. h. möglichst geschätzte und geliebte Erzieherinnen, die es jeden Morgen trifft und an die es sich wenden und halten kann. Es ist keine anerkannte Pädagogik bekannt, die nicht das pädagogische Verhältnis, also die warmherzige und tragfähige Beziehung zwischen Kind und Erzieher, als die Basis allen Gelingens der sonstigen pädagogischen Anstrengung betrachtet. Alles andere führt zur Desorientierung und womöglich zu Verhaltensstörungen der betroffenen Kinder.

Dies ist umso schwerwiegender, wenn wir uns vor Augen halten, aus welch beziehungsgestörten Familien ein immer größerer Teil der Kinder kommt. Diesem Beziehungsdefizit muss durch ein verlässliches und geregeltes Kindergartenangebot entgegengewirkt, nicht aber durch negative Komplettierung des Chaos weiter Vorschub geleistet werden." So der Freiburger Erziehungswissenschaftler Norbert Huppertz.[4]

Aufgabe

1. Diskutieren Sie in der Klasse das Statement von Huppertz.

2. Beobachten Sie insbesondere die Beziehungsfähigkeit jüngere Kinder im offenen Kindergarten.

Förderung von Entwicklung und Bildung, eine pädagogische Herausforderung

1. Entwicklungsförderung und Bildung in Kindertageseinrichtungen: Grundbegriffe
2. Grundannahmen über die Entwicklung von Kindern, über Bildung und die Rolle der Erzieherin
3. Ziele der Bildungsarbeit

1. Entwicklungsförderung und Bildung in Kindertageseinrichtungen: Grundbegriffe

An einem Planungstag wird vieles geplant: z. B. Termine für Feste im Jahreskreis, Teilnahme einzelner Mitarbeiter an Fortbildungen, Elternarbeit und eben auch die Inhalte und die Organisation der Bildungsarbeit.

Aufgaben

- Bitten Sie in Ihrer Praxiseinrichtung um das Protokoll des letzten Planungstages und die Konzeption.
- In welchen Bereichen sollen die Kinder gefördert werden?
- Erstellen Sie eine Liste.
- Tragen Sie in der Klasse alle möglichern Bildungs- und Entwicklungsbereiche zusammen
- Worin unterscheiden sich Ihrer Meinung nach Entwicklungs- und Bildungsbereiche?

Wahrnehmung	Bewegung	Sprache	Emotion und soziales Verhalten	Denken
Wahrnehmungsförderung bedeutet, einen oder mehrere **Sinne** der Kinder gezielt auf **Wahrnehmungseindrücke** zu lenken mit folgenden Zielen: • die Sinne mit „Nahrung" versorgen, ihnen Vielfalt und „Wohltat" bieten • die Sinne verfeinern • Begriffsbildung (z. B. rau, glatt) • sensorische Integration • Sinnesreize zusammenschließen: (z. B. Ball: Aussehen, Eigenschaften, Wesen erfassen und Motorik darauf einstellen) • Unterstützung der Differenzierung des neuronalen Netzes	Bewegungserziehung beinhaltet die Förderung der Bewegungsfähigkeit und der Gesundheit des Kindes. Dazu gehören Übungen und Spiele, die u. a. • Bewegungsfreude wecken • Bewegungsfähigkeit, -vielfalt und -rhythmus sowie Kraft steigern • Kreislauf, Atmung, Körperwahrnehmung stimulieren • Haltung fördern • das eigene Können bewusst machen • Mut herausfordern • unterschiedliche Sozial- und Materialerfahrungen ermöglichen • Sprache und Denken über die Bewegung anregen *Kinder lernen mit und durch ihren Körper*	Spracherziehung ist die bewusste **Förderung des Sprachverständnisses und des Sprachvermögens und das Befassen mit Sprache.** Dazu gehören im einzelnen Spiele, Gespräche und Handlungen, die z. B. • Ausdrucksmöglichkeiten geben, auch nonverbale • die **Sprech**freude fördern • Sprechfertigkeit üben (Lautbildung, Betonung, Sprachrhythmus) • Begriffsbildung (Wortschatzerweiterung) • **Sprach**fähigkeit fördern (z. B. Mehrzahlbildung, Artikelgebrauch, Beugung, Satzbau, Zeiten…) • Hören und Zuhören üben • Befassen mit Literatur und Schrift fördern • Begegnung mit anderen Sprachen fördern • kreativer Umgang mit Sprache unterstützen	Die Erzieherin zeigt dem Kind Möglichkeiten, seine **Gefühle, sein Wollen und Können** zu managen und auszudrücken z. B. • Gefühle wie Zorn, Stolz • Befindlichkeiten • Stärken und Schwächen • sich zu entscheiden seinen **Platz in der Gruppe** zu finden, u. a. • geachtet und gemocht zu werden • Gefühle, Wollen, Stärken und Schwächen anderer wahrzunehmen und sich darauf einzustellen • Regeln, Normen und Werte zu kennen und einzuhalten • mit Konflikten angemessen umzugehen • moralisch gut von schlecht unterscheiden zu können • Verantwortung zu übernehmen seine **Geschlechtsrolle** einzuüben	Kognitive Erziehung ist die Förderung der Kinder, z. B. im **Erfassen von Ordnungsmerkmalen** z. B. • Farben • Formen von Körpern und Flächen • Gewicht, Oberflächenbeschaffenheit. • Dimensionen: Größe, Länge, Breite, Weite, Mengen… • Zahlen und Zeichen beim Erwerb von **Denkstrategien** z. B. • Beziehungen erfassen • kausales Denken (Ursache) • finales Denken (Zweck von etwas) • antizipatorisches Denken (Handlungen, Geschehnisse gedanklich vorwegnehmen) • kreatives Denken • schlussfolgerndes Denken im **Erfassen von Strukturen** → siehe Abschnitt Kompetenzen in diesem Kapitel → Verbindung zu Umwelt- und Sachbegegnung, zu Kreativität
Schwerpunkte: Die Sinne sollen angeregt und als „Werkzeug" benutzt werden zur Weltaneignung.	*Leitziel: Bewegungsfreude, Gesundheit, Bewegungsdifferenzierung und das Bewegungserlebnis in der Gruppe sollen Vorrang vor dem Leistungsprinzip haben.*	*Schwerpunkte: Unterstützung und Anregungen zur Sprachdifferenzierung, damit das Kind zuhören, sich mitteilen, sich Wissen aneignen, klar denken und seine sozialen Beziehungen regeln kann.*	*Schwerpunkte sind die Unterstützung des Kindes im Aufbau eines positiven Selbstkonzeptes und im Erwerb sozialer Fähigkeiten.*	*Motto: Lust auf Lernen und Denken wecken, Lernbedürfnisse ernst nehmen. Das Kind steht im Vordergrund, nicht die Sache.*

Verrichtungen des täglichen Lebens	Kreativität	Musik	Rhythmik	Umwelt/Natur/Gesundheit
Die Erzieherin führt die Kinder altersangemessen in Routinen des Alltags ein, die in der Tageseinrichtung vorkommen: Dazu gehören u. a. • Selbstversorgung (Hygiene, Körperpflege, sich ankleiden…) • Gesundheit, gesunde Ernährung • Reinigung, Blumenpflege, Raum gestalten • Reparatur und Gartenpflege • Angebote des öffentlichen Lebens nutzen: Verkehrmittel, Bibliothek etc.	Die Erzieherin regt die schöpferischen Kräfte des Kindes an, hilft ihm bei der Verwirklichung seiner Ideen, zeigt ihm Möglichkeiten der Gestaltung, lenkt seine Sinne auf das Schöne, sowohl betrachtend, als auch schaffend. Dazu gehören: • Begegnung des Kindes mit verschiedenen Materialien, Techniken, Farben • Handhabung von Werkzeugen • Entwerfen und Gestalten • Bild-/Kunstbetrachtung Im einzelnen: Bildnerisches Gestalten u. a. • verschiedene Techniken des Farbauftragens wie Zeichnen, Malen, Drucken, Spachteln • Arrangement fertiger Materialien zu Collagen • nach der Art der Darstellung: gegenstandsfrei, gegenständlich, verfremdet… • Bildnerische Darstellung von Musik/Sprache Werken: u. a. • verschiedene Materialien (wie Papier, Karton, Gips…) zu dreidimensionalen Objekten formen • dreidimensionale Materialien (z. B. Ton, Stein, Holz) bearbeiten • Montage von Einzelteilen zu einem Werk	Musikerziehung möchte die Kinder an die Welt der Klänge heranführen, ihnen Ausdrucksmöglichkeiten geben, das genaue Hinhören fördern und das Gefühlsleben anregen. Im einzelnen z. B. • Hören und Hinhören • Singen und Stimmbildung (Liedrepertoire) • Befassen mit Klängen und Klangerzeugern, deren Handhabung, Funktion und Einsatz und der schöpferische Umgang damit • aufnehmendes Musikhören und kreatives Umsetzen von Musik in Bewegung, Malen • sich ausdrücken und reagieren • Zusammenspiel • Erleben von Stille • Begegnung mit verschiedenen musikalischen Stilen	Rhythmik nutzt den Körper als Mittel zu einem tieferen Erleben in den Bereichen • soziale Wahrnehmung • Wahrnehmung von Material, Form, Raum, Kraft, Zeit • Gefühl und Stimmung • Stille und Konzentration • Exploration • Musik erleben (Stimmungen und musikalische Sachverhalte begreifen) • Sprache begreifen • mit Material, Sprache, Form usw. kreativ umgehen und möchte gleichermaßen die Entspannungsfähigkeit fördern	Die Erzieherin hilft dem Kind, • seine Umwelt und sich als Teil davon zu verstehen, • Gesundheit als eigene Verantwortung zu begreifen, • den Horizont zu erweitern und sachgerecht zu handeln (Sachkompetenz). Bereiche sind z. B.: • eigene Person • Gesundheit/Krankheit • natürliche Umwelt: Tiere, Pflanzen, Niederschläge, Elemente… • Stoffe • physikalische Erscheinungen wie Kräfte, Energie • sächliche Umwelt wie Gegenstände, Geräte, Maschinen, Produktion, Funktionsweisen • soziale Umwelt/Gesellschaft • Zeit, Werden und Vergehen, Wachstum, Erd- und Menschheitsgeschichte • Weltall Dieser Bildungsbereich ist eng verzahnt mit Denken, Sprache und den Verrichtungen des täglichen Lebens.
Motto ist: „so viel Hilfe zu geben, wie das Kind zum Selbsttun braucht."	*Leitziel:* Wichtiger als das Ergebnis sind die Entfaltung der Sinne für das Schöne, das Befassen mit Kunst und der Prozess von der Idee zur Ausführung.	*Schwerpunkte* sollen das musikalische Erlebnis in der Gruppe sein, der Erwerb vielfältiger Musiziermöglichkeiten und Erfahrungen mit Musik als Bildungsgut.	*Schwerpunkte* sind die Persönlichkeitsförderung und das tiefere, auch körperliche Erleben.	*Leitziel:* Im Vordergrund stehen das Neugierigmachen, Staunen und Forschen, das Handeln in der Umwelt, der Aufbau positiver Grundeinstellungen.

Ein Vergleich der Entwicklungs- und Bildungsbereiche zeigt:

1. Wahrnehmung, Sprache, Bewegung, Gefühl, Sozialverhalten und Denken gehören zusammen. Diese psychischen Funktionen benutzt der Mensch wie „Werkzeuge", um Informationen zu verarbeiten, um in Kontakt mit anderen zu kommen, um sich auszudrücken, um sich in der Welt zurecht zu finden. Es sind Entwicklungsbereiche, in denen das Kind Anlagen mitbringt, aber Anregungen von außen braucht.

2. Bildungsbereiche entnehmen wir der uns umgebenden Umwelt, die das Kind bewältigen lernen möchte, dazu gehören z. B. Selbstversorgung, Kreativität (diese kann hier wie auch oben eingeordnet werden), Musik, Rhythmik, das Heranführen an die Natur, an die soziale Umwelt, das Befassen mit Literatur usw.

2. Grundannahmen über die Entwicklung von Kindern, über Bildung und die Rolle der Erzieherin

Das Kind steht im Mittelpunkt

Ein Vorschulkind lernt anders als ein Schulkind. Es lernt noch sehr mit dem ganzen Körper, will aktiv sein, braucht einen Wechsel zwischen Spiel und ernsthaftem Tun. Es lernt, was für es von Bedeutung ist, jetzt und heute, und lässt sich gleichzeitig fast für jedes Thema von Seiten der Erzieherin begeistern.

Die Erzieherin muss in ausgewogenem Maße einen Rahmen bieten für selbstbestimmtes Lernen und für gemeinsame Aktivitäten in der Gruppe.

Das Kind ist Akteur seiner Entwicklung, es konstruiert sein „Weltwissen"

Ab cirka 3 Jahren beginnt ein Kind, bewusst zu lernen, d. h. seine Aufmerksamkeit auf etwas zu richten, was es begreifen oder können will. In der Regel sucht es Lernsituationen auf, die es aktuell für seine Entwicklung braucht, und dann lernt es mühelos.

Wegen dieses Vermögens bezeichnen wir es als „Akteur seiner Entwicklung".

Es setzt seine Fähigkeiten ein, um die gegenständliche und soziale Welt zu erforschen. So ist z. B. beim jüngeren Kindergartenkind noch häufig das Herausholen von Material zu beobachten, ohne für uns erkennbare sinnvolle Nutzung. Es möchte den Erwachsen nicht ärgern, sondern beobachten, wie sich das Material verhält oder wie die Erwachsenen reagieren, insbesondere, wenn sie unterschiedlich reagieren, und auch, wenn die neuen Erfahrungen nicht zu den bisherigen passen (z. B. hat das Kind zu Hause solches Spielzeug nicht oder muss nicht aufräumen).

Neue Erfahrungen zwingen das Kind, Denkstrukturen zu verändern, sein „Weltwissen" und das Wissen über sich selbst umzukonstruieren.

Dazu braucht es:
- Kontinuität des Raumes und eine klare Raumstruktur (alles an seinem Platz)
- offen präsentiertes Material entsprechend der Entwicklungsphase
- ein umfassendes Zeitfenster
- Kontinuität der Kindergruppe, um die Gleichaltrigen beobachten zu können zum nachahmenden und „stellvertretenden" Lernen.

Bildung findet im Dialog mit anderen statt

Im Umgang mit anderen erfährt ein Kind Widersprüchliches. Das löst einen kognitiven Konflikt aus und verlangt ein Neudenken. Jetzt braucht es eine Person, die Impulse setzt, die ein wenig über den bislang erworbenen Kompetenzen des Kindes liegen.

Angenommen, die Kinder in der Gruppe sprechen über eine bevorstehende Mandeloperation. Das betroffene Kind wird Ängste entwickeln, vor allem, wenn die anderen ausmalen, was dabei alles passieren kann. Die Erzieherin wird das Kind nicht nur trösten und zuversichtlich stimmen, sondern es auch über den Ablauf informieren. Wissen verringert Angst.

Entwicklung und Bildung vollziehen sich in der Wechselwirkung zwischen

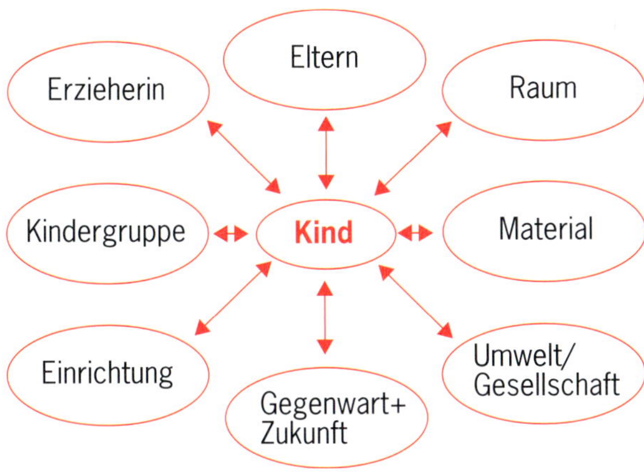

Schlüsselrolle der Erzieherin

Sie ist Bindungsperson für das Kind, sorgt für Kontinuität, ist zuverlässig, vertraut und gewährt Schutz in einer Gruppe mit noch vielen unberechenbaren Verhaltensweisen der Alterskameraden.

Sie motiviert das Kind, die Gruppe, Spielmaterial und die Welt zu erkunden. Wer sich sicher und angenommen fühlt, hat Energie, sich auf Neues einzulassen, ist neugierig.[1]

Erzieherinnen kennen Entwicklungsverläufe
in den Bereichen Motorik, Sprache, Denken usw. und deren Wechselwirkungen. Das Greifen z.B. ermöglicht dem Kind, Dinge zu erforschen, und das Laufen eröffnet ihm die Welt.

Erzieherinnen beobachten Kinder, um deren Stärken, Interessen und Schwächen zu erfahren. Die Interessen sind wesentliche Anknüpfungspunkte zur Entwicklungsförderung.

Bildungsaufgaben der Erzieherin
Den 3- bis 4-Jährigen bieten Alltag und Gruppenleben viele Lernanlässe. Im Rollenspiel, bei einem Spaziergang, beim Kochen können sie ganzheitlich lernen. Sie hantieren mit den Dingen, begreifen mit allen Sinnen, sind mit dem Gefühl bei ihrem Tun, beginnen nachzudenken, Fragen zu stellen.

Viele 5- bis 6-Jährige wollen jedoch in neue Wissens- und Handlungsbereiche vorstoßen bis hin zum Weltall. Sie wollen den Sinn von Erscheinungen erfassen und Sachkompetenzen erwerben, um sich zunehmend selbstständig in der Umwelt bewegen zu können.

Die Erzieherin weckt Wissenshunger, wenn Kinder diesen nicht von selbst entwickeln. Sie nutzt den Effekt des Lernens von einander und die Kraft der Begeisterung durch die Gleichaltrigen. Sie sorgt für positive Lernerfahrungen als Grundlage eigenaktiven Lernens.

Sie ist Vermittlerin zwischen Welt und Kind, kennt Mittel und Wege, diese Welt für das Kind begreifbar zu machen.

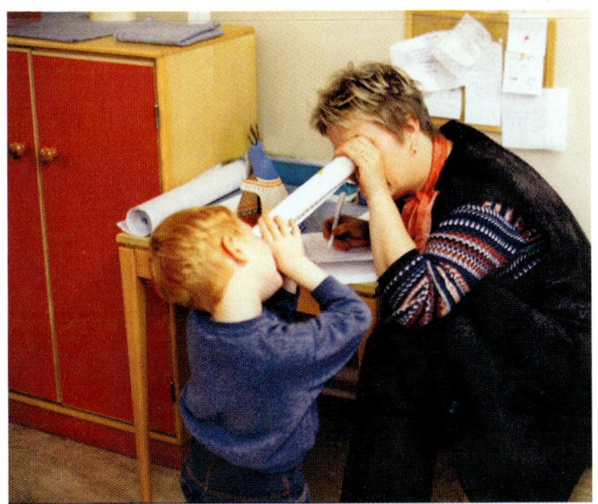

In der gegenwärtigen Bildungsdiskussion geht es u. a. um

- Möglichkeiten der Verbesserung der Bildungschancen bisher benachteiligter Kinder
- den europäischen Vergleich
- mögliche Bildungsinhalte im Kindergarten
- die Frage, wie weit das Lernvermögen des Klein- und Vorschulkindes genutzt werden soll. Was machbar ist, ist nicht automatisch gut.
- Das „Lernen für die Zukunft" wird heute kontrovers diskutiert, zum einen kann man die Zukunftsanforderungen weder wirklich voraussehen noch entsprechende Fähigkeiten künstlich einüben. Dagegen steht auch das „Recht auf den heutigen Tag".

Die Zusammenarbeit mit Eltern und Fachdiensten ist Voraussetzung qualifizierter Arbeit.

Im Idealfall informieren sich Erzieher und Eltern gegenseitig über Fortschritte und Besonderheiten des Kindes. So ergänzen sich ihre Erziehungsbemühungen, und sie lernen voneinander, denn beide sind Experten, was die Erziehung ihrer Kinder betrifft.

Erzieherinnen kennen Fachdienste in der Gemeinde, um sich selbst Rat zu holen und um Eltern diese Fachdienste zu empfehlen.

Die Frühförderstelle ist z. B. zuständig, wenn ein Kind mit besonderem Förderbedarf in eine so genannte „Regeleinrichtung" integriert werden soll. Therapeuten der Frühförderung beraten hinsichtlich Elternarbeit, Umgang mit dem betreffenden Kind, Vorbereitung der Gruppe, und führen die Erzieherin in ein Förderprogramm ein.

3. Ziele der Bildungsarbeit

Die Fähigkeiten und Fertigkeiten, die Kinder brauchen, um ihre Persönlichkeit zu entwickeln, um gruppenfähig zu werden, um ihre Gegenwart und Zukunft bewältigen zu können, werden als Kompetenzen bezeichnet. Erziehung, Entwicklungsförderung und Bildung können hierbei nicht getrennt werden.

Formen der Entwicklungsförderung und Bildung

Entwicklungsbegleitung heißt, dem Kind Schutz und Rahmenbedingungen zu bieten, damit es in Ruhe und Sicherheit selbstbestimmt spielen, handeln, lernen kann. Zur Entwicklungsbegleitung gehören auch Anregungen und Ermunterungen.

Entwicklungsförderung bedeutet, in voraus geplanten Lernsituationen die Fähigkeiten und Fertigkeiten der Kinder anzuregen, z. B. in den Bereichen Motorik, Sprache, Wahrnehmung, Denken, Sozialverhalten. Zwar können einzelne Erlebnisse Entwicklung stimulieren, aber für eine nachhaltige Wirkung sind Systematik und Kontinuität notwendig.

Ein Förderprogramm wird oft von Fachkräften der Frühförderung angeleitet, im Anschluss an eine Diagnostik. Es beinhaltet meist Sprach- Wahrnehmungsoder spezielle Bewegungsübungen. Nach der Anleitung führt oft die Erzieherin das Programm weiter, dadurch erhält sie eine Fortbildung vor Ort.

In vielen Kindertageseinrichtungen werden derzeit Sprachförderprogramme zum Deutschlernen (Deutsch als zweite Sprache) durchgeführt.

Förderprogramme sind zeit-, raum-, und personalintensiv, aber tragen wiederum zur Qualitätsentwicklung bei.

Bildung erstreckt sich im engeren Sinne auf Wissen und die Frage nach dem Sinn von etwas, schließt kulturspezifische Fähig- und Fertigkeiten ebenso mit ein wie das Denkvermögen und die positive Einstellungen zum Lernen.

Im weiteren Sinne umfasst Bildung auch alle Aspekte des Menschseins und bedeutet damit auch Persönlichkeitsbildung.

Ich-Kompetenz u. a.	Sozialkompetenz u. a.	Sachkompetenz u. a.	Lernkompetenz u. a.
• **Selbstwahrnehmung** eigene Bedürfnisse, Gefühle wahrnehmen • **Wissen** „Wer bin ich, was kann ich gut, was weniger?" • die eigene **Lebensbiographie, kulturelle Zugehörigkeit** kennen • **Selbstmanagement:** z. B. sich entscheiden, Interessen anmelden können, umgehen können mit Gefühlen, den eigenen Körper achten • **Selbstkonzept:** Zutrauen haben in die eigenen Fähigkeiten; sich einschätzen können im sozialen Vergleich • **Eigene Meinung** über etwas haben und diese mitteilen können	• **andere wahrnehmen,** deren Erwartungen, Gefühle • **Kontakt aufnehmen** und halten • **Fähigkeiten, Gefühle, Denken** der anderen achten und beim gemeinsamen Tun mit berücksichtigen • **Rechte** und **Gerechtigkeit**, Regeln und Normen kennen, Regeln einhalten • **mit Konflikten** umgehen • eigenes Verhalten im sozialen Kontext **reflektieren** • **Verantwortung** für das eigene Verhalten übernehmen • Freude haben am Tun in der Gruppe	• **Wahrnehmung** der Wesensart von Erscheinungen • **Sprache** haben, um Dinge, Personen, Beziehungen, Handlungen usw. benennen und um deren Bedeutung erfassen zu können • **Fertigkeiten** der Bewegung, der Selbstversorgung, des Umgangs mit Dingen und Menschen • **Wissen** haben über Dinge, Menschen und Erscheinungen der natürlichen und sozialen Umwelt, ihre Zusammenhänge und ihren Sinn in der Welt • sachbezogene Verantwortung übernehmen	• **Wille** zum Lernen • **Informationen besorgen** und sich Wissen aneignen können • nach **Ursachen, Sinn und Bedeutung** von etwas fragen, z. B. Gewitter, neue Regel, unbekannter Gegenstand • **im Austausch mit anderen** Folgen vorausdenken und Problemlösungen finden • mit **Änderungen** und **Wandel** umgehen, z. B. Eintritt in den Kindergarten, wechselnde Kleingruppen-Zusammensetzungen, Praktikanten- und Erzieherwechsel • sich mit Details befassen aber auch **Strukturen** * erkennen

Lernen ist der Prozess der Aneignung von Wissen, der Anpassung an eine neue Situation, ist Begreifen und Verstehen, Nachahmung, Übung. Heute wird vielfach auch von Selbstbildung gesprochen. Lernen ist ein lebenslanger Prozess.

Erziehung als bewusste Handlung des Erwachsenen bedeutet, Kinder zu unterstützen beim Aufbau ihrer Identität und im Prozess des Selbstständigwerdens. Erziehung beinhaltet auch, Normen und Werte zu vermitteln (z. B. demokratische Grundwerte) und danach mit den Kindern zu leben. Ein wesentliches Ziel der Erziehung ist der mündige Mensch.

Vorbereitete Umgebung. Eine vorbereitete Umgebung ist pädagogisch durchdacht und nicht auf Ästhetik und Funktionalität (z. B. Hygiene, Sauberkeit, Wärme) beschränkt.

Der Raum wird als „dritter Erzieher" bezeichnet, weil er – je nach Aufteilung und Ausstattung mit Materia-

---

*) Struktur ist die „innere Ordnung" oder „Gliederung" eines größeren Ganzen, z. B. im Bereich Sprache die Regeln des Satzbaus, der Mehrzahlbildung usw., im Bereich Zahlen das Dezimalsystem. Strukturen finden sich auch im sozialen Zusammenleben und in der Natur.
Wer Strukturen erfasst, erkennt die Abhängigkeiten und Zusammenhänge der Elemente des größeren Ganzen.

lien, den Kindern Interaktionsmöglichkeiten, Anregungen und Atmosphäre bietet. Dazu gehören Funktionsräume, Gruppenräume, Flure und die Küche ebenso wie auch der Garten.

Eine vorbereitete Umgebung zu schaffen, setzt viel Fachwissen voraus über Entwicklungsverläufe, Entwicklungsmaterialien, Spielzeug, Material zum Gestalten und Bewegen und die entsprechende Anwendung. Die Erzieherin führt diese meist in einem Angebot ein.

Angebote richten sich im Freispiel an eine kleine Gruppe von interessierten Kindern, wenn diese um Einführung eines Materials, einer Technik, eines Werkzeuges bitten. Ziel ist das anschließende selbstständige Tun des Kindes bzw. auch der darin liegende Entwicklungsanreiz.

Angebote dienen ebenso dem Kennenlernen und der Beziehungspflege.

Gezielte Aktivitäten sind in Inhalt und Verlauf vorgeplant, richten sich an eine bestimmte Zielgruppe und deren Entwicklungsbedarf und tragen bestimmte Themen an die Kinder heran.

Hierzu gehören u. a. die Bewegungserziehung, Bilderbuchbetrachtung, Liedeinführung, Naturbegegnung usw. Viele Aktivitäten sind in sich abgeschlossen, andere finden turnusmäßig statt.

Projekte. Projekte beachten, dass Kinder mit allen Sinnen, dem Herz und dem Verstand lernen wollen und sich über einen längeren Zeitraum immer wieder anders mit einer Sache befassen möchten. Sie
- sind meist gruppenübergreifend
- sind in der Thematik von den Kindern mitbestimmt
- geben vielfältige Anreize zu fragen, zu forschen, zu suchen, zu sammeln, zu ordnen, zu gestalten, zu kommunizieren.
- enthalten oft Außenkontakte
- werden oft am Schluss präsentiert

Offene Lernsituationen. Die Erzieherin schafft einen Rahmen, der den Kindern vielfältige Möglichkeiten des Handelns, Spielens, Lernens bietet. Es wird nicht vorgeplant, was und wie die Kinder lernen sollen.

Beispiele:
- Freispiel
- Waldtag

Kinderkonferenz. Die Kinderkonferenz ist eine Versammlungsform in Kindertageseinrichtungen. Sie hat die Funktion, Kinder frühzeitig an demokratische Formen der Mitbestimmung zu gewöhnen, in Angelegenheiten, die sie selbst betreffen. Es ist eine Form der Bildungsarbeit und gleichzeitig eine Sozialform. Oft sind ausschließlich die Schulkinder einer Kindertageseinrichtung Mitglieder der Kinderkonferenz.

Zu den gezielten Aktivitäten gehört u. a. auch die Bewegungserziehung.

Aufgaben der Erzieherin

1. Neue Kinder in die Gruppe integrieren	**4.** Durch Bewegung die Entwicklung fördern
2. Kinder bei den Verrichtung des täglichen Lebens unterstützen, Selbstversorgung, Selbstständigkeit fördern	**5.** Kinder an Musik heranführen
	6. Kreative Prozesse anregen
3. Spiel pädagogisch begleiten	**7.** Kinder an die Natur/die Gesundheit heranführen

1. Neue Kinder in die Gruppe integrieren

Aufgaben

Sie haben schon viele Erfahrungen mit dem Neusein in einer Gruppe. Tragen Sie in der Kleingruppe zusammen,
- wie Sie sich in den ersten Tagen des Neuseins fühlen,
- was Ihnen hilft, in eine Gruppe hineinzufinden,
- welches Verhalten Sie bei anderen beobachten.

Diskutieren Sie, welches Verhalten im Endeffekt hilfreich ist.

Neu sein bedeutet, sich einen Platz in der Gruppe suchen zu müssen.

Ausgangslage der Kinder in Kindertageseinrichtungen

Silvia, 3;5 Jahre, ist den ersten Tag in der Einrichtung. Sie weint nicht aber folgt der Erzieherin auf Schritt und Tritt. 23 Kinder sind in ihrer Gruppe, sie kennt kein einziges. Manche schauen zu ihr herüber aber interessieren sich nicht weiter. Einige sind irgendwo im Haus unterwegs, kommen plötzlich ins Zimmer gestürmt, rennen Silvia fast um.

Aufgaben

- Notieren Sie die möglichen Gedanken von Silvia.
- Erinnern Sie sich an ähnliche Situationen aus Ihrer Kindheit? Was hätte Ihnen geholfen?

Grundbedürfnis: gemocht werden wollen. Der Mensch ist ein Gruppenwesen, von Anfang an. Er will sich zugehörig fühlen und will gemocht werden, sucht in neuen Situationen Schutz.

Deshalb hält sich Silvia an die Erzieherin, von der sie dies am ehesten erwartet. Die anderen sind für sie noch unberechenbar.

Sie braucht eine Weile, bis sie weiß: „Die Erzieherin beachtet mich. Sie hat mir meinen Platz in der Garderobe gezeigt und meinen Gruppenraum. Sie hat mir gezeigt, wie ich meinen verschütteten Tee aufwischen kann, ohne zu schimpfen; im Kreis durfte ich neben ihr sitzen: sie mag mich."

Erfährt ein Kind Sympathie und dass jemand seine Anwesenheit, seine Meinung, sein Mittun wertschätzt, dann fühlt es sich als Person geachtet. Auf dieser Basis kann das Kind sich auf die neue Situation einlassen.

Wird ein Kind nicht weiter beachtet, erhält es eine Absage, wird ihm etwas weggenommen, dann ist das Gefühl schnell da: „Niemand mag mich, da will ich nicht mehr hin."

Jemanden lieb haben wollen. Jemanden lieb haben heißt, seine Gefühle auf einen anderen Menschen zu richten, eine Art Glücksgefühl zu erleben, wenn der andere da ist. Lieb haben bedeutet zu vertrauen.

Die meisten Kinder haben die Erzieherin lieb, und die meisten Kinder finden auch einen Freund, eine Freundin zum Liebhaben.

Das Liebhaben zeigen Kleinkinder z. B., indem sie einander an der Hand halten.

Nicht nur das Gemocht-Werden, auch das Liebhaben macht stark, lässt das Vertrauen in die eigenen Fähigkeiten wachsen.

Liebhaben fördert auch die Fähigkeit zur Empathie. Trösten, wenn jemand sich wehgetan hat, können schon Zweijährige.

Ab cirka 5 bis 5½ Jahren sind Kinder sogar in der Lage, sich selbst zugunsten des Freundes/der Freundin zurückzunehmen.

Einerseits entstehen Freundschaften bis ins Grundschulalter hinein oft zufällig, durch Nachbarschaft bzw. die pure Anwesenheit. Andererseits zeigen Kinder schon früh Vorlieben für ein bestimmtes Kind bzw. für die verschiedensten Gelegenheiten: sie mögen einen Freund besonders zum Toben, einen für die ruhigen Spiele und wieder einen, um sich im Wettkampf zu messen.

Von einem Freund wird Schutz und Stärke erwartet, dass er Freude und Leid mit dem Kind teilt.

Beliebt ist als Freund, wer auf andere zugeht, eingeht.

Kindergartenfreundschaften sind heute Grunderfahrungen für den Aufbau von Beziehungen mit Gleichaltrigen und für spätere Partnerschaften. Eigentlich sind hierfür Geschwister günstiger. Geschwisterbindungen sind nämlich verbindlicher, ändern sich auch im Laufe der Entwicklung der Kinder, Streit, Versöhnung und Solidarität werden vielfach erlebt.

Mit Freunden ist das anders. Eine Versöhnung ist nicht unbedingt notwendig, im Konfliktfall kann eine Freundschaft auch gekündigt werden. Einen neuen Freund zu suchen, fordert dann jedoch wieder Initiative.

Heute sind Kinder in besonderer Weise von Freundschaften abhängig, da die Zahl der Einzelkinder zunimmt.

Streiten – sich versöhnen. Streit entsteht um Material, um den Platz, um den Freund, der heute vielleicht andere Interessen oder gar einen anderen Spielpartner gewählt hat. Jüngere Kinder ziehen an den Haaren oder kneifen, ältere argumentieren und beschimpfen sich.

Die Erzieherin greift bei Handgreiflichkeiten zum Schutz des Schwächeren schnell ein, bei anderen Streitformen dann, wenn sie annehmen kann, dass die Kinder zum Gespräch bereit sind. Sie regt Verhaltensweisen an, zwingt die Kinder aber nicht, ihren Streit auf eine bestimmte Art zu lösen.

Streiten und Versöhnen-Lernen sind unabdingbar für das weitere Leben.

Im Streit lernt das Kind, dass jeder Bedürfnisse hat. Es lernt, die eigene Meinung zu sagen, und dass eine neue Vereinbarung nach einem Streit einen Neubeginn ermöglicht.

Sich in der Gruppe erfahren, ein positives Selbstkonzept entwickeln. Das 3-jährige Kind, das neu in den Kindergarten kommt, bringt schon ein Selbstbild mit, ein positives oder ein negatives. Das eine Kind hat erfahren, dass ihm das meiste glückt; das andere hat wiederholt erlebt oder zu hören bekommen, was es schlecht gemacht hat oder setzt sich aus Ängstlichkeit gar nicht diesen Situationen aus.

Erzieher kennen die Wichtigkeit eines positiven Selbstbildes. Sie schaffen Rahmenbedingungen und Situationen, in denen das Kind sich selbst fühlen und seine Stärken erfahren kann.

Wiederholungen von Spielen und Tätigkeiten vermitteln dem Kind: „ Das kann ich schon" und machen ihm seine Fortschritte bewusst.

Erzieher gestalten den Tagesablauf und die Umgebung so, dass das Kind ohne Stress tätig sein und selbstbestimmt positive Erfahrungen machen kann.

Auch die Planung gezielter Aktivitäten ist wichtig: Ein Kind kann sich ruhig und selbstbewusst auf neues Lernen einlassen, wenn die Herausforderung zu seinem Entwicklungsstand passt. Dazu muss die Erzieherin die Persönlichkeit und den Entwicklungsstand jedes Kindes kennen.

Die Erzieherin hilft dem Kind auch, mit Enttäuschungen umzugehen, z. B. wenn es eine Absage erhält oder wenn ihm etwas nicht gelingt.

Zur eigenen Identität gehört auch das Bewusstsein, Mädchen oder Junge zu sein.

Das Beobachten und Nachahmen des Verhaltens der Geschlechtsgenossen nimmt im Kindergarten einen großen Raum ein, da hier erstmals viele Beobachtungspersonen zur Verfügung stehen.

Jungen orientieren sich an den Jungen. Jedoch fehlt vielen ein reales Männervorbild. In Filmen werden Geschlechtsrollen oft übertrieben, gleichzeitig sagt die Erzieherin: „Jungen und Mädchen haben Gefühle, dürfen weinen, stark, lieb oder auch mal frech sein." Uns muss klar sein, dass Jungen wegen solch widersprüchlicher „Botschaften" häufig mit ihrem Verhalten experimentieren und vieles übertreiben.

Langsames Vortasten in die Gruppe: Sozialformen im Spiel

Vorstufe: Beobachtungsspiel; das Kind beobachtet, entwickelt aber keine eigene Spielaktivität.

Alleinspiel: Das Spielmaterial unterscheidet sich von dem der anderen Kinder; kein wesentlicher Kontakt mit den anderen Kindern.

Parallelspiel: Das Kind spielt neben den anderen Kindern; das Spielmaterial ist gleich oder ähnlich; es gibt keine oder fast keine gegenseitige Beeinflussung der Spielhandlung.

Assoziationsspiel: Das Kind nimmt Spielideen anderer auf oder äußert Ideen, aber es fehlen ein Plan und ein gemeinsames Ziel. Insofern wird das Eigeninteresse auch nicht untergeordnet.

Kooperationsspiel: Die beteiligten Kinder entwickeln ein gemeinsames Vorhaben; sie beeinflussen sich in der Spielhandlung, ordnen ihre Interessen unter oder überzeugen andere von einer Idee; sie verhandeln über Aufgaben und Rollen.

Aufgabe

- Notieren Sie an Ihrem nächsten Praxistag zu drei verschiedenen Zeitpunkten die Konstellationen, in denen die Kinder tätig sind, z. B. um 9.00 um 9.20 und um 9.40 Uhr.
- Schauen Sie genau nach der Sozialform, in der die Kinder tätig sind.
- Fassen Sie Ihre Ergebnisse zusammen.

Gruppenfähig werden. Lange verstehen Kindergartenkinder die Zugehörigkeit zu einer Gruppe als Zugehörigkeit zu einer Erzieherin und einem Raum.

Die Kinder müssen erst gruppenfähig werden. Sie lernen in den drei Jahren des Kindergartenbesuchs, sich einer Gruppe von Kindern zugehörig zu fühlen, mit den Kindern zu kommunizieren, bestimmte Regeln einzuhalten, Bedürfnisse anderer wahrzunehmen und zu akzeptieren, Aufgaben für die Gruppe zu übernehmen, das Gruppenleben mitzugestalten, Konflikte altersentsprechend zu regeln.

Die Dynamik in der Gruppe ergibt sich durch die Vielfalt der Individuen mit je eigenen Bedürfnissen, Stärken und Interessen.

Sie kommen aus Familien mit unterschiedlichen Werten und Gewohnheiten und bringen Erfahrungen mit, die das Leben, das Spiel und Gespräche in der Gruppe bereichern.

Die Vielfalt soll als persönliche Vielfalt gesehen und nicht einem äußeren Merkmal zugeschrieben werden.

- Lena hat gut gefegt, weil sie es gut kann, nicht weil sie ein Mädchen ist
- Mehmed und Denis können gut tanzen, weil sie es geübt und Freude daran haben, nicht weil sie türkische Kinder sind.
- Isabel darf man nicht anrempeln, weil sie leicht das Gleichgewicht verliert, nicht weil sie behindert ist.

So wird das genaue Hinschauen und das Beachten der Persönlichkeit eines jeden Kindes gefördert

Spontane Kleingruppenbildung. Kinder, die sich spontan zu einer Kleingruppe zusammentun, haben schon einen erheblichen Schritt auf dem Weg zur Gruppenfähigkeit bewältigt.

Sie sind in der Lage, mit mehreren Partnern gleichzeitig zu kooperieren, die Interessen und Gefühlslagen mehrerer Partner zu beachten, verschiedene Rollen einzunehmen, Regeln aufzustellen und Konflikte auszuhandeln, abzuwarten. Etwa ab 5 Jahren werden Kinder dazu fähig. Der Wunsch nach Zugehörigkeit und Anerkennung von Seiten der Kinder und Unabhängigkeit von der Erzieherin ist eine wesentliche Triebfeder.

Gruppenpädagogische Aufgaben der Erzieherin – Methoden

- mit den Eltern die Eingewöhnungsphase besprechen
- dem neuen Kind die Einrichtung zeigen, seine Erzieherin, seinen Raum, seinen Platz, ihm wichtige Personen vorstellen
- die Erzieherin muss zuverlässig für das Kind verfügbar sein (feste Dienstzeiten im Fall von Schichtdienst)
- Individualität und Gemeinsamkeit mit anderen bewusst machen
- Rollenspiele/Zeichnen/Malen/Bauen/Kleine-Welt-Spiele ermöglichen Ausdruck und Verarbeitung von Gefühlen
- Freundschaftsbildung fördern
- Konflikte lösen helfen
- Kleingruppenangebote, um gutes Sozialverhalten einzuüben, was sich wiederum günstig auf das Leben in der Gesamtgruppe auswirkt
- das neue Kind vorstellen
- jedem einzelnen Kind das Gefühl geben, dass es selbst, seine Anwesenheit, sein Mittun, seine Meinung wichtig sind
- Schutzraum bieten, innerhalb dessen das Kind agieren und Gefühle äußern kann

Spiele und Tätigkeiten zur sozialen Wahrnehmung
Spiel: z. B. Personen-Kimspiele, Stimmen raten, Pantomime, Spiegelspiel

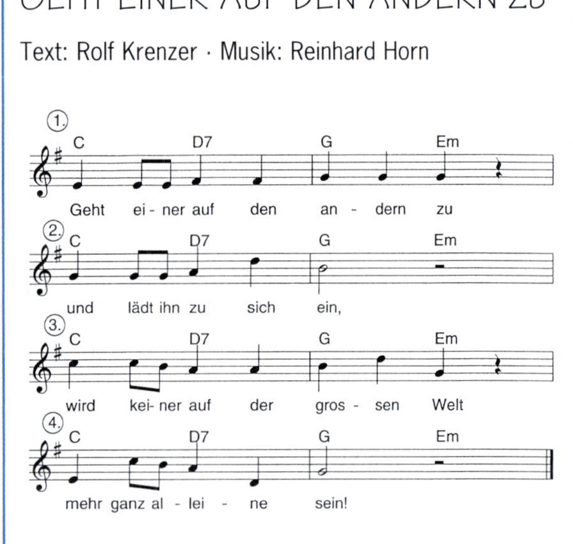

Rhythmik: z. B. Führen und Folgen, Übungen vormachen und nachmachen lassen, Ballmassage

Kreativität: z. B. Partnerbilder, Schminken, Gruppenbilder

Gespräch: z. B. Wie wichtig ist Freundschaft? Wie ist es, neu zu sein?

Kreis- und Singspiele: z. B. „Geht einer auf den andern zu." (siehe links)

Kochen: z. B. für sich und die Gruppe etwas herrichten und gemeinsam essen

Der Stuhlkreis, eine Sozialform und Methode

Auch wenn Selbstbestimmung und Individualität eine große Rolle spielen, haben Kinder auch Interesse an Gemeinsamkeit und geleitetem Tun.

Der Stuhlkreis ist ein zeitlicher Fixpunkt im Tagesablauf und Fixpunkt in sozialer Hinsicht: die Erzieherin gibt Schutz, und die Gruppenkollegen sind anwesend, die sonst vielleicht in anderen Räumen oder dem Garten unterwegs sind. Das Kind kann Verhalten, Gestik, Mimik, Sprache der anderen beobachten und Reaktionen der Erzieherin auf angemessenes/unangemessenes Verhalten.

Der Stuhlkreis kann auch Forum sein für den Austausch von Erfahrungen und Erkenntnissen aus Kleingruppenaktivitäten oder Projekten.

Hier übt das Kind, seine Wünsche zu formulieren und die Äußerungen der anderen anzuhören. Die Erzieherin sorgt dafür, dass jedes Kind im Stuhlkreis seinen Platz hat, angehört wird, dass aufregende Erlebnisse, Wünsche, Regeln und gemeinsame Vorhaben besprochen werden.

Sie verknüpft die Beiträge einzelner, sodass das Besprochene zur Sache der ganzen Gruppe wird.

Ältere Kinder können ihren Entwicklungsvorsprung genießen, jüngere können nachahmend lernen.

Das Kind kann im Stuhlkreis Kraft schöpfen für anschließendes, selbstbestimmtes Tun. Es kann in Kontakt mit gewünschten Spielpartnern kommen und diese für sein Spiel gewinnen.

Der Stuhlkreis ist in den letzten Jahren stark kritisiert worden. Er sei nicht mehr kind- und zeitgemäß. Erzieher begründeten dies mit einem höheren Bewegungsbedarf, gesunkener Konzentrationsfähigkeit, fehlender Ausdauer. Auch stellten sie die Inhalte im Stuhlkreis in Frage, wenn zum Beispiel nur gesungen und gespielt wurde.

Aufgabe

Tragen Sie in der Gruppe Bedingungen an Inhalte und Dauer eines Stuhlkreises zusammen. Vergleichen Sie Ihre Erwartungen.

Feste und Feiern in sozialpädagogischen Einrichtungen

Wenn Kinder ein paar Wochen nach dem Start des Kindergartenjahres ein wenig zur Ruhe gekommen sind, beginnen die traditionellen Feste wie Erntedank, Sankt Martin usw. Gruppenpädagogisch ist dies sehr günstig. Die Gruppe hat ein gemeinsames Ziel, jeder hat eine Aufgabe, die Gruppe tritt als Ganzes nach außen auf, erhält Lob, und die Eltern werden mit einbezogen.

Eines der wichtigsten Feste ist dem Kind jedoch sein eigener Geburtstag.

Das Bewusstsein, ein Jahr älter zu werden, weckt bei vielen Kindern die Vorstellung, mehr zu dürfen, mehr zu können. Diese Vorfreude ist ebenso bedeutsam wie die Erwartung der Geschenke, der Feier, des Wunsches, im Mittelpunkt zu stehen.

Der bevorstehende Geburtstag ist für das Gefühlsleben aller Kinder der Gruppe wichtig.

Die Erzieherin motiviert sie, eine Überraschung, ein Geschenk für das Geburtstagskind herzustellen, es

werden Vorbereitungen für das Programm und das Essen getroffen, der Platz geschmückt.

Dies braucht noch eine gewisse Lenkung und wird attraktiv durch das geheimnisvolle Tun.

Das Geburtstagskind erlebt, dass es viele Freunde hat, die es lieb haben und dass es eine wichtige Person für die Freunde und in der Gruppe ist. Und von der Erzieherin erhält es endlich einmal so viel Beachtung, wie es sie vielleicht immer wünschte.

In der Wiederholung der Kindergeburtstage durch das Jahr liegt auch ein gewisser Reiz. Es entwickeln sich Traditionen, die gepflegt sein wollen und die Sicherheit geben. Die Kinder wissen, was sie erwarten können. Der Geburtstag bietet auch die Chance, sich in das Gefühl des Geburtstagskindes hineinzuversetzen, denn Geburtstag kennt jeder.

Aufgaben

- Beobachten Sie mehrere Geburtstagsfeiern in der Gruppe Ihrer Praxiseinrichtung.
- Beschreiben Sie die Rituale, berichten Sie davon in der Klasse.
- Wie hätten Sie sich als Kind gefühlt?
- Was hätten Sie sich gewünscht? Warum?

Festarten

Persönliche Feste	Religiöse Feste	Jahreszeitenfeste	Feste der Einrichtung	Feste der Gemeinde
• Geburtstag • Namenstag • Einschulung • Muttertag • Vatertag	• Erntedankfest • St. Martin • Nikolausfest • Advent • Weihnachten • Ostern • Fronleichnam	• Jahreswechsel • Fastnacht • Frühlingsfest • Sommerfest	• die Neuen kommen • Schulkindübernachtung • Spielfest • Namenspatron der Einrichtung • Jubiläum	• Kirmes • Gemeindebazar • Fest der Kulturen • Vereinsfeste, z. B. Feuerwehrfest • Jubiläum, z. B. der Bibliothek Auch: Internationaler Kindertag

Bedeutung von Festen und Feiern. Feste sind das Außergewöhnliche, dazu gehören eine gehobene Stimmung, Glanz, Farben, Geschenke und eine gewisse Üppigkeit des Raumschmucks und des Essens. Feste sind immer auch Feste für die Sinne, in allen Kulturen und Ländern.

Feiern hingegen können auch getragen oder besinnlich sein.

Beiden gemeinsam ist das Gemeinschaftserlebnis in einer relativ übereinstimmenden Gefühlslage, häufig bewusst durch Musik beeinflusst.

Traditionen gehören zu Festen und Feiern, sind das verbindende Glied zwischen den Generationen und haben einen Wiedererkennungswert durch ihre Wiederholung. Sie geben Sicherheit. Zu den Traditionen gehören Lieder, bestimmte Speisen, bestimmte Tätigkeiten, wie z.B. ein Umzug oder Vorführungen.

Feste und Traditionen rufen in der Vorfreude und mit ihren Attributen Stimmungen hervor und vertiefen damit das Empfindungsvermögen. Feste in der dunklen Jahreszeit mit Kerzenlicht oder Laterne helfen zur Ruhe zu finden. Ein Winterfest/Karneval mit Lärm, Verkleidung, dem weißen Schnee weckt die Lebensgeister. Der Mensch braucht solche unterschiedlichen Empfindungen, um sich selbst zu spüren.

Nicht alle Kinder sind gleichermaßen glücklich über Feste. Der veränderte Raum und Gäste von außen verunsichern insbesondere jüngere Kinder. Gruppenkollegen und Erzieherin verhalten sich anders als sonst, insbesondere bei Festen mit Verkleidung. Manche Kinder wollen nicht vor Publikum auftreten.

Zu Hause machen nicht alle Kinder positive Festerfahrungen. Finanzielle Nöte, familiäre Krisen werden vor allem an Festen deutlich. Feste mit besonders hoher Erwartungshaltung und mit langem und intensivem Zusammensein führen vermehrt auch zu Stress in der Familie.

Feste bieten Entwicklungsanreize. Eine neu zusammengekommene Gruppe muss ihre eigene Festgestaltung und Festtradition erst finden. Das fordert viele Gespräche, das Äußern von Wünschen und Erwartungen. Zuhören und Kompromisse finden werden geübt.

Sich auf Neues einlassen – mit Unterstützung der Erzieherin – ist eine Haltung, die bei jedem Neubeginn neu aktiviert und zunehmend weniger Angst auslöst.

Multikulturelle Feste wecken das Interesse an anderen Kulturen, bieten sie doch oft Einblick in verschiedene Traditionen: Speisen, Kleidung, Musik und Tänze, Beschenkung oder Ehrung eines Gruppenmitglieds.

Mit den Festen lernt das Kind Zeit zu erfassen, denn Feste teilen das Jahr in überschaubare Abschnitte, und jede Wiederholung eines Festes bedeutet das Erfassen eines Jahres.

Die Festvorbereitung ist in jeder Hinsicht entwicklungsfördernd. Möglichst alle Teilnehmer sollten einbezogen sein, egal ob bei praktischen Vorarbeiten, bei Vorführungen oder der Raumdekoration.

Feste, Problembereiche: Christliche Feste und Feiern sind für Kinder aus anderen Kulturen und mit anderem religiösem Hintergrund oft eine schwierige Zeit. Sie wollen mitfeiern aber z. B. die Verehrung von Jesus, als Sohn Gottes an Weihnachten und Ostern gilt im Islam als Gotteslästerung. Muslime folgen der Lehre von einem einzigen, unteilbaren Gott. Ein Vergleich von Jesus mit dem Propheten Mohammed allerdings würde die Feier seines Geburtstages rechtfertigen, denn auch Mohammeds Geburtstag wird gefeiert.

In den meisten christlichen Festen und Feiern stecken Ideale des Menschseins, die in anderen Religionen und Kulturen entsprechend gelten.

Diese universellen Botschaften gilt es zu entschlüsseln und so zu formulieren, dass sie von Eltern verstanden und akzeptiert werden können.

In den Festen zwischen St. Martin und Weihnachten steht das Helfen, Teilen und Schenken im Mittelpunkt und die Suche nach Licht, nach Hoffnung und neuem Leben. Motto für jedes Fest kann auch Versöhnung sein im Kleinen wie Friedenswunsch und Völkerverständigung im Großen.

Eine Mitteilung über anstehende Feste gibt Eltern die Möglichkeit, über die Teilnahme ihres Kindes zu entscheiden. Erzieher müssen in mancher Hinsicht andere Werthaltungen akzeptieren z. B. die Ablehnung von Geburtstagsfeiern oder von Halloween mancher Religionsgemeinschaften.

2. Kinder bei den Verrichtungen des täglichen Lebens unterstützen, Selbstversorgung, Selbstständigkeit fördern

Aufgaben

- Welches Gefühl haben Sie, wenn Sie etwas Neues können?
- Kennen Sie das Gefühl, bedrängt zu werden, etwas schneller zu tun, wo Sie sich doch alle Mühe geben?
- Waren Sie ein selbstständiges Kind, oder hat man Ihnen viel abgenommen?

Was mag in dem Kind auf dem Foto vorgehen?

Ausgangslage der Kinder in Kindertageseinrichtungen

Noch vor wenigen Jahren mussten Kinder selbstständig die Toilette benutzen können als Voraussetzung zur Aufnahme in einen Kindergarten.

Inzwischen gibt es Windeln tragende 2-Jährige im Kindergarten, und die Betreuungszeit hat zugenommen. Die Sichtweise über den Toilettengang hat sich geändert.

Heute werden solche Kindertageseinrichtungen nach Qualitätskriterien von Tietze als gut bezeichnet, in denen Körperpflege, Mahlzeiten, Toilettengang als pädagogisch bedeutsame Situationen ebenso beachtet werden wie die kindgerechte Höhe von Toiletten und Waschbecken. Zur Hygiene gehört auch das Händewaschen der Erzieherin zwischen der Toilettengangunterstützung mehrerer Kinder.

Körperpflege bietet die Möglichkeit zur Beziehungspflege.

Kinder lieben Tätigkeiten der „Großen", möchten selbst groß und unabhängig sein, möchten mit Geräten wie Schere und Messer umgehen. „Das will ich selbst tun" ist ein beliebter Spruch vor allem der 3- bis 4-Jährigen. Sie nehmen selbst in die Hand, was sie fürs Leben brauchen. Sie sind Akteure ihrer Entwicklung.

Allerdings bedeutet es eine Geduldsprobe für uns: zuzuschauen, wie das Kind mit seinen Schnürsenkeln hantiert, Kleidungsstücke richtig oder falsch herum anzieht. Oft müssen wir es auf später vertrösten, weil jetzt die ganze Gruppe wartet.

Jüngere Kinder schwanken auch noch zwischen Tun und Spiel, und sie haben ein starkes Bedürfnis nach sinnlicher Wahrnehmung. Sie hantieren gerne und beobachten Veränderungen durch ihr Tun. Beim Händewaschen, Geschirr spülen, Zähneputzen geht es immer auch um das Spielen mit Wasser.

Kinder haben auch Freude am Bewegungskönnen, wie oft sagen sie doch: „Guck mal, was ich kann!".

Das Selbstversorgen bezieht sich auf
- sich an- und ausziehen mit allerlei Verschlüssen an Kleidung und Schuhen

- selbstständigen Toilettengang
- Hände waschen
- Zähne putzen und Waschbecken säubern
- Verrichtungen rund ums Essen wie:
  - Banane, Apfel schneiden, Karotte schälen und schneiden
  - selbstständig frühstücken
- Hauswirtschaftliche Tätigkeiten/Ämter erledigen wie Tisch abwischen, fegen, Frühstückstisch richten, Staubsaugen, Geschirr abwaschen und abtrocknen.

Kompetenzerweiterung

Wer sich selbst versorgen kann, gewinnt an Würde. Selbstversorgung hat einen persönlichkeitsbildenden Wert.

Das Kind erwirbt noch zahlreiche weitere Kompetenzen, die es für das Leben braucht, die ihm mit jeder Wiederholung mehr zu eigen werden.

Ich-Kompetenzen	Sachkompetenzen
• Vertrauen haben in das eigene Können • an einer selbst gestellten Aufgabe dranbleiben, bei Misserfolg nicht gleich aufgeben • um Hilfe bitten • seinen Körper kennen, achten, pflegen und gesund erhalten	• Details am Körper, Gegenständen und Material benennen können • Fertigkeiten, Abläufe beherrschen • sachgerechte Handhabung von Geräten • zielstrebig sein • Koordinationsfähigkeit • Wissen, wie Geräte funktionieren und diese bedienen können

Das Recht des Kindes auf Ernst und Echtheit

Jeder kennt es: Ein Kind verkündet, dass es sich selbst anziehen oder Geschirr abwaschen möchte. Wir lassen es handeln, um wenig später festzustellen, dass es mit der Strumpfhose oder dem Wasser spielt. Uns ist klar: Das Kind kann es noch nicht.

Die Logik hat einen Fehler: Keiner hat ihm gezeigt, wie es geht.

Das Kind ernst nehmen bedeutet zu fragen: „Möchtest du, dass ich es dir zeige?"

Jedes Kind möchte Fertigkeiten erwerben, die es im Leben braucht; es möchte einen ganzen Ablauf beherrschen und keine Pseudomitarbeit leisten. Wir dürfen es nicht bitten, Wanne und Lappen zu holen, um dann selbst den Tisch abzuwischen.

Es möchte funktionsfähige Geräte benutzen und kein stumpfes Kindermesser, es möchte tüchtig sein.

Das Recht des Kindes auf Ernst und Echtheit zu achten, ist ein didaktisches Grundprinzip, das wir bei der Entscheidung für ein Thema auch in anderen Bereichen beachten müssen.

Methode: Das Vormachen

„Ich helfe dir, es selbst zu tun" ist eine pädagogische Grundhaltung, weil sie das Kind in seinem Selbstständigkeitsstreben respektiert, egal ob bei der Selbstversorgung, dem Basteln oder Fahrrad fahren lernen.

Eine vorschnelle Hilfeleistung hält das Kind in Abhängigkeit von uns.

Viele Jahre galt die Devise: „Das Kind soll experimentieren, soll alles selbst herausfinden. Erwachsene, auch manche Fachleute, empfanden das „Zeigen" als Gängelei des Kindes.

Erst die Montessoripädagogik sorgte für eine neue Popularität dieser Methode; die Verrichtungen des täglichen Lebens dürfen nun gezeigt werden.

Nach MONTESSORI ist ein Kind zwischen 3 und 6 Jahren besonders bereit zum Speichern von Bewegungsabfolgen, aber nicht nebenbei – so wie wir es tun würden – sondern in einer deutlichen Lernsituation: „Möchtest du, dass ich es dir zeige?" Mit dieser Frage weckt die Erzieherin die Aufmerksamkeit des Kindes.

Wie zuvor noch in der Pflegesituation zeigt sie die Bewegung nur einem Kind, konzentriert sich auf die einzelnen Schritte. Das Kind sitzt oder steht so neben ihr, dass es in die offene Hand der Erzieherin hinein schaut.

Die Bewegungen sind langsam, aber flüssig, wobei wichtige Schritte betont oder quasi „eingefroren" werden. Der Erwachsene demonstriert eine Bewegungsfolge bei Kindern bis zu 5 Jahren wortlos und am Stück. Worte würden das Abspeichern der Bewegungsfolge stören.

Das Vormachen schließt das Nachmachen, die Übung und die Aneignung mit ein. Hier schaut der Erwachsene ebenso geduldig zu, wie vorher das Kind dem Erwachsenen.

- Suchen Sie eine Situation in der Klasse, die sich für das Vormachen vor der Gruppe eignet, z. B. den Stuhl auf den Tisch stellen.
- Analysieren Sie den Vorgang und führen Sie ihn durch.
- Beobachten Sie, was die nachmachende Person behalten hat. Sie werden erstaunt sein.
- Was ist beim Vormachen in der Gruppe anders als bei der Demonstration für ein Kind?

Beispiel: Karotte schälen
- Hände waschen
- Nägel bürsten
- Brettchen
- Küchenmesser
- Dünnschäler (nicht alle sind geeignet)
- Karotte
- Teller
- Abfallschale

- Karotte längs auf Brettchen legen, dickes Ende liegt links
- Stiel und Ende abschneiden, Abfall in die Abfallschale geben
- Karotte mit linker Hand festhalten (Rechtshänder)
- Dünnschäler mit rechter Hand von links nach rechts auf der Karotte entlangschieben
- Schalen in den Abfallbehälter geben
- Abfall, Messer, Dünnschäler, Brettchen versorgen
- Tisch abwischen
- Karotte waschen, mit dem Teller zum Platz bringen, essen

Die Erzieherin macht den gesamten Vorgang wortlos und am Stück vor. Das Kind erhält eine eigene Karotte und ist danach dran.

Kindern ab 5 kann sie erklären, warum sie etwas genau so tut. Aber der Vorgang muss nicht kategorisch nur auf diese Weise geschehen. Manch einer findet neue und bessere Wege. Aber die Grundprinzipien sollten erhalten bleiben (am Stück zeigen, jüngeren Kindern wortlos).

Aufgaben

- Erproben Sie diese Übung in der Praxis.
- Führen Sie die Regel ein, dass die Kinder die entsprechenden Geräte nur benutzen dürfen, wenn Sie diese eingeführt haben.
- Reflektieren Sie die Einführung mit Ihrer Praxisanleiterin.
- Stellen Sie sich selbst eine ähnliche Aufgabe.

Die Bedeutung der Hand

Zur Selbstversorgung ist die Hand unverzichtbar. Sie greift zu, dreht, muss in einem Fall Kraft setzen, darf im anderen Fall nur ganz behutsam anfassen. Schwierig ist auch das rechtzeitige Loslassen, das Stoppen der Bewegung beim Eingießen oder Schneiden. Und die Hand muss sogar da agieren, wo das Kind sie nicht mehr sieht.

Die Schwierigkeit gezielter Handbewegungen wird insbesondere bei Fingerspielen deutlich. Wir sehen Kinder, die mit der einen Hand die Finger der anderen Hand steuern.

Alltagsverrichtungen sorgen für die Differenzierung der Feinmotorik und sind sogar vorbereitende Übungen zum späteren Schreibenlernen.

Die Zahl der Kinder mit feinmotorischen Koordinationsproblemen nimmt sichtbar zu. Es sind Kinder, die das Malen und Zeichnen lange verweigern, die keine Kraft in der Hand haben, die vieles fallen lassen, denen vieles kaputt geht.

Lesen und erproben Sie das Zeichenexperiment im Kapitel Kreative Prozesse anregen, Seite 216 ff.

Das Experiment stellt uns vor das Problem, dass alles spiegelbildlich geschieht und wir die Handführung nicht sehen. Wir müssen unsere ganze Aufmerksamkeit auf die bewusste Richtungssteuerung lenken. Das ist enorm anstrengend. Genau das ist der Grund, weshalb Kinder mit feinmotorischen Störungen den Maltisch z. B. meiden. Weniger Bewegungsmechanismen und Vermeidungsverhalten verstärken sich gegenseitig.

Die Hand als Werkzeug des Geistes. Nach BUYTENDIJK zeigt sich die Funktion der Hand in Handzeichen, Handfertigkeit, Handwerk und Handschrift. Dabei geht es immer um Greifen, Festhalten und Bewegen in unterschiedlicher Kombination der Finger mit Daumen und Handfläche und unter Einsatz des Hand- und Ellenbogengelenkes.

Breithandgriff: Die Hand greift und hebt schwere Gegenstände. Der Daumen steht den Fingern gegenüber (Festhalten einer schweren Kanne, einer Stange, eines Korbes).

Daumengriff: Daumen und Seitenfläche des gebeugten Zeigefingers umfassen einen Gegenstand: Das ermöglicht gezieltes Kraftsetzen (hämmern, Nuss knacken).

Pinzettengriff: (auch Spitzgriff oder Drei-Punkte-Feingriff) zum Führen eines Stiftes, Pinsels, Knopfes.

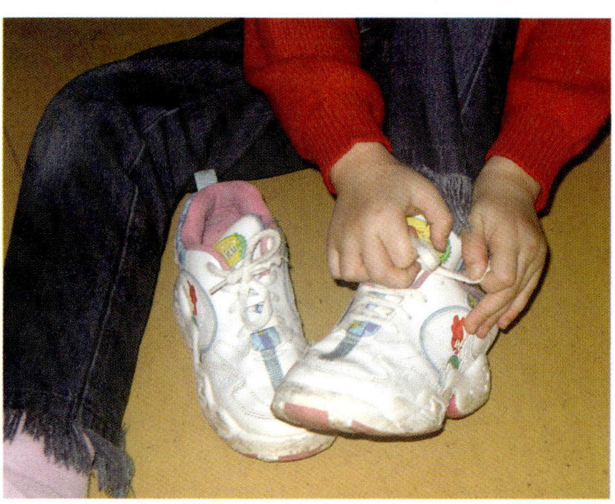

Die Hand ist ein Wahrnehmungsorgan. Über den Tastsinn werden die Eigenschaften der Dinge erfasst, werden sie mit anderen Dingen in Beziehung gesetzt, neu sortiert, der Sinn erfasst. Die Hand schafft Ordnung im Gehirn.

Die Hand hat auch eine emotionale Komponente. Sie wird sichtbar beim Tragen eines Kindes, beim ängstlichen Greifen nach der Hand des Erwachsenen – suchen, streicheln, taktvollem Berühren, „ergriffen" sein von etwas, mit „fühlen".

Wir nutzen die Hand als Sprachorgan: Unser Zeigefinger fragt: „Was ist das?" oder sagt: „Das möchte ich haben" oder „Schau dir das an" als Hinweis auf etwas Wichtiges. Solche Gesten sind nach Molcho nicht erlernt, sondern kommen von innen heraus.

In der Stammesgeschichte des Menschen hat der aufrechte Gang den Einsatz der Hand und damit **Kultur** ermöglicht: den Gebrauch von Werkzeugen, Baukunst, Handwerk, Musik, Schrift.

Und all diese Künste wiederholt jedes Kind aus eigenem Antrieb und in immensem Tempo in seinen ersten 6 Lebensjahren.

Dabei verläuft die Entwicklung der Feinmotorik proximodistal d. h. von der Längsachse (Rückgrat) über Schulter, Ellenbogen- und Handgelenk bis zu den Fingern. Dies zeigt sich sehr deutlich bei der Entwicklung der Kinderzeichnung.

Vom Abwaschen zum Schreibenlernen

Alle kreisenden Bewegungen aus dem Ellebogen heraus bahnen das Schreiben an wie auch der Pinzettengriff eines Konturenpuzzles und auch Bewegungen, die großzügig von links nach rechts verlaufen, wie das Karottenschälen.

Am Schreibenlernen wird die Wechselseitigkeit von Entwicklung deutlich: um den Stift gezielt führen zu können, müssen Wahrnehmung, Denken, Koordination, Bewegung zusammenarbeiten.

Entwicklungsphasen

1. Stufe „Schreibkritzeln"
Die Kinder ahmen das Schreiben von Erwachsenen nach, bringen absichtlich Spuren auf Papier.

Sie erleben sich als „Verursacher". Jedoch fehlt eine Einsicht in die Bedeutung des Schreibens.

2. Stufe „Malen willkürlicher Buchstabenfolgen"
Die Kinder zeichnen Buchstaben nach oder erfinden buchstabenähnliche Zeichen. Sie verstehen noch nicht, dass Buchstaben für Laute stehen.

Kinder schreiben Briefe, indem sie Buchstaben, Bildzeichen und „Kritzeleien" kombinieren. Besondere Bedeutung haben die Anfangsbuchstaben des eigenen Namens.

3. Stufe „Halbphonetisches Schreiben"
Die Kinder entdecken den Zusammenhang zwischen Laut und Buchstabe. Sie schreiben Buchstaben nicht mehr willkürlich, sondern notieren die Anfangsbuchstaben und solche für deutlich hörbare Laute. Dies entwickelt sich zur so genannten Skelettschreibungen. Beispielsweise R..l..r für Roller

4. Stufe „Phonetisches Schreiben""
Sie „lautieren" jedes Wort deutlich und schreiben auf, was sie hören. Beispielsweise **Hekse** statt **Hexe**. Sie beachten noch keine orthografischen Regeln und Abstände zwischen den einzelnen Wörtern.

5. Stufe „Orthografisches Schreiben"
Dies bedeutet das korrekte Schreiben.

Zeichen malen,
Mädchen 3;2 J.

Halbphonetisches
Schreiben
Mädchen 5;9 J.

Willkürliche Buchstabenfolge
Junge 4;6 J.

Phonetisches Schreiben
Junge 5;10 J.

Selbstversorgung, Selbstbestimmung, Mitbestimmung

Wer sich zunehmend selbst versorgen kann, beginnt sich von Abhängigkeiten zu lösen. Nicht von ungefähr beginnt ein Kind zwischen 2 und 4 Jahren sich abzugrenzen von der Mutter/dem Vater. Es experimentiert mit seinen Willensäußerungen. Es übt das „Nein-Sagen", das Fordern „Ich will aber" in angemessenen und unangemessenen Situationen.

Trotz aller anstrengenden Seiten und viel Unvernunft ist dies notwendig. Es macht Eltern bewusst: „Mein Kind ist ein Mensch mit eigenem Willen. Es muss lernen, diesen Willen sinnvoll einzusetzen und akzeptable Formen zu finden."

Im Prozess der Selbstbestimmung übt das Kind, sich zu entscheiden und es erfährt, ob ihm eine Entscheidung gut tut.

Es lernt Folgen und Möglichkeiten abzuwägen. Später beginnt es, Interessen anderer in seine Überlegungen mit einzubeziehen, wenn diese von seiner Selbstbestimmung betroffen sind.

All das sind wesentliche Aspekte auch der Selbstbestimmung im Jugend- und Erwachsenenalter.

Selbstbestimmung übt das Kindergartenkind bei der Wahl einer Tätigkeit im Freispiel. Die Wahl ist jedoch nicht so frei, wie sie auf den ersten Blick scheint. Das Kind muss oft aus dem Verfügbaren wählen, was eine Selbstbestimmung unter eingeschränkten Möglichkeiten bedeutet.

Das Leben in Gruppen zeigt die Grenze der Selbstbestimmung deutlich. Manchmal hat die Mehrheit eine andere Meinung und muss ein Kind sich fügen, wenn es am Gemeinschaftserlebnis teilnehmen will, obwohl seine erste Wahl eine andere war.

> „Freiheit ist nicht, dass man tut, was man will, sondern dass man Meister seiner selbst ist".[1]
>
> Die Selbstversorgung trägt wesentlich dazu bei.

3. Spiel pädagogisch begleiten

Aufgaben

- Spielen Sie in Ihrer Freizeit? (z.B. Kartenspiele, Theater…)
- Wie stehen Sie zu gruppenpädagogischen Spiele (z.B. Kennenlernspielen) im Erwachsenenalter?
- Inwiefern sollten Erzieherinnen mit Kindern spielen?

Diskutieren Sie diese Fragen in der Gruppe.

Wau
Kind

6 2 3 4 5
1 2 3 4 5 6

Ausgangslage der Kinder in Kindertageseinrichtungen

Aufgaben

Machen Sie einen Rundgang durch den Kindergarten auf den vorhergehenden Seiten.

Es ist Freispielzeit. Die Kinder können sich Freunde, Ort und Material frei wählen und bis zum Ende der Freispielzeit selbstbestimmt tätig sein.

1. Gruppieren Sie Tätigkeiten der Kinder, die ähnlich sind.

2. Zählen Sie die Kinder, die auf diese Art und Weise spielen.

3. In welchem Raum wären Sie am liebsten tätig? Warum?

Diskutieren Sie Ihre Meinungen in der Gruppe.

Bildanalyse: Tätigkeiten der Kinder

- Selbstversorgung, hauswirtschaftliches Tun: 8 Kinder
- Lesen, Bilderbücher betrachten: 3 Kinder
- Ausruhen, entspannen, zuschauen: 3 Kinder.

Manches ist mehrmals einzuordnen

14 von 56 Kindern bauen sich eine eigene Welt auf. Sie gestalten eine Szenerie, schlüpfen in eine Rolle, bestimmen das Geschehen.
Dies sind typische Merkmale des Rollenspiels.

6 Kinder spielen Funktionsspiele. Das sind Spiele aus Freude an der Bewegung.

15 Kinder bauen und gestalten; diese Art des Tuns heißt werkschaffendes Spiel. Zentraler Punkt ist das Schaffen oder Erschaffen von etwas, egal ob mit Holzbausteinen, Legos, Papier und Schere, Ton oder Knet.

5 Kinder spielen Regelspiele, bzw. beschäftigen sich mit Wahrnehmungsmaterial.

3 Kinder forschen.

Aufgaben

Betrachten Sie nochmals das Kindergartenbild:
- Welche Kinder sind kognitiv tätig? (offensichtlich lernend)
- Welche Kinder befassen sich mit ihren Grundbedürfnissen ?
- Welche Kinder beobachten?

Diskutieren Sie unterschiedliche Auffassungen in der Gruppe.

Spielarten und Methoden der Entwicklungsbegleitung

Rollenspiel

Im Freispiel finden wir insbesondere das spontane Rollenspiel ohne Lenkung des Erwachsenen. Puppenecke oder Rollenspielzimmer sind für diese Spielart vorbereitet. Aber Rollenspiel kann überall stattfinden.

Oft geht Bauen in Spiel über oder es ergibt sich im Spiel die Notwendigkeit, etwas zu bauen. Tisch, Stühle, Kartons und Tücher werden zusammengefügt und wahlweise zu einem Schiff, einer Hütte, einem Flugzeug erklärt. Damit stecken Kinder das Territorium ab, das für dieses Spiel ihnen gehört, das auch verteidigt werden muss.

Kinder schaffen sich auch eine eigene, „kleine" Welt mit Bausteinen, Gleisen, Autos, Zügen, Flugzeugen, dem Puppenhaus, mit Playmobil und ggf. auch mal mit Barbies. Territorium und Spielfiguren sind kleiner, die Kinder erleben sich selbst als groß und als wichtig.

Das Rollenspiel wird ermöglicht durch das anthropomorphistische Denken, das bedeutet, dass das Kind Gegenstände und Figuren belebt, seine eigenen Gefühle in diese hinein legt.

Im Rollenspiel kann das Kind zweierlei ausleben: Es kann die Lebenswirklichkeit nachspielen, kann Erlebnisse wiederholen, kann handeln und sich verhalten, als ob das Spiel Wirklichkeit wäre.

Zweitens kann es eine Lebenswirklichkeit im Spiel konstruieren (erfinden). Für es ist das Spiel Wirklichkeit. So kann es seine Wünsche verwirklichen, kann seine Welt im Spiel auch beherrschen.

Im Rollenspiel nimmt das Kind spielend Kontakt auf mit anderen, wird mit den Gefühlen und Verhaltensweisen anderer konfrontiert. Es versucht, sich damit zu arrangieren, entwickelt Sympathie und Einfühlungsvermögen und ahmt nach.

Entwicklung des Rollenspiels

Ab ca. 2 Jahren:
- Kinder spielen eigene Verhaltensschemata nach: schlafen, essen
- Gegenstände werden im Spiel umgedeutet (Baustein wird zum Auto, gleich darauf zum Schiff = Symbolstadium)
- eigene Verhaltensschemata werden auf Plüschtiere, Puppen übertragen (Puppe schläft)

Ab ca. 3 Jahren:
- Das Kind schlüpft selbst in andere Rollen: Tier, Handwerker, Vater
- Höhepunkt des Rollenspiels ist zwischen 3 und 4 Jahren

Ab ca. 5 Jahren:
- Rollenspiele in einer Kleingruppe, Absprache, wer welche Rolle spielt und wie.
- sprachliches Überbrücken von fehlenden Gegenständen und Handlungssprüngen (z. B. das Kind hätte ein Geschenk bekommen)

Rollenspielbeobachtungen zeigen:
- es wird phasenweise mehr oder weniger gespielt
- die Spielphantasie wird oft von nur einem Kind beflügelt; fehlt dieses, wenden die Kinder sich anderen Spielen zu
- manche Kinder spielen kein großes Rollenspiel, wohl aber „Kleine-Weltspiele" (z. B. Puppenhaus)
- manche Kinder spielen intensiv Rollenspiele aber verharren auf einer Stufe, spielen z. B. immer dieselben Schemata (z. B. Hund)
- öfter bricht das Spiel auseinander, unmittelbar nachdem die Erzieherin die Szene verlässt.

All dies kann mehrere Gründe haben:
- Die Kinder haben nicht genug Platz oder werden überall beobachtet.
- Sie haben unter Umständen noch nicht die soziale Spielreife, um das Verhalten der anderen mit in ihr Spiel einzubeziehen.
- Vielleicht fehlen ihnen rollenspielende Vorbilder, oder sie haben nicht genug Erlebnisse, aus denen sie schöpfen könnten.
- Vielleicht fühlen sie sich noch nicht sicher genug, folgen deshalb der Erzieherin statt weiterzuspielen.

Rollenspiel: Entwicklung begleiten

Voraussetzzungen schaffen

Raum: Platz bieten; Möglichkeit des Territorium-Absteckens geben; abgelegenen Raum für Rollenspiel ohne Beobachter und großzügigen Raum für Piratenspiele bereitstellen.

Material
- *Großmaterial:* Kartons, Tücher, Tisch, Stühle, Kästen, Seil, Klammern;
- *Kleinmaterial:* Puppe, Teddy, Puppenbett, Stofftier, Geschirr, Besteck, Küchenutensilien, Tasche, Geldbeutel, Babypflegemittel, Kinderstuhl, Geburtstagsutensilien, Schätze aus der Erwachsenenwelt.

Utensilien für Berufe: Hüte, Teile von Uniformen, typische Gegenstände wie Posttasche, Arztkoffer, Schreibmaschine, Notizblock, Schraubschlüssel, Ladenkasse, Lockenwickler, Handy, Telefon usw.

Utensilien/Attribute herstellen z. B. eine Krone, eine Einladung, einen Strafzettel.

Gegenstände aus Märchen: Krone, Goldkugel, Stöckelschuhe, Seidenkleider, Samtjacken, Räuberumhang, Schätze: glänzende Gegenstände und solche aus der Erwachsenenwelt.

Impulse geben bedeutet z. B. die Spielideen zweier Kinder miteinander zu verknüpfen. Zu einem Hund spielenden Kind kann die Erzieherin sagen: „Suchst du vielleicht eine Hundehütte? Ich glaube bei Simon dort auf dem Bauernhof ist eine prima Hundehütte (z. B. unter dem Tisch)".

Spontane Impulse in der Spielsprache geben: „Möchten Sie Ihre Haare gefönt oder aufgewickelt haben?

Vater-, Mutter- und Kindspiele sind in allen Kindergartengruppen üblich und werden meist sehr traditionell gespielt.

Beispiel:
Erzieherin: *„Klingelingeling, ich möchte Sie gerne besuchen.*
Kind: *„Ich muss jetzt aber Essen kochen. Mein Mann kommt gleich heim. Ich habe jetzt keine Zeit."*
Erzieherin: *„Warum holen Sie Ihren Mann nicht mit dem Auto von der Arbeit ab? Sie können doch Auto fahren.? Ich kann ja für Sie weiterkochen."*
Kind: *„Ja, Kind komm, wir holen unseren Papa ab."*

Die Autoidee kann neue Spielperspektiven eröffnen.

Exkursionen: z. B. Eltern am Arbeitsplatz besuchen, mit den Kindern ins Theater gehen; solche Erfahrungen werden mit Sicherheit nachgespielt.

Funktionsspiel

Funktionsspiele spielen Kinder aus Freude an der Bewegung und um zu beobachten, was durch das Hantieren geschieht: mit dem eigenen Körper, den Gegenständen und Stoffen. Dazu gehört das Spiel mit Wasser, das Schaukeln und Drehen. Typisch für Funktionsspiele ist die Wiederholung der Handlung.

Im Kindergartenalter beobachten wir teilweise noch die *unspezifisch funktionale Phase*, in der die Bewegung auf den ersten Blick nicht sachgerecht oder sinnvoll scheint.

Kinder
- kippen Schubladen, Körbe aus
- stecken Spielsachen, Stifte, Sand in den Mund oder in Schlitze hinein
- lassen Dinge aus der Höhe fallen
- kritzeln, matschen

Dabei machen sie Materialerfahrungen (Gestalt, Oberfläche, Gewicht, Größe usw.). Sie erfassen das Wesen der Dinge und deren Beziehung zu anderen Gegenständen, ihre Handhabung und ihren Nutzen (z. B. beim Spiel mit Alltagsgegenständen).

Spezifisch funktionales Spiel heißt sinnvolle Handlungen und Bewegungen auszuführen: mit Bausteinen bauen, mit dem Stift malen.

Kinder experimentieren auch mit ihrem Körper: sie schaukeln, balancieren, rennen, drehen sich um die eigene Achse bis ihnen schlecht wird.

Dabei wollen sie ihren Körper besonders intensiv erleben. Nebenbei steigern sie ihr Bewegungskönnen.

Das funktionale Spiel dient nach SPENCER auch dem Abreagieren überschüssiger, natürlicher Kräfte.

Immer wieder zeigen sich Verhaltensweisen aus der frühen Geschichte der Menschheit. Klettern, Rennen, Fangen, Anschleichen und Jagen sind heute nicht mehr lebensnotwendig, werden aber lustvoll erlebt. Diese Spiele haben heute den Sinn, mit dem Körper zu experimentieren, ihn in Grenzsituationen zu erfahren.

Werkschaffendes Spiel

Dazu gehört das Spiel mit konstruktivem Material (Bausteine, Lego…) und das Gestalten (Malen, Zeichnen, Drucken, Kneten…).

Zentraler Punkt ist das Schaffen oder Erschaffen von etwas.

Das werkschaffende Spiel entwickelt sich aus dem Funktionsspiel:

1. *Hantieren* mit dem Material, spezifisch oder unspezifisch aber ohne Ziel und Steuerung: Kritzeln, Schmieren, Matschen, Zerpflücken (Knet).

2. *Symbolstadium*: Das Kind entdeckt während des Hantierens mit Material eine Ähnlichkeit mit der Wirklichkeit bzw. der Erwachsene weist darauf hin. Es reicht ein Detail (Symbol), z. B. ein Kreis, der beim Kritzeln entstanden ist, um das Werk als Auto zu bezeichnen.

   Zunehmend benennt das Kind sein Werk und geht allmählich dazu über, im Voraus einen Plan zu äußern. Sein Ziel ist aber noch unstet und das Ergebnis für uns nicht erkennbar.

3. *Werkreife* bedeutet:
   - vorgefasster Plan
   - Durchführung des Plans
   - Betrachter kann Ergebnis erkennen

Universalthemen beim Bauen sind Haus (Höhle und Schlafplatzbau), beim Zeichnen: Mensch, Haus und Baum.

Entwicklung des Bauens

Kinder bis 1 ½ Jahre

sammeln Grunderfahrungen mit den Eigenschaften des einzelnen Bausteins durch Betasten, Riechen, Lecken. Sie bewegen, drehen ihn, stecken ihn in größere Behälter, kippen ihn wieder aus, werfen ihn und lassen ihn fallen (unspezifisch-funktionale Stufe).

15–18 Monate

Das Kind stapelt Gegenstände aufeinander, z. B. baut es einen Turm. Aber es stapelt auch Objekte aufeinander, die dafür wenig geeignet sind, z. B. Tassen, Puppenhausmöbel.

Es möchte die Bedingungen herausfinden, warum das Gestapelte umfällt bzw. warum es stehen bleibt. Es erfasst die vertikale Dimension.

Ab ca. 24 Monaten

Das Kind entwickelt eine Vorliebe für das Reihen von Bausteinen, Spielzeugautos oder Püppchen. Jetzt wird die Eisenbahn besonders interessant: das Aneinanderfügen von Gleisstücken und Eisenbahnwaggons = Horizontales Bauen.

Bald darauf richtet das Kind sein Augenmerk auf die Fläche. Bausteine werden nebeneinander gelegt und Objekte daraufgestellt. Das Kind schichtet.

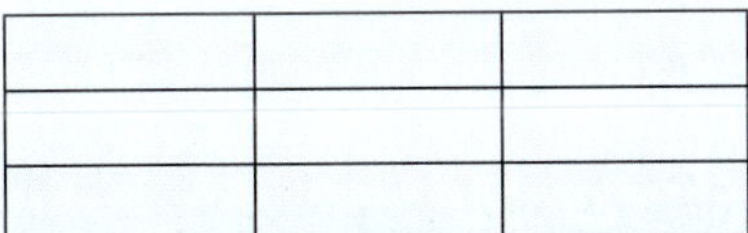

Mauer ohne Verband = schichten

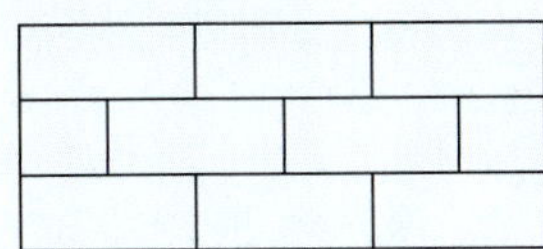

Halbsteiniger Verband

Ab ca. 3 Jahren

kombiniert das Kind die Vertikale und die Horizontale, beginnt sein Werk zu benennen, deutet aber oft noch um.

Ab ca. 4 Jahren

gelingt es ihm, die drei Dimensionen des Raumes sinnvoll zu verbinden und auch „leere" Räume zu schaffen für seine Spieltiere oder Autos.[1]

Während des Schichtens von Reihen macht das Kind Grunderfahrungen mit der Statik. Das Bauen erfordert Ausdauer, gezieltes Zupacken und Loslassen können.

LARGO hat in seinen Entwicklungsstudien, die mehrere hundert Kinder umfassten, nie eine andere Abfolge des Spielverhaltens beobachtet, wohl

- Unterschiede im zeitlichen Auftreten bis zu einem halben Jahr.
- in der zeitlichen Dauer einer Stufe
- in der Intensität des Spiels

Aufgabe

Welche Entwicklungsstufen des Bauens sehen Sie auf dem folgenden Bild und auf dem der vorherigen Seite?

Bauen: Entwicklung begleiten

Raum- und Materialvorbereitung

Holzbausteine in diversen Formen, z. B. Uhlbaukasten, leere Kästen können mit verbaut werden

- Stangen
- Belebungsmaterial abgedeckt, schön präsentiert
- Bauteppich oder andere Abgrenzung

Anspielen, mitspielen, das Bauen bereichern

Wie beim Rollenspiel sind auch hier Zeiten erkennbar, in denen immer das gleiche Schema wiederholt wird, z. B. der Rundturm mit Lückentechnik. Er bietet keine andere Gestaltungsmöglichkeit. *Impuls* der Erzieherin: Turm und Gebäude im Spiel miteinander verbinden durch Straßen, einen Tunnel.

Einführung des Bauens

Neue Kinder werden eine Einführung in das Bauen schätzen, da sie hierdurch offiziell in der Bauecke spielen dürfen, die sonst oft von den großen Jungen belegt ist.

Mögliche Einstiege z. B.

sachliche Material-   spielerischer
einführung   Anfang

Dies gilt übrigens auch für Mädchen, die – wenn die Jungen einmal nicht im Raum sind – oft wesentlich intensiver in der Bauecke tätig sind als im Normalfall.

Sachliche Materialeinführung

„Die Bausteine kennt ihr ja schon alle:

- zeige mir mal einen Würfel, eine lange Stange usw.
- gib mir bitte ein Dach, einen Ziegelstein"
- ggf. „fühle einen Baustein und sage mir, was du fühlst" oder:
- „wir haben sehr viele verschiedene Holzbausteine, von jeder Sorte möchte ich gern einen haben"

Spielerische Materialeinführung

„Lasst uns unsere Bausteine zuerst mal sortieren, damit wir Platz haben und etwas ganz Großes bauen können. Beim Sortieren fällt uns bestimmt etwas ein".

Den Platz für die verschiedenen Bausteinsorten zeigen (Stangen, halblange Stangen usw.)

Spielerischer Anfang

„Wir haben so viel Platz, das reicht sicher für einen
… (… wenn die Kinder nichts sagen, kann die Erzieherin vorschlagen): Bauernhof, oder was fällt euch
ein?" (Flughafen, Bahnhof, Großbaustelle, Schloss…)

3- bis 4-Jährige bauen jeweils für sich, auch wenn die
Erzieherin ein gemeinsames Thema geben möchte.

5- bis 6-Jährige können an einem gemeinsamen Projekt bauen, können auch einzelne Aufgaben aufteilen.

Während des Bauens

- selbst animativ bauen, aber nur andeutungsweise
- wenn ein Kind sagt: „Mir fällt nichts ein", kann die
  Erzieherin vorschlagen: „Schau, wo du anfangen
  magst, zu bauen" und „komm, wir suchen die
  schönsten Steine aus"
- in der Spielsprache „anspielen": „Ist dein Weidezaun hoch genug, dass die Tiere nicht weglaufen
  können?"
- den Kindern nicht dazwischenreden, oder „reinbauen"
- Bautechniken der Kinder beobachten

Nach einer Weile des Bauens kann die Erzieherin die
Kinder zu einer *Baupause* auffordern.

„Wir wollen schauen, welche Bautricks ihr gefunden
habt."

Zwei Beispiele herausgreifen und besprechen: z. B.
Dachkonstruktionen, Brücken, stabiler oder weniger
stabiler Mauerverbund, Skelettbau.

Kinder sollen zum Nachdenken über ihr Tun geführt
werden, aber nur in kurzen Sequenzen und eher entdeckend, staunend und nicht belehrend.

Belebungsmaterial einsetzen

Belebungsmaterial (Bäume, Männchen, Autos usw.)
erweckt das Gebaute zum Leben.

Die Erzieherin: „Kommt ihr Tiere, hier ist eine große
Weide für euch" oder „Achtung, Achtung, hier ist der
Pilot; welche Landebahn soll ich nehmen?"

Aufgabe

Testen Sie an Ihrem nächsten Praxistag in der Bauecke verschiedene Impulsarten:
- wortlos selbst bauen, mal schauen, was die Kinder übernehmen
- Vorschläge machen wie „Ihr könntet …… bauen"
- direkte Spielsprache: „Ich möchte gerne mit
  meinem Jumbo bei Ihnen landen, aber Sie haben
  noch keinen Flughafen."

Berichten Sie in der Klasse, welche der drei Möglichkeiten am besten ankam.

Regelspiele im Freispiel

Als Regelspiel bezeichnet man Spiele mit festgelegtem Ablauf, abwechselndem „Dransein" der Spielteilnehmer und ggf. mit Wettbewerb. Insbesondere Tischspiele kann man dieser Spielart zuordnen.

Tischspiele sind abstrakter als andere Spielmaterialien, da keine realen Gegenständen auf dem Spielbrett
stehen, sondern Symbole.

Auf dem Schachteldeckel sieht man bunte Bilder, weshalb auch die jüngeren Kinder gern danach greifen.
Meist endet ihr Spiel nach dem Aufbauen und Hantieren mit den Spielfiguren.

Der Spielreiz liegt in der kognitiven Leistung, im Messen mit anderen, im Gewinn.

Interesse an kognitiver Leistung haben Kinder, die für
Denken und Leistung gelobt werden und Fortschritte
machen. Das kann schon bei Dreijährigen der Fall
sein.

Regelspiel: Entwicklungsverlauf

Bevor Kinder zur Leistung motiviert sind, müssen
sie die Wettbewerbssituation erkennen, in der sie
stehen.

Ab ca. 3 ½ Jahren

stellen sie durch Vergleiche fest, dass andere Kinder besser, aber vor allem schneller ihre Aufgabe bewältigen.

Der Begriff „Erster" zu sein, wird plötzlich ganz wichtig: erster an der Tür, erster beim Essen, erster beim Spiel zu sein, bringt dem Gewinner Anerkennung der Gruppe ein.

Misserfolg können die Kinder nicht gut ertragen. Sie weisen dann gerne auf etwas hin, was sie schon gut können.

Der wechselnde Spielvollzug macht 3- und 4-Jährigen auch Mühe, d. h. das Abwarten, bis sie wieder an der Reihe sind.

Ca. ab 5 Jahren

halten Kinder Wettbewerbssituationen schon länger aus.

Sie versuchen Misserfolg zu vermeiden, z. B. durch eine bewusste Spielauswahl, die Gewinn verspricht.

Sie können meist noch nicht mit Würde verlieren, fassen dies als Versagen auf, auch wenn es sich um ein Glücksspiel handelt.

Sehr gern spielen sie mit Erwachsenen oder älteren Kindern. Im Zusammenspiel mit einem Freund können sie Regeln umändern, sodass die Gewinnchancen für den Schwächeren verbessert werden.

Einführung eines Tischspiels
- Schachteldeckel und Einzelteile betrachten und benennen
- Aufbau beginnen
- Kind übernimmt weiteren Aufbau
- Erzieherin macht ersten Spielzug
- Kind macht seinen Spielzug
- Erzieherin sagt, dass das ein Probedurchgang sei
- Regel dann erklären, wenn die Situation eintritt
- Spiel aufräumen, gemeinsam zu seinem Platz bringen
- Memory anfangs auf ca. 8 Paare beschränken

Auf einem größeren Spielbrett haben Kindergartenkinder noch Mühe mit der Orientierung. Sie wissen z. B. lange nicht, wo begonnen wird abzuzählen, automatisch beginnen sie mit dem Feld, auf dem sie stehen.

Rezeptions-/Hingabespiel bedeutet, genussvoll etwas zu betrachten oder zu tun, ohne Gedanken über das Warum und Wozu: Wolken am Himmel betrachten, Sand rieseln lassen, hintereinander die gleiche Kassette anhören, in der Hängematte wiegen. Der Spieleffekt liegt in der Wiederholung, der Entspannung.

Sozialformen im Freispiel

Vorstufe	Beobachtungsspiel; das Kind beobachtet, entwickelt aber keine eigene Spielaktivität
Alleinspiel	Spielmaterial unterscheidet sich von dem der anderen Kinder; kein wesentlicher Kontakt mit den anderen Kindern
Parallelspiel	Kind spielt neben den anderen Kindern; das Spielmaterial ist gleich oder ähnlich; keine oder fast keine gegenseitige Beeinflussung der Spielhandlung.
Assoziationsspiel	Kind nimmt Spielideen anderer auf oder äußert Ideen, aber es fehlen ein Plan und ein gemeinsames Ziel; insofern wird das Eigeninteresse auch nicht untergeordnet.
Kooperationsspiel	Die beteiligten Kinder entwickeln ein gemeinsames Vorhaben; sie beeinflussen sich in der Spielhandlung, ordnen ihre Interessen unter oder überzeugen andere von einer Idee; sie verteilen Aufgaben und Rollen.

Aufgabe

Betrachten Sie die Abbildung auf den Seiten 178, 179.

Suchen Sie Beispiele für die oben angegebenen Sozialformen. Begründen Sie Ihre Einschätzung.

Bedeutung des Spiels für die Entwicklung des Kindes

Wir können davon ausgehen, dass Spiel ein angeborenes Verhalten ist, das der Entfaltung der Fähigkeiten und Fertigkeiten des Kindes dient.

Motorik: Beim Hantieren mit Dingen und dem ständigen In-Bewegung-Sein übt das Kind Bewegungssteuerung, Geschicklichkeit, Kraftdosierung und steigert seine Bewegungsvielfalt.

Pragmatischer Bereich: Im Spiel und im Tagesablauf kommen Alltagsverrichtungen vor. Hier übt das Kind Eingießen, Abwaschen, die Puppe und sich selbst an und auszuziehen, fegen, usw. sowohl mit Spielzeug als auch mit realen Gegenständen.

Ausdruck/Sprache: Im Spiel benennt das Kind die Dinge, Tätigkeiten, Gefühle und Vorhaben. Es argumentiert mit anderen, übernimmt den Sprachstil von anderen, spielt mit Worten und erfindet solche.

Kognitiver Bereich: Im Spiel lernt das Kind, seine Aufmerksamkeit zu bündeln, Informationen aus der Umwelt zu strukturieren, das Wesen der Dinge und deren Zweck zu ergründen. Es entwickelt Vorstellungsvermögen, Lern- und Leistungsmotivation und Problemlöseverhalten, z.B. wie es eine Kiste auf einem Roller stabilisieren könnte, um wie ein Mopedfahrer im Sitzen fahren zu können.

Gestaltungskräfte: Das Hantieren geht in Gestalten über, z.B. legt das Kind Muscheln, Steine oder Ästchen in ein bestimmtes Muster.

Es entwickelt ein Schönheitsempfinden und Stolz auf sein Werk.

Emotionaler Bereich: Im Spiel werden Gefühle aktiviert wie Freude, Mut, Leid, Angst, Mitgefühl, Neid, Wut. Das Spiel gibt Möglichkeiten zum Ausdruck generell sowie zur Abreaktion von Aggression und zum Verarbeiten von Ängsten.

Sozialer Bereich: Spielend nimmt das Kind Kontakt mit anderen auf und wird im Spiel mit den Gefühlen und Verhaltensweisen anderer konfrontiert. Es versucht, sich damit zu arrangieren, entwickelt Sympathie und Einfühlungsvermögen und ahmt nach.

Es wird deutlich: Spiel ist eine lebensnotwendige Aktionsform des Kleinkindes, und Spielerziehung bedeutet immer auch Entwicklungsförderung.

Diese zentrale Rolle des Spiels ist die Begründung dafür, gleich zwei Abschnitte des Tages im Kindergarten ausschließlich dem Spiel zu widmen, dem Freispiel und dem gelenkten Spiel.

Freispiel: Raumsituation, Raumgestaltung und Ausstattung

Richtlinien des Landeswohlfahrtsverbandes Baden und Württemberg-Hohenzollern von 1998 legen für jede Betriebsform einer Kindertageseinrichtung die benötigten Räume, Nebenräume und Quadratmeterzahlen fest.

Raum und Material müssen den Bedürfnissen der Kinder nach Sicherheit, Zugehörigkeit, Gesundheit, Bewegung, Ruhe, nach Kontakt mit Gleichaltrigen, nach Ausdruck und Anregung, nach Leistung, Selbstbestimmung und Selbstverwirklichung entsprechen.

Material und Räumlichkeiten müssen funktional, robust und anregend sein.

Für jede Spielart muss ausgewogen Material vorhanden sein. Alltagsgegenstände sollen das Spielzeug ergänzen.

Die meisten Kindergärten verfügen heute über Gruppenräume mit einem Standardangebot an Bauecke, Spieltisch, Leseecke, Puppenecke, Maltisch, Frühstücksecke und Kinderküche. Für Rollenspiele, für die Werkbank, für Spiel mit großformatigen Bauteilen und Bewegungsgeräten und zum Zurückziehen steht in vielen Kindergärten ein Bewegungsraum zu Verfügung.

Mancherorts finden wir Funktionsräume statt der Funktionsecken: Malateliers, Forscherräume (siehe Kapitel „Heranführung an die Natur"), Stillezimmer.

Zunehmend werden Erzieherinnen jetzt auch sensibel dafür, dass in der Tendenz Jungen und Mädchen unterschiedliche Raumnutzungs- und Ausstattungsbedürfnisse haben. Neue Impulse können z.B. von einem Mädchentag im Bewegungsraum ausgehen oder von einem zu verschrottenden Auto auf dem Hof (Gefahrenrufen zum Trotz). Kindergärten sind oft unter ästhetischen Gesichtspunkten gestaltet, also „typisch" weiblich.

Aufgaben

Machen Sie einen Rundgang durch Ihre Praxiseinrichtung. Erfassen und beschreiben Sie
- die Atmosphäre
- Beispiele für Anregungen
- Jungen- oder Mädchenorientierung
- Regeln, die im Freispiel gelten

Spielpädagogische Aufgaben und Methoden im Freispiel

Es gibt 3 Aufgabenfelder:
- neue Kinder ins Freispiel einführen
- Spielfähigkeit fördern
- Zusammenspiel mit anderen fördern

Neue Kinder ins Freispiel einführen. Die Erzieherin zeigt
- neuen Kindern die verschiedenen Spielbereiche
- wie sie Partner, Ort, Material frei wählen können
- den Umgang mit Spielmaterial: holen, spielen, wieder zurückbringen
- hilft, mit Enttäuschungen umzugehen (gewünschter Partner lehnt ab, gewünschter Bereich ist besetzt)
- hilft bei der Qual der Wahl: lässt das Kind eines von zwei Materialien wählen

Im Freispiel geschieht in einem Raum vieles gleichzeitig, und alles ist interessant. Das führt in vielen Fällen dazu, dass Kinder erst einmal wochenlang beobachten, bis ein Spiel sie so fesselt, dass sie sich darauf einlassen und dabeibleiben.

Spielfähigkeit fördern. Dazu gehören die Einführung eines neuen Spiels, die Einführung von Techniken, die das Kind danach im Freispiel selbst anwenden kann, wie das Malen mit Wasserfarben, Drucken.

Manche Kinder brauchen Hilfe, da sie wenig Ausdauer haben.

Spielphantasien fördern bedeutet, im Rollenspiel, beim Bauen und Malen Impulse zu geben.

Zusammenspiel mit anderen fördern. Durch Beobachtung weiß die Erzieherin von jedem Kind, ob es noch in der Phase des Alleinspiels oder des Assoziationsspiels ist. Das akzeptiert sie, drängt das Kind nicht, kann aber doch hin und wieder einen Anstoß Richtung nächster Entwicklungsphase geben.

Manche Kinder beobachten lange eine Spielgruppe, ohne Kontakt aufzunehmen, andere mischen sich in das Spiel ein, mit phantasievollen oder besserwisserischen Kommentaren. Oft fehlen Kindern die rechten Worte und die Initiative zur Kontaktaufnahme. Hier wird die Erzieherin aktiv.

Das Zusammenspiel mit anderen enthält *Konfliktstoff*. Mehrere Kinder wollen
- die gleiche Rolle
- das gleiche Material
- bestimmen, wie etwas geschehen soll

Das sind natürliche Einschränkungen, wie sie im Leben immer wieder vorkommen. Kompromissbereitschaft ist ein wichtiges Lernziel.

Wenn die Kinder sich nicht selbstständig einigen können, hört die Erzieherin sich die Argumente an und schlägt vielleicht vor, sich abzuwechseln. Sie hofft darauf, dass das Spiel oder die Spielpartner für die Kinder so wichtig sind, dass sie zu Kompromissen bereit sind.

Gelenktes Spiel: Spielstunde

Die „Spielstunde" ist traditioneller Bestandteil des Kindergartenalltags. Sie findet an Geburtstagen statt oder kurz vor dem Heimgehen, am Ende des Vormittags. Siehe auch „Stuhlkreis" im Kapitel: Neue Kinder in die Gruppe integrieren (Seite 165).

Typische Spiele sind u. a.
- Fingerspiele
- Mitmachgeschichten
- Spiellieder
- Rätsel
- Zungenbrecher
- Kimspiele
- Spiele wie „Mein rechter, rechter Platz ist leer", „Steinkönig", „Kofferpacken".

Spielauswahl
Die Spielauswahl ist abhängig vom
- Alter der Kinder
- Zweck und Ziel der Spielstunde
- Repertoire der Gruppe

Spielauswahl; entwicklungsspezifische Vorraussetzungen

3- bis 4-Jährige brauchen eher Spiele, bei denen alle das Gleiche tun (z. B. Fingerspiele, Mitmachgeschichten). Sie verlieren bei längeren Wartezeiten leicht den Bezug zum Spiel, insbesondere, wenn sie selbst schon dran waren und jetzt nur noch als Statisten gebraucht werden. Oft werden die Kleinen dann unruhig oder stehen auf, um z. B. in der Bauecke zu spielen.

Sie mögen nicht allein vor die Türe gehen und lassen ihre Augen nicht gerne verbinden, was bei manchen Spielen dazugehört.

Bei Solospielen melden sie sich zwar, aber wenn sie dran sind und etwas Bestimmtes allein sagen oder tun sollen, wissen sie oft nicht weiter.

5- und 6-Jährige lieben Spiellieder mit Solorollen. Einmal im Leben Prinzessin sein und alle anderen als Zuschauer zu haben, hebt das Selbstwertgefühl ungemein.

Allein vor die Türe zu gehen, auf sich allein gestellt vor der Gruppe zu stehen und etwas leisten, sagen, raten zu müssen, ist für viele Kinder eine harte und gleichzeitig begehrte Bewährungsprobe.

Geburtstag und Feste.
Eine Geburtstagsspielstunde beginnt i. d. R. mit dem Gruppengeburtstagslied oder Geburtstags-Spiel. Selbstverständlich darf das Geburtstagskind ein Spiel wählen, anfangen oder einen Anfänger bestimmen.

In einer advent- oder österlichen Spielstunde werden Lied, Rätsel, Fingerspiele zur Thematik des Festes passen.

Spiele zum Kennenlernen und zum Aufbau eines Wir-Gefühls.
Hierzu gehören Spiele, in denen die Namen der Kinder immer wieder vorkommen, in denen ein Kind den nächsten Spieler bestimmt und wo jeweils gefragt wird, ob schon alle Kinder dran waren oder wer vergessen wurde. Auch Lieder wie: „Wir geben uns die Hände, und machen einen Kreis" gehören zu dieser Kategorie der Spielstunde. Diese Spiele sollen

Fremdheit abbauen, Interesse für andere Kinder wecken, sollen zeigen, wer zur Gruppe gehört.

Es gibt verschiedene Arten von **leisen Spielen**, nämlich solche, bei denen 20 Kinder kein Geräusch machen, sich nicht bewegen, nicht verraten dürfen, wer das „Ringlein versteckt" hält oder absolut ihre Mimik beherrschen müssen. Das fällt Kindern natürlich sehr schwer. Es sind die Spiele wie „Bello, dein Knochen ist weg", „Steinkönig", „Ringlein, Ringlein, du musst wandern", und „Armer schwarzer Kater".

Eine ausschließlich leise Spielstunde ist wahrscheinlich nicht durchführbar, da Vorschulkinder sich nicht durchgängig bewusst konzentrieren und beherrschen können. Solche kognitiven Spiele sollten ein Element von mehreren in einer Spielstunde sein.

Spiele können und dürfen durchaus auch **Übermut** wecken und turbulent verlaufen, bis zum Beispiel alle Kinder übereinander purzeln. Der Erzieher soll diese Gaudi eine Weile zulassen, sich dann aber Gehör verschaffen z. B. durch: „Lasst uns erst mal wieder hinsetzen und verschnaufen."

Spielstunde, um Fähigkeiten zu üben. Es ist sinnvoll, eine Spielstunde unter ein bestimmtes Thema zu stellen, z. B. zur Jahreszeit passend oder zu Märchen.

So könnte auch „Farben" ein Thema sein oder „Zahlen". Spielpädagogen lehnen eine solche Vorgehensweise eher ab, da ein Teil des Spielcharakters verloren geht, aus der Spielstunde leicht eine Lernstunde mit Können und Versagen wird.

Repertoire der Gruppe. Eine Gruppe sollte ein gewisses Repertoire von Spielen haben aus allen o. g. Sparten.

Für Praktikanten und Vertretungen ist es hilfreich, wenn diese Spiele in einem Ordner eingesehen werden können, sonst vergeht die wertvolle Spielzeit mit unterschiedlichen Erklärungen, und angespielte Spiele brechen immer wieder ab, weil der Verlauf nicht deutlich ist. Die Spielstunde verläuft dann für alle Beteiligten unbefriedigend.

Aufbau und Verlauf einer Spielstunde
- Beginn im Kreis
- Motivation/Spielatmosphäre schaffen
- Beginnspiel: ein Spiel, das alle in Bewegung versetzt, bei dem alle das Gleiche tun, keiner warten muss
- danach ein ruhiges Spiel/Konzentrationsspiel, bei dem nur einzelne Kinder dran kommen;
- wenn die Kinder unruhig werden, das nächste Spiel ankündigen: „Unser nächstes Spiel heißt… da kannst du (Kind, das noch nicht dran war) anfangen".
- Einführung eines neuen Spieles
- Spielwunsch der Kinder
- Spiel, das das Ende der Spielstunde einleitet, z. B. ein Aufräumspiel oder ein Spiel, bei dem wieder alle mitmachen können

Einführung eines neuen Spieles. Lange Erklärungen ermüden; stattdessen spielt die Erzieherin das Spiel vor. Während sie selbst z. B. als Prinzessin im Kreis herum geht und Mitspieler auffordert, wird den Kindern der Fortlauf klar.

Die Erzieherin ist Conferencier. Eine Spielstunde heißt nicht, mechanisch Spiele aneinander zu reihen. Die Erzieherin unterhält die Kinder auch, bringt Humor ein, flicht kurze Gespräche zwischen die Spiele.

Wenn eine Spielstunde unter einem Thema steht, ist es leichter, Übergänge von einem zum nächsten Spiel zu finden.

Beispiel 1: Eine „bewegte" Spielstunde mit Kuscheltieren[2)]

Jedes Kind hat sein Lieblingskuscheltier dabei
- Sitzen im Kreis
- begrüßen
- jeder stellt sein Kuscheltier vor
- das Lied der Kuscheltiere
- die Kuscheltiere gruppieren: nach der Art, der Farbe, der Größe
- Erzieherin macht eine Bewegung eines Kuscheltieres vor, die Kinder erraten, welches sie meint, danach setzt ein Kind das Spiel fort
- Für jedes Kuscheltiere wird ein schöner Platz im Raum gesucht, dort wird es hingesetzt/gelegt
- Kinder laufen um diese Hindernisse herum
- eine lange Schlange machen, indem zwischen je zwei Kindern ein Kuscheltier gehalten wird, das machen wir ganz vorsichtig, denn Kuscheltierarme sind sehr empfindlich.
- sitzen im Kreis: Kuscheltiere sitzen in der Kreismitte; Kimspiel
- Zirkusspiel mit den Kuscheltieren: einen kleinen Parcours aufbauen, Hindernisstrecke als Kuscheltier ablegen
- aus Matratze und Decken eine Höhle bauen und darin eine Tiergeschichte vorlesen

Beispiel 2: Spielstunde zum Thema „Apfel"

Sitzen im Kreis
- Auf einem Beistelltisch: ein Apfel, Teller, Messer, Brettchen
- Lied: In meinem kleinen Apfel, da sieht es lustig aus…
- „Stimmt das bei jedem Apfel?" Aufschneiden, „Stübchen" nachzählen, Kerne weitergeben:
- „So klein sind die Apfelkerne. Und daraus soll ein Baum wachsen?"
- Wachstum eines Baumes mit den Händen und Fingern zeigen
- Fingerspiel: Der Apfelbaum („Wer ist der Zottelsaum, warum will er wohl Äpfel klauen? Was heißt klauen?")
- „Unseren Apfel hat uns Frau … geschenkt, zum Glück"
- die Apfelschnitze zum Essen anbieten
- Abschiedslied aus dem Repertoire

Der Apfelbaum

Da steht der große Apfelbaum,
da kommt der kleine Zottelsaum,
der will die ganzen Äpfel klaun.
Er klettert hoch, von Ast zu Ast,
hat alle Äpfel angefasst.
Der erste schmeckt sauer – brrr
Der zweite schmeckt faul – pfui,
der dritte hat einen Wurm – igitt,
der vierte hat eine Wespe – sssssit
der fünfte ist klein, schmeckt aber fein – hmmm.
Da kommt ein großer Pustewind.
Da wackelt der Apfelbaum, zappelt der Zottelsaum, und
bautz da rutscht er runter.

Mündlich überliefert

4. Durch Bewegung die Entwicklung fördern

Der Begriff Motorik bezieht sich auf die Gesamtheit aller Bewegungsabläufe des Körpers und auf die Körperhaltung.

Unter Grobmotorik versteht man die Bewegung von Kopf, Schultern, Rumpf, Becken, Beinen und Armen, unter Feinmotorik die Bewegungen des Gesichtes, der Hände, Finger und Zehen. Allein am Sprechvorgang sind 100 Muskeln beteiligt.

Ausgangslage der Kinder in Kindertageseinrichtungen

Unsere Lebensbedingungen heute sind nicht sehr kör- per- und bewegungsfreundlich.

In der Wohnung erleichtern technische Geräte den All- tag, mit einem Knopfdruck als einziger Bewegungs- handlung. Und oft müssen Kinder zum Schutz vor Ge- fahr (z. B. Strom) auch davon noch ferngehalten werden.

Kinderzimmer und Spielzeug lassen häufig nicht viel Bewegung zu, und alleine spielen wird schnell lang- weilig.

Fernsehen und Tätigkeiten am Computer reduzieren die Bewegungszeit, sowohl in der Stadt als auch auf dem Land.

Hinzu kommen Verkehrs- und Umweltbelastungen, wo- durch Kinder weniger draußen und weniger bewe- gungsintensiv spielen.

Unser ganzer Lebensstil ist eher bewegungsarm.

Nach WOLF haben „60 % der Schulanfänger Haltungs- schäden, (…) 40 % weisen Muskel- sowie Koordinati- onsprobleme auf, knapp ein Drittel der Erstklässler ist übergewichtig."[1]

Eine Untersuchung an Heilbronner Schulkindern hat diese Zahlen in etwa bestätigt.

70 % der Unfälle in Kindergärten sind Stürze wegen zu langsamer Reaktionszeit und fehlender Kraft.[2] Weil Automatismen fehlen, sich mit den Händen abzustüt- zen, fallen Kinder vermehrt auf den Kopf.[1]

Bei Kindern mit Muskel- und Koordinationsstörungen arbeiten Auge und Hand, Hände und Beine, Sinne, Verstand und Muskeln nicht gut miteinander. Das wird sichtbar z. B. beim Bauen, Zeichnen, beim Sich- Anziehen. Tragen sie etwas Schweres oder wollen sie klettern, können sie ihr Gleichgewicht nicht neu auspendeln (auch ein Koordinationsproblem) und fal- len hin.

Manchen 4-Jährigen fehlt die Kraft, etwas Schweres zu tragen oder den Körper in einer federnden Span- nung zu halten, obwohl beides in den ersten zwei Le- bensjahren aufgebaut sein sollte.

Vitale Kinder beginnen zu üben, was sie nicht kön- nen. Zunehmend begegnen wir aber auch Kindern mit Bewegungsfurcht, die vielfach zur Vermeidung neigen. Ohne Übung können Fertig- und Fähigkeiten jedoch kaum aufgebaut werden.

Beobachtungen in Tageseinrichtungen zeigen, dass insbesondere Jungen einen großen Teil des Tages rennen, springen, klettern, also sich vor allem grob- motorisch üben. Sie spielen in der Tendenz auch eher raumgreifend, also mit großem Material, das viel Platz braucht. Spielen sie so, weil sie Jungen sind oder ho- len sie nach, was ihnen aus früheren Phasen fehlt, und dies dann besonders intensiv?

Logisch wäre es, zu etwas anderem überzugehen, wenn eine Fertigkeit beherrscht wird. Logisch wäre auch, einen gesunden Rhythmus zwischen Bewegung und Ruhe zu finden. Manche Kinder lassen sich jedoch von ihrem Bewegungsdrang beherrschen, brauchen Begleitung, um zur Ruhe zu finden.

Dr. ANDREA PIEPENBRING nennt anlässlich der Einschu- lungsuntersuchung von 2500 Kindern des Hoch- taunus-Kreises Gründe für Haltungsauffälligkeiten und Übergewicht:

„Wir vermuten, dass zu Hause, in der Familie zu wenig Bewegung angeboten wird, zum anderen aber auch, dass die Kinder in den Kindertagesstätten zu wenig

Möglichkeiten haben, sich zu bewegen. Kinder, die beispielsweise einen Waldkindergarten besuchen, die sich täglich bewegen und mehrere Kilometer laufen, haben meist keine Probleme mit der Motorik. Man müsste also dafür sorgen, dass Kinder, die 5 Tage die Woche in einer Kindertagesstätte verbringen, sich mindestens einen Tag davon draußen bewegen können."[3)]

Aufgaben

Beobachten Sie 2 Kinder Ihrer Praxisstelle.

Beschreiben Sie:
- Körperhaltung, mit Spannung oder ohne?
- Wie sie auf dem rechten/linken Bein stehen/ hüpfen, eine Treppe steigen, hinabgehen.
- Was die Kinder im Bewegungsraum tun und wie sie es tun.
- Wie die beiden Kinder auf Sie wirken: bewegungssicher, -ängstlich?

Beschreiben Sie die entsprechenden Situationen.
- Wie kommen die beiden Kinder in die Kindertageseinrichtung?
- Welche Bewegungsmöglichkeiten haben sie in ihrem Wohnumfeld?

Bedeutung der Bewegung und der Ruhe für das Kind

Die Bedeutung der Bewegung für die gesamte Entwicklung des Kindes wurde vor allem von MONTESSORI und PIAGET beschrieben, in jüngerer Zeit ergänzt und erweitert durch JEAN AYRES, RENATE ZIMMER und INGE FLEHMIG.

Während das Aufrichten und Laufenlernen eher einem biologischen Programm folgt, sobald Kleinhirn und Skelett ausgereift sind, zeigt das Greifen, wie Gehirn, Sinne und Muskeln zusammenarbeiten. Lange beobachtet das Kind seine Umgebung, bevor es seine Hand entdeckt. Monatelang übt und beobachtet es die Beweglichkeit und das Zusammenspiel der Finger und das Fixieren. Erst danach beginnt es, sich für den festgehaltenen Gegenstand zu interessieren und was es damit tun kann. Deutlich wird, dass der Wille die Motorik steuert und dass das Kind Anreize braucht, sich zu bewegen.

Das Kind bewegt sich aus Freude an seinem Bewegungskönnen: Es balanciert, dreht sich, bis ihm schwindlig wird, klettert, erprobt seinen Körper in allerlei Lagen.

Durch die Bewegung macht das Kind Körpererfahrungen. Es nimmt seine verschiedenen Körperteile wahr, die Länge seiner Gliedmaßen, Rücken, Herzschlag und Atem, wenn es schnell rennt. Es spürt die Muskelspannung beim Klettern, beim Heben, Ziehen und Schieben von etwas Schwerem. So entwickelt das Kind sein Körperschema.

Nur durch Übung und Wiederholung steigert es seinen Bewegungsfluss, rationalisiert und harmonisiert seine Bewegungen. Es entwickelt einen Bewegungsrhythmus, was z. B. beim Treppensteigen oder Hinuntergehen sehr gut sichtbar wird. Manche Kinder zählen sogar dabei oder sprechen einen rhythmischen Vers.

In der Bewegung nimmt es automatisch auch Selbsteinschätzungen vor: *„Kann ich dies sicher, will ich dies unbedingt können oder traue ich mich doch noch nicht?"*

Ein vitales Kind übt unermüdlich, um eine neue Fertigkeit zu erwerben, als wüsste es, dass seine gesamte Entwicklung auf Bewegung basiert.

Allem Neuen wendet es sich spontan zu und hantiert damit.

Währenddessen macht es Erfahrungen mit der Entfernung und mit Material und Geräten, erfasst Oberfläche, Form, Gewicht, Statik, das Wesen der Dinge und deren Funktion. Es braucht also die Bewegung zur Wahrnehmung der räumlichen, sächlichen und belebten Umwelt.

Spracherwerb und Denken sind ohne Bewegung kaum möglich. Das Sprechen setzt z. B. eine gute Mundmotorik voraus, und das Denken geht nicht, ohne das vorherige „Greifen". Durch seinen Körper und seine Bewegung erfährt das Kind Begriffe für Dinge und deren Beziehungen zueinander, z. B. ob diese zusammen gehören (wie Becher und Milch) oder ineinander passen. So beginnt das Kind Kategorien zu bilden wie „größer als, kleiner als", „flüssig", „fest".

Aktivität fördert die Synapsenbildung und Vernetzung im Gehirn, Passivität hat Abbau zur Folge. Zirca ab 2 Jahren bilden sich nicht genutzte Synapsen zurück.

Körper und Bewegung haben auch eine kommunikative und soziale Funktion: Je jünger ein Kind ist, umso mehr drückt es mit dem Körper seine Gefühle aus, springt freudig in die Luft, stampft zornig mit dem Fuß.

Der Wunsch nach sozialem Kontakt erfordert, sich zum anderen hin in Bewegung zu setzen. Zusammen in Bewegung sein bedeutet Nähe, Einvernehmen, sich einordnen, Ansporn und Wettstreit. Kinder necken sich auch oft, indem sie am anderen herumzupfen oder ihn stupfen. Freunde gehen Hand in Hand.

Bewegung hat schließlich auch eine psychohygienische Funktion. Wer beweglich ist im Denken und Tun, der sorgt gut für seine eigene psychische Gesundheit.

Ein Kleinkind mit diesem Einsatz braucht auch Phasen des Loslassens, der Ruhe und des Kräftesammelns, zumal in Kindertageseinrichtungen ein erhöhter Geräuschpegel herrscht.

Bewegungsbedürfnis und Ruhebedürfnis sind als gleichwertig anzusehen. Bewegungsstörungen und Bewegungsmangel begünstigen die Entwicklung von Lernproblemen. FLEHMIG stellte bei Kindern mit Rechenschwäche fest, dass diese auch nicht gut rückwärts laufen können.[4] Schreibschwierigkeiten stehen in einem Zusammenhang mit Störungen der Lateralität. Wichtige Vernetzungen im Gehirn sind unvollständig, Überkreuzbewegungen gelingen nur mühsam und werden deshalb nicht gern geübt.

Beweglichkeit und ausgebildete grob- und feinmotorische Fertigkeiten sind der Beginn und die Voraussetzung jeglicher Selbständigkeit. Ein Kind, das laufen kann, will in der Regel nicht mehr getragen werden. Ein Vorschulkind kann alle Verrichtungen des täglichen Lebens erlernen. Lassen wir dies nicht zu, wird es ständig auf der Suche nach anderen Tätigkeiten für seine Hände sein und ist doch nicht zufrieden.

Kompetenzen und Leitziel

Ichkompetenz	Sozialkompetenz	Sachkompetenz	Lernkompetenz

Das Kind kann u. a.
• die eigenen körperlichen Möglichkeiten und sein Bedürfnis nach Ruhe erkennen und nennen
• einschätzen, ob es sich die Bewegung zutraut oder nicht (z. B. an einem Gerät)
• Angst äußern, z. B.
  – vor dem Ball
  – dem Nicht-Können
  – vor Bewegungsspielen
	Es
	• bewegt sich gerne mit anderen
	• kann u. a. Fertigkeiten und Bedürfnisse anderer beachten
	• Vorschläge zu Bewegungsaufgaben machen
	• Vorschläge anderer ausführen
	• das Ruhebedürfnis anderer achten
		Es
		• erwirbt Bewegungsgeschick, -sicherheit und -vielfalt
		• differenziert seine Grundbewegungsarten: z. B. kann nicht nur werfen sondern auch prellen, schlagen, zielwerfen mit verschiedenen Ballarten
		• kann Bewegungskombinationen z. B. rennen und abspringen oder rennen und abschlagen, hat Vorstellungen von seinem Körper, den Ausmaßen und der Stellung der Körperteile zueinander (Körperschema)
		• kann selbst ausgedachte Aufgaben erklären
		• kennt Möglichkeiten der Entspannung und nutzt sie
			Es
			• kann verbale Aufgabenstellungen in Handlung umsetzen
			• erkennt
			  – dass Üben hilft Fertigkeiten zu verbessern
			  – dass Ruhe Körper, Geist und Seele gut tut
			  – die Regel/Struktur eines Bewegungsspieles
			  – usw.

Leitziel: Bewegungsfreude, Gesundheit, Bewegungsdifferenzierung und das Bewegungserlebnis in der Gruppe sollen Vorrang vor dem Leistungsprinzip haben.

Methoden

Vorbereitete Umgebung. Abhängig von der Betriebsform ist für die meisten Kindertageseinrichtungen ein **Bewegungs- oder ein Mehrzweckraum** vorgeschrieben.

Er eignet sich insbesondere für das selbstbestimmte Tun mit eingeführten Geräten, für das Bauen und Spielen mit großen Elementen und für freies Bewegen zu Musik.

Von Seiten der Versicherungen wird eine gewisse Unfallgefahr in Kauf genommen, da der positive Effekt gesehen wird, dass die Bewegungssicherheit der Kinder zunimmt.

Die Kinder können im Bewegungsraum schwingen, federn, hüpfen, klettern, abspringen, im Karussell oder in Röhren Dreherfahrungen um die Längs- und Querachse machen, auf schrägen oder wackligen Ebenen und in gewisser Höhe balancieren, Tempo erfahren mit rollenden Geräten, Bälle gegen die Wand werfen und fangen.

Ausstattung: z. B. Rollbretter, Pedalos, Hallenrollschuhe, Therapiekreisel, Balancierscheiben, große und stabile Papprollen, Pappkartons, Seile, Gymnastik-, Soft- Tennis- und Tischtennisbälle, Tischtennisplatte, frei schwingender Autoreifen an einem Seil (Ventil bearbeiten), Bank, Kasten, Tücher, Großbausteine, Musikanlage usw.

Dicke Polster, Matten und eine Hängematte ermöglichen ein „Verschnaufen". Auch der Hüttenbau kann Ausdruck des Wunsches sein, sich zurückzuziehen, zu entspannen, zu ruhen.

Ruheräume sind in Einrichtungen mit Ganztagsbetreuung vorgeschrieben. Sie müssen mit einer Liege für jedes Kind ausgestattet sein.

Ruhebereiche dienen der Entspannung zwischendurch. Dazu eignet sich eine zweite Ebene oder eine Nische im Flur mit spärlicher Ausstattung, gedämpftem Licht und beruhigenden Farben, mit einem Sternenhimmel, einem Kassettenrecorder (mit Kopfhörern), Bilderbüchern, einem Sofa.

Ausstattung: z. B. Seile, Tücher und Klammern, ein Haken an der Wand und an der Decke.

In **Stilleräumen** finden wir allerlei Geräte und Materialien zur Entspannung und für Sinneswahrnehmungen z. B. Duftlampen, Quellsteine, Sprudelsäulen, Lichtvorhänge, Sternenlichtvorhänge, Schwarzlichtkasten, Spiegel.

Das Außengelände soll unter dem Aspekt der Bewegung und der Ruhe verschiedene Bodenniveaus bieten, ferner: Hart- Natur- und Sandflächen und Rückzugs- bzw. Ruhebereiche (Spielhaus, Bänke, Baumstümpfe).

Ausstattung: z. B. Geräte zum Fahren, Balancieren, Schaukeln, Klettern, Sieben, Sandmatschen, Wasser lenken (Brunnen, Rohre, Wannen).

Zum Werfen und Fangen: Korb, Wand, verschiedene Bälle.

Ferner: Kisten, Bretter, Seile, Autoreifen, Getränkekisten, Großbausteine, Kartons, Tücher und Klammern, Hecken, Büsche, Mauern, Palisaden, Bänke, Hängematte und eine Hütte zum Ausruhen.

Bewegung und Ruhe im Tagesrhythmus

Pausen im Tagesablauf. Dem Ruhebedürfnis dienlich sind feste Pausen im Tagesablauf. Gemeinsames Frühstück und Stuhlkreis helfen, die Kinder zur Ruhe kommen zu lassen. Eine Geschichte oder so genannte stille Spiele unterstützen dies.

Von vielen Kindergärten werden solcherart verordnete Ruhepausen aber abgelehnt, obwohl der Bedarf an Entspannung und Ruhe erheblich gestiegen ist und durchaus gesehen wird. Kinder sollen lernen, ihre Bedürfnisse selbst zu managen, aus eigenem Antrieb in den Ruheraum gehen oder sich ein entspannendes Spiel zu holen. Typische Entspannungsmaterialien sind Legematerial nach FRÖBEL, Puzzlespiel, Anmalbilder.

Manche Kinder können aber von allein nicht zur Ruhe finden. Atemlos folgen sie jedem Reiz. Erzieher versuchen, diesen Bedarf sinnerfüllt zu befriedigen mit Entspannungsübungen, Meditation, dem Ausmalen von Mandalas, Duftkerzen und allerlei anderen „Wellness-Angeboten".

Feste Ruhezeit: Schlafdienst. Hat die Praktikantin im Ruhe- oder Schlafraum Dienst, lüftet sie, bevor die Kinder hereinkommen.

Sie spricht in gedämpftem Ton und stellt auch ihre Bewegungen darauf ein. Sie fordert die Kinder auf, ihre Oberkleidung abzulegen und es sich auf der Liege bequem und gemütlich zu machen mit Kissen, Decke, Plüschtier.

Liegen alle Kinder, beginnt sie leise und eher beruhigend eine Geschichte vorzulesen, macht hin und wieder Sprechpausen, schaut, ob die Kinder schon schlafen.

Kindern, die von selbst nicht zur Ruhe kommen, kann sie eine Ballmassage anbieten. Das sind häufig Kinder, die sich selbst immer spüren müssen, die deshalb immer in Bewegung sind. Bei der Ballmassage spüren sie sich, können aber entspannen.

Feste Bewegungszeit im Tagesablauf

In einer Hamburger Schule konnten Eltern und Kinder für einen Versuch gewonnen werden: 3 Monate lang gingen die Kinder täglich zu Fuß zur Schule bzw. nach Hause. Herausragende Ergebnisse dieses Versuches waren: deutlich verringerte Aggressionen und Rückgang von Fehlzeiten wegen Krankheit.[5)]

Trotz aller Bewegungsmöglichkeiten in der Kindertageseinrichtung tut Kindern eine feste Bewegungszeit am Tag gut, umso mehr, wenn sie mit dem Auto in den Kindergarten gebracht und von dort wieder abgeholt werden.

Zu festen Bewegungszeiten gehören das Spiel im Außengelände, der tägliche Spaziergang und die wöchentliche Turnstunde.

Der tägliche Spaziergang – in unterschiedlichem Gelände, auch bei Regen – fördert Körperwahrnehmung, Geschicklichkeit, Ausdauer, die Abwehrkräfte und erweitert den Horizont in vielfacher Hinsicht, da es unterwegs immer etwas zu entdecken gibt, z. B. Tiere, Pflanzen, Steine, Menschen bei der Arbeit oder Kunstwerke.

Ein Bewegungsangebot besonderer Art ist der Gang zum öffentlichen, großen Spielplatz.

Dieser bietet in der Regel viele Geräte für das Gleichgewicht, zum Klettern und zum Muthaben, z. B. ein großes Kletternetz, eine schräge Drehscheibe, eine Wackelbrücke.

Sicherheit: Mit der Gruppe unterwegs sein
- für geeignete Kleidung sorgen
- zirka 1 Erwachsener pro 8 Kinder
- abmelden bei der Leitung, Ziel mitteilen
- ein für die Kinder interessantes Ziel wählen, z. B. Spielplatz
- Handy und kleine Apotheke mitnehmen
- in Gegenden mit Straßenverkehr gehen die Kinder zu zweit, angefasst
- eine Erzieherin geht vorn, eine hinten
- Erzieher gehen am Fahrbahnrand, Kinder gehen innen
- Straßen werden nur gemeinsam überquert
- Straßenverkehrsbegriffe wiederholen und Ampel, Gehweg, Zebrastreifen, Fahrradweg
- im Park Fixpunkte absprechen, bis zu denen die Kinder frei gehen können, wo sie warten müssen.

Bewegungsangebote im Freispiel. Diese ergeben sich, wenn die Praktikantin im Bewegungsraum oder auf dem Außengelände Dienst hat.

Sie ermutigt ängstliche Kinder zum Ausprobieren, sorgt vorausschauend für Sicherheit: legt eine Matte unter die Sprossenwand, bindet lange Haare zusammen, wenn Kinder mit dem Rollbrett fahren wollen.

Sie animiert auch zum großzügigen Rollenspiel: z. B. zum Piratenspiel, zu einer Dschungelexkursion mit vielen Bewegungsmöglichkeiten. Sie greift die Idee eines Kindes auf oder fängt selbst an zu spielen. Erzieher müssen in dieser Hinsicht spielfähig sein hinsichtlich Spielthema, Bewegungsvielfalt und Bewegungsphantasie.

Im Bewegungsraum kann auch ein neues Gerät/Material eingeführt werden, z. B. Pedalo, Federballspiel, Korbball, Hüpfseil.

Praktikantinnen können Bewegungsspiele einführen, die Lust am Spiel in der Gruppe wecken, z. B. Hüpfkästchen; 10er Probe; Gummitwist; Fischer wie tief ist das Wasser; Abtreffen, der Fuchs geht um, Verstecken.

Je nach Saison und aktueller Situation sind Fußballspiel, Tennis, Handballspiel und Badminton für Kinder interessant. Gerne ahmen sie ihre Sporthelden nach, vermischen Rollenspiel mit Sport.

Erzieher zeigen v. a. Handhabung und Zielspiele, weniger das Mannschaftsspiel als solches.

Aufgaben

- Suchen Sie Bewegungsspiele in einer Spielkartei, die sich zum selbstständigen Gruppenspiel der Kinder eignen.
- Überlegen Sie Teilschritte zur Einführung eines solchen Bewegungsspiels.
- Führen Sie zwei Spiele ein, und berichten Sie davon in der Klasse.

Gezielte Aktivitäten. Häufig haben Praktikantinnen Erfahrung als Übungsleiterin bzw. als Assistentin im Turnverein und wollen dann eine Bewegungserziehungsstunde durchführen.

Bewegungserziehung: entwicklungsspezifische Voraussetzungen

Was 3- und 4-Jährige gern tun und gut können

- Gehen, Laufen, Steigen, Springen in der Grundform
- Kriechen, unter und über Hindernisse
- Balancieren und Klettern
- sich selbst ziehen und schieben
- Werfen über Hindernisse, in große Behältnisse und in die Höhe
- Rollen um die Körperlängs- und Querachse
- Schwingen an kopfhohen Geräten
- 3- und 4-Jährige bewegen sich aus Freude am Körpererlebnis und ihrem Können.

Manche zeigen noch unwillkürliche Mitbewegungen und eine Hypertonie der Muskulatur, d. h. der ganze Körper geht mit aller Kraft mit, wenn sie z. B. einen Ball werfen. Das wirkt unrhythmisch, unkoordiniert.

Schwer fällt 3- bis 4-Jährigen:

- Übersteigen von Hindernissen oder Lücken
- Balancieren in etwa 50 cm Höhe
- Niedersprung aus mehr als 40 cm Höhe
- manche Begriffe in Handlung umzusetzen
- sich auf einen Partner einzustellen, sie wollen meist das Material für sich und wollen selbst aktiv sein
- Übebereitschaft und Ausdauer bei fremdgestellten Aufgaben

Sie möchten bildhafte Aufgabenstellungen und Übungen, bei denen alle zu gleicher Zeit dasselbe tun.

5- bis 6-Jährige können in der Tendenz

- Bewegungskombinationen, z. B. mit Anlauf abspringen, rennen und abschlagen

- jede Bewegungsart in verschiedenen Variationen, z. B. Hüpfarten wie Wechsel- und Seitgalopp, Einbeinhüpfen
- gezielter werfen

5- bis 6-Jährige mögen große Geräte, bevorzugen – wenn überhaupt – Wettkampfsituationen, in denen sich zwei Kinder messen (Laufen, Weitsprung, Weitwurf...). Bei Staffelspielen warten sie oft,

- bis der „Gegner" auch losläuft,
- vor dem Ziel, um mit dem Gegner gemeinsam ins Ziel zu laufen

Praktische Vorbereitungen

Raum

- der Fußboden darf nicht kalt und nicht rutschig sein
- größere Gegenstände zur Seite räumen
- fegen; wenn Übungen mit Kopf-Bodenkontakt geplant sind
- Sprossenwand absichern, bzw. andere gefährliche Stellen
- Übungsauswahl und Material entsprechend der Raumsituation

Kleidung

- möglichst Turnkleidung, ansonsten: nach dem Aufwärmen zum Ausziehen eines Teiles der Oberbekleidung auffordern
- ggf. Hausschuhe (rutschfeste Sohle) statt Turnschuhe
- das Umziehen sollte in einem Vorraum geschehen, auf stapelweises Ablegen der Kleidung jeden Kindes achten, Ärmel umdrehen
- die Erzieherin trägt selbst auch Turnkleidung

Haare/Schmuck

- Haare zurückbinden, da sonst Verletzungsgefahr z. B. schon beim Purzelbaum entstehen kann
- Schmuck und Spielzeug einsammeln (Verletzungsgefahr)
- Pflaster/Binde (Eisbeutel) bereithalten

Aufsichtspflicht

- auf dem Weg von und zum Turnraum geht die Praktikantin vorn, die Erzieherin hinten
- die Kinder hinweisen auf Material und Raumgegebenheiten (Gefahrenpunkte)

Schwierigkeiten, die auftreten können:

Manche Kinder

- wollen sich nicht ausziehen, sich nicht halb angezogen (Turnkleidung) vor anderen zeigen = Umkleideecke für die Gruppe abschirmen
- äußern Angst vor einer Übung/vor dem Ball = Chance geben, zuzuschauen, nach einer Weile nochmals auffordern, aber nicht drängen
- haben bisher wenig Improvisationsübungen gemacht („probiert, was ihr mit dem Ball machen könnt"), sie verlieren die Lust, wenn keine Vorgaben kommen
- haben bisher nur Improvisationsübungen gemacht. Folge: sie nehmen Vorgaben nicht ernst

Wenn Kinder sagen, sie wollen nicht mitmachen oder ihnen sei langweilig, kann auch Angst dahinterstecken.

Aufgabe

Vergleichen Sie die beiden folgenden Bewegungsaktivitäten:
- Welche Unterschiede stellen Sie fest?
- Welche Methode gefällt Ihnen besser? Warum?
- Sehen Sie Unterschiede in der Zielsetzung?
- Diskutieren Sie unterschiedliche Meinungen in der Gruppe.

Beispiel 1: Bewegungserziehung mit Reifen

Material: Reifen, Handtrommel, Triangel
Kinder haben rutschfeste Turnschuhe an
Anzahl Markierungspunkte entsprechend der Kinderzahl

Kinder sitzen auf der Bank

Aufwärmen

„Wir wollen einmal richtig rennen; wenn ich so trommele (2× klar und deutlich), bleiben alle wie versteinert stehen, wer macht es mal vor?"
- *Variationen:* vorwärts gehen, rückwärts gehen Kindergartenhüpfer
- die Hälfte der Kinder bitten, sich auf einen Markierungspunkt zu setzen
- die nicht sitzenden Kinder hüpfen auf dem linken/rechten Bein im Slalom um die sitzenden Kinder herum, auch Seitgalopp links, dann rechts
- Ideen der Kinder aufgreifen

- Erzieherin und Kinder sitzen im Kreis und verschnaufen; eventuell die Kinder auffordern, ihren Pullover auszuziehen.

Hauptteil mit Reifen

- „Schaut, was der Reifen kann:
- einen Reifen in der Mitte tanzen lassen,
- das sieht aus wie.... ?"
- „Wer kann das mit seinem Körper nachmachen?"
- „Steigt mal nacheinander durch mein Tor (Reifen) und stellt euch dort (vor der Wand) nebeneinander auf"
- „Achtung (zum ersten Kind), ich rolle dir einen Reifen zu. Kannst du ihn fangen?" Entsprechend erhält jedes Kind einen Reifen
- „Probiert aus, was euer Reifen alles kann. Ihr habt im ganzen Raum Platz."
- Zwei bis drei Kinder bitten, ihre Übungen vorzumachen, die anderen machen sie nach.
- Nach einer Weile: „Stellt Euch wieder nebeneinander vor dieser Wand auf."
- Zum ersten Kind: „Versuche, mir deinen Reifen zuzurollen" Sie rollt ihn zurück, bis alle dran waren.

Varianten:

- „Gib deinem Reifen einen Schubs, schau zu, wie er rollt. Laufe erst los, wenn er still liegt."
- Erst loslaufen, wenn der letzte Reifen still liegt. „Wer weiß jetzt noch, welcher Reifen seiner war? Holt ihn!"
- Zu zweit: ein Kind zieht seinen Partner von einer Raumseite zur gegenüberliegenden
- und Wechsel (übrige Reifen an der Seite stapeln)
- Reifen wie eine Schlange mit Lücken legen
  - gehen: vorwärts/rückwärts
  - laufen vorwärts
  - hüpfen mit zwei Beinen (Reifen brauchen einen Zwischenraum)
  - im Slalom um die Reifen gehen/laufen
  - Balancieren auf dem Reifenrand

Zum Schluss „Satellitenspiel":

Jedes Kind geht mit seinem Reifen zu einem Markierungspunkt.

„Lasse den Reifen trudeln. Wenn er noch ein bisschen trudelt, springe in deinen Satelliten hinein. Du bist eingestiegen. Hebe mit den Armen langsam den Reifen an, (Startgeräusche machen) hoch über deinen Kopf und schwebe! Wenn meine Triangel tönt, schwebt wieder jeder zu seinem Landeplatz und landet."

„Jetzt wollen die Reifen sich ein wenig ausruhen". Erzieherin legt ihren Reifen als Beginn eines „Turmes" in die Raummitte, setzt sich in den Anfang eines markierten Kreises, wartet, bis alle Kinder sitzen.

„Wer fühlt seinen Körper jetzt gut? Für welche Körperteile war es heute am anstrengendsten? Welche Übung war am leichtesten, schwersten, warum?" Kinder loben.

„Und jetzt gehen wir uns wieder umziehen".

Beispiel 2: Im Urwald; eine Ideensammlung

Aufgabe

Erstellen Sie für die folgende Bewegungserziehungstunde eine Materialliste.

Aufwärmen

Busfahrt (Kinder sitzen auf der langen Bank) zum Flughafen; Flug über den Ozean, Reaktionsspiele: Flugzeug steigt, sinkt, alle rutschen nach rechts, links, sitzen ganz eng.

Hauptteil

„Was brauchen wir alles in einem Urwald? Die Erzieherin beginnt: „Bäume", wenn die Kinder nur Tiere nennen, ergänzt sie: Fluss, Brücke...

Urwaldaufbau: den Kindern Aufträge geben.

Bäume	= Stühle auf Markierungspunkte im Raum stellen.
Wege	= Seile von Stuhl zu Stuhl spannen, Matten sorgen für unebene Wege.
Fluss	= Kreppstreifen, Bank, Steine, Balancierscheiben.
Fische	= Seidenbänder und Tücher.
Berg/Bäume	= Sprossenwand, Kasten, Bank, Matte.
Hütte	= Sprossenwand, Seile und großes Tuch.

Bewegungsmöglichkeiten erarbeiten
Erzieherin geht mit den Kindern die Stationen ab; die Kinder äußern Ideen.

Dann gehen jeweils 2 oder 3 Kinder an eine Station.

Die Kinder können zu einer anderen Station wechseln, wenn diese frei ist.

10–15 Minuten; Ende der **Erprobungsphase**.

Mögliche Varianten:

Station 1: Fluss
Die Erzieherin gibt bildhafte Aufgabenstellungen z. B.
- balancieren über eine ganz schmale Brücke (umgedrehte Bank)
- Kind setzt sich auf sein Boot (Tuch) und Erzieherin zieht es mit einem Seil zum Ufer, danach ziehen die Kinder sich gegenseitig (glatter Boden erforderlich).
- Kinder haben Seidenbänder hinten in der Hose stecken, laufen im Fluss hin und her
- Erzieherin ist Fängerin, dann kann das gefangene Kind sich am Ufer entlang von Ast zu Ast hangeln (Sprossenwand einbeziehen)

Station 2: (Hänge)Brücke
Auf Stuhlreihe mit Lücken gehen.

Station 3: Wege
Mit geschlossenen Augen an den Seilen entlang gehen, vorwärts, rückwärts, seitwärts; mit dem Rollbrett entlang fahren (Floß, Jeep).

Abenteuer unterwegs:

Schlange: Unter allen Stühlen kriechen.

Moskitoplage: Auf Signal hin (z. B. Urwaldgeräuschkassette stoppen) unter ein großes Tuch kriechen.

Krokodil: Ein Kind lauert in der Mitte des Flusses, die Kinder stehen am Ufer; auf ein Zeichen hin sollen die Kinder zum anderen Ufer schwimmen, das Krokodil versucht, Kinder zu fangen, die dann zu Krokodilen werden.

Nach der Erarbeitung der Bewegungsvarianten können Kinder nochmals frei an den Stationen spielen, auch individuell wechseln.

Abschlussrunde:
Erzieherin bittet die Kinder, in einem markierten Kreis Platz zu nehmen.

Frage,
- welche Station die schwierigste war und warum
- wie es war, sich mit geschlossenen Augen am Seil entlang zu tasten.

Busfahrt (Kinder sitzen auf der langen Bank) zum Flughafen; Flug über den Ozean, Reaktionsspiele: Flugzeug steigt, sinkt, alle rutschen nach rechts, links, sitzen ganz eng. Jetzt sind wir wieder daheim.

Mitteilung, dass die aufgebauten Geräte stehen bleiben, damit sie am folgenden Tag weiter genutzt werden können.

Aufgabe

Betrachten Sie die beiden Aktivitäten unter dem Aspekt Anschaulichkeit:

Anschaulichkeit ist ein didaktisches Prinzip, das uns hilft, das Lernen zu unterstützen. Anschaulichkeit ist notwendig, um ein Thema „lebendig" zu machen.

Gegenständliche Anschaulichkeit
- den realen Gegenstand mitbringen
- einen Teil des realen Gegenstandes mitbringen oder etwas, das damit im Zusammenhang steht,
- Film, Dias
- Abbildungen

Situations-Anschaulichkeit
- echte Situation beobachten
- Situation vorspielen
- Situation mit- oder nachspielen
- Situation nachstellen
- anschauliche Aufgabenstellung

5. Kinder an Musik heranführen

Aufgabe

Tragen Sie in Kleingruppen Ihre Erfahrungen mit Musik zusammen:
- Auf welche Art habe ich mit Musik zu tun?
- Welche Musik habe ich heute gern? Was bewirkt sie in mir?
- Was empfinde ich, wenn ich vorsingen soll?
- Welche Erinnerungen habe ich an Musik in meiner Kindheit?

Schätzen Sie Ihre eigenen Fähigkeiten ein:
- Kann ich mir den Anfang eines Liedes innerlich vorstellen, kann ich ein Lied innerlich singen?
- Treffe ich die Töne, kann ich Töne und Rhythmen halten, kann ich mir eine Melodie merken?

Ausgangslage der Kinder in Kindertageseinrichtungen

Kinder hören Unmengen verschiedener Geräusche und Klänge im Alltag, z. B. Schritte, den Türgriff, die Stimme der Mutter, das Telefonklingeln. Bereits als Baby lernen sie deren Bedeutung, erkennbar daran, dass sie zur Geräuschquelle hinschauen, in Erwartung dessen was kommt.

Sie erleben auch Geräusche im eigenen Körper und nehmen Rhythmen wahr, des Herzschlags, des Wiegens.

Musikerziehung: Entwicklungsspezifische Voraussetzungen

Kinder beginnen mit **ca. 3 Monaten** Laute zu produzieren. Sie wiederholen diese und variieren die Tonhöhe.

Einjährige erkennen Melodien, freuen sich. Bei einem stark rhythmischen Lied wippen sie mit.

Zweijährige versuchen, Lieder nachzusingen. Sie singen Fragmente. Einzelne Zweijährige können ein einfaches Lied vollständig singen. Das gemeinsame Singen klappt noch nicht, statt mitzusingen, singen sie nach.

Dreijährige summen und singen gern eigene Lieder vor sich hin, laut und ausdauernd. Manchmal ist es eine so genannte Leiermelodie (wie „Backe, backe Kuchen" im Dreitonraum), manchmal hat die

Melodie kein erkennbares Muster. Sie erfinden Texte oder singen Laute.

4- bis 5-Jährige können schon einige Lieder in der Gruppe singen, vor allem, wenn Bewegung damit verbunden ist. Auf Rhythmusinstrumenten spielen sie in einem Falle den Sprachrhythmus (kurze Silbe – kurzer Ton, lange Silbe – langer Ton), in einer anderen Situation das Metrum. In einem Angebot können sie ein zweiteiliges Kinderlied lernen. Schwer fällt ihnen, auf den Schluss der Vormachphase zu warten.

5- bis 6-Jährige können eigentlich jedes Lied lernen, und können – unterstützt durch die Erzieherin – mit einem Rhythmusinstrument das Singen begleiten.

Manche Kinder wachsen in Familien auf, in denen aktiv musiziert wird, lernen vielleicht selbst schon ein Instrument. Sie kennen Musikinstrumente, kennen das Üben und das Vorspiel und wissen, dass Musik aufgeschrieben werden kann.

Viele Kinder hören auch die Musik von Erwachsenen und aus anderen Ländern, erfreuen sich an der für unsere Ohren ungewöhnlichen Melodik/Harmonik oder an rhythmisch gesungener Sprache.

Die meisten Kinder erleben Musik als Hintergrunderscheinung. Filme sind mit Musik hinterlegt, im Supermarkt tönt Musik zusammen mit Werbung. Erwachsene und Kinder hören Musik während der Hausarbeit und beim Autofahren. Kinder hören also viel Musik, aber es überwiegt das Konsumieren, zumal die Wohn- und Lebenssituation häufig den experimentellen Umgang mit Stimme, Klängen und Geräuschen nicht zulässt.

Es fehlen das musikalische Erlebnis und die Konzentration allein auf Musik.

Die Singfähigkeit der Kinder nimmt in vielen Fällen ab. Viele Volks- und Kinderlieder wurden in den 1970er Jahren kritisch betrachtet. Das war u. a. eine späte Reaktion auf den Missbrauch von Liedern und Musik zur psychischen Beeinflussung der Menschen während der Zeit des Nationalsozialismus, z. B. bei großen Aufmärschen.

Volks- und Kinderlieder wurden auch wegen Rollenklischees abgelehnt und weil Ritter, Königstöchter und Handwerker nicht zur Technikeuphorie dieser Zeit passten. Deshalb haben jüngere Erzieherinnen heute oft nur ein eingeschränktes Kinder- und Volksliedrepertoire.

Neue Kinderlieder entstanden, über Pinguine, Autos und über das „Nein-Sagen“. Ihre Verbreitung ist v. a. den Musikkassetten zu verdanken mit dem Vorteil unendlicher Wiederholung.

Nachteile der Kassetten sind das zu hohe Tempo sowohl zum Mitsingen als auch zum Lernen sowie das musikalische Arrangement. Häufig klingt das Lied ohne Begleitung langweilig. Und nicht zuletzt sind viele neue Lieder textüberfrachtet, schlecht lernbar.

Kinder sind von den Kassettenliedern fasziniert. Sie singen Fragmente mit, hören wegen der Musikbegleitung ihre eigene Singstimme als solche jedoch kaum.

Manche Kinder singen zu tief oder „brüllen“ auch beim Sprechen. Dies kann Veränderungen an den Stimmbändern bewirken und Stimmtherapie erforderlich machen.

Der Tonumfang der Kinderstimme. Die physiologische Fähigkeit zum Singen ist dem Menschen angeboren und ist bei jungen Kindern besonders ausgeprägt, da der Anteil ihrer Kopfstimme gegenüber der Bruststimme von Natur aus beim Sprechen überwiegt.

Der Stimmumfang einer Kinderstimme beträgt eigentlich e' bis f''. Weniger geübte Kinder können etwas tiefer gesetzte Lieder (cirka ab c oder d) leichter lernen. Nur sporadisches oder gar kein Singen führt heute schon bei Kindern im Kindergartenalter zur verfrüh-

ten Nutzung der Bruststimme. Die Zurücknahme der Kraft und das Umschalten auf alleiniges Singen mit den Stimmbändern bereitet große Anstrengung.

Aufgabe

Beobachten und erfragen Sie die aktuelle Situation in Ihrer Gruppe.

- Welche Musik hören die Kinder zu Hause?
- Welche Lieder kennen und singen sie gerne, welches ist das aktuelle Lied?
- Welche Instrumente kennen sie und können sie handhaben?
- Reagieren Kinder auf Wechsel in Lautstärke, Rhythmus, Tempo?

Notwendigkeit musikalischer Bildung

Im Kleinkindalter ist das musikalische Handeln eine natürliche Ausdrucksform. Diese braucht genauso Raum und Anregung wie das Malen, Bauen, Spielen.

Singen fordert und fördert das „ganze" Kind. Musikalisches Tun schafft Ordnung im Gehirn. Während Kinder Töne, Geräusche, Klänge produzieren, diese wiederholen und damit spielen, werden mehrere Regionen im Gehirn aktiviert und Synapsenverbindungen gefestigt.

Um singen zu können, muss das Kind hinhören, Tonhöhen unterscheiden, die eigene Tonhöhe steuern. Singen fördert Text- und Melodiegedächtnis.

Die Sprachentwicklung wird unterstützt: insbesondere die Atmung, Artikulation, Intonation und der Sprechrhythmus. Das Textlernen festigt Sprachstrukturen.

Kinder spielen mit Melodien, improvisieren und erfinden eigene Melodien. Damit erweitern sie auch ihre stimmlichen Möglichkeiten.

Stimm- und Atmungsvorgänge werden koordiniert und der Bewegungsfluss der Hände, Arme und Beine wird sicherer, u. a. bei der Körperperkussion, bei Tanz- und Bewegungsspielen.

Kinder brauchen Musik als „Seelennahrung". Sie aktiviert Gefühle und ermöglicht, auszudrücken, wofür sie sonst oft noch keine Worte haben (z. B. Lieder zum Fröhlich- und Traurigsein, zum Schneefall, zur Farbenpracht im Frühling). Insofern kann es nie nur um das funktionale Erlernen eines Liedes gehen. Singen ist ein Erlebnis und braucht eine angenehme Atmosphäre.

Musik soll im Tagesablauf einen festen Platz haben. Das Singen und Musizieren verstärkt das soziale Miteinander. Gemeinsames Singen erfordert ein Einordnen in Melodie und Text und in die Gruppe.

Musik ist lebendig. Sie lebt durch die Dynamik von Zeit, Raum, Tempo, Klangfarbe und Lautstärke. Demnach gehören auch das Leise, das Langsame und die Stille zur Musik.

Bei Angeboten, Aktivitäten, Projekten und bei der Vorbereitung der Umgebung beachten Erzieher diese Gegenpole und die feinen Nuancen.

Kompetenzen

Ich-Kompetenz u. a.	Sozialkompetenz u. a.	Sachkompetenz u. a.	Lernkompetenz u. a.
• die eigene Stimme und den Körper als Instrument erkennen • sich selbst als still erfahren • eigene Ausdrucksformen kennen lernen • sich als Dirigenten erleben	• anderen zuhören • andere an ihrer Stimme erkennen • sich ein- und unterordnen können • Ausdrucksformen anderer beobachten und achten	• Lieder richtig singen können, Liedrepertoire besitzen • Begriffe kennen für Lautstärken und Klänge • Kenntnisse über Instrumente haben und Handhabung erlernen	• Strukturen von Musik erleben: – verschiedene Rhythmen, Taktarten, – Tonlagen – Tempi – Charaktere

Ich-Kompetenz u. a.	Sozialkompetenz u. a.	Sachkompetenz u. a.	Lernkompetenz u. a.
	• wissen, was Alleinspiel • und was Gruppenspiel bedeutet	• selbst ein Instrument herstellen • Musik und Tanz als abhängig von Traditionen und Kulturen erkennen • ein Ensemblespiel erlebt haben	• feste Abläufe beim Singen, Musizieren, Tanzen einhalten können • Liedarten kennen

Schwerpunkte sollen das musikalische Erlebnis in der Gruppe sein, der Erwerb vielfältiger Musiziermöglichkeiten und Erfahrungen mit Musik als Bildungsgut.

Methoden

Spontane Angebote: Abzählreime, Klatsch-, Hüpfseil- und Trampolinverse. Abzählreime sind insbesondere für die 5- bis 6-Jährigen interessant. Sie helfen ihnen, ihr Spiel in der Gruppe selbst zu organisieren. Sprachlich liegt ihr Reiz im Aufzählen von etwas, im rhythmischen Nonsenstext und in dem oft etwas frechen Ausdruck.

Hüpfseilverse enthalten oft Zahlen, Wochentage, Monate, die nicht nur dem Vers eine Struktur geben, sondern Anfang und Ende der Bewegung festlegen. 5- bis 6-Jährige wollen ihre Geschicklichkeit steigern, wollen zeigen, was sie schon können im Gegensatz zu den Kleinen.

Klatschverse erzählen kleine Geschichten, enthalten oft Neckereien und Sympathiebekundungen.

Musikalisch gesehen wird das Metrum in Bewegung umgesetzt durch Klatschen, Abzählen, und Hüpfen. Schon Babys spüren dies, z. B. bei dem Kniereiterlied „Hoppe, hoppe, Reiter".

Stockt das Kind mit dem Sprechen, hält es meist auch in der Bewegung inne, die dann ja keinen Sinn mehr macht. Es ist „ab" und muss für den Nächsten den Platz räumen oder wieder von vorn beginnen.

Trampolinhüpfen und Abzählen bei gleichzeitigem Verssprechen eignen sich als Einstieg, da es nur um die eigene Bewegung geht.

Klatschverse zu zweit gelingen nur, wenn beide Partner es schaffen, ein gemeinsames Tempo zu finden.

Eine hohe Herausforderung stellt das Seilspringen am langen Seil dar. Der Vers wird von den Umstehenden gesprochen, die das Hüpftempo als Sprechtempo übernehmen müssen. Das Seilschlagen im immer gleichen Takt ist sehr schwierig für Kinder, wegen der Armlänge und weil es ihnen oft noch schwer fällt, sich am Partner zu orientieren. Sie wollen vorrangig springen lernen.

Auch musikalisch ungeübte Praktikantinnen und Erzieher können hier wesentliche Grundlagen für Musik- und Spracherziehung schaffen.

Auswahl von Versen
• Es eignen sich 2/4, 3/4 und 4/4 Takte.
• Auf den Inhalt achten, der Vers muss nicht „brav", aber doch so sein, dass das Kind ihn unbedenklich überall sprechen kann.

Einführung
• vormachen
• rhythmisch sprechen
• artikuliert sprechen
• Begriffe klären

Die Kinder lernen durch fortwährende Wiederholung.

Abzählreime z. B.
Eins, zwei, drei, vier, fünf;
Der Bär hat rote Strümpf',
der Bär ist nicht zu Haus'
und du bist raus.

oder
Eins, zwei, drei, du bist frei.
Vier, fünf, sechs, du bist weg,
sieben, acht, neun, du musst sein.

Klatschvers zu zweit
Ich weiß, dass Glas zerbricht,
doch unsre Freundschaft nicht .
Ich schenke dir ein Blatt vom Klee.
Ich freu' mich so, wenn ich dich seh'.

Zwei Kinder sitzen sich gegenüber,
klatschen abwechselnd in die eigenen Hände, über
kreuz in die Hände des Gegenübers, patschen auf ihre
eigenen Schenkel.

Trampolinvers
Januar, Februar, März, April,
ich hüpfe so, wie ich es will,
wie ein Gummi-Gummiball
wie ein wilder Wasserfall,
wie ein flottes Känguruh.
Ohne Strümpf' und ohne Schuh,
hüpf' ich so, wie ich es will,
und dann steh' ich still.

Zeilen 3–6: jeweils eine Wende um 45 Grad machen.

Hüpfseilvers
Henriette, goldne Kette,
goldne Schuh,
wie alt bist du? 1, 2, 3 ....

oder

Teddybär, Teddybär, dreh' dich um
Teddybär, Teddybär, mach' dich krumm,
Teddybär, Teddybär, heb' ein Bein,'
Teddybär, Teddybär, das ist fein.
Teddybär wie alt bist du ?
1, 2, 3 usw.

Singen/Liedeinführung. Die häufigste Form musikalischen Tuns ist das **Singen** als Ritual zur Begrüßung, zum Geburtstag, zum Abschied. Bei Spielrunden werden oft Finger- und Kreisspiele gesungen.

Hinzu kommen Lieder zur Jahrszeit und das spontane Singen zum Trösten. Diese Lieder bilden das Repertoire. Die Erzieherin stimmt an, begleitet mit der Gitarre. Jeweils neue Kinder lernen Lieder vor allem durch Mittun und Wiederholen.

Kinder reagieren auch sehr gut auf gesungene **Signale**, um die Gruppe zu organisieren, z. B.

nach dem Spiel im Sandkasten	Füße, Füße, trapp, trapp, trapp, Sand der fällt jetzt ab, ab, ab (Singsangmelodie)
um einen Kreis zu bilden	Anfang des Liedes „Wir geben uns die Hände und machen einen Kreis."

Methoden der Liedeinführungen
Kinder interessieren sich immer für ein neues Lied. Sie können auch ein schwieriges Lied lernen, wenn die Erzieherin es sicher einführt. Anfänger sollten eine

kluge Auswahl treffen und ihre eigenen Fähigkeiten kennen, damit ihr Vorhaben auch gelingen kann.

Liedauswahl
Bei Kindern sind besonders Lieder beliebt, die Handlung ermöglichen, also Spiellieder im Kreis, Fingerspiellieder.

Für 3- bis 4-Jährige sind geeignet:
- zweiteilige Lieder = A B Form oder ABA
- deutliche Abschnitte (zum Atemholen)
- Melodieverlauf: kleine Sprünge, Motivwiederholungen
- Wort- bzw. Textwiederholungen
- je Silbe ein Ton
- einfache Spiellieder
- Lieder, in denen der eigene Körper, Tiere, Mutter und Kind, Tätigkeiten, das Wetter, Jahreszeiten vorkommen

Für 5- bis 6-jährige Kinder werden empfohlen:
- Zwei- und dreiteilige Lieder: AB/ABC-Form
- Tonsprünge (4 Töne Abstand und mehr) sind kein Problem mehr
- Wiederholungen und Entsprechungen im Melodieverlauf sind immer noch angenehm
- Längere Spiellieder/kleine Geschichten
- Alle Themen
- Lieder in einer Fremdsprache, auch Nonsenslieder

HOERBURGER/WIDMER empfehlen, auf Punktierungen, Synkopen, Triolen zu verzichten.

Aufgabe
- Wie sind die Lieder im Ihrem Kinderliederbuch geordnet?
- Markieren Sie darin Lieder für die 3- bis 4-Jährigen bzw. für die 5- bis 6-Jährigen.
- Vergleichen Sie Ihre Einschätzungen in der Kleingruppe.

Liedanalyse
Die Liedanalyse bedeutet festzustellen
- Tonart des Liedes
- Anzahl der Liedteile/Form
- Taktart/Auftakt
- Rhythmus/rhythmische Überraschungen

- Tonumfang, Melodieverlauf, Intervalle
- Liedcharakter
- Text, Inhalt und schwierige Worte
- besonderer Reiz des Liedes

Fachbegriffe für Liedanalysen:
- *Tonschritte*: steigende oder fallende Tonfolge
- *Kleine Sprünge*: Abstand bis 3 Töne
- *Große Sprünge*: Abstand 4 und mehr Töne
- *Tonwiederholungen*: zwei oder mehr gleiche Töne hintereinander
- *Motivwiederholung*: ein kleiner Melodieteil wird wiederholt
- *Entsprechung*: Ein Motiv wird eine Stufe höher oder tiefer wiederholt

Beispiel – Liedanalyse:
Wisst ihr, was die Bienen träumen?

Text: Lore Kleikamp
Musik: Detlev Jöcker
Aus: 1, 2, 3 im Sauseschritt
Copyright: Menschenkinder
Verlag u. Vertrieb GmbH, Münster

2. Wisst ihr, was die Vögel träumen
   in ihrem weichen Nest?
   Sie träumen von Sommer und Sonnenschein,
   von Würmern und von Käferlein, piep, piep
   piep.

3. Wisst ihr, was die Frösche träumen
   im Mondenschein am See?
   Sie träumen, dass jeder auf dieser Welt,
   sie für die besten Sänger hält. Quak, quak, quak.

4. Wisst ihr, was die Eulen träumen ,
   wenn es dunkel ist?
   Sie träumen am Tag, nicht in der Nacht,
   wenn alle schlafen, dann rufen sie sacht,
   U-hu-hu.

Form	ABC
Tonart	D-Dur, Tonumfang ist relativ klein, von d bis h = 6 Töne
Takt	4/4, Auftakt
Melodie	Beginn und Ende auf dem Grundton, *steigende Tonfolge* am Beginn, größter Tonsprung: hat 4 Töne *Tonwiederholungen:* 8× Die *Motivwiederholung* in Teil B, erinnert an „Maikäfer flieg" Teil C: lange Notenwerte, beruhigendes Ausklingen
Rhythmus	*Überraschung:* 2× punktierte Noten; Takt 3 und 7. In Takt 3 erhält eine Silbe dadurch 2 gebundene Töne, was den Charakter des Wortes „träumen" unterstreicht.
Text	Teil A und B: jeweils gleiche Worte am Anfang in allen Strophen Teil C: je Strophe die entsprechenden Tierlaute *Worterklärungen:* „Bienenhaus", „sie für die besten Sänger halten"
Charakter und Reiz des Liedes	Die Melodie hat einen ruhigen Verlauf, es ist ein Abendlied. Text/Inhalt: Die Kinder werden das Frage- und Antwortspiel schnell erfasst haben, es kehrt in jeder Strophe wieder. Frösche, Eulen kennen Kinder aus Bilderbüchern, Bienen und Vögel aus eigener Erfahrung.

Von Melodie, Inhalt und Text ist das Lied geeignet für Kinder ab 4 Jahren.

Es legt ein Rollenspiel nahe, was ebenfalls bei 4-Jährigen beliebt ist.

Aufgabe

- Wählen Sie aus einem Liederbuch ein Lied für Ihre Kindergruppe in der Praxis.
- Erstellen Sie eine Liedanalyse.

Möglicher Verlauf einer Liedeinführung

Anfang

1. Kinder begrüßen

2. Einstimmung, z. B. mit dem obligatorischen Morgen- oder Anfangslied (leichte Stimme)

4. Gespräch, Motivation

5. Stimmspiel passend zum Lied (Einsingen, Mundmotorik)

Hauptteil

6. das Vorsingen, Teilschritte:
   - sich Anfangston und erste Liedzeile innerlich vorstellen,
   - tief mit dem Bauch einatmen, Spannung halten,
   - bewusst langsam und leicht zu singen beginnen (Kopfstimme),
   - erste Strophe einmal als Ganzes vorsingen, dann

7. Anschauungsmaterial zeigen, je Strophe eines anpinnen.

8. Lied vorsingen, Hörauftrag geben.

9. Inhalt erarbeiten, Bedeutung schwieriger Worte klären.

10. Text sehr deutlich sprechen, rhythmisch = entsprechend den Notenwerten.

11. Zum Mitsingen auffordern. Melodieverlauf beim Singen mitzeigen.

12. Passende Bewegungen ggf. mit den Kindern zusammen überlegen.

13. Ggf. Spielform vormachen (z. B. im Kreis herum-laufen). Die Kinder machen es im weiteren Verlauf nach.

14. Zweite Strophen einführen.

15. Nicht zersingen (endlos wiederholen).

Schluss

16. Frage, was den Kindern an dem Lied gefallen hat/ was für sie neu war.

17. Frage, ob ihnen etwas Besonderes aufgefallen ist.

Stimmspiele/Mundmotorik

haben die gleiche Funktion für das Singen, wie das Aufwärmen im Sport.

Sie helfen, die Stimmbänder behutsam zu aktivieren, den Tonumfang zu erweitern und die 100 Muskeln, die zum Singen nötig sind, zu aktivieren.

Für Stimmspiele eignen sich mitklingende Laute, wie „m" oder „w" in Wörtern, die zum Lied passen.

Sie müssen bei jedem neuen Lied kreativ erfunden werden. Zugute kommt uns, dass Kinder in diesem Alter gern z. B. Tierlaute nachahmen.

Durch Atemimpulse (Bauchatmung) wird auch der Ton-umfang erweitert (leichte Stimme).

Variationen des Vorsingens

- Erste Strophe singen und gleichzeitig passende Bewegungen zeigen.
- Melodie vorspielen mit einem Instrument.
- Melodie auf dem Glockenspiel spielen und dazu rhythmisch (Tonwerte einhalten) sprechen.
- Text rhythmisch sprechen.
- CD vorspielen.
- Strophe vorsingen und Lücken lassen, Kinder füllen die Lücken mit dem Reimwort.

Die einführende Erzieherin muss ihre Fähigkeiten rich-tig einschätzen und ggf. ein entsprechendes Hilfsmit-tel einsetzen.

Singvariationen

- sitzend, stehend, gehend
- Jungen/Mädchen
- und ganz leicht
- übertrieben deutlich, aber nie laut

Siehe schriftliche Planung des Liedes „Wisst ihr, was die Bienen träumen" im Kapitel „Bildungsangebote pla-nen", Seite 212.

Kindertänze, Spiellieder. Hier finden wir viele Variatio-nen und auch unterschiedliche Definitionen:

Bei **Kindertänzen** sind durchgängig alle Teilnehmer tanzend in Bewegung. Aufstellungsformen sind z. B. der Kreis, die Gasse, eine durchgefasste Reihe (Schlange) oder auch frei im Raum. Es geht um ver-schiedene Schrittkombinationen, Richtungswechsel, Kombinationen von Klatschen, Stampfen usw.

Beispiel: „Brüderchen, komm tanz mit mir." Instrumen-talstücke (meist von der Kassette) müssen deutlich unterschiedliche Formabschnitte haben.

Spiellieder sind gesungene Geschichten, die durch Bewegung ergänzt oder ausgedrückt werden.

Bei „Häschen in der Grube" braucht das „Häschen" in der Kreismitte nur still zu sitzen, ein bisschen zu lei-den und im Kreis herum zu hoppeln. Im Lied „Wer will fleißige Handwerker sehn" stellen die Kinder typische Berufsbewegungen pantomimisch dar. Insbesondere den Jüngsten im Kindergarten entspricht es, wenn alle das Gleiche tun.

Manche Spiellieder erzählen von Jungfrauen, Jägern, Tieren, Musikanten, Rittern und Prinzessinnen, von Freunden, vom Reisen, Verkleiden und Zaubern. Ob alte oder neue Spiellieder: inhaltlich werden universel-le Ereignisse und Sehnsüchte angesprochen, wie Partnersuche, in die Welt hinausziehen, Lebensfreude.

Meist sitzen oder stehen die Sänger und Zuschauer auf der Kreislinie. Die Solisten schreiten den Innen-kreis ab, suchen einen Partner und tanzen mit ihm. Beispiel: „Dornröschen war ein schönes Kind."

Vor allem die angehenden Schulkinder lieben diese ge-tanzten Geschichten unter dem Aspekt: „Werde ich So-list sein und darf wählen oder werde ich auserwählt?"

Bei „Kettentanz-Spielen" wählt der Solist ein Kind aus dem Kreis, das im nächsten Durchgang zum Solisten wird, oder es kommt je Durchgang eine Person dazu.

Bei der „Schneeball-Tanzform" wählt der Solist ein Kind, das im Kreis bleibt. Die beiden wählen im nächs-ten Durchgang jeder ein Kind usw. sodass sich je Durchgang die Anzahl der Mitspieler verdoppelt.

In der Fachliteratur wird die Aufstellung und Tanzform mit Symbolen beschrieben. Zum Verständnis braucht man einen „*Tanzschlüssel*", der die Symbole erklärt.

Beispiel für ein Spiellied: Wir wollen eine Reise machen

Die Kinder fassen sich an und setzen sich singend in Kreisform in Bewegung. Ein Kind, der Reiseleiter, geht in entgegengesetzter Richtung außen herum. Bei „Du und du, ihr beiden..." tippt er genau die Kinder an, die er in diesem Augenblick erreicht hat. Er legt eine Hand auf die sich fassenden Hände dieser beiden Kinder. Alle bleiben stehen. Die beiden Kinder verlassen den Kreis, schließen sich dem Reiseleiter an und gehen mit ihm außen herum. Der Kreis schließt sich und setzt sich wieder in Bewegung. Das Spiel wird so oft wiederholt, bis nur ein Kind übrigbleibt. Nun wird der Text leicht verändert. Es heißt dann in den letzten beiden Zeilen: „Dich hol ich nicht mehr ab, denn du bleibst heute stehen!"
Das letzte Kind wird beim nächsten Spiel der Reiseleiter. Es kann aber auch vorkommen, dass am Schluss zwei Kinder übrigbleiben. Dann nimmt der Reiseleiter nur eines von ihnen mit. Dazu wird gesungen: „Du nur du alleine, du kannst mit mir gehn. Dich hol ich nicht mehr ab, du bleibst heute stehn!"

T: Lore Kleikamp; M: Detlev Jöcker. Aus: 1, 2, 3 im Sauseschritt. Copyright: Menschenkinder Verlag u. Vertrieb GmbH, Münster

Perkussion = Schlagen
Perkussionsinstrumente = Schlaginstrumente, z. B.

der eigene Körper, sowie Fell-, Holz- und Metallinstrumente und Hammerinstrumente

Körperperkussion ist eine Möglichkeit, das Singen zu begleiten und ist praktisch insofern, als die körpereigenen Instrumente
a) immer zur Hand sind
b) auch das Körperbewusstsein fördern.

Hierzu gehören: Klatschen, Patschen, Stampfen, Schnalzen usw. Diese werden kombiniert, wodurch einfache oder auch komplizierte Muster entstehen.

Formabschnitte begleiten, heißt, den einzelnen Liedteilen eine Begleitung zuzuordnen. Kinder erfassen damit die Struktur des Liedes.

Beispiel: Lied von einem Zauberer

T: Lore Kleikamp; M: Detlev Jöcker. Aus: 1, 2, 3 im Sauseschritt. Copyright: Menschenkinder Verlag u. Vertrieb GmbH, Münster

Teil A:
4 × klatschen, patschen, 2 × patschen überkreuz. Ein solches „Muster" kann nicht erklärt, sondern muss langsam und deutlich vorgemacht werden.

Teil B:
- keine Begleitung oder
- die Kinder erfinden eine (z. B. pantomimisch Zauberstab führen).

Einführung der Instrumente/Experimente

Bei der Einführung von Rhythmusinstrumenten geht es um
- den Namen
- die richtige Haltung des Instruments

- Ton- und Klangerzeugung: Variationen
- Ton- und Klangvorstellungen entwickeln
- Rhythmen erfassen und sich Rhythmen vorstellen
- Zusammenspiel

auch/später
- erforschen, welche Verwandte unsere Rhythmusinstrumente haben, wo unsere Instrumente herkommen

Instrumente schrittweise einführen

Je Lied setzen wir ein anderes Rhythmusinstrument ein und erarbeiten uns sein Wesen und seinen Klang. Denn es geht uns um die feinen Nuancen des Hörens und Musizierens.

Erst wenn die Kinder eine Reihe unterschiedlicher Instrumente kennen, bieten wir ihnen auch eine Vielfalt.

Würden wir ihnen gleich „das Ganze" bieten, entstünde eine relative Atemlosigkeit, weil doch jedes Kind alles probiert haben möchte, oder sie würden sich wegen des entstehenden Lärms bald die Ohren zuhalten. Wer sich in einer Menge immer noch hören will, muss notgedrungen immer lauter werden, mit negativen Folgen auch für die Instrumente.

Instrumente gruppieren

Fell- und Metallinstrumente liegen beliebig in der Kreismitte auf einem farbigen Tuch.

Jedes Kind holt sich ein Instrument zum Platz.

„Probiert Töne auf eurem Instrument zu finden. Klingen sie unterschiedlich in der Hand, auf dem Boden, dem Stuhl?

Warum klingen die Instrumente/Wo kommt der Ton her?

Könnt ihr den Ton fühlen?

Welches Instrument hält seinen Ton am längsten?"

Die Erzieherin legt in einen Gymnastikreifen ein Fellinstrument, in den andern ein Metallinstrument. Die Kinder sollen zuordnen und argumentieren, warum sie ihr Instrument so zugeordnet haben.

Variante: Instrumente mit bestimmbarer Tonhöhe und solche ohne.

Klangrätsel

Hinter/unter einem Tuch ein Instrument anschlagen. Die Kinder sollen den Namen raten.

Experimente mit Instrumenten

sollen in eine gemeinsame Aktion münden. Jedes Kind hat ein Instrument.

Erzieherin: „Schaut her, wenn ich das grüne Tuch zeige, könnt ihr losspielen, wenn das rote Tuch kommt, stoppt ihr, wie an der Ampel. Mal sehen, ob ihr das schon könnt."

Solo/ Tutti	Alle Kinder spielen auf ihrem Instrument. Gibt die Erzieherin einem Kind das grüne Tuch, verstummen alle andern so lange, wie dieses ein Solo spielt. Ist das Solo fertig, setzt das Orchester wieder ein.
Leise/ Laut	Handzeichen: tief liegende Hände der Erzieherin: leise spielen, gehen die Hände nach oben, sollen die Kinder lauter spielen.

Liedgestaltung mit Rhythmusinstrumenten, Formabschnitte begleiten. Die sicherste Methode ist nur eine Instrumentenart einzusetzen, wenn eine Erzieherin das Singen anleitet, zwei Instrumentenarten bei zwei Erzieherinnen.
- Haltung des Instrumentes zeigen.
- Instrumentennamen akzentuiert vorsprechen. Kinder auffordern, ihn nachzusprechen.
- Die Erzieherin spielt das Instrument an der gewünschten Stelle zunächst selbst.
- Erzieherin macht den Schlag vor, übergibt dann das Instrument einem Kind.
- Erzieherin spielt selbst mit dem gleichen Instrument, sodass das spielende Kind eine dauerhafte Orientierung hat.

- Das Kind gibt sein Instrument an ein anderes weiter. Die Strophe wird mehrmals gesungen mit Begleitung.
- Wenn dies klappt, können mehrere Kinder begleiten (eine Instrumentenart). Sie sollten zusammen sitzen.

Die Kinder sollen überlegen
- warum dieses Instrument gut zum Lied passt,
- wie es besonders gut klingt,
- woher der Ton kommt,
- warum er so klingt.

Das zweite Instrument wird genauso eingeführt, sollte aber zunächst einem anderen, bisher noch nicht begleiteten Melodieteil zugeordnet werden.

Erst wenn Kinder mit dieser Art von Liedbegleitung sicher sind, kann auch eine durchgängige Rhythmusbegleitung mit 2 Erzieherinnen, 2 Instrumentenarten und 2 verschiedenen Rhythmen eingeführt werden.

Beispiel: Wisst Ihr, was die Bienen träumen

Aus: 1, 2, 3 im Sauseschritt. Copyright: Menschenkinder Verlag u. Vertrieb GmbH, Münster

Teil A:

Handtrommel: Taktschwerpunkt = erster Schlag am Anfang des Taktes, leichter Anschlag wegen der Abendstimmung.

Teil C:

Triangel, ebenfalls Taktschwerpunkt

Klangspiele, Klanggeschichte, elementares Gruppenmusizieren. Klangspiele sind Spiele, Übungen und Experimente mit Klängen in der Gruppe. Sie helfen, Klänge genauer wahrzunehmen und zu beeinflussen. Dabei machen Kinder auch Ersterfahrung im Ensemblespiel. Sie erkennen: „Jetzt bin ich alleine dran, jetzt spiele ich mit anderen, und jetzt spielen andere, und ich bin still".

Klangspiele können
- Klänge und Geräusche aus der Realität nachbilden (Regentropfen).
- Bewegungen in Klänge/Geräusche umsetzen (fliegender Vogel, Wind, schleichende Katze, Sonnenaufgang).
- den Charakter von etwas ausdrücken (funkelnde Sterne).

Material: selbst gebaute Instrumente, klingende Alltagsgeräte, Rhythmusinstrumente, Stabspiele.

Voraussetzung: Die Instrumente sind in Grundzügen bekannt (Name, Haltung, Anschlag) und die Kinder kennen die empfindlichen Stellen.

Beispiel: Instrumente haben Familiennamen

Ziele: Liedschluss erfassen (bei der Flötenimprovisation), verschiedene Klangfarben hören, sich Klänge vorstellen, Klänge bewusst erzeugen, den eigenen Einsatz und Pausen erkennen.

5 Reifen liegen im Raum verteilt. In jedem Reifen liegt eine Instrumentenart in so vielen Ausführungen, wie Kinder teilnehmen, z. B. **Trommeln**: Handtrommel, Schellentrommel, Bongos usw., in anderen Reifen: diverse **Triangeln**, verschiedene **Rasseln, Stabspiele, Becken, Zimbeln**. Anzahl je Instrumentenart entsprechend der Kinderzahl.

Erzieherin: „Ihr seht, in jedem Haus wohnt eine andere Familie, z. B. die Familie Trommel."

„Wir wechseln heute ab: Wenn meine Flöte spielt (freie Improvisation), gehen wir spazieren, wenn die Flöte aufhört, setzt jedes Kind sich zu einem Haus, egal zu welchem. Dort sage ich, wie es weitergeht." Die Aufträge dort lauten:

1. „Heute ist der **Hüpftag**: Lasst euer Instrument klingen wie einen hüpfenden Floh." Jeweils auch Ideen der Kinder aufnehmen.

2. … **Wischtag/Putztag**. „Was wird in einem Haus gewischt? Genauso wollen alle Instrumente gewischt werden. Wenn meine Flöte wieder anfängt, ist der Wischtag fertig."

3. … **Kochtag**: „Da wird in allen Töpfen gerührt, rührt auf eurem Instrument."

4. … **Geheimnistag**: Probiert, die leisesten Töne zu machen.

5. … **Regentag**: „Wie klingen Regentropfen auf eurem Instrument? Dicke, feine, viele, wenige Regentropfen?"

6. … **Ausflugstag**: „Wir fahren mit dem Boot; das schaukelt hin und her; wir steigen auf einen Berg; wir rennen wieder hinunter, stolpern, fallen."

7. Zum letzten Mal kommt das Flötenspiel für den Spaziergang durch den Raum. Am Ende: „Bringt bitte die ganze Trommelfamilie mit." Das Kind mit der größten Trommel soll links von der Erzieherin sitzen usw.

8. Namen der Instrumente wiederholen und besprechen, weshalb sie den gleichen Familiennamen haben.

„Und jetzt kommt meine Geschichte:

In einem Haus lebt die Familie Floh: Papa Floh, Mama Floh usw". Die Erzieherin gibt den Kindern ihre Rolle und den Flohkindern je einen Namen.

Montag ist der Hüpftag: *Und so hüpfen sie:*
Papa Floh
Mama Floh
das erste Kind
das zweite Kind

Reihum spielt jedes Kind das Hüpfen auf seinem Instrument und einmal spielen alle zusammen.

Am **Dienstag ist der Wischtag:** Und so wischen sie.

Am **Mittwoch ist Kochtag:** Papa Floh rührt und nennt eine Speise.

Am **Donnerstag ist der Geheimnistag**: Nur der kleinste Floh hat ein Geheimnis. Wie klingt es? Geheimnisvoll! So sollen Geheimnisse sein. usw.

Nach dem ersten Durchgang einige wenige Klänge herausgreifen. Haltung und Anschlag besprechen, um einen besseren Klang zu erhalten.

Trommeln zurückbringen und ggf. die nächste Instrumentenfamilie holen.

Ein klingendes Märchen

Material: Glockenspiel: Pentatonische Tonfolge, so dass die Erzieherin auch zweistimmig spielen kann, auswendig gelerntes Märchen.

1. Die Erzieherin spielt als Einstieg eine eigene Improvisation auf dem Glockenspiel.

2. Sie erzählt die erste Hälfte des Märchens.

3. Zwischenspiel auf dem Glockenspiel.

4. Zweite Hälfte des Märchens.

5. Zum Abschluss wieder Musik.

Pentatonik:
alle Töne passen harmonisch zueinander; nur Ganztonschritte.
auf c = c, d, e, g, a oder c, d, f, g, a,
auf g = g, a, h, d, e

Musikinstrumente selbst herstellen

z. B. • Trommeln aus verschiedenen Materialien • Bechergitarre • Raschelsäckchen • Flatterfolien an einem Stab • Bundrasseln (Schlüssel od. Metallstücke, od. Holzkugeln)	• Röhren-, Sieb-, Becher- oder Muschelrassel • Regenmacher • Hand- oder Fußbretter mit Schlaufe zum hineinschlüpfen • Windspiel usw.

Im Anschluss wollen die Kinder natürlich mit ihren selbst hergestellten Instrumenten Klangspiele machen oder sie zur Liedbegleitung einsetzen. Darauf muss die Erzieherin vorbereitet sein.

Auch: mit entsprechenden Originalinstrumenten vergleichen, eine Ausstellung machen.

Geräusche, Klänge und Musik suchen und festhalten

Geräuschjagd

Mit Kassettenrekorder und Mikrophon Geräusche des Alltags einfangen. Zurück im Kindergarten kann den Daheimgebliebenen von diesem Abenteuer erzählt werden. Natürlich sollen sie auch die Geräusche hören und bestimmen. Dazu können passende Kärtchen hergestellt werden für ein Tischspiel.

Straßenmusik aufnehmen und zurück in der Kindertageseinrichtung vorspielen.
Heraushören, welche Instrumente da klingen. Instrumente in einem Sachbilderbuch suchen. Vermutungen über das Herkunftsland der Musik anstellen.

Eigene Stimme

Stimmen der Kinder einzeln aufnehmen und anhören. Warum klingt die eigene Stimme vom Band anders, als man sie selbst beim Sprechen oder Singen hört?

Effektklänge suchen, z. B. zur Vertonung eines Bilderbuches. (Wie kann man den Donner realistisch nachbilden?)

Vogelstimmen

Einzelne Vogelstimmen von einer Kassette (z. B. Vogelstimmen der Heimat) kopieren, und zwar solche, die im Garten der Einrichtung oft zu hören sind (Amsel, Meise, Spatz, Taube...). Jeden Vogelgesang anhören und mit einer kleinen Geschichte lebendig machen. Vogelstimme im Garten hören, Intervall auf dem Glockenspiel suchen. Meisen pfeifen oft kurze Sequenzen, die man nachsingen/pfeifen kann. Was mag das heißen?

Dazu ein Bildbüchlein oder Lottospiel anfertigen.

Ein ungewöhnliches Orchester

Besen, Eimer, Teppichklopfer und Staubsauger machen zusammen Musik. Jede Instrumentenart (zunächst nur 2) hat ein eigenes rhythmisches Muster. Bei jeder Instrumentenart spielt eine Erzieherin mit.

Malen nach Musik

Beim Malen mit Fingerfarben oder Wachsstiften wird das Papier auf dem Tisch festgeklebt. Je Kind steht ein Farbtopf bzw. liegen zwei Stifte an seinem Platz bereit.

Zunächst mit geschlossenen Augen die Musik in sich aufnehmen. Dann die Bewegung der Musik mit Armen und Händen in der Luft mitschwingen, dann die Farbe nehmen und die Musik aufs Papier bringen.

Manche Kinder malen Taktschwünge, andere folgen der Melodiebewegung eines Instrumentes oder tupfen den Rhythmus z. B. von Schlaginstrumenten. Hier gibt es kein „Richtig" oder Falsch".

Projekte

Instrumente kennen lernen. Nach dem Besuch eines Musikvereines in der Gemeinde soll eines der entsprechenden Instrumente in der Einrichtung erarbeitet werden:

- Warum und wie klingt es?
- Wie kann man die Tonhöhe verändern?
- Wie schwierig ist das Blasen, Streichen, Anschlagen?
- Welche Variationen des Blasens, Streichens, Anschlagens gibt es?
- Ein bekanntes Lied darauf spielen.
- Der Spieler spielt eine Begleitung, während die Kinder singen.
- Das Instrument im Zusammenspiel mit einem anderen hören.

Bilderbuch als Musical erarbeiten. Das kann eine Kombination von Klanggeschichte, Improvisation, Lied, Spiellied, Szenenspiel sein. Vorführung:
- Leser liest Textteile.
- Manche Szenen werden pantomimisch oder szenisch gespielt.
- Passende oder eigens geschriebene Lieder einfügen.
- Kulissen und Eintrittskarten herstellen.

Rettich, M. u. R.: Ein Haus voll Musik. Schott, Salzburg, 2001*)

---

*) Mit Genehmigung SCHOTT MUSIK INTERNATIONAL GmbH & Co. KG, Mainz

Musikalische Bildung: Vorbereitete Umgebung

Gruppenraum
Im Gruppenraum bieten sich u. a. Materialien zur Hörerziehung an:
- Geräuschdosen paarweise einander zuordnen.
- Spiel: „Hör genau". Karten den Geräuschen und Klängen von einer Kassette zuordnen.
- Kugelbahn mit Klangelementen.

Selbst anfertigen/sammeln
- Messingglöckchen oder Schellen (erhältlich in Bastelgeschäften oder im Asienladen), nach der Tonhöhe ordnen oder Paare bilden.
- Je 2 Gegenstände aus dem Alltag, die gleich aussehen aber jeweils hoch oder tief klingen, Kind ordnet die Gegenstände Symbolkarten zu.

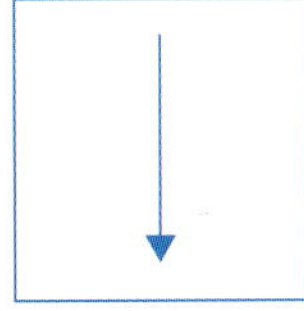
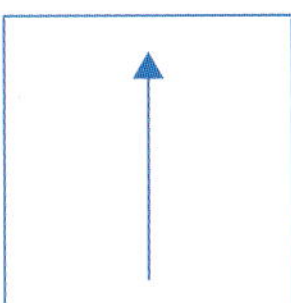

- Brettspiel mit Hörkassette, auf der Aufträge aufgenommen wurden (Aktionskartenfunktion).

Klangstudio
Für Kinder mit „Instrumenten- und Kassetten-Diplom", z.B.
- diverse Trommeln,
- 8 gleiche Flaschen auf einem Tablett, Wasser im Messbecher, Trichter (Lappen, Eimer) Schlegel,
- mehrere Glockenspiele/Xylofone mit pentatonischer Tonfolge zur freien Improvisation.

Glockenset (Montessorimaterial): Tastaturbretter und Schlegel; schwarze und weiße Glocken stehen auf ihren

jeweiligen Feldern (Farbpunkte anbringen); Kind ordnet die braunen Glocken zu (Kind braucht Einführung).

Glockenspiel/Xylophon mit Farbpunkten und Lied der Woche mit Farbpunkten auf einer Karteikarte.

Kassettenrekorder mit Mikrophon, Kassetten mit Volks- und mit Tanzmusik (Tango, Walzer), klassischer Musik, Verkleidungsmaterial.

Aufgaben der Erzieherin im Klangstudio
- Kinder in den Gebrauch der Instrumente einführen,
- sie zum Tun ermuntern,
- assistieren, z.B. schminken helfen, wenn Kinder sich verkleiden und tanzen wollen und nach Schminke verlangen.

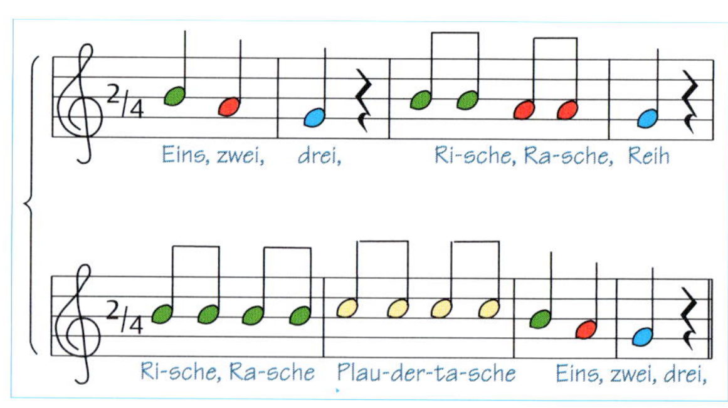

Einführung in das Lied der Woche
vorausgegangen sind Einführungen
- in die Schlegelhaltung, den Anschlag,
- in das Auswechseln der einzelnen Klangstäbe,
- in die Bedeutung der Farbmarkierungen
- das Lied der Vorwoche hatte nur drei Töne, nämlich f, a und h

6. Kreative Prozesse anregen

Begriffe: Kreativität, Gestalten, Ästhetik

Kreativität ist eine schöpferische Kraft. Sie hilft uns, Ideen zu entwickeln und gestaltend zu verwirklichen.

Kreativität ist eine Form der Intelligenz, nämlich über Gegebenheiten hinaus zu denken, zu neuen Lösungen zu kommen. Ohne diese Fähigkeit hätte es wohl kaum eine Entwicklung der Menschheit gegeben.

Überlegen Sie,
- Inwiefern Ihre Kreativität in der letzten Woche gefordert war
- in welchen Bereichen Sie Ihre kreativen Stärken haben.

Kleinkinder hantieren und spielen mit Worten und Dingen, ordnen sie und stellen sie in neue Zusammenhänge. Dabei entdecken und erfinden sie Neues, was uns Erwachsene oft staunen lässt. Beispielsweise erfinden Kinder neue Wörter, die durchaus logisch sind, wie z. B. „Haare lang ziehen" für „kämmen".

Vor allem im Spiel zeigt sich die Kreativität des Kindes: Im Puppenhaus und auf dem Bauteppich kreieren Kinder eine eigene „soziale" Welt, lassen Püppchen und Tiere miteinander sprechen, ersetzen Fehlendes mit Worten.

Kreativitätserziehung heißt im weitesten Sinne, Denkprozesse anzuregen und Kinder zu unterstützen, Lösungen für Probleme und Aufgaben zu suchen. Im Alltag ergeben sich unzählige Chancen, bei jedem Streit, jedem Vorhaben, egal ob Kinder etwas bauen wollen oder ob ein Ausflug ansteht.

Das **Gestalten** eignet sich in besonderer Weise, um Kreativität einzuüben. Jedes neue Material, jede neue Idee fordert zwangsläufig, bekannte Lösungsmöglichkeiten neu zu kombinieren. Und neues Können erweitert wieder die Möglichkeiten.

Schablonen dürften unter diesem Aspekt nicht eingesetzt werden, denn Kreativität heißt ja gerade, nicht in Schablonen zu denken.

Gestalten bezieht sich auf den Prozess bis zum fertigen Werk.

Voraussetzungen für Kreativität und Gestalten sind Wahrnehmung, Vorstellungs- und Ausdrucksvermögen, wiederum Fähigkeiten, die sehr gut im Bereich des Gestaltens geübt werden können, aber nicht nur dort.

Experiment 1:

Material: so viele Kunstkarten oder Landschaftspostkarten wie Teilnehmer (möglichst verschiedene Stilrichtungen und Epochen). Karten liegen verdeckt auf einem Stapel.
- Jeder Teilnehmer zieht eine Karte und hält das Bild so, dass nur er es sehen kann.
- Je 2 Teilnehmer gehen zusammen.
- Teilnehmer 1 schildert das gezogene Bild seinem Partner, ohne es zu zeigen (drei Minuten). Danach vergleichen die beiden Bild und Vorstellung. Welche Unterschiede gibt es, und worin liegen sie?
- Danach schildert Teilnehmer 2 sein Bild.

Experiment 2:
Material: je Teilnehmer Blatt und Stifte in diversen Farben
- Zeichnen Sie einen Eindruck aus den letzten Tagen, der sehr nachhaltig war.
- Erklären Sie Ihrem Partner nichts. Der Partner soll den Eindruck nachempfinden und benennen.

Welche Erfahrungen haben Sie während der Experimente gemacht?

Wahrnehmungs-, Vorstellungs- und Ausdrucksvermögen sind individuell sehr verschieden.

Oft heißt es: „Davon habe ich eine ganz andere Vorstellung gehabt."

Oft haben Erwachsene auch Mühe mit dem Zeichnen, selbst wenn sie als Kinder originell und ausdrucksstark gemalt haben. Mit zunehmender Schreibfähigkeit wird das Zeichnen weniger wichtig und das Gestalten verlagert sich auf andere Bereiche, auf Schreiben, Modellbau, Konstruieren am Computer, das Schminken. Mit fehlender Übung verkümmern unsere gestalterischen Fähigkeiten.

An Ästhetik wird bei dem Gestalten oft automatisch mitgedacht, hat jedoch noch andere Aspekte. **Ästhetik** beinhaltet über das Schaffen hinaus die Fähigkeit zu schauen, schauend zu verweilen, über das Auge „Seelennahrung" aufzunehmen.

Es sind Farben und Farbkombinationen, Formen und Formkombinationen, Kontraste, feine Abstufungen,

Entsprechungen, wiederkehrende Muster, Kombinationen von Gegenständen, optische Täuschungen, die unseren Blick fesseln, die wir als schön, harmonisch oder anregend empfinden.

Gestalten: Ausgangslage von Kindern in Kindertageseinrichtungen

Alle Kinder dieser Welt zeichnen, auf Papier, in den Sand oder in den Schnee.

In erster Linie zeichnen sie aus Freude am Material, an den Farben, an der Bewegung und an den Spuren, die entstehen. Manche Kinder malen so lange, bis nichts Weißes mehr vom Papier zu sehen ist.

Handelnd entwickeln Kinder einen Sinn für das Schöne, indem sie Farben kombinieren und Muster kreieren und mit Farben, Material und Klebstoff experimentieren. Und sie entwickeln Stolz auf ihr Werk.

Wenn Kinder sich ein Muster oder ein Thema vornehmen, tauchen sie in ihr Bild ein. Es wird in ihrer Vorstellung viel größer und auch ein bisschen lebendig, weshalb manche Kinder beim Zeichnen z. B. Auto- oder Flugzeuggeräusche machen. Sie können alles um sich herum vergessen. Wenn sie Pinsel oder Stift weglegen und aufschauen, staunen sie über das, was rundum geschieht.

Kinder zeichnen auch, um eindrucksvolle Erlebnisse „festzuhalten". Sie zeichnen sich, ihre Familie, Stimmungseindrücke vom Herbst, vom Schnee, vom Frühling.

Zeichnen ist eine symbolische Handlung insofern, als Erlebtes oder Vorstellungen in Zeichen gefasst werden. Das jüngere Kind benutzt dazu das Rollenspiel, das Kindergartenkind malt das Erlebte, das Schulkind erzählt oder schreibt es auf.

Das Zeichnen hilft dem Kind auch, seine Eindrücke, seine Wahrnehmungen zu ordnen. Rudolph Seitz sagt: „Darstellen heißt klarstellen".

Es kommt vor, dass ein Kind erst mit 5 oder 6 Jahren beginnt zu zeichnen. Trotzdem wird es alle Phasen durchlaufen. Sein Vorteil liegt darin, dass es bereits willensgesteuert vorgeht und die Phasen schneller durchläuft als ein jüngeres Kind. Allerdings wird es oft entmutigt, wenn es seine Werke mit denen der Gleichaltrigen vergleicht.

Knet, Legematerial (z. B. Muggelsteine), Sand sind Gestaltungsmittel ebenso wie Papier.

> Unabhängig vom Material durchlaufen Kinder immer die Entwicklung
> - vom experimentellen Umgang mit dem Material, um dessen Wesen zu erfassen,
> - über das noch ungeplante Hantieren und nachträgliche Benennen
> - bis hin zur Mitteilung einer Absicht und Durchführung eines Planes. (Vgl. Kapitel: Spiel pädagogisch begleiten, Seite 177 ff.)

Speziell jüngere Kinder zerreiben Knet in winzige Teilchen, kleben Papierlage auf Papierlage, malen das ganze Blatt voll. Ihnen ist die Tätigkeit wichtiger als das entstehende Werk.

Kinderzeichnung: Entwicklungsphasen

Kinderzeichnungen werden seit 1895 wissenschaftlich erforscht, dazu wurden von Cooke, Ricci u. a. 1905 ca. 120 000 Kinderzeichnungen aus 17 Staaten untersucht, und auch Kerschensteiner untersuchte ca. 100 000 Kinderzeichnungen bayerischer Schulkinder. Ihnen verdanken wir die Kenntnisse über die Entwicklungsstufen und Eigentümlichkeiten der Kinderzeichnungen.

Hieb-, Schwung- und Kreiskritzeln	gesteuertes Kritzeln u. Schreibkritzeln	Basiszeichen, nachträgliches Benennen	Kopffüßler	gegliedertes Frontalschema

Entwicklungsstadien	Alter ca.	Technik	Darstellungsinhalte
Kritzelstadium	bis 3 Jahre	Hieb-, Schwung- und Kreiskritzeln, Schreibkritzeln	Striche, Schwünge, erste Basiszeichen
Benennungsstadium	bis ca. 4	Basiszeichen: Kreis, Kreuz, Viereck, Gitter, Spirale	Ein Symbol steht für das Ganze: z. B. 2 Kreise stehen für ein Auto
Schemastufe	Ca. 4-6 Jahre	1. einfache Gesichtsschemata/ Kopffüßler 2. differenziert gegliedertes Frontalschema 3. Objekte sind anfangs über das Blatt gestreut, wandern dann zum unteren Bildrand hin	Mensch, Haus, Baum Menschen, Tiere, Dinge Ereignisse
Vorperspektivisches Zeichnen	Ca. 6/7–9 Jahre	Vorliebe für rechte Winkel; Klapptechnik Kombination von Grund- und Aufriss	Menschen, Tiere, Dinge, Ereignisse

- Bringen Sie eigene Kinderzeichnungen aus Ihrer Kindheit mit, und bitten Sie auch Kinder Ihrer Praxiseinrichtung um Bilder.
- Welche Eigentümlichkeiten fallen Ihnen auf?

Kinderzeichnung: Eigentümlichkeiten

Die Entwicklung des Zeichnens ist abhängig von motorischen Fertigkeiten und von der fortschreitenden kognitiven Entwicklung. Dabei zeigen sich einige Eigentümlichkeiten. Im Zeitraum bis zum Schuleintritt sind dies vor allem:

Ein Kind zeichnet, **was es weiß** und nicht, was es sieht. So zeichnet es z. B. die Knochen im Körper oder

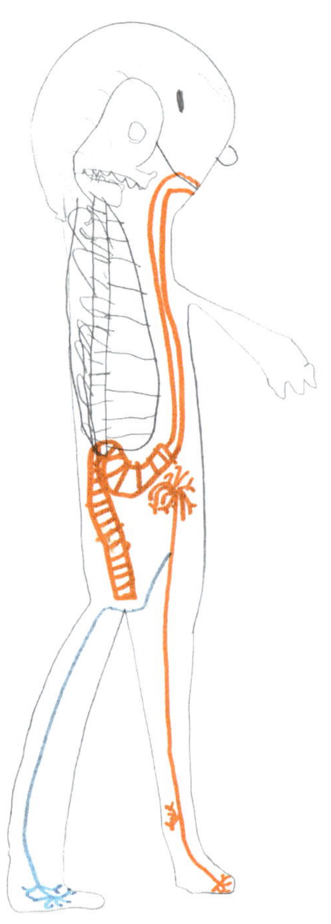

Zentralisation: Am Anfang der Schemastufe zeichnen die Kinder viele einzelne Objekte auf ein Bild. Der Betrachter erkennt den Zusammenhang nicht. 5- bis 6-Jährige zeichnen meist ein Thema. Die dargestellten Objekte stehen in einem Zusammenhang (= Zentralisation).

Die **Freude an der Farbe** ist einem Kind wichtiger, als die Realität abzubilden. So zeichnet es vielleicht rosarote Elefanten.

Der **rechte Winkel**: Etwa mit 5 Jahren erkennt das Kind, dass Dinge senkrecht zur Grundlinie stehen. Auch auf Schrägen werden die Dinge im rechten Winkel aufgesetzt.

es lässt Details weg, die für es keine Bedeutung haben, z. B. die Nasenlöcher.

Verschobene Größenverhältnisse: Wichtiges wird groß gezeichnet und zeigt die individuelle Wertigkeit für das zeichnende Kind.

Menschendarstellungen zeigen die Arme erst im rechten Winkel, dann die Arme nach oben und zuletzt hängend am Körper.

In dieser Phase rutschen die zuvor über das Blatt fliegenden Objekte an den unteren Bildrand.

Nebeneinandersetzen: Vorschulkinder vermeiden Überschneidungen und Überdeckungen. Sie zeichnen nebeneinander, was in Wirklichkeit hintereinander ist, weil sie alles zeigen wollen und weil sie eine Gestalt am besten als Ganzes reproduzieren können.

Mädchen, 5 Jahre

Bewältigung der Dreidimensionalität: Kinder zeichnen die Frontalansicht von Objekten. (= Aufriss); Arme, Beine, Äste am Baum erhalten anfangs nur einen Strich (Strichmännchen).

Was weiter weg ist, setzen Kinder gerne an den oberen Bildrand, zeichnen es aber nicht etwa kleiner. Sie zeichnen in ihrem Bild neue Grundlinien, um dann wiederum das gegliederte Frontalschema anwenden zu können.
(siehe Zeichnung vom Schwimmbad)

Aufgabe

Notieren Sie an Ihrem nächsten Praxistag Beobachtungen am Maltisch:
- Name und Alter der Kinder
- was und wie zeichnen sie? (Entwicklungsstadium)
- welche Eigentümlichkeiten sind erkennbar?

Kinderzeichnung: Methoden

Maltisch vorbereiten:
- Er sollte in Fensternähe sein
- Anregung durch Sicht nach draußen, Tischschmuck, Kunstdruck an der Wand, Poster z. B. von einem Flughafen
- Unterlage/Tischschutz; auf Holz- oder Resopalplatte malt es sich nicht gut
- verschiedene Papierformate und Farben
- Buntstifte nach Farben sortiert, gespitzt in Bechern oder Materialschalen
- Wachskreiden für jüngere Kinder

Staffelei
- verschiedene Papierformate und Papierarten (z. B. für Nass-in-Nasstechnik)
- Kleiderschutz
- Wasser- oder Fingerfarben
- verschiedene Pinselstärken
- Lappen, Eimer

Während Kinder zeichnen/malen
- Einem Kind, das klagt, nicht zu wissen, was es malen soll, schlägt die Erzieherin vor, eine Farbe auszusuchen oder zu überlegen, wo es anfangen möchte.
- Falls ein Kind die ganze Fläche ausfüllt oder Gemaltes übermalt, kann dies die Parallele zu seiner Entwicklungsstufe des Bauens sein (Flächen bauen).
- Kinder, die enttäuscht sind, weil ihre Feinmotorik nicht schafft, was sie sich ausgedacht haben, ermutigt die Erzieherin.

Das Werk jedes Kindes soll ernst genommen werden, egal, ob es gekritzelt oder differenziert gezeichnet ist.

Manche Kinder brauchen lange, bevor sie zu zeichnen beginnen. Sie wollen Erlebtes darstellen, haben dies jedoch als Gesamteindruck in ihrem Gedächtnis gespeichert. Jetzt stehen sie vor der Aufgabe, Details aus dem Gedächtnis zu holen, müssen ihren Gedanken Gestalt geben. Impulse wie „Wie seid ihr zum Zoo gekommen?" oder „War der Löwe im Löwenhaus oder in einem Freigehege?" helfen dem Kind, sich auf einzelne Situationen zu konzentrieren.

Erzieher **zeichnen Kindern nicht vor** und zeichnen auch nicht in das Bild hinein. Vielmehr gilt es, geduldig abzuwarten, was das Kind tatsächlich aus sich heraus zeichnet.

Viele Kinder erzählen gerne, was sie gerade tun.

Die Erzieherin muss generell anerkennen, was das Kind tut und ausloten zwischen Zurückhaltung und dem Geben von Impulsen.

Am Ende
- Kindern den Trockenplatz für ihr Bild zeigen
- Bilder regelmäßig aufhängen: hinter Glas/mit einem Passepartout
- Kinder am Aufräumen beteiligen, konkrete Aufträge geben.

Manche Kinder meiden den Maltisch langfristig. Damit fehlt ihnen Übung in der Auge-Hand-Koordination. Es fehlt ihnen auch ein entscheidender Schritt im Umgang mit Symbolen zwischen der Phase des Rollenspiels und dem Schreiben.

Experiment 3: Zeichnen ist gar nicht so einfach.

1. Legen Sie ein DIN-A 4 Blatt mit der schmalen Seite vor sich.
2. Falten Sie daraus ein Buch.
3. Zeichnen Sie auf die untere Hälfte eine Sonne hinter Berggipfeln.

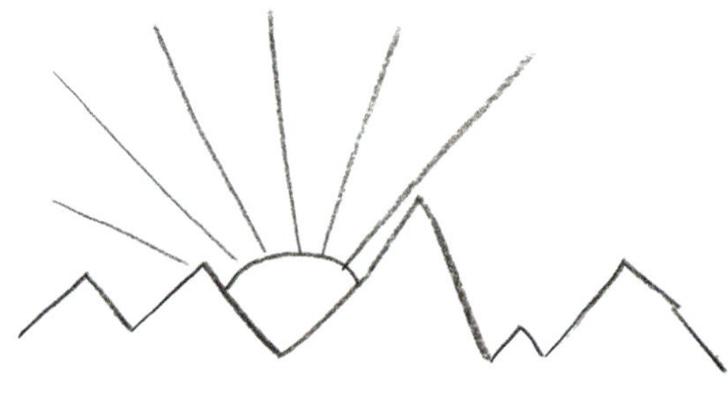

4. Stellen Sie nun hinter das DIN-A 4 Blatt einen Spiegel und vor das DIN-A 4 Blatt hochkant einen Ordner, so dass Sie Ihre zeichnende Hand nur im Spiegel sehen können, eventuell Blatt fixieren.
5. Fahren Sie das Motiv der unteren Hälfte nach.
6. Zeichnen Sie es frei auf die untere Hälfte Ihres Blattes, beides nur mit Blick auf den Spiegel.

Da wir die Handführung nicht direkt sehen sondern nur im Spiegel, fällt uns die bewusste Richtungssteuerung schwer. Genau das ist eines der Probleme der Kinder mit Wahrnehmungs- und mit Koordinationsstörungen. Jeder komplexe Bewegungsablauf wie beim Zeichnen oder Schuhe binden wird sehr anstrengend.

Vermeidungsverhalten lässt die Kinder in ihrer Feinmotorik (Bewegungsmechanismen) noch mehr zurückfallen.

Kreativitätserziehung/Gestalten: Kompetenzen und Leitziel

Ich-Kompetenz u. a.	Sozialkompetenz u. a.	Sachkompetenz u. a.	Lernkompetenz u. a.
• Freude haben am eigenen Bewegungs-, Gestaltungs- und Ausduckskönnen. • Innehalten, verweilen; Farben, Schönes genießen. • Einen eigenen Geschmack finden. • Phantasie haben und ausdrücken. • Ein Werk hervorbringen.	• Ausdrucksformen anderer sehen. • Werke anderer wertschätzen. • An einem Gemeinschaftswerk mitarbeiten können. • Raumgestaltung und Festschmuck als Gruppenaufgabe akzeptieren.	• Materialeigenschaften erfassen, benennen und damit umgehen. • Herstellungsprozesse kennen: Papier, Farbe, Knet, Ton... • Handlungsabläufe und Umgang mit Geräten beherrschen. • Gestaltungstechniken kennen (auch Computer). • Kunst in der Gemeinde und einen Künstler kennen.	• Aufmerksamkeit und Wahrnehmung verfeinern. • Befassen mit Ursachen (z.B. Farbmischungen) oder mit dem Effekt der Zufallstechniken. • Den Geschichtsaspekt erkennen: Kunst früher/heute (z. B. von der Höhlenzeichnung bis zu Comics). • Eine Ausstellung mit planen und dokumentieren.

Leitziel

Wichtiger als das Ergebnis sind die Entfaltung der Sinne für das Schöne, das Befassen mit Kunst und der Prozess von der Idee zur Ausführung.

Methoden der Kreativitätserziehung

Vorbereitete Umgebung. Über die Grundausstattung hinaus eignen sich für den **Maltisch** verschiedene Papierarten in unterschiedlichen Formaten, Scheren, Klebstoff, Papierschnipsel, Stoffreste, Wolle, Glitzermaterial in Materialschalen, verschiedene Druckstöcke usw.

Schachteln, Kartons und Pappstreifen regen zum räumlichen Gestalten an.

Knet spricht vor allem jüngere Kinder an, die gerne hantieren und denen es nicht um eine detailgetreue Nachbildung geht. Kneten stimuliert die Sinne und die Handmuskulatur und fördert das räumliche Sehen. Immer wiederkehrende Themen beim Kneten sind Backwaren, Obstsorten und Tiere.

Der Sandtisch ist mit einer Vertiefung und einem Abfluss versehen. Er kann für Sand- und Wasserspiele benutzt werden. Dabei geht es um Wahrnehmung, das Matschen, Schöpfen und Gießen und um das Formen mit und Malen im Sand.

Legematerial: Noch heute erfreuen sich Kinder an den leuchtenden Farben und griffigen Formen des Legematerials aus der frühen Kindergartengeschichte, das sind die Muggelsteine, Legestäbchen, Legetäfelchen, Trapeze. Heute werden auch glänzende Glassteine benutzt.

Experiment 4:
• Verteilen Sie in Ihrer Klasse je Tisch eine Legematerialart.
• Bitten Sie die Teilnehmer, auf ein Quadrat aus Tonpapier ein Bild nach Wahl zu legen,

und Sie werden Beispiele für die folgenden Formen finden:

Lebensformen, dazu gehören z. B. Haus, Wiese, Blume.

Schönheitsformen sind gegenstandsfreie Muster mit Wiederholungen in der Farbe oder der Raumlage.

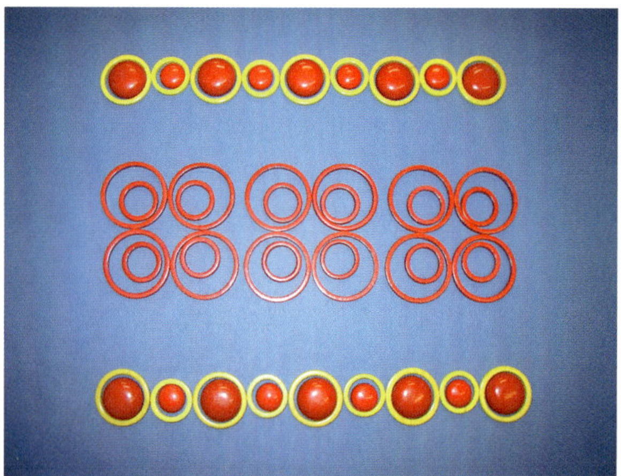

Erkenntnisformen zeigen Flächenaufteilungen und das „Enthalten-Sein" kleinerer Elemente in einer größeren Form.

Naturmaterial. Dazu gehören u. a. Moos, Eicheln, Bucheckern, Kastanien, Steine, Schneckenhäuser, Stöckchen, Pfirsichkerne, Sand und als Legeunterlage ein Tablett, ein großer Kartondeckel, ein Tuch.

Kinder gestalten Muster oder kleine Landschaften, bzw. ein Szenenbild passend zu einem Märchen.

Auffädeln, weben, sticken. Perlen und bunte Wolle/Baumwolle haben ebenfalls einen hohen Aufforderungscharakter, zumal, wenn sie farblich geschmackvoll aufeinander abgestimmt sind. Wolle ist auch ein Material aus der frühen Geschichte der Kleinkindbetreuung, damals nicht als Spielzeug sondern als Arbeitsmittel.

Heute werden das Papier- oder Deckchen-Weben, das Sticken und die Arbeit mit der Strickliesel oft als Privileg der angehenden Schulkinder angesehen. Faden und Stoff sind für Kinderhände schwer zu greifen und zu handhaben. Da geht das Auffädeln von Perlen schon besser. Hier entdecken Kinder von selbst das Phänomen „Muster".

Schätze der Erwachsenenwelt wie „Edelsteine", verzierte Döschen, Schmuck, Porzellanfigürchen, Fingerhüte, Gegenstände mit Perlmutt können angefasst und ausgelegt werden.

Kartons in allen Größen regen die Phantasie der Kinder zum Gestalten an und münden in der Regel ins Spiel, egal, ob Kinder aus kleinen Schachteln ein Flugzeug kombinieren oder aus einem Großkarton ein Spielhaus herstellen. Bei starken Kartons brauchen Kinder Hilfe beim Schneiden von Tür- und Fensteröffnungen.

Alltagsmaterial, z.B. Fundstücke vom Sperrmüll, diese brauchen oft einen Anstrich. Das sind Verrichtungen, die eher nacheinander mit je 2–4 Kindern möglich sind.

Manchmal kommen Kinder mit einer Bastelanleitung zur Erzieherin. Hier werden Kinder und Erzieherin gemeinsam zu Lernenden, denn die Arbeitsanleitung muss gelesen, die Technik erprobt werden, und oft stellt sich heraus, dass der Vorgang gar nicht selbstständig von Kindern zu bewältigen ist. Ist dies nicht auch eine wichtige Erfahrung?

Raumschmuck. Wertvolle, farblich gut aufeinander abgestimmte Materialien fördern nicht nur das Wohlbefinden sondern auch die Geschmacksbildung.

Werke der Kinder sollten ansprechend präsentiert und beschriftet werden.

Farbspiele und Sachbilderbücher zum Thema Kunst erweitern den Horizont der Kinder über das Gestalten hinaus.

Angebote. Die Erzieherin richtet ihr Angebot an 3 oder höchstens 4 Kinder. Die Einführungsphase dauert nur kurz. Sie zeigt den Vorgang, und die Kinder ahmen es nach.

Weitere Interessenten schauen eine Weile zu und kommen dann dran, wenn eines der Kinder fertig ist.

Insofern begleitet die Erzieherin Kinder in verschiedenen Phasen des Tuns gleichzeitig, ist aber entlastet dadurch, dass die neu hinzukommenden Kinder abschauen können, wie die Technik geht.

Es eignen sich z. B. Zufallstechniken, Drucken, die Einführung in das Malen an der Staffelei und Schneidetechniken.

Zu den Zufallstechniken gehören u. a. die Murmel-, Faden-, Klapp-, Abrieb-, Bügel- und Spritztechnik, das Nass-in-Nass-Malen.

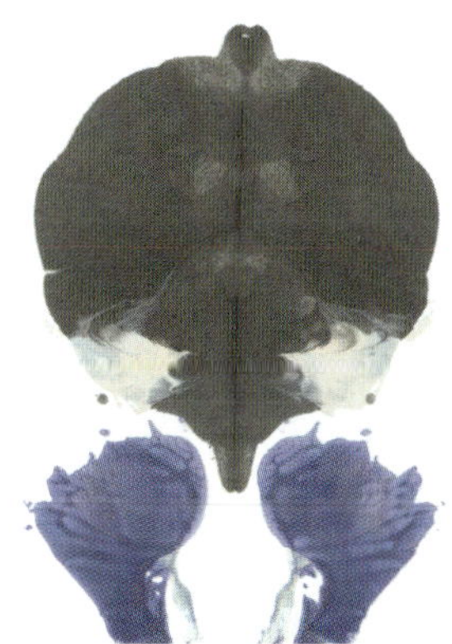

Nass in Nass-Technik   Klapptechnik

Zufallstechniken stellen keine hohen Anforderungen an Feinmotorik und Ausdauer, zeigen eine schnelle Wirkung und mancherlei Effekte. Sie entsprechen insbesondere dem natürlichen Experimentierverhalten des jüngeren Kindes, seinem Wunsch nach Wiederholung und seiner meist geringen Ausdauer.

Das Falten ist da schon schwieriger. Aber die Erzieherin erklärt Schritt für Schritt.

Schneidetechniken:
- abschneiden
- einschneiden
- ausschneiden gerade
- ausschneiden rund

Ausschneidearbeiten: anfangs vom Rand oder der Ecke aus vorzeichnen.

Angebote/gezielte Aktivitäten, Organisation

Materialtisch: Materialien, Geräte übersichtlich anordnen, Kleinmaterial in Materialschalen, Papier u. ä. großzügig anbieten, ansprechend anordnen (Papier z. B. fächerförmig).

Arbeitstisch: abdecken bei einer Arbeit mit scharfen und spitzen Werkzeugen, mit Farbe, Wasser und Klebstoff.

Kleiderschutz: bei allen nassen Farb- und Klebearbeiten.

Materialschalen: Material und Werkzeuge (auch Scheren) liegen in Materialschalen und werden auch in solchen zum Arbeitsplatz gebracht.

Material holen: bei überschaubarem Vorhaben (wenige Schritte) holt jedes Kind alles, was es braucht, jüngere Kinder holen nur das jeweils aktuelle Material vom Materialtisch.

Platz: das Kind braucht Ellbogenfreiheit, manche Arbeiten lassen sich besser im Stehen verrichten, manche auf dem Boden (zu langes Hocken oder Knien verkrampft).

Gefahren: Schneidefläche von Schere und Messer zeigen, mit Hammer schräg ausholen – nicht zur Stirn hin, lange Pinselstiele, Glas, Schere und Messer beim Gehen in einer Materialschale tragen.

Klebstoff i. d. R. auf das aufzubringende Teil auftragen, nicht auf das zu gestaltende Bild.

Wischlappen, um Pinsel abzustreifen, Hände abzuwischen

Wanne mit Wasser, um Hände vorzuwaschen, statt z. B. mit den Händen voll Fingerfarbe zum Waschraum zu laufen.

Übersicht: Erzieherin sorgt während des Tuns für Übersicht auf dem Arbeitstisch, fordert Kinder auf, Abfall wegzubringen, ihren Platz abzuwischen, Wasser zu wechseln.

Aufräumen: jedem eine Arbeit zuteilen, Kinder räumen zum Materialtisch zurück.

Trockenregal: um gemalte Bilder platzsparend zu trocknen.

Gezielte Aktivität: Praktische Durchführung (funktionaler Ablauf)

Heranführung
- Kinder neugierig machen.
- Motivationsgeschichte erzählen.
- Vorhaben mitteilen, Materialien besprechen.
- Angefangenes Exemplar zeigen.
- Material zum Platz holen, Werkzeughandhabung besprechen.

Hauptteil
- Wahrnehmungen verbalisieren: Eigenschaften des Werkstoffes erfassen und benennen (glatt, rau, usw.).
- Erfahrungen der Kinder mit ähnlichen Materialien thematisieren.
- Arbeitsgang langsam und deutlich vormachen: am Stück oder in Schritten, danach beginnen die Kinder.
- Auf Besonderheiten/Effekte aufmerksam machen, aber nicht mehrmals hintereinander die Kinder aus ihrem Tun reißen.
- Die Erzieherin hat einen festen Platz, sitzt zentral, steht aber zwischendurch auch auf, um zu einem Kind hinzugehen.
- Anstrengung der Kinder loben.
- Impulse geben, wenn ein Kind nicht anfangen mag: „Such dir doch schon einmal eine Farbe aus."

Abschluss
- Ergebnisse sicherstellen.
- Nasse Werke auf sauberer Unterlage zum Trocknen bringen.
- Trockne Werke auf einem Tuch oder an der Wand präsentieren.

Aufforderung zum Berichten
- über Erfahrungen, Erkenntnisse, Gefühle (eher staunend, aber nicht lehrhaft),
- über Gemeinsamkeiten, sachliche Erfahrungen, Entdeckungen,
- **nicht** über qualitative Unterschiede sprechen,
- wohl aber darüber, welche verschiedenen Motive die Kinder darzustellen geschafft haben.

Weitere Hinweise
Die Beschränkung auf einen Druckstock, eine Farbe bei der Murmel-, Faden-, Spritz- und Klapptechnik fördert das genaue Hinschauen, was da passiert. Kommt die zweite Farbe, der zweite Druckstock dazu, wird der Effekt betrachtet, wird verglichen.

Unsere Einführung von 2 Farben sollte reichen, dass Kinder danach selbst weiter experimentieren und z. B. im Raum Gegenstände suchen, die sich für die Spritztechnik oder zum Drucken eignen. Mit zwei Farben, zwei Druckstöcken, kombiniert mit verschiedenen Papierformaten können Kinder vielerlei variieren, und es lassen sich Anwendungen finden: für ein großes Bild, einen Wandfries, eine verzierte Mitteilung an jemanden, ein Geschenk.

Angebote dieser Art dienen auch der Beziehungspflege.

Aktive, kreative Gestaltung drinnen und draußen
Hier steht **ein Thema**, eine Verwendung fest, die Kinder und Erzieher suchen nach geeigneten Gestaltungsmöglichkeiten für z. B. eine/einen
- Einladungen
- Kulissen für ein Theaterstück
- Willkommensschild/Verabschiedungsplakat für Gäste, den neuen Praktikanten
- Kindergartenzeitung
- Dekoration, z. B. Schaufenster in einem Geschäft, dem Museum, der Bibliothek dekorieren
- Ausstellungstisch, z. B. zu einem Märchen
- Geburtstagskrone oder -stuhl
- Geburtstagsgeschenk
- Raumschmuck
- Wand für einen Funktionsbereich gestalten

Auseinandersetzung mit Grundlagen bildnerischen Gestaltens
- Farben entdecken
- Farben suchen: Ratespiel mit Gegenständen.
- Gleiche Farben einander zuordnen: Gegenstände arrangieren, Plakat gestalten.

- Werke in einer Farbe und Farbstudien von Künstlern betrachten.
- Farben mischen.
- Farbe als Substanz erfassen, Farben selbst herstellen.
- Mit Farbschattierungen, Farbkombinationen, Kontrastfarben spielen (z. B. Farbtäfelchen des Montessorimaterials als Schlange, als Stern legen).

Strukturen und Formen entdecken

- Strukturen in der Umwelt suchen (Stoff, Teppich, Brett, Münzen: Abriebtechnik).
- Glas als Untergrund zum Malen erproben.
- Bilder (Geschenkpapier) spachteln.
- Geometrische Formen finden in Körpern und als Fläche, zeichnen.
- Formen in der Umwelt finden und nachgestalten: Blätterformen, Baumformen, Autos, Flugzeuge, Gebäude, Grundrisse.
- Collagen herstellen.
- Falten.
- Objekte aus fertigen Formen montieren.
- Entsprechende Werke von Künstlern betrachten.

Kunst entdecken

Kunst entdecken mit Kindern

- Kunstwerke in der Umgebung ausfindig machen und diese nachgestalten, Brunnen, Gasthausschilder, Skulpturen, Plastiken, Wappen, Wandmalerei, Kirchenfenster und Gemälde in öffentlichen Räumen.
- Diese Kunstwerke erforschen: bei verschiedenem Licht betrachten, abzeichnen, Schattenumrisse auf Packpapier übernehmen, Details anfassen, abzeichnen, in Knet nachformen.

Kunst wird von Menschen geschaffen: Erzieherin und Kinder besuchen einen Künstler in seinem Atelier und laden ihn ein, zu einem gemeinsamen Tun im Kindergarten.

Bildbetrachtung

Begleitaktivitäten[1]

- *Duft* herstellen: (viele) Blüten einer Duftblumensorte mit dem Wiegemesser zerkleinern, mit Wasser aufgießen (auch Pfefferminz-, Zitronenmelisseblätter eignen sich); am nächsten Tag sieben und je Duftnote in ein Gefäß füllen.
- *„Forellenquintett"* oder *„Moldau"* hören und in Bewegung umsetzen (Tanz, Malen nach Musik).
- Mit den Kindern eine *Geschichte* erfinden, z. B. von den Seerosen, den wahren Prinzessinnen des Teiches und dem Frosch Umu.
- Seerosen falten; auf Pappteller kleben; Teelicht darauf stellen, anzünden, bei Dämmerlicht im Wasser treiben lassen; die Seerosen öffnen sich mit zunehmender Feuchtigkeit des Papiers.

Kinder gestalten wesentlich intensiver, wenn sie zuvor viele Erlebnisse und Eindrücke sammeln konnten.

Und wie war das früher?

Wie haben Menschen früher gemalt oder sonstige Kunst hergestellt? Zum Glück sind phantastische Höhlenzeichnungen erhalten, die uns sogar etwas über das Leben und Denken der Menschen erzählen.

- Höhlenzeichnung betrachten
- Steht das Pferd oder bäumt es sich auf?
- Warum war es für den Maler wichtig?
- Wie hat er Licht in die Höhle bekommen?
- Woher nahm er die Farbe?
- Naturfarben herstellen und damit malen
- ein Pferd in der Natur studieren, sein Aussehen, sein Verhalten
- auf Steinen malen

7. Heranführung der Kinder an die Natur und die Gesundheit

Wie können wir Kinder an die Natur heranführen?

Dazu GERD E. SCHÄFER

„Der Bildungsbereich Natur erschließt sich über folgende Wege:

Umgang mit den Elementen Erde, Luft, Wasser und – faszinierend, aber nicht in der Eigenregie der Kinder – Feuer.

Dann zeigt sich die Natur als lebendige Natur in Gestalt von Pflanzen und Tieren.

Schließlich stößt die Aufmerksamkeit auf auffallende (wenn auch nur selten einfach zu erklärende) Phänomene der physikalischen, astronomischen und chemischen Welt.

Der Zugang zur Natur und ihrer (Er-)Kenntnis erfolgt also zunächst nicht auf analytisch-erklärendem Weg, sondern auf der Ebene des Sammelns, Betrachtens, Umgehens, Ausprobierens; bei Pflanzen und Tieren kommt die Pflege dazu.

Erst wenn auf diese Weise eine elementare Beziehung zu den vielfältigen Formen der Natur geschaffen ist, wenn ein Kind in und mit dieser Naturwelt

lebt, kommen die Fragen nach dem Wie und dem Warum.

Dann kommt auch der Zeitpunkt, Kenntnisse und Verfahren zu Hilfe zu nehmen, die aus der Tradition der Naturwissenschaften stammen.

Viele Antworten, die Kinder auf Fragen finden, waren, auch wenn sie aus heutiger Sicht nicht stimmen, der Ausgangspunkt für die Problemstellungen, die den naturwissenschaftlichen Fortschritt gebracht haben.

Die Antworten, die Kinder auf ihre Fragen finden, sind daher nicht in erster Linie nach ihrer heutigen (naturwissenschaftlichen) Richtigkeit und Unrichtigkeit zu bewerten, sondern nach dem Erklärungswert, den sie im Weltverständnis, im Weltbild der Kinder haben, und danach, welche Möglichkeiten des Weiterfragens sie eröffnen.

1. Zum Kennen lernen und Finden von Fragen müssen sich Kinder zuerst in einem Umfeld bewegen, in dem sie die Natur in ihren Zusammenhängen erleben und untersuchen können. Wo dies nicht natürlich gegeben ist, müssen solche Gelände geschaffen werden.

2. Zum Zweiten brauchen sie Anregung und Gelegenheit, die Vielfältigkeit und Besonderheiten von Phänomenen zu entdecken und, wenn möglich, zu sammeln oder wenigstens in vielfältigen Dokumenten und Eindrücken festzuhalten.

3. Drittens brauchen Kinder Gelegenheit, einzelnen Fragen nachzugehen, die bei der Betrachtung und dem Sammeln von Naturerfahrungen entstehen; sie brauchen ein interessiertes Umfeld, das

ihre Neugierde teilt; Material, mit dem sie etwas ausprobieren können; Zeit, um die verschiedensten Hypothesen und Antworten ausprobieren zu können; Verständnis, das ihnen erlaubt, Weltbilder aus diesen Erkenntnissen zu entwerfen, die sich mit ihren Interessen verbinden und nicht unbedingt das Interesse der Kultur oder ihrer wissenschaftlichen Vertreter widerspiegeln.

Kindliche Warum-Fragen erwarten keine wissenschaftlich korrekte Erklärung. Vielmehr geht es oft darum, herauszufinden, wozu etwas gut ist und wie es funktioniert.

Die Wie-Fragen scheinen im Vorschulalter wichtiger als die Warum-Fragen zu sein."[1)

Aufgabe

Fassen Sie in eigenen Worten zusammen, wie Vorschulkinder nach der Meinung von G. SCHÄFER an die Natur herangeführt werden sollen.

Natur als Teil der Umwelt – Der Mensch als Teil des Kosmos

Übersicht und Zusammenhänge

Aufgabe

- Erstellen Sie in der Gruppe eine Liste der Bereiche, die Ihrer Meinung nach zur Umwelt gehören.
- Vergleichen Sie Ihre Liste mit der **Grafik auf der folgenden Seite:**
  - Versuchen Sie zunächst den Aufbau der Grafik zu erfassen.
  - Gehen Sie dabei von innen nach außen vor.
  - Suchen Sie die Felder für die soziale Umwelt, die natürliche Umwelt, die Sachumwelt.
  - Welche Bedeutung hat der Mensch im Kosmos? Was kann er beeinflussen, was nur nutzen, was besteht unabhängig von ihm?
  - Die Graphik stammt von 1983. Stimmt sie heute noch?

Erzieher haben eine enorme Verantwortung. Sie haben die Chance, die Grundlagen für umweltbewusstes Denken und Handeln der künftigen Generation zu vermitteln, die sich mit unseren Fehlern und Versäumnissen arrangieren muss.

Vertiefung

- Ist Ihnen die Liste zu umfangreich?
- Diskutieren Sie in der Gruppe die Bedeutung und Aktualität folgenden Zitates.
- „Das Auge schläft, bis der Geist es mit einer Frage weckt."
  LORIS MALAGUZZI (italienischer Vorschulpädagoge)[2)

Ausgangslage von Kindern in Kindertageseinrichtungen

Kinder haben Interesse an allem, was sie mit ihren Sinnen aufnehmen und womit sie hantieren können.

Und sie erleben verschiedene Ausschnitte aus der Umwelt: die belebte und die unbelebte Natur, Verkehr,

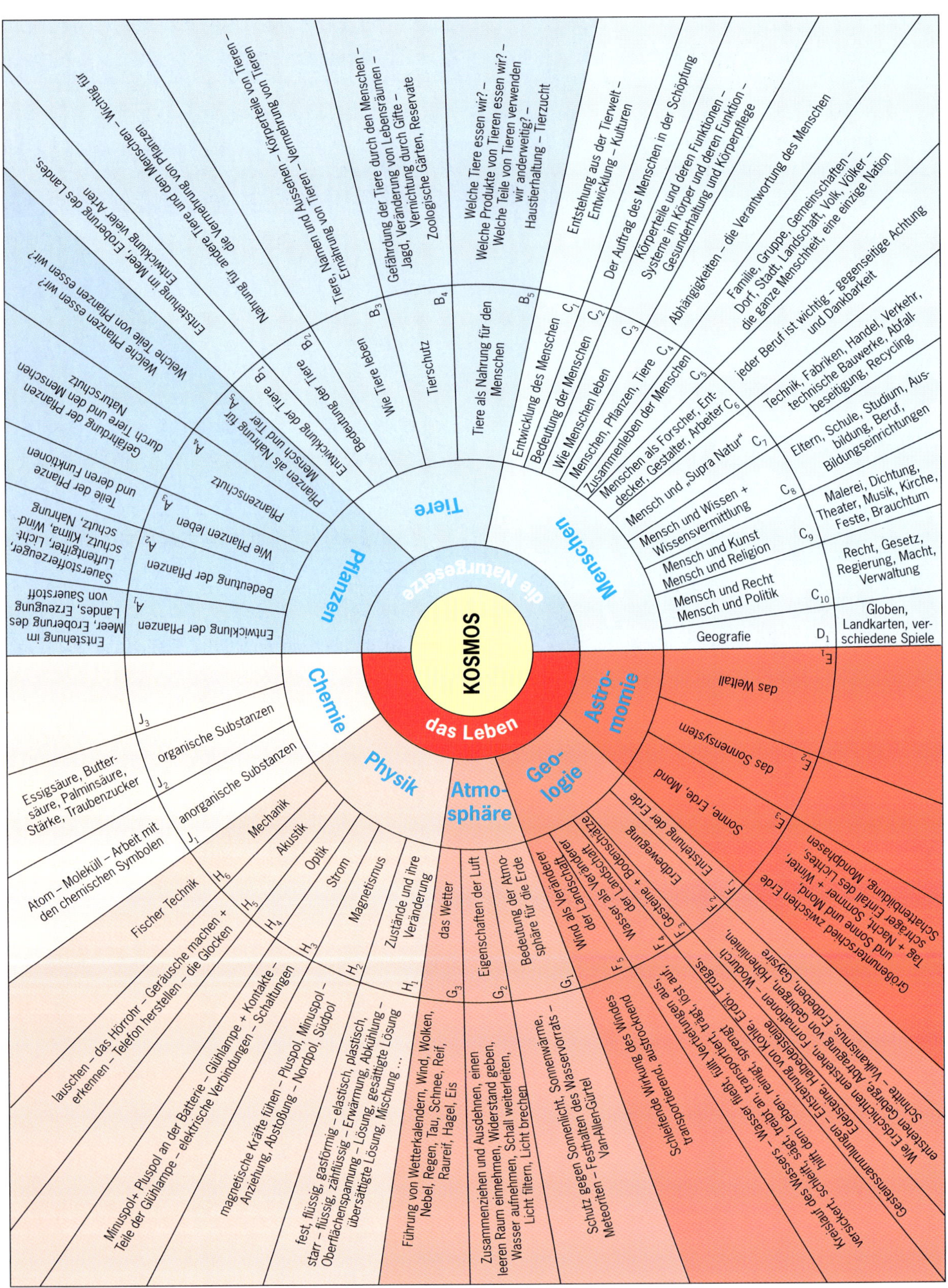

GOBBIN-CLAUSEN[3]

Elemente, Jahreszeiten, Werden und Vergehen, Technik, Kunst und das menschliche Zusammenleben.

Manche Kinder sammeln die Schätze der Natur: Steine, Schneckenhäuser, Muscheln, Kastanien, Eicheln, leuchtende Beeren, einen bizarr geformten Ast, Regenwürmer und Käfer.

Andere beobachten ihre soziale Umwelt, wie Menschen wohnen, was und wie sie arbeiten, wie sie miteinander sprechen, füreinander sorgen.

Unserer Umwelt ist vielfältig, mancherorts aber auch belastet: Immer wieder finden sich Schadstoffe in Luft, Wasser, Erde, in Gebäuden und sogar in Lebensmitteln. Lärm und Verkehr hindern die Kinder am Spiel draußen, und manch eine Umwelt bietet wenig oder in unseren Augen die falschen Anregungen, z. B. Spielhallen, Pornoshops.

Kinder haben jedoch ein Recht auf eine gesunde und verantwortungsvolle, anregungsreiche Umwelt, auf alle erdenklichen Maßnahmen zur Vermeidung von Schadstoffen und schädigenden Einflüssen. Bei erkannten Gefahren müssen Erzieher und Eltern gemeinsam bei der Gemeinde auf Abhilfe drängen.

Zur Ausgangslage von Kindern gehört auch der Lebensstil. In den letzten Jahrzehnten ist eine Tendenz der „Verhäuslichung" zu beobachten: d. h., dass Menschen heute mehr Zeit in ihrer Wohnung verbringen. Ferner wachsen heute viele Kinder als Einzelkinder auf (ca. 30 %): Einzeln ist die Welteroberung aber wenig verlockend, weshalb sie auf virtuelle Welten ausweichen, die weniger gefährlich und weniger anstrengend sind.

Zu viele Kinder werden heute mit dem Auto zum Kindergarten, zum Verein, zur Bibliothek gebracht und sehen im Urlaub zwar die halbe Welt, erleben die direkte Umwelt jedoch als zusammenhanglose Inseln.

Gefahrenfreie Umwelt?

Geschwindigkeitsbegrenzungen (30 km Zonen) in Wohnbezirken sind – sicher für jeden nachvollziehbar – notwendige Schutzmaßnahmen.

Aber eine für Kinder speziell geschaffene, „gefahrenfreie" Umwelt würde mit Sicherheit schnell langweilig, wie man an der Nutzung vieler Spielplätze sieht. Gewisse Gefahren gehören zum Leben und müssen bewältigt werden.

Kinder mit ungünstigen Umwelt-Lernbedingungen erleben nur begrenzte Ausschnitte aus der Umwelt, es fehlen ihnen wichtige Primärerfahrungen.

Sie sind gefährdeter im Verkehr, unselbstständiger, können sich schlechter räumlich orientieren. Es fehlt ihnen die Chance, beim Detail zu verweilen, in die Tiefe zu gehen. Es fehlt ihnen der Reiz, hinter die Dinge zu schauen.

Insgesamt fehlt ihnen die Beziehung zur Natur, es fehlt ihnen die Erfahrung, dass sie Umwelt mitgestalten können.

Natur- und Gesundheitserziehung: entwicklungsspezifische Voraussetzungen der Kinder

3- bis 4-Jährige

- wenden sich spontan allem zu, was sich bewegt,
- absorbieren (saugen auf) Umwelteindrücke, ganzheitlich, mit allen Sinnen und ihrem ganzen Körper, ohne von sich aus viel nachzudenken,
- interessieren sich oft für ein Detail, aber nicht für das Ganze (z. B. für Schriftzüge in Leuchtreklamen, aber nicht für die Lichtquelle oder die Bedeutung der angepriesenen Ware),
- denken magisch, Erscheinungen (wie ein Gewitter) werden höheren Mächten zugeschrieben,
- sprechen Tieren und Gegenständen Gefühle und auch Macht zu (z. B. der Katze, dem Müllauto),
- denken egozentrisch, erklären sich Erscheinungen in Bezug zu sich selbst.

5- bis 6-Jährige

- sammeln, zerlegen, wollen wissen, wie z. B. ein Käfer sich verhält ohne Beine,
- können auf konkrete Sachverhalte bezogen folgen, auch Gefahren vorausdenken,
- forschen nach ihrer Herkunft, nach Werden und Vergehen (Tod),
- können sich teilweise in die Perspektive von anderen versetzen,
- denken prälogisch, das heißt, dass sie sich in ihrer Wahrnehmung und im Denken an einem Merkmal orientieren, z. B. der Größe (je größer ein Tier, desto älter ist es, desto gefährlicher wird es sein),
- eignen sich nicht selten Spezialwissen an, z. B. über Autos, Dinosaurier.

Kompetenzen und Leitziel

Ich-Kompetenz u. a.	Sozialkompetenz u. a.	Sachkompetenz u. a.	Lernkompetenz u. a.
• Wissen über den eigenen Körper: Geschlecht, Körperteile • Befinden äußern können • Gesunde Ernährung = Verantwortung sich selbst gegenüber empfinden • Hunger oder ein anderes Bedürfnis mitteilen können • Freude an Tieren und Pflanzen: an der Farbe, der Beschaffenheit, der Lebendigkeit • Freude am Forschen, allein und mit anderen • eigene Biographie kennen (wann und wo geboren, von welchen Eltern abstammend; Name und Wohnort der Großeltern usw.)	• eine Mahlzeit für die Gruppe herrichten • gemeinsame Mahlzeiten genießen können • Tiere und Pflanzen respektieren • Freude am Versorgen von Pflanzen und Tieren, allein und mit anderen • Verantwortung übernehmen für Tiere, Pflanzen • Landschaft/Garten gemeinsam mit anderen gestalten und pflegen • Umweltschutz einüben: Abfallvermeidung • Beteiligung an Naturschutzaktionen	• wissen und benennen können, was gesund und was schädlich ist für den Körper und warum • eine kleine Mahlzeit sachgerecht herrichten • mit Besteck und Geräten umgehen können • Tiere und Pflanzen kennen, pflegen, nutzen • geschützte und giftige Tiere und Pflanzen kennen • Elemente, Wetter, Jahreszeiten und die Kraft der Natur kennen (Wind, Überschwemmung...) • Landschaften und Lebensräume kennen • Tag und Nacht, Gestirne, die Existenz des Weltalls kennen • das Werden und Vergehen als natürlichen Rhythmus erkennen	• Erfahrungen ordnen, z. B. unterscheiden können von Zitrus- und heimischen Früchten oder Blattformen vergleichen • Beziehungen zwischen Dingen und Erscheinungen erkennen, z. B. Kochen bewirkt das Garen und Weichwerden von Gemüse • Erfahrung, dass eigene Erkenntnisse im Gespräch mit anderen entstehen, z. B. bei der Frage nach der Herkunft der Babys • bei Experimenten durchhalten können und andere Wege suchen (Versuchsbedingungen verändern) • Erkenntnis, dass es sich rentiert, aktiv zu sein, zu forschen, weil man in jedem Fall etwas Neues entdeckt • Vermutungen anstellen über die Ursache, Wirkung oder Folge von etwas, z. B. die Ursache von Überschwemmungen

Leitziel: Im Vordergrund stehen das Neugierig machen, Staunen und Forschen, das Handeln in der Umwelt, der Aufbau positiver Grundeinstellungen.

Aufgabe

Notieren Sie an Ihrem nächsten Praxistag Fragen, die die Kinder stellen
- zu ihrem Körper, zur Gesundheit, zu Tieren, Pflanzen, zum Wetter,
- zur Beschaffenheit von Stoffen (Wasser, Stein, Teig...)
- und zur „Zeit" o. Ä.

Beschreiben Sie, wie ein Kind versucht, eine Erscheinung selbst zu ergründen, z. B. wie es einen Regenwurm beobachtet und damit hantiert, ein Buch oder Erklärungen dazu sucht.

Methoden, Sachanalyse

Vorbereitete Umgebung

Ausstattung draußen z. B.:
- naturnahe, heimische Pflanzen, damit die Kinder Pflanzen und Tiere in natürlichen Lebensräumen sehen zu können
- verschiedene Erd-, Stein- und Holzarten z. B. als Einfassung oder Klettergerät
- Trockenmauer
- Nutz- und Blumengarten
- Magerbeet
- Kräuter und Gemüse
- Beeren, Obstbaum
- Sandkasten
- Kompost
- **Wasser**
- skurrile Wurzeln und Baumabschnitte im Garten aufstellen
- Gartenarbeitsgeräte
- Gummihandschuhe
- Pflanztisch
- Becherlupen
- Pinsel (um Tiere aufnehmen zu können, ohne sie zu verletzen)
- Kinderlexikon, Sachbilderbücher zu Lebensräumen, Tieren, Pflanzen....
- Zeichenpapier und Stift (um für spätere Bestimmung festhalten zu können)
- Geräuschverstärker

Ausstattung drinnen z. B.:
- Aquarium oder Terrarium
- Grünpflanzen
- Pflegeset für Pflanzen, für Tiere
- Biologische Kommode (Nienhuis)
- Biologischer Kartensatz (Nienhuis)
- Botanische Puzzles (Nienhuis)
- Tierpuzzles (Körperteile) (Nienhuis)
- Botanische Kartensätze (Nienhuis) zu Blüte, Baum
- Ausstellungstische
- Spiel: Weißt du, was die Tiere fressen?
- Spiel: Welche Bäume kennst du schon?
- schmale Gläser für Pflanzen, Beschriftung
- Fotoapparat, Stereomikroskop
- Videomikroskop; wichtiger als eine 100-fache Vergrößerung ist ein Bildschirm, an dem Kinder zeigen können, was sie sehen
- Kinderlexikon, Sachbilderbücher
- Schaubilder und Naturtafeln: z. B. Vögel, Vogelwelt im Winter, Tiere im Garten, Pflanzen, Nützlinge des Gartens, einheimische Schmetterlinge, einheimische Giftpflanzen, einheimische Laubbäume, Leben am Bach
- Naturmaterialien in der Bauecke

Angebote
- Gartenarbeit
- Tier- und Pflanzenpflege (Ämterplan)
- Kochen mit selbst geernteten Produkten
- Gesammeltes ordnen, benennen, beschriften, untersuchen, zur Ausstellung vorbereiten
- Einführung in den Umgang mit den Mikroskopen

Gezielte Aktivitäten

sammeln und gestalten:
- Setzkästen, Jahreszeitentisch, Wassergarten in flacher Glaswanne, Naturmemory aus Steinen, mit Blättern
- Beet anlegen
- Gestalten: Märchenwald, Zapfenwichtel
- Klangspiele mit Naturmaterial
- Rindenschiffchen bauen

erforschen:
- Lebensbedingungen und Verhalten der Tiere, Vermehrung, Gefahren, Tod
- Lebensräume: Bach, Garten, Park, Wiese Wald
- Mineralien, Holz, Wetter, Luft, Wasser usw.
- Besuch in der Gärtnerei
- Experimente

für die Gefühle:
- Bilderbuchbetrachtungen/Geschichten

- Lieder/Verse zu Tieren, Pflanzen
- Garten-, Wiesen-, Wiesen-, Wald- und Zwergenmärchen

Beispiel: Lebensraum Bach erkunden

Dauer: Eintagesaktion bis hin zum Jahresthema.
Sinn: Gruppenerlebnis und Heranführung an einen Ausschnitt der Natur.

Sachanalyse: Bedeutung eines Baches für Kinder
Ein Bach ist für Kinder lebendig. „Er spricht", sagen sie und meinen damit sein Rauschen und Glucksen. Er hat es immer eilig. Ein bisschen gleicht er einer Märchenwelt mit seinen überhängende Zweigen und herumschwirrenden Libellen.

Er fordert auf, hineinzusteigen, die Hand einzutauchen, die Strömung zu spüren, Wasser zu schöpfen, den Wasserlauf umzuleiten.

Welche Freude, wenn Kinder Tiere finden. Sie suchen Fische, einen Biber, einen Eisvogel. Aber diese zeigen sich i. d. R. nicht.

Kinder brauchen unsere Hilfe, um die kleinen Lebewesen im Bach zu finden, z. B. den Flohkrebs und die Köcherfliegenlarve.

Ziele
- Bach als lebendigen Lebensraum für Tiere und Pflanzen kennen lernen, die voneinander abhängig sind
- Bezug und Wertschätzung entwickeln
- Umgang mit den Kleinlebewesen, mit Becherlupe und Pinsel, erlernen
- am Bach etwas **zu tun** finden (schauen, anfassen, spielen, forschen)

Organisation
- mit einer Vorbereitungsgruppe (cirka 4 Kinder) Bach auswählen, Eignung prüfen (Zugänglichkeit, Wassertiefe, Sauberkeit)
- Weg erkunden
- Eltern informieren, Begleitung organisieren
- Ersatzkleidung, Gummistiefel (Unrat, Glasscherben)

- Vesper, Sonnen- und Mückenschutz
- Wanne, Becherlupe, Pinsel, Haushaltssieb für je 2 Kinder
- feste Unterlagen, Papier, Stifte zum Aufzeichnen
- Handschuhe und Plastiksack, um Unrat aus dem Bach zu beseitigen
- Fotoapparat
- Rinden- oder Astschiffchen, Wasserrad vorbereiten
- Bachgeschichte lernen
- Sachbilderbuch/Bestimmungsbuch

Durchführung
- an Ort und Stelle klären, dass jeder Gummistiefel anziehen muss, wegen Glasscherben und Unrat
- Begrenzung zeigen, wo die Kinder stoppen sollen
- 1–2 Stunden spielen
- vespern
- Kinder sollen berichten, was sie erlebt und gesehen haben
- Geschichte von einem der Kleintiere erzählen, z. B. die Geschichte vom Flohkrebs und dem Fluss-

krebs, Flohkrebs zeigen, Aussehen und Besonderheiten bearbeiten

Angebot an die Forscher
- Wannen mit Kies, Sand, etwas Schlick und Pflanzenteilen einrichten
- Tiere suchen (Sieb und Pinsel)
- mit dem Pinsel in die Wanne schieben
- nach einer Weile Becherlupen ausgeben
- Handhabung zeigen
- gleiche Tiere einander zuordnen
- Tiere betrachten, benennen und besprechen
- Tiere, die nicht identifiziert werden können: aufzeichnen,
- Tiere wieder zurücksetzen

Vorsicht: Lurche sondern über die Haut ein giftiges Sekret ab, das sofort abgewaschen werden muss.

Ferner:
- Wasser stauen, Wasserrad einsetzen, Rindenschiffchen schwimmen lassen usw.
- fotografieren
- auf Steinen balancieren

Nachbereitung im Kindergarten:
- Fotoausstellung vom Ausflug
- aufgezeichnete Tiere im Bestimmungsbuch suchen
- Erlebnisbild Bach malen
- Tierbilder scannen: Memory, Lotto oder Puzzle herstellen
- Geschichten vom Bach
- Wasserklangspiele, „Forellenquintett" von Schubert, „Moldau" von Smetana.

Aufgabe

Vergleichen Sie die Bacherkundung mit der gezielten Aktivität „Mein Haustier: Meerschweinchen" im Kapitel „ Entwicklungsförderung und Bildungsangebote planen Seite 253.

Welche Unterschiede sehen Sie in der Absicht, der Methode?

Gesundheitserziehung

Ausgangslage

In einer multikulturellen Gesellschaft kommen Kinder mit den unterschiedlichsten Esserfahrungen in den Kindergarten. Sie kennen unterschiedliche Lebensmittel und Speisen, haben Vorlieben und bestimmte Verhaltensweisen am Tisch. Manche Speisen sind aus Überzeugungsgründen tabu.

Darüber hinaus zeigen Untersuchungen, dass es in 75 % der Familien Konflikte ums Essen gibt. Das Kind entwickelt z. B. Fixierungen auf bestimmte Speisen oder nimmt nur ein Minimum zu sich. Nicht selten entsteht ein Machtspiel zwischen Kind und Eltern. Eltern lassen sich darauf ein, aus Angst ihr Kind bekäme nicht genug.

Lebensmittelallergien nehmen zu. Manche Kinder vertragen z. B. keine Nüsse, kein weißes Mehl, keine Kuhmilch, keine Zitrusfrüchte. Allergien können zu starken körperlichen Reaktionen führen, z. B. zu Hautausschlag oder Atemnot.

Zunehmend kommen Kinder morgens ohne gefrühstückt zu haben in den Kindergarten. Manche von ihnen leben in unserer Wohlstandsgesellschaft in Armut. Zum Monatsende hin können sie auch nicht sicher sein, am Mittag zu Hause eine warme Mahlzeit vorzufinden.

Falsche Essgewohnheiten durch zu kalorienreiches Essen, zu wenig Ballaststoffe, zu häufiges und zu viel Fast-Food führen zu Fehlernährungen. Diese nehmen zu und zwar unabhängig vom Wohlstand einer Familie.

2 Millionen Kinder in Deutschland sind zu dick. Das sind 15–20 % der 6- bis 18-Jährigen. Dies beginnt natürlich nicht schlagartig mit 6 Jahren. Die Zahl der übergewichtigen Kinder hat sich in den letzten 15 Jahren verdoppelt.

Haltungsschäden, Herz-Kreislaufschäden und Zahnerkrankungen u. a. m. sind mögliche Folgeschäden.[4]

- Fast-Food hat zu einer veränderten Esskultur und einem veränderten Lebensstil geführt:
- Fast-Food-Esser essen, wenn sie das individuelle Bedürfnis verspüren, statt an der gemeinsamen Mahlzeit teilzunehmen
- jeder isst nur, was er will
- Verhalten bei Tisch wird weniger eingeübt
- Unselbstständigkeit im Umgang mit Geräten, Speisen, Unsicherheit, wenn das Kind dann bei anderen Leuten essen soll
- weniger Kommunikation bedeutet Abnahme der sozialen Anteilnahme am anderen
- Fertigkeiten, Mahlzeiten zuzubereiten, nehmen ab
- Zunahme der Anzahl übergewichtiger Personen

Ziele bewusster Ernährungserziehung

- Positive Grundhaltung für eine gesunde Ernährung wecken.
- Vielfalt der Lebensmittel kennen.
- Ausgewählte Aspekte der Ernährungslehre kennen: wozu der Mensch z. B. Vitamine, Nähr-, Ballaststoffe und Flüssigkeit braucht.
- Lebens- und Genussmittel unterscheiden können.
- Selbst eine kleine Mahlzeit herrichten können.

Weiter siehe: Kompetenzen und Leitziel

Aufgabe

Betrachten Sie die Kinder Ihrer Gruppe unter dem Aspekt der gesunden Ernährung

- Welche Kinder haben in der Regel ein gesundes Frühstück dabei?
- Was haben sie heute mit?
- Bei welchen bzw. wie viel Kindern müssen Allergien beachtet werden? Inwiefern?
- Wie sind die Koch- und Essbedingungen in Ihrer Einrichtung? Wie sieht der Tisch aus, welches Geschirr ist vorhanden?
- Wie ist Ihr eigenes Essverhalten?

- Wie müsste es sein, um Ihr Ziel der gesunden Ernährung ehrlich und überzeugend verfolgen zu können?

Methoden, Sachanalyse

Die wirkungsvollste, umfassendste und eigentlich einzige Methode im Bereich der Ernährungserziehung ist das tägliche Herstellen und die gemeinsame Einnahme der Mahlzeiten an einem schön gedeckten Tisch und in einer angenehmen Atmosphäre.

Der Vorteil liegt in der Primärerfahrung, im Einsatz aller Sinne, der positiven Beeinflussung durch die Alterskameraden, Neues zu probieren, was diesen schmeckt und der Appetitanregung durch den Umgang mit Lebensmitteln.

Wesentliche Aspekte sind auch die Beziehungspflege beim Kochen und gemeinsamen Essen und ein anregendes Gespräch.

Der Effekt würde noch gesteigert durch das Anpflanzen, Pflegen und Verarbeiten der Ernte. All dies wird täglich und aus gutem Grund in Waldorf-Kindergärten praktiziert.

Vorbereitete Umgebung

Esstisch im Gruppenzimmer

- Lage: am Fenster (Entspannungsfunktion) Tischschmuck.
- Je Kind: Platzdeckchen, Brett, Messer, Becher aus Porzellan.
- 2 Brotarten, Belag und Obst zur Auswahl

- Die Atmosphäre wird positiv beeinflusst, wenn die Erzieherin mit isst.
- Abfallbehälter.

Gemeinsames Essen
- Erzieherin sorgt durch Stimme und Atmosphäre für Beruhigung der Kinder.
- Gemeinsamer Beginn.
- Schön gedeckter Tisch, Tischschmuck.
- Ausgewähltes Musikstück hören oder Geschichte vorlesen.

Kinderküche, Küchenzeile im Gruppenraum
- Funktionale Ausstattung, Höhe und Tiefe der Möbel entsprechen der Körpergröße der Kinder.
- Kinderkochbücher, Plakate und Bilder zur Ernährungserziehung.
- Obst, Gemüse und andere Zutaten anregend platzieren.
- 1 Bildrezept für eine Speise, die die Kinder nach Einführung täglich selbstständig herstellen können, z. B. Suppe kochen oder Brötchen backen.

Weitere Materialien
- Plakate/Bilder mit Großabbildungen von Obst, Gemüse, Milch- und Getreideprodukten.
- LÜK – Vitaminchen (Westermann Verlag)
- „Nahrungsuhr" mit den Nahrungsgruppen
- Sachbilderbücher über unseren Körper, Vitamine und gesunde Ernährung, Kinderkochbücher
- Bücher über die Produktion von Lebensmitteln, z. B. „Von der Blüte zum Honig", „Vom Kakao zur Schokolade".
- Erlebnisgeschichten wie „Zeraldas Riese", oder „Das Pfannekuchenbuch".

Angebote/gezielte Aktivitäten
Erkundungsgänge
- Wochenmarkt, Supermarkt, Bauer, Mühle.
- Betriebe, die Lebensmittel verarbeiten: Großküche, Bäckerei.
- Obst- und Gemüsegärten, Felder, Wald (Beeren, Tannenzapfen und andere Samen, Pilze, giftige Pflanzen).

Gartenarbeit
Kräuter und Gemüse säen/anpflanzen, pflegen und verarbeiten.

Speisen herstellen
z. B. Suppe, Quarkspeise, Brot, Plätzchen, Pizza, Joghurt; Sprösslinge ziehen, Marmelade kochen, Saft pressen und auf dem Herbstmarkt verkaufen, gruppenweise Verantwortung für das Frühstücksbüffett.

Gestalten und Spielen
- Ausstellungen vorbereiten und präsentieren: z. B. Gewürze, Hülsenfrüchte, Getreide, vom Korn zum Brot, von der Milch zum Käse usw.
- Quartettspiel, Lotto, Memory zu den Nahrungsgruppen selbst herstellen: Obst, Gemüse, Kornprodukte/Hülsenfruchte (Stärke) Milchprodukte, Getränke, Fleisch/Fisch/Ei und Fett.
- Plakat zu den Nahrungsgruppen als Kreis, als Eisenbahn o. Ä. gestalten.
- Brot, Obst, Gemüse aus Salzteig o. Ä. für den Kaufladen herstellen.
- Kaufladen mit realen Verpackungen einrichten.

Spielen und Singen in der Gruppe
- Komm mit ins Land der Sinne: Zwiebel, Zitrone, Kakao u. ä. am Geruch erkennen.
- Obstarten am Geschmack erkennen, Hülsenfrüchte, Nüsse ertasten.
- Fingerspiele, Rätsel, Reime, Lieder, Märchen über Äpfel, Birnen, Pflaumen, Paprika, Reis, Milch und Brei, den Bauern, den Müller usw.
- Handpuppenspiel über falsche Ernährung, z. B. unmäßigen Süßigkeitengenuss, Fast-Food, Vitaminmangel.

Sachanalyse
Eine Sachanalyse gehört unbedingt zur Vorbereitung einer Erzieherin. Kindersachbücher eignen sich in dop-

pelter Hinsicht: Sie formulieren Kinderfragen und geben in kindgemäßer Form Antwort.

Was Kinder wissen wollen z. B.
- Kann man Vitamine sehen, riechen, schmecken ?
- Wie hängen Bauchweh und Durchfall mit Essen zusammen?
- Was ist da passiert? Schimmel auf Lebensmitteln.
- Wie können uns Süßigkeiten schaden? (Zähne, Fettansatz, Stimmung)
- Warum knurrt unser Magen bei Hunger?

Beispiel: Sachanalyse Vitamine
Was sind Vitamine? Wozu brauchen wir sie?
Vitamine kann man mit dem bloßen Auge nicht sehen. Sie sind kleinste Teilchen in der Nahrung, wie Zucker in Wasser oder Milch.

Sie sind so klein, dass sie auch nur ganz kurze Namen haben: Sie heißen Vitamin A, B, C,D und E.

Am höchsten ist unser Bedarf an Vitamin C. Allerdings ist dieses Vitamin etwas eigenwillig. In Schokolade z. B. kommt es nicht vor. Bei Hitze, Luft und Licht verschwindet es, und es lässt sich nicht speichern für Zeiten, in denen wir z. B. mal keine Lust auf Obst und Gemüse haben. Das trifft auch für das B-Vitamin zu. Deshalb brauchen wir täglich etwas davon.

Vitamine sind in fast allen frischen Nahrungsmitteln enthalten, so zum Beispiel in Obst, Gemüse, Vollkorngetreide oder auch in Eiern oder Milchprodukten.

Sehen kann man Vitamine nur unter einem Mikroskop.

Vitamin C
schütz dich u. a. vor Husten, Schnupfen, Halsweh. Und es sorgt dafür, dass Eisen, ein anderer wichtiger Stoff, in dein Blut kommt. Vitamin C ist z. B. in Zitrusfrüchten, Paprika, Kohl. Unter dem Mikroskop sieht Vitamin C so aus: Erinnert es euch an etwas?

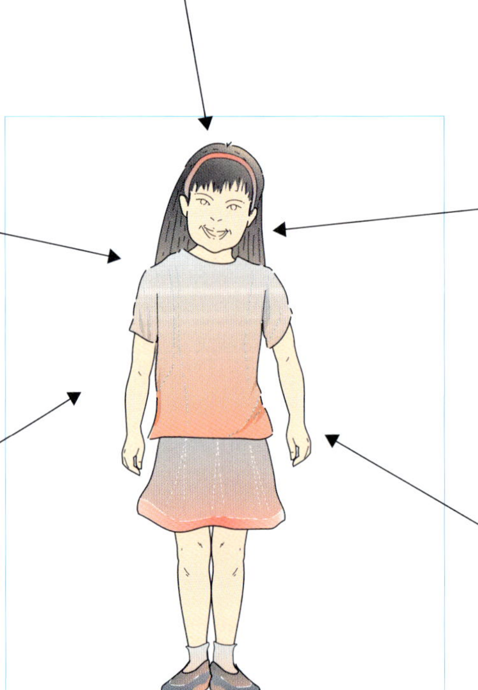

Vitamin A
brauchst du, um im Hellen und Dunkeln gut zu sehen, und dass deine Hautwunden gut heilen. Es hilft auch, allerlei Krankheiten abzuwehren.

Mit **Vitamin D** können deine Knochen und Zähne gut wachsen und stark werden. Vitamin D ist v. a. in Fisch, Eigelb, Milch, Käse.

Vom **Vitamin B** gibt es mehrere, wie Geschwister in einer Familie: Vitamin B1, B2, B6, B12. Vitamin B1 ist das „Energievitamin". Davon werden deine Muskeln und Nerven stark. Es ist u. a. in Vollkornprodukten, Schweinefleisch, Fisch und Hülsenfrüchten.

Vitamin E
sorgt für eine gesunde Haut und dass dein Blut im Körper gut fließt. Vitamin E ist u. a. in Nüssen, Haferflocken, Eiern, Sonnenblumenöl.

4)

Experimentiertag: Vitamine

Materialien:
- *2 Teller, 1 Messer,*
- *jedes Kind soll einen beliebigen Apfel mitbringen*
- *1 Zitrone, Zitronenpresse*

Durchführung
- verschiedene Äpfel genau betrachten: Form, Farbe, Gewicht, Struktur,
- je Apfelsorte 2 Schnitze herausschneiden und eine spezielle Kerbe machen,
- die eingekerbten Apfelschnitze auf den einen, die nicht eingekerbten auf den anderen Teller legen,
- Zitrone pressen,
- Saft auf die Apfelstücke des einen Tellers träufeln.
- Vergleiche die jeweils gleich eingekerbten Apfelstücke:
  - zuerst wird an den unbehandelten Apfelstücken eine Braunfärbung entstehen,
  - die Braunfärbung setzt unterschiedlich schnell ein und bleibt bei manchen Apfelstücken ganz aus.

Deutung
Dass die Braunfärbung an den mit Zitronensaft beträufelten Apfelstücken später eintritt, muss also mit dem Zitronensaft zusammenhängen.

Warum wird der Apfel überhaupt braun? Der aufgeschnittene Apfel reagiert mit dem Sauerstoff der Luft. Er wird braun. Das nennt man Oxidation.

Am schnellsten werden Äpfel braun, die wenig Vitamin C Gehalt haben.

Träufelt man Zitronensaft auf den Apfel, wird die Oxidation der Apfelschnittfläche verhindert.

Die Zitrone gibt dem Apfel nämlich von ihrem Vitamin C etwas ab, Zitronen haben den höchstmöglichen Vitamin C-Gehalt. Er ist im Vergleich zu Äpfeln 4 ½ mal so hoch.

Je saurer ein Obst ist, umso mehr Vitamin C enthält es. Somit kann man Vitamin C indirekt schmecken.

Probiere von den restlichen Äpfeln. Versuche, saure von weniger sauren Äpfeln zu unterscheiden.

Du wirst auch bemerken, dass unterschiedliche Menschen unterschiedliche Auffassungen von sauer haben.[5]

Mit Kindern kochen

Raum- und Materialvorbereitung mit 2 Kindern
- Hände waschen
- Arbeitstisch reinigen, Schürzen, Wasserwanne, Lappen, Pflaster richten
- Materialtisch richten: Geräte (z. B. Messer, Schneebesen, Brettchen) Geschirr (z. B. Schüsseln, Teller, Gabeln), Zutaten ansprechend richten.
- Waage oder Messzylinder markieren.
- Abfallbehälter/Komposteimer Schöpf- und Probierlöffel bereitstellen.
- Ggf. Backofen anheizen.

Einstieg mit ca. 6 Kindern
- Ziel mitteilen
- Hände waschen
- Nägel bürsten
- Haare zurückbinden
- Schürze anziehen

Hauptteil
- Am Arbeitstisch das Bildrezept betrachten.
- Zutaten, deren Eigenschaften und Funktion benennen, die zuerst benötigten zum Arbeitstisch holen.
- Arbeitsgeräte benennen, Handhabung zeigen (auch die Schneidekante des Messers).
- Schneidevorgang und weitere Vorgänge im Ablauf langsam und betont vormachen.
- **Nicht** mit dem Messer gestikulieren.
- Arbeit aufteilen: arbeitsteilig/arbeitsgleich.

- Geschnittenes Obst/Gemüse auf Platten/Teller legen.
- Spätestens vor jedem folgenden Schritt die Kinder auffordern, Abfall vom Tisch zu räumen; zeigen, wohin er kommt.

Gespräch während des Tuns: z. B.
- Geruch, Geschmack, Konsistenz der Nahrungsmittel wahrnehmen und benennen.
- Ihren Wert für die Gesundheit erklären.
- Veränderungen an den Nahrungsmitteln beobachten, benennen, erklären.
- Erfahrungen der Kinder mit Kochen, Lebensmitteln erfragen.
- Entdeckungen zeigen, wie z. B. Kerngehäuse und Apfelkerne im Apfel.
- Wert der Zusammenarbeit betonen.

Gegen Ende
- Arbeitsgeräte, restliche Zutaten u. Ä. zum Materialtisch zurückbringen,
- Verzieren,
- Arbeitstisch abwischen,
- Ergebnis mit Stolz betrachten,
- Geschmacksprobe je Kind,
- über Erfahrungen beim Herstellen sprechen.
- Ggf. das Gerichtete zum Backofen/Ofen bringen, wenn es gegart werden muss.
- Tisch decken,
- Gemeinsames Essen am schön gedeckten Tisch.

Zwei andere Kinder als die vom Anfang waschen ab, versorgen die restlichen Zutaten, reinigen den Materialtisch, fegen den Boden.

Planung von Bildungsangeboten

1. Woher kommen die Themen für Bildungsangebote?
2. Sich selbst vorbereiten und Ziele festlegen
3. Vier didaktische Grundprinzipien zur Gestaltung von Bildungsangeboten
4. Erkenntnisorientierte Planung/erlebnisorientierte Planung
5. Sozialformen geplanter Bildungsarbeit
6. Schriftliche Vorbereitung einer gezielten Aktivität

In der Sozialpädagogik werden als Methoden bezeichnet:
- die **Organisationsform**, z. B. die vorbereitete Umgebung, der Stuhlkreis, das Experiment oder Projekt
- die **Vorgehensweise**, z. B.
  - vom Besonderen das Allgemeine ableiten (Rotkehlchen – Vögel generell)
  - arbeitsteilig/arbeitsgleich

1. Woher kommen die Themen für Bildungsangebote?

Interessen, Entwicklungs- und Bildungsbedarf des Kindes

Kinder experimentieren mit ihren Ausdrucksformen im Spiel, in der Bewegung, der Sprache, der Musik, im Gestalten. Erzieherinnen ergründen, wohin sie mit ihren Ideen wollen, bieten Themen und Materialen an und aktivieren damit die Fähig- und Fertigkeiten der Kinder.

Kinder entwickeln in einer anregungsreichen Umgebung und im Zusammensein mit anderen Fragen, z. B. über die Herkunft von Babys oder warum Vulkane ausbrechen. Diese Fragen können in Themen münden.

Kinder suchen auch Unterstützung bei der Bewältigung ihrer psychosozialen Entwicklungsaufgaben. Dazu gehören der Übergang in die Schule und die Auf-

Didaktik ist ein Fachgebiet der Pädagogik, das sich mit dem Lehren und Lernen befasst und damit, wie es plan- und realisierbar ist.

In der Sozialpädagogik (d. h. dem vor- und außerschulischen Bereich der Erziehung) geht es insbesondere um das Eröffnen von Bildungsprozessen und um persönlichkeitsbildende Aspekte des Lernens in Gruppen.

Didaktische Prinzipien sind Kriterien zur Entscheidung für Themen, für Ziele sowie allgemein zur Gestaltung von Lernprozessen. Dabei ist es unerheblich, ob es sich um eine einzelne Aktivität oder um ein Projekt handelt.

Methoden sind planmäßige Vorgehensweisen oder Verfahren (Wege) zur Erreichung bestimmter Ziele.

gabe, die eigene Identität als Mädchen/Junge zu finden.

Das Zusammenleben in der Gruppe wirft Themen auf

Mit dem Eintritt in eine Gruppe ergeben sich für das Kind Fragen wie „Wer mag mich?", „Wie gewinne ich Freunde?" „Was mache ich im Fall von Streit?".

Die Erzieherin erweitert diese Themen dahingehend: „Wer gehört zu unserer Gruppe? oder „Verantwortung übernehmen, Mitbestimmung" oder auch „Festvorbereitung".

Gegenwarts- und Zukunftsanforderungen an die Kinder

Die soziale und sächliche Umwelt befindet sich in stetigem Wandel. Zukunftsweisend ist, Veränderungen als etwas Normales anzusehen, den Umgang mit Menschen unterschiedlichster Herkunft zu erlernen, eine positive Beziehung zu Natur und Technik zu entwickeln und einen Mediengebrauch zu erlernen, der das Kind nicht beherrscht. Schneller Wandel fordert ein ständiges Umorientieren und Neu-Lernen, positives Lernverhalten stützt dies.

Es gilt, „das Bewusstsein der Kinder für ihre Lernprozesse zu schärfen, um zu erkennen, was und wie sie etwas gelernt haben „und wie sie Lernprozesse zunehmend selbst steuern können.[1]

Erzieher müssen hierbei beachten, dass dieser Zukunftsaspekt nicht das Programm dominiert, denn Kinder haben auch das „Recht auf den heutigen Tag".

Werteerziehung

gehört zum Erziehungs- und Bildungsauftrag der sozialpädagogischen Fachkräfte. Vorgaben finden sich in der baden-württembergischen Landesverfassung, Artikel 12: „Die Jugend ist in Ehrfurcht vor Gott, im Geiste der christlichen Nächstenliebe, zur Brüderlichkeit aller Menschen und zur Friedensliebe, in der Liebe zu

Volk und Heimat, zu sittlicher und politischer Verantwortung (…) zu erziehen."

Diese Ziele sind in allen Erziehungseinrichtungen gültig. Hieraus ergeben sich Themen wie auch aus den spezifischen Erwartungen des Trägers, der im Falle kirchlicher Bindung einen Schwerpunkt auf die christliche Erziehung und Bildung legt.

Aufgabe

Suchen Sie in der Konzeption Ihrer Einrichtung nach Aussagen über zu behandelnde Themen.

Ordnen Sie diese den nebenstehenden Abschnitten zu.

Finden Sie weitere Themengruppen?

Entscheidungshilfen zur Themenfindung: 4 Kriterien

Wert für die Gegenwart/Zukunft des Kindes. Ein gut gewähltes Thema hilft dem Kind, seine Gegenwart und Zukunft zu bewältigen. Wer z. B. eine Schleife binden lernt, kann damit Verbindungen verschiedenster Art bewältigen.

Wer heute erkennt, dass es sich lohnt, etwas zu üben oder selbst die Lösung für ein Problem zu suchen, wird auch in Zukunft dazu motiviert sein.

Es gilt also, aus der Fülle von Möglichkeiten ein Thema zu wählen, das Schlüssel ist zu diversen weiteren Erfahrungen.

Recht des Kindes auf Ernst und Echtheit

Kinder ab 3 Jahren wollen neben dem Spiel auch am Leben teilnehmen, mit Ernst und Ausdauer. Sie wollen
- Fertigkeiten erwerben, die sie im Leben brauchen
- tüchtig sein, Abläufe lernen, um sie danach selbstständig auszuführen.

Nach der Einführung des Geschirr-Abwaschens sollte dies in den Ämterplan aufgenommen werden, sonst wäre es nur ein punktuelles Erlebnis.

Kinder wollen den ganzen Ablauf erlernen und nicht geschickt werden Eimer und Lappen zu holen, damit die Erzieherin den Tisch abwischt.

Anforderungen an die Erzieherin
- Vorhaben in Teilschritte zerlegen, vormachen.
- Rahmen bereitstellen, damit Kinder in der Einrichtung arbeiten, Arbeit beobachten und ernsthaft tätig sein können: z. B. bei hauswirtschaftlichen Tätigkeiten, im Büro, bei Gartenarbeit, bei der Vorbereitung eines Flohmarktes.

Vom Nahen zum Fernen.
Das Kind selbst, seine Erfahrungen, seine Lebenswelt sollen Ausgangspunkt für Bildung sein, um Vorgänge und Erscheinungen „begreifbar" zu machen.

Der Begriff „nah" ist jedoch relativ, da Kinder in sehr unterschiedlichen Umwelten aufwachsen, unterschiedlicher ethnischer Herkunft sind, Eltern mit den verschiedensten Berufen und Lebenserfahrungen haben.

Kinder entwickeln auch Interesse für fernliegende Themen, z. B. für Planeten, für Naturkatastrophen wie Vulkanausbrüche, Überschwemmungen. Hier bringt das TV die Welt ins Wohnzimmer, aber doch nur sekundär. Das Interesse der Kinder ist dann zum Teil sachlich, zum Teil reizt das Spektakuläre. Aber Kinder wollen auch hören, ob sie selbst mit Ähnlichem rechnen müssen oder ob sie sicher sind.

Anforderungen an die Erzieherin
- Sich mit der Lebenswelt der Kinder befassen, der Gebundenheit an soziale, weltanschauliche, religiöse und geschlechtsspezifische Wertorientierungen, Normen und Kenntnisse.
- Themen finden, in denen jedes Kind sich wiederfindet.

Das Passungsprinzip.
In der Bildungsarbeit muss die Erzieherin die Nahtstelle herstellen zwischen den Fähigkeiten, die die Kinder mitbringen und den Fähig- und Fertigkeiten, die sie für die nahe oder ferne Zukunft brauchen.

Passt das Thema zu den Interessen des Kindes, dann ist es von innen heraus motiviert und seine Lernbereitschaft wird gefördert.

Eine fachlich fundierte Vorbereitung von Seiten der Erzieherin hilft, unnötigen Misserfolg und negatives Selbstkonzept zu vermeiden.

Anforderung an die Erzieherin
- Typische Entwicklungsverläufe kennen.
- Aufgaben analysieren auf die erforderlichen Fähigkeiten hin.
- Anforderungen stellen, die beides berücksichtigen: Können und angestrebten Fortschritt des Kindes.

2. Sich selbst vorbereiten und Ziele festlegen

Sachanalyse

Der Erfahrungsvorsprung des erwachsenen Erziehers reicht in der Regel für eine anspruchsvolle Bildungsaktivität nicht aus. Dies merkt er, wenn er nach Worten suchen muss, um Kindern z. B. Vitamine zu erklären. Tauchen solche Fragen im Alltag auf, wird er die Kinder mit einbeziehen in die Suche nach Information.

Die Planung einer Aktivität erfordert eine Sachanalyse im Vorfeld, um hinter das Sichtbare zu schauen und um sich in altersspezifisches Denken zu versetzen.

Kinder denken z. B. „ Wie können Vitamine so wichtig sein, wenn man sie nicht einmal sehen, riechen, schmecken kann?"

Zum Thema Obst/gesunde Ernährung brauchen Erzieherinnen Grundlagenwissen, z. B.
* Welchen Wert haben die verschiedenen Obstarten?
* Wo nehmen wir süß und sauer wahr?
* Woher kommt das vorliegende Obst?
* Schneidetechniken (Karotte, Apfel)
* Was passiert, wenn jemand absolut kein Obst isst?
* Wo gehen die Vitamine im Körper hin? Und was tun sie da?
* Kann man Vitamine sehen, schmecken, riechen?
* Warum gibt es große und kleine Äpfel?

Aufgabe

* Tragen Sie übungshalber das Grundlagenwissen zum Thema „Milch" auf einer Seite zusammen.
* Stellen Sie sich selbst auch Fragen aus der Sicht von Vorschulkindern und beantworten Sie diese.

Zielsetzung

Ziele dienen vorrangig der Orientierung der Erzieherin und nicht der Durchsetzung bei den Kindern. Ziele zwingen die Erzieherin, realistisch und ergebnisorientiert zu denken und sich auf das Wesentliche zu beschränken. Die Erzieherin hat eine Verpflichtung ge-

genüber dem Selbstwertgefühl des Kindes: Ziele sind so zu setzen, dass die Kinder erfolgreich sein können.

Die Ziele orientieren sich an den Kompetenzen, die die Kinder erwerben sollen, aber sie sind kleiner, konkreter.

Als Ziele formulieren wir Erkenntnisse, Fertigkeiten, Fähigkeiten und Einstellungen, die wir anstreben.

Beispiel: Obstbüfett herrichten

Einstellungen
* positive Einstellung wecken
    - zum Kochen, Herrichten und Aufräumen
    - zu gesunder Ernährung
    - zur Arbeit für die ganze Gruppe

Fertigkeiten
* Arbeitsplatz richten, schneiden, aufräumen, abwaschen
* Speisen arrangieren können
* Büfett gestalten

Fähigkeiten
* Die Namen der Obstarten kennen
* Obstarten am Geschmack erkennen

Erkenntnis
* Obst als Vitaminträger erkennen
* Im Austausch mit anderen Folgen vorausdenken (Hygiene, Vitaminmangel)
* Kategorie Obst differenzieren (Südfrüchte, heimische Früchte)

3. Vier didaktische Prinzipien zur Gestaltung von Bildungsangeboten

Logischer Aufbau und Teilschritte

Ein logischer Aufbau ist erforderlich, wenn ein Ablauf nur so funktioniert oder wenn Fertigkeiten/Fähigkeiten aufeinander aufbauen.

Zum Beispiel kann eine Stabspielbegleitung erst gelingen, wenn Kinder bereits Rhythmusinstrumente handhaben können und Erfahrungen mit Harmoniewechseln bei der Liedbegleitung haben.

Die Teilschritte sind der sichere Weg zum Erfolg. Sie geben dem Kind die Chance, Schritt für Schritt zu erfassen, mitzudenken. Teilschritte folgen einer Logik, die in der Sache liegt, sind also bei jedem Vorhaben anders.

Beispiel: Schleife binden
* Schuhbänder überkreuzen
* Knoten knüpfen
* Schlaufe aus Band 1 bilden
* Band 2 um Schlaufe 1 wickeln
* Schlaufe 2 bilden
* Schlaufe 1 und Schlaufe 2 festziehen

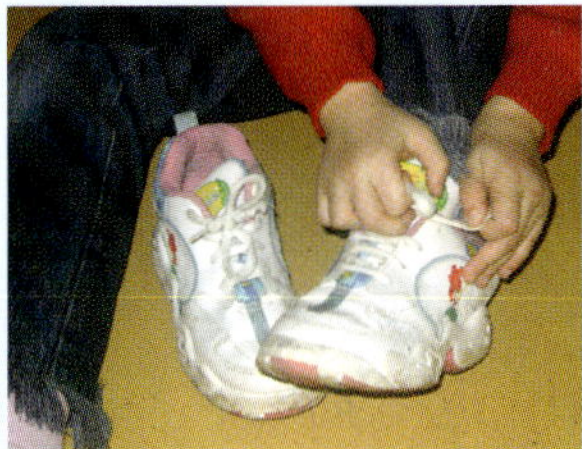

Manche Themen erfordern keine strenge Planung und Einhaltung von Teilschritten. Bei einem Sachgespräch über Katzen z. B. wird es egal sein, ob zuerst über deren Nahrung oder über ihr Spielverhalten gesprochen wird.

Anforderungen an die Erzieherin
* Vorhaben zerlegen in Teilschritte
* Wissen, was die Kinder vorher können müssen, um die Aufgabe bewältigen zu können.
* Vorhaben vorher ausprobieren.
* Angemessener Zeitrahmen.
* Entspannte Atmosphäre.
* Geeignetes und funktionsfähiges Material.

Anschaulichkeit

Anschaulichkeit ist notwendig, um ein Thema „lebendig" zu machen.

gegenständliche Anschaulichkeit
* *Der reale* Gegenstand: z. B. eine Katze, ein Regenwurm, Fossilien, eine fast echte Krone.
* *Ein Teil oder Stellvertreter des realen Gegenstandes* z. B. Vogelnest und Eierschalen statt eines Vogels.
* *Modell,* z. B. von einem Kiefer/Zahn.
* *Film, Dias*
* *Abbildungen*

Situations-Anschaulichkeit
* Echte Situation beobachten
* Situation vorspielen
* Situation mit- oder nachspielen (z. B. Puppen führen, während ein Märchen erzählt wird oder eine Bewegungsgeschichte im Turnen).
* Anschauliche Aufgabenstellung, z. B. „stampft wie die Elefanten oder faltet ein Kopftuch (aus dem Faltblatt)"
* Aufgaben vormachen und die Kinder nachmachen lassen

Anforderungen an die Erzieherin:
* Organisationstalent und Ausdauer, um die nötigen Materialien zu beschaffen.
* Phantasie, um eine Szene zu gestalten, die das Thema lebendig macht.
* Mut!

Mehrkanaliges Lernen

Das Lernen ist umso intensiver und konzentrierter, je mehr alle Sinne, das Gefühl, der Körper und der Verstand beansprucht werden.

Es müssen also Teilschritte eingeplant werden
* für die Sinne: anfassen, hören, sehen usw.
* für das Gefühl (Betroffenheit wecken)
* für den Verstand (z. B. Gemeinsamkeiten erkennen, Ursache, Folge, Zusammenhang suchen)
* für das Handlungsbedürfnis (sich bewegen, etwas ausprobieren, zeigen, herstellen usw.)
* zur Wiederholung (Festigung)

Anforderungen an die Erzieherin
Anfänger tendieren zu langen Erklärungen und vermeiden das Vormachen, was viel effizienter wäre. Kinder fragen in einem solchen Fall „Wann geht es denn richtig los?" oder „Wann sind wir fertig?".
* Bei einer Spieleinführung den Verlauf vormachen.
* Bilderbuch erarbeiten, danach Handlung umsetzen, z. B. nach der Bilderbuchbetrachtung „Polly hilft der Großmutter" die Puppenecke mit den Kindern reinigen.
* In der Bewegungserziehung zum Mitdenken und Sprechen auffordern, z. B. ein Kind bitten, seine selbst ausgedachte Übung zu erklären.
* Beim Gemüseschneiden z. B bewusst kleine Proben kosten, Geruch, Konsistenz erfassen.

Offenheit und Beteiligung

Offenheit hat mehrere Aspekte, z. B.

- offen sein für die Verschiedenartigkeit der Kinder, z. B. ist beim Beetanlegen für die einen das Graben wichtig, für die anderen die gefundenen Tiere,
- Inhalt und Ablauf mit den Kindern besprechen, deren Wünsche berücksichtigen,
- offene Situation schaffen, die die Kinder gestalten sollen.

Anforderungen an die Erzieherin

- Eigenarten der Kinder kennen, um deren individuelle Anliegen beachten zu können.
- Phasen einplanen, die von Kindern gestaltet werden sollen, ihnen ihren Spielraum erklären.
- Ideen der Kinder erfragen.
- Kinder informieren über den nächsten Schritt, sie lassen sich besser darauf ein, wenn sie den Sinn erkennen.

Folgender Auftrag missachtet dieses Prinzip: „Monika, komm, für dich habe ich eine besondere Aufgabe".

4. Erkenntnisorientierte Planung/ erlebnisorientierte Planung

Erkenntnisorientierte Planung

- Planung in Teilschritten,
- wählt einen exemplarischen Ausschnitt,
- der Gegenstand (z. B. der Hamster) wird ins Haus geholt oder vor Ort betrachtet,
- ist ergebnisorientiert durch eine logische Verlaufsplanung, entsprechende Aufgabenstellungen, Material.

Sinn: z. B.

- um die Aufmerksamkeit auf etwas zu richten,
- um den Erfolg sicher zu stellen.

Erlebnisorientierte Planung

- Offene Lernsituationen,
- dem Kind wird das Ganze dargeboten,
- Lernen im Sinnzusammenhang vor Ort,
- jeder lernt das für ihn Wichtige,
- alle Sinne werden angesprochen,
- Handeln, mit Gefühl und dem Verstand lernen stehen im Vordergrund,
- ohne schrittweise Vorplanung und Festlegung.

Erlebnisorientiertes Lernen braucht mehr Zeit.

> **Aufgabe**
>
> Vergleichen Sie die beiden Aktivitäten „Mein Haustier: Meerschweinchen" am Ende dieses Kapitels mit der „Bacherkundung" im Kapitel „Heranführung der Kinder an die Natur und die Gesundheit" hinsichtlich Absicht und Methode.

5. Sozialformen geplanter Bildungsarbeit

Einzelarbeit

bedeutet in der Bewegungserziehung, dass jedes Kind etwas für sich übt oder ausprobiert, um es später vorzuführen. Beim hauswirtschaftlichen Tun hat jedes Kind einen Auftrag, der sich von dem der anderen Kinder unterscheidet, z. B. soll ein Kind den Schnittlauch schneiden, ein anderes den Quark rühren, usw. bis hin zum Tisch decken. Dies ist gleichzeitig eine *arbeitsteilige Methode.* Ein 5-jähriges Kind ist stolz, wenn es für eine Sache verantwortlich ist.

Partnerarbeit

bedeutet, dass zwei Kinder zusammen einen Auftrag bekommen, z. B. ein Gemeinschaftsbild vom Martinsumzug zu malen. 2 Vierjährige würden in einem solchen Fall – wenn überhaupt – mit ziemlicher Sicherheit zwei Feuer und 2 Martine malen.

Sollen zwei 4-Jährige mit einem Ball spielen, geht es eher darum, den Ball festzuhalten, als ihn sich gegenseitig zuzuwerfen.

Kinder ab 5 Jahren können sich eine Arbeit teilen und sich einen Ball so zuwerfen, dass der andere ihn auch fangen kann. Aber oft haben auch sie noch im Sinn, „wenn ich den Ball hergeben muss, soll ihn auch der Partner nicht haben" und werfen dementsprechend.

Partneraufträge gelingen am ehesten, wenn sie wirklich nur zu zweit erledigt werden können, weil z. B. einer etwas festhalten muss, was der andere bearbeitet oder dass ein Kind etwas fotografiert, was das andere tut.

Kleingruppe

Kleingruppenarbeit bedeutet im Kindergarten, dass eine Erzieherin zielgruppenorientiert (mit 6–14 Kindern (halbe Gesamtgruppe) eine Thematik bearbeitet. Eigenständige Kleingruppenarbeit ist im Vorschulalter kaum möglich.

Sowohl in der Kleingruppe als auch in der Gesamtgruppe wird häufig die *arbeitsgleiche Methode* angewandt. Prinzip ist: alle tun das Gleiche zur selben Zeit. Das ist dann wichtig, wenn ein bestimmter Vorgang eingehalten werden muss, um zu einem Ergebnis zu kommen. Typisches Beispiel ist das Falten.

Auch eine Bewegungs- und eine Spielstunde sollten mit dieser Methode beginnen, um die Gruppe in Bewegung zu bringen, und um Orientierung zu geben. Die Kinder könne abschauen, was von ihnen erwartet wird.

Gesamtgruppe

Hier sind alle Teilnehmer der Gruppe eingebunden: im Stuhlkreis, beim Spaziergang, einem Ausflug, bei Bewegungsspielen und bei einem Fest.

Der Stuhlkreis kann Forum sein für den Austausch von Erfahrungen und Erkenntnissen aus Kleingruppenaktivitäten oder Projekten.

Beim Diskutieren über gruppeninterne Themen übt das Kind, seine Wünsche zu formulieren, die Äußerungen der anderen anzuhören und für die Gruppe mitzudenken.

Kinderkonferenz

Die Kinderkonferenz ist eine Versammlungsform in Kindertageseinrichtungen. Sie hat die Funktion, Kinder frühzeitig an demokratische Formen der Mitbestimmung zu gewöhnen, in Angelegenheiten, die sie selbst betreffen. Es ist eine Form der Bildungsarbeit und gleichzeitig eine Sozialform. Oft sind ausschließlich die angehenden „Schulkinder" Gruppen übergreifend Mitglieder der Kinderkonferenz.

6. Schriftliche Vorbereitung einer gezielten Aktivität

1. Halbjahr

Thema des Angebotes				
Datum	**Zeit:**	**Anzahl Kinder:**	**Alter:**	**Entwicklungs-/Bildungsbereich**
Organisation/Material/–				**Raumvorbereitung:**
Einstieg (sachbezogen)[*]				**Gesprächsimpulse** (erlebnisbezogen)[**]

[*] sachbezogener Ablauf = Arbeitsschritte, logische Abfolge
[**] Impulse zum Material, Wahrnehmungen aktivieren, Erfahrungen der Kinder erfragen, Gefühle wecken

Hauptteil	**Gesprächsimpulse**
Schluss	**Feedback**
Reflexion • Was hat gut geklappt? • Was verlief anders als erwartet? • Was würde ich nächstes Mal anders machen?	

Beispiel: Liedeinführung (1. Halbjahr)

Thema des Angebotes *Liedeinführung: Wisst ihr, was die Bienen träumen?*				
Datum	**Zeit:** *15.30– 16.00*	**Anzahl** **Kinder:** *6*	**Alter:** *4–5 Jahre*	**Entwicklungs-/Bildungsbereich** *Emotional-soziale Erziehung, Musikerziehung*
Organisation/Material/– • *Liedtext + 1 Triangel* • *4 Rhythmikreifen, 4 Kissen* • *je ein Bild von einer Biene und einem Bienenhaus, einem Vogel in einem Nest , einem Frosch, einer Eule*				**Raumvorbereitung:** *Stühle im Halbkreis aufstellen* *Gardinen zuziehen, aber nicht ganz verdunkeln,* *1 kleine Lichtquelle* *Reifen, Kissen liegen außerhalb des Kreises,* *Bilder liegen auf einem Materialtisch*
Einstimmung/Einstieg (sachbezogen)*) • *Hinweis auf das gemütliche Zimmer.* • *Liedankündigung* • *Frage, welches Abendlied die Kinder kennen* • *ein Lied singen, das die Kinder genannt haben.* • *Stimmspiel: Bienensummen*				**Gesprächsimpulse** (erlebnisbezogen)**) *„Wenn ihr ins Bett geht, wünscht ihr euch dann auch gute Träume? Wovon möchtet ihr heute träumen?* *Bevor die Bienen schlafen gehen, singen sie summ, summ, summ, und dann fallen ihnen die Augen zu. „Summt mit, wie die Bienen"* *(Teil C), „leise, fühlt an eurer Brust!"*
Hauptteil (sachbezogen, ich zeige den Kindern…) **Liedeinführung** • *sich die Melodie im Kopf vorstellen* • *erste Strophe vorsingen* • *Anfangston von Teil B und C etwas länger anhalten* • *Bild zeigen* • *Text rhythmisch und mit leichter Stimme vorsprechen, deutlich , nachsprechen lassen.* • *singen, Melodieverlauf mitzeigen* • *2. Strophe vorsingen, Triangelbegleitung in Teil A (Akzentbegleitung)* • *3. und 4. Strophe entsprechend*				**Gesprächsimpulse** *„Was erzählt uns das Lied?"* *Wovon könnten die Bienen noch träumen und warum ?"* *– entsprechend*

<table>
<tr><td colspan="2">Liedgestaltung: Spiel</td></tr>
<tr><td>
<ul>
<li>Rhythmikreifen und Kissen in das Kreisinnere legen</li>
<li>Bild vom Bienenhaus an den Reifen legen</li>
<li>1 Kind zu diesem „Bienenhaus" bringen</li>
<li>Strophe 2-4 entsprechend</li>
<li>nach kurzem Ausruhen : 4 andere Kinder,</li>
<li>dann sollen sie sich recken und strecken und wieder Kinder sein.</li>
</ul>
</td><td>
„Jetzt hole ich eine Biene aus dem Kreis ab und zeige ihr, wo sie schlafen kann".
„Der Vogel, wo wird er schlafen, wovon wird er träumen ?
- entsprechend mit Frosch und Eule,
</td></tr>
<tr><td>Schluss</td><td>Feedback</td></tr>
<tr><td>
<ul>
<li>Eindrücke der Kinder erfragen (was war für sie neu, was war angenehm...?)</li>
<li>Aufforderung: ein Bild zu malen mit einem Tier nach Wahl und seinen Träumen</li>
<li>Mir ist aufgefallen, dass die Melodie ähnlich ist wie „Maikäfer flieg"</li>
</ul>
</td><td>
- nennen, was den Kindern heute gut gelungen ist,
- Wunsch, dass die Kinder gute Träume haben werden"
</td></tr>
<tr><td>
Reflexion
<ul>
<li>Was hat gut geklappt?</li>
<li>Was verlief anders als erwartet?</li>
<li>Was würde ich nächstes Mal anders machen?</li>
</ul>
</td><td></td></tr>
</table>

2. Halbjahr

Thema des Angebotes.			
Datum: **Uhrzeit:**	**Kinder:** **Anzahl**	**Alter**	**Entwicklungs-/** **Bildungsbereich**
1. Bedeutung des Vorhabens für die Kinder	Bedürfnisse, Interessen, Stärken der Kinder hinsichtlich des Themas. Welcher „Mangel" herrscht bei den Kindern?		
2. Sachanalyse	Grundlagenwissen über die Sache, das Thema. Mögliche Kinderfragen.		
3. Ziele	Welche grundlegenden Erkenntnisse sollen die Kinder gewinnen? Welche Fähig- und Fertigkeiten sollen sie üben?		
4. Organisation	bezogen auf: Kinder, Material, Raum, Zeit, Mitarbeiter		
5. Verlaufsplanung	Geplanter Ablauf und Gesprächsvorbereitung	Mögliche Schwierigkeiten	
6. Reflexion	Organisation, Sprache, eigene Einstellung, pädagogischer Bezug, Atmosphäre		

Beispiel : Mein Haustier, Meerschweinchen (2. Halbjahr)

Thema des Angebotes. *Mein Haustier: Meerschweinchen*			
Datum: **Uhrzeit:** *10.00*	**Kinder:** **Anzahl** *8–10*	**Alter** *4–6 Jahre*	**Entwicklungs-/** **Bildungsbereich** *Naturbegegnung*

1. Bedeutung des Vorhabens für die Kinder	*Die Kinder meiner Gruppe haben noch wenig Erfahrungen mit Haustieren. Viele wünschen sich eines, wissen aber nicht, dass ein Haustier behutsam behandelt sein will und täglich versorgt werden muss. Einzelne Kinder meiner Gruppe gehen nicht gerade behutsam, miteinander um.* *Kinder mögen am Meerschweinchen das Spielverhalten, das Anschmiegen, die dunklen Knopfaugen, das Fell und den Namen „Meerschweinchen".*
2. Sachanalyse	*Es gibt lang- und kurzhaarige Meerschweinchen, solche mit vielen Wirbeln, einfarbige, gestreifte, gefleckte. Kleiner als Katzen, haben sie für ihren gedrungenen Körper erstaunlich dünne und kurze Beine. Ihre Krallen müssen geschnitten, das Fell gebürstet werden, mit dem Strich. Beim Bürsten strecken sie sich oft lang aus und genießen es. Sie putzen sich aber auch selbst mit ihren Krallen.* *Meerschweinchen sind Nagetiere. Anders als bei uns wachsen ihre Zähne, weshalb sie auch ein Stück Holz zum Nagen und Abnutzen der Zähne brauchen. Sie fressen Getreide, trockenes Gras, Nüsse (Trockenfutter), frisches Obst und Gemüse, (gut waschen), aber keinen Salat, sie bekommen Wasser aus einer Wasserflasche.* *Körner u. Ä. stopfen sie z. T. in ihre Backentaschen, so haben sie immer etwas zum Essen dabei. Sie brauchen auch einen Mineralstein, an dem sie lecken.* *Der Stall – mit einem Kuschelnest und Heu auf dem Boden – wird täglich gereinigt. Meerschweinchen leben gerne zu mehreren, spielen gern, brauchen Unterhaltung und Spielzeug (Röhre, Blumentopf…). Ältere Meerschweinchen schlafen dagegen mehr. Sie werden etwa 7 Jahre alt.* *Je Wurf sind es meist drei Junge. Neugeborene haben schon ihre Zähne, ihr Fell und ihre Schnurrhaare. Kopf und Füße sind im Vergleich zum übrigen Körper sehr groß.* *Sie vertragen keinen plötzlichen Lärm, man darf sie nicht drücken oder fallen lassen, das ist schwierig, denn wenn sie anfangen zu zappeln, packt man automatisch fester zu.* *Ein gesundes Meerschweinchen hat glänzende Augen und ein seidiges, sauber riechendes Fell. Wenn es krank ist, muss es zum Arzt gebracht werden.* *Gegen Läuse und Flöhe z. B. bekommt es Puder ins Fell.* *Mögliche Kinderfragen:* *Sind Meerschweinchen Schweine? Nein, es sind Nagetiere.* *Aber sie haben – wie die Schweine – Zitzen, aber das haben alle Säugetiere. Und sie werden wie Schweine als Nutztiere gehalten in Südamerika.* *Fühlt das Meerschweinchen sich im Käfig nicht wie in einem Gefängnis? Der Käfig schützt es. Frei im Garten würde es nicht mehr zurückfinden.*

Thema des Angebotes. *Mein Haustier: Meerschweinchen*			
Datum: **Uhrzeit:** *10.00*	**Kinder:** **Anzahl** *8–10*	**Alter** *4–6 Jahre*	**Entwicklungs-/** **Bildungsbereich** *Naturbegegnung*
	Beißt ein Meerschweinchen? Wenn deine Hände nach Futter riechen oder wenn es geärgert wird.3)		
3. Ziele	*Erkennen: dass ein Meerschweinchen ein lebendiges Wesen ist und der Tierhalter Verantwortung hat .* *Fertigkeiten: behutsam festhalten, Gehege fegen, auswaschen…* *Wissen, wie ein Meerschweinchen aussieht , was es frisst und braucht.* *Begriffe kennen wie Fell, Krallen, Herzschlag, Wirbel sowie streicheln, füttern und weich, glänzend.*		
4. Organisation	*Meerschweinchen, Karton, Käfig, Streu, Trockenfutter, Wasserflasche, 1 Gelbe Rübe in Schnitzen, Fressnapf, Bürste, feuchtes Tuch* *u. a. Wanne mit Wasser, 3 Lappen, Flaschenbürste, Zeitungspapier, Schaufel, Handfeger, Plakat, Marker.* *Stühle im Halbkreis, Materialtisch, Käfig in der Kreismitte aufstellen.*		

Verlaufsplanung

Teil- **schritte**	**Geplanter Verlauf und Gesprächsvorbereitung**	**Mögliche Schwierigkeiten**
1	• *Kinder begrüßen, sie bitten zu schauen, wer heute bei der Aktivität mitmacht (jedes Kind mit Namen nennen).* • *Gast ankündigen, das Meerscheinchen von Monika (Kind der Gruppe).* • *M. erzählt von Emil, ihrem Meerschweinchen.* • *„Emil muss sich erst an unsere Stimmen gewöhnen"*	*Die Kinder klopfen an den Stall* *„So wird Emil nicht aus seinem Nest kommen."*
4	*Hauptteil:* • *Kinder auf den Stall hinweisen, die Gittertür; das Nest, den Fressnapf benennen und betrachten.* • *Die Wasserflasche und deren Funktion untersuchen,* • *wer entdeckt das „Klo" von Emil?* • *„Könnte Emil ohne Stall leben?"*	*Ein Kind will aus der Wasserflasche trinken; das Kind darauf hinweisen, dass es im Anschluss an die Aktivität etwas trinken kann.*
5	• *Trockenfutter betrachten, fühlen, benennen.* • *Monika erzählt Erlebnisse mit Emil.* • *„Womit spielt Emil und wie?"*	*Ein Kind will Trockenfutter probieren; dann Hände an feuchtem Tuch abwischen.* *Gelbe-Rüben-Schnitze zeigen, herumreichen, essen.*
6	• *Vorsichtig Emil aus seinem Nest heben.* • *Tuch auf den Schoß legen, zeigen, wie man ihn anfassen muss.* • *Wie fühlen sich die Füßchen an? Wer kann fühlen, wie das Herz klopft?* • *Wer möchte, darf ihn halten, dann setzen wir Emil in den Karton.*	*Kind erschrickt und lässt Emil fallen, deshalb ein Tuch.*

Teil-schritte	Geplanter Verlauf und Gesprächsvorbereitung	Mögliche Schwierigkeiten
7	• Monika zeigt, wie sie den Stall sauber macht, jeweils ein Kind hilft ihr. • Streu ausfegen, • auswischen, • Stallboden mit Zeitung auslegen, • Streu einfüllen, • die Wasserflasche mit der Flaschenbürste reinigen usw. Emil wieder in seinen Stall setzen. „Warum heißen Meerschweinchen so? Leben sie sonst am oder im Meer? Können sie schwimmen und was ist ähnlich wie bei einem Schwein?"	
8	• Was darf ein Meerscheinchen nicht haben? Entsprechendes Symbol auf das Plakat zeichnen und durchstreichen (z. B. Süßigkeiten). Das Plakat soll über dem Stall angebracht werden, solange Emil im Kindergarten ist.	
9	Schluss: Aufgaben zum Aufräumen namentlich verteilen; Zeitungspapier zum Abfall, sonstiges zum Materialtisch bringen, fegen. Hände waschen.	
10	„Wie wird Emil sich jetzt fühlen?" „Was war für euch heute neu?" Botschaft: 1. „Ein Haustier kann nur leben, wenn wir es behutsam anfassen, wenn wir es jeden Tag gut versorgen und mit ihm sprechen. 2. „Ich habe gesehen, wie ihr Emil ganz zart gestreichelt habt. Das gehört zum Liebhaben dazu."	

Die Reihenfolge der Schritte im Hauptteil ist auch austauschbar.

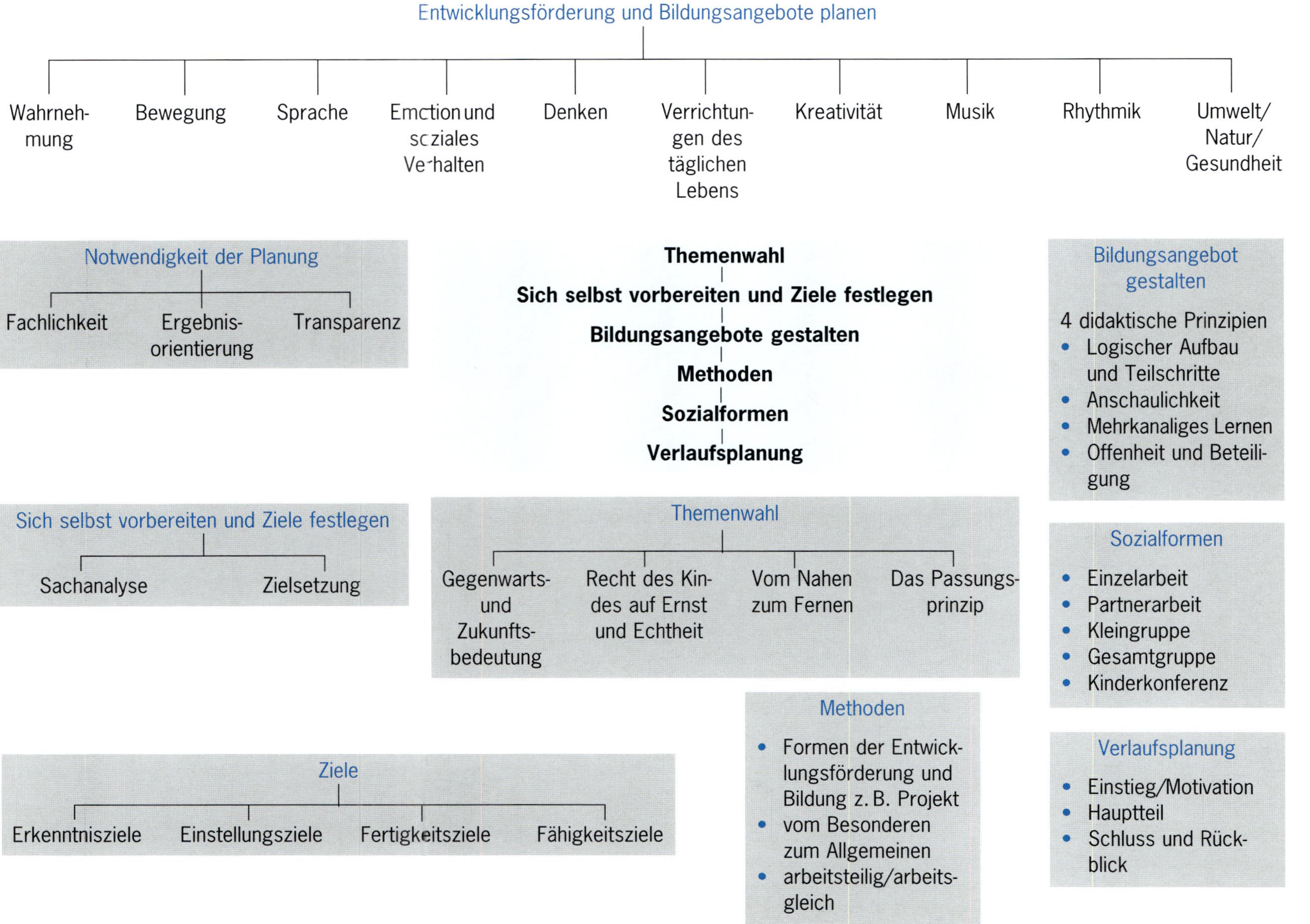

Entwicklungsförderung und Bildungsangebote planen
Wahrnehmung
Bewegung
Sprache
Emotion und soziales Verhalten
Denken
Verrichtungen des täglichen Lebens
Kreativität
Musik
Rhythmik
Umwelt/Natur/Gesundheit

Themenwahl
Sich selbst vorbereiten und Ziele festlegen
Bildungsangebote gestalten
Methoden
Sozialformen
Verlaufsplanung

Notwendigkeit der Planung
Fachlichkeit
Ergebnisorientierung
Transparenz

Sich selbst vorbereiten und Ziele festlegen
Sachanalyse
Zielsetzung

Themenwahl
Gegenwarts- und Zukunftsbedeutung
Recht des Kindes auf Ernst und Echtheit
Vom Nahen zum Fernen
Das Passungsprinzip

Ziele
Erkenntnisziele
Einstellungsziele
Fertigkeitsziele
Fähigkeitsziele

Bildungsangebot gestalten
4 didaktische Prinzipien
Logischer Aufbau und Teilschritte
Anschaulichkeit
Mehrkanaliges Lernen
Offenheit und Beteiligung

Sozialformen
Einzelarbeit
Partnerarbeit
Kleingruppe
Gesamtgruppe
Kinderkonferenz

Methoden
Formen der Entwicklungsförderung und Bildung z. B. Projekt
vom Besonderen zum Allgemeinen
arbeitsteilig/arbeitsgleich

Verlaufsplanung
Einstieg/Motivation
Hauptteil
Schluss und Rückblick

Grundbedürfnisse erfassen und ihre Befriedigung ermöglichen

1. Bedürfnisse von Menschen
2. Grundbedürfnisse von Kindern
3. Mögliche Folgen unzulänglicher Befriedigung der Bedürfnisse
4. Pädagogische Konsequenzen

Tina und Anna, zwei Erzieherinnen einer Kindertagesstätte, unterhalten sich:

Tina: *„Hast du eine Idee, was wir nächste Woche mit unserer Gruppe so machen könnten?"*

Anna: *„Hm, bis jetzt noch nicht. Aber es soll doch schönes Wetter geben, da können wir ja mit ihnen rausgehen."*

Tina: *„Ja, schon, aber das ist mir erstens etwas zu wenig für die ganze Woche und zweitens – was machen wir, wenn es mit dem Wetter doch nicht so klappt? Ich finde, wir sollten schon was planen und uns überlegen, was denn die Kinder gerne machen würden. Oder noch besser: wir könnten sie doch fragen, was sie gerne machen würden."*

Anna: *„Na ja, da werden sie dir bestimmt sagen, dass sie raus wollen um zu toben und zu rennen, denn das ist ja immer angesagt! Damit liegst du also nie falsch."*

Tina: *„Da gebe ich dir ja auch wirklich recht und das ist ja auch sehr wichtig. Nur, wie gesagt, ist mir das für die ganze Woche zu wenig. Wir könnten doch auch für draußen etwas planen – und den Kindern mehr Möglichkeiten anbieten, als den ganzen Tag zu toben und zu rennen. Zum Beispiel Experimente mit Wasser oder einen Waldtag einplanen oder so."*

Anna: *„Ja, ich glaube jetzt hast du recht. Kinder wollen und brauchen schon etwas mehr Anregung. Mir wäre es, ehrlich gesagt, auch irgendwann zu eintönig."*

Tina: *„Die Kinder haben doch so viele Bedürfnisse und vor allem so viel Phantasie und Kreativität, da müsste uns doch noch mehr einfallen."*

Anna: *„Lass uns mal überlegen und – fragen wir sie doch wirklich mal!"*

Der Dialog zwischen den Erzieherinnen Tina und Anna ist sicher keine Seltenheit. Erkennbar wird, wie wichtig es ist, die Arbeit mit Kindern an deren Bedürfnissen und Fähigkeiten auszurichten.

Im ersten Teil dieses Kapitels geht es um menschliche Bedürfnisse – und ganz konkret um die Grundbedürfnisse von Kindern.

Ein Blick wird dabei auf die einzelnen Altersstufen und mögliche Unterschiede der Bedürfnisse geworfen.

Weiter geht es um die Frage, was passiert, wenn die Bedürfnisse der Kinder nicht befriedigt werden.

Im Kapitel pädagogische Konsequenzen erfahren Sie, was sich aus diesen Erkenntnissen ergeben kann, wie Sie als Erzieherin den kindlichen Bedürfnissen gerecht werden können und wo und wie Grenzen zu ziehen sind.

Im Lernfeld Persönlichkeit fördern wird das Kind als individuelles und soziales Wesen beschrieben und aufgezeigt, welche erzieherischen Grundhaltungen und welches erzieherische Handeln dafür notwendig sind. In diesem Zusammenhang wird auch die Bedeutung der Erzieherin für die Wertorientierung des Kindes gesehen.

1. Bedürfnisse von Menschen

Bedürfnisse

Der Begriff „Bedürfnis" ist ein Synonym des Begriffes „Motiv". Motive sind Beweggründe für Verhalten.

Ein Bedürfnis wird vom Individuum als Defizit- oder Mangelzustand wahrgenommen, den es zu beseitigen gilt. Hunger, Durst, Sauerstoff, Kleidung (gegen Kälte und Nässe) u. a. werden als angeborene, biophysische oder auch primäre Bedürfnisse bezeichnet. Verspüren Sie gerade Hunger, so möchten Sie dieses Bedürfnis sicher bald befriedigen. Nach dem Essen befinden Sie sich in einer „physiologischen Gleichlage", das Bedürfnis Hunger existiert für einige Zeit nicht mehr.

Die durch Erziehung und Sozialisation vermittelten Bedürfnisse werden als sekundär oder erworben bezeichnet, z. B. soziale Bedürfnisse wie Gruppenzugehörigkeit, Anerkennung oder kulturelle Bedürfnisse wie künstlerische, musische Tätigkeiten. Aus den wenigen Beispielen ist ersichtlich, dass wir Menschen uns in der sekundären Bedürfnisbefriedigung sehr stark unterscheiden können.

Bedürfnis aus der Sicht humanistischer Psychologie

Die humanistische Psychologie untersucht die Menschen in ihren realen Lebensbedingungen. Laborexperimente sind ihr fremd. Humanistische Psychologie ist „verstehende Psychologie", die den Menschen als hoch entwickeltes, frei handelndes und nach Selbstverwirklichung strebendes Lebewesen ansieht.

ABRAHAM MASLOW geht davon aus, dass die menschlichen Bedürfnisse in einer ganz bestimmten Hierarchie (Rangfolge) angeordnet sind und dass es zwei verschiedene Arten von Motiven gibt: tiefer liegende und höhere Bedürfnisse. Tiefer und höher deuten nur darauf hin, dass bestimmte Bedürfnisse früher im Entwicklungsprozess auftreten und grundlegend für die höheren sind.

Nach MASLOW beherrschen die Bedürfnisse auf den unteren Ebenen die Motivation eines Menschen so lange, wie sie hinreichend befriedigt werden. Sind sie jedoch in angemessener Weise erfüllt, so beschäftigen die höheren Bedürfnisse die Aufmerksamkeit und die Bestrebungen des Menschen.

Mit dem Begriff Bedürfnis wird somit einerseits ein physischer oder psychischer Defizitzustand bezeichnet. Das bedeutet, dass ein Bedarf vorhanden ist, beispielsweise nach Ruhe, Zuwendung, Wissen usw.

Defizitmotive veranlassen die Menschen, ihr physisches oder psychisches Gleichgewicht zu erneuern. Es handelt es sich bei diesen (in erster Linie physiologischen und sozialen) Bedürfnissen somit um Mangel- oder Erhaltungsmotive, die stark und wiederkehrend sind und stärker werden bei Nichterfüllung, wie z. B. beim Hunger.

Andererseits gibt es nach MASLOW auch die so genannten „Wachstumsmotive": sie veranlassen die Menschen, das zu überschreiten, was sie in der Vergangenheit getan haben und gewesen sind. Es handelt sich hierbei um so genannte Seins- und Werdensmotive (sie entsprechen den höheren Bedürfnissen), die aus dem Innern des Menschen entspringen, fortdauernd sind und stärker werden, wenn sie erfüllt werden (Beispiel: Selbstverwirklichung, die er als Axiom der humanistischen Psychologie bezeichnet).

Hierarchie der Bedürfnisse nach A. MASLOW

Ein kurzes Beispiel soll Ihnen das Lesen der Tabelle erleichtern: Wir Menschen haben *physiologische Bedürfnisse*. Die *Defizitzustände* entstehen durch Hunger oder Durst. *Zustände der Erfüllung* zeigen sich in lustvollen sinnlichen Erfahrungen. So können Sie die einzelnen Spalten verfolgen.

Bedürfnishierarchie nach MASLOW[1]			
	Defizitzustände entstehen durch…	**Zustände der Erfüllung** zeigen sich in…	**illustrierende Beispiele**
Physiologische Bedürfnisse	• Hunger, Durst • Sexuelle Frustration • Anspannung • Erschöpfung • Krankheit • Fehlen einer richtigen Unterkunft	• Lustvollen sinnlichen Erfahrungen • Spannungsreduktion • Entspannung • Körperlichem Wohlbefinden • Behaglichkeit	• Gefühl der Zufriedenheit nach einem guten Essen • körperlich fit sein
Sicherheitsbedürfnisse	• Unsicherheit • Sehnsucht • Gefühl des Verlorenseins • Angst • Zwangsdenken • Zwangshandlungen	• Sicherheit • Erfüllung • Ausgeglichenheit • Gelassenheit • Ruhe • Frieden	• einen sicheren Arbeitsplatz haben • meine Familie gibt mir Sicherheit
Liebesbedürfnisse/ soziale Bedürfnisse	• Befangenheit • Gefühl, ungemocht zu sein • Gefühl der Wertlosigkeit • Gefühl der Leere • Einsamkeit • Isolation • Unvollständigkeit	• Freier Gefühlsäußerung • Gefühl der Zusammengehörigkeit • Gefühl der Wärme • Neuem Kraft- und Lebensgefühl • Gefühl der Zusammengehörigkeit • Gefühl der Ganzheit	• die Erfahrung völliger Akzeptierung in einer Liebesbeziehung • einen Platz in einer Gruppe haben
Selbstachtungsbedürfnisse	• Gefühl der Inkompetenz • Negativismus • Gefühle der Minderwertigkeit	• Selbstvertrauen • Gefühl der Bewältigung • Positiver Selbstwertschätzung • Selbstachtung • Gefühl, über sich hinauszuwachsen	• ein gutes Zeugnis bekommen • ich habe das Projekt im Kindergarten geschafft
Selbstverwirklichungsbedürfnisse	• Entfremdung • Fehlenden Sinn des Lebens • beschränkte Aktivitäten • Langeweile, Lebensroutine	• Gesunder Neugier • Grenzerfahrungen • Selbstverwirklichung • Lustvoller und wertvoller Arbeit • Kreatives Leben	• das Erleben einer tiefen Einsicht • ich habe bei den Hip Hop Meisterschaften einen guten Platz erreicht

2. Grundbedürfnisse von Kindern

Nach BISCHOF werden einerseits das Streben nach Autonomie und andererseits die Verbundenheit zu einer Bezugsperson als biologisch verankerte Grundbedürfnisse des Kindes verstanden. Ein Kind mit geglücktem Bindungsverhalten ist neugierig auf seine Welt und will sie erkunden, was Psychologen als Explorationsverhalten bezeichnen. Bindung und Erkundung stehen somit in einer Art Wechselbeziehung zueinander. Sicher gebundene Kinder zeigen sich explorativer und neugieriger.

Im Folgenden werden exemplarisch wesentliche körperliche, sozial-emotionale sowie kognitive Bedürfnisse von Kindern verschiedenen Alters näher betrachtet:

Welche Bedürfnisse müssen wie befriedigt werden und worin unterscheiden sie sich altersspezifisch?

Jedes Bedürfnis wird der besseren Übersichtlichkeit wegen einzeln beschrieben obwohl sie z. T. sehr stark miteinander vernetzt sind (z. B. Geborgenheit und Zugehörigkeit).

Wir gehen von folgender Alterseinteilung aus:
- Neugeborenes (bis zur Abheilung des Nabels)
- Säugling (bis 12 Monate)
- Kleinkind (12 Monate–3 Jahre)
- Vorschulkind/Kindergartenkind (3–6 Jahre)
- Grundschulkind (6–10/11 Jahre)

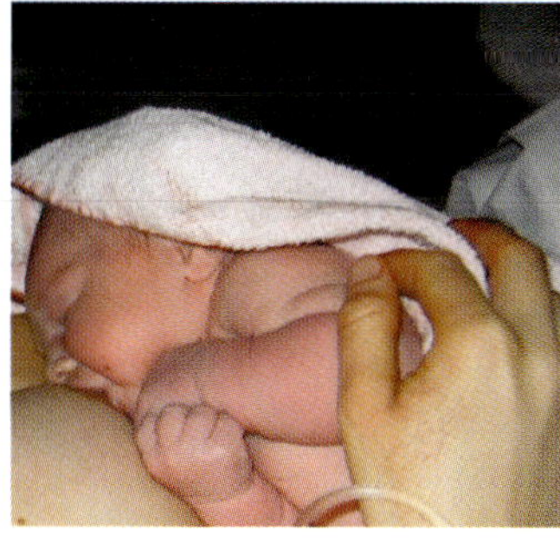

Saugreflex unmittelbar nach der Geburt

Es muss bei der Betrachtung der Grundbedürfnisse der Kinder immer die Ganzheitlichkeit im Mittelpunkt stehen, um den Kindern – und ihren Bedürfnissen – auch wirklich gerecht werden zu können, um sie optimal in ihrer Entwicklung zu unterstützen und zu fördern und ihnen damit eine gesunde Entwicklung zu ermöglichen.

Körperliche Bedürfnisse

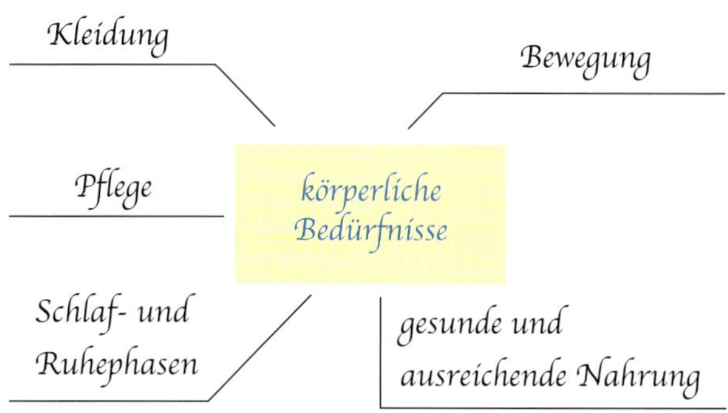

Bewegung. Bereits im Mutterleib sind Bewegungen des Ungeborenen zu spüren und im Ultraschall zu beobachten. Auch ein Neugeborenes zeigt von Anfang an verschiedene Reaktionen, die zunächst zu einem Großteil aus Reflexen sowie aus unwillkürlichen Bewegungen wie Strampeln oder dem Bewegen der Arme bestehen.

Im Säuglings- und Kleinkindalter werden diese unwillkürlichen Bewegungen immer gezielter und koordinierter, bis das Kind schließlich – nach einigen Entwicklungsschritten – laufen kann. Diese Form der selbstständigen Fortbewegung ermöglicht ihm, seine Umwelt noch besser zu erkunden, als ihm dies beispielsweise durch das Krabbeln möglich war. Spätestens jetzt ist kaum ein Kind mehr zu bremsen, wenn es um die Erkundung und Entdeckung der Umwelt geht.

Das Bedürfnis nach Bewegung ist bei einem Kindergartenkind geprägt durch die Zunahme vor allem an Kraft und Ausdauer. Bewegung erhält in dieser Zeit eine neue Qualität: sie wird geschickter und sicherer. Die Kinder wollen ihre Fähigkeiten, ihre körperliche Leistung austesten und sich ausprobieren.

Kraft und Ausdauer kennzeichnen auch die Bewegung des Schulkindes. Allerdings spielt hier schon mehr der Leistungsgedanke eine Rolle: die Kinder wollen immer schneller, besser, stärker werden und sich mit anderen messen.

Kinder jeglichen Alters brauchen Zeit und Spielräume, um ihre Bedürfnisse nach Bewegung ausleben zu können. Auch die Möglichkeit, sich und seine Fähigkeiten austesten zu können und eigene Grenzen zu spüren, muss ihnen gegeben werden. Dazu gehört auch, ihnen nicht alles zu verbieten, was aus der Sicht von uns

Erwachsenen möglicherweise gefährlich sein könnte. Kinder lernen sehr bald, sich und ihre Fähigkeiten einzuschätzen und wissen rasch, was sie sich zutrauen können und was nicht – wenn man sie nur lässt.

Gesunde und ausreichende Nahrung. Jedes Kind ist auf eine gesunde und ausreichende Ernährung – ohne die keine gesunde Entwicklung möglich wäre – durch seine Bezugspersonen angewiesen.

Dies gilt in besonderem Maße für Neugeborene und Säuglinge, die noch keine feste Nahrung vertragen sondern spezielle Säuglingsnahrung – oder Muttermilch – brauchen. Die beste Form der Ernährung ist in diesem Alter die Muttermilch, da sie alles enthält, was ein Kind für seine gesunde Entwicklung braucht. Die Mutter sollte in dieser Zeit auf den Konsum schädlicher Stoffe wie z. B. Nikotin oder Alkohol verzichten, da das Kind diese durch die Muttermilch in hoher Konzentration zu sich nehmen würde.

Grundsätzlich sind die Kinder unabhängig vom Alter darauf angewiesen, gesunde und ausgewogene Nahrung zu erhalten.

Kein Kind ist in der Lage, sich wirklich selbst zu versorgen. Je älter Kinder werden, um so eher können sie sich zwar selbst eine kleine Mahlzeit zubereiten, z. B. ein Brot richten. Sie brauchen jedoch Anleitung und Lernanlässe. Auch müssen sie lernen, entsprechend gesunde Lebensmittel auszuwählen und nicht nur, wie es heute leider vielmals der Fall ist, Fast-Food-Essen zu sich zu nehmen.

Schlaf- und Ruhephasen. Die Schlaf- und Ruhephasen eines Neugeborenen und Säuglings sind im Vergleich

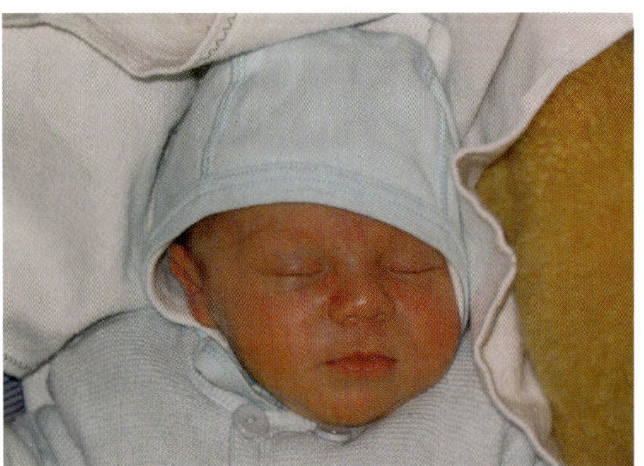

zu den anderen Altersstufen – und in der Relation zu den Wachzeiten – recht lang, etwa 16 bis 19 Stunden am Tag.

Je älter die Kinder werden, um so länger sind die Wachphasen. Doch auch ein Klein- und Kindergartenkind hat noch das Bedürfnis nach längeren Schlaf- und Ruhephasen. So gehört bei vielen Kindern dieser Altersstufen ein Mittagschlaf zum gewohnten Tagesablauf.

Oft wird das Bedürfnis nach Ruhe auch deutlich, indem sich die Kinder zurückziehen, sich z. B. gemütlich in eine Ecke setzen und ein Buch betrachten oder eine Kassette hören oder sich einfach nur auf ein Sofa legen und sich ausruhen. Im Schulkindalter haben die Kinder recht häufig für sich erkannt, welche Art der Ruhe ihnen gut tut und wie sie sich am besten erholen können. Die Schlafphasen werden mit zunehmendem Alter etwas weniger, so dass auf den Mittagschlaf recht bald verzichtet wird und sich die Uhrzeit abends, um ins Bett zu gehen, weiter nach hinten verschiebt.

Pflege. Jedes Kind ist auf die Pflege durch seine Bezugspersonen angewiesen. Dies gilt vor allem für die Neugeborenen, Säuglinge und Kleinkinder. Pflege beinhaltet in diesen Altersstufen unter anderem das Waschen, Baden und Wickeln der Kinder, aber auch Zahnpflege, gesundheitliche Vorsorge sowie Versorgung in Zeiten der Krankheit gehören dazu. Damit verbunden ist somit ein großes Maß an körperlicher Nähe und Zuwendung, welche Kinder jeder Altersstufe auch unbedingt brauchen.

Mit zunehmendem Alter werden die Kinder immer selbstständiger und somit in der Befriedigung dieses Bedürfnisses unabhängiger von Erwachsenen.

Doch das Bedürfnis nach Pflege durch die Bezugspersonen bleibt durchaus erhalten: so ist es beispielsweise bei einem Schulkind vor allem dann noch zu erkennen, wenn es krank ist. In solchen Fällen wird der Wunsch nach Fürsorge und Pflege – und somit nach Nähe und Zuwendung – besonders groß.

Kleidung. Jedes Kind ist auch auf Kleidung angewiesen. Auch hier gilt, wie schon bei Nahrung und Pflege, je jünger die Kinder sind – und somit hilfloser und unselbstständiger – um so mehr brauchen sie die Fürsorge der Bezugspersonen. Sie müssen sich darum kümmern, dass ausreichend Kleidung in der passenden Größe, entsprechender Qualität und Sauberkeit sowie dem Wetter/der Temperatur, angemessen vorhanden ist.

Um die Bewegungsfreiheit bzw. den Bewegungsdrang der Kinder (gleich welchen Alters) nicht einzuschränken, sollte darauf geachtet werden, dass die Kleidung genügend Spielraum lässt, also groß genug und bequem ist.

Auch sollte sie unbedingt zum Spielen und Toben geeignet sein und somit auch schmutzig werden dürfen.

Sozial-emotionale Bedürfnisse

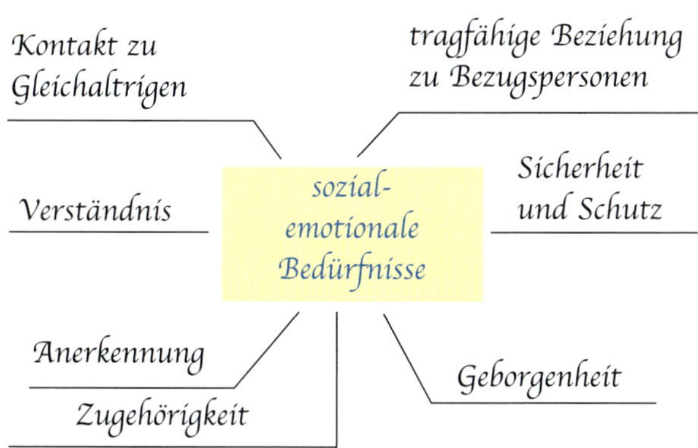

Tragfähige Beziehung zu Bezugspersonen. Grundvoraussetzung für eine gesunde Entwicklung des Kindes ist die sichere Bindung zu einer oder mehreren Bezugspersonen. Bereits das Neugeborene muss sich von Anfang an darauf verlassen können, dass jemand da ist, der sich um es kümmert, sich ihm zuwendet und ihm seine Bedürfnisse erfüllt.

Mit zunehmendem Alter verändert sich die enge Beziehung zu den Bezugspersonen und wird etwas offener. Je mehr Selbstständigkeit ein Kind gewinnt, um so mehr werden die Bezugspersonen zu einer Art „sicherer Hafen", in den es sich immer wieder „retten" kann, wenn es sich unsicher fühlt.

Eine tragfähige Beziehung ist geprägt von Wertschätzung, Liebe, Respekt und Akzeptanz der kindlichen Eigenarten. Klare und deutliche sowie vor allem logische Erklärungen und Begründungen machen Erzieherverhalten verständlich und einschätzbar und vermitteln dem Kind Orientierung. Einfühlendes Verständnis, akti-

ves Zuhören bei allen Sorgen, Nöten und Ängsten des Kindes sind Variablen dieser Beziehung. Nur so kann das Kind Vertrauen finden und sich verstanden fühlen, nur so kann es sich öffnen und selbst Einfühlungsvermögen lernen – und damit selbst fähig werden, tragfähige Beziehungen einzugehen bzw. aufzubauen.

Sicherheit und Schutz. Kinder sind auf Sicherheit und Schutz durch Eltern und Erzieher angewiesen. Dabei beziehen sich Sicherheit und Schutz von Anfang an auf Gefahren an Leib und Seele. Besonders im Säuglings- und Kleinkindalter handelt es so, wie sein Entwicklungsstand es ihm vorschreibt: es kann Gefahren nicht realistisch einschätzen.

Ein Kind muss nicht nur davor geschützt werden, sich beispielsweise an Gegenständen zu verletzen, es braucht auch Schutz für seine Seele. Und dies gilt auch hier für alle Alterstufen ohne Ausnahme.

Aufgabe der Eltern ist es, die Wohnung „kindersicher" zu machen, solange die Kinder klein und noch unsicher auf den Beinen sind und ihre Umgebung erforschen. Steckdosen, Tischdecken, Herdplatten beispielsweise – alles, was für die Kinder gefährlich werden könnte, muss gesichert werden. Die Neugierde der Kinder, ihr Bewegungs- und Untersuchungsdrang machen auch vor gefährlichen Dingen, durch die sie sich verletzen könnten, keinen Halt.

Auch im fortgeschrittenen Alter brauchen Kinder Schutz und Sicherheit vor körperlichen und seelischen Verletzungen – angefangen auch hier bei Gegenständen und Spielzeug bis hin zu Gefahren, die von ihnen selbst oder von anderen Menschen ausgehen.

Auch wenn die Kinder immer weniger unter der tatsächlichen „Beobachtung" bzw. Aufsicht der Bezugspersonen stehen, so brauchen sie doch die Gewissheit, dass für ihre Sicherheit und ihren Schutz gesorgt ist und sie sich ihren Bezugspersonen mit allen Ängsten und Nöten anvertrauen können. Basis hierfür ist die sichere tragfähige Beziehung.

Damit ist ein weiterer sehr wichtiger Aspekt verbunden, dem Kind Schutz und Sicherheit zu geben: die Prävention vor Gefahren jeglicher Art. Dies meint eine Erzieherhaltung, die eine Art „Schutzerziehung" für die Kinder ist, die sie stark macht, sie lehrt, Nein zu sagen und sie selbstbewusst und selbstsicher werden lässt. Ziel ist, sie zu schützen vor Übergriffen auf Leib und

Seele (z. B. sexueller Gewalt), aber auch vor eigener Flucht in Angst, Gewalt und Sucht.

Geborgenheit. Ist für jedes Kind ein Grundbedürfnis. Zunächst besteht die Erfahrung von Geborgenheit vor allem im Körperkontakt. Die Kinder suchen sehr intensiv diese körperliche Nähe und brauchen sie, um sich gesund zu entwickeln. Diese Nestwärme, die sie spüren, gibt ihnen Sicherheit, der Herzschlag und der Hautkontakt wirken beruhigend.

Generell hängt das Bedürfnis nach Geborgenheit sehr stark mit dem Bedürfnis nach Sicherheit und Schutz zusammen.

Martin fühlt sich bei seiner Mutter geborgen

So erfährt ein Kind – gleich welchen Alters – auch durch die Zeit und die Zuwendung jeder Art, die ihm geschenkt werden, Geborgenheit von seinen Bezugspersonen.

Vorschulkinder „flüchten" noch recht häufig auf den Schoß ihrer Erzieherin. Grundschulkinder suchen immer häufiger auch andere Formen, um Geborgenheit zu erfahren. So haben sie in diesem Alter beispielsweise immer mehr das Bedürfnis nach längeren Gesprächen mit den Bezugspersonen, danach, ihnen erzählen zu dürfen und angehört zu werden.

Zugehörigkeit. Jedes Kind benötigt das Gefühl der Zugehörigkeit, das ihm anfangs vor allem seine Eltern geben.

Schon ein Neugeborenes/ein Säugling möchte die Zugehörigkeit zu seiner Familie spüren, er braucht die Nähe zu bekannten Personen – und damit deren Sicherheit, Schutz und Geborgenheit.

Im Kleinkind- und Kindergartenalter bezieht sich das Bedürfnis nach Zugehörigkeit ebenfalls sehr stark auf die Familie. Sobald sich die Kinder jedoch von der engen Bindung an ihre Mutter durch den Besuch des Kindergartens etwas lösen, werden andere Kinder und die Erzieherin wichtig und damit auch die Zugehörigkeit zu anderen Personen und Gruppen außerhalb der Familie.

Spätestens im Grundschulalter brauchen die Kinder das Gefühl der Zugehörigkeit zu einem oder mehreren Freunden, zu einer Klasse oder Gruppe, mit der sie langsam beginnen, sich zu identifizieren und sich damit immer mehr, auch emotional, von den Eltern lösen.

Anerkennung. Anerkennung bedeutet vor allem Lob und Zuspruch für alles, was ein Kind bereits kann, was es macht und was es versucht, auch wenn es ihm vielleicht nicht immer ganz gelingt. Anerkennung bedeutet aber auch, das Kind so anzunehmen, es *anzuerkennen*, wie es ist, mit allen seinen Eigenarten. Zeichen der Anerkennung sind beispielsweise, dem Kind etwas zuzutrauen, es spüren zu lassen, dass es eigene Fähigkeiten hat und etwas bewirken kann, dass es eine eigenständige Person – und einzigartige Persönlichkeit ist.

Auch dies ist somit ein Bedürfnis, das für alle Altersstufen gilt und dessen Erfüllung das Selbstbewusstsein und Selbstvertrauen der Kinder fördert.

Während dem Säugling und auch dem Kleinkind in der Regel die Anerkennung seiner Bezugspersonen genügt, braucht ein Kindergarten- und Schulkind immer mehr Anerkennung von außen, von der Erzieherin, der Lehrerin und von Freunden. Je mehr sich somit auch hier die enge Bindung an die Bezugspersonen lockert, um so wichtiger werden die Einflüsse von außen.

Verständnis. Kindliche Sorgen, Ängste, Nöte und Anliegen jeder Art müssen ernst genommen werden, auch wenn sie uns Erwachsenen banal oder sogar lächerlich erscheinen mögen.

Grundvoraussetzung für dieses Verständnis ist somit auch hier die tragfähige Beziehung, verbunden besonders mit Einfühlungsvermögen, Wertschätzung und Akzeptanz der kindlichen Eigenarten und Denkweisen.

Für Kinder ist lange Zeit die Angst z. B. vor dem Monster in der Toilette oder vor der Dunkelheit sehr real und damit ernst und bedrohlich. Bis weit ins Kindergartenalter hinein (und manchmal noch etwas länger…) haben Kinder eine ganz eigene Denkweise und können beispielsweise nicht zwischen Phantasie und Wirklichkeit unterscheiden. Für sie ist einfach alles real, auch ihre Träume und Phantasie.

Um so wichtiger ist es, sich Zeit zu nehmen für die Kinder, ihnen zuzuhören, ihre Ängste, Sorgen und Nöte nicht herunterzuspielen oder sich sogar lustig darüber zu machen. Alle ihre Anliegen müssen ernst genommen werden. Dies gilt selbstverständlich für alle Altersstufen. Auch wenn sich die Ängste, Sorgen, Nöte oder Anliegen der Kinder sowie ihre typisch kindlichen Eigenarten und Denkweisen verändern – Verständnis brauchen sie alle.

Kontakt zu Gleichaltrigen. Kontakt zu Gleichaltrigen ist bereits im Säuglingsalter sehr sinnvoll und auch wichtig, da er ihr Sozialverhalten fördert. Die Kinder wissen jedoch noch nicht wirklich, was sie miteinander anfangen sollen. Sie liegen vielleicht nebeneinander, schauen sich an oder berühren sich leicht und können damit erste sanfte Kontakte knüpfen und erste kleine Erfahrungen mit anderen Kindern machen.

Sobald die Kinder im Kleinkindalter in der Lage sind, nebeneinander zu spielen, entstehen etwas ausgeprägtere Kontakte, meist durch die Spielsituation, den Austausch von Spielmaterial oder ebenso durch neugieriges gegenseitiges Anschauen und Anfassen. Die Kontakte zu Gleichaltrigen sind noch nicht von langer Dauer oder stärkerer Intensität, sondern eher kurz und oberflächlich. Je mehr Erfahrungen Kinder jedoch von Anfang an mit Gleichaltrigen machen können, um

so mehr und um so früher wird ihr Sozialverhalten gestärkt.

Vor allem im Kindergarten- und spätestens im Grundschulalter ist das Bedürfnis nach Kontakt zu Gleichaltrigen besonders groß.

Erste Freundschaften bilden sich, die im Kindergartenalter allerdings noch stark wechselhaft sind. Die Kinder suchen sich jedoch ihre Spielkameraden und Freunde mittlerweile selbst aus und mit zunehmendem Alter werden die Beziehungen zu Gleichaltrigen auch immer wichtiger und fester. Sie erfüllen nun verschiedenste Aufgaben: sich messen mit anderen um sich selbst einzuschätzen, gleichberechtigte (Spiel-)Partner zu haben, ähnliche Situationen vorzufinden und damit unbedingtes Verständnis für die eigene Situation und mögliche Probleme erwarten zu können. Je älter die Kinder werden, um so intensiver werden die Kontakte zu Freunden und Gleichaltrigen.

Kognitive Bedürfnisse

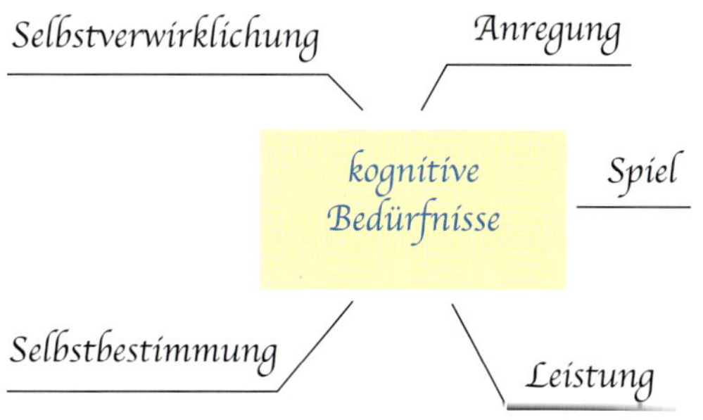

Anregung. Jedes Kind braucht für seine gesunde Entwicklung vielfältige Anregungen.

Dies beginnt bereits bei einem Neugeborenen, das auf zärtliche Ansprache, auf Anregung durch Körperkontakt aber auch auf Reizvermittlung durch Mobiles, Bilder und altersgerechte Spielsachen reagiert. Nur so kann das Kind von Anfang an seine Umwelt mit allen Sinnen kennen lernen.

Kinder erschließen sich die Welt über Handlungen, sie **begreifen** die Welt.

Durch die Wahrnehmung erfährt das Kind die Beschaffenheit der Dinge: es berührt Dinge, ergreift sie und steckt sie in den Mund, es fühlt, was hart und was weich ist, es erkennt Unterschiede in Farben, Formen und Größen usw. Auf diese Weise wird von Anfang an spielerisch die kognitive Entwicklung des Kindes angeregt und gefördert.

Würden einem Kind diese Anregungen und die entsprechenden Erfahrungen fehlen, so wäre es nicht in der Lage, sich gesund zu entwickeln.

Auch in den anderen Altersstufen brauchen die Kinder Anregungen von ihren Eltern den Erzieherinnen und Lehrerinnen.

Wichtig ist, dass sich diese Anregungen und Anreize verändern – alters- und entwicklungsentsprechend. So sind bei einem Klein- und Kindergartenkind beispielsweise eher Bilderbücher, einfachere Bewegungsspiele oder kleine Experimente in und mit der Umwelt gefragt, während ein Schulkind in der Regel vor weitaus größere Herausforderungen gestellt sein möchte.

Lukas mit „Lernanreizen" in den ersten Tagen

Je älter die Kinder werden, um so mehr suchen sie sich aber auch selbst ihre Beschäftigungen – und somit ihre Anregungen und Anreize, je nach ihren Vorlieben und Fähigkeiten. Unterstützt werden können sie hierbei, indem ihnen entsprechendes Material zur Verfügung steht bzw. ihnen ermöglicht wird, zu spielen.

Spiel. Eng verbunden mit dem Bedürfnis nach Anregung ist das kindliche Bedürfnis nach Spiel. Auch hier gilt, dass sich mit zunehmendem Alter der Kinder ihr Spiel und ihr bevorzugtes Spielmaterial – und damit ihre Interessen – verändern. Es sollte somit auch hier auf Alter und Entwicklungsstand der Kinder bei der Auswahl von Spielen bzw. Spielmaterial geachtet werden.

Das Spiel selbst ist eine zweckfreie Betätigung, aus der das Kind Freude und Befriedigung zieht. Im Spiel setzt es sich intensiv mit sich und seiner Umwelt aus-

einander, es lernt dabei auf natürliche und kindgerechte Art vieles, was es zum Leben braucht. So unterstützt und fördert das Spiel die kindliche Entwicklung in allen Bereichen.

Anfangs spielen Kinder mit sich selbst, mit ihren Händen, Füßen, ihrer Stimme. Sie erkunden ihren Körper und was sich alles mit ihm bewegen lässt, sie be*greifen* sich und ihre Umwelt und fördern damit unbewusst unter anderem ihre kognitiven Fähigkeiten.

Es dauert nicht lange, dann ist bis weit ins Kleinkindalter die nähere Umgebung Objekt des kindlichen Spiels: Schränke und Schubladen werden ausgeräumt, Dinge genauestens untersucht. Alltagsgegenstände wie Töpfe aus der Küche werden zu bevorzugten Spielmitteln und auch als Trommeln umgedeutet.

Je älter die Kinder werden, desto größer wird ihr Interesse an speziellen Spielsachen und besonders auch an Spielpartnern.

Die eigene Kreativität und Phantasie darf jedoch durch Spielzeug nicht eingeschränkt werden. Vielmehr muss es vielseitig verwendbar, entsprechend ausbaufähig und lange benutzbar sein. So ist es beispielsweise wichtiger, dass Spielmaterial in ausreichender Menge vorhanden ist, als viele verschiedene Spielsachen zu besitzen.

Spätestens im Schulkindalter sind Spielpartner unabdingbar für ein Kind. Häufig benötigen die Kinder hier weniger Spielsachen als zuvor – ihre Kreativität und Phantasie lässt sie oft gemeinsam Spiele erfinden. In diesem Alter sind besonders Bewegungsspiele und Wettkampfspiele gefragt, bei denen sich die Kinder aneinander messen und so ihre eigenen Fähigkeiten einschätzen können.

Kinder jeder Altersstufe brauchen genügend Zeit und Raum – und somit möglichst wenig Einschränkungen und Vorgaben von außen – um wirklich spielen zu können und die Freude am Spiel nicht zu verlieren.

Generell gilt für das kindliche Spiel, dass es den Kindern vielfältige Informationen über ihre Umwelt ermöglicht, die sich zu Wissen ansammeln und dass es ihnen hilft, die Wirklichkeit – und somit auch Alltagssituationen und Probleme – zu verarbeiten.

Ohne Spiel – wie auch ohne Anregung – wäre demnach eine gesunde Entwicklung nicht möglich.

Leistung. Schon Kleinkinder wollen gefordert sein, sich auch mal anstrengen und vor allem aber etwas bewirken können, bis sie schließlich den lautstarken Wunsch äußern, alles alleine machen zu wollen. Dieses Autonomiestreben führt im dritten/vierten Lebensjahr zur Leistungsmotivation. Das Kind entdeckt Wettbewerbssituationen und erkennt, dass es eine Aufgabe besser oder schlechter bewältigt als andere Kinder. Auch entstehen beim Kind Hoffnung auf Erfolg und Angst vor Misserfolg, es entwickelt Anstrengung, um etwas zu erreichen und zeigt Stolz, wenn es etwas geschafft hat.

So lernen die Kinder allmählich, ihre Leistungsfähigkeit selbst einzuschätzen, was sie sich selbst zutrauen können und was noch nicht. Dadurch wird ihr Selbstwertgefühl und Selbstbewusstsein stark beeinflusst – positiv wie negativ.

Spätestens für ein Schulkind ist dies eine wichtige Fähigkeit, da hier die Leistungen des Kindes immer mehr in erster Linie von außen – durch die Lehrer – bewertet werden. Je besser sie sich selbst kennen, um so weniger ist ihr Selbstbewusstsein von der Bewertung anderer Personen abhängig.

Generell gilt, dass jedes Kind Anregung braucht und gefordert sein will – jedes Kind will Leistung bringen. Allerdings besteht die Gefahr der Über- oder Unterforderung des Kindes und beides hätte fatale Folgen.

Bei einer Überforderung kann beispielsweise das Selbstbewusstsein des Kindes leiden, da es sich womöglich als Versager erlebt, sich nichts mehr zutraut und sich zurückzieht.

Unterforderung kann Langeweile bedingen und birgt damit die Gefahr, dass sich das Kind nicht mehr anstrengt, es keinen Sinn mehr in bestimmten Aufgaben sieht und das Interesse an Leistung verliert.

In beiden Fällen können unter anderem Ängste entstehen und das Kind somit in seiner Leistungsbereitschaft – und dadurch wieder in seiner gesunden Entwicklung – hemmen.

Auch von außen gesetzter Leistungsdruck, unter dem die Kinder heute immer mehr stehen, kann diese und ähnliche Folgen haben.

Selbstbestimmung. Auch die Selbstbestimmung ist ein Bedürfnis, das sich recht früh bei Kindern äußert und eng mit dem Bedürfnis nach Leistung verbunden ist.

Mit ca. 1 ½ Jahren entdeckt und erkennt sich das Kind allmählich als eigenständige Person. Es versucht herauszufinden, was es alles bewirken kann und wo seine Grenzen liegen und erprobt seine Selbstständigkeit.

Es ist jedoch immer noch hin und her gerissen zwischen seinen Wünschen, der Bezugsperson nahe zu sein, sie an sich zu binden und gleichzeitig Selbstständigkeit zu bewahren.

Charakteristisch für Kinder in dieser Zeit sind rasche Stimmungsschwankungen, die Neigungen zu Wutausbrüchen und Unzufriedenheit. Im Volksmund wird dieses Alter als das „Trotzalter" bezeichnet.

Der Trotz ist hier jedoch der notwendige persönliche Kampf des Kindes um Loslösung und Selbstständigkeit (= Autonomie). Aus diesem Grund spricht man hier vom so genannten Autonomiealter.

Besonders deutlich wird das Bedürfnis nach Selbstbestimmung auch in dem Wort „alleine", das immer häufiger auftaucht: das Kind möchte irgendwann nahezu alles alleine machen – und seine Selbstständigkeit unter Beweis stellen.

Das Gefühl, etwas selbst zu können, groß zu werden bzw. zu sein und immer weniger abhängig von anderen Personen stärkt die Kinder in ihrer Autonomie.

Somit brauchen alle Kinder Unterstützung auf ihrem Weg in die Selbstbestimmung, das heißt, dass auch die Bezugspersonen die Ablösung zulassen und die Autonomie fördern müssen.

Dies kann beispielsweise dann gelingen, wenn den Kindern etwas zugetraut wird und sie möglichst viel alleine/selbst machen bzw. ausprobieren können; wenn die Erwachsenen nicht für sie sprechen, wenn sie etwas gefragt werden; wenn ihnen nicht alle „Arbeit" und Mühe abgenommen wird, sie aber Hilfe und Unterstützung erfahren, wenn etwas noch nicht so klappt bzw. sie etwas noch nicht richtig können.

Geduld, Zeit, Ruhe und Ausdauer sind Fähigkeiten, die von den jeweiligen Bezugspersonen (also auch von Erzieherinnen und Lehrerinnen) dazu benötigt werden.

Selbstverwirklichung. Eines der höchsten Bedürfnisse von uns Menschen ist die Selbstverwirklichung, verbunden mit dem Wunsch, das eigene Potenzial auszuschöpfen sowie bedeutende Ziele zu haben. So streben wir Menschen danach etwas zu schaffen, zu kreieren, das Ausdruck der eigenen Person ist.

Bei Kindern zeigt sich dieses Bedürfnis in erster Linie – und von Anfang an – im Spiel:

Sie verleihen ihren Gedanken, Wünschen, Sorgen, Problemen und ihren Erfahrungen Ausdruck im Spiel, sie schaffen, erfinden, gestalten voller Phantasie und Kreativität. Dies trifft auf jede der Altersstufen zu, wobei natürlich auch hier mit zunehmendem Alter und zunehmenden Fähigkeiten eine Veränderung im Spiel bzw. im Charakter des kindlichen Spiels zu erkennen ist.

Auch künstlerische Elemente zeugen von schaffender Phantasie und Kreativität der Kinder, in denen sie sich selbst verwirklichen: sie sind stolz, wenn sie etwas er- bzw. geschaffen haben, beispielsweise ein Bild gemalt, etwas gebastelt oder gebaut haben.

So verleihen Kinder tagtäglich ihrer eigenen Person Ausdruck und verwirklichen sich selbst – mehr als mancher Erwachsene.

Aus diesem Grund ist es notwendig, Kindern die Möglichkeiten dieser Selbstverwirklichung durch Spiel und künstlerisches Schaffen nicht zu verschließen, sondern sie vielmehr – von Anfang an und entsprechend alters- und entwicklungsgemäß – darin zu unterstützen und zu fördern.

In unserem Handlungsfeld „Förderung von Entwicklung und Bildung" finden Sie konkrete pädagogische Konzepte, welche die Bedürfnisse von Kindern aufgreifen.

3. Mögliche Folgen unzulänglicher Befriedigung der Bedürfnisse

Bedürfnisse müssen erkannt und verstanden werden, um sie befriedigen zu können

Erkennbar sind Bedürfnisse beim Neugeborenen/Säugling am Schreien – dies ist seine einzige Möglichkeit, sich bemerkbar zu machen. Eltern erkennen jedoch recht bald am Schreien (z. B. an der Tonlage und Lautstärke) und am Verhalten ihres Kindes, was es gerade braucht bzw. was im fehlt.

Sobald ein Kind anfängt zu sprechen, lernt es, seine Bedürfnisse auch in Worten ausdrücken. Hierzu bedarf es jedoch der Anregung durch die Umwelt und somit dem Vorbild der Bezugspersonen. In der Regel ist ein Kleinkind mit drei Jahren jedoch in der Lage, sich in dieser Hinsicht verbal zu äußern, wenn auch teilweise noch etwas undifferenziert.

Auch beim Vorschul-/Kindergartenkind lassen sich viele Bedürfnisse am Verhalten des Kindes erkennen – doch ist es immer mehr in der Lage, sich auch verbal zu äußern. Mit zunehmendem Alter und größer werdendem Wortschatz bzw. umfangreicherem Sprechvermögen wachsen auch die Artikulationsmöglichkeiten. So kann man von einem Kindergartenkind mit 6 Jahren (das ja schließlich auch bald in die Schule kommt) beispielsweise durchaus erwarten, dass es sich nicht schreiend auf den Boden wirft, um sein Bedürfnis nach Essen kund zu tun, sondern dass es sagt, dass es Hunger hat.

Bei einem Grundschulkind würde man ein solches Verhalten sicher nicht mehr zulassen – abgesehen davon, dass es in diesem Alter nahezu keine solchen Verhaltensweisen mehr zeigt.

Die Artikulationsmöglichkeiten nehmen immer mehr zu und lösen die nonverbalen Bedürfnisäußerungen immer mehr ab. Diese „verschwinden" jedoch nicht, sie bleiben erkennbar im Verhalten, der Gestik und Mimik eines Menschen – und begleiten bzw. unterstreichen die verbalen Äußerungen.

Generell – und dies gilt für jede Altersstufe – lassen sich durch sensible Wahrnehmung und gute bzw. genaue Beobachtung am Verhalten, der Gestik und Mimik sowie an den verbalen Äußerungen eines Kindes seine Bedürfnisse erkennen.

Sind die Bedürfnisse erkannt, müssen sie auch richtig verstanden, das heißt interpretiert und gedeutet oder gehört werden. Erst dann ist gewährleistet, dass sie auch wirklich befriedigt werden können.

Grundvoraussetzung für eine gesunde Entwicklung des Kindes ist die sichere Bindung im Säuglings- und Kleinkindalter zu einer oder mehreren Bezugspersonen.

Diese sichere Bindung bedeutet vor allem zuverlässige Bedürfnisbefriedigung und legt wichtige Grundlagen für das weitere Leben eines Menschen. Vor allem die Erfahrungen von emotionaler Zuwendung, Körperkontakt, Sicherheit, Schutz, Geborgenheit und Zuverlässigkeit im ersten Lebensjahr eines Kindes sind hierbei von wesentlicher Bedeutung.

Je früher somit die Bedürfnisse eines Kindes unzulänglich befriedigt werden und es einen Mangel erlebt, desto mehr ist seine gesunde Entwicklung gefährdet.

Mögliche kurz- und längerfristige Auswirkungen

Es kommt immer wieder vor, dass die Bedürfnisse von Kindern zwar wahrgenommen aber dennoch nicht erfüllt werden oder erfüllt werden können. Auch kann es passieren, dass sie erst gar nicht wahrgenommen werden und somit auch unerfüllt bleiben.

Mögliche Gründe hierfür gibt es viele, so z. B. eigene Lebenserfahrungen der Eltern, Stress oder bestimmte Lebensumstände, um nur wenige zu nennen.

Gleich welche Ursache zugrunde liegt, in jedem Fall sind die Auswirkungen dieser Mangelerlebnisse fatal – und zwar sowohl kurzfristig als auch längerfristig gesehen.

Diese Erlebnisse vor allem von Kindern im Säuglings- und Kleinkindalter nennt man Hospitalismus – heute meist als Deprivation bezeichnet: ein seelischer Mangelzustand infolge unzulänglicher oder fehlender emotionaler Zuwendung.

Je öfter ein Kind diese Erfahrungen macht, um so mehr wird sein Urvertrauen erschüttert, es hat häufig erst überhaupt keine Chance, Urvertrauen aufzubauen.

Im Gegenteil: es entsteht unter Umständen vielmehr Urmisstrauen, das Kind entwickelt eine negative Einstellung zu sich, zu anderen Personen und zu seiner Umwelt, seine emotionale und soziale Entwicklung werden negativ beeinflusst.

Deprivation zeigt sich unter anderem in starker motorischer Unruhe des Kindes sowie als depressive Verstimmung.

Die natürliche kindliche Neugierde, seine Motivation und Aktivität werden ver- bzw. behindert, es zieht sich in sich zurück und wird passiv.

Oftmals entwickelt es Ängste, vor allem die Angst des Verlassenwerdens und Angst vor Zurückweisung können in diesem Zusammenhang genannt werden.

Auch Aggressionen können entstehen, die gegen sich selbst (Autoaggression) oder andere Personen, gegen Tiere oder Dinge gerichtet sein können.

Die Kinder zeigen Verhaltensweisen, die sowohl für sie selbst als auch für ihre Umwelt problematisch sind bzw. werden können, sie entwickeln Verhaltensauffälligkeiten, die unter Umständen ihr ganzes weiteres Leben prägen. Auch ist eine Entwicklungsverzögerung in allen oder in einzelnen Bereichen bei Kindern, die Deprivation erfahren, zu erkennen. Dies gilt dementsprechend sowohl für die physische als auch die psychische Entwicklung dieser Kinder.

Kinder, die früh solche Mangelerlebnisse haben, werden somit durch diese Erfahrungen für ihr ganzes Leben geprägt. Viele der Auswirkungen sind auch im fortschreitenden Alter zu erkennen bzw. treten unter Umständen sogar erst im weiteren Leben auf.

So wird ein Kind mit diesen Erlebnissen auch noch als Erwachsener beispielsweise mit seinem Selbstwertgefühl, seinem Selbstvertrauen sowie mit der Fähigkeit, Beziehungen einzugehen und soziale Kontakte aufzubauen, Probleme haben. Rückzug, Isolation und Vereinsamung können mögliche Folgen auch im Erwachsenenalter sein.

> Physische und psychische Entwicklungsverzögerungen sowie Verhaltensauffälligkeiten sind mögliche kurz- und längerfristige Folgen von unzulänglich erfüllten Bedürfnissen in den ersten Lebensjahren eines Menschen.

4. Pädagogische Konsequenzen

Neben der Grundhaltung Kindern gegenüber und damit der Gestaltung der Beziehung zu ihnen ergeben sich weitere Konsequenzen für Erzieherinnen, die sowohl die Struktur bzw. Organisation als auch die inhaltliche Arbeit einer Einrichtung betreffen. Diese werden im Folgenden dargestellt:

1. Die Bedeutung des institutionellen Rahmens (wobei hierzu auch die Gestaltung der Beziehung zu den Kindern gezählt wird),
2. die Schaffung von Lerngelegenheiten für Kinder,
3. die Beteiligung von Kindern und
4. die Grenzen, die gesetzt werden müssen.

Bedeutung des institutionellen Rahmens

Lebensraum Tageseinrichtung gestalten

Raumgestaltung

Kinder **begreifen** die Welt mit allen ihren Sinnen, das heißt, dass sie sich die Welt durch Selbsttätigkeit aneignen und sich durch ihr eigenes Tun, Erforschen und Experimentieren selbst bilden. Sie erlangen dabei vielfache Fähigkeiten, Fertigkeiten und umfangreiches Wissen, entwickeln körperliche, sozial-emotionale sowie kognitive Kompetenzen und erschließen sich auf diese Weise die Welt und gewinnen ein Bild von ihr und von sich selbst.

Unterstützt werden die Kinder hierbei auf verschiedenste Art und Weise. Ein grundlegender Aspekt ist, ihnen diese Selbsttätigkeit zuzutrauen und sie herauszufordern. Hierzu gehört beispielsweise das Umfeld von Kindern so anregend und interessant zu gestalten, dass sie in der Lage sind, auf viele ihrer Fragen selbst eine Antwort zu finden.

Nicht nur zu Hause, sondern auch in Tageseinrichtungen für Kinder spielt demnach eine Raumgestaltung, die Möglichkeiten für eigene Erfahrungen bietet, eine wichtige Rolle. Je ansprechender und anregender die Räume sind, um so intensiver können die Kinder eigene Erfahrungen machen – und um so größer sind ihre persönlichen Entwicklungsmöglichkeiten.

Ein wesentlicher Aspekt ist eine lebendige Raumgestaltung, das heißt zum Beispiel für viel Licht (Sonne und Schatten/Lampen), Farben, Spiegel, Objekte jeder Art (z. B. Mobiles, Gegenstände zum Befühlen/Betasten) usw. in den Räumen zu sorgen.

Auch ein Ruheraum bzw. Orte/Ecken und Nischen, um sich zurückzuziehen sowie genügend Platz zum Toben und Bewegen oder eine Werkstatt gehören zu einer anregend gestalteten räumlichen Umgebung.

Insgesamt sollten sowohl die Räume als auch ihre Einrichtung dementsprechend geplant und gestaltet sein, um den Bedürfnissen der Kinder gerecht werden zu können und sie in ihrer Eigenaktivität – und somit ihrer gesamten Entwicklung – anzuregen, zu unterstützen und zu fördern.

Tagesstruktur

Den Lebensraum Tageseinrichtung gestalten heißt neben der Raumgestaltung auch eine gewisse Tagesstruktur – und somit Sicherheit und Orientierung – zu bieten. Die Tagesstruktur sorgt für einen bestimmten wiederkehrenden Tagesrhythmus/Tagesablauf mit festen Zeiten (z. B. für einen Stuhlkreis, für ein – mögliches – Mittagessen), den die Kinder bald verinnerlichen und an dem sie sich orientieren.

Immer weniger Kinder erfahren in ihren Familien Strukturen; feste gemeinsame Essenszeiten beispielsweise gibt es längst nicht mehr überall. Um so wichtiger ist es, den Kindern in den Tageseinrichtungen diese (oft fehlenden) Erfahrungen zu ermöglichen.

Beziehungen gestalten

Für den (beruflichen) Umgang mit Kindern spielt die eigene Grundhaltung eine gewichtige Rolle. Das heißt, das eigene Bild vom Kind, Einstellungen und Verhaltensweisen den Kindern gegenüber, Variablen wie Wertschätzung, Empathie und Akzeptanz sind Grundlagen für eine positive Beziehung zu Kindern und somit auch für die Wahrnehmung und Befriedigung ihrer Bedürfnisse. Die Kinder und ihre Anliegen müssen ernst genommen werden, um eine positive Beziehung zu ihnen aufbauen zu können.

Einfühlsame und respektvolle Begleitung der Kinder bei ihrer aktiven Entwicklung ist wertvoller bzw. wichtiger als Vorgaben und Fremdsteuerung durch Erzieherinnen – Kinder sind von Anfang an aktive, neugierige Wesen, die vertrauensvolle, unterstützende Begleitpersonen brauchen.

Schaffung von Lerngelegenheiten für Kinder

Aufgabe der Erzieherinnen ist es, den Kindern Lerngelegenheiten bzw. vielfältige Möglichkeiten zur Eigenaktivität zu eröffnen und sie bei der Auseinandersetzung mit ihrer Umwelt zu unterstützen. Sie tragen Verantwortung dafür, wie groß die Möglichkeiten zur Selbsttätigkeit der Kinder – und somit zu ihrer eigenständigen Entwicklung – sind. Die Förderung von Eigeninitiative und Eigenaktivität der Kinder stellt die Erzieherin in den Mittelpunkt ihrer didaktischen Überlegungen. Durch gezielte Angebote, Projekte, Exkursionen, Ausflüge, Erkundungen wird somit an unterschiedlichen Lernorten lebendiges und wirklichkeitsnahes Lernen möglich.

Ein weiterer Aspekt der Schaffung von Lerngelegenheiten ist die Raumgestaltung. Einrichtungen der Räume, sowie das Spiel- und Experimentiermaterial, solten mit Bedacht ausgewählt und sortiert sowie in Sichthöhe und frei zugänglich untergebracht sein. Zudem sind Orte notwendig, an denen auch „Sauerei" gemacht werden darf und die Kinder somit ohne Einschränkungen „arbeiten" und experimentieren können.

Oft entdecken Kinder selbst, was sie mit den verschiedensten Materialien machen können und entwickeln viel Phantasie im Umgang damit. Entsprechende Anleitung ist sinnvoll, gerade wenn es beispielsweise um arrangierte Experimente zu einem bestimmten Thema (z. B. Wasser) geht.

Somit sollten auch die gezielten und vorbereiteten Lerngelegenheiten mit Sorgfalt ausgewählt und geplant werden – um auch hier eine möglichst große Eigenaktivität der Kinder zu gewährleisten.

Beteiligung von Kindern

Sowohl bei der Raumgestaltung als auch der Tagesstruktur und der Schaffung von Lerngelegenheiten ist es wichtig, die kindlichen Bedürfnisse und Willensäußerungen zu berücksichtigen. Denn nur dann werden die Kinder und ihre Belange wirklich ernst genommen, optimal in ihrer Entwicklung gefördert und in den Mittelpunkt der pädagogischen Arbeit gestellt.

Somit sollte es Grundsatz sein, die Kinder in Bezug auf ihre Bedürfnisse und Wünsche genauer zu beobachten bzw. zu befragen und dementsprechend die Tageseinrichtung sowie den Alltag zu gestalten.

Damit eng verbunden ist ein weiterer Aspekt der Beteiligung von Kindern: die Übernahme von Verantwortung im Tagesgeschehen.

Dies beinhaltet beispielsweise ein Mitspracherecht der Kinder oder auch kleine Aufgaben, die verteilt werden (z. B. Blumen gießen), wodurch sowohl die Erzieherinnen aber auch die Kinder altersentsprechende Rechte und Pflichten haben. Die Kinder werden dadurch unter anderem unterstützt in der Entwicklung der Fähigkeit der eigenen Meinungsbildung sowie in selbstständigem Handeln, sie werden an Entscheidungen beteiligt und ernst genommen.

Ein Weg, diese Beteiligung der Kinder an Entscheidungen zu realisieren, ist die Kinderkonferenz. Die Kinder werden angehört, sie haben die Möglichkeit, Vorschläge einzubringen und Entscheidungen zu treffen – kurz: sie werden ernst genommen und respektiert.

Grenzen

Ein Kind ernst zu nehmen, es zu respektieren und in seiner Person zu akzeptieren heißt nicht, mit allen seinen Verhaltensweisen einverstanden sein oder sie tolerieren zu müssen. Das Zusammenleben von uns Menschen braucht vielmehr Regeln und Grenzen, die Struktur und somit Sicherheit geben – gleich ob in der Familie oder in einer Tageseinrichtung. Grenzen setzen und Regeln aufstellen ermöglicht damit unter anderem Klarheit und Berechenbarkeit von (Erzieher-) Verhalten, beinhaltet aber auch allgemein gültige Richtlinien, an denen sich jeder orientieren muss.

Regeln setzen klare Rahmenbedingungen fest (Öffnungszeiten, Essenzeiten, Benutzung von Räumen…), sie betreffen den Umgang mit der Einrichtung (Beschädigen von Einrichtung und Spielsachen) oder es handelt sich um soziale und personenbezogene Regeln (Umgang miteinander).

Diese Regeln stecken damit unter anderem einen Rahmen für erwünschtes bzw. unerwünschtes Verhalten ab und bilden somit klare Grenzen.

Generell müssen diese Regeln und Grenzen jedoch erklärt, das heißt transparent und somit nachvollziehbar sein, damit die Kinder deren Sinn und Zweck verstehen können. Kinder brauchen Grenzen und testen sie immer wieder aus. Sie verhalten sich oftmals nicht so, wie es von den Erwachsenen gewünscht ist bzw. wie es bestimmte Regeln besagen. Reaktionen darauf sind häufig Strafen, die jedoch überwiegend negative Auswirkung haben.

Für manche Kinder ist die negative Zuwendung, die sie aufgrund von Grenzüberschreitung erfahren, jedoch nahezu die einzige Form von Zuwendung – und damit erträglicher, als keine Zuwendung zu erhalten. So verbirgt sich hinter Grenzüberschreitungen oftmals der Wunsch nach Halt, Klarheit und Zuwendung.

Es ist deshalb sinnvoller, gemeinsam mit dem Kind auf Verhaltensänderung – und damit Einhaltung von Regeln und Grenzen – hinzuarbeiten und ihm positive Aufmerksamkeit zu schenken, statt es zu bestrafen.

Eine noch bessere und sehr sinnvolle Möglichkeit, Grenzen zu setzen und Regeln aufzustellen ist es, gemeinsam mit den Kindern Vereinbarungen zu treffen, welche Regeln und Grenzen für das Zusammensein in der Tageseinrichtung aufgestellt werden und welche Folgen Grenzüberschreitungen haben (z. B. Kinderkonferenz!). Dadurch ist die Chance, dass sich möglichst viele Kinder an diese Regeln und Grenzen halten, recht groß, da sie selbst an ihrer Setzung beteiligt waren. Auch ist hierin eine große soziale Lerngelegenheit zu sehen, die die Eigenaktivität und Persönlichkeitsbildung der Kinder fördert sowie ihre Beteiligung gewährleistet.

> Es ist notwendig, den Kindergarten zu einem Lebensraum zu gestalten, der den kindlichen Bedürfnissen entspricht, in dem die Kinder ernst genommen, respektiert und in ihrer Person akzeptiert werden.
>
> Besonders wenn Kinder über mehrere Jahre für viele Stunden am Tag die Einrichtung besuchen, ist dieser Anspruch im Hinblick auf eine gesunde kindliche Entwicklung unverzichtbar.

Konkrete Lernsituation

1. Versuchen Sie sich in einen Säugling hineinzuversetzen: Wenn er sprechen könnte, was würde er wohl sagen? Wie würde er beispielsweise einen Tag in seinem Leben beschreiben? Notieren Sie Ihre Gedanken aus der Sicht des Kindes.

2. Beobachten Sie in Ihrer Einrichtung die Kinder und versuchen Sie anhand des Verhaltens, der Gestik, Mimik und den verbalen Äußerungen ihre Bedürfnisse bewusst wahrzunehmen. Machen Sie sich Notizen und vergleichen Sie in der Klasse.

3. Verdeutlichen Sie die körperlichen, sozial-emotionalen und kognitiven Grundbedürfnisse von Kindern aller Altersstufen anhand von geeigneten Beispielen.

4. Entwickeln Sie Ideen für einen „Traumkindergarten“ – d. h. einen Kindergarten, der in Ihren Augen perfekt ist, um die Bedürfnisse der Kinder zu erfüllen.
   Berücksichtigen Sie dabei folgende Punkte:
   - Raum/Räumlichkeiten
   - Einrichtung/Ausstattung (Spiel-/Beschäftigungsmaterial)
   - Tagesrhythmus/Tagesablauf
   - örtliche Lage
   - Mitarbeiter und Mitarbeiterinnen (Erzieher und Erzieherinnen und ihre Einstellung, ihr Verhalten...)

5. Fallbeispiel:
   Lara und Simon sind Kinder einer Kindergartengruppe. Lara ist gerade drei Jahre alt geworden und seit ein paar Tagen im Kindergarten. Sie ist sehr interessiert und geht aktiv auf alles Neue zu. Im Laufe eines Vormittages zieht sie sich jedoch immer wieder einmal neben die große Kiste mit Bausteinen zurück.

   Simon ist mittlerweile sechs Jahre alt und kommt demnächst in die Schule. Ihn interessieren besonders technische Dinge. Jedes Gerät, das ihm in die Finger kommt, wird genauestens untersucht. Die Spiele mit den „Kleinen“ findet er dagegen „Pipifax“, so dass er sich kaum an gemeinsamen Aktionen beteiligt.

5.1 Welche Bedürfnisse haben die Kinder und woran ist das jeweils zu erkennen?

5.2 Was kann man als Erzieher/Erzieherin tun, um diesen unterschiedlichen Bedürfnissen – gerade auch innerhalb einer Gruppe – gerecht zu werden?

Persönlichkeit fördern

1. Die Vielfältigkeit des Erziehungsbegriffs
2. Erziehungsvorstellungen: Auf der Suche nach dem richtigen Erziehungsverhalten
3. Die Subjektwerdung: Persönlichkeitsentwicklung des Kindes
4. Sozialverhalten
5. Wertorientierung
6. Die Selbstbetrachtung des Erziehenden
7. Von der Selbstreflexion zur erfolgreichen pädagogischen Grundhaltung

1. Die Vielfältigkeit des Erziehungsbegriffs

„Erziehung ist doch die natürlichste und selbstverständlichste Sache der Welt, und ich verstehe gar nicht, warum so viele Menschen heute damit große Schwierigkeiten haben!"

Diese Aussage einer Bauersfrau war Anlass für eine sehr interessante Diskusssion bei einem Elternabend eines Kindergartens einer süddeutschen Kleinstadt. Das Thema des Abends lautete. „ Erziehung ohne Gewalt, geht das?"

„Erziehung sei doch gar nicht so schwierig, wie dies in der Öffentlichkeit gerne dargestellt wird", so die Bauersfrau weiter. „Man muss hierbei vor allem nur auf seinen gesunden Menschenverstand hören, seine innere Stimme gebrauchen. Und außerdem muss man auf die Signale der Kinder achten, wie sie auf das, was man erzieherisch tut, reagieren. Dann kann doch kaum etwas schiefgehen, oder ? Sehen Sie", fuhr die Frau weiter fort, „mein Mann und ich haben fünf Kinder aufgezogen. Darauf sind wir stolz. Wir sind einfache Bauersleute. Um Erziehung haben wir uns nie solche Gedanken gemacht, wie man das heute tut. Wir wussten auch nicht immer, ob alles richtig war. Und sicher haben wir manche Fehler gemacht. Aber das ist weiter nicht schlimm. Denn das Leben besteht nun mal auch aus Fehlern. Sei es, wie es ist, wir haben nicht immer alles zerredet und in Frage gestellt. Wir haben ein natürliches Vertrauen in uns und unsere Kinder.

Vor allem taten wir eines: Wir lebten ihnen nur das vor, von dem wir im Herzen überzeugt waren. Es stand mit uns und unserer Welt im Einklang, egal, ob es richtig oder falsch war. Unsere Kinder bedanken sich noch heute für diese Erziehung, obwohl jedes andere Anlagen mit auf die Welt gebracht hat, verschiedene Wege gegangen ist und die eine und andere Sache ganz anders gemacht hat, wie wir das getan hätten. Aber das ist ja ganz selbstverständlich. Wir haben uns in der Erziehung, wie bei unsrer täglichen Arbeit an das Gesetz des nicht Zuviel und nicht Zuwenig gehalten. Als Bauersleute haben wir von der Natur gelernt. Scheint die Sonne zu viel und regnet es zu wenig, wird die Ernte schlecht. Gibt es hier einen harmonischen Wechsel von Sonne und Regen, so ist die Ernte ertragreich. Genauso ist es bei der Erziehung auch, wobei die menschlichen Anlagen immer ein wichtiges Wort mitzureden haben..."

Vielleicht ist es ja wirklich wahr, dass Erziehung eigentlich eine Sache des gesunden Menschenverstandes ist. Beim Wort „Erziehung" geistern ohnehin die unterschiedlichsten Ausdrücke, Bilder und Ideen durch unsere Köpfe. Hier eine kleine Auswahl, von der der eine oder andere Ausspruch möglicherweise auch ihre Einstellung wiedergibt:

- Erziehung ist die Hilfe zum Selbstwerden in Freiheit (K. JASPERS).
- Erziehung ist Entwicklungshilfe, sie ist Anpassung an die Gesellschaft, sie ist lehrende Ein-

führung in die Kultur und sie ist Erweckung zum sinnvollen Leben (W. Brezinka).

- Erziehung ist Einführung in die Gesellschaft, Einführung in die Kultur und Mithilfe zur Personalisation (E. Weber).
- Erziehung heißt, ein Kind so weit bringen, dass es uns nicht mehr braucht (L. A. Bätsch).
- Erziehung ist die organisierte Verteidigung der Erwachsenen gegen die Jugend (M. Twain).

Aufgabe

Formulieren Sie ihre eigene Definition von Erziehung und schreiben Sie sie in ihr Arbeitsheft.

Auf die Nachfrage, was aus den fünf Kindern geworden sei, antwortet die Bäuerin:

„Von den drei Jungen wurde einer Facharbeiter, der andere Lehrer und der dritte bewirtschaftet mit meinem Mann und mir den Hof. Von meinen beiden Töchtern hat die erste den Erzieherberuf gewählt und die zweite studiert zur Zeit noch Medizin. Glauben Sie mir, alle Kinder sind mit ihren Berufen und dem Leben insgesamt mehr als zufrieden! Bis heute sind sie nicht auf die Idee gekommen, uns vorzuwerfen, wir hätten in ihrer Erziehung etwas grundlegend Falsches gemacht.“

Am Ende des Gespräches bat ich die Bauersfrau noch, mir zu erklären, was sie unter dem Wort „Erziehung“ verstehe. Ohne lange zu überlegen, gab sie zur Antwort:

„Erziehung ist, wenn ich das Kind so liebe, wie es ist, ihm Vertrauen und Geborgenheit schenke, es auch in seinen Begabungen fördere. Ein sinnerfüllter, lebenstüchtiger und zufriedener Mensch soll es werden. Ein Mensch, der sich selbst mag. Ebenso muss ich das Kind mit den Werten seiner Gemeinschaft vertraut machen, was auch immer mit Anpassung, Verzicht und Respekt anderen gegenüber zu tun hat. Lebe ich selbst diese Dinge dem Kind echt und stimmig vor, dann kann es sich an mir verlässlich ausrichten, und ich bin der beste Vermittler einer solchen Erziehung. Dann wird es in mir auch so etwas wie eine gute Autorität erfahren. Besonders in diesen Punkten liegen für mich die Grundwahrheiten jeder fruchtbaren Erziehung. Und überhaupt: Macht es auf diese Weise nicht

Spaß und Sinn, das Leben in seinen hellen wie dunklen Stunden zusammen zu erleben und dabei auch über sich selbst und die Welt lachen und weinen zu können? Wer so oder ähnlich die Erziehung mit den jungen Menschen gemeinsam gestaltet, der kann doch letztlich nie mit ihr scheitern. Da müsste schon ganz viel dazwischenkommen, wenn sie schief gehen sollte.“

In Kreisen der Fachleute lässt sich nur mit Mühe eine Einigung darüber herstellen, was Erziehung denn nun eigentlich ist.

Erziehung ist die soziale Interaktion zwischen Menschen, bei der ein Erwachsener planvoll und zielgerichtet versucht, bei einem Kind unter Berücksichtigung der Bedürfnisse und der persönlichen Eigenart des Kindes erwünschtes Verhalten zu entfalten oder zu stärken. Erziehung ist ein Bestandteil des umfassenden Sozialisationsprozesses; der Bestandteil nämlich, bei dem von Erwachsenen versucht wird, bewusst in den Prozess der Persönlichkeitsentwicklung von Kindern einzugreifen – mit dem Ziel, sie zu selbstständigen, leistungsfähigen und verantwortungsvollen Menschen zu bilden.

Klaus Hurrelmann[1]

Aufgabe

1. Vergleichen Sie ihre Definition mit den Aussagen der Bauersfrau und der Definition des Erziehungswissenschaftlers Klaus Hurrelmann.

2. Gibt es Unterschiede, gibt es Gemeinsamkeiten. Welche Schwerpunkte setzen Sie?

2. Erziehungsvorstellungen: Auf der Suche nach dem richtigen Erziehungsverhalten

Wenn wir die fast unüberschaubar große Anzahl an Erziehungsratgebern betrachten, dann befallen uns leise Zweifel über die natürliche Selbstverständlichkeit des Erziehungsgeschehens wie es bei der Bauersfrau anklingt.

Wer Kinder hat oder mit Kindern umgeht, der kann gerade in der heutigen Zeit auch bestätigen, dass Erziehung ein schwieriges Geschäft ist oder geworden ist.

Jeder von uns hat auch schon allzu oft die frustrierende Erfahrung gemacht, dass die besten Bemühungen am Eigensinn der Sprösslinge scheitern, dass Kinder gut gemeinte erzieherische Anstrengungen ins Leere laufen lassen, obwohl wir doch nur in ihrem Interesse handeln. Warum scheitern bisweilen selbst „Profis" an einer erzieherischen Aufgabe, für die sie in langjähriger Ausbildung geschult wurden?

Für den gelingenden Umgang mit Kindern suchen Betroffene all zu oft noch immer nach einer Rezeptur. Was mache ich am besten wenn…?

Die Erziehungsliteratur bedient auch die Öffentlichkeit mit Titeln wie: „Kinder können durchschlafen" oder „Kinder können fernsehen", „Wie erziehe ich richtig" und so weiter und sofort.

Viele dieser Bücher sind wie Betriebsanleitungen für technische Geräte geschrieben, geben oft methodische Hinweise, konkrete Tipps, wie wir als Erziehende das gewünschte Verhalten erreichen können.

Diese Ratschläge und Tricks können hilfreich sein, aber sie haben einen entscheidenden Nachteil: Was, wenn sich die Kinder nicht nach den Tipps ausrichten, wenn sie sich nicht entsprechend verhalten, wie es in den Ratgebern beschrieben ist? Was ist, wenn die Tricks nicht helfen, wenn die kleine Persönlichkeit nicht mitspielt?

Möglicherweise verhindern die Ratschläge und Rezepte auch, sich Gedanken darüber zu machen, worin der Kern erfolgreicher Erziehung eigentlich besteht: Aus Unterstützen, Fördern und Begleiten einer kompetenten kleinen Persönlichkeit.

> Erfolgreiche Erziehung ergibt sich deshalb vor allem aus der Überprüfung und Verbesserung unserer Selbstwahrnehmung und der Wahrnehmung unserer Kinder.

Auf der Suche nach dem richtigen Erziehungsverhalten

Exkurs in den Erziehungsalltag einer Familie

Am Familientisch.

Max rülpst. Fünf Jahre alt und rülpst ständig. Er kann es noch nicht richtig, das Geräusch hat keine Tiefe und ist ein wenig blass, das liegt wohl am fehlenden Resonanzboden bei Fünfjährigen. Aber er übt ständig – bei Tisch, bei den Großeltern, gern auch, wenn Besuch kommt.

Die Eltern: *„Max kannst du das mal bitte lassen. Man rülpst nicht, wenn andere Leute da sind, es stört sie."*

Max rülpst.

Die Eltern: *„Du Max, das finden wir jetzt echt nicht so gut. Lässt du das mal bitte?"*

Max rülpst.

Die Eltern (Versuch einer paradoxen Intervention des dreifachen Axels der Kindererziehung): *„Max, wir hören es gerne, wenn du rülpst, das Geräusch gefällt uns so, bitte rülpse noch mehr."*

Kurzes Nachdenken.

Max rülpst.

Die Eltern unter sich: *„Wir müssen das Rülpsen ignorieren. Es geht ihm nur darum, auf sich aufmerksam zu machen. Er ist der Zweitgeborene, vergessen wir es nicht."*

Sie ignorieren das Rülpsen.

Max rülpst.

Die Eltern denken darüber nach, ob es sinnvoll wäre, das Kind einem Arzt vorzustellen. Es könnte einfach

Verdauungsprobleme haben. Sie verwerfen den Gedanken; der Stuhlgang des Knaben ist normal.

Max rülpst.

Die Eltern fragen sich: *Ist Rülpsen schlimm? Sind wir nicht Spießer, dass wir uns am Rülpsen eines Fünfjährigen stören? Der Vater ruft: „Es stört mich aber doch, verdammt!"*

Max rülpst.

Die Eltern laut: *„Max, es langt jetzt endlich, verdammt noch mal, wenn du nicht aufhörst müssen wir dich ins Zimmer schicken, denn du störst alle anderen am Tisch."*

Max rülpst.

Die Eltern bringen Max in sein Zimmer. Das Kind schreit, klagt, weint, öffnet die Zimmertüre und schlägt sie wieder zu, bejammert sein Schicksal, schreit seine Wut hinaus, bricht heulend auf dem Ziegenhaarteppichboden seiner Behausung zusammen.

Die Eltern werden mitleidig, gehen nach oben: *„Du darfst jetzt wieder herunterkommen, wenn du nicht mehr rülpst."*

Max kommt wieder an den Esstisch, setzt sich mit versteinertem Gesicht auf seinen Platz. Die Eltern (denkend): *„Es war hart, aber nun haben wir es geschafft."* Die Familie isst schweigend. Es kehrt Ruhe ein im Haus. Stille senkt sich über den Tisch, Frieden in die Herzen der Erziehenden.

Man hängt seinen Gedanken nach.

Da rülpst Max.[2]

Aufgabe

Max rülpst

Spielen Sie die Szene in einem Rollenspiel nach, und tauschen Sie in der Klasse anschließend ihre Einsichten aus:
- Warum scheitern die Eltern?
- Was ist der Grund für Maxens merkwürdiges Verhalten?
- Versuchen Sie herauszufinden, welche erzieherischen Grundsätze die Eltern vertreten.
- Notieren Sie diese Grundsätze.

- Überlegen Sie, wie Sie gehandelt hätten!
- Welches sind ihre persönlichen erzieherischen Grundsätze?
- Machen Sie sich diese im Gespräch mit ihren Mitschülern klar.
- Machen die Eltern irgendetwas falsch?

Diese amüsante Szene aus dem Bestseller von Axel Hacke beschreibt wie kaum ein anderes Beispiel die Probleme der erzieherischen Vorstellungen und des erzieherischen Handelns in sehr dichter Form.

Von der Erziehungsvorstellung zur Methode

Es verbergen sich in dieser Tischszene einige pädagogische und psychologische Vorstellungen und dazugehörige **handlungsleitende Prinzipien**, die man als erzieherische **Maßnahmen** und **Methoden** herausarbeiten kann.

> Unter Erziehungsmaßnahme und Methode versteht man eine Handlung des Erziehers, mit der er versucht, das Verhalten des zu Erziehenden relativ dauerhaft auf ein bestimmtes Ziel hin zu verändern.

Wir wollen uns im Folgenden nur exemplarisch mit häufig vorkommenden Maßnahmen kurz beschäftigen, um die wichtige Frage nach der erzieherischen Grundhaltung vorzubereiten und ein Nachdenken über mögliche eigene Erziehungsmaßnahmen und Methoden anzuregen.

Verschiedene Erziehungsvorstellungen und Methoden im Überblick:
- Das Kind ist ein einsichtiges Wesen. Ich muss nur immer alles ganz genau erklären, dann wird das Kind zur Einsicht kommen.
- Aus der psychologischen Trickkiste – Die „paradoxe Intervention": Vom Kind das wünschen, was es sowieso tun wollte, dann verliert das Tun seinen Reiz!
- Das Kind ist ein lernendes Wesen. Die Anwendung der Lernpsychologie: Ignoriere was du nicht willst und lobe das Gewünschte.

- Ein Experte muss das Problem lösen!
- Sind unsere Erziehungswünsche richtig? Müssen die Eltern ihre Erziehungswerte überprüfen? Ist Rülpsen so schlimm?
- Die Eltern sollen ihre echten Gefühle zeigen.
- Zu guter Letzt: Der Einsatz von Strafen.

Mit den blau hervorgehobenen Methoden werden wir uns kurz auseinandersetzen.

Methode: Erklären Sie alles genau!

„Max, kannst du das mal bitte lassen. Man rülpst nicht, wenn andere Leute da sind, es stört sie".

Die Grundregel lautet hierbei: Erkläre Deinem Kind, was es falsch gemacht hat und dann wird es *Einsicht* zeigen und sich zukünftig bessern.

Eine wohlformulierte Bitte an den fünfjährigen Jungen verbunden mir einer genauen Begründung wird ihn an die Regeln der Gemeinschaft heranführen und er wird sich künftig so verhalten, wie die Erwachsenen sich dies vorstellen.

Ein Fehler? Natürlich ist diese Vorgehensweise sinnvoll. Die Eltern wollen mit Hilfe von Erklärungen die allmähliche Ausbildung einer sozial verantwortlichen Haltung anbahnen. Problematisch ist allerdings ihre Erwartung, sofort ihr Ziel zu erreichen. Wer ein erzieherisches Fernziel anstrebt, muss dies mit sehr viel Geduld über längere Zeit verfolgen. Falsch ist auch die Vorstellung, man könnte sein Kind allein mit Hilfe genauer Erklärungen zur Einsicht bringen. Offenbar erwarten sie, dass Max wie ein Erwachsener reagiert. Aber Max ist ein Fünfjähriger, der noch dabei ist, seine soziale Rolle zu finden, der mit seinen Möglichkeiten spielerisch experimentiert.

Außerdem wissen wir aufgrund von Untersuchungen des berühmten Schweizer Entwicklungspsychologen J. PIAGET zur kognitiven Entwicklung des Kindes, dass Fünfjährige nur sehr begrenzt in der Lage sind, komplexe Regeln und soziale Normen zu verarbeiten. Ein erfolgreicher Erzieher müsste sich also mit *Entwicklungspsychologie* beschäftigen. Nur dann kann er sich auch einigermaßen sicher sein, dass seine Bemühungen auf die alterspezifischen Voraussetzungen abgestimmt sind. Allerdings klingt das einfacher als es ist. So hat man herausgefunden, dass altersbezogene Stufenlehren, die genau angeben, in welchem Stadium der kognitiven Entwicklung sich ein Kind befindet,

mit Vorsicht zu genießen sind, da sich Kinder individuell sehr unterschiedlich entwickeln können. Aber sie geben eine Orientierung.

Aber auch wenn Kinder mit fünf Jahren noch nicht in der Lage sind, abstrakte soziale Regeln „einzusehen" und daraus bewusst Verhaltenskonsequenzen zu ziehen, so kann es doch sein, dass sie trotzdem etwas lernen. Denn Kinder achten – ebenso wie Erwachsene – weniger auf den gesprochenen Inhalt, sondern eher auf die *implizite Botschaft*, die Eltern durch ihre Köperhaltung, durch Mimik und Gestik, durch den Tonfall usw. ausdrücken.

> Botschaften in einer Nachricht können explizit oder implizit enthalten sein. Explizit heißt: ausdrücklich formuliert. Implizit heißt: ohne dass es direkt gesagt wird, steckt es doch drin, oder kann „hineingelegt werden". Für implizite Botschaften werden oft die nicht-sprachlichen Wege eingesetzt: Körpersprache, Mimik, Gestik, Tonfall.

Dieser Sachverhalt wird im Lernfeld Kommunikation und Interaktion genauer ausgeführt.

Erziehung ist ein ganzheitlicher Prozess, in dem – wie wir weiter unten sehen werden – ein komplexes Feld auf das Kind einwirkt, von dem bewusste erzieherische Maßnahmen nur einen kleinen Teil ausmachen.

Vielleicht macht es Max aber auch einfach nur Spaß gegen Regeln zu verstoßen. Die Eltern versuchen ihre Verhaltensnorm durchzusetzen und das Kind beharrt auf seinem Willen. Und vielleicht spürt Max auch, dass seine Eltern etwas verunsichert sind und nach erzieherischer Orientierung suchen. Sie sind sich als moderne Eltern mit aufklärerischer Haltung offenbar auch nicht ganz sicher, welche Normen sie denn nun mit welchen Mitteln durchsetzen wollen. Er merkt auch, dass es seine Eltern sind, die das Rülpsen stört, aber er testet den Spielraum und rülpst weiter.

Methode: Wir nutzen die Lernpsychologie!

Weil die Eltern mit ihrem bisherigen Vorgehen die beabsichtigte Wirkung nicht erreichen, hinterfragen sie die Situation nun etwas genauer:

Sie bilden eine Hypothese (Annahme) über mögliche Ursachen:

„Wir müssen das Rülpsen ignorieren. Es geht ihm nur darum, auf sich aufmerksam zu machen. Er ist der Zweitgeborene, vergessen wir es nicht."

Möglicherweise haben sie irgendwann einmal in einer Zeitschrift etwas über die Einflüsse der Stellung in der Geschwisterreihe auf das Verhalten gelesen.

Es gibt psychologische Untersuchungen, die kommen zu der These, dass die jüngsten Kinder, häufig kreativer und innovativer sind als die Erstgeborenen, weil sie in eine besetzte Nische geboren werden und sich einen eigenen Ausdrucksraum schaffen müssen. In der Tat gibt es hier komplexe Zusammenhänge. Man kann sie aber nicht einfach kausal deuten, wie es die Eltern tun. Weil er der Zweitgeborene ist, so vermuten sie, fühlt er sich zurückgesetzt und muss besondere Anstrengungen unternehmen, um genügend Zuwendung zu bekommen. Da er sein Bedürfnis nach Beachtung noch nicht angemessen ausdrücken kann, greift er zu einer wirksamen *indirekten Botschaft*, die hohen Aufmerksamkeitswert hat: Er rülpst.

Die Lernpsychologie, genauer das so genannte *Operante Konditionieren*, legt nahe, dass gelerntes Verhalten wieder verschwindet, wenn es länger nicht beachtet wird. Aber es funktioniert nur, wenn stattdessen ein anderes Verhalten verstärkt wird. Nämlich ein Verhalten, dass Max auch das Gefühl vermittelt *akzeptiert zu sein, so wie er ist.* Häufig nehmen Erzieher erwünschtes Verhalten als selbstverständlich und verstärken dieses deshalb nicht. Hierbei wird die erzieherische Bedeutung des **Lobes** bzw. der **Belohnung** verkannt.

> Lob und Belohnung sind vom Erzieher eingesetzte Verhaltenskonsequenzen, die eine angenehme Wirkug haben und deshalb wird das gewünschte Verhalten häufiger gezeigt.

Aus Carl Rogers und Thomas Gordons Perspektive setzt gelingende Erziehung eine *bedingungslose Akzeptanz* des Gegenübers voraus. Max wird sein Rülpsen – falls es Ausdruck einer gestörten Beziehung sein sollte – erst dann einstellen, *wenn er sich als Person angenommen fühlt.* Die Eltern sollen vor dem Hintergrund dieser bedingungslosen Akzeptanz durchaus ihre Missbilligung ausdrücken. Aber in Form von *echten Ich-Botschaften*, weil sie damit deutlich machen, dass sie ein Problem haben. Auch, wenn die Eltern so tun, als nähmen sie das Rülpsen nicht mehr wahr, senden sie doch sehr wahrscheinlich subtile Botschaften aus, die dem Kind nonverbal das Gegenteil signalisieren. So wie sich die Eltern bisher verhalten haben, wird das Ignorieren scheitern.

Denn auch die abstrakte Überlegung, dass das Rülpsen an Max vermeintlicher Benachteiligung in der Geschwisterreihe liege, ändert nichts daran, dass sie dieses Rülpsen massiv stört. Wie man es auch dreht und wendet: Sie wollen Max Verhalten grundlegend ändern und scheuen die Konsequenzen. Max ist kein Kenner der Erziehungstheorien, aber er kennt seine Eltern. Und er weiß, was er sich leisten kann. Und so erteilt er seinen Eltern eine weitere Lektion darin, wie Erziehung nicht funktioniert: *Max rülpst.*

Die Lernpsychologie hätte übrigens eher empfohlen das **gewünschte Verhalten** zu verstärken, also zu loben. Und außerdem:

„man kann erziehen wie man will, die Kinder machen einem doch alles nach."

Methode: Konsequente Durchführung einer Strafe

Die Eltern bringen Max in sein Zimmer. Die Androhung der Strafe hat nicht gefruchtet, sodass jetzt dieselbe durchgeführt wird. Der Erzieher sieht sich gezwungen, die Sanktion (Strafe) durchzuführen, weil er meint, ansonsten seine Glaubwürdigkeit und seinen erzieherischen Einfluss zu verspielen. Er tut dies in der Regel widerwillig, weil die Durchführung einer Sanktion stets auch das Eingeständnis eigenen Versagens bedeutet und weil vergleichsweise primitive Strafen seinen Vorstellungen humaner Erziehung zutiefst widersprechen. Denn obwohl wir alle aus eigener Erfahrung mitunter auch schmerzhaft erfahren haben, dass Erziehung bisweilen auch ein grobes Geschäft ist, so träumen wir doch vom Bild des einfühlsamen, konfliktfreien Erziehers, der seine Schäfchen allein mit Liebe auf den rechten Weg führt.

Bei Philippe Aries und Lloyd de Mause können wir aus unterschiedlicher Perspektive die Geschichte der Kindheit verfolgen und sehen, mit welchen teilweise brutalen Maßnahmen man in vergangenen Jahrhunderten Kinder zu disziplinieren suchte. Auch wenn wir uns weit entfernt von den dort beschriebenen Erziehungspraktiken wähnen, scheint uns unsere Erfahrung zu lehren, dass die Vorstellung einer Erziehung ohne Sanktionen ein unrealistisches Bild ist und so gibt es trotz aller einfühlsamen Anfangsbemühungen noch immer all zu oft am Ende statt Liebe die scheinbar so bewährten Hiebe. Eine vom Spiegel Special durchgeführte Befragung im September 1997 ergab, dass noch immer ca. 80 % der Eltern auf die Wirkung „schlagkräftiger Argumente" von der Sorte „Klaps auf den Hintern", setzten.

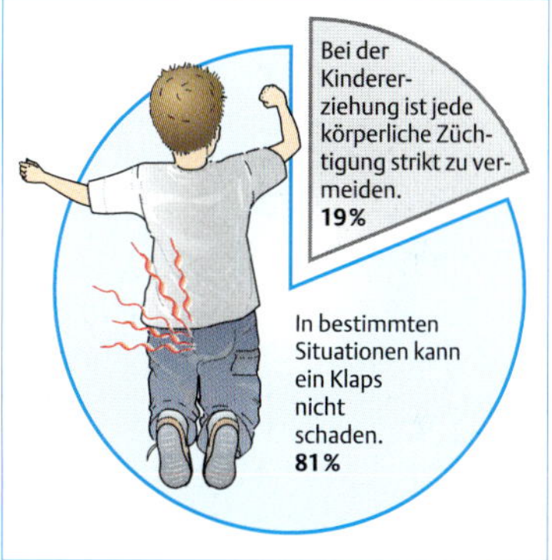

Welcher der beiden nebenstehenden Meinungen stimmen Sie zu?

Sind es wirklich das Kind bzw. die Situation, die uns zu diesem Handeln zwingen, oder ist es nur unser mangelndes Verständnis vom Wesen der Erziehung? Oft wiederholen wir nur erlebte Gewaltmuster, die aus unserer eigenen Erziehung stammen. Untersuchungen zeigen, dass besonders solche Erzieher gefährdet sind, die selbst Gewalt ausgesetzt waren.

Zwischenruf

Der Einsatz von Strafe im pädagogischen Alltag ist nicht unproblematisch:

Meist führt Strafe nur zur Unterdrückung des unerwünschten Verhaltens und nicht zur erwünschten Verhaltensweise.

Andere Nebenwirkungen:
- Strafe kann die Beziehung des Erziehers zum Kind belasten.
- Häufiges Strafen kann zu aggressivem Verhalten, auch zum Lügen aus Angst vor Strafe, führen.
- Strafe trägt meist nicht zur Einsicht bei, und zeigt keine Alternative.
- Der Erzieher bleibt auch beim Strafen Vorbild für das Kind. Strafende sind oft Modelle, die zeigen, mit welchen Mitteln man sich gegen andere durchsetzt, und Macht über sie gewinnt.
- Ständiges Strafen kann das Selbstvertrauen des Kindes nachhaltig beeinträchtigen.
- Strafen bergen die Gefahr, sich unangemessen auszuweiten.

Reflexion

- Erinnern Sie sich an Situationen aus ihrer Kindheit, in denen Sie nach erfolgter Strafe wieder in die Gruppe intergriert wurden?
- Wie war das für Sie?
- Wie schätzen Sie solche Maßnahmen ein?
- Überlegen Sie: Wie kann man mit Kindern zusammen Erziehungsnormen entwickeln, gemeinsam für ihre Einhaltung sorgen, und dabei einen respektvollen Umgang miteinander pflegen.
- Diskutieren Sie darüber auch mit ihren Mitschülern
- Was sind die Erfahrungen der Mentoren im Kindergarten?

Auf jeden Fall ist – wie wir alle wissen – die Standardmethode des Stubenarrests nur wenig geeignet, um das erwünschte Resultat zu erbringen. Sie erweist sich bei genauerer Betrachtung als aggressiver Machtkampf. Deshalb das Rätsel zum Schluss: Warum nur ignoriert Max alle Erziehungsbemühungen?

Das Kind als kompetenter Gestalter eigener Entwicklungsprozesse

Man hängt seinen Gedanken nach. Max rülpst. Und so kommt es, wie es in vielen Erziehungssituationen kommen muss: Die Anwendung des mühsam angelesenen pädagogisch-psychologischen Fachwissens, der Einsatz des versammelten erzieherischen Sachverstandes, die Verausgabung der geballten emotionalen Energie, die Überzeugungsversuche und Appelle, das Drohen und Fluchen – alles umsonst. Max ist zwar erst fünf, aber beweist sich als eigenwillige, hartnäckig-dickköpfige, quicklebendige, rätselhafte, ja eben kompetente Persönlichkeit. Und so tut er, was freie Individuen tun, wenn es ihnen in den Sinn kommt und sie es intuitiv für nötig halten: Sie lassen sich nicht unterdrücken und zeigen Erziehern ihre Grenzen. Jeder Erzieher sollte sich klar machen: **Vitale Bedürfnisse der Kinder lassen sich nicht unterdrücken. Früher oder später bricht das Unterdrückte hervor:**

Max rülpst.

Macht und Ohnmacht der Erziehung

Wir haben nun am Beispiel von Max und seinen Eltern einige der Gründe durchgespielt, die erklären können, warum Erzieher scheitern. Natürlich gibt es noch sehr viel mehr Gründe und es ist bisher nur unzureichend gelungen, alle Faktoren, welche die Erziehungssituation beeinflussen, in ein handhabbares System zu bringen. Wahrscheinlich wird es uns nie gelingen, alle Faktoren in ihrem komplizierten Zusammenspiel so eindeutig aufzuklären, dass wir daraus einfache Handlungsanleitun-

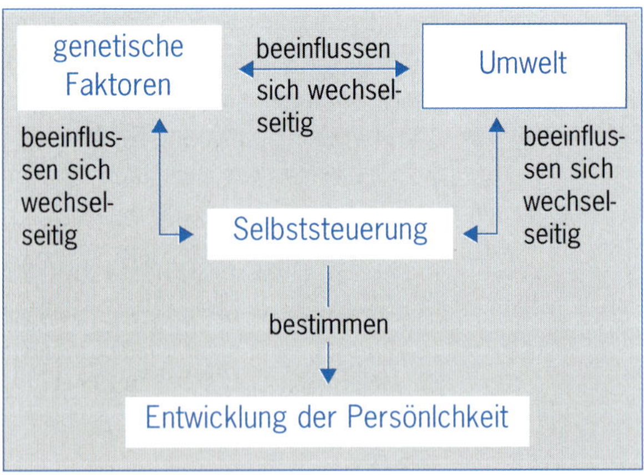

gen ableiten können. Betrachtet man die Kontroversen in dieser Frage über einen längeren Zeitraum, so entdeckt man wiederkehrende Themen. So dauert z. B. schon seit Jahrzehnten der Streit darüber an, inwieweit genetische Anlagen und soziale Umwelten das Erziehungsgeschehen beeinflussen. Mal wird die Bedeutung der Anlagen, dann wieder die Bedeutung der Erziehung hervorgehoben. Dies liegt daran, dass Erziehung ein sehr komplexer und individuel-   ler Vorgang ist. Viele Untersuchungen favorisieren zwangsläufig eine Blickrichtung, die von ihrer jeweiligen theoretischen Hintergrundperspektive gefärbt ist. Im Bewusstsein dieser Problematik sollte man allerdings neue Thesen nicht einfach abtun, sondern dazu nutzen, seinen kritischen Blick für den Raum der Möglichkeiten zu schärfen und noch genauer wahrzunehmen, was im Umgang mit Kindern *wirklich* passiert. Ohne Zweifel haben genetische Anlagen einen größeren Einfluss auf die Entwicklung des Kindes, als wir etwa in den siebziger Jahren annahmen. Andererseits bleibt die Erkenntnis, die Psychoanalyse, Humanistische Psychologie und Behaviorismus eint, gültig, dass die Entfaltung von Anlagen auf günstige Umfeldbedingungen angewiesen ist.

Die meisten Wissenschaftler stellen heute nicht mehr die Frage nach den verschiedenen Anteilen von Anlage, Umwelt und Person. Es gehört mittlerweile zum Grundbestand der Humanwissenschaften: Die Entwicklung des Menschen wird von *Erbanlagen, Umweltfaktoren und Selbststeuerung* des Menschen in ständiger Wechselwirkung bestimmt (siehe Graphik).

Gerade in der modernen Psychologie wird der Gedanke, dass Mensch und Umwelt in engem Austausch stehen und sich gegenseitig beeinflussen, wieder sehr stark betont, so die führenden Entwicklungspsychologen in Deutschland R. OERTER und L. MONTADA. Der Mensch und seine Umwelt bilden ein Gesamtsystem und sind aktiv und in Veränderung begriffen. Die Aktivitäten beider Systemteile sind verschränkt. Die Veränderung eines Teiles führen zu Veränderungen anderer Teile und/oder des Gesamtsystems.

Was unter „günstigen Umfeldbedingungen" zu verstehen ist und wie man sie beeinflussen oder gar schaffen kann, da gehen die Ansichten der unterschiedlichen Schulen auseinander. Allem Zuwachs unseres Wissens über die kindliche Entwicklung zum Trotz stehen Erzieherinnen umso stärker vor der Herausforde-

rung, sich sachkundig zu machen und eine eigene, begründete Position zu entwickeln.

Es bleibt die Frage: Was können wir als Eltern, Erzieher und Pädagogen tun, damit es wahrscheinlicher wird, dass Kinder ihre Potenziale optimal entfalten können?

Das Kind als kompetenten Gestalter eigener Entwicklungsprozesse zu betrachten ist ein guter Anfang.

3. Die Subjektwerdung des Kindes

Aus der Bindungsforschung und der Anthropologie wissen wir, dass ein Kind lange Zeit davon abhängig ist, dass Erwachsene es beschützen und versorgen. Die Psychologie und die Verhaltensbiologie sind sich in der Bedeutung der Früherfahrung des Säuglings und Kleinkindes einig. Was in den ersten Wochen und Monaten geschieht, hat weitreichende Auswirkungen auf die psychische Entwicklung des Kindes. (Sie erinnern sich an das Lernfeld Bindungsverhalten!)

Aber die frühkindlichen Erfahrungen sind nicht alles. Bringt ein Kind beispielsweise die Anlage zu Übergewicht mit auf die Welt, so wird diese Anlage durch das Nahrungsangebot und die Essgewohnheiten über die Jahre hinweg in einer Familie erst zur vollen Geltung kommen, oder aber auch teilweise ausgeglichen werden.

Intellektuelle *Hochbegabung* kann in einem bestimmten Milieu, etwa einer versagenden, anregungsarmen Umwelt, behindert werden oder unter günstigen Bedingungen, etwa durch ein frühes Erkennen und geeignete Maßnahmen, angemessen gefördert werden. Einige Auswirkungen von Anlagen werden erst durch die Bewertung, die die Umwelt vornimmt, produziert. Zugleich aber kennen wir auch Kinder, die frühzeitig bestimmte Eigenarten zeigen und diese auch über Jahre beibehalten. In diesem Zusammenhang sprechen wir dann auch gerne von kleinen Persönlichkeiten.

> Die Persönlichkeit des Menschen umfasst die Gesamtheit seines Wesens, seine Würde, die Mannigfaltigkeit aller Eigenschaften, die seine Einmaligkeit ausmachen: seine Gefühle, seine Gedanken, sein Wille, seine Moral, seine Intelligenz und seine Handlungen.

In der neueren entwicklungspsychologischen Forschung wird daher unter der Berücksichtigung des Subjekts Kind stets von einer *dynamischen Wechselwirkung* zwischen Sozialisationseinflüssen und dem aktuellen Entwicklungsstand eines Kindes ausgegangen.

So wurde z. B. nachgewiesen, dass die unmittelbaren und langfristigen Wirkungen verschiedener Erziehungsstile sich in Abhängigkeit vom Alter des Kindes und dessen aktuellem Entwicklungsstand äußerst unterschiedlich auswirken. Aus der Forschung zur Sozialisation der Moral ist bekannt, dass mit zunehmendem Alter argumentative Begründungen von Verboten und Geboten immer wichtiger werden und eine nur über Strafe und Strafdrohungen angestrebte Kontrolle immer unwirksamer wird. Auch Identifikation und Nachahmung gibt es auf allen Altersstufen, aber während Autoritätspersonen in der frühen Kindheit generell noch als Vorbild dienen und Orientierung bieten können, wird mit wachsender Selbstständigkeit und gefestigtem Selbstbild das Kind bei seinen Identifikationen immer wählerischer werden. Daran wird deutlich, wie kompliziert die Wechselwirkung von Anlage, Umwelt und Selbststeuerung bei der Persönlichkeitsentwicklung tatsächlich ist.

Wichtig hervorzuheben bleibt aber, dass schon von früh an die Kinder in diesem Prozess eine tragende Rolle spielen, bereits als Säuglinge eine Persönlichkeit besitzen, die durch ganz bestimmte Fähigkeiten und Eigenschaften definiert werden kann. In der Tat lassen sich auch wissenschaftliche Beweise für die Eigenart der Kinder finden.

Zahlreiche Untersuchungen treffen sich bei den so genannten „big five", den großen fünf Merkmalen, mit denen man eine Persönlichkeit am besten beschreiben kann.

1. Emotionale Ansprechbarkeit
(mehr oder weniger):
- Ängstlichkeit
- Depression
- Befangenheit
- Impulsivität
- Verletzlichkeit

2. Extraversion
(mehr oder weniger):
- Herzlichkeit
- Geselligkeit
- Durchsetzungsfähigkeit
- Aktivität
- Erlebnishunger
- Frohsinn

3. Offenheit für Erfahrungen
(mehr oder weniger):
- Fantasie
- Ästhetik
- Gefühle
- Handlungen
- Ideen
- Werte und Normen

4. Verträglichkeit
(mehr oder weniger):
- Vertrauen
- Freimütigkeit
- Altruismus (Selbstlosigkeit)
- Entgegenkommen
- Bescheidenheit
- Gutherzigkeit

5. Gewissenhaftigkeit
(mehr oder weniger):
- Kompetenz
- Ordnungsliebe
- Pflichtbewusstsein
- Leistungsstreben
- Selbstdisziplin
- Besonnenheit

Diese Grundmerkmale der Persönlichkeit sind in mehr oder weniger starker Ausprägung bei den verschiedenen Menschen vorhanden.

Wenn Sie versuchen, Kinder auf dieser Skala zu verorten und ihre Einschätzung zutrifft, dann besteht eine große Wahrscheinichkeit, dass diese Grundzüge des Subjekts überdauern.

Exkurs: Mädchen sein – Junge sein

Im Folgenden finden Sie verschiedene Adjektive zur Beschreibung von Menschen durcheinander aufgelistet.

häuslich **geduldig**
modebewusst resolut
energisch *entschlossen* gelassen
fleißig *klug* clever *nachdenklich* beherrscht
sozial **selbstbewusst** intelligent
schwatzhaft *neugierig* **ängstlich** emotional
ehrgeizig hart *hilfsbereit* **lustig**
freundlich **attraktiv** zurückhaltend gutmütig
zärtlich *selbstsicher* **hysterisch** *dumm*
überlegen sachlich kühl *mutig* cool
sportlich aggressiv **aktiv** positiv
kinderlieb **musisch** *computer*
süchtig sorgend blöd

Versuchen Sie doch jetzt die genannten Eigenschaften Frauen und Männern zuzuordnen:

typisch Mädchen/Frau

typisch Junge/Mann

1. Vergleichen Sie die Ergebnisse untereinander.

2. Was fällt Ihnen auf?

3. Gibt es Übereinstimmungen in Ihrer Zuordnung? Wenn ja, wie erklären Sie sich das?

4. Fertigen Sie ein Selbstportrait von sich.

5. Vergleichen Sie ihre Vorstellungen von typisch weiblich und typisch männlich mit ihrem Selbstportrait.

Wie Geschlechtsrollen entstehen. Zuallererst gibt es natürlich, wie aus dem Biologieunterricht bekannt, die biologischen Unterschiede zwischen Mann und Frau, die über den Hormonhaushalt vermittelt auch für Verhaltensunterschiede sorgen.

Eine erziehungswissenschaftliche Sichtweise ergänzt diesen wichtigen Aspekt durch das so genannte „soziale" Geschlecht, d. h. für die Geschlechterrollen und die geschlechts-spezifischen Verhaltensweisen ist die unterschiedliche Erziehung der Geschlechter, auch „geschlechtsspezifische Sozialisation" genannt, verantwortlich. Für Jungen und Mädchen sind die sozialen und kulturellen Bedingungen für die Persönlichkeitsentwicklung in unserer Gesellschaft seit Jahrtausenden sehr verschieden. Schon bereits vor der Geburt sind bestimmte Umweltbedingungen vorgegeben. So werden Jungen/Mädchen gleich mit unterschiedlichen Farben (blau/rosa) bedacht, die Reaktionen der Eltern/Verwandten usw. auf die Geburt eines Jungen oder Mädchens sind oft sehr unterschiedlich.

Der Junge wird oft als „Stammhalter", das Mädchen als „süßer Engel" usw. bezeichnet. Damit schafft die Zugehörigkeit zu einem der beiden Geschlechter schon beim Start ins Leben unterschiedliche Voraussetzungen, aus denen sich dann über die ganze Lebensspanne hinweg geschlechtsspezifische Persönlichkeitsmerkmale entwickeln.

Man muss sich allerdings vor zu starkem Schwarz-Weiß-Denken hüten. Letztlich greifen biologische und soziale Prozesse wieder ineinander: Die biologischen Unterschiede, der unterschiedliche Organismus von Mädchen und Jungen macht das Erlernen des einen Verhaltens leichter als das des anderen. Die meisten

Kulturen, auch die unsere, gehen bei ihren Erwartungen an Jungen und Mädchen, Männer und Frauen davon aus, was ihnen in biologischer Hinsicht am leichtesten fällt. Im Zusammenhang mit der Emanzipation der Frau ist es ein interessanter Gedanke, dass es prinzipiell möglich ist, dass das Verhalten der Geschlechter einander ähnlicher wird.

Der uns bereits bekannte Erziehungswissenschaftler KLAUS HURRELMANN stellt dazu Folgendes fest:
„Bis in die Gegenwart hinein sind in breiten Schichten der Bevölkerung feste Vorstellungen darüber vorhanden, welche Verhaltensweisen und Persönlichkeitsmerkmale als typisch „männlich"' und typisch „weiblich" gelten können. So wird männlichen Kindern, Jugendlichen und Erwachsenen ein großes Ausmaß von aktivem und durchsetzungsbezogenem Verhalten zugestanden, zugleich wird von ihnen wie selbstverständlich die Aufnahme einer Berufstätigkeit und das Durchlaufen einer Berufskarriere erwartet. Demgegenüber werden weiblichen Kindern, Jugendlichen und Erwachsenen stärker gefühlsbetonte und auf Unterstützung anderer ausgerichtete Verhaltensmerkmale zugeschrieben, zugleich verbunden mit der Erwartung, dass sie sich intensiv um Belange der Familie und vor allem auch der Kindererziehung zu kümmern haben [...]

Die Rollenmuster werden auch schon früh in der familialen und schulischen Erziehung zugrunde gelegt. Die Konsequenz ist, dass Männer mehrheitlich aggressive und auf Vorherrschaft ausgerichtete Verhaltensweisen zeigen, Frauen dagegen mehrheitlich gefühlsbezogene und zurückgezogene.[...]

Der Prozess der Identifizierung mit der eigenen Geschlechtsrolle lässt sich vermutlich nicht in genetische, biologische und psychische Komponenten zerlegen, sondern diese beiden Komponenten bauen aufeinander auf und beziehen sich aufeinander. Die biologisch angelegten Unterschiede werden sozial interpretiert und überformt, so dass es für einen jungen Mann oder eine junge Frau gar nicht möglich ist, zwischen den eigenen Anlagen und Merkmalen und den oft sehr fest gefügten, stereotypen Erwartungen der Umwelt an die eigenen Merkmale und Verhaltensweisen zu unterscheiden."[3]

Das Kind als Gestalter seiner Entwicklung

Zwei amerikanische Entwicklungspsychologen fanden einen Zusammenhang zwischen feindseliger Kritikbereitschaft der Mutter und Aggressionshäufigkeit der Kinder gegen die Mutter (im Alter von sechs bis zehn Jahren erhoben). Sie errechneten Korrelationskoeffizienten (Maß für den Zusammenhang zweier Variablen) von $r = .70$ für Jungen und $r = .68$ für Mädchen zwischen beiden Variablen.

Was bedeutet das?

Verursacht die Feindseligkeit der Mutter diejenige der Kinder? Dies war die traditionelle Interpretation. Oder ist es gerade umgekehrt, d. h. haben sich die Kinder die Feindseligkeit der Mutter selbst zuzuschreiben? Oder bedingen sich beide gegenseitig? Sehen wir einmal von dem Fall ab, dass beides von einer dritten Ursache abhängt (einer Erbanlage für Feindseligkeit).

So gibt es auch Hinweise auf einen Zusammenhang zwischen Veränderungen des Intelligenzquotienten und Variablen des häuslichen Milieus, derart, dass ein stetiger Anstieg des IQ im Alter von sechs bis zehn Jahren in Familien zu erwarten ist, die großen Wert auf schulische Leistungen legen und diese unterstützen, während ein kontinuierlicher Abfall in Familien zu erwarten ist, die diesbezüglich wenig Interesse und Unterstützung aufbringen. Sind diese IQ-Veränderungen verursacht durch das häusliche Milieu oder haben die interessierten, lernmotivierten Kinder sich selbst diese Umwelt durch ihre Fragen, ihre Wissbegierde, ihre Resonanz auf Bemühungen der Eltern geschaffen? Wer erlebt, wie häufig Eltern sich vergeblich bemühen (vielleicht auf die falsche Weise), ihren Kindern etwas nahezubringen, wird nicht alle Verantwortung den Eltern zuschreiben. Sind hingegen besondere Interessen und Begabungen (Musikalität, handwerkliche Geschicklichkeit, sportliche Leistungsfähigkeit, Witz usw.) erkannt, werden die Familien bereitwillig zu fördern versuchen, wenn sie können.

Fasst man die vorhandenen Forschungsergebnisse grob zusammen, so ergeben sich wenigstens drei Wege, auf denen Kinder Einfluss auf ihre eigene Entwicklung nehmen:

a) In fast jedem Zeitpunkt des Lebens gibt es Wahlen bezüglich der sozialen und materiellen Umwelt in der man sich befindet. Jeder Mensch sucht sich passende Umwelten und wählt solche aus. So kann man schon bei kleinen Kindern Bevorzugungen von Kontakten zu einzelnen Familienmitgliedern beobachten, die Neigung zu bestimmten Spielgefährten und Freunden, das Selbstständigwerden im Sinne der Lösung von der Elternfamilie, die Wahl von Vereinen nach der eigenen Interessenlage. Später dann die Wahl von Lebenspartnern oder die Trennung von solchen. Ja selbst die Wahl von Fersehprogrammen und Urlaubsorten, die Wahl von Wohnung und Beruf, alles dieses hat Folgen für die weitere Entwicklung.

b) Wenn Sie sich bereits mit dem Lernfeld Wahrnehmung beschäftigt haben, werden Sie wissen, dass der Mensch seine Wahlen auf der Basis subjektiver Definitionen oder Kodierungen seiner Umwelt trifft. Er entscheidet dabei, was wichtig ist und was nicht und was es für ihn bedeutet. Für das eine Kleinkind ist der fremde Mensch, der die Wohnung betritt, eine Bedrohung, für ein anderes eine interessante Abwechslung. Für gute Schüler sind die Lehrer positive Partner, für schlechte eher gefürchtete Kritiker, denen man nach Möglichkeit aus dem Wege geht. Für den einen ist ein Museumsbesuch eine Belohnung, für den anderen eine Strafe. Selbstverständlich mit unterschiedlichen Folgen.

c) Jeder Mensch verändert seine Umwelt, und zwar nicht nur die materielle Umwelt (Zimmer, Wohnung, Arbeitsplatz), sondern auf vielfältige Weise das Selbstbild, die Einstellungen, die Werthaltungen und die Zielsetzungen seiner Sozialpartner. Das Bild von sich selbst, das Bild von anderen, das Ausfüllen einer Rolle werden gestaltet in der sozialen Interaktion. Insofern ist diese nie einseitig, sondern hat Auswirkungen auf alle Beteiligten, (denken Sie an den Test Selbstbild und Fremdbild).

Der unleidliche nervöse Säugling verursacht Frustrationen, Ängste, Ablehnung bei der Mutter. Der anschmiegsame, freundlichere Säugling vermittelt der Mutter Befriedigung, Sicherheit und Stolz. Entwicklungspsychologen stoßen immer wieder auf den Zusammenhang zwischen negativen Temperamentsmerkmalen in der frühen Kindheit und einer ungünstigen Persönlichkeitsentwicklung. Eine Erklärung könnte sein, dass gewisse Temperamentsmerkmale des Kindes wie etwa Hyperaktivitat oder Hypersensibilität von Bezugspersonen als unangenehm erlebt werden. Kinder mit solchen Merkmalen werden daher eher abgelehnt oder gemieden, was sich ungünstig auf die Persönlichkeitsentwicklung auswirken kann.

Wie geschickt Kinder unter Umständen vorgehen und ihre Umgebung mitgestalten, mag folgende Geschichte zeigen:

Es ist Adventszeit. Der Vater sitzt lesend im Wohnzimmer, als schwere Schritte im Flur Besuch ankündigen. Es klopft. Herein kommt Sohn Martin „als Nikolaus", verkleidet mit einem Säckchen voller Nüsse über der Schulter und einem großen Buch in der Hand. Er erklärt: „Ich bin jetzt der Nikolaus", geht auf seinen Vater zu, macht eine bedenkliche Miene, schüttelt gewichtig den Kopf und sagt: „Du schimpfst immer so viel!" Entsprechend spärlich fällt dann auch die Belohnung aus: eine einzige Erdnuss. Dann entfernt sich das Kind, schon nicht mehr würdig, sondern wie üblich hampelnd den Sack schlenkernd, und wirft dabei eine Vase mit Blumen um. Keine Scherben, aber Wasser auf Tisch, Wand und Boden. Weil Papa gerade ermahnt worden war, besinnt er sich, schimpft nicht und räumt die Sachen auf. Kaum sitzt er wieder am Tisch hört man erneut gewichtige Schritte. Klopfen. Herein kommt Martin: „Es wäre jetzt nächstes Jahr" und mit freundlicher Mine: „.Es ist schon viel besser geworden mit dem Schimpfen", und entsprechend reichlicher fällt dann auch die Belohnung aus…

2. Haben Sie solche oder ähnliche Erfahrungen mit Kindern auch schon gemacht? Suchen Sie Beispiele aus dem Kindergartenalltag.

Wie stark endogene (innengesteuert) und exogene (umweltgesteuert) Einflüsse wirksam werden, hängt also auch und im Besonderen von der jeweils individuellen Konstellation ab, wobei die aktive Auseinandersetzung mit Entwicklungsaufgaben einer bestimmten Lebensphase und ihre Bewältigung eine entscheidende Rolle spielen. Die Ergebnisse der persönlichen Entwicklung werden also auch von der jeweiligen individuellen und aktiven Auseinandersetzung

eines Kindes mit seiner Welt mitbestimmt. Heute dominiert daher in der Psychologie ganz allgemein die Perspektive auf die *Selbstgestaltung* eines aktiven Subjekts.

Was ergibt sich daraus für die Förderung der Persönlichkeitsentwicklung des Kindes im Kindergarten?

Die Erzieherinnen fördern:
- Die Selbstständigkeit des Kindes.
- Neugier, Entdeckungsfreude und Phantasie, gerade im Spiel.
- Die Lernfreude des Kindes.
- Die emotionalen Kräfte des Kindes.
- Die Entscheidungsfähigkeit.
- Die Fähigkeit der Kinder, Probleme und Konflikte selber zu lösen.
- Das soziale Lernen.
- Die Einsicht in Lebensweltzusammenhänge.
- Die Beteiligung an alltäglichen Tätigkeiten.
- Den Sinn für Ästhetik.
- Die musisch-künstlerischen Fähigkeiten und Fertigkeiten.
- Die sinnliche Wahrnehmung.
- Die körperliche Kompetenz und Geschicklichkeit.
- Die Sprache und Kommunikationsfähigkeit.
- usw.

Unsere pädagogischen Bemühungen müssen aber natürlich auch und gerade die Persönlichkeitsentwicklung in der Gruppe bedenken, sodass wir den Blickwinkel von der Person zur Gemeinschaft an dieser Stelle erweitern wollen.

4. Sozialverhalten

Die menschliche Entwicklung ist eine soziale Entwicklung

Obwohl das Kind einige individuelle Merkmale besitzt, ist es doch in vielerlei Hinsicht nicht von den anderen zu unterscheiden. Es spricht dieselbe Sprache, hat in groben Zügen dieselben Auffassungen von Gut und Böse und äußert Gefühle wie Liebe und Abscheu so, dass andere Menschen es sofort erkennen. Es gehört zu ihnen.

Die so genannte Sozialisation, die Angleichung an andere Menschen, durchzieht alle anderen Entwicklungen. Ob es um die Entwicklung der Sprache geht, oder um die Entwicklung der Gefühle und des Denkens, der Wahrnehmung, der Gewissensbildung, oder auch um die körperliche Entwicklung, immer sind auf irgendeine Weise andere Menschen beteiligt. Die soziale Entwicklung ist also allgegenwärtig. Sie hängt nicht nur mit anderen Entwicklungen zusammen, sie ist deren Bestandteil.

Der Mensch ist ein soziales Wesen

Der gesellschaftliche Kontakt und das gesellschaftliche Lernen sind für den Menschen unerlässlich. Er ist auf eine gesellschaftliche Lebensweise hin angelegt und von Geburt an auf Mitmenschen und soziale Beziehungen angewiesen.

Und sie findet in allen Formen des Zusammenlebens statt: in der Familie, in verschiedenen Gruppen, im Kindergarten, in Schule, Betrieb, Vereinen usw., sein ganzes Leben hindurch.

Der jüdische Religions- und Sozialphilosoph MARTIN BUBER (1878–1965) sagte in diesem Zusammenhang:

„Der Mensch wird am „Du" zum „Ich".

Aufgabe

Interpretieren Sie diesen Satz für ihre Arbeit im Kindergarten.

Die soziale Entwicklung des Menschen ist also eine umfassende Erscheinung, die man in einer Dreiteilung übersichtlich machen kann:
- An erster Stelle orientiert sich ein Menschenkind an Menschen, ihnen gilt sein Interesse.
- In der Folge übernimmt ein Kind eine Vielzahl von Ideen, Werten und Verhaltensweisen von Menschen.
- Dann gewinnt es Fertigkeiten und Fähigkeiten im Umgang mit anderen Menschen, das ist das Sozialverhalten im engeren Sinne.

Orientierung am Menschen

Junge Säuglinge werden beim Schauen vor allem durch das menschliche Gesicht gefesselt, mehr als durch Gegenstände. Dabei geht es sogar mehr um Menschenähnliches als Maske, als um Lebendiges. Am Anfang ist es eine passive Reaktion des Säuglings, aber schon sehr viel früher als bisher angenommen werden die Kleinen aktiv, und zeigen dabei auch ihre Kompetenz: Mit Weinen, Kreischen, Festhalten oder intensivem Nachahmen versuchen sie sozialen Kontakt zu halten. Am intensivsten reagiert ein Neugeborenes auf die menschliche Stimme. Als erste Hörleistung kann es die Mutterstimme von anderen Frauenstimmen unterscheiden. Mutters Geruch kann es von dem anderer Frauen unterscheiden, nicht aber den Unterschied zwischen sauberer und schmutziger Windel. Das erste Lachen gilt einem Menschen. Das erste Wort ist in der Regel Mama. Die erste Zeichnung zeigt ein Menschengesicht. Zu den heftigsten Ängsten, die ein Kind empfindet, gehört die Angst vor dem Verlassenwerden. Bevor ein Kind selbstständig werden kann, muss es sicher gebunden sein. Das Spielen, die Hauptbeschäftigung des Kindes, hat seine Wurzeln in den ersten Bewegungsspielen mit anderen Menschen.

Übernahme menschlichen Verhaltens. Die Fähigkeit zur Nachahmung scheint schon sehr früh vorhanden zu sein. Schon wenige Stunden alte Babys sind dazu in der Lage, Gesichtsausdrücke von Erwachsenen nachzuahmen: Sie strecken die Zunge heraus, sperren den Mund auf und stülpen die Lippen vor.

Laufen, Sprechen, Essen, Singen, Handeln – beim Allermeisten, was ein Mensch macht, spielt die Nachahmung eine große Rolle. Erwachsene machen es mehr oder weniger absichtlich vor, und das Kind macht es nach.

Wichtiger noch als Imitation ist das Lernen am Modell, das unwillkürliche Übernehmen von Handlungsweisen. Dies ist schon in den frühesten Rollenspielchen zu beobachten, die Haarbürste wird so über den Puppenkopf bewegt, wie auch das Kind gebürstet wird. Wenn es später Vater und Mutter, Kindergarten und Krankenhaus spielt, kann man dabei getreue Kopien der erlebten menschlichen Wirklichkeit erkennen. Hierbei wird auch schon viel fürs Leben geübt.

Aber auch außerhalb des Spieles übernimmt es unwillkürlich charakteristische Verhaltensweisen, anfangs vor allem von Mutter und Vater. *Was die Eltern tun, ist für die Persönlichkeitsentwicklung offenbar viel wichtiger als das, was sie sagen.* Der Prozess der Identifikation mit den Eltern ist eine langwährende Nachahmung menschlichen Verhaltens. Ein wichtiger Aspekt dabei ist die Übernahme der Geschlechtsrolle in der jeweils gebräuchlichen Form der verschiedenen Kulturen.

Bei der Gewissensbildung macht es sich die Regeln der Menschen seiner Umwelt zu Eigen. Erst versucht es, sich um des lieben Friedens willen daran zu halten. Später glaubt es dann selbst daran – die Regeln entsprechen nun seiner eigenen Überzeugung von Gut und Böse. Das Gewissen baut sich auf dem auf, was andere Menschen für notwendig erachten und was ein Kind nun selbst für notwendig hält. Im Laufe des Älterwerdens, werden Altersgenossen immer mehr zum Vorbild genommen, auch der Einfluss der Medien ist nicht zu unterschätzen. Im Schulalter wollen Kinder dann meist um jeden Preis genauso sein wie die anderen.

Umgang mit Menschen. Schon beim Bindungsverhalten haben wir eine Ahnung davon bekommen wie wichtig es ist, dass die Mutter auf das eingeht, was das Kind macht, ihm also auch die Initiative überlässt, denn dies lässt in ihm ein Gefühl des Selbstvertrauens im Umgang mit anderen Menschen keimen. Etwas übertrieben kann man sagen, dass das Kind die Beziehung selbst formt.

Dasselbe begegnete uns bei der Entwicklung von Selbstbewusstsein und Selbsterkenntnis: Das Kind ist fasziniert von seiner Macht, wenn es entdeckt, dass es in der Beziehung mit seiner Mutter selbst Dinge geschehen lassen oder verhindern kann, wenn es herausbekommt, dass sein Kontakt mit ihr durch sein Verhalten mit geprägt wird. Mit vier Jahren, wenn es seinen Einfluss genau kennt, kann es dem Raum geben, was für andere angenehm ist. Im Vorschulalter lernt es, sich beim Spielen an Spielregeln zu halten.

Die Stelle in der Geschwisterreihe beeinflusst seine Ideen über den eigenen Einfluss auf andere Menschen, je nachdem, ob es Macht über andere hat oder nicht, ob es folgsam gehorcht oder nicht. Man kann die Familie auch als Miniatur-Gesellschaft auffassen,

in der ein Kind in Abhängigkeit von seiner Position lernt, im Umgang mit anderen anpassungsfähig oder starr, kooperativ oder eigensinnig zu sein, ob es alles selbst will, oder ob es teilen kann. Aus diesen Beispielen der Übung im sozialen Umgang entwickelt das Kind Eigenschaften, die dafür verantwortlich sind, dass es mehr oder weniger gut mit Menschen umgehen kann. Der Kindergarten kann an diesem Prozess aktiv mitwirken durch die Förderung spezifisch sozialer Eigenschaften, so genannter *sozialer Kompetenzen.* Obwohl die soziale Entwicklung, wie aus dem obigen hervorgeht, keine selbstständige Entwicklung ist, sondern mit allen anderen Entwicklungsprozessen zusammenfällt, die ein Kind durchlebt, kann doch das Soziale im Vordergrund stehen, gerade wenn wir daran denken, dass von sozialer Kompetenz als Erziehungsziel im Kindergartenalter die Rede ist. Unter sozialer Kompetenz finden sich spezifische Fertigkeiten im Umgang mit anderen Menschen (Lernfeld: angemessenes Kommunikationsverhalten entwickeln), die man auch als Voraussetzungen für gelingendes Zusammenleben betrachten kann. Diese Formen des Zusammenlebens erwerben wir auf der Grundlage der gesellschaftlichen Lebensweise. Wir erlernen die Werte und Normen einer Gesellschaft. Diesen Vorgang des Erlernens der sozialen Verhaltensweisen, den Prozess, in welchem der Mensch in der Gemeinschaft handlungsfähig wird, bezeichnet man als *Sozialisation.*

Wie nun lässt sich das Sozialverhalten im Kindergarten beschreiben?

Im Folgenden bieten wir einige Fragen an, mit denen es möglich ist soziale Beziehungen in der Kindergruppe zu erfassen und gegebenenfalls darauf einzu-wirken:[4]

Wie spielt das Kind?
- Spielt es viel alleine?
- Spielt es nur bei bestimmten Beschäftigungen alleine?
- Spielt es vorwiegend mit bestimmten Kindern?
- Wechselt es die Spielpartner häufig?
- Geht es aktiv auf neue Beschäftigungen bzw. Situationen zu?
- Spielt es konzentriert oder ist es leicht ablenkbar?
- Zeigt es im Spiel eigene Gefühle (Ärger, Wut, Freude, Trauer)?

Wie sehen seine Kontakte zu anderen Kindern aus? Das Kind in der Gemeinschaft.

- Geht es selbst auf andere Kinder aktiv zu?
- Kann es sich auf Interaktionen mit anderen einlassen?
- Schaut es häufig beim Spiel anderer zu ohne mitzumachen?
- Ist es Auslöser von Auseinandersetzungen?
- Findet es die Beachtung anderer Kinder?
- Gibt es anderen gelegentlich oder häufig Hilfestellungen?
- Lehnt es bestimmte Kinder ab (mit oder ohne Begründung)?
- Hat es viele oder eher wenige Freunde in der Gruppe?

Wie reagiert es auf Nichtachtung oder Ablehnung durch andere bestimmte Kinder?

- Äußert es Gefühle wie Wut, Trauer oder Verletztheit?
- Geht es auf andere Kinder zu?
- Zieht es sich häufig zurück?
- Wendet es sich an den Erzieher?
- Betont es persönliche Fähigkeiten?

Wie ist die Stellung des Kindes innerhalb der Gruppe?

- Hat das Kind eine bestimmte Rolle?
- Findet es Beachtung und Aufmerksamkeit anderer Kinder?
- Ist es für bestimmte Tätigkeiten oder Situationen zuständig?
- Kann es seine Rechte verteidigen?
- Kann es seine Ideen und Befindlichkeiten aktiv einbringen?
- Lässt es sich von Gruppenmeinungen beeinflussen?

Wie ist die Beziehung des Kindes zu den Pädagogen in der Gruppe und zu anderen Erwachsenen?

- Geht es auf bestimmte Personen besonders zu?
- Sucht es häufig die Nähe eines bestimmten Pädagogen?
- Sucht es die Anerkennung der Erwachsenen?
- Ist es abhängig von der Zuwendung oder Hilfestellung der Pädagogen?
- Spricht es seine Meinung über die Erwachsenen offen aus?

- Zeigt es autonomes Verhalten gegenüber Erwachsenen?
- Kann es auf partnerschaftliches Verhalten eingehen?
- etc.

In der Natur des Menschen also liegt es: wir müssen sozialisiert werden und in dieser Sozialisation erwirbt der Mensch die *Werte und Normen* der betreffenden Gesellschaft und – wir erinnern uns – das ist die aktive Aufgabe von Erziehung.

5. Wertorientierung

Jede Gesellschaft besitzt *Werte* ohne die Zusammenleben nicht möglich ist. Das Verhalten von Menschen in einer Gesellschaft oder Gruppe, ihr Tun und Lassen wird durch Werte bestimmt und geregelt. Werte sind somit die Grundlage des menschlichen Zusammenlebens. Da sie allerdings unterschiedlich auslegbar sind müssen Werte in konkretere Ausführungsbestimmungen übersetzt werden, das sind die *Normen.*

Werte sind in einer Gesellschaft oder in einer Gruppe vorherrschende, verbindliche Vorstellungen über das Wünschens- und Erstrebenswerte und bilden allgemeine Orientierungsmaßstäbe für das Verhalten von Menschen.

Beispielsweise: Werte wie Ehrfurcht vor dem Leben, Toleranz, Gerechtigkeit usw.

Normen sind Auffassungen darüber, wie man sich verhalten soll. Somit sind sie Verhaltensvorschriften, wie die Werte einer Gesellschaft oder Gruppe zu erfüllen sind.

Beispielsweise Gewohnheiten und Gebräuche, staatliche Gesetze, moralische Auffassungen usw.

BRIGITTE BEIL beschreibt in ihrem Buch: Gutes Kind, böses Kind: Warum brauchen Kinder Werte? sprachgewandt und anschaulich die Notwendigkeit der Wertevermittlung an Kinder:

„Für kleine Elefanten ist die Sache ganz einfach: Sie kommen auf die Welt und wissen sofort instinktiv, was sie tun müssen, um in ihrer Herde als gute Dickhäuter zu gelten. Kleine Menschen haben es da entschieden schwerer: Die Natur stattet sie zwar mit der Fähigkeit aus, sich zu ersprießlichen Mitgliedern der Gesellschaft zu entwickeln, aber dass sie das auch tatsächlich werden, ist keineswegs genetisch vorprogrammiert. Sie haben keine Ahnung, warum sie dieses tun und jenes lassen sollen, warum man wohl auf die Trommel, nicht aber auf den Kopf der kleinen Schwester hauen darf. Kinder müssen erst lernen und erfahren, welches Verhalten in ihrer Gruppe als gut und richtig oder böse und falsch angesehen wird und wie man es lebt“.

Über unsere gesellschaftlichen Regeln, die Überlieferungen und Sitten lernen wir zwischen „gut“ und „böse“, zwischen „richtig“ und „falsch“ zu unterscheiden und daraus Maßstäbe für unsere eigenen moralischen Prinzipien zu gewinnen. Diese Regeln verändern sich natürlich im Laufe der Zeit, weil sich auch die Lebensbedingungen verändern. Trotz des stetigen Wandels und einer gewissen Vielfalt der Werte hat sich ein Grundbestand erhalten, der deshalb sogar den ersten Artikel unseres Grundgesetzes bildet: Die Unantastbarkeit der Würde des Menschen. Dazu gehören aufbauend auch Sicherheit, Freiheit, Gerechtigkeit, Gleichheit, Frieden und Wahrhaftigkeit. Diese Werte helfen nicht nur ein demokratisches Gemeinwesen zu untermauern, sondern sie geben den Kindern auch ein Rüstzeug mit, in persönlichen kritischen Situationen sicher zu entscheiden, wie sie sich verhalten sollen.

Werte, die in Frage kommen:
- Achtung vor Anderen
- Bescheidenheit
- Dankbarkeit
- Ehrlichkeit
- Freundschaft
- Friedfertigkeit
- Gehorsam und Ungehorsam
- Gelassenheit
- Gerechtigkeit
- Hilfsbereitschaft
- Höflichkeit
- Konfliktfähigkeit
- Liebe
- Mitgefühl
- Ordnung
- Rücksichtnahme
- Selbstständigkeit
- Selbstvertrauen
- Starke Mädchen
- Toleranz
- Umweltbewusstsein
- Verantwortung
- Vertrauen
- Zivilcourage

Doch wie kann man als Erzieherin die Kinder dazu anregen, diese Werte zu akzeptieren und sich nach ihnen zu richten? Man kann nicht anordnen was man für richtig hält, denn das Kind soll es ja verinnerlichen. Also bleibt nur ein vernünftiger Weg:

Vorleben statt predigen oder die Rolle der Erzieherpersönlichkeit

„Laufen, Sprechen, Essen, Singen – Menschen lernen das Allermeiste durch Nachahmung. Auch und vor allem die Art, miteinander umzugehen. Ob sie es wissen und wollen oder nicht: Eltern und Erzieher können gar nicht anders, als ihre Kinder zu einer bestimmten Einschätzung von Werten zu „erziehen“. Sie tun es in jedem Fall, einfach durch die Weise, wie sie sind und

reagieren — wie sie sich zueinander verhalten, wie sie ihr Kind lieben und respektieren, wie sie etwa Vertrauen und Hilfsbereitschaft zeigen oder Ärger und Ablehnung, Gleichgültigkeit oder Anteilnahme. Aus allem lernt ein Kind schon von klein auf, was ihnen „gut" und „richtig" erscheint oder „falsch" und „böse", und daran hangelt es sich hoch."[5]

Die wenigsten Eltern und Erzieherinnen machen sich klar, dass selbst ihr unreflektiertes Handeln ihre Kinder mehr beeinflusst als alle Mahnungen, Drohungen und Sanktionen. Machen Sie sich bewusst: Sie bringen als Erzieherinnen den Kindern ihre Wertvorstellungen in erster Linie durch ihr Vorleben bei und nicht durch Überredung und Druck.

Weil Kinder von Anfang an bemüht sind, sich zugehörig zu fühlen und den Verhaltensweisen ihrer Gruppe anzupassen, beobachten sie scharf, was in ihrem Umfeld vorgeht. Sie haben ausgezeichnete Antennen und merken schnell, wenn ihnen etwas abverlangt werden soll, was die Großen selbst nicht machen. Kinder merken sehr bald, was wir mit dem Begriff der Doppelmoral beschreiben, wenn wir also beispielsweise Ehrlichkeit und Bescheidenheit predigen, aber gleichsam darum bemüht sind andere „übers Ohr" zu hauen, um unsere Schäfchen ins Trockene zu bringen. Das Problem ist nicht neu, deshalb wurde schon vor Jahrtausenden eine heute noch gültige Lösung erfunden, die die Rolle der Erzieherinnen und Erzieher in der Frage der Wertevermittlung deutlich herausstellt: „Was du nicht willst, das man dir tu', das füg auch keinem andern zu."

6. Die Selbstbetrachtung des Erziehenden

Wie wir anhand der Analyse des Verhaltens von Max Eltern gesehen haben, besteht ein grundlegender Fehler scheiternder Erzieher darin, dass sie glauben, erfolgreiche Erziehung bestände aus einer Trickkiste von Methoden, die man sich nur aneignen müsse, um mit deren Hilfe Kinder formen zu können. Sie haben nicht verstanden:

Das wirksamste Erziehungsinstrument ist unsere eigene Person.

Wir vermitteln eher das, was wir tun, als das, was wir sagen oder wünschen.

Wie wir in unserem einführenden Beispiel gesehen haben, erzielen Techniken, wie das Verwenden von Erklärungen, Drohungen, Strafen, usw. nur selten die Ergebnisse, die wir uns wünschen. Da wir uns nicht klar gemacht haben, dass die Ausstrahlung unserer Persönlichkeit, unsere innersten Motive und Wahrnehmungen sowie Einflüsse der Umgebung einen weitaus mächtigeren Einfluss auf das Verhalten des Kindes nehmen als oberflächlich angeeignete Sozialtechniken.

> Techniken sind nur dann wirksam, wenn Sie einer überzeugenden Haltung entspringen, die der Erzieher nicht nur predigt, sondern auch lebt.

Wenn Sie also erfolgreich erziehen wollen, dann müssen Sie zunächst damit beginnen, ihre eigene Haltung zu überprüfen:

Relfexion

- Was sind die Werte, ihre Einstellungen, die Sie nicht nur vertreten, sondern auch leben?
- Welche Widersprüche strahlen Sie aus? Denken sie an die Kinder, sie sind aufmerksame Beobachter und richten sich weniger nach dem was sie sagen, als was Sie leben!
- Wie können wir einen überzeugenden Erziehungsstil entwickeln?

Persönliche Erziehungsvorstellungen und Prinzipien

Jeder von uns sieht die Welt durch einen Filter, der durch
- genetische Grundierung,
- unsere Erziehung,
- unsere biographischen Erfahrungen,
- einschneidende Erlebnisse,
- unsere Ausbildung,
- die Gesellschaft in der wir leben,
- unsere Werte
- und vieles mehr geprägt ist.

Wir alle entwickeln im Laufe unseres Lebens einen solchen Filter, der dazu beiträgt, dass wir die Welt in weiten Teilen auf unsere persönliche Weise sehen. Diesen Filter bezeichnen wir in Anlehnung an O. A. BUROW als „persönliches Paradigma". Ein Paradigma ist eine Art Landkarte im Kopf, mit deren Hilfe wir versuchen uns in einem Umfeld zu Recht zufinden. Paradigmen können in diesem Sinne sehr hilfreich sein und uns das Leben erleichtern, wenn wir nicht vergessen, dass die Landkarte nicht das Umfeld ist. Sie ist nur ein besonders akzentuiertes Abbild und sie kann Fehler enthalten. Unser Bild der Wirklichkeit, unsere „mentale Landkarte" kann fehlerhaft sein. Alles was wir erleben, interpretieren wir mithilfe dieser Karten und gehen in der Regel davon aus, dass sie uns ein getreues Abbild liefern. Oft stimmen diese Karten aber nur mit der Wirklichkeit überein, die wir persönlich erleben, und weichen stark von der Wirklichkeit ab, die unsere Kinder sehen. Dann haben wir ein Problem. Denn wir erreichen nur dann unser Ziel, wenn wir gemeinsam eine Karte benutzen, die die Wirklichkeit aus beiden Blickwinkeln hinreichend genau wiedergibt.

Die häufigste Situation, in der wir trotz bester Absichten scheitern, besteht darin, dass wir feste Vorstellungen davon haben, wie unser Kind sein sollte (unsere Werte) und uns zu wenig darum kümmern, wie unser Kind die Wirklichkeit sieht und welche Wünsche es hat (das Bild von der Wirklichkeit, das unser Kind hat).

Kinderblicke: Wie Vierjährige die Welt der Erwachsnen erleben

Wenn wir unser Paradigma für die Wirklichkeit nehmen, werden wir uns verfahren und nicht am Ziel ankommen, denn unser Kind benutzt eine andere Karte.

Es wird unseren gut gemeinten Ratschlägen und Anweisungen ausweichen und sich tiefer in seine eigene Wirklichkeit zurückziehen. Der Kontakt zwischen uns wird abbrechen. Einen wirkungsvollen Einfluss werden wir erst ausüben können, wenn wir davon Abstand nehmen, das Kind nach unserem Bild formen zu wollen und uns auf den Versuch einlassen, seine subjektive Konstruktion der Wirklichkeit zu verstehen.

Wollen wir das Kind beherrschen oder wollen wir einen wechselseitigen Prozess der Partnerschaft und des Verstehens?

Hierzu werden wir aber erst in der Lage sein, wenn wir die grundlegende Haltung zu unserem Kind überdenken:

Dabei müssen wir uns klarmachen: Unsere persönlichen Paradigmen, unsere Wahrnehmungen also, bestimmen unser Erleben und Handeln. Auch unser erzieherisches Handeln ist letztlich Ausdruck unserer Wahrnehmungen (siehe Lernfeld Wahrnehmung).

> Erfolgreiche Erziehung ergibt sich deshalb vor allem aus der Überprüfung und Verbesserung unserer Selbstwahrnehmung und der Wahrnehmung unserer Kinder.

„Ich will aber keine Wurst mit roten Punkten drin. Ich mag lieber die andere Fleischwurst."

Konkrete Lernsituation

Große und kleine Menschen
Alle Mitschüler suchen sich einen Partner/eine Partnerin. Einer setzt sich auf den Boden, der andere bleibt stehen.

Fünf Minuten lang erzählt der Stehende dem Sitzenden, was er gestern den ganzen Tag so gemacht hat, der andere hört zu.

Anschließend werden die Positionen getauscht.

Achten Sie dabei genau darauf, wie Sie sich als Sitzende bzw. Stehende gefühlt haben. In welcher Position ging es Ihnen besser?

Welche Gedanken gingen Ihnen durch den Kopf.

Welche Erinnerungen wurden hervorgerufen?

Mögliche Schritte zum Erkennen des persönlichen Paradigmas.

- Versuchen Sie ihre persönliche Weltsicht (Paradigma), ihr System von Werten, ihre Einstellungen, ihre Empfindungen usw. in einfachen Sätzen auszudrücken.
- Welche Folgen hat dies für ihr erzieherisches Handeln.
- Woher kommt ihre Weltsicht? Welche Einflüsse spielen hinein: welche Personen, Erfahrungen, Theorien, Zeitgeist usw.
- Welche ihrer Erziehungsvorstellungen stammen aus ihrer eigenen Erziehung?
- Können Sie ihr persönliches Paradigma, das Sie anstreben, in wenigen Sätzen beschreiben?
- Was müssen Sie lernen, um dieses Paradigma auch leben zu können?
- Wer kann Sie darin unterstützen?

7. Von der Selbstreflexion zur erfolgreichen pädagogischen Grundhaltung

Erziehung ist ein wechselseitiger Prozess, und es gehören immer mindestens zwei Personen dazu: Ein Erzieher und ein Zu-Erziehender.

Beide stehen zueinander in einer bestimmten Beziehung und sind voneinander abhängig.

> Das wechselseitig aufeinander bezogene Verhalten zwischen Menschen nennt man soziale Interaktion.

Erziehung ist stets soziale Interaktion. Erzieher und zu Erziehender reagieren ständig aufeinander, beeinflussen und steuern sich gegenseitig. Und gerade von der Art und Weise wie sich die Beziehung zwischen Erzieher und Kind gestaltet, hängt in hohem Maße der Erfolg der Erziehung bzw. die Persönlichkeitsentfaltung des Kindes ab.

In der älteren pädagogischen Fachliteratur wird diese besondere Beziehung das pädagogische Verhältnis genannt. HERRMANN NOHL, ein Erziehungswissenschaftler, hat schon in den dreißiger Jahren des letzten Jahrhunderts sechs Merkmale bestimmt.

1. **Erziehung geschieht um des zu Erziehenden willen.**
   Es soll dem Wohle des Kindes dienen und zu Selbstbestimmung und Autonomie führen.

2. **Erziehung unterliegt einem historischen Wandel.**
   Was als Wohl des Kindes angesehen wird, muss immer wieder neu diskutiert werden, weil die Wert- und Normvorstellungen sich im Laufe der Zeit verändern.

3. **Das pädagogische Verhältnis ist ein Verhältnis der Wechselwirkung.**
   Der Einfluss findet nicht einseitig nur vom Erzieher aufs Kind statt, sondern auch umgekehrt.

4. **Das pädagogische Verhältnis kann nicht erzwungen werden.**
   Die Beziehung zwischen Erzieher und Kind sollte auf Freiwilligkeit beruhen. Zwang und Gewalt zerstören diese Beziehung.

5. **Das pädagogische Verhältnis strebt danach, sich überflüssig zu machen.**
   Erziehung ist vom ersten Tag an darauf ausgerichtet das Kind selbstständig zu machen. Die Beziehung muss also so gestaltet werden, dass das Kind schrittweise selbstständig und mündig wird.

6. Im pädagogischen Verhältnis akzeptiert der Erzieher den zu Erziehenden und fördert ihn nach seinen Möglichkeiten.
Der Erzieher soll das Kind so annehmen, wie es ist. Gleichzeitig ist er bemüht, dem Kind bei der Entfaltung seiner Möglichkeiten jegliche Unterstützung zu geben.

Aufgabe

Unterziehen Sie den Ansatz von H. NOHL einer kritischen Betrachtung. Bedenken Sie dabei, dass er vor über 70 Jahren formuliert wurde. Vergleichen Sie ihn mit mordernen Begriffen wie z. B. Dialog, Interaktion, Kommunikation, Ich-Du-Verhältnis o. Ä.

Lern- und Arbeitstechniken

1. Anwendung von Arbeitsmethoden
2. Lernbiografie
3. Informationsbeschaffung
4. Informationsbearbeitung
5. Textverarbeitung
6. Präsentation

1. Anwendung von Arbeitsmethoden

Alexa und Lara unterhalten sich morgens vor dem Unterricht im Klassenzimmer:

Alexa: „Sag mal, kannst du mir das mit den verschiedenen Theorien für die Arbeit mal erklären? Ich habe das nicht so ganz verstanden."

Lara: „Nee – das habe ich mir noch nicht angeschaut. Ich muss mir das nachher noch reinpauken."

Alexa: „Aber wir schreiben doch schon morgen…"

Lara: „Mehr Zeit habe ich aber nicht. Ich muss ja schließlich noch die zwei anderen Leistungsnachweise vorbereiten, für den Kindergarten sollte ich auch noch ein Angebot planen und arbeiten sollte ich heute abend auch noch."

Alexa: „Das ist aber sehr chaotisch bei dir. Kannst du dir die ganzen Sachen denn merken, wenn du so spät anfängst zu lernen und vor allem, wenn du so viel auf einmal zu erledigen hast?"

Lara: „Na ja, manchmal geht es eben nicht anders. Da kommt einfach zu viel zusammen. Aber da muss man halt durch. Bis morgen kann ich mir das schon merken. Ich habe ein ganz gutes Kurzzeitgedächtnis!"

Alexa: „Also, ich habe da eine andere Einstellung. Ich will das ja nicht nur für die Arbeit wissen, sondern auch länger behalten können. Und außerdem habe ich eigentlich keine Lust, mir die ganzen Tage so voll zu packen. Ich verteile meine Arbeit lieber, wenn es geht. Das ist im Großen und Ganzen echt nur eine Sache der Organisation."

Lara: „Hm. Kannst du mir das mal näher erklären?"

So oder so ähnlich laufen sicher manche Gespräche in der Schule ab.

Vieles, was wir lernen sollen, bleibt nur vorübergehend in unserem Gedächtnis – weil wir uns zu wenig Zeit nehmen, weil wir zu wenig Lern- und Arbeitsstrategien haben und weil zu oft Chaos herrscht – in uns und um uns herum.

Also, alles eine Sache der Organisation?

Im folgenden Kapitel geht es um Lern- und Arbeitsmethoden: z. B. um
– die Beschaffung von Informationen,
– die Bearbeitung von Informationen,
– konkrete Textverarbeitung sowie
– die Präsentation.

Vorher wird jedoch ein kurzer Blick auf die eigene Lernsituation geworfen:
• Welcher Lerntyp bin ich eigentlich?
• Auf welchem „Kanal" lerne ich besonders gut?
• Gibt es einen für mich besonders geeigneten Lernort/eine Lernatmosphäre?

Nicht fehlen dürfen hier natürlich einige Lerntipps, die helfen sollen, das eigene Lernen zu strukturieren.

2. Lernbiografie

Um zu wissen, welche Lernstrategien für jeden einzelnen Menschen am wirksamsten sind, ist es sinnvoll, einen Blick auf die eigene Lernsituation zu werfen.

Dabei stellen sich grundsätzliche Fragen:

- Welcher Lerntyp bin ich eigentlich?
- Auf welchem „Kanal" lerne ich besonders gut?
- Gibt es einen für mich besonders geeigneten Lernort/eine günstige Lernatmosphäre?

Lerntypen

Fachleute haben herausgefunden, dass es unterschiedliche Lernkanäle und Lerntypen gibt.

Informationen werden von verschiedenen „Empfangsstadien", unseren Sinnesorganen und Sinnen, aufgenommen und verarbeitet:

> **Auge** → Sehsinn → visuell
> **Ohr** → Hörsinn → auditiv
> **Nase** → Geruchsinn →olfaktorisch
> **Mund** → Geschmacksinn → gustatorisch
> **Haut** → Tastsinn → taktil oder auch haptisch.

Wir können über alle diese Kanäle Neues aufnehmen, allerdings empfängt der eine leichter über diesen, der andere leichter über jenen Kanal.

Es lassen sich im allgemeinen folgende Lerntypen unterscheiden:

Der auditive Lerntyp: Lernen durch Hören.
Hier werden Informationen am besten über das Ohr eingeprägt; Hören und Nachsprechen, sich selbst oder anderen etwas erzählen sind Merkmale dieses Lerntyps.

Der visuelle Lerntyp: Lernen durch Sehen.
Hier werden Informationen am besten über das Auge eingeprägt; Durchlesen, Zeichnungen, Schaubilder, Skizzen einprägen sind Merkmale dieses Lerntyps.

Der haptische Lerntyp: Lernen durch Tasten und Greifen.
Hier werden Informationen am besten über die Haut und das Tasten eingeprägt; Anfassen, Befühlen, Hochheben, etwas über die Beschaffenheit (hart, weich, rau, kantig ...) erfahren sind Merkmale dieses Lerntyps.

Der motorische Lerntyp: Lernen anhand von Bewegungen.
Hier werden Informationen am besten eingeprägt, wenn der Bewegungsapparat beim Lernen gebraucht wird; etwas selbst aufschreiben oder aufmalen, Spazieren gehen, Joggen, Auf und Ab gehen, etwas selbst ausprobieren sind Merkmale dieses Lerntyps.

Es kommt darauf an, was gerade gelernt werden soll: so werden beispielsweise Vokabeln eher durch Sehen und Hören gelernt, während Ski fahren unbedingt anhand von Bewegungen gelernt werden muss.

Die besten Lernleistungen werden jedoch erzielt, wenn die Inhalte in unterschiedlichen Kanälen transportiert werden – und somit möglichst viele Sinne beim Lernen beteiligt sind.

Lernkanäle und ihre Leistungen

Behalten und Vergessen von Inhalten bei den einzelnen Lernkanälen im Durchschnitt:

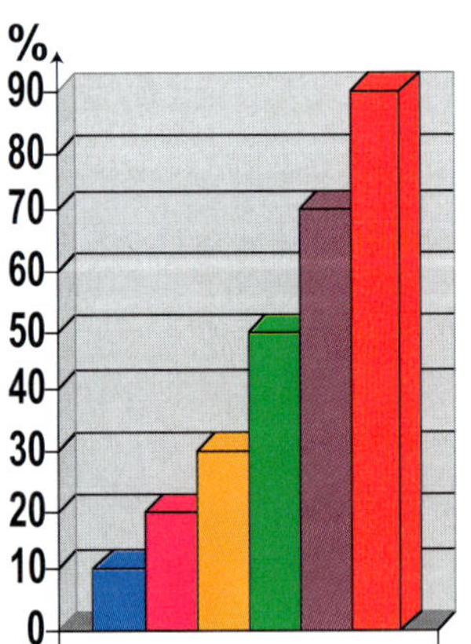

Lesen: 10 % wird behalten

Hören: 20 % wird behalten

Sehen: 30 % wird behalten

Hören und Sehen: 50 % wird behalten

Selbst darüber sprechen: 70 % wird behalten

Selbst ausprobieren und ausführen: 90 % wird behalten

Lernort und Lernatmosphäre

Optimales Lernen wird nicht allein dadurch erreicht, dass gewisse **geistige Fähigkeiten** – Konzentrationsvermögen, Gedächtnis, Denken... trainiert und verbessert werden.

Auch die **psychische Verfassung** (z. B. Ausgeglichenheit) und die **äußeren Bedingungen** wie Raum, Arbeitsplatz, Ernährung, Schlaf und Pausen spielen bei der Lernleistung eine wichtige Rolle.

Sie müssen nach Möglichkeit günstig gestaltet werden, um ein wirkungsvolles geistiges Arbeiten und Lernen zu ermöglichen.

> Wichtige Kriterien sind, dass der Arbeitsplatz
> – ausreichend groß ist,
> – anregend zum Arbeiten,
> – ruhig und ungestört,
> – sowie richtig temperiert, durchlüftet und beleuchtet ist.

Sinnvoll ist es, immer am gleichen Ort zu lernen und sich einen festen Arbeitsplatz einzurichten.

Es hat zwar nicht jeder Mensch zu Hause ein eigenes Zimmer mit einem geeigneten Arbeitsplatz, man kann jedoch versuchen, sich einen solchen Arbeitsplatz zu schaffen:

- Der zweckmäßige Arbeitsplatz ist gekennzeichnet durch eine ausreichend große Arbeitsfläche, die so groß sein sollte, dass Sie beim Schreiben bequem die Arme auflegen können und noch Platz haben für ein oder zwei aufgeschlagene Bücher.
- Wichtig ist die richtige Höhe der Arbeitsfläche (der Abstand der Augen zur Tischplatte sollte 30 bis 40 cm betragen) und ausreichende Bequemlichkeit, z. B. durch einen höhenverstellbaren, ergonomischen Stuhl auf Rollen (Sitzhaltung: Knie, Hüfte, Ellenbogen jeweils im rechten Winkel).
- Die richtige Beleuchtung am Arbeitsplatz ist wichtig, z. B. durch eine verstellbare Lampe (für Rechtshänder: Lichteinfall von links, Linkshänder umgekehrt).
- Sinnvoll ist es, verschiedene Arbeitsmittel wie z. B. Notizblock, Stifte, Lineal usw. sowie Regale und Ablageflächen in unmittelbarer Nähe des Arbeitsplatzes zu haben.
- Nicht immer können störende Geräusche beseitigt und vermieden werden, man gewöhnt sich mit der Zeit auch an bestimmte Geräusche und nimmt sie nicht mehr bewusst wahr, wie beispielsweise Verkehrslärm. Gewisse Geräusche, die beim Lernen stören und die Konzentration behindern, können Sie jedoch vermeiden, so z. B. Musik. Musik entzieht in aller Regel mehr Aufmerksamkeit, als sie schafft, wobei es auch neuere Studien gibt, nach denen ruhige Musik, leise Entspannungs-/Instrumentalmusik im Hintergrund beruhigend und somit konzentrationsfördernd wirken kann.
- Überheizte und zu kalte Räume beeinflussen die Lernleistung negativ; die Zimmertemperatur sollte ungefähr 20 °C betragen.
- Bei geistiger Arbeit hat der Mensch einen erhöhten Sauerstoffbedarf, so dass immer wieder für einige Minuten das Fenster geöffnet werden sollte.
- Machen Sie es sich an ihrem Lernort gemütlich – Dinge, die positiv stimmen, vielleicht eine Tasse Tee, Obst usw. erleichtern den Zugang zum Lernen und können die Motivation steigern.
- Je angenehmer die Lernumgebung, je entspannter die Grundhaltung beim Lernen und in Bezug auf den Lernstoff, desto größer ist auch der mögliche Lernerfolg.

> Je mehr „Chaos", desto größer ist die Ablenkung und folglich geringer der Lernerfolg.
>
> **Wichtiger Grundsatz ist somit: der Lernort soll konzentrationsfördernd sein!**

Chaos am Arbeitsplatz

Lerntipps

Die folgenden Lerntipps sollen einige Anregungen geben, das eigene Lernen zu überprüfen und unter Umständen zu optimieren:

Jeder Mensch hat zwar seinen eigenen Lernstil, d. h. einen bevorzugten Lernkanal, den es herauszufinden gilt, und nach dem man versuchen sollte, zu lernen. Die folgenden Tipps gelten jedoch für jeden Lerntyp und für jeden Inhalt, der gelernt werden soll.

- Zeitplan und Arbeitsplan erstellen – Überblick schaffen über Lernstoff, Lernstoff einteilen, Reihenfolge überlegen, Ziele setzten, bis wann man was erledigt haben möchte.
- Es hat sich bewährt, den Lernstoff in kleinere „Portionen" aufzuteilen – und aus dem oft großen, scheinbar unbezwingbaren Berg an Arbeit überschaubare Päckchen zu machen; so wagt man sich eher an die Arbeit.
- Mit dem leichtesten Inhalt/Fach und dem, was man gut kann, anfangen – dies motiviert und erleichtert das Einfinden in die Arbeit, dann erst Schwierigeres lernen; mehrmaliges Wiederholen der Inhalte (auch an verschiedenen Tagen) fördert das Behalten.
- Früh genug anfangen, nicht erst einen Tag vor einer Arbeit – das beruhigt die Nerven und der Stoff kann sich wirklich setzen.
- „Verlieben" Sie sich in den Lernstoff – positive Einstellung zu den Lerninhalten erleichtert das Lernen.
- Lernen Sie nicht einfach nur auswendig – Dinge, die verstanden wurden, bleiben besser und länger im Gedächtnis haften.
- Schriftliches und mündliches Lernen abwechseln, verschiedene Lernmethoden ausprobieren und anwenden.
- Sofort nachlesen, wenn man etwas nicht verstanden hat oder Freunde/Eltern/Lehrer fragen.
- Schon im Unterricht aufpassen.
- Die Inhalte in eigenen Worten erklären, dann merkt man, ob man alles verstanden hat.
- Mit anderen über den Inhalt reden oder sich abhören lassen.
- Eselsbrücken helfen immer, selbst wenn sie noch so einfach sind.
- Pausen sind notwendig! Mehrere kurze Pausen (5 bis 10 Minuten) bringen die notwendige Erholung, ein weniger starkes Abfallen der täglichen Leistungskurve wird erreicht sowie eine Speicherung des Gelernten im Gedächtnis, da es nicht ständig mit neuen Inhalten überfrachtet wird.
- Während dieser Pausen können Sie sich körperlich entspannen, eine Phantasiereise machen, Obst essen, etwas trinken… Je länger die Lernzeit, desto länger sollten auch die Pausen werden.

Generell gilt:

Motivieren Sie sich selbst; Lernen wird effektiver, je mehr Spaß es macht und je mehr Interesse beteiligt ist; auch sollten alle organisatorischen Hürden beseitigt sein, bevor man an die Arbeit geht: aufgeräumter Arbeitsplatz, Zeitplan/Übersicht über den Lernstoff, Einteilung des Lernstoffes in „verdaubare Portionen", genügend Pausen einplanen – und: sich ruhig auch mal selbst belohnen!

Aufgaben/Vertiefung

1. Selbsttest: Finden Sie heraus, welcher Lerntyp Sie sind!
2. Beschreiben Sie Ihren Lern- und Arbeitsplatz – vergleichen Sie ihn mit den Empfehlungen.
3. Beschreiben Sie eigene Lernstrategien – wie haben Sie z. B. bisher gelernt? Berichten Sie von erfolgreichen (eigenen) Lerntipps und Lernmethoden.
4. Beschreiben Sie den im Foto abgebildeten Lern- und Arbeitsplatz – vergleichen Sie ihn mit den Empfehlungen.

3. Informationsbeschaffung

Allgemeines

Egal ob eine Hausarbeit geschrieben, ein Referat gehalten werden soll oder ob man sich tiefer in ein Thema einarbeiten möchte, gleich für welche Art von Arbeit – erster Schritt ist immer, sich Informationen zu beschaffen.

Hierfür stehen zahlreiche Möglichkeiten zur Verfügung, so z. B.

- Bibliotheken
- Internet
- Tageszeitungen
- Sachbücher
- Fachzeitschriften
- Lexika

Wichtig ist, dass die Informationen, die verwendet werden, möglichst aktuell und auf dem neuesten Stand der Forschung und Lehre sind. Bei Sachbüchern, Fachzeitschriften und Lexika ist dies am Erscheinungsjahr bzw. Datum der Herausgabe oder der entsprechenden Heftausgabe zu erkennen: je neuer das Datum, desto aktueller – in aller Regel – auch die Informationen.

Zur Aktualität kommt die Sachlichkeit und Objektivität der Informationen hinzu, die gegeben sein muss. Dies zu erkennen ist sicher nicht immer einfach, ein Vergleich der Informationen mit anderen Quellen hilft bei der Einschätzung der Sachlichkeit und Objektivität.

Die Tageszeitung enthält nicht nur aktuelles zum Tagesgeschehen, sondern auch neueste statistische Daten mit hohem Informationswert, wie der Ausriss zeigt. Tageszeitungen sollten jedoch kritisch gelesen – und die Inhalte nicht unbedacht übernommen werden. Vielmehr ist darauf zu achten, welcher Schreibstil hinter einem Artikel steckt – ob er z. B. „reißerisch" verfasst ist oder doch einen recht sachlichen und objektiven Eindruck macht.

Weniger Babys, weniger Ehen

Rekordtief bei den Geburten

WIESBADEN (dpa). Die Zahl der Geburten in Deutschland ist auf ein Rekordtief gesunken. Im vergangenen Jahr kamen 715 000 Kinder zur Welt, 1,3 Prozent weniger als im Jahr 2002. Das seien so wenige wie noch nie seit Bestehen der Bundesrepublik, berichtet das Statistische Bundesamt in Wiesbaden. Im Jahr 1964, dem kinderreichsten Jahr, kamen dagegen in Ost- und Westdeutschland insgesamt rund 1,4 Millionen Babys zu Welt – fast doppelt so viele wie 2003. Seitdem sind die Zahlen insgesamt rückläufig. Auch bei den Eheschließungen melden die Statistiker ein Rekordtief. Im Jahr 2003 gaben sich nur 383 000 Paare das Ja-Wort. Gestiegen ist dagegen die Zahl der Sterbefälle. 2003 starben in Deutschland 858 000 Menschen (plus 1,6 Prozent). Damit gab es 143 000 mehr Todesfälle als Geburten.

(Badische Zeitung vom 6. April 2004)

Informationen, die verwendet werden, sollten verständlich sein. Sowohl einem selbst als auch Zuhörern oder Lesern der entsprechenden Arbeit sollte klar sein, was einzelne Begriffe bedeuten – wovon also überhaupt die Rede ist.

Eine Arbeit wird nicht durch den Gebrauch besonders vieler Fachbegriffe oder Fremdwörter gut. Wichtig ist vielmehr, dass Inhalte und Fachbegriffe mit eigenen Worten erklärt werden können – und somit gezeigt wird, dass sie erfasst wurden.

Bei vielen Sachbüchern, Fachzeitschriften und Lexika wird es beispielsweise notwendig sein, Fachbegriffe genauer nachzuschlagen und Abkürzungen aufzulösen. Denn erst dann haben Sie die Sicherheit, die Informationen auch wirklich richtig verstanden zu haben und vor allem auch richtig weitergeben zu können.

Informationen sollten immer hinsichtlich ihrer Passung überprüft werden: sind diese für meine Zwecke geeignet? Oder gehen Sie über mein Thema hinaus? Nur was wirklich von Bedeutung für die Arbeit ist, wird berücksichtigt. Alle anderen Informationen wären zu viel und sprengen den Rahmen. Hierbei ist es hilfreich, sich immer wieder das Thema der Arbeit vor Augen zu halten und sich vor allem darüber klar zu sein, welches Ziel mit der Arbeit verfolgt wird.

Ein weiterer wichtiger Punkt bei der Informationsbeschaffung ist die Angabe der verwendeten Quellen. Es ist nicht nur leichter, einen Text wieder zu finden, wenn die genaue Quelle notiert ist. Vielmehr ist die genaue Quellenangabe (dies gilt auch für Internetadressen!) gerade in Bezug auf Hausarbeiten und Referate für die Nachvollziehbarkeit der Inhalte von wesentlicher Bedeutung. So weiß jeder Leser der Arbeit, welche Informationen Sie von welcher Quelle verwendet haben – und welche Gedanken selbst hinzugefügt wurden.

Informationen suchen

Neben den Sachbüchern, Fachzeitschriften, Lexika und Tageszeitungen stehen auch Bibliotheken und – heute immer mehr – das Internet zur Verfügung, um Informationen zu beschaffen.

Eine Gefahr dieser Fülle von Möglichkeiten liegt sicherlich darin, zu viel Material zu sammeln, zu viele Details zu berücksichtigen und so möglicherweise den Überblick zu verlieren.

Auch hier hilft es immer wieder, sich das Thema der Arbeit bzw. das Ziel vor Augen zu halten, das verfolgt wird und die Passung zu überprüfen. Je eher man „filtert" und aussortiert, desto weniger versinkt man im „Informationschaos".

Hilfreich kann es sein, nicht wahllos alles zu kopieren/auszudrucken, was interessant erscheint. Vielmehr sollten Sie sich einen Überblick über die Inhalte verschaffen, dann auswählen, was gebraucht werden könnte und anschließend diese Inhalte sortieren.

Bibliotheken. Neben einer Schulbibliothek, die sicherlich in jeder Schule zur Verfügung steht, gibt es öffentliche Bibliotheken, in denen entsprechende Literatur zu finden ist.

Jede Bibliothek ist zwar etwas anders eingerichtet, vom Prinzip her sind die meisten jedoch ähnlich.

In aller Regel finden sich so genannte „Zettelkataloge", in denen die Bücher nach einem bestimmten System geordnet sind:
- **Der Autorenkatalog:** die Werke sind alphabetisch entsprechend den Autorennamen geordnet.

- **Der Schlagwortkatalog:** hier lassen sich entsprechende Werke eines Themengebietes finden.

Wichtig ist in beiden Fällen, sich die so genannte Signatur (Buchstaben-Zahlen-Kombination, z.B.: 95 A 3811) – auch Standortnummer genannt – zu notieren, anhand derer die Werke in den Regalen der Bibliothek zu finden sind.

Weitaus praktischer als die Zettelkataloge sind heute die Computer, mit denen die meisten Bibliotheken ausgestattet sind und die eine bequeme Computerrecherche ermöglichen.

Auch hier können verschiedene Begriffe eingegeben und gesucht werden, so z.B. Autor oder Titel eines Buches, ein Schlagwort oder die Standortnummer eines Buches.

Wichtig ist auch hier, sich die entsprechende Signatur zu notieren.

Am Computer lässt sich zudem überprüfen, ob das gewünschte Buch bereits verliehen ist – so spart man sich unter Umständen den Weg zum Regal und die Suche danach.

Es ist möglich, anhand der Computerverzeichnisse eine Verbindung herzustellen zu weiteren Bibliotheken in anderen Städten. So finden Sie jede gewünschte Literatur.

Sehr praktisch ist die Einrichtung so genannter Onlinekataloge, die es ermöglichen, von jedem beliebigen Computer aus (also auch von zu Hause) über das Internet in die Kataloge verschiedener Bibliotheken zu schauen. Mit einem Benutzerausweis der entsprechenden Bibliothek lassen sich hierbei Bücher auch bequem vormerken oder bestellen.

Internet. Das Internet bietet eine weitaus größere

Fülle an Möglichkeiten an verschiedenste Informationen zu kommen als nur durch die Onlinekataloge von Bibliotheken.

Sicherlich ist es verlockend, Hausarbeiten oder fertige Referate aus dem Internet zu übernehmen, doch diese Tricks kennen heute durchaus auch die Lehrer. Auch kann es peinlich werden, Fragen zu einem Referat nicht beantworten zu können, weil es einfach aus dem Internet übernommen wurde.

Somit sollte man das Internet und seine Möglichkeiten für die Suche von Informationen durchaus nutzen – jedoch richtig. Das heißt, nicht einfach etwas übernehmen und sich freuen, dass man so schnell fertig ist, sondern viel mehr eine kritische Betrachtung vornehmen und eine entsprechende Auswahl der Inhalte treffen.

Vorteil des Internets sind so genannte Suchmaschinen: dies sind riesige Datenbanken, die Textinformationen zu Internetadressen enthalten. So kann ein beliebiger Begriff eingegeben werden (z. B. das Thema einer Hausarbeit oder eines Referates), für den dann entsprechende Internetadressen, die etwas mit diesem Begriff zu tun haben, angezeigt werden.

So lässt sich eine große Bandbreite von Informationen finden, die unter Umständen für die Arbeit/das Referat hilfreich sein können. Gerade hier gilt: Überblick verschaffen, bevor Inhalte übernommen werden!

Es besteht die Möglichkeit, von der Suchmaschine aus auf die angezeigten Seiten zu gehen und sich diese anzuschauen, um so passende Inhalte auszuwählen. Oder Sie schreiben sich die Adresse auf und schauen sie sich später an.

Beispiele für solche Suchmaschinen sind:
www.google.de; www.yahoo.de; www.altavista.de; www.lycos.de; www.erzieherin.de.

Jede dieser Suchmaschinen besitzt unterschiedliche Suchstrategien, z. B. findet man ein Verzeichnis, in dem das Web nach Themen in bestimmten Kategorien geordnet ist, oder sie finden so genannte „News“: Neuigkeiten, Schlagzeilen und Nachrichten, ständig aktualisiert. Auch Diskussionsgruppen lassen sich finden, ebenso wie verschiedenste Bilder – oder ganz einfach nur Begriffe. Doch auch hierfür gibt es wieder verschiedene Möglichkeiten – entweder nur einen Begriff eingeben oder mehrere. Jede Suchmaschine bietet Hilfestellung.

Expertenbefragung

Eine weitere – und völlig andere – Form der Informationsbeschaffung ist die so genannte Expertenbefragung. „Experten“ sind Personen, die in einem bestimmten Handlungsfeld spezielle Kompetenzen besitzen, beispielsweise Leiter und Leiterinnen oder Mitarbeiter und Mitarbeiterinnen sozialpädagogischer Einrichtungen.

Die Expertenbefragung bietet die Möglichkeit, für eine Hausarbeit oder ein Referat Informationen „aus erster Hand“ zu erhalten, von einer Person, die direkt in der Praxis steht. So kann eine Arbeit wesentlich lebendiger werden und von „tatsächlichen Gegebenheiten“ berichten. Zudem erhalten Sie einen tieferen Einblick in ein bestimmtes Arbeitsfeld – allerdings nur in diesen kleinen Ausschnitt, den der Experte vertritt.

Es bietet sich an, einen Experten vor Ort zu besuchen, z. B. in einer Erziehungsberatungsstelle, um selbst einen Eindruck von dessen Arbeitsfeld gewinnen zu können. Möglich wäre es auch, im Rahmen des Unterrichts einen Experten einzuladen und direkt mit der gesamten Klasse zu befragen.

Neben der Form der mündlichen Befragung besteht die Möglichkeit, einen Experten beispielsweise anhand eines Fragebogens zu interviewen. Allerdings ist hier das persönliche Gespräch vorzuziehen, da Missverständnisse vermieden, Nachfragen gestellt und eventuell Diskussionen entstehen können.

Wie auch für die anderen Wege der Informationsbeschaffung gilt: die Auswahl von Experten muss kritisch getroffen werden.

Somit sollten auch die Berichte eines Experten nicht gedankenlos übernommen, sondern kritisch hinterfragt werden.

Die Expertenbefragung muss gut vor- und nachbereitet werden. So sollten Sie sich im Klaren sein, was Sie denn überhaupt wissen möchten – und sich bereits im Vorfeld Fragen überlegen. Es kann hilfreich sein, mit einem vorformulierten Fragebogen ein Expertengespräch zu führen, um nichts Wichtiges zu vergessen.

Auch sollte man sich Gedanken darüber machen, wo die Expertenbefragung stattfinden soll und ob das Gespräch beispielsweise per Videokamera oder ähnlichem dokumentiert wird oder ob ein schriftliches Protokoll verfasst werden soll.

Eine Nachbereitung bzw. Auswertung der Befragung dient dazu, die Ergebnisse zu sortieren und zu sichern, sie zu reflektieren und eventuell zu diskutieren bzw. sie für eine Hausarbeit oder ein Referat aufzubereiten.

Generell gilt:

Ein Experte sollte vor allem dann zu Rate gezogen werden, wenn die eigenen Kompetenzen zur Lösung bestimmter Probleme nicht mehr ausreichen.

Dies ist vor allem für Schwierigkeiten im beruflichen Alltag von wesentlicher Bedeutung.

Konkete Lernsituationen

1. Gehen Sie in den Onlinekatalog der Badischen Landesbibliothek Karlsruhe unter der Adresse: www.blb-karlsruhe.de und verschaffen Sie sich einen Überblick über diese Seite.
   Suchen Sie anschließend gezielt nach Literatur, die Sie interessiert bzw. die Sie möglicherweise gerade brauchen.

2. Testen Sie verschiedene Suchmaschinen aus: geben Sie jeweils den selben Begriff ein und vergleichen Sie die angezeigten Ergebnisse.

3. Versuchen Sie, für ein Referat oder eine Hausarbeit einen geeigneten Experten zu finden und diesen zu Ihrem Thema zu befragen.

4. Informationsbearbeitung

Wenn Sie sich Informationen beschaffen, so ist noch lange nicht gewährleistet, dass Sie damit auch etwas anfangen können – geschweige denn, dass Sie sich alle Inhalte auf Anhieb merken können.

Wie oft lernt man auf eine Klausur, in dem man das Arbeitsblatt/die Buchseite ein paar mal durchliest, vielleicht auch noch wörtlich auswendig lernt – aber die Inhalte nicht immer unbedingt verstanden hat.

Somit ist es nicht damit getan, sich Informationen, Inhalte zu beschaffen, diese müssen vielmehr richtig und effizient aufbereitet werden.

Es fängt an mit dem richtigen Lesen und Bearbeiten eines Textes und geht hin bis zur Gestaltung von z. B. Plakaten, auf denen nur noch Stichworte notiert sind.

Letztendlich haben Sie sich so in einem zwar recht aufwändigen, dafür aber effektiven Verfahren die Inhalte so angeeignet, dass Sie nur noch die Stichworte lernen – und einen freien Vortrag über das Thema halten können, wenn die Inhalte wirklich verstanden und auf die wichtigsten Kernaussagen reduziert wurden.

Texte lesen und verstehen – Textarbeit

Für das Lesen und Bearbeiten eines Textes gibt es einige Tipps und Tricks, die helfen, ihn auch wirklich zu verstehen und das Lernen zu erleichtern.

So gibt es bestimmte Schritte der Textbearbeitung, deren Reihenfolge sinnvoll ist einzuhalten:

1. Erstes Lesen des Textes
- Überblick verschaffen: worum geht es im Text?
- Überfliegen des Textes, auf Überschriften, Hervorhebungen, Rahmen usw. achten.
- Bei längeren Texten/Büchern die Inhaltsangabe/Kapitelübersicht durchlesen.

2. Abschnitte einteilen
- Oft markieren Überschriften oder Absätze einzelne Abschnitte, die einen Wechsel des Gedankenganges/Inhaltes beinhalten; es ist sinnvoll, sich dies am Rand zu notieren.

3. Unbekannte Wörter nachschlagen
- Um den Text ganz zu verstehen, sollten Sie unbekannte Wörter nachschlagen oder erfragen.

4. Fragen an den Text richten
- Grundlegende Informationen herausfiltern. Es kann hilfreich sein, sich beim Lesen des Textes die so genannten W-Fragen zu stellen und diese auch zu beantworten (stichwortartig auf einem Notizzettel): Wer? Wie? Wann? Wo? Warum?

5. Zweites Lesen
- Wichtige Stellen unterstreichen.
- Der gedankliche Aufbau eines Textes wird oft erst nach dem zweiten Lesen wirklich deutlich und verstanden; hierbei sollten die wichtigsten Schlüsselwörter und Kernaussagen farbig markiert werden, am besten mit einem Textmarker.
- Wichtig: nicht zu viel unterstreichen, sonst wird es unübersichtlich!

- Sinnvoll kann es sein, sich Symbole an den Rand eines Textes zu malen, z. B. ein Fragezeichen für einen unklaren Sachverhalt, ein Ausrufezeichnen für eine Textstelle, die Ihnen besonders wichtig erscheint usw.

6. Notizen machen

- Mit eigenen Worten zusammenfassen. Die einzelnen Abschnitte des Textes mit eigenen Worten zusammenfassen, um zu überprüfen, ob Sie ihn verstanden haben und um das Behalten des Textes zu unterstützen. Anhaltspunkte geben hierfür die markierten Schlüsselwörter und Kernaussagen.

7. Den Text aufbereiten

- Beispielsweise ein Schaubild erstellen. Oft wird das, was man in Form eines Bildes sieht, besser behalten als nur ein Text, somit kann es sinnvoll sein, den Text in irgendeiner Form bildlich darzustellen.
- Insgesamt werden hier die Notizen, die Sie sich vorher gemacht haben, noch einmal reduziert, so dass am Ende der Textbearbeitung unter Umständen nur noch ein paar Schlüsselbegriffe auf einem Blatt stehen (ähnlich einem Spickzettel).

8. Wiederholen

- Das Erarbeitete zusammenführen und behalten.
- „Wiederholung ist Übung und Vertiefung": anhand der Notizen und des aufbereiteten Textes lassen sich die Inhalte gut und schnell lernen und behalten – denn nun sind sie (in aller Regel) auch verstanden und Sie können sehr rasch den Gesamtzusammenhang erfassen.

Lern- und Strukturierungstechniken

So wie jeder Mensch ein anderer Lerntyp ist, hat auch jeder Mensch seine eigene Art zu lernen.

Hilfreich kann es sein, mehrere Methoden zu kennen und auszuprobieren bzw. anzuwenden, die das Lernen auf verschiedene Arten einfacher machen.

Im Folgenden werden 6 verschiedene Lernmethoden bzw. Merkhilfen/Strukturierungstechniken näher vorgestellt.

Alle 6 Lernmethoden haben gemeinsam, dass man etwas schreiben oder malen muss, also Bewegungen beteiligt sind – und somit bereits bei einem ersten Lernschritt mehrere Lernkanäle angesprochen werden und die Behaltensquote der Inhalte erhöht wird.

1. Karteikarten

Die Lernkartei eignet sich besonders gut, um sich einzelne Begriffe, Definitionen, Regeln usw. zu merken, aber auch um ein umfangreiches Thema in kleineren Einheiten überschaubar zu lernen. So ist die Lernkartei eine einfache „Lernmaschine", mit der man fast alles lernen kann.

Alles, was Sie lernen möchten, schreiben Sie auf kleine Karten. Auf die Vorderseite z. B. eine Frage und auf die Rückseite die entsprechende Antwort. Wichtig ist, nicht zu viel, aber auch nicht zu wenig auf eine Karte zu schreiben. Beim Lernen können Sie sich dann selbst kontrollieren, ob die entsprechende Frage richtig beantwortet wurde.

Deutlich wird es beim Lernen von Fremdsprachen: auf die Vorderseite z. B. den englischen Begriff schreiben, auf die Rückseite die deutsche Übersetzung.

Nun macht es jedoch wenig Sinn, ohne System mit Karteikarten zu lernen. Aus diesem Grund sollten Sie sich einen Karteikasten basteln (oder kaufen), der 5 Fächer enthält.

Und so funktioniert das Lernen mit diesem Karteikasten:

- Nachdem alle Karten geschrieben sind, kommen sie in Fach 1.
- Fängt man an zu lernen, nimmt man sich eine Karte, liest die Frage und versucht sie zu beantworten.
- Ist sie richtig, wandert die Karte in Fach 2, ist sie falsch, kommt sie wieder zurück in Fach 1.
- Fach 2 wird erst dann bearbeitet, wenn es fast voll ist; hier läuft es ab wie bei Fach 1: kann man die Frage beantworten, wandert die Karte in Fach 3, weiß man die Antwort nicht, kommt die Frage zurück in Fach 1.
- So geht es weiter, bis die Karten in Fach 5 gelandet sind.
- Kurz gesagt: bei richtiger Antwort ins nächste Fach, bei falscher Antwort immer zurück in Fach 1!

Wichtig ist zu beachten, dass man nicht den gesamten Inhalt an einem Tag lernen kann, sondern sich entsprechend Zeit nimmt und vor allem die Karten in Fach 1 jeden Tag wiederholt.

2. Mind-Map

(„Gedankenlandkarte") Bei einem Mind-Map geht es – wie der Name sagt – wie bei einer Landkarte um die flächige Darstellung der Vernetzung von Inhalten und Gedanken.

Ausgehend von einem zentralen Begriff (z. B. dem Thema „Schule"), der auch möglichst in die Blattmitte notiert wird, werden weitere Unterpunkte oder Gedanken in so genannten „Ästen" und „Verzweigungen" festgehalten.

So erreicht man einen schnellen Überblick über das Thema und die wichtigsten Inhalte in Form von Stichworten.

Ein Beispiel für ein Mind Map:

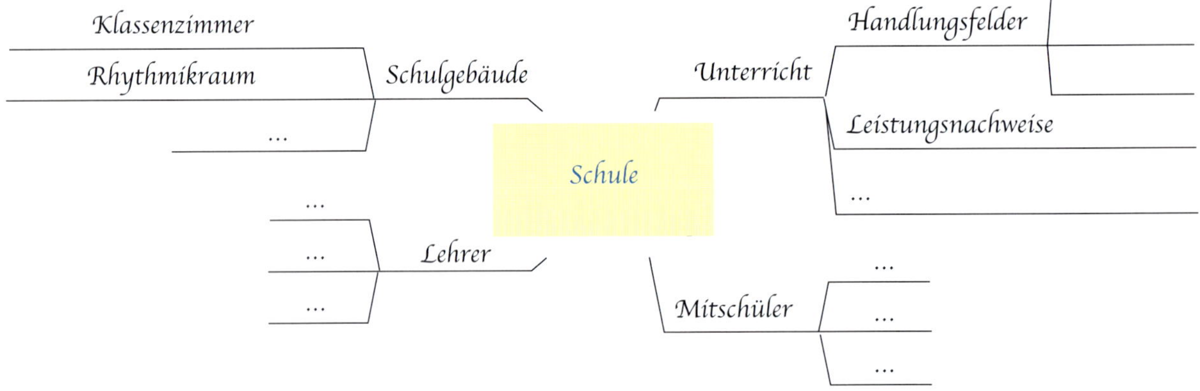

3. Loci-Technik

(lat.: locus: der Ort) Bei dieser Merkhilfe wird das zu Lernende (z. B. Begriffe) mit bestimmten Orten, z. B. einem Weg und den dort befindlichen Lokalitäten verknüpft.

Sie „deponieren" dabei die einzelnen Begriffe an verschiedenen Orten und können sich anhand der Wegstrecke diese Begriffe gut einprägen und später besser abrufen.

Möglich wäre es auch, sich einen Raum, z. B. sein Wohnzimmer vorzustellen und die Begriffe in Gedanken an die Decke zu hängen, an die Wände zu malen, auf den Boden zu stellen usw.

Auch der eigene Körper und die einzelnen Körperteile können gut mit Begriffen verknüpft werden.

Ein Beispiel für die Loci-Technik:
Sie wollen sich zum Thema „Schule" folgende Begriffe merken: Schulgebäude, Unterricht, Lehrer, Mitschüler.

Nun kommt noch hinzu:
in Verbindung mit dem Begriff Schulgebäude: Klassenzimmer und Rhythmikraum sowie mit dem Begriff Unterricht: Handlungsfelder und Leistungsnachweise.

Sie können diese Begriffe in eine Erzählung „verpacken": „Als ich am ersten Tag in die neue Schule kam betrat ich mit mulmigem Gefühl das Schulgebäude. Dort (im Schulgebäude) traf ich mich im neuen Klassenzimmer mit den neuen Mitschülern, danach wurden wir von unserem Lehrer in den Rhythmikraum (im selben Schulgebäude) gebracht. Hier erzählte man uns vom kommenden Unterricht, welche Handlungsfelder uns erwarten und wie hier die Leistungsnachweise aussehen."

4. Schaubild/Schema

Ein Schaubild oder Schema bietet die Möglichkeit, das Thema oder die Inhalte flächig darzustellen und zu vernetzen und sie somit in einen logischen Zusammenhang zu bringen.

So erhalten Sie einen mehr oder weniger ausführlichen Überblick über die wichtigsten Inhalte. Sinnvoll ist es hierbei, mit verschiedenen Farben, Schriftgrößen usw. zu arbeiten, um die Wichtigkeit der Inhalte oder Überschriften zu verdeutlichen.

Ein Beispiel für ein Schaubild/Schema:

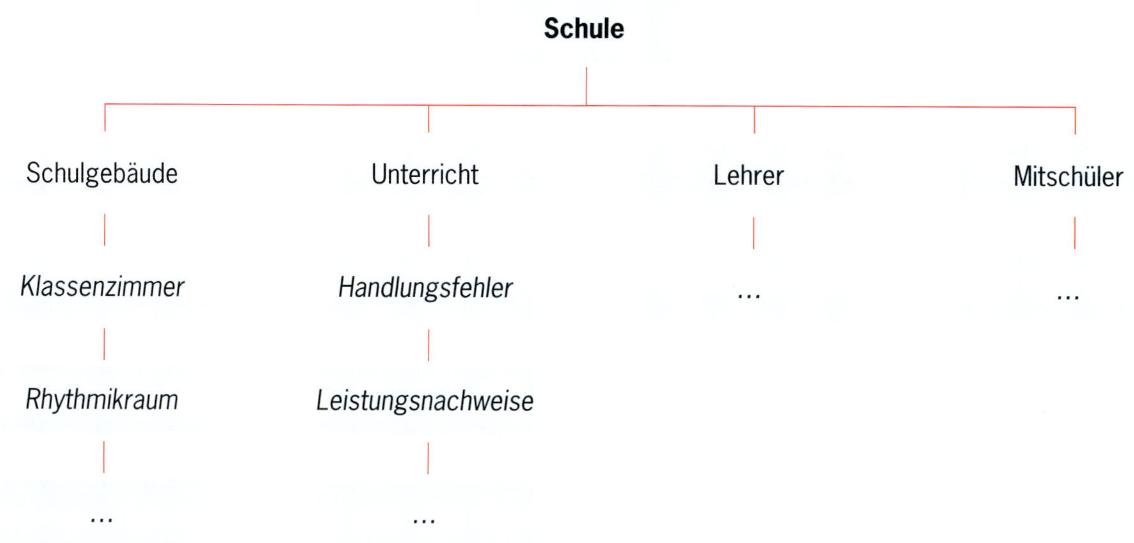

5. Clustering

(Cluster: Büschel, Gruppe, Anhäufung) Beim Clustering geht es – ähnlich wie beim Mind-Map und dem Schaubild – um die flächige Darstellung der Inhalte und vor allem ihrer Verbindungen und Zusammenhänge.

Auch hier beginnen Sie mit dem zentralen Begriff „Schule" und notieren davon ausgehend alle weiteren Gedanken und Inhalte.

So erhalten Sie unter Umständen eine lange Kette und viele Verzweigungen, haben aber trotzdem einen guten Überblick über die wichtigsten Stichworte und vor allem deren Zusammenhänge.

Das Clustering eignet sich auch gut, um Ideen zu einem Thema zu sammeln und zu sortieren.

Ein Beispiel für ein Clustering:

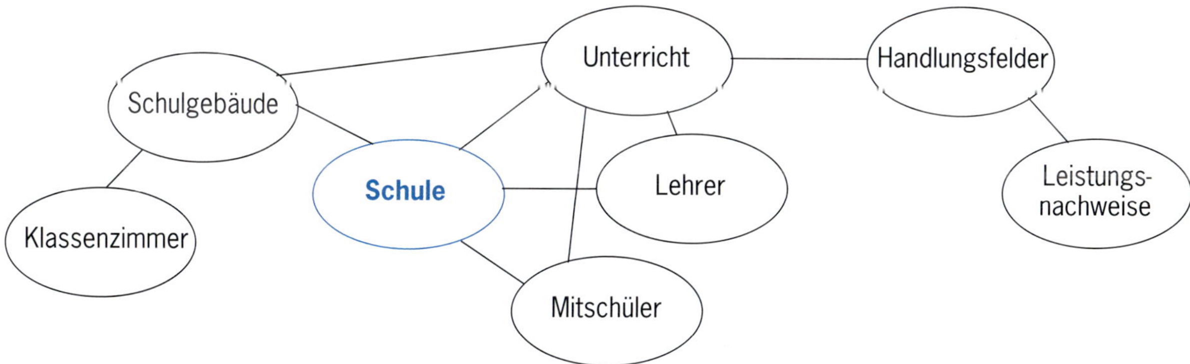

6. Bild(er)/Skizzen/Symbole malen

Wer sich gut Bilder einprägen kann, für den ist dies eine besonders geeignete Lernmethode.

Überlegen Sie sich zu den einzelnen Begriffen, die sie sich einprägen möchten, Bilder oder Symbole und zeichnen Sie diese entsprechend auf.

Möglich wäre es auch, je nach Kreativität, den gesamten Inhalt in einem einzigen (größeren) Bild oder einer Skizze darzustellen.

Sinnvoll ist es jedoch auch hier, sich die Begriffe zunächst zu sortieren und ähnlich wie in einem Schaubild auf ein großes Blatt zu schreiben. So können auch hier die Verbindungen der Begriffe deutlich gemacht werden.

Referate und ihre Gestaltung

Generell geht es bei einem Referat darum, Informationen zu einem klar umrissenen Thema zu vermitteln. Dies sollte in möglichst interessanter und anregend gestalteter Form erfolgen, um die Zuhörer für diese Inhalte zu begeistern und für den Vortrag zu fesseln.

Textarbeit und Strukturierungstechniken sind wichtige Voraussetzungen für ein gutes Referat: ist das Informationsmaterial gut bearbeitet und strukturiert, das heißt aufbereitet, verstanden und gegliedert, ist ein großer Teil der Vorbereitung eines Referates geleistet.

Das Referat selbst ist in der Regel schriftlich zu verfassen, wobei der Schwerpunkt auf dem mündlichen Vortrag liegt.

Für das Verfassen und den Vortrag von Referaten gibt es einige Tipps, die hilfreich sein können:

- **Dem Referat sollte eine gründliche Vorbereitung vorangehen:**
  Nach einer genauen und eingrenzenden Themenstellung ist zunächst die Informationsbeschaffung anhand mehrerer Quellen sinnvoll.
  Danach folgen Textarbeit und Strukturierung, das heißt auswerten, sortieren und aufbereiten des Materials. Möglicherweise haben Sie einen passenden Film oder führen eine kleine Expertenbefragung durch – beides könnte ein Referat möglicherweise aufwerten. Allerdings müssen sie zum Thema und zum Umfang passen.
  Im Anschluss daran wird eine Gliederung erstellt, in der die Gedanken und Materialien geordnet werden und die den „roten Faden" des Referates darstellt.
- **Der Umfang des Referates sollte dem Thema angemessen sein:**
  Je nach Thema kann die Dauer eines Vortrages zwischen 10/15 Minuten und durchaus bis zu 40/45 Minuten variieren.
  Allerdings wird es für die Zuhörer immer schwieriger, sich zu konzentrieren, je länger ein Vortrag geht – abgesehen von der Belastung für den Referenten. Auch die Anschauungsmaterialien und Medien sollten in angemessenem Rahmen sein.

Die schriftliche Ausarbeitung des Referates sollte in entsprechendem Umfang sein, dem Thema angemessen.

- **Den Zuhörern sollte eine Orientierungshilfe gegeben werden:**
  Zu Beginn des Referates sollte den Zuhörern eine Orientierungshilfe in Form einer Folie, einer schriftlichen Kurzzusammenfassung oder eines Thesenpapiers gegeben werden, damit diese den „roten Faden" des Referates vor Augen haben.
  Oftmals lassen sich so Zwischenfragen, die leicht aus dem Konzept bringen können, vermeiden.
- **Das Referat sollte übersichtlich gegliedert sein nach folgenden Gesichtspunkten:**
  Einleitung: In der Einleitung wird das Thema genannt und kurz erläutert, es wird ein knapper Überblick über das Referat, seine Inhalte und seinen Aufbau gegeben.
  Hauptteil: Hier erfolgt die Entwicklung des Themas und der Gedanken dazu, wesentliche Informationen zum Thema werden gegeben. Oft bietet sich eine Unterteilung in einzelne Unterthemen an, um die Übersichtlichkeit zu gewährleisten.
  Schluss: Am Ende des Vortrages steht eine Zusammenfassung der Hauptgedanken an, möglicherweise lässt sich ein Fazit ziehen. Auch besteht hier die Möglichkeit, den eigenen Standpunkt zu diesem Thema anzufügen und den Zuhörern Gelegenheit für Nachfragen und Diskussion zu geben.
- **Die sprachliche Gestaltung des Referates sollte beachtet werden:**
  Sprach- und Schreibstil, Grammatik, Rechtschreibung und Zeichensetzung (dies gilt vor allem für die schriftliche Ausarbeitung) sollten entsprechend niveauvoll und korrekt sein.
  Nicht fehlen darf ein Literaturverzeichnis mit genauen Quellenangaben, auch das Internet betreffend!

Generell gilt für Referate/Kurzzusammenfassung in Stichworten:

- Gliederung den Zuhörern verdeutlichen.
- Vortrag folgerichtig aufbauen.
- Konzentration auf das Wesentlichste.
- Thema nicht zu sehr vertiefen.
- Schwerpunkte setzen.
- Nicht länger reden, als die Zuhörer sich konzentrieren können (nicht zu viel und nicht zu lang).

- Interesse wecken durch spannenden Einstieg und verschiedene Materialien (Visualisierungsmöglichkeiten beachten).
- Eigene Beispiele machen Referate lebendig. (Aber Vorsicht: nicht zu viele – Gefahr, vom Thema abzukommen und zu „schwafeln", roten Faden nicht verlieren!)
- Hilfreich sind z. B. Karteikarten, anhand derer der Vortrag gehalten wird – wichtig dabei ist das freie Sprechen.

5. Textverarbeitung

Nicht nur für eine Hausarbeit oder ein Referat für die Schule sind die in den vorangegangenen Kapiteln beschriebenen Vorgehensweisen der Informationsbeschaffung und Informationsbearbeitung von Bedeutung.

Erzieherinnen müssen oft genug Elternbriefe schreiben oder Einladungen und Aushänge verfassen. Für diese gelten natürlich die genannten Kriterien entsprechend.

Beides – schulische Arbeiten als auch Texte für die Einrichtung – sollten nicht nur informativ, sondern auch ansprechend gestaltet sein.

So kommt zu einer guten Auswahl und Aufbereitung der Informationen (einschließlich korrekter sprachlicher Form) noch eine anregende Gestaltung hinzu, um eine Arbeit abzurunden. Jede Arbeit „lebt" noch einmal mehr von den Visualisierungen, die sie enthält.

Inhalte werden hervorgehoben, verdeutlicht, anschaulich gemacht oder betont – und schon allein das erste Betrachten und „Überfliegen" eines Textes spricht den Leser an.

Tipps dazu finden Sie in den Kapiteln „Referate und ihre Gestaltung" sowie „Präsentation".

Da es heute in der Regel Standart ist, eine schriftliche Arbeit (gleich welcher Art) per Computer zu verfassen, bezieht sich die Mehrzahl der folgenden Gestaltungstipps auf die Textverarbeitung mit dem PC.

Gestaltungstipps schriftlicher Arbeiten

Folgende Gestaltungstipps können helfen, einen Text anregender zu gestalten und Inhalte auf die verschiedenste Art und Weise zu visualisieren und damit zu verdeutlichen:

Bilder

Jeder Text wird durch Bilder lebendig, Inhalte werden sichtbar. Optimal ist es, wenn eigene Fotos einen Text unterlegen können und das Geschriebene dokumentieren. Aber auch Bilder aus Büchern, Zeitschriften oder anderen Quellen, die passend zum Thema sind, eignen sich für die Verdeutlichung von Inhalten.

Um die Wirkung der Bilder nicht zu schmälern, ist darauf zu achten, dass sie nicht nur passend und aussagekräftig sind, sondern vor allem groß genug und damit deutlich erkennbar.

Besonders einfach funktioniert das Einfügen von Bildern und deren Bearbeitung am Computer, wenn man über eine Digitalkamera und ein entsprechendes Bildbearbeitungsprogramm verfügt. Es besteht jedoch auch die Möglichkeit, mit Hilfe eines Scanners alle Arten von Bildern in einen Text bzw. eine Arbeit einzufügen.

Tabellen

Tabellen liefern auf einen Blick eine Übersicht über bestimmte Textinhalte und veranschaulichen oder ergänzen so bestimmte Aspekte. Dies ermöglicht es, sich relativ schnell einen Einblick in die Thematik des Textes zu verschaffen. Allerdings müssen Tabellen entsprechend beschriftet sein, um von jedem Leser richtig gedeutet zu werden.

Tabellen bieten sich für die Darstellung verschiedenster Inhalte an, so z. B. für eine Auflistung, eine Gegenüberstellung oder eine Hervorhebung sowie eine Ergänzung bestimmter Inhalte.

Auch Tabellen lassen sich am Computer problemlos in einen Text bzw. eine Arbeit einfügen – mit Hilfe des entsprechenden Textverarbeitungsprogramms.

Lernkanäle und ihre Leistungen – Behaltensleistungen			
Lesen	Hören	Sehen	…
10 %	20 %	30 %	…

Umfassendere Tabellen werden mit einem speziellen Tabellenkalkulationsprogramm (z. B. Excel) erstellt, das über umfangreichere Funktionen verfügt und somit noch mehr Bearbeitungsmöglichkeiten bietet.

Diagramme

Diagramme sind grafische Darstellungen und dienen beispielsweise der Veranschaulichung von Sinnzusammenhängen oder von statistischen Ergebnissen. Sie verdeutlichen oder ergänzen, ähnlich wie die Tabellen, bestimmte Textinhalte und fassen sie in einer Grafik zusammen, sodass auch hier ein schneller Blick genügt, um einen inhaltlichen Einblick zu erlangen.

Wie schon Tabellen lassen sich Diagramme problemlos mit dem entsprechenden Textverarbeitungsprogramm per Computer in einen Text einfügen. Mit etwas „Experimentierfreude" gelingt dies in der Regel auch recht schnell.

Beispiele für häufig verwendete Diagrammarten sind die Säulen-, Kreis- und Tortendiagramme.

Die drei folgenden Beispiele veranschaulichen jeweils die selben Daten. Dabei handelt es sich um Angaben zu Straftaten gegen die sexuelle Selbstbestimmung aus der Opfer-Statistik der Polizeilichen Kriminalstatistik von 2001.

Opfer-Statistik 2001: Straftaten gegen die sexuelle Selbstbestimmung

➡ Kinder:	12,7 %
➡ Jugendliche:	28,4 %
➡ Heranwachsende:	13,4 %
➡ Erwachsene (21–60 J.):	44,1 %
➡ Erwachsene (ab 60 J.):	1,5 %

Die selben Ergebnisse, dargestellt als:

- Säulendiagramm

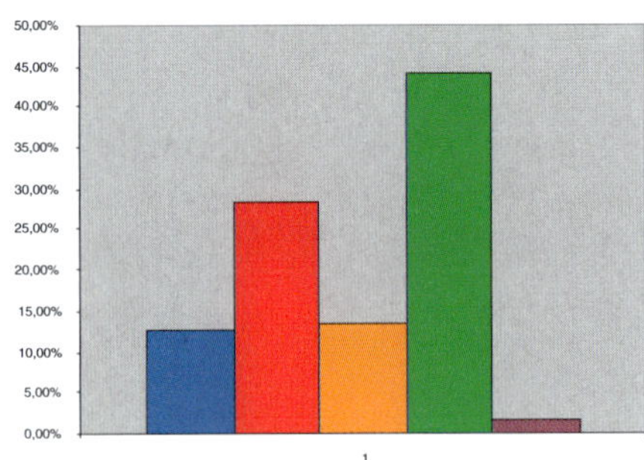
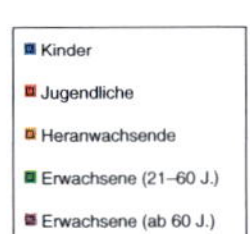

- Kreisdiagramm

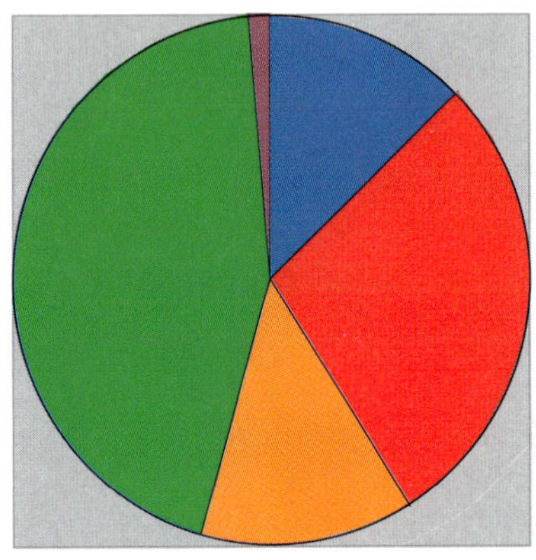

- Tortendiagramm

Datenerhebung größeren Umfangs

Möchten Sie in einer Arbeit ein möglichst breites Meinungsspektrum – und beispielsweise nicht nur eine Sichtweise – darstellen, so bieten sich Umfragen an. Dabei wird ein mehr oder weniger großer Personenkreis zu einer bestimmten Thematik befragt. Zur Planung und Vorbereitung einer Umfrage sowie deren Durchführung braucht man genügend Zeit. Die ermittelten Ergebnisse werden quantitativ in Tabellen (Prozentangaben) ausgewiesen. Tabellen und Diagramme sind besonders gut geeignet, Ergebnisse grafisch darzustellen.

Beispiel:

> Es werden 50 Mütter von Vorschulkindern anhand eines Fragebogens schriftlich zum Thema „Was sollen Kinder im Kindergarten lernen?" befragt.
>
> Entwickeln Sie zu diesem Thema sinnvolle Fragen. Diese sind von den Müttern zu beantworten und müssen schließlich von Ihnen ausgewertet, bearbeitet und entsprechend visualisiert werden.

Fragebögen und Umfragen

- **Fragebögen** enthalten, wie der Name sagt, schriftlich vorgefertigte Fragen, die von einem Befragten selbst schriftlich beantwortet werden.
  Besser ist es, wenn Sie als „Interviewer" auftreten, also die Fragen vorlesen und dann die Antworten der Befragten wörtlich mitschreiben.
- **Umfragen** sind nicht unbedingt an die schriftliche Form gebunden. Sie können mit einem Tonbandgerät (Kassettenrecorder) die verschiedenen Meinungen der Befragten aufzeichnen. Tonbandaufzeichnungen sind allerdings recht schwierig und umständlich auszuwerten.

6. Präsentation

Immer häufiger sind im Unterricht Referate, Vorträge von selbstständig erarbeiteten Inhalten allein oder in Gruppen unter **Medieneinsatz** zu präsentieren. Wir sprechen deshalb im Folgenden von Präsentationen.

Sie können sich mit einem Blatt Papier in der Hand vor die Klasse stellen und einfach ablesen, was Sie sich notiert haben. Doch wer hört dabei wirklich zu? Und – sind Sie damit wirklich selbst zufrieden?

Eine gute Präsentation soll dem Referenten und den Zuhörern auch Spaß machen und diese vor allen Dingen fesseln und somit für das Thema interessieren.

Eine gelungene Präsentation kommt jedoch nicht von alleine zustande, auch hier gibt es bestimmte Kriterien, die zu beachten sind.

Kriterien für eine Präsentation

Zunächst einmal muss das, was Sie präsentieren und vortragen, auch wirklich verstanden sein! „Stoffsicherheit" sowie Planung und Gliederung der Präsentation sind wichtige Vorbereitungen für die spätere Durchführung.

Für die Präsentation werden bezüglich Inhalt, Sprache und Körpersprache einige Kriterien benannt, die zum Erfolg führen können:

Inhalt

- Interesse durch einen interessanten Einstieg wecken.
- Übersichtliche Darstellung/Gliederung der Inhalte: roten Faden beachten, Gliederung auch den Zuhörern verdeutlichen.
- Konzentration auf das Wesentliche: nicht mehr Informationen geben, als die Zuhörer verarbeiten können, nicht länger reden, als das Publikum zuhören kann, Schwerpunkte in den Inhalten setzen.
- Die Präsentation sollte klare Sachaussagen enthalten, die für die Zuhörer verständlich und nachvollziehbar sind, auch Argumente und Begründungen sollten überzeugend und nicht „auswendig gelernt" wirken.
- Eigene Beispiele zur Verdeutlichung wecken Interesse beim Zuhörer.
- Anschauungsmaterial präsentieren und damit mehrere Lernkanäle ansprechen (nur zuhören ermüdet und man „schaltet ab"): z. B. Folien, Plakate, Bilder, passende Gegenstände... bei deren Verwendung darauf achten, dass z. B. die Schrift sauber lesbar und ausreichend groß ist, dass nicht zu viele Informationen geliefert werden, sondern lieber wenige Stichworte auf einem Plakat stehen als ganze Sätze.
- Die Dauer der Präsentation dem Thema angemessen planen.

Sprache

- Laut, deutlich und flüssig (in ganzen Sätzen) sprechen.
- Langsam, aber nicht einschläfernd sprechen.
- Möglichst frei reden und möglichst wenig ablesen oder auswendig aufsagen.
- Verständlich formulieren: einfache, kurze Sätze bilden, überflüssige Fremdwörter vermeiden, notwendige Fachbegriffe klären, Inhalte konkret und

nicht abstrakt darstellen, eine bildhafte Sprache bewirkt oftmals große Aufmerksamkeit.

- Betonung und Stimmlage verändern.

Körpersprache

- Blickkontakt mit den Zuhörern suchen.
- Gestik und Mimik einsetzen, jedoch nicht übertreiben und „wild herumfuchteln".
- Auf eine lockere Körperhaltung in Richtung der Zuhörer achten – aber nicht zu „lässig".
- Frei und ruhig stehen – nicht an eine Wand oder einen Tisch gelehnt.
- Nicht mit Zetteln, Stiften oder anderen Gegenständen „spielen".

Sonstige Tipps

- Zettel oder Karteikarten mit den wichtigsten Stichworten können helfen, den roten Faden nicht zu verlieren. Dabei die Karten nummerieren, nur auf einer Seite beschriften, Stichwörter angemessen knapp halten. Unterschiedliche Farben helfen bei der Orientierung.
- Nervosität vor einer Präsentation ist völlig normal, wichtig ist nur, dass sie nicht völlig lähmt; dem kann man entgegenwirken, in dem man z. B. seine Präsentation gut vorbereitet, sie sich und/oder anderen Personen laut vorstellt, das Anschauungsmaterial gut gestaltet und beisammen hat und die Kriterien für eine gute Präsentation beachtet. Und schließlich macht auch hier, wie überall, nur die Übung den Meister! Je öfter Sie vor der Klasse oder an einem Elternabend reden und präsentieren, desto sicherer werden Sie mit der Zeit!
- Es ist keine Katastrophe, wenn Sie bei einer Präsentation „hängen bleiben" und ins Stocken geraten oder den roten Faden verlieren. Wichtig ist, in diesem Moment nicht in Panik zu geraten, sondern eine kurze Pause zu machen, auf seine Notizen zu schauen und auch mal tief durchzuatmen. Es kann auch helfen, dies zu benennen und sich so wieder neu zu sammeln, unter Umständen auch mit Hilfe der Zuhörer.
- Auch technische Pannen (z. B. Defekt des Overheadprojektors), die nun einmal immer vorkommen können, sind kein „Weltuntergang". Reagieren Sie locker, sprechen Sie die Situation kurz an und fahren in Ihrer Präsentation fort. Entscheiden Sie sich, wie Sie den Inhalt der Folie auf andere Art vermitteln können: mit eigenen Worten? Die Folie durch die Klasse gehen lassen? Einen anderen Projektor besorgen?

- Ein Thesenpapier mit den wichtigsten Gliederungspunkten hilft den Zuhörern, sich zurecht zu finden und der Präsentation in jeder Phase folgen zu können.
- Am Rande bemerkt: eine Präsentation stellt eine gute Übung für eine mündliche Prüfung dar!

Zusammenfassung der Tipps:
- Präsentation gliedern
- Konzentration auf die wesentlichen Inhalte
- Anschauungsmaterial präsentieren
- angemessene Dauer
- laut, deutlich und flüssig sprechen, langsam, aber nicht einschläfernd
- möglichst frei reden
- verständlich formulieren
- Blickkontakt mit den Zuhörern halten
- Gestik und Mimik einsetzen
- lockere Körperhaltung in Richtung der Zuhörer

Visualisierung von Informationen

Das Anschauungsmaterial dient der Visualisierung von Inhalten bzw. Informationen.

Sinn ist es, einen ansonsten unter Umständen recht „trockenen" Vortrag abwechslungsreich zu gestalten, Inhalte zu verdeutlichen sowie das Zuhören zu erleichtern.

Schülerinnen gestalten ein Plakat „Die Entwicklung des Säuglings"

Wichtig hierbei ist aber auch, die Zuhörer auf mehreren Lernkanälen anzusprechen.

Zur Visualisierung stehen verschiedene Möglichkeiten zur Verfügung, z. B.
- Plakate gestalten
- Folien gestalten
- Tafelanschrieb
- Arbeit mit dem Beamer und z. B. Power Point

Bringen Sie konkretes „handfestes" Anschauungsmaterial mit, wenn Sie z. B. eine Präsentation über „Spielzeuge für Kleinkinder" als Aufgabe haben.

Sinnvoll kann es sein, den Zuhörern eine schriftliche Gliederung des Referates an die Hand zu geben. So haben diese die Möglichkeit, konzentrierter zuzuhören, da sie nicht alles mitschreiben müssen und den Verlauf des Vortrages gut verfolgen können.

In manchen Fällen ist auch eine kurze schriftliche inhaltliche Zusammenfassung für die Zuhörer nützlich oder ein Ergebnisblatt mit den wichtigsten Inhalten.

Bei allen Visualisierungsmöglichkeiten sollten Sie darauf achten, dass
- nicht zu viele Informationen enthalten sind,
- die Gestaltung abwechslungsreich ist,
- die Schrift groß genug und deutlich lesbar ist,
- verschiedene Farben zur Hervorhebung/Abgrenzung von Inhalten verwendet werden,
- Bilder und/oder Grafiken (wenn möglich) auflockernd wirken.

Methoden sozialpädagogischer Arbeit

Konzeptionen

Allgemeines

Begriffsklärung Konzeption. Unter einer Konzeption bzw. einem Konzept versteht man das „Leitprogramm" einer Einrichtung mit klar umrissenen Grundvorstellungen in den verschiedensten Bereichen. Es handelt sich somit um einen schriftlichen Entwurf, der einen Überblick über die Einrichtung gibt, beispielsweise über die Ziele, Methoden, die pädagogische Arbeit, Erziehungsvorstellungen usw. Aus diesem Grund gibt es so viele verschiedene Konzeptionen, da – in aller Regel – jede Einrichtung ihre individuellen Vorstellungen, ihr eigenes Profil hat.

Rechtsverbindlichkeit einer Konzeption. Jede Konzeption muss an verschiedenen Gesetzen und Vorgaben ausgerichtet sein und entsprechend untergeordnet werden: an oberster Stelle steht das Grundgesetz, danach das Kinder- und Jugendhilfegesetz (KJHG), bei dem es sich um ein Bundesgesetz handelt, weiter die Landesverfassungen sowie die jeweiligen Kindergartengesetze auf Länderebene. Träger können Vorgaben machen, müssen dies jedoch nicht.

Auf dieser Basis kann eine Einrichtung ihr Konzept entwickeln, um ihre Arbeit und ihre Ziele verbindlich zu beschreiben und Rechtsgültigkeit der Konzeption zu gewährleisten.

Sinn und Zweck von Konzeptionen. Eine Konzeption gibt einen Überblick über eine Einrichtung und beschreibt unter anderem die wesentlichsten Grundzüge der pädagogischen Arbeit sowie deren Schwerpunkte.

Sie macht somit nach außen transparent, was „hinter den Mauern einer Einrichtung" vor sich geht (in manchen Fällen: vor sich gehen sollte ...) und ermöglicht beispielsweise Eltern, Einblick in die Arbeit dieser Einrichtung zu erhalten und sich ein Bild von ihr zu machen. Dadurch ist es ihnen bereits im Vorfeld möglich, sich ein Urteil zu bilden, ob sie ihren Erwartungen entspricht.

Die Konzeption bietet den Eltern gleichzeitig ein Stück weit die Sicherheit, dass ihre Kinder von allen Erzieherinnen – mehr oder weniger – gleich erzogen werden, da es sich bei der Konzeption um Grundvorstellungen handelt, die in dieser Einrichtung allgemeine Gültigkeit haben.

Eine Konzeption hat jedoch nicht nur entsprechende Außenwirkung, sie gibt ebenso intern den Mitarbeiterinnen und Mitarbeitern Rückhalt und Sicherheit. So ist sie gleichsam auch Leitfaden und Orientierungshilfe für die gemeinsame (pädagogische) Arbeit und soll dazu beitragen, den Alltag sowie die Grundzüge der Arbeit einheitlich zu gestalten.

Es gelten somit verbindliche Regelungen für alle, die helfen, eine gemeinsame Linie – nach innen wie auch nach außen – zu vertreten. Dadurch bietet eine Konzeption, wenn sie denn umgesetzt wird, auch den Kindern dieser Einrichtung Sicherheit und Orientierung, da klare Richtlinien die entsprechenden Grenzen und Freiräume definieren.

Ein weiterer Aspekt von Konzeptionen, der hier Beachtung finden soll, ist die Möglichkeit für Praktikantinnen und neue Mitarbeiterinnen, sich einen Einblick in die Einrichtung zu verschaffen. Oftmals ist die Konzeption ausschlaggebend für die Bewerbung auf eine Stelle, um sich mit den pädagogischen Zielen und Vorstellungen einer Einrichtung vertraut zu machen – und danach zu entscheiden, ob man sich tatsächlich bewerben möchte. Nebenbei wird durch die Konzeption der Einstieg in die Arbeit entsprechend erleichtert.

Entstehung von Konzeptionen. In der Regel wird eine Konzeption vom Team einer Einrichtung erstellt. Einmal festgehaltene Grundsätze und Grundvorstellungen haben jedoch nicht jahrelang uneingeschränkte Gültigkeit, da die (pädagogische) Arbeit – und damit die Konzeption – realistisch an der Zielgruppe und den anderen Bedingungen (Räumlichkeiten, Anzahl der Kinder und Mitarbeiterinnen/Mitarbeiter usw.) ausgerichtet sein muss.

So muss jede Konzeption immer wieder auf ihre Gültigkeit hin überprüft und evtl. verändert, verbessert und aktualisiert werden.

Es kann auch der Fall sein, dass ein Träger, wie beispielsweise die Kirchen, für seine Einrichtungen Konzeptionen entwickelt hat und damit in Grundzügen die pädagogische Arbeit festlegt. Diese sind somit für mehrere Einrichtungen verbindlich, können gleichzeitig jedoch nur Rahmenbedingungen liefern, da sie zu allgemein gehalten sind. Den Teams der einzelnen Einrichtungen obliegt es, die Rahmenbedingungen vor Ort zu konkretisieren.

Strukturelemente von Konzeptionen

Da nahezu jede Einrichtung eine eigene, individuelle Konzeption besitzt, sind diese meist auch inhaltlich und formal unterschiedlich gestaltet. So gibt es Konzeptionen, die sehr umfassend und ausführlich sind und genaueste Vorstellungen der (pädagogischen) Arbeit erläutern, andere wiederum sind mit den wesentlichsten Stichpunkten relativ kurz gehalten.

Es lassen sich jedoch Strukturelemente benennen, die in nahezu jeder Konzeption in ähnlicher Form zu finden sind und somit einen groben „roten Faden" darstellen, an dem man sich inhaltlich orientieren kann.

- Auf dem Deckblatt einer Konzeption sollten **Träger** und **Einrichtung** mit Namen und Anschrift benannt werden.
- Viele Konzeptionen beginnen mit der **religiösen Ausrichtung** und einem kurzen Abschnitt über die Geschichte der Einrichtung.
- Auf **momentane, situative Rahmenbedingungen** der Arbeit wie beispielsweise Räumlichkeiten, Personal, Öffnungszeiten, Anzahl und Größe der Gruppe, Aufnahmekriterien usw. ist einzugehen. Da sich einige dieser Aspekte unter Umständen recht schnell verändern, kann es sinnvoll sein, diese auf einem gesonderten Einlegeblatt zu vermerken, um sie nach Bedarf ohne großen Aufwand zu aktualisieren.
- Ein Kernbereich der Konzeption ist die **Beschreibung der pädagogischen Arbeit**, beispielsweise, ob sich die Einrichtung an einem bestimmten Ansatz wie der Montessori- oder Waldorfpädagogik orientiert, ob offene Arbeit praktiziert wird, welche inhaltlichen Schwerpunkte gesetzt werden usw. Dazu gehört somit auch, **grundlegende Methoden und Arbeitsweisen** der Einrichtung (Projekte, Waldtag, Freispiel, Angebote ...) vorzustellen.

- Eng damit verbunden ist ein zweiter Kernbereich: die Darstellung, welches **Bild vom Kind** und welches **Menschenbild** die Einrichtung bzw. ihre Mitarbeiterinnen und Mitarbeiter vertreten sowie die Beschreibung der **Rechte der Kinder** in der Einrichtung. In diesem Zusammenhang ist es auch wichtig, auf die **Rolle der Erzieherin** einzugehen.
- Der dritte Kernbereich stellt die **Ziele** der Einrichtung sowie die **Begründung dieser Ziele** dar, für die unter Umständen eine schriftliche **Situationsanalyse** vorgenommen werden kann, aus der sie sich ableiten. Auch eine Gewichtung der Ziele kann in der Konzeption vorgenommen werden, um somit auch hier mögliche individuelle Schwerpunkte (z. B. Umwelterziehung oder Bewegungserziehung) hervorzuheben.
- Anschaulichkeit erhält eine Konzeption vor allem durch die Schilderung des **Tagesablaufes**. Dies kann besonders für Eltern sehr interessant sein, um eine Vorstellung davon zu erhalten, wie der Tag ihres Kindes in der Einrichtung strukturiert ist.
- Ein weiterer Aspekt, dem Platz gewidmet wird, sollte die **Elternarbeit** sein. Möglichkeiten und Ziele der Zusammenarbeit sowie Erwartungen an die Eltern können beispielsweise genannt werden.
- Auch die **Teamarbeit** sollte dargestellt werden, um einen Einblick zu ermöglichen in die Zusammenarbeit innerhalb der Einrichtung.
- Formen der Kooperation mit anderen **Institutionen** sollten nicht fehlen.

Generell gilt für die Erstellung und/oder Veränderung einer Konzeption, dass die **Lebenswelt** der jeweiligen Zielgruppe Ausgangspunkt aller Überlegungen sein muss, um den Betroffenen gerecht werden zu können.

Vorschläge für **Inhalte einer Konzeption**, die umfassend sein soll[1]
- Unsere Einrichtung stellt sich vor
- Stellenwert der Erziehung
- Rolle der Erzieherin
- Unser Bild vom Kind und Menschenbild
- Rechte des Kindes in der Einrichtung
- Rechte von Kindern
- Ziele unserer pädagogischen Arbeit
- Unser pädagogischer Ansatz

- Spannungsfeld zwischen Kind und Gruppe
- Formen offener Arbeit in unserer Einrichtung
- Stellenwert pädagogischer Angebote
- Planung und Inhalte pädagogischer Arbeit
- Unsere Tagesstruktur
- Regeln in der Einrichtung
- Raumausstattung in unserer Einrichtung
- Leitung und Leitungsaufgaben
- Team und Teamarbeit
- Entscheidungsfindung
- Dienst- und Arbeitsbesprechungen
- Teilzeitkräfte in unserer Einrichtung
- Einführung neuer Mitarbeiterinnen
- Unsere Zusammenarbeit mit Praktikantinnen
- Einbeziehung der Hauswirtschaftskräfte
- Unsere Zusammenarbeit mit Eltern
- Öffentlichkeitsarbeit
- Unsere Kontakte zu anderen Institutionen

Vorteile einer Konzeptionsentwicklung

Es soll hier nicht im Detail auf Entwicklung von Konzeptionen eingegangen werden. Vielmehr wird ein kurzer Einblick in verschiedene positive Aspekte sowie einzelne Schritte der Konzeptionsentwicklung gegeben.

Die völlige Neuentwicklung einer Konzeption ist heute eher selten. Dies kommt in der Regel nur noch vor, wenn eine neue Institution gebaut oder eingerichtet wird, ansonsten bedeutet Konzeptionsentwicklung meistens Veränderung und Fortentwicklung bereits bestehender Konzepte.

Eine Konzeption muss den sich ständig verändernden Verhältnissen angepasst werden, wodurch immer wieder Konzeptarbeit notwendig ist. Geschieht dies nicht, so besteht die Gefahr, dass Grundsätze in Vergessenheit geraten und die Konzeption zwar auf dem Papier besteht, sich jedoch niemand dafür interessiert bzw. die Arbeit nicht danach ausgerichtet wird.

So verhilft die Konzeptionsentwicklung den Teammitgliedern zu einer verstärkten Kommunikation, da ihre Arbeit miteinander abzusprechen und aufeinander abzustimmen ist.

Sie veranlasst dazu, über die Arbeit, die Ziele und Methoden nachzudenken – diese damit offen zu legen und darüber zu reden. In diesem Zusammenhang kommen die eigenen pädagogischen Vorstellungen zur Sprache, auch findet ein Reflektieren der gesellschaftlichen Bedingungen, der Lebenswelt der Kinder sowie der eigenen Arbeit statt.

Im „normalen Alltag", d. h. ohne Konzeptionsentwicklung, kommen diese Aspekte bzw. die Kommunikation darüber, oftmals zu kurz. Auch in einer gewöhnlichen Teamsitzung kann nicht in dieser Form auf grundsätzliche Vorstellungen und Arbeitsweisen eingegangen werden, wie es die Konzeptionsentwicklung ermöglicht.

Konzeptionsentwicklung ist somit Produkt- und Prozessentwicklung in einem: bei der Erstellung einer Konzeption (als Produkt) muss sich das Team miteinander auseinandersetzen und kommt sich möglicherweise näher (als Prozess).

Man spricht im Team über einzelne und auch gemeinsame Vorstellungen und Ziele und findet so vielleicht zusammen – oder es zeigt sich deutlicher als bisher, wo welche Unterschiede liegen und warum.

Konzeptionsentwicklung bedeutet damit auch Auseinandersetzung im Team, wodurch Sympathien sowie persönliche Beziehungen einzelner Teammitglieder zum Tragen kommen können. So ist es unter Umständen ein mühsamer Weg der Verständigung und gemeinsamen Zielfindung, bis die gemeinsame Konzeption fertig ist.

Ist dieser Prozess jedoch erfolgreich verlaufen, so kann die Sicherheit gewonnen werden, im Team in die gleiche Richtung zu arbeiten und sich gegenseitig zu (unter)stützen.

Mögliche Phasen bzw. Schritte der Konzeptionsentwicklung im Team[2]

Phase 1: Klärung der Rahmenvorgaben

Phase 2: Die acht Erarbeitungsschritte:
1. Schritt: Sammlung von Vorschlägen, was im Konzept enthalten sein soll
2. Schritt: Visualisierung dieser Vorschläge
3. Schritt: Sortieren der Vorschläge nach Themenbereichen

4. Schritt: Diskussion über die einzelnen Themen-
bereiche und Zuordnung von Überschriften
5. Schritt: Sortieren der Überschriften
6. Schritt: Votieren für die persönliche Wichtigkeit
der einzelnen Punkte/Erstellen einer Prioritätenliste
7. Schritt: Abarbeiten der Prioritätenliste
8. Schritt: Diskussion und Bearbeitung der einzelnen Themen

Phase 3: Verschriftlichungsphase

Phase 4: Erstellung und Veröffentlichung des
Konzepts

Phase 5: Endphase, Fortschreibung eines bereits
vorhandenen Konzepts

**Beispiel: Gliederung der Konzeption des evan-
gelischen Kindergartens Hasel**

Unsere Ziele
Gesetzliche Grundlagen unserer Arbeit
Organisatorische Rahmenbedingungen
Gesellschaftliche Entwicklungen
Was wir wollen
Unsere Leistungen
1. Grundleistungen:
1.1 Alltägliche Betreuung durch Versorgung und
Pflege
1.2 Alltägliche Betreuung durch notwendige Aufsicht
1.3 Räume, Material
1.4 Förderung der emotionalen Entwicklung
1.5 Förderung der geistigen Entwicklung
1.6 Förderung der sozialen Entwicklung
1.7 Förderung der Grob- und Feinmotorik
1.8 Förderung des kindlichen Spiels
1.9 Wahrnehmung und Dokumentation der kindlichen Entwicklung
1.10 Geplante Förderangebote
1.11 Einüben lebenspraktischer Fertigkeiten
1.12 Christlich-religiöse Erziehung
1.13 Umwelterziehung
1.14 Zusammenarbeit mit Eltern und Familien

1.15 Einbindung des Kindergartens in das Gemeinwesen
1.16 Kooperation mit Schulen

2. Indirekte Leistungen
2.1 Fort- und Weiterbildung
2.2 Dokumentation von Planung und pädagogischer Arbeit
2.3 Dienstbesprechung und Teamarbeit
2.4 Inanspruchnahme von Fachberatung

3. Zusatzleistungen
3.1 Bedarfsgerechte Öffnungszeiten
3.2 Krisenintervention
3.3 Schulkindbetreuung

Konkrete Lernsituationen

1. Besorgen Sie sich in Ihrem Ausbildungskindergarten eine Konzeption.

1.1 Bilden Sie Kleingruppen und vergleichen Sie
die einzelnen Konzeptionen zunächst im Ganzen und anschließend in drei für Sie wichtigen
Aspekten, z. B. „Das Bild vom Kind" oder „Förderung von ..."
Präsentieren Sie anschließend ihre Ergebnisse.

1.2 Vergleichen Sie die Konzeption Ihrer Einrichtung mit den im Text genannten Strukturele-
menten. Arbeiten Sie Gemeinsamkeiten und
Unterschiede heraus.

2. Konkretisieren Sie die Vorschläge für die Inhalte einer Konzeption und erarbeiten Sie in Kleingruppen Texte zu den einzelnen Stichpunkten.

3. Stellen Sie in einem Rollenspiel eine Teamsitzung dar, in der Sie über einzelne Inhalte diskutieren, beispielsweise über die Rechte des
Kindes in der Einrichtung. Vertreten Sie dabei
jeweils unterschiedliche Positionen und finden
Sie zu einer Einigung. Reflektieren Sie anschließend diese Teamsitzung in der ganzen
Klasse.

Literaturverzeichnis

Allgemein

BAACKE, DIETER: Die 0–5 Jährigen. Einführung in die Probleme der frühen Kindheit. Beltz, Weinheim, 1999

BEHNKEN, IMKE und ZINNECKER, JÜRGEN (Hrsg.): Kinder. Kindheit. Lebensgeschichte. Seelze-Velber, 2001

BORNEMANN, MONIKA; BORNEMANN, MICHAEL u. a.: Referate, Vorträge, Facharbeiten: Von der cleveren Vorbereitung zur wirkungsvollen Präsentation. Duden, Mannheim, 2003. (Duden Lernen lernen)

BRODIN, MARIANNE; HYLANDER INGRID: Wie Kinder kommunizieren. Beltz Edition Sozial, Weinheim, 2002

BÜCHIN-WILHELM, IRMGARD; JASZUS, RAINER: Wort-Check: Fachbegriffe für Erzieherinnen und Erzieher. Stuttgart: Holland + Josenhans, 2004.

BUROW, OLAF-AXEL: Prinzipien erfolgreicher Erziehung. Klinkhardt, Bad Heilbrunn, 2003

DITZINGER, THOMAS: Illusionen des Sehens. Südwest, München,1998

FAST, JULIUS: Körpersprache. rororo Sachbuch. Hamburg, 1988

GASCHKE, SUSANNE: Die Erziehungskatastrophe. Kinder brauchen starke Eltern. DVA, München, 2001

GEBHARD P. und TREBSDORF M.: Biologie, Anatomie, Psychologie. Reinbek, München, 1994

GORDON, THOMAS: Die neue Familienkonferenz. Kinder erziehen ohne zu Strafen. Hoffmann und Campe, Hamburg, 1993

GORDON, THOMAS: Familienkonferenz in der Praxis. Heyne, München, 1993

GUDJONS, HERBERT: Pädagogisches Grundwissen. Klinkhardt, Bad Heilbrunn, 1999

HELLER, A: Vortragsmitschrift am 13./14.9.2003 in Inzlingen, bez. sich auf den Kongress zur Förderung der Bewegung im Grundschulalter in Heilbronn im März, 2001

HERMANN, GISELA; WUNSCHEL, GERDA: Erfahrungsraum Kita: Anregende Orte für Kinder, Eltern und Erzieherinnen. Beltz, Weinheim, Berlin, Basel, 2002.

HOFSTÄDTER, DOUGLAS R.: Gödel, Escher, Bach. Klett-Cotta, Stuttgart, 1987

HORN, R. u. a: Klassenhits. Kontakte Musikverlag, Lippstadt, 1999

HUGENSCHMIDT, BETTINA und TECHNAU, ANNE: Methoden schnell zur Hand. 58 schüler- und handlungsorientierte Unterrichtsmethoden, Stuttgart, 2002

JUUL, JESPER: Das kompetente Kind. Rowohlt, Hamburg, 1997,

KANNING, UWE PETER: Die Psychologie der Personenbeurteilung. Hogrefe. Göttingen, 1999

KEICHER U.: Mein Körperbuch , Weltbild, 2001

Kindergarten heute spezial: Wahrnehmungsstörungen bei Kindern – Hinweise und Beobachtungshilfe. Herder, Freiburg, o. J.

KOHNSTAMM, RITA: Praktische Kinderpsychologie. Eine Einführung für Eltern, Erzieher und Lehrer. Hans Huber, Bern, 1987

KÜHNE et al: Psychologie für Fachschulen und Fachoberschulen. Stam-Verlag. Köln, 1988

LORIE, PETER: Mit den Augen eines Kindes. Mosaik, 1989

MALAGUZZI, L.: Zit. in: Welt des Kindes 4/88: Jeder Tag ein Umwelttag.

MOLCHO, SAMY: Körpersprache im Beruf. Goldmann. München, 2001

MONTESSORI, MARIA: Die Entdeckung des Kindes. Herder, Freiburg, 1969/1994

MORRIS, DESMOND: Körpersignale: Vom Scheitel bis zum Kinn. Heyne Sachbuch. München, 1985

O. Autoren: Phönix. Der etwas andere Weg zur Pädagogik. Ein Arbeitsbuch Band 1 und 2. Schöningh, Paderborn 1996

OERTER, ROLF; MONTADA LEO: Entwicklungspsychologie. Weinheim, Basel, Berlin 2002, 5. Aufl.

OTT, ERNST u.a.: Thema Lernen: Methodik des geistigen Arbeitens. Stuttgart: Klett, 1998.

PALLASCH, WALDEMAR: Pädagogisches Gesprächstraining. Juventa. München 1990

PIEPENBRING , A.: in Zeitschrift Erziehung und Wissenschaft, 12 /2003 Frankfurt

POLMAN-TUIN, P: Der Jahreskreis mit Musik und Bewegung. Kallmeyer, 1982

REBEL, GÜNTHER: Was wir ohne Worte sagen. mvg paperback, München, 1993

REIDEL, M., Grimm Märchen. Betz, München 1975

RETTICH, M. und R., Ein Haus voll Musik. Schott, Salzburg, 2001

ROGERS, CARL: Die Kraft des Guten. Ein Appell zur Selbstverwirklichung. Fischer TB. Frankfurt, 1986

ROGERS, CARL: Lernen in Freiheit. Kösel. München, 1974

ROGERS, CARL: Therapeut und Klient, Grundlagen der Gesprächspsychotherapie. Fischer TB. Frankfurt, 1987

ROGGE, JAN UWE: Der große Erziehungsberater. Rowohlt. Hamburg 2003

ROTH, GERHARD: Fühlen, Denken, Handeln. Suhrkamp, Frankfurt 2001

SANDER, RITA und SPANIER, RITA: Sprachentwicklung. In Kindergarten-heute spezial. Herder, Freiburg, 2004

Senatsverwaltung für Bildung, Jugend und Sport, Berlin (Hrsg) Berliner Bildungsprogramm für die Bildung, Erziehung und Betreuung von Kindern in Tageseinrichtungen bis zu ihrem Schuleintritt, 2003

SPITZER, MANFRED: Lernen. Gehirnforschung und die Schule des Lebens. Spektrum. Heidelberg 2002

STEENBERG, U. Handlexikon zur Montessoripädagogik. Kinders, Ulm, 2003

STEVENS, JOHN O.: Die Kunst der Wahrnehmung . Übungen der Gestalttherapie. Chr. Kaiser München 1988

SZAGUN, GISELA: Sprachentwicklung beim Kind. PVU. München 1991

SZASZ, SUSANNE: Körpersprache der Kinder. Gustav Lübbe Verlag 1985

TURNER, HAMPDEN: Modelle des Menschen. Dem Rätsel des Bewusstseins auf der Spur. Beltz PVU. Hemsbach 1996

VON HENTIG, HARTMUT: Ach, die Werte. Über eine Erziehung für das 21. Jahrhundert. Hanser, München, 1999

WEISBACH, CHRISTIAN-RAINER: Professionelle Gesprächsführung. dtv, München 1999

WOLF, D., in: Mobile- Zeitschrift für junge Eltern, Herder, Freiburg 1/2000

WÜRMLI,M., Kinderbrockhaus. Brockhaus, Mannheim, 2003

ZINTL, VIOLA: Lernen mit System. München: Urban & Fischer, 2000.

ZÖPFL, HELMUT: Der kleine Erziehungsratgeber. Pattloch, Augsburg 1996

Das Berufsbild „Erzieher/Erzieherin" analysieren

1) SCHÖLLERMANN,THEA: Familienfrau (hübsch) gesucht. Badische Zeitung
2) KÖTTER, INGRID: Von Supereltern kannst du träumen. Arena, Würzburg, 1990
3) Tabelle: abgeändert nach Carter & McGoldrick, in: OERTER, R.; MONTADA, L.: Entwicklungspsychologie, 5. Aufl., Beltz, Weinheim, 2002, S. 109

Pädagogische Grundhaltungen einnehmen

1) FRIEDRICH, HEDI: Beziehungen zu Kindern gestalten. Beltz, Weinheim, 2003
2) GUDJONS, HERBERT: Spielbuch Interaktionserziehung. Klinkhardt, Bad Heilbrunn, 1995
3) TAUSCH, ANNE-MARIE; TAUSCH, REINHARD: Erziehungspsychologie. Psychologische Prozesse im Erziehung und Unterricht. Verlag für Psychologie. Göttingen 1971
4) BUBER, MARTIN: Das dialogische Prinzip. Lambert-Schneider, Gerlingen, 1992

Angemessenes Kommunikationsverhalten entwickeln

1) In Anlehnung an GUDJONS, HERBERT: Spielbuch Interaktionserziehung. Klinkhardt, Bad Heilbrunn, 1995
2) WATZLAWICK, PAUL et. al.: Menschliche Kommunikation, Formen, Störungen, Paradoxien. Hans Huber, Bern, 1982
3) WATZLAWICK, PAUL: Anleitung zum Unglücklich sein. Piper, München, 1983
4) SCHULZ VON THUN, FRIEDEMAN: Miteinander reden 1. Störungen und Klärungen. Allgemeine Psychologie der Kommunikation. Rowohlt, Hamburg, 1995
5) SCHULZ VON THUN, FRIEDEMAN: Miteinander reden 2. Stile, Werte und Persönlichkeitsentwicklung. Rowohlt Hamburg, 1989

6) SCHWÄBISCH, LUTZ; SIEMS, MARTIN: Anleitung zum sozialen Lernen für Paare, Gruppen und Erzieher. Rowohlt Taschenbuch. Hamburg 1988
7) GORDON, THOMAS: Familienkonferenz. Die Lösung von Konflikten zwischen Eltern und Kind. München, 1989, 18. Aufl.

Kinder und Jugendliche wahrnehmen

1) GOLDSTEIN, E. BRUCE: Wahrnehmungspsychologie. Eine Einführung. Spektrum Akademischer Verlag, Heidelberg, 1997
2) HERKNER, WERNER: Psychologie. Springer, Berlin, 1992
3) ZIMBARDO/GERRIG: Psychologie. 7. Aufl., Springer, Berlin, 1999
4) VOPEL, KLAUS W.: Interaktionsspiele. Iskopress, 1996
5) THIESEN, PETER: Beobachten und Beurteilen in Kindergarten, Hort und Heim. Sozialpädagogische Praxis Band 4. Beltz, Weinheim, 2003

Beziehungen pädagogisch gestalten

1. Bild vom Kind

1) KALEIDOSKOP [Hrsg.], Projektmappe Kindheit, Selbstverlag, Köln o. J., S.14.
2) FÉNELON, F.: Über Mädchenerziehung, Bochum o. J., 2. Aufl., S. 69
3) MANN, F. (Hrsg.): J. H. PESTALOZZIS ausgewählte Werke, Langensalza 1891
4) Gekürzt aus: kindergarten heute, 6/7 2003

2. Bindungsverhalten

1) SCHENK-DANZINGER, L.: Entwicklungspsychologie, 22. Aufl. S. 126, öbv&hpt
2) Nach: GEO, 11/ 03, S. 221ff
3) ROGGE, JAN UWE: Kinder haben Ängste, Rowohlt, 1997, s. 45
4) kindergarten heute,1/92, S. 55

Förderung von Entwicklung und Bildung, eine pädagogische Herausforderung

1) LAEWEN, H.-J. u. a.: Bildung und Erziehung in früher Kindheit. Beltz, Weinheim

Aufgaben der Erzieherin

1. Kinder bei den Verrichtungen des täglichen Lebens unterstützen

1) MONTESSORI 1967, S. 42, zit. in STEENBERG, U., Handlexikon zur Montessoripädagogik, Kinders, Ulm, 2003 S. 29
2) BUYTENDIJK in: Holtstiege, H.: Zeitschrift für Montessori-Pädagogik, 39. Jahrgang 2001, Heft 1, Montessori Vereinigung (Hrsg.) Aachen

2. Spiel pädagogisch begleiten

1) LARGO, REMO H.: Kinderjahre: Die Individualität des Kindes als erzieherische Herausforderung. Piper, München, 2004
2) Bild und Idee aus: Breucker-Rubin: Da ist der Bär los. Ökotopia. Münster, 1999

3. Durch Bewegung die Entwicklung fördern
1) WOLF, D. in: Mobile - Zeitschrift für junge Eltern, Herder Verlag, Freiburg 1/2000, S. 12 f.
2) ZIMMER, R.: Handbuch der Bewegungserziehung, Herder, 1996, S. 218
3) PIEPENBRING, A. in: Zeitschrift Erziehung und Wissenschaft, 12 /2003
4) FLEHMIG, DR: „Vom Schwinden der Sinne", NDR-Film
5) FHTNENAKIS, W.: Bildungsqualität in Tageseinrichtungen für Kinder, Mitschrift eines Vortrags am 2.5.2000 in Darmstadt.

4. Kinder an Musik heranführen
KÜNTZEL-HANSEN, M.: Unser Kind erlebt Musik. Klett, Stuttgart/Düsseldorf/Leipzig, 1969
HOERBURGER, C.; WIDMER, M.: Musik- und Bewegungserziehung. Auer, Donauwörth, 1992
JÖCKER, D.: 1,2,3 im Sauseschritt. Menschenkinder, Münster, 2002

5. Kreative Prozesse anregen
1) nach: WIERZ, J.: Große Kunst in Kinderhand, Ökotopia, Münster 1999

6. Heranführen der Kinder an die Natur und die Gesundheit
1) SCHÄFER, GERD: Bildung beginnt mit der Geburt. Beltz, Weinheim, 2003
2) Zit. in: Welt des Kindes 4/88: Jeder Tag ein Umwelttag. München
3) GOBBIN-CLAUSEN: Kosmische Erziehung. Tagungsmitschrift, Montessori Vereinigung e.V., Aachen, 1983
4) Hannoversche Presse 11.7.2000
5) LÜCK, G.: Handbuch der naturwissenschaftlichen Bildung. Theorie und Praxis für die Arbeit im Kindergarten. Herder, Freiburg/Basel/Wien, 2003
6) NEUMANN, ANTJE; NEUMANN, BURKHART: Wasserfühlungen, Ökotopia, Münster, 2003
7) BELLMANN, H.: Steinbachs Naturführer, Leben in Bach und Teich, Mosaik, München,1998
8) ENGELHARDT, W: Was lebt in Tümpel, Bach und Weiher? Kosmos, Stuttgart 1996
9) LUDWIG, H.: Tiere in Bach, Fluss, Tümpel, See. BLV, 1993

Planung von Bildungsangeboten
1) Nach Staatsinstitut für Frühpädagogik, München (Hrsg.): Bayerischer Bildungs- und Erziehungsplan für den Kindergarten, 2003
2) ELSCHENBROICH, D: Weltwissen der Siebenjährigen. Kunstmann, München, 2001, S. 23
3) HEAD, H: Mein Haustier, Meerschweinchen. Saatkorn, Weinheim, 2001

Grundbedürfnisse erfassen und ihre Befriedigung ermöglichen
abgeändert nach WEINER, B.: Motivationspsychologie, 1988, S. 324

Persönlichkeit fördern
1) HURRELMANN, KLAUS: Mut zur demokratischen Erziehung. In: Pädagogik 7/8, 1994, S. 13
2) HACKE, AXEL: Der kleine Erziehungsberater. Kunstmann. München, 1992, S. 20–22
3) HURRELMANN, KLAUS: Einführung in die Sozialisationstheorie. Beltz, Weinheim, 1998
4) In Anlehnung an Rosenberg, Susanne: www.kindergarten-workshop.de/index.html?/entwicklung/sozialverhalten.htm
5) BEIL, BRIGITTE: Gutes Kind, böses Kind. Warum brauchen Kinder Werte? dtv, München, 1996

Methoden sozialpädagogischer Arbeit
1) Aus basiswissen kita: Konzeptionsentwicklung – das eigene Profil finden. (Sonderheft der Zeitschrift „kindergarten heute – Zeitschrift für Erziehung"). Freiburg: Herder, o. J.
2) In Anlehnung an HOPF, ARNULF: Handreichungen für die Entwicklung eines pädagogischen Konzeptes, 2001, Redaktion Kindergarten heute, www.kindergarten-heute.de

Wichtige Internetadressen
www.krref.krefeld.schulen.net
    Die Krefelder Referate Homepage, u. a. mit wichtigen Hinweisen für das Lernen
www.kindergarten-workshop.de
    Theorie und Praxis der Kindergartenarbeit
www.erzieherin.de
    Suchmaschine und Fachportal speziell für professionell Erziehende
www.kindergartenpaedagogik.de
    Online Handbuch zur Kindergartenpädagogik
www.erzieherinnenausbildung.de
    Das Fachforum für die Erzieherinnenausbildung mit umfangreicher Link-Sammlung
www.berufenet.arbeitsamt.de
    Informationen zum Erzieherberuf:
www.kmk.org
    Lehrpläne und Informationen der Kultusministerkonferenz:
www.naturspektrum.de
    Seiten mit Naturinformationen und vielen Tier- u. Pilzbildern

Sachwortverzeichnis